数据权益
与数据交易

主　编　程　啸
副主编　阮神裕　王　苑

撰稿人　程　啸　阮神裕　王　苑　李勇德
　　　　孙鸿亮　张毅铖　林　琳　李西泠
　　　　杨嘉祺　丁佳惠　刘佳音

中国人民大学出版社
·北京·

主编简介

程　啸，法学博士，清华大学法学院教授，博士研究生导师，法学院副院长；教育部长江学者特聘教授，文化和旅游部"文化和旅游研究基地"首席专家；清华大学法学院不动产法研究中心主任、个人信息保护与数据权利研究中心主任。主要研究领域为侵权法、人格权法、个人信息保护法、物权法、担保法、数据法等。出版《人格权研究》《个人信息保护法理解与适用》《侵权责任法》《担保物权研究》《不动产登记法研究》等独著著作十余部，在《中国社会科学》《中国法学》《法学研究》等权威核心期刊发表论文一百余篇。

阮神裕，法学博士，中国人民大学法学院助理教授，中国人民大学未来法治研究院助理研究员，中国人民大学民商事法律科学研究中心助理研究员。主要研究领域为个人信息保护法、财产法、人格权法和侵权法等。在《法学家》《清华法学》《法制与社会发展》等法学核心期刊发表论文数篇。主持司法部、中国博士后科学基金等省部级课题；参与国家社会科学基金重大项目、重点项目，最高人民法院、文化和旅游部、住房和城乡建设部等国家、省部级课题五项。

王　苑，法学博士，东南大学法学院讲师，清华大学法学院博士后，最高人民法院司法大数据（东南大学）研究基地研究员。主要研究领域为个人信息保护法、侵权法、人格权法、网络法等。出版教材《个人信息保护法教程》、译著《场景中的隐私》，在《法学家》《环球法律评论》《华东政法大学学报》《中国法律评论》等法学核心期刊发表论文十余篇。主持国家社会科学基金、司法部、中国法学会等国家级、省部级课题四项；参与国家社会科学基金重大项目、重点项目，最高人民法院、文化和旅游部、住房和城乡建设部等国家、省部级课题五项。

前　言

数据已经成为与土地、劳动力、资本和技术相并列的第五大生产要素，在现代社会的生产生活等各个领域发挥着越来越重要的作用。根据国务院互联网信息办公室发布的《数字中国发展报告（2022年）》的统计，近年来我国数据资源规模快速增长，2022年我国数据产量达8.1ZB，同比增长22.7%，全球占比10.5%，位居世界第二。截至2022年年底，我国的数据存储量达724.5EB，同比增长21.1%，全球占比达14.4%。2022年我国数字经济规模达50.2万亿元，总量稳居世界第二。[①] 在网络信息科技，尤其是人工智能、大数据技术高速发展的当下，如何从基础制度建设入手，充分发挥我国海量数据规模和丰富应用场景的优势，充分激活数据要素潜能，做强做优做大数字经济，构筑国家竞争新优势，成为非常重要的问题。

数据基础制度主要是围绕数据的生产、收集、使用、交易、分配、治理、安全等一系列基本问题而确立的法律制度。2022年12月2日公布的《中共中央、国务院关于构建数据基础制度更好发挥数据要素作用的意见》（以下称《数据二十条》）明确提出，要建立包括数据产权制度、数据要素流通和交易制度、数据收益分配制度以及数据治理制度在内的数据基础制度。其中，最复杂，也是争议最大的就是数据产权与数据交易制度。一方面，数据具有无形性、非稀缺性、非竞争性等特性，因而数据不同于传统的动产、不动产等物权的客体；数据也不具有原创性或新颖性，不具有标表功能，因而数据又不同于作品、发明、商标等知识产权的客体。所以，无法简单地套用既有的物权、知识产权等民事权利制度来解决数据确权的问题。另一方面，数据还具有来源复杂、应用场景丰富的特点，数据的产生、流通、使用的过程中涉及广泛且复杂的各类主体，既有自然人、公司企业等普通的民事主体，也有公共服务提供者以及国家机关。这就使得数据上的权益是广泛的，既有人身权益，也有财产权益。在确定数据权益以及建立数据交易制度时，必须综合权衡、考量各类主体的不同诉求，如在数据确权时要充分考虑数据来源者、数据生产者以及数据处理者的各

---

① 国家互联网信息办公室：《数字中国发展报告（2022年）》，国家互联网信息办公室官方网站，https://www.cac.gov.cn/2023-05/22/c_1686402318492248.htm，2024年3月24日访问。

自权利以及相互关系；数据交易时要注重保护自然人的个人信息权益、隐私权；公共数据开放和授权经营时，既要满足广大民事主体对数据合理利用的需求，促进产业与行业的发展，又要更好地发挥公共数据用于公共治理、公益事业的功能。

数据权益与数据交易是我国数据基础制度建设中最重要、最基本的问题，故此，本书重点研究这两大问题，书名亦定为《数据权益与数据交易》。所谓"数据权益"，是指数据上承载的民事权益。其范围包括但不限于数据产权。产权是经济学对财产权的称呼，数据上除了存在企业等民事主体的数据财产权，还存在个人针对个人数据享有的个人信息权益。尽管我国法上的个人信息权益同时保护自然人对个人数据的精神利益与经济利益，但该权益性质上属于人格权益，而非财产权益。在公共数据上还存在所谓的国家权益如国家所有权。当然，对此理论上尚有争议。所谓"数据交易"，就是不同主体之间在法律的范围内基于意思自治而围绕着数据的生产、流通和使用所形成的权利义务关系。数据交易可以是一方将数据转让给另一方，也可以只是将开发的数据产品提供给对方，还可以是许可他人利用自己的数据等。数据权益的清晰明确是数据交易的前提，因为不同的数据权益的性质与权能各不相同，而同一数据上可能存在不同的数据权益，它们之间互相制约、密切联系。因此，数据权益是数据交易的起点。同时通过各种数据交易又会形成新的数据权益，所以，数据权益也是数据交易的终点。

本书共分为五编、十四章。第一编"导论"主要讨论了研究数据权益和数据交易时必须解决的基本概念问题，同时也对数据权益体系进行了介绍，包括数据和信息的关系、数据的类型、数据的特性、数据上的权益体系概览等。本书第二编至第四编是在个人数据、企业数据与公共数据的划分的基础上展开的。从形式逻辑上说，个人数据、企业数据与公共数据这三个概念的划分并不妥当，因为企业数据包括个人数据与非个人数据，公共数据同样如此，企业数据也可能来自公共数据。然而，这种对数据的分类清晰地呈现了数据上承载的不同主体的利益诉求及潜在的利益冲突，具有重要意义。就个人数据而言，其上存在的是作为人格权益的个人信息权益以及隐私权，它们相比于其他数据权益是处于优越地位的。在整个数据权益与数据交易制度的构建中，核心问题就是如何充分地保护个人信息权益、隐私权等人格权。企业数据的概念充分凸显了作为市场主体的企业希望法律上更充分地保护其合法生产和收集的数据（企业数据）的利益诉求，据此，市场主体有权将企业数据投入生产、流通，依法予以处分，从而更好地实现数据的使用价值与交换价值。公共数据中的"公共"一词，不仅说明了公共数据是公共管理机关和公共服务机构在从事公共管理和服务过程中生产和收集的数据，也指明了该等数据应当被更好地用于实现公共利益、服务社会公众。因此，公共数据权益和交易的制度构造有别于个人数据与企业数据。

本书第二编"个人数据权益与个人数据交易"包括三章，分别研究的是个人数据权益、个人数据的授权机制以及个人数据的交易。第三章明确了个人数据与个人信息的同一性，指出自然人对个人信息享有的个人信息权益就是自然人对个人数据享有的民事权益。个人信息权益可以同时保护自然人针对个人信息或个人数据享有的精神利益与经济利益，故此完全没有必要也不应当确立所谓的自然人的个人数据所有权。第四章则是在区分个人授权与个人同意的基础上研究如何构建个人数据授权机制，从而既能够保护个人信息权益，又能充分合理地利用个人信息，促进数字经济的发展。第五章主要分析了个人数据的交易形态及各种不同的个人数据交易模式的利弊。

第三编"企业数据权益与企业数据交易"包括四章：第六章对企业数据的法律保护进行了研究，逐一分析了物权法、知识产权法、反不正当竞争法、合同法等民事法律制度能够为企业数据提供的保护及其不足之处。第七章就企业数据权益进行了深入的分析，揭示了企业数据确权的正当性，指出：对企业数据的确权不应当走区分确权的道路，无论是从权利主体（数据的来源者、生产者、处理者）还是权利客体（原始数据、数据资源和数据产品）的维度为企业数据进行的确权都过于复杂，完全无法实现为企业数据确权所需要达到的目标。企业数据权益是一种财产权，而财产权要实现对陌生人行动的指导，必须通过简单、清晰的信号传递财产权的存在及其边界。过于复杂的企业数据财产权的设计方案，虽然看上去很美，但只是"屠龙之术"，既无法发挥财产权的功能，更难以贯彻落实在具体的法律规定当中。关于企业数据权益的内容，对积极权能的描述往往难脱"占有、使用、收益和处分"这种罗列方法的窠臼。事实上，就企业数据权益而言，对积极权能的描述意义不大，重要的是描述其消极权能。换言之，基于企业数据权益，权益主体有权禁止他人做什么，例如禁止他人访问、复制和使用其数据，禁止他人破坏数据的完整性等。第八章分析了企业数据的交易，主要是在吸收借鉴欧盟与美国等的立法和实践的有益经验的基础上，结合我国已经进行的数据交易实践，对数据交易合同的性质与类型等进行了分析研究。经济生活中交易之所以能够产生，是因为当事人有交易的需求，也就是说，交易本身就是自愿的。数据交易自然也不例外。如果本来没有数据交易的真实需求，只是为了搞一些政绩等而强制交易或进行虚假的数据交易，显然是没有任何意义的。这也是政府主导下的数字经济发展过程中容易产生的问题。第九章对数据产权登记进行了分析。登记历来服务于交易，旨在保证交易的安全和提高交易的效率。无论是不动产登记还是数据产权登记，登记本身都不具有确权的功能。

第四编"公共数据权益与共享开放、授权运营"包括三章。第十章对公共数据、政务数据等基本概念进行了分析，研究了理论界关于公共数据权益的相关争议问题。第十一章和第十二章分别对公共数据的共享与开放、公共数据的授权经营进行了研究。《数据二十条》明确提出，要在公共管理和公共服务部门之间打破"数据孤岛"，实现数据的共享；要在保护个人隐私和确保公共安全的前提下，鼓励对公共数据按照"原始数据不出域、数据可用不可见"的要求，以模型、核验等产品和服务等形式向社会提供。当政府授权某一单位经营公共数据时，按照《数据二十条》的规定，需要区分用途而确定有偿抑或无偿，即对用于公共治理、公益事业的公共数据有条件无偿使用，同时，探索对用于产业发展、行业发展的公共数据有条件有偿使用。我国的公共数据数量极大，价值极高，即便是政府机关，关于对数据的共享都存在不同的认识，很多政府机关不愿意共享数据，因此，真正解决好公共数据面向社会的开放与利用的问题，依然任重而道远。

第五编"数据安全保护与数据跨境流动"包括两章，分别对数据安全保护义务与数据跨境流动进行了研究。无论是确认数据的产权，实现数据的流通、交易、使用、分配，还是建立科学合理的数据要素治理格局，都离不开数据安全。数据安全贯穿于数据产权制度、数据要素流通和交易制度、数据要素收益分配制度以及数据要素治理制度当中，它对于保护自然人、法人和非法人组织等民事主体的合法权益，维护国家安全，促进数字经济的发展至关重要。倘若不能有效地保护数据安全，就无法构建数据基础制度，也不可能真正发挥数据要素的作用。我国《数据安全法》《网络安全法》《个人信息保护法》等法律法规都高度重视数据的安全问题。第十三章对数据安全保护义务进行了系统分析。网络科技已经打破了物理上的国境限制，随着网络科技高速发展与经济的全球化，各国间无时无刻不在进行着人员往来、货物流动、服务提供。云计算、物联网和跨境电子商务的飞速发展，使包括个人数据在内的各种数据的跨境流动越来越频繁，全球数据流动对于经济增长有明显的拉动效应。据麦肯锡公司预测，数据流动量每增加10%，将带动GDP增长0.2%。预计到2025年，全球数据流动对经济增长的贡献将达到11万亿美元。根据经济合作与发展组织（OECD）测算，数据流动对各行业利润增长的平均促进率为10%，在数字平台、金融业等行业中可达到32%。① 总之，数据跨境流动在全球蓬勃发展的数字经济中发挥着越来越重要的作用，被认为是全球资金、信息、技术、人才、货物等资源要素交换、共享的基础。然而，数据跨境流动也带来了很多的问题，例如个人数据出境后，个人在境外很难主张数据保护和行使个人信息权益、隐私权。再如，关系国家安全、国民经济命脉、重要民生、重大公共利益的数据一旦出境而为他国所处理，势必给本国的主权和国家安全造成很大的风险。因此，如何科学合理地规范数据跨境流动，协调数据的自由流动与数据的安全成为很重要的问题。第十四章对数据跨境流动的欧盟模式与美国模式等立法模式进行了分析，同时立足于我国数据跨境流动的相关法律法规规章，研究了我国数据跨境流动中的各种复杂疑难问题。

---

① 赵竹青：《加强数据跨境流动探索 推动数字贸易高质量发展》，人民网，http://finance.people.com.cn/n1/2023/0223/c1004-32630079.html，2024年3月24日访问。

缩略语

一、法律与司法解释

1. 《宪法》=《中华人民共和国宪法》
2. 《民法典》=《中华人民共和国民法典》
3. 《个人信息保护法》=《中华人民共和国个人信息保护法》
4. 《数据安全法》=《中华人民共和国数据安全法》
5. 《网络安全法》=《中华人民共和国网络安全法》
6. 《电子商务法》=《中华人民共和国电子商务法》
7. 《消费者权益保护法》=《中华人民共和国消费者权益保护法》
8. 《专利法》=《中华人民共和国专利法》
9. 《著作权法》=《中华人民共和国著作权法》
10. 《商标法》=《中华人民共和国商标法》
11. 《反不正当竞争法》=《中华人民共和国反不正当竞争法》
12. 《国家赔偿法》=《中华人民共和国国家赔偿法》
13. 《利用信息网络侵害人身权益纠纷规定》=《最高人民法院关于审理利用信息网络侵害人身权益民事纠纷案件适用法律若干问题的规定》
14. 《人脸识别解释》=《最高人民法院关于审理使用人脸识别技术处理个人信息相关民事案件适用法律若干问题的规定》

二、政策文件

1. 《数据二十条》=《中共中央、国务院关于构建数据基础制度更好发挥数据要素作用的意见》
2. 《大数据发展纲要》=《国务院关于印发促进大数据发展行动纲要的通知》

目 录

第一编 导 论

第一章 数据的概念与类型 ... 3
第一节 数据和信息的关系 ... 3
一、概述 ... 3
二、法学中的数据和信息 ... 5
三、非信息论意义上的数据和信息概念组 ... 13
四、信息论意义上的数据和信息概念组 ... 18
五、数据与信息的计数 ... 33
第二节 数据的类型 ... 35
一、概述 ... 35
二、个人数据、企业数据与公共数据 ... 36
三、原始数据与衍生数据以及数据资源与数据产品 ... 45

第二章 数据权益体系 ... 48
第一节 数据的特性与数据权益 ... 48
一、概述 ... 48
二、数据的特性 ... 49
三、数据的两种分类 ... 51
第二节 数据权益体系概览 ... 53
一、自然人对个人数据享有的权益 ... 53
二、企业对企业数据享有的权益 ... 57
三、公共数据上的数据权益 ... 63
四、数据上各种权益的关系 ... 65

第二编 个人数据权益与个人数据交易

第三章 个人数据权益 ... 73
第一节 基本概念的界定与分析 ... 73
一、个人信息和个人数据 ... 73
二、个人信息处理者与个人数据控制者 ... 74
三、个人信息权益的概念 ... 75

· 1 ·

第二节　个人信息权益的保护模式与体系 ································ 77
一、公法保护模式 ·· 77
二、私法保护模式 ·· 80
三、私法与公法保护的协调 ·· 85

第三节　个人信息权益的性质 ··· 91
一、个人信息权益是私法上的权益 ······································ 91
二、个人信息权益保护自然人的人格利益 ··························· 97
三、我国人格权保护一元化模式涵盖了精神利益
与财产利益 ··· 100
四、个人信息权益是不同于隐私权的独立人格权益 ·········· 102

第四节　个人信息权益的保护方式 ·· 105
一、事前预防机制 ··· 105
二、事中风险评估 ··· 110
三、事后救济保护 ··· 114

第四章　个人数据的授权机制 ··· 122
第一节　个人授权与个人同意的区分及其意义 ························· 122
一、引言 ··· 122
二、个人授权与个人同意的区分 ······································· 124

第二节　个人授权的含义与法律效果 ·· 133
一、个人授权是个人向处理者授予数据权利的民事
法律行为 ·· 133
二、通过个人数据许可使用合同实现个人数据权利的
授权 ··· 135

第三节　个人授权的基础、内容与方式 ···································· 136
一、个人授权的基础与内容 ·· 136
二、个人授权的具体方式 ··· 139

第四节　个人数据的法定授权 ··· 142
一、个人数据法定授权的意义与性质 ································ 142
二、个人数据法定授权的适用范围 ··································· 143
三、个人数据法定授权中的主体 ······································· 144

第五章　个人数据的交易 ··· 146
第一节　作为交易标的的个人数据 ··· 146
一、个人数据具有财产利益 ·· 147
二、可交易的个人数据范围 ·· 149

第二节 个人数据交易的不同模式 ············ 153
一、个人数据交易的雏形:"数据换取服务"模式 ······ 153
二、个人数据交易的进阶:"隐私付费"模式 ········ 155
三、个人数据交易的完善:个人数据经济模式 ······· 157
四、个人数据处理活动与个人数据交易的区分必要性 ···· 160

第三节 个人数据许可使用合同 ············· 161
一、个人数据许可使用合同概述 ············· 162
二、个人数据许可使用合同的内容 ············ 162
三、个人数据许可使用合同的效力 ············ 166

第三编 企业数据权益与企业数据交易

第六章 企业数据的法律保护 ··············· 171

第一节 概 述 ······················ 171
一、企业数据的界定 ··················· 171
二、企业数据的类型 ··················· 173
三、企业数据涉及的主体 ················ 178
四、企业数据的保护路径 ················ 180

第二节 物权法对企业数据的保护 ············ 182
一、数据所有权说 ···················· 182
二、数据占有说 ····················· 189

第三节 知识产权法对企业数据的保护 ·········· 196
一、著作权—邻接权说 ·················· 196
二、数据库特殊权利说 ·················· 198
三、新型知识产权说 ··················· 203

第四节 反不正当竞争法对企业数据的保护 ········ 206
一、反不正当竞争法一般条款保护说 ··········· 206
二、商业秘密说 ····················· 210

第五节 合同法对企业数据的保护 ············ 214
一、通过合同保护企业数据 ··············· 214
二、笔者的观点 ····················· 215

第七章 企业数据权益 ··················· 216

第一节 企业数据确权的正当性 ············· 216
一、理论上的争议 ···················· 216
二、企业对其数据享有民事权益的正当性基础 ······· 218

第二节　企业数据的确权路径 ……………………………… 219
　　一、单一确权路径 …………………………………………… 219
　　二、区分确权路径 …………………………………………… 220
　　三、区分确权路径的弊端 …………………………………… 229
　　四、数据确权的单一路径及其具体展开 …………………… 234
第三节　企业数据权益的法律权能 ……………………………… 245
　　一、概述 ……………………………………………………… 245
　　二、企业数据权益的积极权能 ……………………………… 246
　　三、企业数据权益的消极权能 ……………………………… 248

第八章　企业数据的交易 …………………………………… 257
第一节　企业数据交易合同概述 ………………………………… 257
　　一、数据交易合同的概念 …………………………………… 257
　　二、企业数据可交易性的类型化讨论 ……………………… 261
　　三、企业数据交易合同的类型 ……………………………… 267
第二节　企业数据交易合同的缔结 ……………………………… 268
　　一、企业数据交易的问题与困境 …………………………… 269
　　二、破除数据锁定的欧盟路径 ……………………………… 274
　　三、企业数据交易的强制缔约制度构建 …………………… 278
第三节　典型的企业数据交易合同 ……………………………… 289
　　一、数据转让合同 …………………………………………… 289
　　二、数据处理合同 …………………………………………… 297
　　三、数据访问合同 …………………………………………… 305

第九章　数据产权登记 ……………………………………… 319
第一节　数据产权登记的性质 …………………………………… 319
　　一、登记的概念 ……………………………………………… 319
　　二、登记的种类与数据产权登记的归类 …………………… 325
　　三、数据产权登记的功能 …………………………………… 327
　　四、登记行为的法律性质 …………………………………… 330
第二节　数据产权登记的客体与类型 …………………………… 331
　　一、数据产权登记的客体 …………………………………… 331
　　二、数据产权登记的类型 …………………………………… 333
第三节　数据产权登记的法律效力 ……………………………… 335
　　一、登记的法律效力 ………………………………………… 335
　　二、数据产权登记的法律效力模式选择 …………………… 338

第四编　公共数据权益与共享开放、授权运营

第十章　公共数据权益……343
第一节　公共数据的概念与类型……343
　　一、公共数据的概念……343
　　二、公共数据的类型……357
第二节　公共数据权益的含义、现状与学说……362
　　一、公共数据权益的含义……362
　　二、公共数据权益的现状……363
　　三、关于公共数据权益的学说……367
　　四、笔者的观点……377

第十一章　公共数据的共享与开放……384
第一节　概　述……384
　　一、公共数据共享与开放的含义……384
　　二、公共数据共享与开放的关系……386
　　三、公共数据的开放与政府信息公开的关系……388
第二节　国外公共数据的共享与开放……390
　　一、引言……390
　　二、欧盟公共数据的共享与开放……391
　　三、英国公共数据的共享与开放……399
　　四、美国公共数据的共享与开放……403
　　五、日本公共数据的共享与开放……415
第三节　公共数据共享与开放的分类分级……428
　　一、概述……428
　　二、公共数据分类分级的内涵及意义……429
　　三、公共数据分类分级的基本原则……432
第四节　公共数据共享与开放的具体规则……433
　　一、概述……433
　　二、公共数据共享与开放的条件……434
　　三、公共数据共享与开放的方式……436

第十二章　公共数据的授权运营……438
第一节　公共数据授权运营的规范与实践……438
　　一、公共数据授权运营的规范……438

二、公共数据授权运营的实践…………………………………………… 447
第二节　公共数据授权运营的性质与定位…………………………………… 455
　　一、公共数据授权运营的性质…………………………………………… 455
　　二、公共数据授权运营的定位（与公共数据开放的
　　　　关系）………………………………………………………………… 458
第三节　公共数据授权运营的制度建构……………………………………… 461
　　一、公共数据授权运营的基本原则……………………………………… 461
　　二、公共数据的运营主体………………………………………………… 462
　　三、公共数据的授权模式………………………………………………… 463
　　四、公共数据授权运营的运营规则……………………………………… 465
　　五、公共数据授权运营的监管机制……………………………………… 469

第五编　数据安全保护与数据跨境流动

第十三章　数据安全保护义务……………………………………………… 473
第一节　数据安全保护义务的类型与规范体系……………………………… 473
　　一、引言…………………………………………………………………… 473
　　二、数据安全保护义务的产生途径……………………………………… 474
第二节　数据安全保护义务的主体与适用范围……………………………… 478
　　一、数据处理者是数据安全保护义务的主体…………………………… 478
　　二、数据安全保护义务适用于所有的数据……………………………… 479
第三节　数据安全保护义务的内容…………………………………………… 481
　　一、数据安全保护义务的基本内容……………………………………… 481
　　二、数据安全保护义务的特别要求……………………………………… 486
第四节　违反数据安全保护义务的法律责任………………………………… 489
　　一、违反数据安全保护义务的行政责任与刑事责任…………………… 489
　　二、违反数据安全保护义务的民事责任………………………………… 490

第十四章　数据跨境流动…………………………………………………… 495
第一节　数据跨境流动的立法模式…………………………………………… 495
　　一、导言…………………………………………………………………… 495
　　二、比较法上的数据跨境流动模式……………………………………… 496
第二节　我国数据跨境流动的法律规范……………………………………… 515
　　一、我国关于数据跨境流动的国内法律体系…………………………… 515
　　二、我国在数据跨境方面参加的公约与国际合作……………………… 521

第三节　数据跨境流动监管 …………………………………… 523
　　　一、域外监管经验：重视监管合作和数据出境前的规制 …… 524
　　　二、我国对数据跨境流动的监管 …………………………… 527

主要参考文献 ……………………………………………………… 532
关键词索引 ………………………………………………………… 539
后　记 ……………………………………………………………… 553

第一编

导　论

第一章 数据的概念与类型

第一节 数据和信息的关系

一、概述

数据和信息是每一个身处信息时代的人既熟悉又陌生的概念。我们每天接触大量的"数据"和"信息",也常用这两个词来表达我们的想法,论证我们提出的观点,但是,如果让我们去解释什么是"数据",什么又是"信息",要给它们下个定义,又很难说出个所以然。普通人难以说清这两个概念,研究这个领域的专家也没有一致意见,有学者甚至整理出了超过 30 种关于数据和信息的不同定义。[1]

之所以会出现对信息和数据概念既熟悉又陌生的现象,最主要的原因是,数据与信息都是抽象的,不像水杯、手机、汽车、房屋等有体物那样可以被我们的感官直接感受到(看到、摸到、闻到)。我们虽然每天"接触"大量信息和数据,但这些"接触"通常只是各种终端设备与我们的感官交互(如滑动手机屏幕,看到屏幕播放视频;敲击键盘,看到屏幕出现新的文字),这些经验直接指向的是物(如手机的或电脑的屏幕)的变化,而非抽象的数据或信息,要通过这些经验获得对数据和信息特征及其传输规律的认识,必须做进一步的归纳和总结。

现代的计算机和通信设备(包括手机、电脑、物联网设备、网联汽车等)为了让用户获得良好的交互体验,对数据和信息进行了多次的转换(如将数字序列转换为更容易让人理解的屏幕界面),对数据的传输机制也进行了层层包装(如浏览器从服务器上获取数据经过多次的数据封装和解

---

[1] 张平文、邱泽奇主编:《数据要素五论:信息、权属、价值、安全、交易》,北京大学出版社 2022 年版,第 29-48 页。

封装），一般人实际接触到的只是一个个简单易用的"产品""工具"，不会看到底层的工作流程。若不去专门学习了解，根本无法通过直接的经验认识到这套通信和计算的系统运行的基本原理。不具备计算机、通信学科背景的研究者通常不会去了解整个系统的工作原理后，再给数据和信息下定义。他们一般只会基于自己或前人观察到的现象，归纳总结出一种定义。如果系统的功能单一，通过系统的应用现象概括出的定义内容大致上会趋同。但是，基于信息论和计算理论的这套通信和计算系统（包括互联网、各种服务器和电脑、手机等终端设备）实在太过强大，可以实现的功能实在太多（如传输并展示文本、图片、声音、视频、程序等），采取不同视角的观察者能够直接感受到的现象就会很多样。因此，根据现象总结的定义就会具有很大的差异。所以，根据现象归纳概念内涵的方式，对界定数据和信息并不是一种好的思路。

不仅如此，数据和信息的概念都不是信息论和计算理论出现以后才被定义的概念，两个概念都有着更久远的应用历史。① 历史上的定义与符合信息论和计算理论的定义又有着微妙的差异。② 这就让更多似是而非的定义有了生长的土壤。所以，要厘清"数据"和"信息"这两个概念的内涵和关系，只是简单地分析、总结文献中的几十种定义，很难得出有益的结论，必须回溯通信的基础原理，追寻这两个概念的发展历史。

法学是一门关于规范（应然）的学问，它创造并研究规范（应然）问题，而并不要求使用的概念完全符合现实情况或者与自然科学、社会科学的定义保持一致。在法学领域界定"数据"与"信息"，有必要区分两个层次的问题来加以思考。第一个层次的问题是：在法学研究和法律规范中，是否有必要区分数据和信息？区分的意义有多大？对此，学术界有不同的看法。如果赞同要区分数据和信息，那么，第二个层次的问题就是：

---

① 数据（data，datum）在汉语中出现的时间暂时没有找到比较确切的说法，在英语中最早出现于1630年，see Oxford English Dictionary, s. v. "datum, n., sense 1. a", July 2023. https://doi.org/10.1093/OED/2249415276。信息（information）在南唐李中《暮春怀故人》的诗句"梦断美人沉信息，不怕雪埋藏"中就有出现（表示音信消息）[汉语大词典编辑委员会汉语大词典编纂处编：《汉语大词典》（第一卷·下册），上海辞书出版社2011年版，第1420页]；而在英语中信息最早出现于1387年（Oxford English Dictionary, s. v. "information, n., sense I. 1. a", September 2023. https://doi.org/10.1093/OED/3021625749）。

② 一定程度上，信息论重新界定了数据和信息的内涵。在信息论刚诞生的时候，这一领域的权威学者韦弗（Weaver，他是信息论的创始人之一）就已经提醒，信息论（通信理论）中的"信息"有特殊的含义，与"信息"平常的使用方式有区别。Warren Weaver, Recent Contributions to the Mathematical Theory of Communication, 10 ETC: A Review of General Semantics 261 (1953), p. 265.

法学上数据和信息的区分是否应当（或者可以）具有独立性？或者说，是否要与自然科学和社会科学的区分方式保持一致？如果允许不一致，则不一致的程度有无限度？

二、法学中的数据和信息

（一）法学中数据和信息区分的必要性

在法学领域是否需要区分数据和信息，我国学者已有不少讨论。早期很多学者认为数据和信息没有太大的区分必要，因为数据是信息的表现形式，在"大数据时代"的语境中，信息通常需要通过数据的形式表现，因而讨论数据的问题就是在讨论信息的问题。① 在法律实践中，立法机关和法院通常也不会严格区分数据和信息，例如全国人大常委会2016年发布的《中华人民共和国民法总则（草案）》（2016年7月5日发布）第108条采取了"数据信息"的表述；在"新浪微博与云智联不正当竞争纠纷案"中，法院认为"新浪微博内容与涉案数据二者本质同一，且后者系前者之根本"，所以不区分"内容"和"数据"，统一围绕"数据"来论述其裁判观点。②

这种现象不仅受当时法律专家对数据和信息的研究还不深入的影响，而且由于学者当年的关注焦点主要在与个人信息相关的数据上③，对数据和信息不加区分很可能还受到欧盟《一般数据保护条例》（GDPR）等域外立法对个人数据的界定影响。欧盟《一般数据保护条例》第一章第四条把个人数据（personal data）定义为：与已识别或可识别的自然人关联的任何信息（any information relating to an identified or identifiable natural person）。根据这一定义，个人数据与个人信息（personal information）是完全等价的概念④，亦即数据和信息是不加区分的。这种不加区分的做法显然影响了我国学者的观点。

虽然不严格区分数据和信息是这一时期比较主流的看法，但是，也有一些学者主张区分数据和信息。例如，有的学者认为，信息的外延大于数

---

① 吴伟光：《大数据技术下个人数据信息私权保护论批判》，《政治与法律》2016年第7期；程啸：《论大数据时代的个人数据权利》，《中国社会科学》2018年第3期；叶名怡：《论个人信息权的基本范畴》，《清华法学》2018年第5期；崔国斌：《大数据有限排他权的基础理论》，《法学研究》2019年第5期。

② 北京市海淀区人民法院（2017）京0108民初24512号民事判决书。

③ 可以作为证据的是，此前引用关于数据较为早期的法学文献，要么就是以个人信息保护为主题的，要么文章会用很大篇幅（甚至大部分篇幅）讨论个人信息保护的问题。

④ Christopher Kuner et al., *The EU General Data Protection Regulation (GDPR): A Commentary* (first edition, 2020), p.105.

据，数据兼具信息本体和信息媒介的双重属性，有别于必须与传送媒介相分离的信息[1]；有的学者基于信息三层区分理论认为，数据（数据文件）属于符号层，信息属于内容层[2]；还有的学者认为，数据包含信息，数据是对事物、状态等的记录，数据所承载的内容有信息和非信息。[3] 不过，这些学者对数据和信息的区分多局限于"下定义"式的区分，既没有充分论证区分的理由，也没有将其与其他区分方式或者不区分的观点加以对比。

随着研究的逐渐深入，以及《数据安全法》第3条第1款以立法的形式对数据下了定义，学者逐渐认识到区分数据和信息的必要性。在《数据安全法》颁布后的法学文献中，大多数学者在讨论数据和信息的关系时，都不再主张不区分数据和信息的观点，起码在有限的程度承认数据和信息的区别。[4] 但是，仍有不少学者对于数据和信息区分的意义抱有很大的怀疑态度。例如，有的学者认为，"数据形态在衍化过程中，尤其是数据利用的背景下，信息与数据之区分在思维层面上事实上只能进行一次或最初的区分，不能反复在各个阶段都将其作为一个问题提出来并试图进行区分，否则后续关于数据的讨论就将陷入无限往复的'循环论证'之中"；"如今的数据相关法律所聚焦研究的，除前端的个人信息、原始数据保护（也可能涉及利用）等问题之外，更力主聚焦于后端的、有技术加入的衍生数据、不同的数据结构，进而形成相应数据产品等所涉法律问题"[5]。也就是说，该观点认为，数据和信息的区分仅在原始的数据或信息层面有意义，而在法律规范对这些数据或信息进行区分并形成了细分类型后，两个概念的区分不再有意义甚至有害。还有的学者认为，数据和信息的区分仅具有相对的意义，理由是，"在大多数的情形下，信息和数据概念的混用在法律上并不会引起理解上的偏差"，"在网络环境下，信息和数据使信息和媒介的关系更为紧密和相互依存，甚至数字技术与信息的结合成为最高效的信息获取、释放和进化的方式"，"网络技术使数据与信息的结合如

---

[1] 梅夏英：《数据的法律属性及其民法定位》，《中国社会科学》2016年第9期。
[2] 纪海龙：《数据的私法定位与保护》，《法学研究》2018年第6期。
[3] 李爱君：《数据权利属性与法律特征》，《东方法学》2018年第3期。
[4] 程啸：《论数据权益》，《国家检察官学院学报》2023年第5期；时建中：《数据概念的解构与数据法律制度的构建 兼论数据法学的学科内涵与体系》，《中外法学》2023年第1期；姚佳：《数据权益的构造及其动态比较》，《中国应用法学》2023年第3期；梅夏英：《信息和数据概念区分的法律意义》，《比较法研究》2020年第6期；韩旭至：《信息权利范畴的模糊性使用及其后果——基于对信息、数据混用的分析》，《华东政法大学学报》2020年第1期；申卫星：《数字权利体系再造：迈向隐私、信息与数据的差序格局》，《政法论坛》2022年第3期。
[5] 姚佳：《数据权益的构造及其动态比较》，《中国应用法学》2023年第3期。

此直接，使理论上单纯对两者进行概念上的区分变得困难，在法律上亦是如此"①。

与上述学者不同的观点则认为，混用数据和信息概念，会导致"理论与实践的双层危险"：在权利设定方面，模糊性地使用这两个概念将导致权利客体难以确定，致使权利设定产生偏差；在司法裁判方面，模糊性使用又会导致权利保护受限、法律论证矛盾的疑难问题。② 笔者大体赞成这种观点。数据和信息的区分是最为基础也必须加以解决的问题，在很多与数据和信息相关的法律问题中，数据和信息含义的不明确、区分的不清晰是争议产生的一个重要因素。归纳起来，不清晰界定数据和信息及其关系至少会产生以下几方面的争议。

1. 个人信息与个人数据的可分离性问题

《民法典》《个人信息保护法》采用了"个人信息"的概念，而没有采取欧盟法的模式，使用"个人数据"的概念，但是也没有说"个人信息"与"个人数据"具有相同的含义。《数据二十条》第 3 条提到了"个人数据"的概念，要求"建立公共数据、企业数据、个人数据的分类分级确权授权制度"。关于个人信息与个人数据的概念是否等同，在我国法律已经确立了个人信息权益的前提下，关于是否仍需要（且可以）规定个人数据权益（如个人数据所有权），学术界有不同的观点。③ 这里仅讨论该争论的一个基础问题（其他内容留待下一节讨论），即个人信息与（记载个人信息的）个人数据是否可以相互分离。该问题之所以是基础性的，是因为按照赞成说的观点，个人信息权益的客体是语义（内容）层的信息，而个人数据权益的客体是句法（符号）层的数据，所以，个人数据权益与个人信息权益是不同的。通过先授予自然人个人数据所有权，然后再让自然人与企业订立合同授予企业个人数据用益权或者法定授权等方式，使企业取得个人数据用益权，企业凭借个人数据用益权，"在保护个人信息的前提下，数据处理者可以通过技术手段，如借助'可用不可见'的差分隐私、同态加密等隐私计算技术，实现对个人数据的利用"④。这种观点隐含着

---

① 梅夏英：《信息和数据概念区分的法律意义》，《比较法研究》2020 年第 6 期。
② 韩旭至：《信息权利范畴的模糊性使用及其后果——基于对信息、数据混用的分析》，《华东政法大学学报》2020 年第 1 期。
③ 赞成的观点，参见申卫星：《论数据产权制度的层级性："三三制"数据确权法》，《中国法学》2023 年第 4 期。反对的观点，参见王利明：《论数据权益：以"权利束"为视角》，《政治与法律》2022 年第 7 期；程啸：《论数据权益》，《国家检察官学院学报》2023 年第 5 期。
④ 申卫星：《论数据产权制度的层级性："三三制"数据确权法》，《中国法学》2023 年第 4 期；申卫星：《论数据用益权》，《中国社会科学》2020 年第 11 期。

个人信息与（记载个人信息的）个人数据可分离的前提条件。理由在于，如果个人信息与（记载个人信息的）个人数据是不可分离的，那么即使授予企业个人数据用益权，企业根据这种用益权的规则来利用数据也没有任何意义，因为利用个人数据的活动同时也构成个人信息处理活动，需要满足《民法典》和《个人信息保护法》规定的各项要求，而这些要求已经对个人信息的处理施加了比数据用益权的数据利用规则更为严密的规制（这时企业有无数据用益权，结果都一样）。

笔者认为，那种认为个人信息与（承载个人信息的）个人数据能够分离的观点完全是由于对数据和信息关系的理解不够深入而发生的误解。姑且不讨论将信息比喻为语义，将数据比喻为句法是否严谨，问题是，难道语义可以与句法相分离吗？只要一个人具有阅读某种语言的能力，他又阅读了用这种语言写的句子或段落，那他必然会知道这个句子或段落的语义，如何能够设想一个有阅读能力的人看过了文字后不知道语义？在规范层面，认为承载个人信息的个人数据与个人信息可分离同样难以理解。法律能够规定语义未经同意不得传播，但是持有句法的人却可以合法地将这个句法卖掉换钱吗？这种做法就像是法律禁止传播（数据形式的）淫秽物品，但允许存有淫秽物品的存储设备在市场上自由流通一样，是自相矛盾的。承载个人信息的个人数据，交换价值就在于其上的个人信息，无论采取差分隐私、同态加密等技术[①]，要使数据用益权能够发挥实际作用，必然需要使用益权人获得更大的利用个人信息的自由（否则有无用益权的人的可得利益相同），而这必然与《民法典》和《个人信息保护法》的规定相冲突。

2. 数据权益与知识产权的关系问题

在法学界，学者通常都认为，数据权益的客体就是数据。但是，对于到底什么是作为数据权益客体的"数据"，其与信息之间是何种关系，理论上存在不同的看法。在数据权益中，作为客体的"数据"指向不明确，这一问题虽然还没有得到学者的充分讨论，但从不同学者对数据权益客体的论述中就可以比较明显地看到：研究知识产权法的学者通常会主张数据

[①] 这些技术通常只能使处理者无法获得原始数据，将原始数据用于未被授权的用途，不会使处理者不能获得任何信息（用户通常可获得根据某种算法得出的计算结果，即衍生数据），否则它就不可能具有为数据流通提供解决方案的能力（闫树、吕艾临：《隐私计算发展综述》，《信息通信技术与政策》2021年第6期）。如果处理者获得的是仍可识别个人的信息，那么这种处理以及后续的利用就仍然必须适用针对个人信息处理活动的各种规定；如果处理者获得的是不可识别个人的信息，那么这个处理过程就是法律意义上的匿名化过程，经此处理后的数据当然可以由处理者自由利用，这在《个人信息保护法》上就有规定，无须新增权利。

完全可以成为知识产权的客体,对数据的保护,部分可以利用原有的知识产权制度(如著作权、商业秘密保护的规定)实现,其他不能利用已有的知识产权制度加以保护的部分可以参照原有知识产权设定的逻辑,设定类似于知识产权的新型权利实现。① 这类观点背后所隐藏的对"数据"的界定,与《数据安全法》第 3 条第 1 款对数据的定义是不同的。按照《数据安全法》的界定,数据是对信息的记录,或者说数据是信息的表现方式,那么数据与信息并非一个层面的概念,多个编码方式不同的数据可以对应到同一信息,例如可以用中文"是"表示肯定,也可以用英文"yes"表示同样的意思。如果作为数据权利客体的"数据"采取这种定义,那么数据权利的客体就只是某一种表现形式,数据权利只应该针对这种特定的表现方式(比如中文的"是"),而不能指向其他内容一样的表现形式(比如同时指向"是"和"yes")。这与作为知识产权客体的信息②可以指向所有内容同一的表现形式③完全不同。所以,当学者主张数据可以作为知识产权客体时,"数据"不是指对信息的一种记录,而是与"信息"处于同一层面的概念(或者与信息的含义等同),同样能够指向多种表现形式。④ 但是,也有不少学者在讨论数据权利的客体问题时,会采用《数据安全法》对数据的界定,将数据权利的客体定义为对信息的记录,明确将数据与信息区分为不同层面的概念。⑤ 若是采取这种界定方式,数据权利与信息上的权利(知识产权、个人信息权益)就完全不同。

---

① 崔国斌:《大数据有限排他权的基础理论》,《法学研究》2019 年第 5 期;崔国斌:《新酒入旧瓶:企业数据保护的商业秘密路径》,《政治与法律》2023 年第 11 期;冯晓青:《知识产权视野下商业数据保护研究》,《比较法研究》2022 年第 5 期。

② 知识产权法学者普遍认为,所有知识产权的客体,无论是作为专利权客体的技术方案,还是作为著作权客体的作品,本质上都是信息[王迁:《知识产权法教程》(第六版),中国人民大学出版社 2019 年版,第 2 页;冯晓青:《知识产权视野下商业数据保护研究》,《比较法研究》2022 年第 5 期; Mark A. Lemley, "Property, Intellectual Property, and Free Riding, 83 *Tex L. Rev.* 1031 (2004), p. 1034; Henry E. Smith, Intellectual Property as Property: Delineating Entitlements in Information", 116 *Yale L. J.* 1742 (2006), pp. 1744 - 1745]。

③ 例如,无论作品印刷在书上,以数据形式存放在服务器上,还是被人口述出来,对它们的使用和传播,都受到著作权法保护。

④ 例如,崔国斌教授认为,应当为大数据集合提供有限排他权的保护,阻止他人未经许可向公众传播收集者付出实质性投入收集的实质数量的数据内容(崔国斌:《大数据有限排他权的基础理论》,《法学研究》2019 年第 5 期)。如果禁止他人向公众提供的数据集合仅限于与原数据集合完全一致的数据集合(数字摘要一样),那么这种产权保护显然难以发挥作者所希望实现的功能,因为希望通过传播数据获利的人通过去除水印、改变数据的精确度、改变数据的编码等方式就能够轻松使他传播的数据集合与原数据集合不一致,绕过排他权的限制。

⑤ 纪海龙:《数据的私法定位与保护》,《法学研究》2018 年第 6 期;申卫星:《论数据产权制度的层级性:"三三制"数据确权法》,《中国法学》2023 年第 4 期。

3. "重要数据"与"核心数据"等数据类型的界定问题

《数据安全法》第 3 条第 1 款虽然给出了数据的定义，但是套用这个定义去理解该法后续法条用到的"重要数据""核心数据"等概念会存在很大的困难。根据《数据安全法》第 3 条的定义，"重要数据""核心数据"似乎应当被理解为对重要信息和核心信息的记录（一种表现方式）。那么，重要数据和核心数据似乎就应当对应到特定的重要信息、核心信息。然而，考察下位法和国家推荐性标准（或相关草案）对这些数据包含的细分类型的说明，无法看到这两种数据指向的特定信息。例如，《汽车数据安全管理若干规定（试行）》第 3 条第 6 款规定以下五种数据为重要数据：(1) 军事管理区、国防科工单位以及县级以上党政机关等重要敏感区域的地理信息、人员流量、车辆流量等数据；(2) 车辆流量、物流等反映经济运行情况的数据；(3) 汽车充电网的运行数据；(4) 包含人脸信息、车牌信息等的车外视频、图像数据；(5) 涉及个人信息主体超过 10 万人的个人信息。其中第一类的"地理信息"和第五类的"个人信息"或许可以认为是重要数据指向的特定信息。但是，其他的重要数据类型看起来都是一些蕴含信息比较丰富，通过机器将客观情况记录下来的原始数据，并非作为某个特定信息的载体而指向该特定信息的。例如，人流、车流可能反映经济运行情况、反映某种活动正在举行，可能两者都有反映，也可能与两者都无关。对于"重要数据"中"数据"的确切含义，更合理的理解似乎是：这里的"数据"是与"信息"处于同一层面的概念，可以指向多种表现形式。除此之外，《数据安全法》第 3 条对数据的定义用于理解"公共数据""企业数据"等数据类型的概念时也会出现类似的问题（无法找到指向的特定信息），不再赘述。

(二) 法学中数据和信息界定的相对独立性

由于数据和信息的概念产生于科学领域，并非某个哲学流派或法学流派的"创造"，故而法学学者通常以概念"引入者"的角色（而非"创造者"的角色）处理法学中数据和信息的概念，即引用其他学科文献中的定义来界定法学领域内的"数据"与"信息"。所以，从目前我国法学界的现状来看，"数据"与"信息"概念与其他学科对这两者的界定存在十分密切的联系。而且，由于不同法学学者的知识背景不同，参考的文献不同，当前法学文献中对"数据"与"信息"的界定并没有偏重于采取某一学科或某一类型的定义，而是像法学之外的领域一样，对这两个概念有着很多不一样的界定（通常取决于应用的语境）。所以在当前概念运用的实践下，不存在要求法学上的"数据"与"信息"概念和其他学科中的定义相互独立的现实基础。不仅如此，从应然层面来看，法学中"数据"与"信息"的概念与其他领域的界定保持相对的一致性，在概念应用的功能上也具有充分的必要性。即使认为法学概念可以与其他领域的界定不一致，这种不一致的程度也会受到自然规律的限制。

这是因为：一方面，法律规范对数据和信息的界定受到数据和信息的自然属性和社会属性的限制。正如在物权法领域，月球、火星等其他星球上的土地不能成为物权的客体（不属于人类可以利用的范围），针对动产与不动产规范存在较大的差异（这两者的自然属性和社会属性都有很大不同），关于数据和信息的法律规范也不可能无视数据和信息的自然属性和社会属性。例如，由于数据与该数据表示的信息具有不可分离的自然属性，所以，法律不能强行以这两者为不同的权利客体，设定不同的权利，将同一利益分配给不同的权利人。[1] 再如，数据与信息虽然理论上可以作出非常细微的切分，但法律上"一宗""一条"等对数据与信息数量的界定，应当考虑社会意义。[2]

另一方面，关于数据与信息的法律规范需要应用在数据与信息处理的实际流程中，如果法学上对数据和信息的界定与现实处理活动中的界定不一致，将产生所谓的"翻译"成本。申言之，当法律要对数据和信息处理活动提出新的治理方案时，由于法学上的数据和信息概念与实践中的界定不一致，那么，立法者和司法者就需要首先判断他们关心的处理活动属于

---

[1] 前文在分析数据与信息区分的必要性时，提及了认为个人信息与记载该个人信息的个人数据可分离的观点，具体而言，该观点认为，信息和作为信息载体的数据是"橘肉和橘皮"的关系，在一定程度上可以区分，设定不同的权利，分配给不同的人，载有个人信息的数据在"匿名化去除识别性"后，既能继续承载个人信息维持其价值属性，又能在不违反《个人信息保护法》关于个人信息流动的限制性要求的前提下，获得流通属性（申卫星：《数字权利体系再造：迈向隐私、信息与数据的差序格局》，《政法论坛》2022年第3期；申卫星：《论数据产权制度的层级性："三三制"数据确权法》，《中国法学》2023年第4期）。这种观点违反了信息与数据的自然属性。作为信息载体的数据，实际上就是一串数字的排列组合，根据信息论，这种排列组合显示了某种确定性，这种确定性就是这串数字表示的信息（在信息论中，信息是一种量，信息的增加意味着不确定性的减少）。所以，根本就不存在相对独立于数据（载体）的信息，作为载体的数据与信息是完全一体的（虽然信息可以更换载体，但它不能脱离载体而独立存在）。将载有个人信息的数据"匿名化去除识别性"就是要去除数据中关于个人信息这种关于个人的确定性，使得数据利用者通过数据确定特定个人。在这种处理之后，原本载有个人信息的数据就发生了排列组合上不可反向还原的变化，表示的信息发生变化，新的数据与原有数据丧失了同一性，不可能保留承载个人信息的价值属性（否则就是匿名化处理根本没有实现应有的功能）。

[2] 例如，在设计数据或数据产权登记制度时，若采取物的编制主义模式的登记簿，需要考虑登记簿记载数据的基本单位，以数据表中的单个数据项为基本单位，以单个数据表（包含多个数据项）为基本单位，还是采取其他标准。这些标准在实操上都不太会有问题，选择的主要考量因素应该是交易是否通常具有一体性、价值评估的便捷性等与社会意义相关的因素。

对法学中对信息的处理还是对数据的处理，即"翻译"为法律意义下的处理活动，然后制定并适用规范。当处理者要在处理活动中落实法律的要求时，他们首先需要理解法律规范对他们负责的哪些处理活动具有调整作用，将法律规范的要求"翻译"为对他们实践中的处理活动的限制，再去调整业务流程。所以，当法学中的概念与实践中的概念不一致时，在一个完整法律治理过程中，就需要增加两个"翻译"的流程，耗费相当的成本。两种概念越是不一致，"翻译"的相符性就会越弱，治理的成本就会越高。如果在法学研究和法律实践中采取与（信息系统构建与运行的）实践活动相一致（或大体上一致）的界定方式，这种"翻译"成本就可以避免。所以，放任法学和法律实践对数据和信息的界定与其他界定模式的不一致，会导致社会治理的无效率。

（三）小结

综上所述，数据和信息的区分是讨论与数据和信息相关的法律问题时必须处理的基础性问题。倘若采取大而化之，笼而统之的观念来处理这一问题，就没法深入地探讨诸如数据权益、数据交易以及数据安全保护等问题。不同的文献可能采用的概念一致，但是所涉及的问题却不同；也可能表面上采取的是不同的概念，而涉及的问题完全相同。如果这样的话，就非常不利于凝聚学术讨论的焦点，不利于人们对于问题的认识更加深化。

要梳理清楚法学上数据和信息两个概念的内涵与关系，不能仅仅考虑现有的法学文献对该问题的讨论①，还需要回溯数据和信息的基本原理，以及这两个概念在更广阔范围内的应用历史，参考其他学科已经产生的相关知识。

总的来说，法学上对数据和信息关系的认识可大致区分为两个不同的来源：一个来源是通信与计算机科学领域对数据与信息的界定，最终的理论基石是信息论（或称控制论）；另一个来源是自然科学等其他学科传统上对数据与信息的界定，以及这种界定模式在信息管理学科（或称图书、情报与档案管理学科）中的整理和升华（主要体现为数据—信息—知识—智慧层级模型，即DIKW模型）。由于信息论对数据与信息的界定自成体

---

① 有学者曾通过概念范围比较的方式归纳关于数据与信息关系的不同观点，认为数据与信息的关系主要包括"数据=信息""数据>信息""数据<信息"三种观点（许可：《数据安全法：定位、立场与制度构造》，载《经贸法律评论》2019年第3期）。但是，正如该文后续提出其赞成的是国际标准化组织采用的——数据作为信息表示方式——的观点并不能归属在概念范围上的区分，对数据与信息的区分并不一定是平面的、范围上的，也可以是结构和层次上的。也就是说，对数据和信息关系的不同认识可能来源于对数据与信息治理的整体结构的不同认识。因此，如果不弄清不同观点的理论基础，单纯归纳整理数据和信息关系的现有观点，不会有太大的意义。

系，而其他的界定模式大体上具有共通性，因此，更简明的处理是，法学上界定数据信息，只需要考虑数据和信息这两个概念组成的概念组是否以信息论为基础即可。具体来说，在不以信息论为基础的数据和信息的概念组（第一类概念组）中，数据和信息的关系是平面式的，两者没有绝对的界限。这个概念组具有很悠久的历史，其与实验科学（如实验物理学）和信息管理的相关学问[①]有重要的联系。以信息论为基础的数据与信息概念组（第二类概念组）则是在信息论及其广泛的应用出现后才形成，但是，由于信息论在现代信息技术当中具有非常基础性的作用，这种概念界定模式随着信息技术越来越广泛的应用而变得越来越重要。在这一概念组中，数据与信息是类似于"形式与内容"的关系（但并不完全一致），两者具有绝对的不同。下文将分别讨论这两组概念中数据和信息的关系，并梳理它们在法律中的应用，以期为理论界提供一个数据和信息关系的清晰图景。

三、非信息论意义上的数据和信息概念组

（一）简要说明

暂时不考虑信息论的影响，仅仅考察"信息"（information）与"数据"（data，单数形式是datum，但比较少用）这两个概念在英语中应用的源流，可以发现这两者虽然有着不同的发展脉络，但在指涉的对象上存在一定重合之处。"信息"是比"数据"更古老的概念，其主要含义与知识（knowledge）有密切关系，具有传授、使他人获得某种知识的意思，也可以指代获取知识的能力，或某种知识、事实的部分。[②] "数据"是指一种用数字来表达的（numerical）信息，通常出现在科学著作中，可以用作参考、分析和计算；由于数据通常是科学家根据预先设定的标准，观察自然现象或者实验结果记录下来的，例如天文学家为了研究行星运动的规律，会记录下数量众多的观测结果数据，化学家希望研究某种化学反应，会记录下溶液变色或火焰熄灭的时间数据。[③] 所以，数据也可被认为是一种已经获得事实，可以作为推理、获取知识的基础。

从"信息"和"数据"这两个概念在历史中的运用中，我们可以比较粗略地看出，虽然"信息"和"数据"的出发点和视角有所差异，但其指

[①] 这类学问具有很长的历史，在中国古代的学术传统中，就有目录学、版本学等相关学问；在20世纪前中期，大学中形成了图书馆学、档案管理学、情报学等学科；到了21世纪，这类学问大多被纳入大统一的"信息管理"学科体系下。

[②] 牛津英语词典（Oxford English Dictionary）在线版information词条Meaning & Use板块，available at https://www.oed.com/dictionary/information_n?tab=meaning_and_use#416073。

[③] 牛津英语词典（Oxford English Dictionary）在线版datum词条Meaning & Use板块，available at https://www.oed.com/dictionary/datum_n?tab=meaning_and_use#7471515。

涉的对象比较接近，都与知识相关。"信息"是更一般、更抽象的概念，而"数据"的概念在某种程度上与科学的兴起以及运用数字来实现更精确的记录①密切相关。从这个角度来看，"信息""数据""知识"这三个概念在很大程度上是来源不同但含义相近的近义词，很难做出严格的区分。"数据"和"信息"的关系是平面式的，两者并没有本质上的不同，区别主要在于范围上的差别（比如不包括数的表达一般不能称为数据，过于细节的表达一般不称为信息）。这种"数据"和"信息"概念界定方式属于第一类的数据与信息概念组。

（二）DIKW 模型中数据和信息的区分模式

非信息论意义的数据和信息概念组在日常语境中被广泛地使用。在不需要严格区分数据和信息的专业领域（比如人文学科、管理学等），研究者们也会基于这种概念组演进出与该领域研究问题相适应的界定模式。就该概念组在不同学科领域的演变，法学学者需要特别重视的是：信息管理学科（以前也称为"图书馆情报与档案管理学科"）中"数据（data）—信息（information）—知识（knowledge）—智慧（wisdom）"层级模型（DIKW hierarchy）。之所以这种模型对法学研究重要，是因为信息管理学科研究的主要问题是：如何对涉及信息活动的各种要素（信息、人、机器、结构等）进行合理组织和控制，从而实现信息及有关资源的合理配置，提高信息利用效率、最大限度实现信息的效用价值。② 法律调整数据处理与信息处理关系也是在配置数据和信息归属，控制数据和信息的流动，完全可以视为一种利用法律规范及其适用系统（包括法院、企业、个人等多种参与者）进行的信息管理活动。也就是说，法学与信息管理学科指涉的现实问题在数据和信息的利益分配和流动控制这个部分上是相互重合的。所以，DIKW 层级模型作为信息管理学科的一种核心模型，在一定程度上也可作为法学上区分不同数据与信息类型而对其处理活动有区别地加以治理的基础。一些法律学者已经注意到这种模型，在与数据和信息相关的文献中进行了一定讨论。③ 而 DIKW 模

---

① 例如，用"13 点""14 点"来记录事件发生的时间比用"下午"来记录更为准确。

② 马费成、宋恩梅、赵一鸣：《信息管理学基础》（第三版），武汉大学出版社 2018 年版，第 19 页。

③ 一些学者认为 DIKW 模型对数据和信息的区分对法学区分这两个概念没有意义。意义有限或者只在历史上有意义（梅夏英：《信息和数据概念区分的法律意义》，《比较法研究》2020 年第 6 期；韩旭至：《信息权利范畴的模糊性使用及其后果——基于对信息、数据混用的分析》，《华东政法大学学报》2020 年第 1 期；高富平：《数据生产理论——数据资源权利配置的基础理论》，《交大法学》2019 年第 4 期）。但也有学者根据或借鉴 DIKW 模型来构建数据与信息权利的体系（苏今：《大数据时代信息集合上的财产性权利之赋权基础——以数据和信息在大数据生命周期中的"关系化"为出发点》，《清华知识产权评论》2017 年第 1 辑；姚佳：《企业数据权益：控制、排他性与可转让性》，《法学评论》2023 年第 4 期；郑佳宁：《数字财产权论纲》，《东方法学》2022 年第 2 期）。

型这种根据意义、价值和处理活动对数据与信息加以分层区分的思想，也是清晰理解我国立法和政策文件中提及的很多数据和信息类型的关键（下文详述）。

所谓DIKW模型，即DIKW层级模型，是一种界定数据、信息、知识、智慧这四种概念、描述它们之间层级关系并说明低层级概念指代的事物如何向高层级概念指代的事物转变的理论模型。[1] 虽然这个模型在信息管理学科中得到普遍的认可，很多时候被认为是理所当然（taken-for-granted）的，但实际上不同文献对此模型的表述有很多不一致的地方。研究者在这四种概念存在层级关系以及层级关系是数据低于信息低于知识低于智慧这两点上存在较高程度的共识，但对于这四个概念分别应当如何定义，低层级概念指代的事物向高层级概念指代的事物转变的过程应当如何描述这两个问题，分歧较大。[2] 以下仅以DIKW模型最为经典的表述——美国著名组织理论家Ackoff的表述（据信是利用DIKW模型的作者主要引用的文献来源[3]）——作为标准，简要说明DIKW模型与数据和信息的关系相关的主要内容。

（1）DIKW模型定义了数据、信息、知识、智慧这四种概念。数据是指用来表示物体、事件和环境属性的符号，是观察（即感受）的产物。信息被包含在（对物体、事件和环境的）描述中，是对"谁"（who）、"什么"（what）、"哪里"（where）、什么时候（when）和多少（how many）等问题的回答。知识是指知道如何做（know-how），有知识使一个系统有效的运转成为可能。智慧是指提升有效性（effectiveness）的能力，通过智慧可以促进发展（development），从而增加价值（value）。

（2）在DIKW模型中，信息是通过对数据的处理（process）得到的，即信息是从数据中推断（infer）出来的。从数据到信息，就像从矿石到制成品一样，数据作为原料加上合适的处理，使得信息具有利用价值。所以，数据与信息的区别是功能上的（functional），而非结构上的（structural），但从数据到信息，总体的数量一般会减少（因为信息是数据提炼的结果）。在知道信息的基础上知道怎么样操作是有可行的，即从信息中

---

[1] Jennifer Rowley, "The Wisdom Hierarchy: Representations of the DIKW Hierarchy", 33 *Journal of Information Science* 163 (2007), p. 164.

[2] Jennifer Rowley, "The Wisdom Hierarchy: Representations of the DIKW Hierarchy", 33 *Journal of Information Science* 163 (2007), pp. 163, 177-178.

[3] Jennifer Rowley, "The Wisdom Hierarchy: Representations of the DIKW Hierarchy", 33 *Journal of Information Science* 163 (2007), p. 166.

得到操作指令（instruction），就具有了知识。在有知识的基础上，知道怎么做是有效的（effectively），从而实现进步、增加价值，那么就是有智慧的。①

（3）DIKW模型对数据、信息、知识和智慧的界定，学术界常用图1-1所示的"金字塔"加以描述。

```
        智慧
       知识
      信息
     数据
```

图1-1　DIKW模型示意图

去除那些不好理解且与法学讨论无关的细枝末节，DIKW模型对法学探讨数据与信息关系问题的影响主要有两方面：一方面，数据被界定为对客观事实的记录，信息被界定为对客观世界属性的描述。② 这为法学研究者提供了一种从价值角度理解数据和信息概念的视角，该视角非常适合于分析如何分配多角色参与的数据（信息）处理过程产生的价值的问题（这也是DIKW模型为何在信息管理学科内广受认可的理由）。另一方面，数据与信息的关系是平面式的③，对两者的区分是功能上的区分，是记录客

---

① 以上对DIKW模型的说明均参见R. L. Ackoff, "From Data to Wisdom", 16 *Journal of Applied Systems Analysis* 3（1989）。关于DIKW模型的更多细节，也请参考这一论文。

② 国际标准化组织制定的标准ISO/IEC 2382：2015，对信息处理意义下的信息下的定义与此基本一致。根据ISO/IEC 2382：2015的information（2121271）词条，（信息处理意义下的）信息是指关于客体，比如事实、事件、事物、过程或想法的知识，包括概念，在特定上下文语境中有特定的含义。原文是，"〈information processing〉knowledge concerning objects, such as facts, events, things, processes, or ideas, including concepts, that within a certain context has a particular meaning", see information（2121271）, ISO/IEC 2382：2015 (en) Information Technology-Vocabulary, https://www.iso.org/obp/ui/#iso：std：iso-iec：2382：ed-1：v2：en, last visited at Nov. 6, 2023。

③ 虽然DIKW被称为层级模型（hierarchy）、金字塔模型，但该模型并不认为数据和信息具有结构上的不同，属性类型并没有增减，两者仍然是可比较的，就像两组处于同一平面上的点一样，故本书仍将这两者的关系称为"平面式"的〔与此相反，如果两种概念在结构上不同，即属性类型不同，那么两种概念的实例就分布在更高维的（包含所有属性的）空间中，不在同一个平面上，不具有可比性〕。

观情况细致程度的区分（数据记录更细致），以及直接利用价值大小的区分（信息更有可能在不投入成本额外处理的前提下使获得者获利）。此种区分模式可以用于理解原始数据与衍生数据的关系、数据与数据产品的关系、数据或数据集合与智力成果的关系。

（三）非信息论意义的数据和信息概念组的法律应用

非信息论意义的数据和信息概念组的核心特征是数据并非指信息的表现方式，而是与信息处于同一位面的概念，数据和信息没有"质"的差异，只有功能上的、范围上的差异。在我国法律和政策上，对"数据"或"信息"的定义采用了此种非信息论意义上的数据和信息概念组的情形有不少，比较重要的归纳如下。

1.《科学数据管理办法》中对"科学数据"的界定。

根据《科学数据管理办法》第 2 条，科学数据主要包括在自然科学、工程技术科学等领域，通过基础研究、应用研究、试验开发等产生的数据，以及通过观测监测、考察调查、检验检测等方式取得并用于科学研究活动的原始数据及其衍生数据。根据这一定义，原始的科学数据实际上就是通过一定的标准，对自然现象、实验现象加以记录的结果，符合 DIKW 模型中数据的定义。而衍生的科学数据，根据其是否形成了对特定事物性质的描述，可能属于 DIKW 模型中的数据，也可能属于 DIKW 模型中的信息。

2.《数据安全法》中的"重要数据"的定义

《数据安全法》对"重要数据"的定义在很多时候是符合 DIKW 模型对数据的界定的。前文已经分析过《汽车数据安全管理若干规定（试行）》规定的重要数据即人流、车流、物流、汽车充电网、车外视频和图像的数据，都不是对某种"重要的"特定信息的表现形式，而是对客观情况的记录，根据这些记录，通过数据处理，可以分析出很多不同的、对客观世界的描述（DIKW 模型中的信息），比如某人在什么时间到达某地、某地于某个时间段有多少车辆经过、某个时间段内有多少快递经过、某个时间段内电动汽车的使用数量有多少，等等。正是因为这些可以被分析出来的信息可能是"重要的"，为了使这些重要信息不泄露（不被分析出来），所以要对重要数据采取更为严格的安全保护措施。①

3. 现行法和政策使用的"大数据"中"数据"的含义

我国现行法和政策使用的"大数据"中"数据"一词的含义符合

---

① 但这并不等于对重要信息的保护。对重要信息本身的保护，在国家安全法体系中主要适用保守国家秘密法等相关规定。若非如此理解，就无法区分数据安全法规和保守国家秘密法规的关系了。

DIKW模型对数据的定义。我国的很多立法都采用了"大数据"的概念，例如《数据安全法》第14条要求国家实施大数据战略，《中小企业促进法》第33条要求国家支持中小企业应用大数据这种现代技术手段。《大数据发展纲要》开篇就界定了"大数据"，即"大数据是以容量大、类型多、存取速度快、应用价值高为主要特征的数据集合，正快速发展为对数量巨大、来源分散、格式多样的数据进行采集、存储和关联分析，从中发现新知识、创造新价值、提升新能力的新一代信息技术和服务业态"。作为一种数据集成形态的"大数据"，其特征主要指向记录的数量、范围、细致程度、处理后结果的有用性，以及从中分析出"新知识""新价值"的可能性，并非意旨特定的信息集合（蕴含的信息有很大不确定性，对"大数据"进行不同的分析可能找到不同的结果）；而作为大数据集合组成成分的每一项数据，主要指向某个事件、某种事物特征的原始记录，并非对已知特定信息的表示。因此，在"大数据"应用的语境中，无论作为集合的大数据还是作为集合元素的每一项数据，都符合DIKW模型对数据的界定。

四、信息论意义上的数据和信息概念组

（一）简要说明

非信息论意义上的数据和信息概念组虽然很常见，并且对数据和信息的区分也比较容易理解，但是，该组概念最大的问题是定义得很模糊、不精确。很多时候都不太知道如何确切地划定数据和信息的界限；而且这组概念主要界定模式，即DIKW模型，是从资源管理的角度出发的，与数据和信息的实际处理过程并不完全吻合。法律规范数据和信息的处理过程，最终还是希望把规则的要求具体落实到数据和信息处理过程中，所以，必须考虑处理活动的现实状况和根据规则要求加以改变的可行性问题，单纯利用非信息论意义上的数据和信息概念组很难对这些问题进行深入细致的思考，也无法精确地、尽量减少歧义地表达出相关的法律规范。因为信息论是一种利用数学语言加以表达的理论[1]，对信息和数据的概念都有严格的界定，所以根据信息论提供的方法可以非常精确地定义这两个概念，完美地解决上述问题。

此外，信息论也是现代各种信息技术的基础原理，是互联网、各种类型的计算机以及人工智能都必须依赖的基础。根据信息论的界定模式来界

---

[1] 香农开创这一理论的论文题目就是《关于通信的一种数学理论》（A Mathematical Theory of Communication）。

定规制互联网经济、数字世界和算法的法律规范中的基本概念——"数据"和"信息",具有天然的合理性,不会产生前文提及的"翻译"成本。除此之外,在实证法上也不乏直接利用信息论定义模式的情况(比如《数据安全法》对数据的定义,后文将说明这一点)。所以,法学界有必要深入分析信息论意义上的数据和信息概念(第二类概念组)。为了更清晰地理解这一概念组,下文在尽量避免使用数学概念的前提下先简要地介绍信息论与数据和信息概念相关的内容[1],然后分析如何从信息论角度界定数据和信息,接着说明这一概念组在法律中的应用,最后讨论与信息论对数据和信息的界定相关的一些区分模式中存在的问题。

(二)信息论简介

信息论,狭义地理解,就是通信(communication)的数学理论,它关心的是在一点选定的消息(message)如何在另外一点(精确或大致上)重现的工程学问题。[2] 但是,从广义上理解,信息论研究的是控制和通信的一般问题,人、动物、机器三者之间通信全部都是信息论研究的内容,对通信的研究也是对社会的研究。[3] 就此而论,信息论可以广泛地运用于法学的各个领域。但就本节所要分析的问题——数据与信息的关系来说,了解以下两个狭义信息论中的要点即可。

1. 信息熵

信息熵(entropy)是信息论中用来计量信息、选择和不确定性的关键概念[4],也是我们理解信息论对"信息"界定的关键。简单地理解,信息熵是站在某个观察者或者说系统(system)[5]的角度,对不确定性的判断。举例来说,我们假设甲去玩一个抛硬币的游戏,如果抛掷的结果为正面,甲得到1分,如果为反面,甲得0分(不得分),现在甲需要判断自己可能得到几分(甲是观察者)。假设甲完全不知道这场游戏是否公平,

---

[1] 关于信息论更为细致、严格的讨论,see C. E. Shannon, "A Mathematical Theory of Communication", 27 *The Bell System Technical Journal* 379 (1948)。关于信息论在香农之后的发展,以及在多个学科领域的应用,请参考[美]科弗、[美]托马斯:《信息论基础》(第2版),阮吉寿、张华译,机械工业出版社2008年版。

[2] C. E. Shannon, "A Mathematical Theory of Communication", 27 *The Bell System Technical Journal* 379 (1948), p. 379.

[3] [美]维纳:《人有人的用处》,商务印书馆1978年版,第2-4页。维纳将他的理论称为"控制论",其主要思想与信息论是一致的,但切入的角度不同。

[4] C. E. Shannon, "A Mathematical Theory of Communication", 27 *The Bell System Technical Journal* 379 (1948), p. 393.

[5] 实际上,无论人、动物还是计算机,在信息论中都是系统。为了避免理解的困难,以下用观察者指代有主观意识的人,系统仅指代机器。

硬币是否有一面更重，抛掷的人是否作弊。此时对甲来说，得分结果的不确定性是最大的。甲能够做出最合理的假设是——他能得1分的可能性与得0分的可能性相当，不知道未来会发生什么。① 在玩了几回这个游戏后，甲记录下之前几次的抛掷结果，并仔细观察抛硬币的情况以及抛掷人的动作，根据这些记录和观察到的现象总结规律。他总结出来的规律可能是抛出正反面的概率大致相当，也可能由于硬币重量分布不均或者抛掷人做小动作，导致抛出正面的可能性较大，或者抛出反面的可能性比较大。假设甲根据他的观察发现抛出反面的可能性较大，也就是说他下次在游戏中得0分的可能性较大。此时，该游戏对甲来说，不确定性变小了。因为他知道了一些与这个游戏有关的"知识"，什么结果更可能发生（比如抛出正面的可能性只有四成，而抛出反面的可能性有六成）。游戏再进行一些次数，甲可能会通过观察发现更为精确的规律。比方说，这个游戏的抛掷者有作弊，每抛出3次反面，就会抛出1次正面。甲通过观察抛掷的结果发现了这一规律。现在甲发现此前3次的抛掷结果都是反面，于是他可以很确定地认为，下次的抛掷结果一定是正面。此时，对甲来说，下次的抛掷结果是确定的，不存在不确定性。信息熵的概念就是用数学的语言定量地描述上述三种不同状态下，甲对游戏结果不确定性的判断——不确定性越大，信息熵越大，当结果完全不可确定时，信息熵最大②；不确定性越小，信息熵也越小，当结果完全可以确定时，信息熵最小。③

2. 通信系统的基本模型

通信系统（communication system）的基本模型是理解信息如何通过数据加以表示并向他人（或其他系统）提供的关键。根据香农的界定，一

---

① 这种假设的科学性基础是最大熵原理（principle of maximum entropy）。最大熵原理最早由物理学家E. T. Jaynes提出，see E. T. Jaynes, "Information Theory and Statistical Mechanics", 106 *Phys. Rev.* 620 (1957)。

② 直观地说，如果每种可能发生的结果，发生的可能性都相同，比如抛硬币，抛出正反面的可能性相当，再如买彩票，每个号码出现的可能性相同，结果的不确定性是最大的。此时，根据信息熵的计算公式，信息熵也是最大的。

③ 信息熵 $H(X)$ 的计算公式是：$H(X) = -\sum_{i=1}^{n} p_i \log(p_i)$，其中 p_i 是每种可能情况出现的可能性（概率），$\log(x)$ 为 x 对数，与 x 的大小正相关，n 是可能性的数量，$\sum$ 为求和符号，求的是所有可能性取值根据求和号右方算式计算得出结果的和。若 $\log(x)$ 的底为2，则 $H(X)$ 的单位是比特（bit）。以上述抛掷硬币的游戏为例，最初的情况，信息熵为 1bit $\left[\log_2 \frac{1}{2} = -1, H = -\left(\frac{1}{2}\log_2 \frac{1}{2} + \frac{1}{2}\log_2 \frac{1}{2}\right)\right]$；总结规律的过程中，信息熵在 0～1bit 之间，最后确定了规律，信息熵为 0bi $[\log_2 1 = 0, H = -(1 \times \log_2 1 + 0)]$。

个通信系统包括五个部分：信源（information source）、发送器（transmitter）、信道（channel）、接收器（receiver）、信宿（destination）。一个通信或者说信息传输的过程（经简化）如图1-2所示。

信源 → 发送器 → 信道 → 接收器 → 信宿

图1-2 通信系统的构成

其中，信源产生需要传输到接收终端的一个或一系列消息（message）。所谓消息，现在最常见的，就是一连串的字符、数字（也包括以前常用的电话模拟信号、电视模拟信号等）。发送器将需要传输的消息转化为能够通过信道传输的信号（signal），比如电信号、光信号、一定频率范围的电磁波信号。信号以信道作为媒介，从信源传输到接收器。接收器将收到的信号解析重构为消息。信宿通过接收器获得信源希望信宿获得的消息。[1]

（三）信息论意义上的数据和信息概念组简介

在信息论中，信息是一个与信息熵变化——亦即不确定性变化——相关的概念。根据ISO/IEC 2382：2015标准给出的定义，信息是减少或消除——关于给定的可能事件集合中，特定事件发生的——不确定性（即已知所有可能发生的情况，特定情况是否发生的不确定性）的知识。[2] 也就是说，当一个观察者或者说一个系统获得信息，就意味着从这个观察者或者系统的角度来看，信息熵减少了。比如，在前述抛掷硬币的例子中，甲通过观察总结，了解了这个游戏的规律，在他的认识中，未来抛掷结果的不确定性减小（信息熵减少）；对于这个过程，我们可以说甲通过观察获得了信息。类似的，一个人看书、看视频、听音乐、浏览新闻等活动，都是获取信息的过程，因为这些过程都在减少这个人对某本书写了什么内容、某个视频表演了什么、某首歌曲唱了什么、某个地方最近发生了什么的不确定性。同样，计算机程序获得外部输入的数据、利用数据运行人工智能模型等机器的活动，也是获取信息的过程，因为这些过程减少了计算机程序、人工智能模型这些子系统的不确定性——本来输出是

---

[1] 以上对通信模型的介绍，see C. E. Shannon, "A Mathematical Theory of Communication", 27 *The Bell System Technical Journal* 379 (1948), pp. 380–381.

[2] 原文是，"⟨information theory⟩ knowledge which reduces or removes uncertainty about the occurrence of a specific event from a given set of possible events", see information (2123204), ISO/IEC 2382：2015（en）Information Technology-Vocabulary, https://www.iso.org/obp/ui/#iso：std：iso-iec：2382：ed-1：v2：en, last visited on Nov. 6, 2023. 括号中的说明由笔者添加。

不确定或者随机的，但获得数据后确定性得到增加（假定根据最大熵原理确定输出）。

数据，则是为了解决信息在不同观察者或系统之间传输的问题即通信问题而出现的。信息作为观察者或系统对不确定性的认识，必须借助某种媒介才能让别的观察者或系统获得同样或近似的认识。在现代通信技术和计算机出现之前，人类通过特殊的声音、语言、文字等方式，实现了不同人之间的信息传输。[1] 这些方式的共同特征是：（1）用来通信的符号是有限的（比如文字数量有限、元音和辅音数量有限）；（2）通信双方需要都了解这些符号代表的含义，以及他们排列的基本规则；（3）通信通过这些符号的排列组合实现。但是，语言、文字等方式的通信性能都不够好，一方面规则太过复杂，要求通信双方需要记忆和理解的东西太多（比如我们需要花费多年学习文法知识）；另一方面由于规则的复杂性，通信双方可能在理解上产生歧义，导致信宿获得的认识与信源不同。数据正是作为一种改进语言、文字等通信方式性能缺陷并作为一种主要适用于计算机之间传输信息的工具出现的。[2] 首先，数据从最基本的含义来说，就是由数的排列组合组成的序列，它具有与语言、文字类似的性质，可以以一定长度的序列表示信息[3]，描述任意信息熵的变化，所以可以作为一种通信的媒介方式。同时，数据也可以像文字符号那样被记录、存储下来，像语音那样体现为物理意义上的波（稍有不同的地方在于语音体现为机械波，而数据通常体现为电磁波，如光波或者无线电波）。其次，数据相较于自然语言和文字，更容易被计算机（包括手机、电脑、路由器、服务器等）处理。通过计算机的运用，信息的传播可以更迅速、更容易实现也更廉价。最后，数据的排列规则（编码规则，比如用数据对文字符号的编码模式 ASCII、GBK、UTF-8 等）可以被制定得清晰且没有任何歧义，计算机系统只需要预知处理数据的规则，就可以编码和解析信息，向其他系统传输。由于数据的这些特性，所以它在当下的互联网时代中，是计算机之间传输和展示信息的基本方式。

---

[1] 对这一历史，生动有趣的讲述，请参考［美］詹姆斯·格雷克：《信息简史》，高博译，人民邮电出版社 2013 年版，第 11-73 页。

[2] 当然数据也有它自身的缺陷，比如它对信息的表示过于冗长，通常不适合自然人直接阅读。但这并不意味着自然人无法直接读懂数据。在计算机没有显示屏的时代，计算机科学家就是通过直接读打孔纸带上的数据序列来获取计算结果的。

[3] 只需要设定好信息的构成要素与编码的对应规则即可。例如，假定设置一个简化的汉字编码规则："法"编码为二进制数"01"，"律"编码为二进制数"10"。那么"法律"这个词就可以用"1001"这个数据来表示。

第一章　数据的概念与类型

　　进一步，虽然说数据最基本的含义就是数的序列，但在现实的通信过程中，通常通信双方都会约定运用特定的规则来将信息编码（encode）成在信道中传输的数据，并从接收到的数据解码（decode）出传输的信息。若是不知道编码和解码规则，通常无法根据纯粹数的序列解析出其中要表示的信息。[1] 所以，在较为宽泛的意义上，数据的内涵除了包括数的序列之外，还应包括编码和解码的规则。

　　除此之外，数据在通信的实践中，还具有多层封装的特征。前述香农的通信模型虽然在理论上给出了一般性的通信过程（从信源到信宿）的四个步骤，但在通信的实践中，仍然有很多的因素需要具体细化。举例来说，在不同的通信场景中，通信系统需要传输的数据大小（数字序列长度）不同，比如传输视频不同于传输文字段落；信息传输的实时性要求也可能不同，比如直播的信息传输与一个完整、限定时长的视频文件传输不同；信息传输的线路也可能不同，比如家中的物联网设备相互传输信息只需要通过家中的路由器，而利用微信应用聊天的信息传输过程则可能需要经过分布在全国各地的服务器（这些服务器组成了国内的互联网）。在工程上，为了更好地控制通信质量、适应规格不同的计算机系统和不同的通信场景、实现多样的功能，从信息在信源处首次编码成数据到数据在物理信道（如光纤信号、特定频率的电磁波）上传输的过程，以及从接收器接收数据到信宿取得信息的过程中，通常都有多次的数据封装和解封装过程（或者说转换过程，封装或转换的规则就是前文所说的编码和解码规则）。在实践中最常用的计算机网络模型（TCP/IP 模型）中，网络被分成应用层、运输层、网络层、网络接口层四层结构，以表示功能不同的数据处理模块。[2] 数据在这四层结构中传输，起码有四次转换（封装或解封装）：应用层数据→运输层数据→网络层数据→网络接口层数据（箭头亦可反向）。转换后的数据除了包括原始的数字序列[3]，通常还有在原有序列前

---

[1] 但不应认为仅根据数的序列就必定无法解析出其中要表示的信息。密码学这门学科的一个主要议题就是如何在不知道编码和解码规则的情况下解析出一段数字序列代表的信息。利用信息论方法，起码大多数非现代的加密方式是可以被破解的。此外，认为只要知道编码和解码规则，就必定知道数据表示的信息的观点也不正确。根据现代密码学，即使加密算法（编码和解码规则）公开透明，受限于算力，数据接收方也无法在没有密钥（或者说私钥）的条件下，解密出加密数据表示的信息（［美］施奈尔：《应用密码学：协议、算法与 C 源程序》（第 2 版），机械工业出版社 2014 年版，第 2-3 页）。

[2] 关于网络传输的分层和协议的体系结构的基本介绍，请参考谢希仁编著：《计算机网络》（第七版），电子工业出版社 2017 年版，第 27-37 页。

[3] 有些情形也会将上一层的数据切分成多个部分，这样下一层数据仅包含上一层数据的片段。这样做主要是为了方便数据在物理信道上传输。

· 23 ·

添加的特殊的数字序列（通常被称为"首部"）。这种序列具有确定数据的先后顺序、产生时间、序列准确性等功能。所以，当我们纵观整个计算机网络通信过程时，会发现，为了传输某一信息将产生多种数据，这些数据表示的主要信息一致（不同层中的数据可能还会携带不同的附带信息，比如数据产生时间等，但携带这些信息的目的均是传输主要信息），但会在不同场景（数据处理层）中发挥不同的作用。

除了在上述软硬件结合的通信场景中可以发现数据的多层封装现象，在纯软件系统的通信①中，也可以发现类似的多层次数据现象。在互联网时代，常见的软件系统的典型结构可以分为三个部分②：客户端程序（浏览器中展示的网页或操作系统上安装的应用程序）、服务端程序、数据库管理程序。这三部分的通信可以简单地表述为以下过程：（1）客户端程序处理用户提出的请求（点击、键盘输入等动作），提交给服务端程序处理；（2）为了满足用户的请求，服务端程序向数据库管理程序提出数据查询、增加、删除等操作请求；（3）数据库管理程序响应这种请求，执行相关操作，并向服务端程序返回处理的结果；（4）服务端程序获得处理结果后，对结果进行进一步加工，将其处理结果返回给客户端程序；（5）客户端程序根据返回的结果进行改变界面等运行，满足用户的请求。在这些过程中，系统各个部分发送请求需要依赖传输根据特定编码格式［API（Application Programming Interface），指定的格式］编码的数据来实现；响应程序向请求方返回处理结果，也只能返回特定格式编码的数据，从而让请求程序能够识别。所以，当我们纵观整个软件系统的运行过程，可以发现：为了实现一个目标，会产生多种形态的数据，这些数据表示的主要信息可能一致（比如客户端请求查询用户名，数据库返回给服务端的结果和服务端返回给客户端的结果可能一致），也可能相互关联（比如客户端提交用户名和密码数据请求服务端确定密码是否正确，服务端返回的密码正误结果与提交的数据相互关联），在不同的具体情境中发挥着不同的作用。

（四）信息论意义上的数据和信息概念的法学意义及法律应用

信息论对数据和信息的界定具有以下法学意义。

首先，信息实际上是一个抽象但可以测量的概念，不指代什么实体，某一观察者或系统具有的信息数量与他对不确定性大小的判断变化成反

---

① 这种通信实际上可以被包括在计算机网络层级模型的应用层中。但因为这种通信具有比较重要的法律意义，本书在此特别考察这种通信的具体情况。

② 这里的分类是基于本书的分析目的进行的归纳和简化，并没有完全依照技术上的分析方式。

比。数据则可以指代真实存在的实体，可以体现为电磁波的波动、存储设备的结构变化等。所以信息不能成为像物权客体——有体物——那样的权利客体，而数据能够。

其次，数据、书籍中的文字序列、口语声音序列等，都是信息的表现形式，换句话说，这些形式可以使表达者（信源）想要表达的东西，在受众（信宿）那里复现。换个角度，从这些序列的角度出发考虑"信息"，特定的信息就是这些序列的性质（property）——只要数、文字、声音呈现特定的排列方式，那么就能解析出信息（假定知道解码的规则），如果排列方式打乱了，一般就没办法解析出同样的信息。这与绿色（类比信息）是树叶（类比数据）的性质，只要树叶中有叶绿素，我们就可以看到树叶是绿色的，如果叶绿素分解了，我们就看不到树叶是绿色的，道理一样。据此，所有针对信息设定的规则，实际上都是针对不特定的信息表现形式设定的规则；例如《著作权法》针对作品信息为作者设定权利，这种权利指向所有的表现形式，对于纸质印刷的表现形式，权利的内容包括对未经授权发表、出版的禁止，而对于数据的表现形式，权利的内容包括对未经许可在网络上传播的禁止。

再次，信息论意义上的信息不关心意义、含义或者说语义（semantic meaning）[1]，这种概念下的信息包括第一类概念组的数据与信息，也包括知识、智慧等所有能够改变不确定性的材料表达。[2] 于是，DIKW模型四种概念边界模糊的问题，在信息论下就不再存在。同时，信息论意义上的信息也与能够消除不确定性的材料其他的类型划分无关，比如作品和非作品的划分、大数据与小数据的划分、发明与发现的划分，等等。在这个意义上，信息论上的信息，可以作为所有具有消除不确定性功能的材料的统一分析工具。同样，因为在信息论意义上，数据是信息的表现形式，因而数据也不关心其表现的内容属于何种类型。

最后，信息与数据之间呈现"一对多"的关系。一个特定的信息可以有不同的表现形式，比如一本书可以以手稿的形式呈现（表现形式是文字序列），通过打字输入到电脑中可以形成".docx"文件（底层的表现形式是".docx"格式的数据，可以用文档处理软件展示为文字序列形式），再通过排版，可以印刷成一本纸质书（表现形式为文字序列）。这些不同的

---

[1] Warren Weaver, "Recent Contributions to the Mathematical Theory of Communication", 10 ETC: *A Review of General Semantics* 261 (1953), p. 265.

[2] 所谓材料，这里想指的是某种实体、某种信息的表现方式，而非信息本身。所以此处用"材料表达"指代这些材料所要表达的对象。

形式指向着同一种不确定性减少的功能，任何一个读者，获得这三种形式（假设过程中没有任何删改），可以消除的不确定（某人的某个作品内容为何？）是完全一致的。在通信过程中，数据也会根据不同传输协议的要求进行转换，呈现出不同的形式。类似的，对数据进行加密，防止未被授权的主体解析出其中表现的信息，数据也会改变形式。

总结起来，信息论意义上的数据和信息概念组有两个最重要的特征：其一，数据是信息的表现形式；其二，信息没有价值、形式、概括程度、可读性要求，可以指向一切减少不确定性的材料表达。根据这两个特征可以发现，我国现行法中也有一些采用这一概念组进行定义的法律规定，最典型的是以下两个例子。

1.《数据安全法》第 3 条第 1 款对数据的定义

该定义采用的是信息论对数据的界定。首先，这一条文据信参考了国际标准化组织制定的标准 ISO/IEC 2382：2015 对数据的定义。[①] 而 ISO/IEC 2382：2015 是一个关于信息技术的术语标准，它服务的对象就是通信和计算机工程的实践，因此其对数据（data）的定义应当要以通信和计算机工程的基础理论——信息论——为基础。其次，根据该国际标准的定义，数据是一种以形式化方式（如数字排列组合方式）对信息的表示，这种表示可以被重复解析，适合于通信（在计算机之间传输信息）、解译（将用高级编程语言编写的指令转换为机器可读代码）和处理（将原始的输入转换为更有意义的输出）。[②]这一定义完全符合上文所述信息论对数据的界定方式。同样，根据《数据安全法》第 3 条第 1 款，数据是任何以电子或者其他方式对信息的记录；"数据"是对"信息"的记录，而非对客观事实的记录，不同于 DIKW 模型中的"数据"；而且"数据"是一种记录信息的"方式"，而非与"信息"处于同一层面的概念；所以，这一定

[①] 许可：《数据安全法：定位、立场与制度构造》，《经贸法律评论》2019 年第 3 期。此外，很多学者在分析数据概念问题时，也参考了这一国际标准中的定义（梅夏英：《信息和数据概念区分的法律意义》，《比较法研究》2020 年第 6 期；纪海龙：《数据的私法定位与保护》，《法学研究》2018 年第 6 期）。

[②] 括号内的内容是笔者提供的解释，该定义的英语原文是，"reinterpretable representation of information in a formalized manner suitable for communication, interpretation, or processing", see data（2121272），ISO/IEC 2382：2015（en）Information Technology-Vocabulary，https://www.iso.org/obp/ui/#iso：std：iso-iec：2382：ed-1：v2：en，last visited at Nov. 6, 2023。一些学者将 communication 和 interpretation 翻译为沟通和展示含义（参见前引注的文献），没有考虑这两者是计算机专业术语，是不正确的。

义的"数据"也符合信息论"数据"界定模式的基本特征。①

2.《民法典》《个人信息保护法》对个人信息的定义

《民法典》第1034条第2款以及《个人信息保护法》第4条第1款对个人信息的定义中的"信息"概念，也属于信息论意义上的"信息"概念。理由在于：其一，去除掉与"个人信息"中关于"个人"界定②的表述，"个人信息"的定义中并没有对"信息"的范围进行限定。《个人信息保护法》规定了"以电子或者其他方式记录"的定语，但这里只是突出强调以电子方式记录的个人信息，因为电子方式的个人信息范围更大，更容易被大规模处理，可能带来更大风险，需要予以重点规范，并非要排除其他方式记录的个人信息。③ 相反，《个人信息保护法》和《民法典》的定义均采用了"各种信息"的表述，意味着希望最大限度地覆盖"信息"的范围。第二类概念组的"信息"概念比第一类概念组的"信息"概念覆盖范围更广，更贴合"个人信息"定义关于覆盖范围的要求。

其二，《民法典》等法律以及与个人信息范围相关的标准中列举的个人信息，存在很多难以被纳入第一类概念组"信息"概念范围的类型。例如，《民法典》的定义列举了"行踪信息"，《信息安全技术 个人信息安全规范》(GB/T 35273-2020)列举了"个人基因""手术及麻醉记录""支付收款记录""交易和消费记录""通信记录和内容""个人上网记录""行踪轨迹"等，在DIKW模型等非信息论意义上的界定模式中应当归属于"数据"范围，即对客观事实的记录。因为这些记录的标准是客观且机械的，一般未经过人为的处理，可以从中挖掘出多样的信息（第一类概念组的"信息"）。但是，如果考虑《个人信息保护法》赋予个人的各项权益，对于"个人信息"应当归属于哪一类概念组的问题，答案又会变得不那么清晰。最能作为证据的是《个人信息保护法》第46条。该条规定，个人发现其个人信息不准确或者不完整的，有权请求个人信息处理者更正、补充。但是，对于那些反映真实过程的"个人信息"，例如个人上网记录，

---

① 值得注意的是，前文已经说明，《数据安全法》中的"重要数据"概念很多时候不是指信息论意义上的"数据"，而是指非信息论意义上的"数据"，在信息论视角下应当被理解为"信息"。这样的理解意味着《数据安全法》内部关于"数据"的概念，在使用上是不统一的，不太符合法律解释的一般规则。但这就是现实的状况，如果两个地方的"数据"采取统一的解释，没有办法得到合理的解释结论。

② 一般认为，我国《民法典》采取的是"识别说"的标准，《个人信息保护法》采取的是"相关说"的标准。程啸：《个人信息保护法理解与适用》，中国法制出版社2021年版，第57页。

③ 杨合庆主编：《中华人民共和国个人信息保护法释义》，法律出版社2022年版，第21页。

个人应当被赋予更正、补充权吗？① 似乎很难找到赋予这种权利的合理依据。似乎只有将这个条文的"个人信息"中的"信息"解读为第一类概念组中的"信息"，即仅包括结构化的、意义比较大的类型，比如身份证信息、住址信息等，才能得到合理的解释。

（五）对与信息论界定模式相似的一些理论的分析

除了以上严格依照信息论来界定数据与信息的模式外，我国的法学文献中还存在一些承认数据作为信息表现形式，与信息论界定模式很类似的界定方式，以下主要分析两种最为常见、受到学者的认同最多的理论：第一，"信息是内容，数据是形式"的理论；第二，以信息三层结构划分理论为基础的"信息属于内容层，数据属于符号层"的理论。这两种理论都存在一定的缺陷，具体分析如下。

1. "信息是内容，数据是形式"的理论及问题

不少学者在讨论数据与信息的关系时，会引用ISO/IEC 2382：2015对数据与信息的定义等相关资料，说明自己对数据与信息关系的理解，然后总结说数据与信息就是形式与内容的关系。例如，有的观点认为，"信息和数据是在内容和形式两个层面上对同一个对象的描述"②；有的观点认为，"信息是内容、知识等，其功用在于解决不确定性；而数据是形式，是表现信息的载体"③；还有的观点认为，"信息展现的是内容含义，而数据是这种内容的表现形式及载体"④。在这些学者看来，数据与信息的关系，可以简化为一种"形式与内容"的关系。但是，形式与内容是一对哲学范畴，不同的哲学家对这对范畴有不同的理解⑤，将数据与信息的关系比喻为形式与内容的关系并无助于人们的理解。仍然需要追问的问题是：何为"形式"？什么是"内容"？事实上，数据与信息的关系与通常理解的形式与内容的关系并不相同，将数据与信息的关系比喻为形式与内容的关

---

① 虽然个人信息处理者构建的信息系统通常都会希望尽可能准确地记录客观情况，但并不能排除因为设计缺陷等原因，出现记录与真实情况不一致的情况（不能设想个人信息处理者的信息系统总是完美的）。举例来说，某个购物网站用cookie记录浏览者的点击行为，传输到服务器上。这个cookie记录的时间如果是依赖于浏览者电脑本地的时间，而浏览者电脑的时间没有与标准时间校准，那么这个cookie作为一个与浏览者相关的个人信息，记录的点击时间就是不准确的。

② 梅夏英：《信息和数据概念区分的法律意义》，《比较法研究》2020年第6期。

③ 申卫星：《数字权利体系再造：迈向隐私、信息与数据的差序格局》，《政法论坛》2022年第3期。

④ 韩旭至：《信息权利范畴的模糊性使用及其后果——基于对信息、数据混用的分析》，《华东政法大学学报》2020年第1期。

⑤ 潘志新：《"内容与形式"关系考辨》，《前沿》2011年第11期。

系显然是具有误导性的，容易导致对数据与信息关系错误的认识。这两种关系的区别在于以下两方面：一方面，在唯物辩证法中，内容是指构成事物的一切要素的总和；形式则是指把诸要素统一起来的结构或表现内容的方式。① 在信息论意义上，信息与信息熵的变化有关，它不是事物，也不是要素的总和，与"内容"所指的东西不同。例如，对于一本小说（实体书），由所有有序排列文字符号、图表共同展现的故事情节、人物关系、作者表达的哲理思考等都可以作为"内容"的一部分，但信息仅仅指，相较于未读过这本书，读者读过后，对于这本书的不确定性有多少变化（比如某一页有哪些人名），而不包括读者理解后的主观见解（前述关于内容的举例均是读者理解后的主观见解，都不属于信息）。信息论意义上的数据也与形式不完全等同。形式虽然也被定义为表现方式，但只要主观上的意义相同或相似，不同的形式就都指向同一内容。例如，命题作文题目经常会要求表达某种内容，但形式不限。写作者可以用长短不一的论述文、记叙文、诗歌等形式表达题目要求的内容，但这些文章无法相互转换，其中蕴含的信息不同（读者阅读后不确定性的变化不同）。不同于形式的概念，信息论意义上的数据，必须与其表示的信息严格对应，表示相同信息的不同的数据必须能够毫无损失地相互转换。另一方面，在唯物辩证法中，形式与内容之间具有辩证关系，即内容决定形式，形式又对内容具有反作用，适合内容的形式，对内容的发展起积极的推动作用；不适合内容的形式，对内容的发展起消极的阻碍作用。② 数据与信息，不存在这种辩证关系。数据与信息严格对应，信息是数据的性质，不可能存在不适合信息的数据。

2. "信息属于内容层，数据属于符号层"的理论及问题

从提出"信息属于内容层，数据属于符号层"的观点的学者所参考的文献可知，他们的这种观点来源于一种三层结构理论，而该理论又有三个主要来源，分别是：本克勒（Yochai Benkler）的网络监管分层理论、莱斯格（Lawrence Lessig）的互联网财产分层理论、蔡希（Herbert Zech）的信息财产分层理论。这三者之间又存在着被引用与引用的关系。所以，以下将从本克勒的理论为起点，梳理这种三层结构理论从起源到应用于数据与信息关系的学术脉络，并说明这种理论应用于数据与信息区分的问题。

---

① 本书编写组：《马克思主义基本原理》，高等教育出版社2023年版，第51页。
② 本书编写组：《马克思主义基本原理》，高等教育出版社2023年版，第51页。

第一，本克勒的分层理论。本克勒首先提出了分层的思想，并将这种想法应用于对互联网背景下的信息环境（information environment）的分析中。本克勒将信息环境分为三层（layer）：（1）物理基础设施层（physical infrastructure layer），包括电线、电缆、无线电频谱；（2）逻辑基础设施层（logical infrastructure layer），包括软件；（3）内容层（content layer）。他认为，监管的选择可以针对信息环境中的各个层。物理层的监管选择如有关数字电视的命令、有线宽带是否开放访问、频谱是否可以豁免许可。针对逻辑基础设施层的，比如《数字千年版权法》（DMCA）以及版权人在软件层控制他们作品的利用价值的努力。针对内容层，可以见到信息销售者控制信息下游价值的圈地运动。①

第二，莱斯格对本克勒理论的运用。在《思想的未来》一书中，美国学者莱斯格教授引用了本克勒的分层思想，他特别强调这种分层是用来理解通信系统（communication system，即前文介绍的信息论中的通信系统）是如何工作的，可以用来定义任何特定的通信系统。②

在莱斯格看来，他划分的三层是对国际标准化组织 ISO 提出的 OSI 标准（Open Systems Interconnection model）的七层结构［包括：（1）物理层、（2）数据链路层、（3）网络层、（4）运输层、（5）会话层、（6）表示层、（7）应用层；该标准因为复杂且不实用，没有在通信实践中应用］、TCP/IP 协议簇（Internet protocol suite）的四层结构（包括：网络结构层、网际层、运输层、应用层，这是实践中常用的协议体系）③ 以及蒂姆·伯纳斯-李（Tim Berners-Lee）对互联网基础设施的四层分层（传输媒介、计算机硬件、软件、内容）的简化。④ 笔者认为，这种简化是存在一定的问题的。OSI 和 TCP/IP 的分层都是技术上的分层，不涉及传输的内容，从这些分层中不可能简化出"内容层"。香农在《通信的数学理论》中就强调，通信的语义（semantic）方面与工程问题无关⑤，也就是说，

---

① 以上关于本克勒三层结构的介绍，see Yochai Benkler, "From Consumers to Users: Shifting the Deeper Structures of Regulation Toward Sustainable Commons and User Access", 52 *Federal Communications Law Journal* 561 (2000), p. 562。

② Lawrence Lessig, *The Future of Ideas: The Fate of the Commons in a Connected World* (1st ed., 2001), p. 23.

③ 关于 OSI 标准的分层和 TCP/IP 的分层的介绍，请参考谢希仁编著：《计算机网络》（第七版），电子工业出版社 2017 年版，第 30-32 页。

④ Lawrence Lessig, *The Future of Ideas: The Fate of the Commons in a Connected World* (1st ed., 2001), p. 23, 273 citation 13.

⑤ C. E. Shannon, "A Mathematical Theory of Communication", 27 *The Bell System Technical Journal* 379 (1948), p. 379.

无论传输的是包含什么语义的信息，从技术的角度来看都一样，都应当被概括为信息。而且这些技术上的分层模型的每个层都有不同的功能，其中存在不同类型的数据，发挥着不同的功能，涉及不同的主体和法律问题，所以简化后的模型无法反映通信过程的全貌。当然，莱斯格做这个简化主要服务于宏观上互联网的各个层面要免费还是受控的问题，而非具体到每一次通信过程，数据与信息是否属于不同层的问题，所以简化的不严谨对他的分析不会产生什么影响。具体而言，莱斯格的分层分别是：(1)物理层，是通信实现真实通道，包括计算机和将计算机连上互联网的电线；(2)逻辑或代码层，主要指使硬件工作的代码，也包括界定互联网的各种协议和运行这些协议的软件；(3)内容层，指通信通道实际传输的东西，包括数字图像（digital image）、文本（text）、在线电影（on-line movie）等。他认为，通信系统中的这三层在原则上都可以是受控的，也可以是免费的，在互联网这种通信系统中，则存在混合，即部分受控，部分免费。①

第三，蔡希的进一步演绎。蔡希参考了本克勒和莱斯格的互联网结构的三层模型，并应用了 Umberto Eco 的符号学理论，将这种分层思想运用到信息能否作为客体以及如何分层的问题上。② 蔡希的主要观点包括以下几方面：(1)根据符号学理论，信息作为客体（object）可以仅仅被符号（sign）定义。(2)符号学理论将信息区分为三个层次：语义层（semantic level）的信息，即含义（meaning）；句法层（syntactic level）的信息，即符号与符号之间的关系；物理层（physical level）的通信通道（communication channel）。这种符号学上的三层区分类似于本克勒和莱斯格的内容层、代码层和物理层区分。(3)在法律的视角，结合本克勒和莱斯格的分层理论以及符号学理论的认识，可以将信息分为语义、句法、结构（structural）三层，每层的信息都能成为权利客体（object）。蔡希举例，谈论新闻、故事或书本的内容，指向的是语义的层面；处理文本或文件，指向句法的层面；处理 CD、纸质书，指向结构的层面。(4)虽然信息的

---

① 以上关于莱斯格分层的介绍，see Lawrence Lessig, *The Future of Ideas: The Fate of the Commons in a Connected World* (1st ed., 2001), p.23。莱斯格这种分层思想用于考虑免费和受控的选择问题，在很大程度上也是过时的。因为当下的互联网已经不同于 2000 年代的互联网，大量互联网平台涌现，在物理传输和最终内容传播之间划分出了更多的层次、界限，例如在物理的信号传输和用户利用微信小程序服务之间，需要经过手机的系统（安卓或者苹果系统）、微信应用程序、微信内链接的小程序三层。这三层都有受控和免费的选择问题。

② Herbert Zech, "Information as Property", 6 *Journal of Intellectual Property, Information Technology and Electronic Commerce Law* 192 (2015), p.194.

三个层次是相互联系的，但是在经济和法律的视角下，每一层都代表着定义一定信息的独立可能性。据此，蔡希定义了语义信息、句法信息、结构信息对应信息的三个层次。他认为，在经济和法律视角下，发明、新闻、个人数据、商业秘密、基因信息都是语义信息；语义信息很重要的特征是它可以是正确或者不正确的。句法信息则包括文本（text）、图片、录音以及数据（信息为机器处理编码而成的结果），一般不存在对或错。结构信息则蕴含在一切信息的物质载体中。①

蔡希的理论直接涉及数据与信息的关系，在他看来，除具有语义成分的数据外，其他的数据都属于句法层，而信息则可以归属于三层。然而，蔡希的理论存在以下缺陷：首先，三层的划分实际上是模糊不清的，从不同角度来看，可能会产生不同的归类。只需要用蔡希自己举的例子就可以说明。例如，蔡希认为，谈论（talk about）新闻、故事或书本的内容，指向语义层；而处理（handle）文本，指向句法层。但是，谈论的"内容"并不在通信的过程中（而在双方大脑的理解过程中）。一个人希望谈论他所知的故事情节，他是发出声音，使相对方知道，我们能够确定的只是相对方大致上知道说话的人说了哪些字、这些字的排列是怎么样的（有些时候这也不能保证，比如相对方没听清），相对方是否理解说话者的意思——即他想要表达的"内容"，是不确定的，可能受到相对方的知识水平、理解力，说话者表述的清晰程度等因素影响。从这个意义上说，一个人口头上谈论与写作（处理文本）没有什么差异，不同之处只是一个通过发出声音，另一个通过敲击键盘输入文字，来编码他希望表达的内容，不应该指向不同的层。这就好比用语音或者文字在微信上发消息，不应该被视为性质不同的活动。再如，蔡希认为，专利权的客体是语义信息，但著作权的客体却是句法信息，理由是著作权只保护表达而不保护思想（在他看来表达就是句法层）。② 但是，专利法实际上也存在类似于著作权法的规则（保护发明而不保护发现），例如，我国《专利法》第25条规定，科学发现、智力活动的规则和方法（类似于著作权法中的"思想"）都不能被授予专利权。从这个意义上说，专利权客体所在的层应与著作权的一致。

其次，蔡希承认这三层的信息相互联系，却认为它们可以分别作为不

---

① 以上对蔡希观点的介绍，see Herbert Zech, "Information as Property", 6 *Journal of Intellectual Property, Information Technology and Electronic Commerce Law* 192 (2015), p. 194。

② Herbert Zech, "Information as Property", 6 *Journal of Intellectual Property, Information Technology and Electronic Commerce Law* 192 (2015), p. 196。

同且独立（independent）的权利客体，这种说法是自相矛盾的。这里的问题与此前提到的个人信息与个人数据分离的问题类似（在某种程度上，个人信息与个人数据可分离的理解与蔡希的分层相关），完全可以套用前文对个人信息与个人数据赋权是否可分离的分析。对此种矛盾简要的说明就是：根据蔡希的分层，语义信息必然客观地蕴含在句法信息中（否则语义信息就是某个特定主体的主观解读，根本不可能作为权利客体），而句法信息又必然蕴含在结构信息中（否则物理实体就是与其他两层信息无关的一般实体）。所以以语义为对象的权利必然会牵涉句法层、结构层的利益分配或客体归属，也就是说，这种权利可以同时作用到相关的句法信息（例如著作权人可禁止他人未经许可在互联网上向公众提供作品数据，《著作权法》第10条第1款第5、12项）、结构信息上（例如著作权人可以要求无害化销毁处理侵权复制品，《著作权法》第53条）。因此，三层的信息即使可以作为不同权利的客体，这些客体也不是独立的。

我国学者对以上分层理论的应用比较统一，主要体现为以下说法：数据一般属于蔡希所说的句法信息，或者莱斯格所说的代码层；信息属于蔡希所说的语义信息，或者莱斯格所说的内容层。[1] 这种说法忽略了蔡希将三层内容都界定为信息的观点，也修改了莱斯格分层理论的适用对象（这种修改根源在蔡希）——莱斯格分层的本意是要讨论互联网各个层面的受控或免费的问题，代码层与内容层都可以同时包含数据与信息〔例如代码层中的互联网协议（如HTTP协议）主要指涉的是它的内容，内容层——通信系统实际传输的对象——也可能仅仅是数据，如工程师向他人提供软件执行乱码结果（数据），请求他人帮忙分析处理的情况〕。同时，这种说法还是保留了莱斯格分层理论与蔡希分层理论的基本特征，因而也具有这两种理论的以上提及的所有缺陷，这里不再赘述。

五、数据与信息的计数

数据与信息除了如何区分的问题外，还有一个比较重要的问题就是如何计数。在民商法领域，数据与信息的计数问题可能产生以下三方面的影响：一是，影响数据或信息交易合同中对合同义务履行情况的认定（如合同规定交付10 000条数据，需要检查交付数据数目确定是否完全履行合同义务）、法定解除权是否成立（是否构成根本违约）的认定以及损害赔偿责任大小的

---

[1] 纪海龙：《数据的私法定位与保护》，《法学研究》2018年第6期；韩旭至：《信息权利范畴的模糊性使用及其后果——基于对信息、数据混用的分析》，《华东政法大学学报》2020年第1期；申卫星：《数字权利体系再造：迈向隐私、信息与数据的差序格局》，《政法论坛》2022年第3期。

确定；二是，倘若数据的规模是数据赋权与确权的一个标准与构成要件①，那么，数据的计数会影响权利的取得；三是，如果数据产权或其他数据权利需要登记，且以数据集合的形式加以登记，那么数据的计数很可能成为一个登记簿必须记载的事项，因为这关乎登记的对象范围。②

在数据与信息的计数中，最重要的问题是如何确定计数的单位，即如何衡量、比较数据或信息规模的问题。对于作品、发明、商标等有专门立法的信息，可以根据法律的规定对数据或信息进行特定化，然后以特定化的结果为数量基本单位，单位命名为"个"或者"枚"（比如一个发明、一枚商标）。对于个人信息，目前我国司法实践中存在两种计数方式。

一种方式就是按照条数计算，即计数单位为"条"。例如，《最高人民法院、最高人民检察院关于办理侵犯公民个人信息刑事案件适用法律若干问题的解释》第5条规定，刑法第253条之一规定的"情节严重"，可以根据非法获取、出售或者提供的个人信息条数是否达标确定。但是，如何确定什么是"一条"个人信息，司法解释和实践并没有形成完全统一的做法。比较常见的做法是：原则上综合考虑实践交易规则和习惯来认定，"一条"个人信息准确来说应当是"一组"个人信息③；对于敏感个人信息，应当逐一认定；对于批量个人信息，则先根据查获数量直接认定，但后续有证据表明信息不真实或者重复的，可以排除。④ 但这种做法并不能平息实践中的争议。实践中对侵犯公民个人信息罪的个人信息数量认定的争议点是，涉案的个人信息通常数量较大，难以逐个核对、确认，进行准确的数量测算，个人信息不真实、重复、无效难以被举证排除。⑤

---

① 例如，崔国斌教授主张的大数据有限排他权保护的仅是处于公开状态的非独创性大规模数据集合（崔国斌：《大数据有限排他权的基础理论》，《法学研究》2019年第5期）；张新宝教授主张的数据财产权在客体方面也要求具有足够多的数据量，构成"大数据"（张新宝：《论作为新型财产权的数据财产权》，《中国社会科学》2023年第4期）。

② 例如，程啸教授认为，数据产权登记簿上应当记载用以描述数据的相关信息，使得被登记的数据被特定化或可得特定化，而能够将数据加以特定化的描述性信息就包括数据的数量（程啸：《论数据产权登记》，《法学评论》2023年第4期）。

③ 李静然、王肃之：《侵犯公民个人信息罪的情节要素与数量标准研究》，《法律适用》2019年第9期。

④ 喻海松：《侵犯公民个人信息罪的司法适用态势与争议焦点探析》，《法律适用》2018年第7期。

⑤ 陈小彪：《侵犯公民个人信息之法益厘定及其司法展开——以个人信息数量认定为视角》，《中国人民公安大学学报（社会科学版）》2022年第2期；魏炜：《批量公民个人信息去重问题研究》，《人民司法》2023年第1期。

另一种方式是根据涉及的个人数量进行计算。例如，《数据出境安全评估办法》第4条规定，数据处理者向境外提供数据需要向国家网信部门申报数据出境安全评估的情形包括，处理100万人以上个人信息的数据处理者向境外提供个人信息，以及自上年1月1日起累计向境外提供10万人个人信息或者1万人敏感个人信息的数据处理者向境外提供个人信息。这两种情况中的个人信息都是根据涉及个人的数量来计数的。但这种计算方法在处理涉及两个以上个人的个人信息（例如通讯录信息、亲属关系信息）时，可能会出现重复计算问题。

对于数据的计数问题，一些地方规范性文件如《北京市数据知识产权登记管理办法（试行）》《浙江省数据知识产权登记办法（试行）》等采用了"条"（"条数"）作为计数单位，而有的学者喜欢用"一宗"数据的方式进行描述，似乎参照了不动产的计数方式。[1] 不过，这两种单位，都还没有被明确地定义，在实际运用中，很可能也会面临类似于个人信息"条"数的争议。

除此之外，与数据相关的讨论，很常见一个术语是"大数据"。这里的"大"起码有一部分是对数据数量大小的描述（"大数据"构成要件有很多种说法，但其中确定的一个构成要件就是"数量巨大"）。何谓"大数据"，或者说何谓数据达到一定的规模，相关文献基本都没有给出确切的答案。有观点认为，"大数据"的"大"，在数量上要求数据条目达到一定的数量，但也承认数据条目需要达到的量没法在立法上进一步量化（什么是一个"数据条目"其实也需要界定），需要诉诸法官的自由裁量。[2]

第二节 数据的类型

一、概述

无论是前述第一类概念组中的数据，还是第二类概念组中的数据，它们所包括的范围都非常广阔，涉及的数据生产和利用模式不同，数据安全保护问题也不同。数据的赋权和确权以及数据交易规则的确定，都需要考虑到这些差异点。因此，对数据进行合理的分类是讨论数据权益等问题的

---

[1] 例如，王利明：《数据何以确权》，《法学研究》2023年第4期；熊丙万：《论数据权利的标准化》，《中外法学》2023年第5期。

[2] 崔国斌：《公开数据集合法律保护的客体要件》，《知识产权》2022年第4期。

前提和基础。①

理论上，从不同的角度，可以对数据进行不同的分类，分类方式可以无穷无尽。针对法律实践，需要重点关注的是实证法和政策文件对数据的分类。《数据二十条》作为中央最新出台、层级最高的政策文件，对于后续法律实践如何形成数据类型，具有重要的指导作用，故以下主要讨论这一文件中出现过的数据类型。《数据二十条》中出现的数据类型主要有以下这些：个人数据、企业数据、公共数据、政务数据、原始数据、数据资源、数据（衍生）产品。其中个人数据、企业数据、公共数据通常并列地提及，是最重要的一组类型，政务数据则与公共数据有着密切的联系，原始数据与《数据二十条》未提及的衍生数据密切相关，而数据资源与数据产品也经常同时出现。以下将根据这些类型的相互联系，分组讨论它们以及其他与之相近类型的数据的内涵。

二、个人数据、企业数据与公共数据

（一）分类的标准

个人数据、企业数据与公共数据是被讨论最多的一组类型。《数据二十条》将这组类型用来描述数据产权结构性分置制度，要求"建立公共数据、企业数据、个人数据的分类分级确权授权制度"。学术界对于这三个类型是如何划分，以及是从哪个角度进行的划分，存在较大的争议。一种观点认为，这三种类型是根据数据来源者的标准进行的划分。② 但更多学者认为，这三种类型并非根据同一分类标准进行的划分，它们之间存在着交叉重叠的部分。③ 如果抛开对这三个概念的刻板认识，兼顾《数据二十条》的文义和分类的周延性，对于这三种类型的划分方式更合理的解释是：它们是从数据上的利益所应归属的主体的角度做的划分，即个人数据指数据上的利益应归属于特定个人的数据，企业数据指数据上的利益应归属于特定企业的数据，公共数据则指数据上的利益应归属于全民的数据。也就是说，个人数据、企业数据和公共数据的分类应当是《数据二十条》所说的数据"分类分级确权授权制度"运行后的结果而非这种制度要处理

---

① 程啸：《论数据权益》，《国家检察官学院学报》2023年第5期。
② 姚佳：《企业数据权益：控制、排他性与可转让性》，《法学评论》2023年第4期。
③ 程啸：《论数据权益》，《国家检察官学院学报》2023年第5期；张新宝：《产权结构性分置下的数据权利配置》，《环球法律评论》2023年第4期；张素华：《数据产权结构性分置的法律实现》，《东方法学》2023年第2期；时建中：《数据概念的解构与数据法律制度的构建 兼论数据法学的学科内涵与体系》，《中外法学》2023年第1期；许可：《从权利束迈向权利块：数据三权分置的反思与重构》，《中国法律评论》2023年第2期。

的对象。①

（二）个人数据与个人信息

在很多学者看来，个人数据、企业数据、公共数据这组类型中，最为基础的就是个人数据这一类型。但到底什么属于个人数据，不同的学者有不同的看法。要弄清个人数据这种数据类型指的到底是什么，最重要的就是弄清它与个人信息的关系。

在《民法典》和《个人信息保护法》颁布以前，欧盟《一般数据保护条例》使用了"个人数据"（personal data）概念来规定我国立法意义下的"个人信息"保护相关规则。受此影响，我国学者使用的"个人数据"概念主要就是指当前立法中的"个人信息"②。在《民法典》《个人信息保护法》颁布以后，《数据二十条》重提"个人数据"的概念，显然并非想指与"个人信息"相同的东西。在此认识下，学者们对于《数据二十条》中的"个人数据"指向什么，与个人信息的关系是什么，仍然存在不同的看法。

比较常见的观点仍然比照欧盟对个人数据的界定，认为个人数据就是承载个人信息的数据，必须与已识别或可识别的自然人相关。③ 至于个人数据与个人信息的关系，一种观点认为，个人数据与个人信息是类似于"橘皮"与"橘肉"的关系，在一定程度上可以相互区分，其上可以形成不同的权利。④ 反对的观点则认为，个人数据与个人信息紧密不可分离，个人对个人数据的权益就是个人信息权益。⑤ 还有一种观点认为，在我国

---

① 只要稍微转换角度，这种理解可以很容易从《数据二十条》中解释出来。具体来说：《数据二十条》第3条要求"建立公共数据、企业数据、个人数据的分类分级确权授权制度"，第4-6条分别要求"推进实施公共数据确权授权机制"、"推动建立企业数据确权授权机制"和"建立健全个人信息数据确权授权机制"。学者们一般将这些要求理解为，要建立一套数据确权授权机制，将三种不同来源的数据放入这套数据确权授权机制，然后根据这套机制将数据上的利益分配给各个相关的主体。但是，对于这些要求也完全可以换个角度理解，即要建立三套数据确权授权机制，将同一份数据不区分来源地放入这三套不同的机制，根据这三套机制分别判断这份数据是否能够被确认为利益应归属于某人的个人数据、利益应归属于某个企业的企业数据或利益应归属于全民的公共数据。由于数据不同于物，在使用上具有非竞争性，可以被无限复制，所以同一份数据的某些利益同时归属于不同主体也未尝不可，故而上述三种判断机制可以相对独立，并非一定要融合为一种。

② 例如，程啸：《论大数据时代的个人数据权利》，《中国社会科学》2018年第3期；龙卫球：《数据新型财产权构建及其体系研究》，《政法论坛》2017年第4期。

③ 程啸：《论数据权益》，《国家检察官学院学报》2023年第5期；张新宝：《产权结构性分置下的数据权利配置》，《环球法律评论》2023年第4期。

④ 申卫星：《数字权利体系再造：迈向隐私、信息与数据的差序格局》，《政法论坛》2022年第3期。

⑤ 程啸：《论数据权益》，《国家检察官学院学报》2023年第5期。

法律和政策的语境中，个人数据不仅包括个人信息，同时也包括由个人生成的或者与个人相关的非个人信息（数据），例如平台上的用户生成内容。① 这种观点在一定程度上跳脱了欧盟《一般数据保护条例》对个人数据的界定模式，扩张了个人数据的范围，但没有给出新的关于"个人"的界定，对"个人数据"扩张的范围仍不够宽阔。

在很大程度上，我国学者对"个人数据"的认识，仍然受欧盟《一般数据保护条例》的定义所影响。"个人数据"在语义上并不必然要被解释为"与个人相关的数据"，其中的"个人"为何必须与可识别或已识别、相关性这样的要素挂钩？从利益归属角度来理解，"个人数据"也完全可以仅指利益应归属于个人的数据，即"个人的数据"。② 个人只是通常没有企业那么强的数据生产能力，但并非没有任何数据生产能力。个人与企业一样可以搭建网页和小程序，为他人提供服务，特别是在生成式人工智能模型加持下，个人也可以快速生产很多没有任何个人可识别性的数据。就此来说，个人与企业在数据生产能力方面并没有不可跨越的鸿沟。③ 在数据生产上付出劳动，给社会带来贡献的个人，显然也应被赋予类似于学者希望赋予企业的那种数据财产权益。这种权益的客体不需要与个人识别性挂钩，也与个人信息保护无关，是否也能被称为"个人数据"？若不采取这一名称，又应当采取什么名称呢？

以上仅仅是从第一类概念组的数据角度进行的思考。如果"个人数据"的"数据"是指第二类概念组的"数据"，那么"个人数据"中的"个人"也能指数据由个人控制〔此时"个人数据"也可理解为"个人（占有）的数据"〕。这种由个人控制的数据在实践中有很多，包括企业网站、终端应用程序存放在个人电脑、手机上的数据（例如微信手机客户端应用程序就经常会占用个人手机很大的空间，网页会通过浏览器在用户电脑上存储cookie数据）。对于这些数据，作为软件开发者的企业通常可以通过内置程序增加、修改、删除数据，但个人也可以在浏览器或者系统层

---

① 姚佳：《数据权益的构造及其动态比较》，《中国应用法学》2023年第3期。
② 值得关注的是，欧盟《数据法》〔Data Act, Regulation (EU) 2023/2854〕第3条第1款要求因使用联网产品和相关服务而产生的数据应当可以被用户利用。这个法所说的数据包括个人数据和非个人数据，自然人用户对这些数据的权利独立于GDPR规定的数据主体对个人数据的权利（两者之间的关系可参见欧盟《数据法》序言第7、15、25、35条）。据此，在中国法语境下，那些在欧盟《数据法》中不属于个人信息，但个人拥有利用权的数据，根据本书的理解，完全可以被归为"个人数据"。
③ 非常重要的一点是，在我们想象企业生产数据的场景时，不应该马上联想到有几个亿用户量的大型平台。绝大多数的企业都是非常小型的，比如只有几个员工的小工厂、小店铺，这些企业的数据生产能力并不见得比一个专业的工程师或内容创作者强。

面增加、修改、删除数据（例如在浏览器上点击清除 cookie 数据的控件，在系统上运行软件卸载程序或在文件管理器中删除文件）。所以，企业和用户双方均对数据有某种程度的控制力。除此之外，个人控制的数据也可以是个人存放在云存储服务提供者服务器硬盘中的数据。[①] 这些数据并不一定要承载个人信息（例如可能是企业管理人员存放的企业经营数据），个人对这些数据享有的权益也与个人信息保护无关。个人电子设备中的数据以及存储于云存储服务中的数据（假设数据是加密存储的，或者处理者无权限读取数据归属，因而数据不具有个人可识别性），如果不被称为"个人数据"，又可以被称为什么呢？

（三）企业数据

学术界虽然对企业数据的保护模式讨论甚多，但对于何谓"企业数据"，如何界定"企业数据"，则着墨很少。参考学者在相关文章中对"企业数据"这个概念的应用模式，以及一些学者对"企业数据"的界定，"企业数据"大致上可以从数据来源、数据控制（持有）、数据归属三个角度观察。

一些人通过单一的角度界定"企业数据"，例如，有的学者认为，企业数据是"相对于个人信息和公共数据而言的宽泛概念，大体是指企业在生产经营过程中收集的源于自身或他人的具有一定规模的各类数据信息的集合，比如，电商平台收集的用户交易数据集合、社交媒体收集的用户个人信息集合、地图网站收集的地理信息集合、航空公司的航班信息集合、期刊网收集的论文电子版文档集合，等等"[②]。这种界定方式主要是从数据来源角度出发，即"企业数据"来源于企业的数据收集行为和生产行为。不同的观点则主要着眼于数据的控制或支配，主张只要数据被企业实际控制和支配，无论该数据是否涉及个人信息和公共利益，都应将其纳入企业数据的范围之内。[③] 另一些人则采用多种角度一同界定"企业数据"。例如，有的学者认为，企业数据这一概念，表明了数据归属和数据来源的

[①] 这里主要不是指百度网盘这种主要为个人提供服务的网盘服务，而是指那些为用户（可以是企业，也可以是个人）提供专门存储空间，数据承载的信息对服务提供者（理论上）不可见的情况，比如云服务器挂载的硬盘、对象存储服务等。

[②] 崔国斌：《新酒入旧瓶：企业数据保护的商业秘密路径》，《政治与法律》2023 年第 11 期。

[③] 张素华：《数据产权结构性分置的法律实现》，《东方法学》2023 年第 2 期。类似的，张新宝教授认为企业数据是企业合法持有的各种数据（张新宝：《产权结构性分置下的数据权利配置》，《环球法律评论》2023 年第 4 期）。

企业主体。①

若是仔细分析就会发现，不同视角下的"企业数据"，指涉的范围是不一样的：从数据来源角度看，企业数据来源于企业的数据生产或收集行为，这些数据并不一定需要由企业实际控制，企业委托他人生产、处理的数据，根据这一视角，有理由纳入企业数据的范围；他人实际控制的来源于企业的数据（如通过服务器漏洞非法取得的数据），也应被认为是来源于企业的企业数据；个人计算机上存放的来源于企业的数据（如企业服务器向个人发送的网页缓存），也要被看作是企业数据。

从数据控制的角度看，企业数据中的"数据"到底与"信息"处于同一位面（第一类概念组中的数据），还是作为"信息"的表现形式（第二类概念组中的数据），必须首先加以区分。如果采取前文的第一类数据概念组（即非信息论意义上的数据与信息概念），对企业数据的控制实际就指向对该数据的任意表现形式的控制，与著作权人对作品的控制类似。故而此时企业是否能够取得对企业数据的控制权益的问题，必须考虑著作权法、商业秘密保护相关规定等既有规则，并参考知识产权法的确权、授权模式，是一类典型的知识产权法问题。② 如果采取第二类数据概念（信息论意义上的数据与信息概念），企业对企业数据的控制就仅仅针对企业实际控制的那种信息表示方式，企业的控制权益类似于以有体物为客体的权益，仅在针对特定表现形式的有限范围内发挥作用，是否会被更加强大的信息权益（例如个人信息权益）"压制"（信息权益可能会指向这种数据表现形式），仍然不确定。

从数据归属的角度来看，数据只有被明确归属于企业时，这种数据才能被归为企业数据，此时数据权属的确定先于企业数据的界定。

若是采取以上多个视角界定的企业数据，那么指涉的对象就应当满足各个视角的界限，范围应当是各个视角企业数据范围的交集。相对于单一视角，多重视角下企业数据的范围会更小。

（四）公共数据、政务数据、社会数据与科学数据

1. 公共数据

相比于企业数据，学者们对公共数据的概念讨论较多。但无论是在政策、地方性法规和规范性文件中，还是在学者们的讨论中，对公共数据认识的差异，远大于对企业数据认识的差异。在全国层面的政策文件和实证

---

① 姚佳：《企业数据权益：控制、排他性与可转让性》，《法学评论》2023年第4期。
② 例如，有观点主张利用商业秘密规则处理大部分企业数据产权问题（崔国斌：《新酒入旧瓶：企业数据保护的商业秘密路径》，《政治与法律》2023年第11期）。

法中，"公共数据"并没有被明确界定。总结中央和地方发布的各种文件，大致上可以概括出"公共数据"三种不同的含义。

第一种"公共数据"定义从来源角度进行界定，大致可以理解为广义的政务数据，在政务数据（大致相当于《政务信息资源共享管理暂行办法》中的政务信息资源）范围的基础上，增加了供水、供电等政务部门之外提供公共服务的组织在提供公共服务过程中收集和产生的数据。例如，《上海市数据条例》第2条第4项规定，公共数据，是指本市国家机关、事业单位，经依法授权具有管理公共事务职能的组织，以及供水、供电、供气、公共交通等提供公共服务的组织（以下统称公共管理和服务机构），在履行公共管理和服务职责过程中收集和产生的数据。采取类似定义方式的文件还有《浙江省公共数据条例》（第3条）、《山东省公共数据开放办法》（第2条第2款）、《江苏省公共数据管理办法》（第2条第2款）等。

第二种"公共数据"定义也是从来源的角度定义公共数据，但是，将公共数据与政务数据当作来源不同的数据类型处理。《国务院关于加强数字政府建设的指导意见》第5条第1款要求"加强对政务数据、公共数据和社会数据的统筹管理"，第3款要求"推进公共数据、社会数据融合应用"。这些表述将"公共数据"与"政务数据""社会数据"并列，虽然《国务院关于加强数字政府建设的指导意见》也没有正面给出"公共数据"的定义，但从这种列举模式可以大致推测出这里"公共数据"的定义。"公共数据"、"政务数据"和"社会数据"这三个概念无论从权属上考虑，还是从范围上考虑，都不应当并列使用，只有从数据来源角度理解才有可能并列使用——政务数据是来源于政务部门的数据，社会数据是来源于各种社会组织的数据，而公共数据则是来源于政务部门之外，又不属于社会数据，且在社会上存在的数据，比如保护期届满的知识产权相关数据、历史上的数据（如历朝历代的统计数据）等。[①]

第三种"公共数据"定义从归属上的"公共性"角度理解公共数据。《数据二十条》第4条规定，"对各级党政机关、企事业单位依法履职或提供公共服务过程中产生的公共数据，加强汇聚共享和开放开发，强化统筹授权使用和管理，推进互联互通，打破'数据孤岛'"。据此似乎可以认

[①] 从来源角度理解"政务数据""公共数据""社会数据"概念并列使用的语境，仅仅能得到相对合理的解释，从严格意义上讲，公共数据、社会数据能否在来源上作出一个严谨的划分，仍存在疑问。时建中教授亦认为，很难理解这种并列的用法（时建中：《数据概念的解构与数据法律制度的构建——兼论数据法学的学科内涵与体系》，《中外法学》2023年第1期）。

为,《数据二十条》中的"公共数据"也是指广义的政务数据。但《数据二十条》第3条将"公共数据"与"企业数据""个人数据"并列,要求"建立公共数据、企业数据、个人数据的分类分级确权授权制度",结合该条理解,公共数据、企业数据、个人数据若是要作为分类确权授权的基准,那么公共数据就应该定位为应归属于"公共"(全民所有)的数据,从而与"企业数据"应归属于企业,"个人数据"应归属于个人相对应。在此理解下,"公共数据"应以"公共性"作为核心特征(当然对于如何理解"公共性",争议很大),不仅包括"党政机关、企事业单位依法履职或提供公共服务过程中产生的"数据,也包括进入公有领域的知识产权作品、具有公共属性的科学、学术知识以及如图书馆、档案馆等所搜集、整理或者保管的各种信息。① 这样,《数据二十条》第4条的规定应理解为仅仅是对一类公共数据(广义的政务数据)共享利用和管理的规定(第4条中的"……的公共数据"可以理解为对该条规定涉及的公共数据类型的限定),并非对公共数据范围的界定。

学术文献对"公共数据"概念的讨论大多围绕"公共性"这个关键特征展开。但对于"公共性"应当如何理解,则存在很多不同的观点。大致上看,"公共性"可以从数据来源于公共部门、数据可被不特定主体使用、数据涉及公共利益等多个角度阐释。不少文献主要从数据来源的视角阐释"公共性"。这种视角可进一步分解为主体因素和行为因素:其一,主体要素指产生、获取数据的主体范围,包括政策和规范性文件在内的大多数观点都认为应当包括行政机关、法律法规授权的具有管理公共事务职能的组织以及提供公共服务的事业单位,但是否能够包括其他主体,比如提供公共服务的国有企业或其他企业,则存在争议。② 有观点认为,将提供公共服务的企业一概纳入"公共数据"开放共享义务主体,存在明显问题,故而应当将其他的主体范围限定在《上海数据条例》第2条等规定所列举的,提供供水、供电、供气、公共交通等领域

---

① 胡凌:《论地方立法中公共数据开放的法律性质》,《地方立法研究》2019年第3期;郑磊:《开放不等于公开、共享和交易:政府数据开放与相近概念的界定与辨析》,《南京社会科学》2018年第9期。

② 王锡锌、王融:《公共数据概念的扩张及其检讨》,《华东政法大学学报》2023年第4期;沈斌:《论公共数据的认定标准与类型体系》,《行政法学研究》2023年第4期;张新宝、曹权之:《公共数据确权授权法律机制研究》,《比较法研究》2023年第3期;赵加兵:《公共数据概念的规范界定及其民法意义》,《河南牧业经济学院学报》2022年第2期;郑春燕、唐俊麒:《论公共数据的规范含义》,《法治研究》2021年第6期。

公共服务的范围内。① 另一种观点认为，可以通过资金来源来决定主体的范围，即如果数据来源主体履行职能的资金来源是公共财政资金和社会捐赠资金，则该主体符合主体要素的要求。② 也就是说，不以企业提供公共服务的类型，而以企业提供公共服务的资金来源确定企业的主体适格性。

其二，行为要素指数据来源主体在什么过程中产生、收集到数据③，有的文献将此归为主体要素的一部分④，也有的文献将此称为内容要素。⑤ 在这一问题上，学术界的观点较为一致，将产生、收集数据的过程限定在履行管理职责和提供公共服务的过程。⑥

从数据来源视角界定"公共数据"的文献大多将公共数据的必要要素限定为以上两种要素，不再考虑其他"公共性"的阐释视角，甚至反对结合其他视角来界定公共数据。例如，有观点认为，公共数据的范围应当限定在满足主体要素和行为要素的情形之内，不能扩展至其他具有公共价值、涉及公共利益、具有公共属性的数据，因为公共属性的内涵具有不确定性，且公共属性的判断与场景相关。⑦ 相反的观点则认为，公共数据的界定不应仅考虑来源的视角，也需要考虑是否涉及公共利益的视角——不论何种主体控制的数据，只要能促进公共管理与服务目标的实现，具有"公共性"，都可以纳入公共数据的讨论范畴。⑧ 还有一种观点主张应当从数据"应由社会公众基于公用目的而共同使用"的"用途标准"界定公共数据的范围（此时的"公共性"采取的是本章作者归纳的"可被不特定主体使用"的视角）；而不应以数据制作或采集主体的"归属标准"确定公共数据的范围，因为这种标准欠缺科学性和周延性。⑨

2. 政务数据

虽然中央层面的政策和规范性文件并没有给出"政务数据"一般性的

---

① 王锡锌、王融：《公共数据概念的扩张及其检讨》，《华东政法大学学报》2023年第4期。
② 沈斌：《论公共数据的认定标准与类型体系》，《行政法学研究》2023年第4期。
③ 王锡锌、王融：《公共数据概念的扩张及其检讨》，《华东政法大学学报》2023年第4期。
④ 郑春燕、唐俊麒：《论公共数据的规范含义》，《法治研究》2021年第6期。
⑤ 沈斌：《论公共数据的认定标准与类型体系》，《行政法学研究》2023年第4期。
⑥ 王锡锌、王融：《公共数据概念的扩张及其检讨》，《华东政法大学学报》2023年第4期；郑春燕、唐俊麒：《论公共数据的规范含义》，《法治研究》2021年第6期；沈斌：《论公共数据的认定标准与类型体系》，《行政法学研究》2023年第4期；赵加兵：《公共数据概念的规范界定及其民法意义》，《河南牧业经济学院学报》2022年第2期。
⑦ 王锡锌、王融：《公共数据概念的扩张及其检讨》，《华东政法大学学报》2023年第4期。
⑧ 郑春燕、唐俊麒：《论公共数据的规范含义》，《法治研究》2021年第6期。
⑨ 齐英程：《作为公物的公共数据资源之使用规则构建》，《行政法学研究》2021年第5期。

定义。但是，政务数据相较于公共数据，在概念、范围方面都要明确得多。《交通运输政务数据共享管理办法》第 2 条第 2 款定义了"交通运输政务数据"的概念：交通运输政务数据指政务部门在履行职责过程中直接或通过第三方依法采集、产生、获取的，以电子形式记录、保存的各类非涉密数据、文件、资料和图表等。这一定义可以追溯到 2016 年国务院发布的《政务信息资源共享管理暂行办法》（国发〔2016〕51 号）第 2 条关于"政务信息资源"的定义。在该办法中，政务信息资源是指政务部门在履行职责过程中制作或获取的，以一定形式记录、保存的文件、资料、图表和数据等各类信息资源，包括政务部门直接或通过第三方依法采集的、依法授权管理的和因履行职责需要依托政务信息系统形成的信息资源等。其中，政务部门是指政府部门及法律法规授权具有行政职能的事业单位和社会组织。

在地方性法规和地方政府规章中，政务数据的定义大多也来自《政务信息资源共享管理暂行办法》，例如《山西省政务数据安全管理办法》（晋政办发〔2023〕30 号）第 2 条规定，政务数据，是指各级人民政府、县级以上人民政府所属部门、列入党群工作机构序列但依法承担行政职能的部门以及法律、法规授权的具有公共管理和服务职能的组织（简称政务部门）在依法履职过程中收集和产生的各类数据。所以，政务数据的概念大致上就是从数据来源——政务部门在依法履职过程中收集和产生——的角度对数据的类型化。[1]

至于政务数据与公共数据的关系，如前所述，大多数观点都会将政务数据理解公共数据的子集，或者说狭义的公共数据。可以说，政务数据一定程度上是公共数据范围中比较确定、没有争议的那一部分。有观点认为，虽然较早时期的立法大量采用了"政务数据""政务信息资源"等概念，但"公共数据"正在逐渐取代它们，成为数据立法的主概念，并且也在逐渐成为学术界数据治理研究的主概念。[2] 从新近出台的政策和规范性文件比如《数据二十条》的概念选择来看，这种现象确实存在。但我们不应当认为"政务数据"这个概念正在逐步"退场"，因为"政务数据"这个概念已经被写入了《数据安全法》（第五章），成为高位阶正式立法使用的一个术语。即使是《数据二十条》这一大量采用"公共数据"概念的政策文件中，同样使用了"政务数据"的概念（第 15 条）。从现有的用法来

---

[1] 在政务部门的范围方面，可能仍略有争议（卢荣婕、周佑勇：《政务数据产权的界定标准》，《信息资源管理学报》2023 年第 6 期）。

[2] 郑春燕、唐俊麒：《论公共数据的规范含义》，《法治研究》2021 年第 6 期。

看,"政务数据"被更多地使用在与数据安全有关的场合,而"公共数据"则更多被用于数据利益分配的场合。

3. 社会数据

社会数据,很大程度上是相对于政务数据、公共数据来说的。《国务院关于加强数字政府建设的指导意见》采取了"政务数据""公共数据""社会数据"并列使用的模式,在一定程度上可以理解为数据在来源于公共部门和其他社会主体方面的区分。在《全国一体化政务大数据体系建设指南》(国办函〔2022〕102号)中,社会数据与政务数据、公共数据的相对关系更为明显。该文件第3条第3款第4项要求,"全国一体化政务大数据体系按需接入供水、供电、供气、公共交通等公共服务运营单位在依法履职或者提供公共服务过程中收集、产生的公共数据,以及第三方互联网信息平台和其他领域的社会数据,结合实际研究确定对接方式等,依法依规推进公共数据和社会数据有序共享、合理利用,促进公共数据与社会数据融合应用"。这里的"社会数据"就是"第三方互联网信息平台和其他领域"产生和收集的数据,区别于公共部门产生和收集的数据。

4. 科学数据

科学数据也是一类具有公共属性(无论从生产、使用还是公共利益角度看)的数据,但较少被法学学者提及(但它是信息管理学科重点研究的对象),具有相对独立的管理和利益分配规则。根据《科学数据管理办法》(国办发〔2018〕17号)第2条,科学数据主要包括在自然科学、工程技术科学等领域,通过基础研究、应用研究、试验开发等产生的数据,以及通过观测监测、考察调查、检验检测等方式取得并用于科学研究活动的原始数据及其衍生数据。科学数据的共享利用和利益分配,主要受《科学数据管理办法》(第三章、第四章)的调整,同时可以适用《科学技术进步法》《促进科技成果转化法》《政务信息资源共享管理暂行办法》等相关法律法规的规定(依据《科学数据管理办法》第1条)。

三、原始数据与衍生数据以及数据资源与数据产品

从数据价值链理论[①]来看,数据可以被分为原始数据与衍生数据,或

---

① 关于数据价值链理论,请参考:李晓华、王怡帆:《数据价值链与价值创造机制研究》,《经济纵横》2020年第11期;José María Cavanillas, Edward Curry, & Wolfgang Wahlster eds., *New Horizons for a Data-Driven Economy*, Springer Open (2016), pp. 29–36; H. Gilbert Miller & Peter Mork, "From Data to Decisions: A Value Chain for Big Data", 15 *IT Prof*. 57 (2013).

者数据资源与数据产品。① 原始数据与衍生数据主要是从技术角度上进行的区分。原始数据（raw data）大致上就是通过传感器、实验仪器、服务器等数据收集工具采集的，对客观现象和过程加以记录，未经处理的数据。② 衍生数据（derived data）则是根据原始数据，通过数据分析、挖掘等算法处理（或者说计算）形成的数据。

实际上，原始数据与衍生数据并非指向明确的概念，两者是相对而言的。例如，传感器收集的数据（如天气测量站的实时温度数据），对于传感器的控制者 A 来说，属于原始数据，经过处理后，对 A 来说就是衍生数据。但是，如果这种衍生数据向他人如 B 传输，B 汇聚了来自多个主体的数据（被汇聚的数据对提供的主体来说都是衍生数据），那么对 B 来说，汇聚的数据（如不同地区各个天气测量站每天的温度数据）又是原始数据，经过处理后才会形成相对 B 来说的衍生数据（如 B 根据数据训练出的人工智能模型以及根据这一模型预测的未来天气状况）。无论如何，原始数据与衍生数据都是非信息论意义上的数据与信息概念组下的概念，因为这里的"数据"与客观情况相关，而非指某种信息的表现形式。有一种观点认为，在信息是内容，数据是表现形式的区分模式下，作为数据分析产品的衍生数据在法律属性上应按信息进行对待，在从原始数据到衍生数据的处理过程中，数据向信息发生转化。③ 这种观点实际上混淆了前文所说第一类概念组与第二类概念组的区分模式，这种"转化"实际上相当于 DIKW 模型中从数据产生信息或者从信息产生知识的过程，并非表现形式向内容的转化。

数据资源与数据产品则是从价值或者说会计学的角度对数据进行的分类。数据资源相当于原始数据，未经人为的加工处理，一般来说无法直接

---

① 也有观点认为，《数据二十条》采取的是原始数据、数据资源和数据产品三分法。其中，原始数据是指个人、企业、国家机关、公共服务部门等在生产生活中产生或收集的各类数据；数据资源是数据处理者对这些原始数据进行收集、清洗和一定的加工后组成的数据集合；数据产品则是对于数据资源再做进一步的分析、加工而形成的具有更高价值的东西（程啸：《论数据权益》，《国家检察官学院学报》2023 年第 5 期）。但是，《数据二十条》实际上并没有并列使用这三个概念，而且数据资源与原始数据在一般观念中并非同一区分模式下的不同概念（后文将说明这一点），将数据资源理解为对原始数据进行处理后的产物，可能会不当地限缩数据资源的范围，在具体应用场景中也会产生理解困难。

② 高阳：《衍生数据作为新型知识产权客体的学理证成》，《社会科学》2022 年第 2 期；陶乾、李衍泽：《论衍生数据的知识产权保护模式》，《大连理工大学学报（社会科学版）》2023 年第 4 期；高富平：《数据生产理论——数据资源权利配置的基础理论》，《交大法学》2019 年第 4 期。

③ 韩旭至：《信息权利范畴的模糊性使用及其后果——基于对信息、数据混用的分析》，《华东政法大学学报》2020 年第 1 期。

利用，没有被附加价值。数据产品大致上相当于衍生数据，经过处理者的加工，被附加上了价值，可以适应利用者的需求。① 若是数据产品被财产相关法律或者会计准则确认具有可控制、可计量、可交易等属性，那么数据产品可以被称作一种数据资产。② 根据《企业数据资源相关会计处理暂行规定》（财会〔2023〕11号），企业使用的数据资源，可以确认为无形资产（须符合无形资产的定义和确认条件），而最终目的用于出售的数据资源可以确认为存货（须符合存货的定义和确认条件）。也就是说，对于企业实际控制的数据，原始的数据资源和自用的数据产品都可以被认定为会计意义上的无形财产，而用于出售的数据产品可以被认定为会计意义上的存货。

---

① 高富平：《数据生产理论——数据资源权利配置的基础理论》，《交大法学》2019年第4期；黄丽华等：《数据流通市场中数据产品的特性及其交易模式》，《大数据》2022年第3期；李晓珊：《数据产品的界定和法律保护》，《法学论坛》2022年第3期。

② 罗玫、李金璞、汤珂：《企业数据资产化：会计确认与价值评估》，《清华大学学报（哲学社会科学版）》2023年第5期；黄丽华等：《关于构建全国统一的数据资产登记体系的思考》，《中国科学院院刊》2022年第10期。

第二章　数据权益体系

第一节　数据的特性与数据权益

一、概述

"数据不是一切，但一切都在变成数据。"① 现代网络信息社会中的数据已经成为与土地、劳动力、资本和技术相并列的第五大生产要素，在社会生产生活等各个领域发挥着越来越重要的作用。② 目前主流的观点认为，要激活数据的要素潜能，充分发挥我国海量数据规模和丰富应用场景优势，培育全国统一的数据大市场，就必须建立并完善包括数据产权制度、数据要素流通和交易制度、数据收益分配制度以及数据治理制度在内的数据基础制度。《数据二十条》明确提出，探索建立数据产权制度，逐步形成具有中国特色的数据产权制度体系。数据产权属于财产权，数据上不仅有财产权还存在其他的民事权益，经过十多年来数字经济的高速发展和法治建设，我国已经形成了一个内容丰富的数据权益体系。③ 例如，对于个人数据（即承载个人信息的数据）而言，作为信息主体的自然人享有个人信息权益，该权益属于人格权益。④《个人信息

---

① 涂子沛：《第二大脑》，中译出版社2023年版，第13页。
② 2020年3月30日发布的《中共中央 国务院关于构建更加完善的要素市场化配置体制机制的意见》首次将数据作为与土地、劳动力、资本和技术相并列的生产要素，提出了"加快培育数据要素市场"的具体要求。
③ 数据权益是指数据上的一切民事权益，包括人格权益、财产权益以及知识产权等，如个人信息权益、数据财产权、数据库著作权、商业秘密权等。王利明：《论数据权益：以"权利束"为视角》，《政治与法律》2022年第7期；姚佳：《数据权益的构造及其动态比较》，《中国应用法学》2023年第3期。
④ 程啸：《论我国民法典中个人信息权益的性质》，《政治与法律》2020年第8期；王苑：《私法视域下的个人信息权益论》，《法治研究》2022年第5期；程啸：《论个人信息权益》，《华东政法大学学报》2023年第1期。不同观点参见张新宝：《个人信息权益的构造》，《中外法学》2021年第5期；王锡锌：《个人信息权益的三层构造及保护机制》，《现代法学》2021年第5期。

保护法》对个人信息权益的内容、行使以及保护等作出了明确的规定。再如，对于企业生产经营过程中产生的与已识别或者可识别的自然人无关的数据或者对个人数据进行匿名化处理后形成的数据，企业享有受到《反不正当竞争法》等法律法规保护的经济利益（法益）。[1]

当前理论界无论是赞同还是反对数据确权的学者，都无法否认数据权益客观存在的事实。有争议的只是，究竟应赋予数据活动中的各个主体对于数据享有受到法律何种程度保护的权益，以及如何在兼顾个人、企业、社会和国家等各方利益的前提下科学协调数据权益保护与数据流通利用的关系，从而最好地实现数据的要素化。[2] 因此，深入研究数据上的各项权益的性质、内容并厘清各类数据权益之间的位置和关系，至关重要。

二、数据的特性

数据权益的问题之所以复杂，根本原因在于作为数据权益客体的数据比较特殊。首先，数据是无体物，而非如同动产、不动产那样，是有体物。数据可以存储于有体物中，但其本身并非物理上可触摸的实体。这就使一方面数据只能借助特定的技术手段而非依靠实体的掌控来进行占有并排除他人的干涉，另一方面数据具有非竞争性的特点，即同一数据可在同一时间由不同的主体在不同的空间加以使用。与有体物所不同的是，数据的价值不会随着它的使用而减少，而是可以不断地被处理，这就是所谓的"非竞争性"，即个人的使用不会妨碍其他人的使用，而且信息不会像其他物质产品一样随着使用而有所耗损。此外，数据的价值并不仅限于特定的用途，它可以为了同一目的而被多次使用，也可以用于其他的目的。数据的全部价值远远大于其最初的使用价值，也意味着即使首次或之后的每次使用都只带来了少量的价值，但只要数据被多次使用过，企业仍然可以对数据加以有效的利用。[3]

其次，数据不具有稀缺性。土地、矿藏、森林等自然资源是稀缺的，总量是有限的，但是数据具有非稀缺性的特点，网络信息科技的发展使得

---

[1] 相关案例参见"北京百度网讯科技有限公司与上海杰图软件技术有限公司不正当纠纷案"，上海知识产权法院（2016）沪73民终242号民事判决书；"北京淘友天下技术有限公司、北京淘友天下科技发展有限公司与北京微梦创科网络技术有限公司不正当竞争纠纷案"，北京知识产权法院（2016）京73民终588号民事判决书。

[2] 周汉华：《数据确权的误区》，《法学研究》2023年第2期；戴昕：《数据界权的关系进路》，《中外法学》2021年第6期；梅夏英：《在分享和控制之间：数据保护的司法局限和公共秩序建构》，《中外法学》2019年第4期。

[3] ［英］维克托·迈尔-舍恩伯格、肯尼斯·库克耶：《大数据时代：生活、工作与思维的大变革》，盛杨燕、周涛译，浙江人民出版社2013年版，第132页。

人类社会创造出越来越多的数据。在地球上，我们每天都会产生5亿条推文、2 940亿封电子邮件、400万GB的Facebook数据、650亿条WhatsApp消息和72万个小时的YouTube新视频。全世界在2020年创建、捕获、复制和消耗的数据总量为59ZB，相当于59万亿GB，预计到2025年将达到令人难以想象的175 ZB。[1] 不仅如此，物联网（IoT）上的联网汽车、工业机器、玩具和其他设备也会产生大量的数据和信息，预计存储的数据总量到2025年将达到163ZB。在当今先进传感器的帮助下，每辆自动驾驶汽车每天就可以产生多达4 000GB的数据，这些数据涉及车辆的性能和维护、汽车的位置以及车内人员的各个方面的信息。[2] 根据国务院互联网信息办公室发布的《数字中国发展报告（2022年）》的统计，2022年我国的数据产量达8.1ZB，同比增长22.7%，全球占比10.5%，位居世界第二。截至2022年年底，我国的数据存储量达724.5EB，同比增长21.1%，全球占比达14.4%。[3]

再次，数据价值以大规模汇聚为前提，数据越多越好，特别是对于机器学习而言，数据规模的增加使得算法可以学会处理越来越复杂的问题。数据的非竞争性、非稀缺性和大规模汇聚性，使得数据更适合被共享，为不同的主体以更加多元的方式进行开发和利用，这样才能更好地发挥其要素潜能。

最后，数据产生和应用的场景非常丰富，既涉及自然人的日常生产生活等活动，也涉及企业等市场主体的经营服务活动，还有政府机关依法履行职责以及公共服务单位提供公共服务的活动。因此，参与数据处理的主体很多，既有个人、企业，也有国家机关等。此外，数据处理活动中数据的形态也在发生变化，从最初收集的原始数据到经过汇集而形成的数据资源，再到加工处理所生的数据产品。[4]

正是由于数据的上述特性，人们在研究数据权益及其体系问题时无法笼统地将数据作为一个整体的权利的标的物来看待，而必须先对数据进行分类，再分别讨论相应的数据权益的性质及其内容、效力等问题。

---

[1] Melvin M. Vopson：《我们究竟产生了多少数据？》，张乃欣译，环球科学，https://huanqiukexue.com/a/qianyan/xinxi__nenyuan/2021/0528/31624.html。

[2] Lothar Determann,"No One Owns Data", 70 Hastings L. J. 1 (2018), p. 3.

[3] 国家互联网信息办公室：《数字中国发展报告（2022年）》，国家互联网信息办公室官方网站，https://www.cac.gov.cn/2023-05/22/c_1686402318492248.htm，2024年3月24日访问。

[4] 诚如姚佳教授所言，现在的数据相关法律所聚焦的研究，除了前端的个人信息、原始数据保护之外，更力主聚焦于后端的、有技术加入的衍生数据、不同数据结构，进而形成相应数据产品等所涉法律问题。姚佳：《数据权益的构造及其动态比较》，《中国应用法学》2023年第3期。

从目前法学与经济学界对于数据权益的研究来看,主要的分类方法有两种:一是将数据分为个人数据、企业数据与公共数据,二是分为原始数据、数据资源与数据产品。这也是《数据二十条》所采取的数据分类方法。

三、数据的两种分类

(一)个人数据、企业数据与公共数据

《数据二十条》将数据分为公共数据、企业数据与个人数据,并提出建立数据分类分级确权授权制度。《数据二十条》中的"个人数据"是指承载个人信息的数据,也称"个人信息数据",它是从数据上有无承载个人信息的标准对数据所作的分类。按理说,与之对应的是非个人数据即不承载个人信息的数据,而非企业数据、公共数据。因为,后二者是从生产与处理数据的主体的角度对数据的分类。企业数据是企业所生产处理的数据,既包括企业自己生产的数据,也包括企业收集(自行收集或从其他主体处取得)的数据。公共数据是国家机关、法律法规规章授权的具有管理公共事务职能的组织以及公共服务运营单位在依法履行职责以及提供公共服务过程中生产处理的数据。[①] 显然,企业数据与公共数据中既有个人数据,也有非个人数据。

个人数据、企业数据与公共数据这三个概念虽然在分类标准上不统一,但对于研究数据权益却非常重要。个人数据上存在作为人格权益的个人信息权益以及隐私权,这些人格权是对宪法上的"人格尊严""人身自由"的贯彻,它们与财产法益相比处于优越地位。[②] 数据权益研究中最复杂也最重要的问题就是如何保护个人信息权益等人格权。非个人数据不承载个人信息,与已识别或可识别的自然人无关,故此不存在人格利益保护的问题。

企业数据和公共数据对应的是企业这一典型的市场主体对于其生产和收集的数据(企业数据)享有的权益,以及公共管理机构和公共服务机构对于公共数据的权益问题。虽然目前理论上对于企业数据的权益性质究竟

[①] 在国家层面的法律规范中尚无对"公共数据"的定义。一些地方性法规对于公共数据作出了明确的界定,如《深圳经济特区数据条例》第 2 条第 5 项规定:"公共数据,是指公共管理和服务机构在依法履行公共管理职责或者提供公共服务过程中产生、处理的数据。"《上海市数据条例》第 2 条第 4 项将公共数据界定为"本市国家机关、事业单位,经依法授权具有管理公共事务职能的组织,以及供水、供电、供气、公共交通等提供公共服务的组织(以下统称公共管理和服务机构),在履行公共管理和服务职责过程中收集和产生的数据"。

[②] 〔德〕卡尔·拉伦茨:《法学方法论》(全本·第六版),黄家镇译,商务印书馆 2020 年版,第 517 页。

是所有权、知识产权、用益权还是其他权益存在不同的看法，但是，该权益属于私主体的财产权益，是民事权益，则不存在争议。而且，《数据二十条》所建立的数据产权制度也主要是针对企业数据而言的，产权即财产权，属于民事权利，权利人能够据此取得收益并有权处分该权利。换言之，无论如何，企业对其数据的权益都是财产性的，企业在不损害在先权利的情形下可以依法依约处分其针对企业数据享有的财产权益。公共数据具有公共性、公益性，公共数据无论是在权益的确认还是共享与开放，都必须严格依据法律法规的规定进行，因此即便界定了公共数据上的权益归属，该权益的行使也不同于作为民事权利的企业数据权益。公共数据必须严格依据法律法规的规定进行共享和开放，不能任意以市场化方式进行交易。

（二）原始数据、数据资源与数据产品

数据的最初形态是所谓的"原始数据"，即个人、企业、国家机关、公共服务部门等在生产生活中产生或收集的各类数据。数据处理者对这些原始数据进行收集、清洗和一定的加工后组成的数据集合，就是"数据资源"。"数据产品"则是对于数据资源再做进一步的分析、加工而形成的具有更高价值的东西。狭义的数据产品仅指对数据采取一定的方法进行加工后所形成的具有更高经济价值的数据即衍生数据[①]，广义的数据产品是指对数据经过加工后形成的一切产品，除衍生数据外还包括计算机软件程序、技术方案、数据 API 等。《数据二十条》采取了原始数据、数据资源和数据产品这一分类方法，并且在此基础上提出"数据资源持有权"、"数据加工使用权"以及"数据产品经营权"的概念。根据起草该文的主导单位——国家发展和改革委员会的解释，之所以如此，是要"跳出所有权思维定式，聚焦数据在采集、收集、加工使用、交易、应用全过程中各参与方的权利，通过建立数据资源持有权、数据加工使用权、数据产品经营权'三权分置'，强化数据加工使用权，放活数据产品经营权，加快数据产权登记制度体系建设"[②]。

原始数据、数据资源和数据产品的区分具有一定的意义。该区分使人们可以从经济上能够更清晰地认识到数据价值链的变化与实现过程。并且，由于原始数据往往涉及隐私、个人信息以及国家安全，所以对于原始

[①] 李永明、戴敏敏：《大数据产品的权利属性及法律保护研究》，《浙江大学学报（人文社会科学版）》2020年第2期；李晓珊：《数据产品的界定和法律保护》，《法学论坛》2022年第3期。

[②] 国家发展和改革委员会：《加快构建中国特色数据基础制度体系，促进全体人民共享数字经济发展红利》，求是网，http://www.qstheory.cn/dukan/qs/2023-01/01/c_1129246978.htm。

数据的开发利用以及流转交易都要非常慎重,《数据二十条》明确提出要"要审慎对待原始数据的流转交易行为",对于公共数据的原始数据的开放还要求,必须在保护个人隐私和确保公共安全的前提下,按照"原始数据不出域、数据可用不可见"的要求,以模型、核验等产品和服务等形式向社会提供。然而,就数据权益的研究而言,原始数据、数据资源和数据产品的区分没有规范意义,并且如下文所述,数据资源持有权、数据加工使用权以及数据产品经营权也不是彼此独立的权利。因为无论原始数据、数据资源还是数据产品,都是数据,这种数据形态上的差异既没有导致数据权益客体发生实质变化,更不会影响其上的数据权益。例如,数据产品中倘若包含了个人信息,那么依然属于个人数据,自然人对之享有个人信息权益,企业对该数据产品的财产权益要受到个人信息权益的制约。

第二节 数据权益体系概览

一、自然人对个人数据享有的权益

(一) 个人数据与非个人数据的界分

所谓个人数据,就是承载个人信息的数据,或者说是以电子或者其他方式对与已识别或者可识别的自然人有关的各种信息的记录(《数据安全法》第3条第1款、《个人信息保护法》第4条第1款)。有学者认为,我国法上的个人数据不仅包括个人信息,也包括由个人生成的或者与个人相关的非个人信息,后者被称为用户数据,如用户在平台上传的图片、音频、视频以及关于天气、心情、日常生活等内容。[①] 笔者认为,个人本身就是现代社会中数据的重要生产者,但如果个人生产的这些数据不属于与已识别或可识别的自然人相关的数据,就不属于个人数据,而是非个人数据。

非个人数据就是个人数据之外的其他数据,具体包括:(1)仅与法人、非法人组织等组织体而非自然人相关的各种数据,如某一行业特定时间内的交易金额,航空企业一年内的航班延误次数,某汽车厂的汽车生产总量等。(2)用户使用相关程序或信息服务后产生的无法识别特定个人的数据,如特定时间段中某些关键词的检索总次数或者某一软件的下载总次数。(3)与个人无关的纯客观的(或自然界的)数据,如天气情况、降雨

[①] 姚佳:《数据权益的构造及其动态比较》,《中国应用法学》2023年第3期。

情况、海域面积、动植物信息等。(4) 物联网上产生的非个人数据,如家电的耗电量、电动汽车的行驶里程与油耗等。(5) 对于个人数据进行匿名化处理后形成的数据(《个人信息保护法》第 4 条第 1 款)。当然,个人数据和非个人数据的区分并不是固定的、不变的,个人数据的范围也是动态变化的和具有相对性的,对于某个主体而言属于个人数据的数据,对于另外的主体可能就不属于个人数据。

(二) 自然人对个人数据享有的权益的性质

自然人对于其个人信息享有个人信息权益,对此没有争议。有争议的是,个人信息权益是否也可以指向个人数据?申言之,自然人能否基于其对个人数据的个人信息权益,不仅可以同意个人信息处理者处理其个人信息,还可以授权个人数据处理者处理其个人数据,据此使得数据处理者取得针对个人数据的占有、加工或使用等数据权益?否定的观点认为,自然人针对个人数据享有的不是个人信息权益,自然人也不能基于其个人信息权益对个人数据进行授权或者主张其对于平台上的个人数据的权利。例如,有的学者认为,应当区分个人信息与个人数据,个人信息属于人格权的范畴,保护的是自然人的人格利益;个人数据则属于财产权的范畴,保护的是自然人的经济利益。① 有的学者认为,应当将"人财两分"理论作为构建数据财产权制度的基础理论之一。也就是说,应当将个人信息数据同时承载着的人格利益与财产利益在个人与数据处理者之间进行合理分配,将人格利益配置给个人,将财产利益配置给数据处理者。之所以不能将财产利益配置给个人是因为:个人信息中的财产价值具有稀薄性,而且给个人配置财产利益将导致个人不平等以及治理成本高昂,妨碍数字经济的发展。② 还有的学者认为,由企业制作的数据在内容上可以构成个人信息,如个人就医过程中生成的电子病历、数字形态的检查结果、企业收集并加以数字化存储的人脸信息等,但作为信息主体的个人不是数据生产者而是数据(内容)来源者,其不能原始取得或与数据生产者共有数据权利。个人信息被收集乃至被处理的自然人并无权利像处置自己的财产那样处置企业制作和占有的数据,例如许可他人使用。③

笔者认为,自然人针对个人信息享有个人信息权益,该权益毫无疑问也指向了所有承载了个人信息的数据即个人数据。自然人既可以基于个人信息权益而同意处理者处理其个人信息,也可以基于个人信息权益将对个

---

① 赵磊:《数据产权类型化的法律意义》,《中国政法大学学报》2021 年第 3 期。
② 张新宝:《论作为新型财产权的数据财产权》,《中国社会科学》2023 年第 4 期。
③ 刘文杰:《数据产权的法律表达》,《法学研究》2023 年第 3 期。

人数据的商业化利用的权利授予给数据处理者。具体理由如下。

（1）虽然信息与数据的区分有其必要性①，但诚如学者所言，在数据利用的背景下，信息与数据的区分在思维层面上只能进行一次区分，而不能反复地在各个阶段都将信息与数据的区分作为一个问题提出，否则关于数据的讨论就陷入了"循环论证"之中②，无法对数据权益问题进行正常的研究。不能在涉及个人数据的场合，认为个人仅对个人信息有个人信息权益，而对于承载这些个人信息的数据没有任何权益，只有作为数据处理者的平台企业享有数据权益。这是因为，信息是数据产生价值的本质原因，如果数据中无法挖掘出信息，数据就没有价值。③ 强行区分个人信息与个人数据，就等于承认不包含个人信息的个人数据是可以独立存在的。这显然是不合理的。任何平台企业对于单纯的以 0 和 1 形式体现的数据没有必要也不可能享有数据权益。没有个人信息的数据不是个人数据，而只是以二进制代码表现出来的比特形式，对于处理这些数据的人没有意义，法律上无须也无法加以规范调整。这就如同作为所有权客体的动产和不动产当然是由各种化学元素组成的，但法律上绝不会讨论元素能否成为民事权利客体的问题，更不会认为某个特定的民事主体可以享有某一元素的所有权。需要讨论的只是该民事主体对由元素组成的特定动产或不动产上的民事权利。同样，自然人的个人信息权益与处理这些数据的数据处理者的权利所指向的是相同的客体即个人数据。总之，个人信息与个人数据既无法区分也没必要区分，它们只是从不同角度看待同一事物而已。

（2）以个人信息与个人数据作为基础，进一步区分（作为人格权益的）个人信息权益和（作为财产权益的）个人数据权益，显属叠床架屋，毫无必要。④ 因为我国《民法典》《个人信息保护法》规定的个人信息权益本身就采取一元模式，同时保护个人对其个人数据的精神利益与经济利益。⑤ 个人信息权益性质上属于人格权益，本身不能转让、放弃或者继承

---

① 有的学者梳理了 30 种对数据和信息的不同定义。张平文、邱泽奇编著：《数据要素五论：信息、权属、价值、安全、交易》，北京大学出版社 2022 年版，第 34－39 页。

② 姚佳：《数据权益的构造及其动态比较》，《中国应用法学》2023 年第 3 期。

③ 诚如学者所言，在电子化信息的表述上，信息和数据的概念区分没有绝对意义，只具有相对的价值，在实际场合的概念运用上也没有固定的标准。梅夏英：《信息和数据概念区分的法律意义》，《比较法研究》2020 年第 6 期。

④ 我国有的地方性法规接受了此种观点，如《上海市数据条例》第 12 条规定："本市依法保护自然人对其个人信息享有的人格权益。本市依法保护自然人、法人和非法人组织在使用、加工等数据处理活动中形成的法定或者约定的财产权益，以及在数字经济发展中有关数据创新活动取得的合法财产权益。"

⑤ 程啸：《论个人信息权益》，《华东政法大学学报》2023 年第 1 期。

（《民法典》第992条）。但依据《民法典》第993条，个人完全可以将针对个人数据的某些权利授予他人来行使并有权取得相应的报酬，从而实现其针对个人数据的财产利益。① 个人对其个人数据处理享有知情权和决定权，该等权利不仅体现为个人对他人处理其个人数据的行为加以限制或禁止（消极权能），也体现为个人可以将对其个人数据的某些权利授予给处理者（积极权能）。因此，个人数据完全可以被作为数据主体的自然人进行商业化利用。依据《民法典》第993条，只要是法律没有禁止并且不是依据其性质不得许可的个人信息，个人就能够许可他人使用（第993条中的"等"字就为未来的发展预留了空间）。从域外法来看，德国被认为是最重视个人信息自决权的国家，德国法学界认为，只要遵守宪法上的限制，个人信息自决权当然可以被商业化利用，能够被商业化利用的个人信息包括自然人的外貌、生活图片、人物形象、个人的秘密、口头和书面的语言、姓名等。② 在大数据时代，数据越多当然价值越大，单个自然人的个人数据确实价值不大。然而，不能因为价值太小就否定自然人对于他们的个人数据可以享有财产利益，进而将这些利益全部分配给企业。学者提出的"人财两分"理论不仅不利于维护自然人的人格利益，还有可能因为个人数据中的财产利益被划归给企业，从而激发企业更大的数据渴望，容易引发更高的侵害自然人人格权益的风险。当然，个人只能控制其个人数据中的财产利益，不能据此主张对企业数据整体享有权利，否则就超出了个人信息权益的效力范围。③

（3）个人针对个人数据享有的权利是个人信息权益，该权利是个人数据授权的前提和基础。没有该权利，个人是无法将针对其个人数据进行收集、存储、加工、使用以及取得相应收益等财产性权利授予他人来行使的。《数据二十条》也明确提出了建立健全个人信息数据确权授权机制的要求，即"对承载个人信息的数据，推动数据处理者按照个人授权范围依法依规采集、持有、托管和使用数据，规范对个人信息的处理活动"。所谓个人数据授权，是指作为数据主体的个人依其意思将对其个人数据进行收集、加工、使用等处理活动的财产性权利授予数据处理者的法律行为。《个人信息保护法》建立的告知同意制度赋予了个人对个人数据处理的自

---

① 程啸：《论人格权的商业化利用》，《中国法律评论》2023年第1期。
② Franziska Leinemann, Personenbezogene Daten als Entgelt：Eine Untersuchung anhandschuldvertrags-, datenschutz-und kartellrechtlicher Fragestellungen, Peter Lang, 2020, S. 65.
③ 王叶刚：《企业数据权益与个人信息保护关系论纲》，《比较法研究》2022年第4期。

主决定权①，从而使个人信息权益具有排他性，给信息主体之外的人施加了不得侵害的义务。然而，告知同意只是给了个人对其个人数据处理的否决权，即"不同意，不得处理"，立法者仅完成了对个人赋权的一半任务。只有进一步承认个人数据的授权，才能在告知同意制度的基础上继续完成对个人赋权的另一半任务。因为个人授权明确了作为数据主体的个人可以将针对其个人数据的财产性权利授予了个人数据的处理者，从而使得数据处理者能够在授权的范围进行个人数据的收集、存储、加工和使用，进而享有相应的数据权益。

二、企业对企业数据享有的权益

（一）企业数据权益性质之争

企业本身既是数据的生产者，也是数据的收集者。企业可以直接收集用户的数据，也可以从其他数据处理者处依据法律规定或合同约定取得数据。前者如电子商务平台基于告知同意规则或法律行政法规规定的事由而取得平台上的自然人用户的个人数据，后者如企业依据公共数据开放的法律规定而取得公共数据或者与其他企业订立合同而得到数据。显然，任何企业生产和收集数据以及对数据进行加工使用等活动都是有投入的，通过投入资金、人力和物力，企业要挖掘实现数据的潜在价值。即便企业还没有对于其生产或收集的数据进行任何的加工，只是将数据存储起来，企业对该等数据的利益也受到法律的保护，其他主体不能非法窃取并使用这些数据。很多企业本身也通过各种技术手段来保护自己的数据，但是企业更希望法律上能提供足够的保护，尤其是明确承认企业对于其数据享有某种权利。

企业对于其生产与处理的数据（无论个人数据还是非个人数据）究竟享有何种权益，争议很大。主要有三种观点：其一，所有权说，即认为数据完全可以被视为如同货物和动产那样为人所拥有的"物"，在数据上可以产生数据所有权，从物权的角度来看，数据所有权既具有积极的权能（如访问权、使用权和许可权），也有消极的权能（如停止侵害、排除妨害、消除危险）等。② 其二，知识产权说，此种观点认为大数据集合中的绝大部分可以通过知识产权加以保护，如数据库作品可以通过著作权保

---

① Eleni Kosta, *Consent in European Data Protection Law*, Boston: Martin Nijhoff Publishers, 2013, p.109.

② Andreas Boerding, Nicolai Culik, Christian Doepke, Thomas Hoeren, Tim Juelicher, Charlotte Roettgen & Max V. Schoenfeld, "Data Ownership-A Property Rights Approach from a European Perspective", 11 *J. CIV. L. Stud.* 323 (2018). p.369. 我国学者赞同数据所有权的观点可参见王融：《关于大数据交易核心法律问题——数据所有权的探讨》，《大数据》2015年第1期。

护、大数据中的商业秘密由反不正当竞争法保护,即便是有限的空白区域如处于公开状态的非独创性大规模数据集合的保护问题,也可以通过有限排他权,即大致包含著作权法上的发行权、广播权、信息网络传播权等权利加以解决。① 其三,数据财产权说,此说认为,企业对于其生产的以及合法收集的数据享有的是作为支配权的财产权,该权利性质上是独立于人格权、物权、债权、知识产权的一种新型财产权,其权利内容包括占有、使用、收益和处分等。②

(二)企业对企业数据享有的是数据财产权

笔者认为,企业对企业数据享有的是不同于所有权、知识产权等既有的民事权益的一类独立、新型的财产权,该权利属于民事权益,可称之为"数据财产权"。民法学通说将权利界定为:法律规范授予人的,旨在满足其个人利益的意思力(Willensmacht),即享受特定利益的法律之力。③ 法律上之所以确立某一民事权利,根本目的在于保护民事主体的某种利益,以满足其需求。企业数据具有巨大的经济利益,这一点无须多言,企业投入人力物力和财力,以合法方式生产与收集数据,故此,其对该等数据享有的经济利益当然也是合法的、值得保护的。需要考虑的是能否通过所有权、知识产权等既有民事权益保护之,如果不能保护则需要考虑新设相应的民事权益加以保护。

首先,所有权无法保护企业对其数据的经济利益。因为,所有权所指向的标的物是动产与不动产这两类有体物,而不包括数据。就有体物而言,所有权人可以对其进行完全排他的独占的控制,因此,一个有体物上只能成立一个所有权,两个以上的民事主体无法在同一时间于不同的地方对于同一个有体物进行控制和使用。有体物的特点使得法律上可以将对于一个特定的有体物的任何不违反法律强制性规定和公序良俗的处理方式都归属于所有权人。然而,数据具有非竞争性、无形性等特点,虽然法律上

---

① 崔国斌:《大数据有限排他权的基础理论》,《法学研究》2019 年第 5 期;冯晓青:《知识产权视野下商业数据保护研究》,《比较法研究》2022 年第 5 期;孔祥俊:《商业数据权:数字时代的新型工业产权——工业产权的归入与权属界定三原则》,《比较法研究》2022 年第 1 期;张素华:《数据产权结构性分置的法律实现》,《东方法学》2023 年第 2 期。
② 程啸:《论大数据时代的个人数据权利》,《中国社会科学》2018 年第 3 期;龙卫球:《再论企业数据保护的财产权化路径》,《东方法学》2018 年第 3 期;钱子瑜:《论数据财产权的构建》,《法学家》2021 年第 6 期;张新宝:《论作为新型财产权的数据财产权》,《中国社会科学》2023 年第 4 期。
③ Vgl. Brox Walker, Allgemeiner Teil des BGB, 32Aufl., Carl Heymanns Verlag, 2008, Rn. 617;[德]卡尔·拉伦茨:《德国民法通论》(上册),王晓晔、邵建东等译,法律出版社2003 年版,第 276－277 页。

可以赋予民事主体对于数据的排他性权利，但是不可能将对于数据的任何合法的处理方式都归属于数据权利人，否则不仅无法更好地保护个人信息权益等人格权和推动创新或技术进步，还可能窒息言论自由、信息自由、科学和技术进步。① 此外，从实体法的角度而言，数据所有权也不符合我国《民法典》第 240 条的规定，因为该条明确将所有权的标的物限定为不动产或者动产。

其次，知识产权可以保护企业对其数据的某些利益，但大多数经济利益无法被涵盖。在企业收集的大量数据中，有些数据经过汇编具有一定的独创性，成为作品，可以受到《著作权法》的保护。有些数据也涉及商业秘密，可以受到《反不正当竞争法》的保护。但是，大数据背景下的数据集合主要是通过算法或者计算机系统自动生成，通常难以构成"选择或编排的独创性"，不构成汇编作品。大数据时代重要的是数据本身，数据的量越多越好，越全面越好，至于数据处理者如何汇编数据从而能够满足作品的独创性要求，根本不重要。同时，企业数据中有大量的公开数据，如社交平台上大量用户言论、大众点评上的用户评论等，也不构成商业秘密。② 商业秘密保护的制度目的也决定了，以该制度保护数据只会妨害数据的利用与流通，损害数字经济的发展。③ 因此，企业数据中的绝大部分无法通过著作权和商业秘密权加以保护。对于这些无法为知识产权所保护的企业数据，仅仅因为数据与知识产权的客体的某些相似性（如无形性等），就非要削足适履地将其上的权益认定为知识产权，显然是错误的。这样做也会导致现行知识产权制度的调整，破坏知识产权的权利体系。④

诚如张新宝教授所言，数据财产权是财产权制度在信息时代的发展与延续，当然具有与物权、知识产权相通的若干特征，如对世性和支配性。⑤ 物权、知识产权和数据财产权调整的都是权利主体和不特定第三人之间的关系，都具有对世性和一定程度的支配性、排他性，从而使得它们与作为相对权的债权相区分。另一方面，数据是一种新型的权益客体，不

---

① Lothar Determann, No One Owns Data, 70 Hastings L. J. 1 (2018), p. 43.
② 孔祥俊：《商业数据权：数字时代的新型工业产权——工业产权的归入与权属界定三原则》，《比较法研究》2022 年第 1 期。
③ 浙江省高级人民法院联合课题组：《关于企业数据权益知识产权保护的调研报告》，《人民司法》2022 年第 13 期。
④ 王利明：《数据的民法保护》，《数字法治》2023 年第 1 期。在我国《民法总则》起草过程时，第 123 条曾经将"数据信息"作为知识产权的客体之一，但是后来立法者仍决定将其删除，相关理由可参见《民法总则立法背景与观点全集》编写组：《民法总则立法背景与观点全集》，法律出版社 2017 年版，第 618 - 619 页。
⑤ 张新宝：《论作为新型财产权的数据财产权》，《中国社会科学》2023 年第 4 期。

同于有体物和知识产权客体，这使得传统的物权、知识产权都无法充分实现对企业就其数据所享有的经济利益的保护。此时，需要适应社会的发展而确立新型民事权益即数据财产权来保护企业的新型经济利益。《数据二十条》提出了"数据产权"的提法，并且聚焦数据在采集、收集、加工使用、交易、应用全过程中各参与方的权利，要"建立数据资源持有权、数据加工使用权、数据产品经营权等分置的产权运行机制"。《数据二十条》颁布后，不少学者围绕该文件进行阐释和创新，提出了各种观点。例如，有的学者认为，企业数据产权可以分为企业数据集合的产权与企业数据产品产权，前者通过邻接权方式构建，后者可结合数据产品的应用场景和流程以及《数据二十条》提出的权利分置框架，在企业数据产品上形成表征产权归属的企业数据产品持有权和表征产权利用的企业数据产品使用权二元并立的产权结构分置状态。[1] 有的学者认为，数据财产权在赋权形式上应当采取二元权利主体结构，即区分数据制作者权与数据使用者权，数据制作者权是有限排他效力的财产权，数据使用者权的主体分为用户和数据同业经营者。[2] 有的学者认为，数据资源持有权、数据加工使用权和数据产品经营权呈现相互分离、彼此独立的关系。[3] 对于这三种权利的具体内容，应当根据不同的数据客体逐一分析不同场景中的利益分配格局，为企业的数据持有权确定不同级别的排他支配效力。[4] 还有的学者将数据资源持有权、数据加工使用权以及数据产品经营权统称为"数据持有者权"，认为数据持有者权是基于占有数据的事实而产生的，是数据价值链条上的每个主体都享有的权利，是一种普遍的权利。[5]

在笔者看来，无论是《数据二十条》提出的不同数据形态（数据、数据资源、数据产品）上的三个权利——数据资源持有权、数据加工使用权和数据产品经营权，还是该文件关于数据来源者权益与数据处理者权益的表述，只是政策性表达，更确切地说，是一种经济政策意义上的描述，而非如同法律那样直接界定了数据权益的性质、类型或内容。《数据二十条》只是政策文件，还必须通过法律上的权利义务等规范性概念来贯彻落实。"产权"（property rights）是经济学上常用的词汇。在普通法系的语境下，

---

[1] 张素华：《数据产权结构性分置的法律实现》，《东方法学》2023年第2期。
[2] 吴汉东：《数据财产赋权的立法选择》，《法律科学》2023年第4期。
[3] 许可：《从权利束迈向权利块：数据三权分置的反思与重构》，《中国法律评论》2023年第2期。
[4] 孙莹：《企业数据确权与授权机制研究》，《比较法研究》2023年第3期。
[5] 高富平：《论数据持有者权——构建数据流通利用秩序的心范式》，《中外法学》2023年第2期。

property rights 是指财产权,对于法律人而言,它是很笼统、抽象的词汇。① 制度经济学将"产权"界定为"个人和组织的一组受保护的权利,他们通过如收购、使用、抵押、出租和转让资产(assets)的方式,持有或处置某些资产,占有在这些资产的运用中所产生的获益。当然,这也包括负收益——维护财产的成本,以及因运用财产判断失误而遭受的可能亏损"②。经济学家并不会如法学家那样去辨析作为数据上的一组权利的数据产权的性质究竟是什么,是物权、债权、知识产权抑或其他权利。③ 在经济学家看来,只要数据上存在一组受法律保护的权利,这些权利又意味着权利人可以排他地处置作为资产的数据并享受由此带来的收益,那么数据产权就形成了。因为"私有产权的决定性特征是,所有者有权不让他人被动拥有和积极使用该财产,并有权获得使用该财产时所产生的收益"④。因此,在研究时不应混淆政策文件与法律文本,不能将经济政策意义上的表达直接等同于法律对数据权益的规定并以此作为研究的出发点。在本书看来,《数据二十条》提出的数据产权的三权分置实质上就是对于企业数据财产权的权利内容的描述或形象化呈现,具体阐述如下。

1. 占有数据的权能

《数据二十条》提出的"数据资源持有权"不是民事权益。因为民事权利的客体必须具有特定性和可规范性。"数据资源"这个概念的范围极为广泛,是从经济学的角度采取的称谓,如果说人类社会所有的数据都可以统称为数据资源,那么,这种数据资源显然不是任何民事主体能够持有或占有的,即便是持数据国家所有权说的人,恐怕也不能认为一个国家的

---

① 在经济学上,更广义的"产权是一些社会制度。这些制度界定或划定了个人对于某些特定的财产,如土地和水,所拥有的特权的范围。这些财产的私人所有权可以包括很多种不同的权利,其中包括阻止非所有者进入的权利,挪用因为使用资源和对资源投资所得的租金流的权利,将资源卖给或转让给他人的权利。正式制度安排的产权制度的范围,包括宪法条款、法令和司法规则,一直到对财产使用和分配的非正式的传统和风俗习惯"。[美]加里·D.利贝卡普:《产权的缔约分析》,陈宇东等译,中国社会科学出版社2001年版,第1页。

② [澳]柯武刚、[德]史漫飞、[美]贝彼得:《制度经济学:财产、竞争、政策》(第二版)(修订版),柏克、韩朝华译,商务印书馆2018年版,第226页。

③ 美国著名经济学家大卫·D.弗里德曼就曾坦率地承认"经济学的一般理论主要是在讨论抽象的概念,如财产、交易、企业、资本和劳工,律师和法学教授处理的则是这些概念的实际状况"。[美]大卫·D.弗里德曼:《经济学与法律的对话》,徐源丰译,广西师范大学出版社2019年版,第14页。

④ [澳]柯武刚、[德]史漫飞、[美]贝彼得:《制度经济学:财产、竞争、政策》(第二版)(修订版),韩朝华译,商务印书馆2018年版,第232页。

政府可以宣称对该国范围内的全部数据资源享有某种民事权利吧！① 因此，所谓的数据资源持有权在法学规范上没有意义，它只是对于数据权益中的控制权能的形象化描述而已。具体到企业数据权益，就是指作为数据处理者和生产者的企业对其生产的或者处理的数据享有的管控力，即对可特定化的数据的持有。数据的持有和有体物的占有，本质上都是一种事实状态。前者是数据财产权的权能之一②，后者是物权的权能之一。在民法上，占有是一种事实状态，而非权利。③ 所谓占有，就是对于动产、不动产这样的有体物具有事实上的管领力（tatsaechliche Sachherrschaft）。占有动产或不动产的民事主体要么是基于物权、债权等本权的有权占有，要么是缺乏本权的无权占有。无论有权占有还是无权占有，都是受到法律保护的。为了维护法律上的和平与安宁，《民法典》第 462 条赋予了占有人以占有保护请求权，即返还原物、排除妨害或者消除危险。数据虽然不是有体物，但对于数据也是可以进行管理控制的。企业作为数据处理者对其数据的自主管控，当然可以是通过对有体物的占有来实现的（如对存储数据的硬盘的占有），但更多时候需要通过各种技术手段如加密技术、反爬虫技术等加以实现。这种对于数据的管理和控制既是企业作为数据权益主体的权能，也是其依法负有的义务。虽然人们希望避免使用数据所有权的概念，但是，笔者认为，描述企业数据权益的权能时，"占有"比"持有"更为妥当。占有与持有均指对于物具有事实上的管领力，但持有更着重对于物的实力支配。然而，占有不仅要有事实上的管领力，还需要占有的意思，所谓占有的意思并非法律行为上的意思而是一种自然意思，不以具有行为能力为必要。④ 由于持有只是强调事实上的管领力，故此，持有的含义非常狭窄，不存在直接持有和间接持有之分，而占有类型丰富，包括有权占有和无权占有、直接占有和间接占有等。由此可见，虽然不使用数据所有权的概念，但是将占有作为数据财产权的权能之一比持有更为妥当。当然，作为数据财产权内容的占有（或管控）与作为所有权权能的占有也有一定的差异。⑤

---

① 数据资源不同于自然资源，我国是社会主义国家，土地资源、水资源、矿产资源、森林资源、草原资源、海域海岛资源等自然资源实行的是公有制即全民所有与集体所有。
② 张新宝：《论作为新型财产权的数据财产权》，《中国社会科学》2023 年第 4 期。
③ 王利明：《物权法研究》（第四版）（下卷），中国人民大学出版社 2018 年版，第 696 页。
④ 王泽鉴：《民法物权》（第二版），北京大学出版社 2023 年版，第 601 页。
⑤ 钱子瑜：《论数据财产权的构建》，《法学家》2021 年第 6 期。

2. 对数据进行使用和收益的权能

所谓对数据进行使用的权能，就是指企业数据权益人依法享有的对数据进行处理，多维度地发掘和实现数据使用价值的权能。对数据的收益权能是指企业数据权益人可以通过数据交易和服务取得一定的经济利益。[①] 企业享有数据权益，就意味着其在合同约定的范围内，有权在不违反法律、行政法规的强制性规定以及公序良俗的前提下，自行对所生产、收集的数据进行存储、加工、使用等一系列活动，至于加工成何种数据产品或据此提供何种数据服务，是企业数据权益的应有之义，由企业自行决定。企业也可以将数据通过各种交易形式如开放数据端口、出售数据产品等各种合法形式交由他人使用并据此获得收益。这些都属于企业对数据进行使用和收益的权能。《数据二十条》提出的数据加工使用权与数据产品经营权，实际上就是从经济学的角度对于企业就其数据享有的数据财产权中的使用权能、收益权能的描述，并非确立了两类独立的、具体的民事权益。

3. 对数据进行处分的权能

作为企业数据权益的最重要的内容就是对数据的处分权能。这种处分包括事实上的和法律上的，事实上的处分如销毁或删除数据等，而法律上的处分是对于数据上的权利进行的处分，例如，将数据转让或出租给其他企业，以企业数据权益本身为客体进行质押从而获得融资等。由于数据中既有原始数据，也有经过加工后的数据（如清洗、匿名化处理后的数据）以及数据衍生品等，而原始数据又涉及个人信息权益、隐私权或者商业秘密权等在先权利，故此，企业数据权益主体行使处分权能必须是在符合法律规定以及当事人合同约定的前提下进行。

三、公共数据上的数据权益

（一）概述

国家机关以及法律、法规授权的具有管理公共事务职能的组织为履行法定职责，一方面必须处理包括个人数据在内的大量的数据，另一方面也会产生大量的非个人数据。同样，供水、供气、供电、公交等提供公共服务的单位在提供服务时既产生大量的数据，也会收集大量的个人数据。这两类数据被称为公共数据。

公共数据的共享和开放对于提高行政管理能力，建设透明政府，实现产学研的协同创新，促进数字经济的发展都至关重要。早在2016年，国务院印发的《政务信息资源共享管理暂行办法》就明确要求实现政务信息

[①] 张新宝：《论作为新型财产权的数据财产权》，《中国社会科学》2023年第4期。

共享，并确立了"以共享为原则，不共享为例外""需求导向，无偿使用"等五项政务信息共享的基本原则。2017年中央深改组审议通过的《关于推进公共信息资源开放的若干意见》要求推进公共信息资源开放，进一步强化信息资源的深度整合，发挥数据大国、大市场的优势。同年，中央网信办、发展改革委、工业和信息化部发布的《公共信息资源开放试点工作方案》确定根据各地区公共信息资源开放工作基础，确定北京市等省市为试点地区，开展公共信息资源开放试点工作，重点开放信用服务等二十多个领域的公共信息资源。此后的一系列文件如《大数据发展纲要》《中共中央 国务院关于构建更加完善的要素市场化配置体制机制的意见》《国民经济和社会发展第十四个五年规划和2035年远景目标纲要》《"十四五"数字经济发展规划》《国务院关于加强数字政府建设的指导意见》等都对公共数据开放作出部署，要求提升公共数据开放水平，充分释放数据红利。① 《数据二十条》对于公共数据也强调要"加强汇聚共享和开放开发，强化统筹授权使用和管理，推进互联互通"，保证公共数据的供给，据此推动公共数据用于公共治理、公益事业，促进产业发展、行业发展。

（二）公共数据上的权益性质与归属

关于公共数据上的权益性质及其归属问题，有不同的看法。有的学者认为，公共数据类似自然资源，应当依据《宪法》上的自然资源归国家所有的条款认定公共数据归国家所有。② 有的学者认为，应当区分公共管理数据和公共服务数据，公共管理数据的产生主体是国家机关，属于行政主体，而公共服务数据是公共服务机构生产或收集的，公共服务机构是民事主体，且公共服务数据具有财产属性，可以成为民事权利客体。因此，公共管理数据上不存在任何主体权益，但是公共服务数据上可以存在公共服务机构的数据财产权。③ 有的学者认为，应当承认公共机构基于占有公共数据的客观事实而承认其数据持有者权，从而明确公共机构的合法数据使用权，使公共机构产生的数据资源有明确的责任主体，从而推动其参与数据市场培育，构建公共数据的利用秩序。④ 还有的学者认为，公共数据不

---

① 张新宝、曹权之：《公共数据确权授权法律机制研究》，《比较法研究》2023年第3期。
② 赵加兵：《公共数据归属政府的合理性及法律意义》，《河南财经政法大学学报》2021年第1期；衣俊霖：《论公共数据国家所有》，《法学论坛》2022年第4期。
③ 张新宝、曹权之：《公共数据确权授权法律机制研究》，《比较法研究》2023年第3期。
④ 高富平：《公共机构的数据持有权——多元数据开放体系的基础制度》，《行政法学研究》2023年第4期。

能简单地被看作是自然资源，公共数据的开放是为了实现多元的市场主体和社会主体在公平合理的条件下获取和利用公共数据，推动数据利用效力和社会福利的整体增长，故此，不宜贸然规定公共数据归国家。①

笔者认为，尽管公共数据的共享、开放以及授权经营等都必须严格依据法律法规的规定，受到公法规范的严格限制，但是，确认公共管理机构和公共服务机构对公共数据的数据权益仍然具有重要的意义。对于公共数据权益的确认可以在法律上进一步明确此等公共数据上的权益的内容与行使的独特之处，其不同于个人针对个人数据享有的个人信息权益以及企业对企业数据享有的数据财产权。个人信息权益与企业数据财产权都属于民事权益，是私权利。《民法典》第130条规定："民事主体按照自己的意愿依法行使民事权利，不受干涉。"个人或企业在不违反法律和不损害国家利益、社会公共利益或者他人合法权益的前提下，完全可以自由地行使其个人信息权益或者数据财产权。申言之，它们既可以自己行使该权利，也可以授权或许可他人行使。在授权他人行使或者处分数据权益时可以双方协议，依据市场自主定价，并自由地获取收益。然而，无论国家机关还是公共服务机构，它们对于公共数据都不享有这种私权利，因为它们是基于特殊的主体身份而成为公共数据的生产者与处理者，处在公共数据的管控者的地位。即便是对公共管理数据进行授权运营或公共服务机构对于公共服务数据行使数据权益时，都必须严格依据法律法规关于公共数据共享和开放的规则，不能也不许基于所谓的自由意思而任意决定允许谁使用或禁止谁使用，允许谁有偿使用或允许谁无偿使用。

四、数据上各种权益的关系

（一）个人信息权益与企业数据权益的关系

当企业数据中包含个人数据时，就会出现个人信息权益与企业数据财产权的关系问题。企业之所以可以合法地收集个人数据，要么是告知并取得了个人的同意，要么是直接依据法律行政法规的规定。如果是前者，那么个人信息权益对于企业的数据财产权就会产生很强的制约作用，具体表现在：（1）个人可以随时撤回同意，一旦撤回同意的，那么，在不影响撤回前基于个人同意已进行的个人信息处理活动的情形下，企业必须停止对该个人数据的处理（《个人信息保护法》第15条）；（2）个人可以请求企业将其个人数据转移至个人所指定的个人信息处理者，企业必须提供转移

---

① 王锡锌、黄智杰：《公平利用权：公共数据开放制度建构的权利基础》，《华东政法大学学报》2022年第2期。

的途径（《个人信息保护法》第 45 条第 3 款）；(3) 在个人信息处理的目的已经实现或无法实现，个人撤回同意，违反法律、行政法规或者违反约定处理个人信息等情形下，个人可以要求相关企业删除所收集的个人数据（《个人信息保护法》第 47 条）；(4) 企业收集的原始数据中包含了个人数据时，企业应当履行数据安全保护义务以及保护个人信息安全的义务；[1] (5) 企业对个人数据进行加工使用而生成数据产品的行为是个人信息处理行为，应遵循法律规定以及约定的个人信息处理规则。[2] 由此可见，就基于个人同意而处理个人数据的企业而言，其针对个人数据的财产权在很大程度上受制于个人信息权益，"它们之间就好像一种放飞的风筝与风筝线之间的关系"[3]。

如果企业是直接依据法律行政法规的规定，如为订立、履行个人作为一方当事人的合同所必需，为履行法定义务，或者在合理范围内处理合法公开的个人信息等（《个人信息保护法》第 13 条第 1 款第 2-7 项）情形时，企业处理个人数据的行为不需要取得个人的同意，但这并不意味着个人信息权益对于企业数据财产权就没有制约作用。因为，即便是依据法定事由处理个人数据的场合，企业也不能超越法定事由所确定的处理目的，必须遵循个人信息处理的基本原则（如合法、正当、必要、目的限制等）以及法律规定的个人信息处理规则。此外，在符合《个人信息保护法》第 47 条规定的情形时，个人仍然可以行使删除权。

如果企业没有履行个人信息保护义务或者数据安全义务而发生个人数据泄露、篡改、丢失等事件时，企业应当承担相应的行政、民事乃至刑事责任。如果其他主体侵害企业的数据财产权的，企业当然可以要求其承担停止侵害、赔偿损失等侵权责任。此时，个人数据虽然是企业数据的组成部分，但是自然人对包含个人数据在内的企业数据整体并不享有财产权，故此，个人无权要求行为人承担侵害企业数据的侵权责任。[4]

个人在网络平台上生成了很多数据如上传、发布、传输的文字、图片、视频、音频等，对于这些个人生成的数据，是否能够因为运营该网络平台的企业在用户协议中约定归自己使用就可以认定为归属于企业，继而纳入企业数据财产权的客体范围？笔者认为，平台企业可以与个人通过用

---

[1] 个人信息保护义务、数据安全保护义务与网络安全保护义务的联系与区别，参见程啸：《论数据安全保护义务》，《比较法研究》2023 年第 2 期。
[2] 王叶刚：《企业数据权益与个人信息保护关系论纲》，《比较法研究》2022 年第 4 期。
[3] 王利明：《论数据权益：以"权利束"为视角》，《政治与法律》2022 年第 7 期。
[4] 王叶刚：《企业数据权益与个人信息保护关系论纲》，《比较法研究》2022 年第 4 期。

户协议进行约定,从而取得针对用户个人数据的财产权。这也体现了个人对个人数据的授权。但需要注意的是,一则不得损害个人信息权益等在先权益。个人就其生成的数据享有不同的权益,如个人信息权益(承载个人信息的数据)、著作权(构成作品的数据)等。例如,不得约定个人数据的所有权归属于平台,这种约定是无效的。二则,如果用户在平台上生成的数据是公开的个人数据的,那么平台与用户关于此等数据的约定也不能违反《民法典》《个人信息保护法》关于合法公开的个人信息的利用规则,平台无权依据与用户的协议禁止其他企业合理利用这些个人数据。①

(二)个人信息权益与公共数据的共享开放

国家机关在依法履行职责,公共服务单位提供公共服务中往往会大量地收集个人数据,因此公共数据中本身就会包含不少个人数据,从而使得公共数据共享开放以及授权经营时要防止对于自然人的个人信息权益(以及隐私权等其他民事权益)的侵害。依据《个人信息保护法》第23、25条,个人信息处理者向其他个人信息处理者提供其处理的个人信息的,以及公开其处理的个人信息的,都必须取得个人单独同意。故此,公共数据的处理者只有取得个人的单独同意的情形下,才能将包含了个人数据的公共数据进行共享或开放。目前,一些地方法规对包含了个人数据的公共数据的共享、开放以及授权经营也作出了相应的规定。例如,《浙江省公共数据条例》第30条规定,公共数据中涉及个人信息的,禁止开放;涉及个人信息的公共数据经匿名化处理的,或者涉及个人信息的公共数据所指向的特定自然人依法授权同意开放的,可以列入受限开放或者无条件开放数据。《数据二十条》也明确要求,鼓励公共数据在保护个人隐私和确保公共安全的前提下,按照"原始数据不出域、数据可用不可见"的要求,以模型、核验等产品和服务等形式向社会提供,对不承载个人信息和不影响公共安全的公共数据,推动按用途加大供给使用范围。

(三)数据来源者权与企业数据权益的关系

在现代网络信息社会,数据从生产、流通到使用等全过程中存在众多的参与方,大体可以分为两类,即数据来源者与数据处理者。所谓数据来源者也称数据的生产者,其中既有产生个人数据即个人信息的自然人,也有因使用产品或服务而产生非个人数据的设备的所有者和服务的用户,从事生产经营活动而产生非个人数据的企业等组织。数据的处理者是指自主决定数据处

---

① 关于如何判断对于公开的个人信息的利用是否合理,参见程啸:《论公开的个人信息处理的法律规制》,《中国法学》2022年第3期。

理目的和处理方式的组织和个人，包括企业、国家机关、公共服务提供者等。企业既是非个人数据的生产者，也是个人数据与非个人数据的处理者。企业数据权益必然要受到个人信息权益与数据来源者权利的限制。

在欧盟，考虑数据的产生是产品的设计者或制造商与产品的使用者之间等至少两方参与者行动的结果，而这些产品或相关服务记录的数据对于售后、附属和其他服务非常重要，为了确保数字经济的公平性，实现数据作为经济和社会上的非竞争性商品的重要经济利益，欧盟立法机关认为，对数据分配访问和使用权利的一般方法优于授予排他性的访问和使用权利。有鉴于此，欧盟借鉴《一般数据保护条例》上规定的访问权和可携带权来重新构建所谓"数据来源者"的权利。2024年1月11日生效的欧盟《数据法》（Data Act）第4条和第5条赋予用户即拥有连接产品（connected product）或依据合同临时转让使用连接产品的权利或接受相关服务（related service）的自然人或法人，访问、获取以及利用由连接产品或相关服务产生的数据的权利，包括：（1）访问数据的权利，即当用户无法直接从连接产品或相关服务中访问数据时，数据持有人应立即以同等质量、方便、安全、免费以及结构化、通用和机器可读的格式向用户提供数据以及解释和使用这些数据所必需的相关元数据，并在相关和技术可行的情况下连续实时地提供。（2）用户与第三方共享数据的权利，即根据用户或代表用户的一方的请求，数据持有人应立即以全面、结构化、通用和机器可读的格式向第三方提供可获得的数据，以及解释和使用这些数据所必需的相关元数据，其质量应当与数据持有者可用的相同，并应当安全、方便和免费地提供给用户，且在相关和技术可行的情况下应当连续实时地提供。欧盟《数据法》第1条第5款明确规定，该法不影响关于个人数据保护、隐私和通信秘密等欧盟法律和各成员国的法律规定，并且如果该法与个人数据保护或隐私的欧盟法律或成员国立法相冲突时，个人数据保护或隐私法律应优先适用。

数据来源者，简单地说就是数据来源的主体，即向数据处理者提供数据或数据处理者从其处收集数据的主体。也就是说，数据来源者是与数据处理者相应的概念，数据处理者从数据来源者处收集数据并进行使用、加工等一系列处理活动，作为数据来源者的主体既包括个人，也包括法人或者非法人组织。我国目前法律上还没有规定数据来源者的权利，但是，《数据二十条》在借鉴欧盟《数据法》的基础上，于第7条明确提出：要充分保护数据来源者合法权益，推动基于知情同意或存在法定事由的数据流通使用模式，保障数据来源者享有获取或复制转移由其促成产生数据的权益。由于数据包括个人数据与非个人数据，因此就作为个人数据来源者的自然人而言，其本身就是个人信息权益主体，依据《民法典》《个人信息保护法》等法律当然享有针对其个人信息的个人信息权益，其中就包括了知情权、决定权、查阅权、复制权、可携带权、更正权、补充权、删除权等各项权能。但是，就非个人数据的来源者，目前并无法律赋予其任何权利，而《数据二十条》赋予其知情同意权、获取权、复制权和可携带权就具有非常重要的意义，这些权利可以有效地解决非个人数据的来源者在面对超大型数据企业或数据控制者时无法访问和利用其产生的数据的难题，确保数字经济的公平性。未来我国需要通过立法将数据来源者针对数据处理者享有的知情同意权、数据获取权（数据访问权）、数据复制权和数据可携带权的行使要件等具体问题加以明确规定，从而协调数据处理者与数据来源者的权利。

（四）企业数据财产权与公共数据权益

企业所取得的数据以及通过对数据进行加工后形成的数据衍生品可能是基于对公共数据的利用。公共数据的共享仅限于国家机关以及公共服务机构之间，即国家机关以及公共服务机构因履行法定职责或者提供公共服务需要而使用其他国家机关以及公共服务机构的数据，或者向其他国家机关和公共服务机构提供数据。这种共享的公共数据主要就是政务数据，也称公共管理数据。公共数据的开放既包括公共管理数据的开放，也包括公共服务数据的开放。如果公共数据采取的是按照"原始数据不出域、数据可用不可见"的要求，以模型、核验等产品和服务等形式向社会提供，使用该等公共数据的企业实际上并未取得数据，也就不存在取得公共数据上的财产权的问题。至于其使用公共数据而形成的数据产品、技术方案或者其他的东西，该企业享有相应的权益如著作权、数据财产权等。如果公共数据采取了授权运营的方式，那么被授权运营的企业（如国有独资公司）对于这些公共数据本身享有基于法律规定与合同约定的数据权益，即按照要求经营公共数据的权利。其他企业没有经过同意而采取爬虫方式侵害的，应当承担侵害数据财产权的侵权责任。此外，被授权运营的企业在依法依约处理公共数据时形成的数据衍生产品，应当归属于该企业，其享有相应的权益。倘若公共数据是无条件向任何自然人、法人或非法人组织开放的数据，那么任何企业都可以收集、加工、使用这些公共数据，不会因其他企业在先收集和使用而使在后企业的收集和使用构成侵害数据财产权。[①]

[①] 孙莹：《企业数据确权与授权机制研究》，《比较法研究》2023年第3期。

第二编

个人数据权益与个人数据交易

第三章 个人数据权益

第一节 基本概念的界定与分析

一、个人信息和个人数据

"个人信息"（personal information）是个人信息保护法中最核心的概念，被称为"司法管辖权的扳机"（a jurisdictional trigger）[1]。个人信息的认定及其范围问题对于任何国家的个人信息监管法律体系而言，都至关重要。只有当处理者所处理的信息是个人信息时，才应当适用个人信息保护的法律规范，处理者方负有各种法律义务（如告知并取得同意的义务、合规义务、保护个人信息安全义务等），个人针对此种处理其个人信息的活动才享有查阅、复制、更正、可携带、删除等权利。无论是行政机关履行个人信息保护监管职责，司法机关裁决个人信息保护案件，还是企业等个人信息处理者的合规实践，都始终离不开个人信息的认定。同时，个人信息是社会交往和社会运行的必要工具或媒介。个人需要利用可以识别自己的符号，向社会推介、展示自己，需要利用它开展各种活动，将活动结果归属于其本人。同时，社会也需要利用个人提供的个人信息和散落于各处的、可被搜集、掌握到的有关个人信息来了解、判断某个人。

从世界范围来看，欧盟《一般数据保护条例》（GDPR）第4条将个人数据（英语：personal Data，德语：personenbezogene Daten，法语：donnée à caractère personnel）定义为"与已识别或可识别的自然人（数据主体）相关的任何数据"。其还专门解释了何为"可识别的自然人"：通过姓名、身份证号、定位数据、网络标识符等标识符，或通过特定的身体、心理、基

---

[1] Paul M. Schwartz & Daniel J. Solove, "Reconciling Personal Information in the United States and European Union", 102 *Calif. L. Rev.* 879 (2014).

因、精神状态、经济、文化、社会等方面的个人属性能够被直接或间接识别的自然人。《巴西通用数据保护法》第5条将个人数据定义为"与已识别或可识别的自然人有关的信息"。《印度2018年个人数据保护法草案》第3条对"个人数据"的定义是：系指考虑到自然人的身份特征、特点、属性或者其他特征，或者这些特征的组合，或这些特征与其他信息的组合时，可直接或者间接识别出的关于自然人的或者与之有关的数据。

我国个人信息保护立法充分吸收、借鉴了欧盟数据保护立法的不少有益成果，《个人信息保护法》第4条第1款更是采取了与欧盟法大体相同的个人信息定义："个人信息是以电子或者其他方式记录的与已识别或者可识别的自然人有关的各种信息，不包括匿名化处理后的信息"。该条同时强调了个人信息的识别性和相关性。有学者提出，为限缩个人信息界定的范围，应当在同时兼具识别性和相关性的情况下，才可以被认定为个人信息。

在美国，个人信息被称为"个人可识别信息"（personal identifiable information，简称PII）；[1] 在欧盟，个人信息被称为个人数据。实际上，个人信息与个人数据含义相同，只是不同法域的习惯用语不一。因此，学界通常情况下对二者混用，在涉及欧盟的法律时，多用个人数据，涉及我国法律或美国法律时使用个人信息。但也有学者认为个人数据和个人信息本质上是不同的术语，个人信息是一种知识，个人数据是一种载体。[2] 个人数据是大数据的重要来源，具有明显的经济、社会和战略效用。个人数据是通过个人信息匿名化而来的，是一种公共物品。[3] 本章中个人数据和个人信息采通说，未说明情况下，不作明确区分。

二、个人信息处理者与个人数据控制者

我国法上并未区分个人信息控制者与个人信息处理者。控制者与处理者的区分最早是由欧盟个人数据保护立法提出的，并对我国个人信息保护学界产生了较大的影响。2018年5月25日生效的欧盟《一般数据保护条例》第4条"定义"第7、8款分别将"控制者"界定为"能单独或联合决定个人数据的处理目的和方式的自然人、法人、公共机构、代理机构或其他组织。其中个人数据处理的目的和方式由欧盟或其成员国的法律予以

---

[1] Schwartz, Paul M. and Solove, Daniel J., "Reconciling Personal Information in the United States and European Union". 102 *Calif. L. Rev.* 877 (2014).
[2] 刘练军：《个人信息与个人数据辨析》，《求索》2022年第5期。
[3] 夏志强、闫星宇：《作为漂流资源的个人数据权属分置设计》，《中国社会科学》2023年第4期。

规定，控制者或控制者资格的具体标准可以由欧盟或其成员国的法律予以规定"。将"处理者"界定为"为控制者处理个人数据的自然人、法人、公共机构、代理机构或其他组织"。之所以欧盟个人数据保护立法要区分控制者与处理者，理由在于：欧盟的立法者认为，控制者是个人数据保护法实施中的关键行为者，它们是个人数据保护法所设定的向数据主体负担义务的首要承担者。

2021年7月7日，欧盟数据保护委员会（EDPB）正式通过了《GDPR下数据控制者及数据处理者概念的指南（07/2020）》（以下简称"EDPB指南"），EDPB指南取代了第29条工作组在其第1/2010号意见（WP169）中发布的有关控制者、处理者概念的指南，进一步对控制者、共同控制者和处理者的概念作出解释和说明。数据控制者是数据处理过程中决定某些关键要素的主体。控制权可以由法律规定，也可以源于对具体情况的事实因素或情形的分析。控制者决定数据处理的目的和方式，即为什么及如何处理数据。控制者必须决定目的和方式。但是，执行过程中一些更实操的层面（"非核心方式"）可以留给数据处理者。某一实体被认定为控制者，并不要求其实际接触正在处理的数据。处理者是独立于控制者，且按照控制者的指示进行数据处理的实体；虽然数据处理的目的和方式由控制者决定，但处理者有一定程度的自由裁量权，可以决定数据处理的"非核心方式"。

欧盟数据保护法希望通过区分这两类主体来更有效地实现法律规范尤其是处理规则调整上的针对性。尽管从理论上说，这样做似乎很有道理，但实际上的意义很小。我国虽然并未区分控制者与处理者，但是，仍然区分了个人信息处理者与受委托处理个人信息的情形（《个人信息保护法》第21条），并规定了共同处理、个人信息的提供与个人信息的转移（《个人信息保护法》第20、22、23条）等多数人处理个人信息的情形。因此，我国法上的个人信息处理者的概念完全涵盖了实施个人信息处理行为的全部主体。

三、个人信息权益的概念

从2012年12月28日第十一届全国人民代表大会常务委员会第三十次会议通过的《全国人民代表大会常务委员会关于加强网络信息保护的决定》到2013年修订的《消费者权益保护法》，再到2017年施行的《网络安全法》与《民法总则》，这些法律一再明确规定自然人的个人信息受法律保护，甚至《消费者权益保护法》专门提出了消费者"享有个人信息依法得到保护的权利"。然而，这些法律都没有规定"个人信息权"或"个人信息权益"。

2020年5月28日,第十三届全国人民代表大会第三次会议审议通过的《民法典》对个人信息保护作出了详细的规定。首先,在《民法典》第一编"总则"第五章"民事权利"中,立法者对个人信息保护作出了概括性规定,即第111条规定:"自然人的个人信息受法律保护。任何组织或者个人需要获取他人个人信息的,应当依法取得并确保信息安全,不得非法收集、使用、加工、传输他人个人信息,不得非法买卖、提供或者公开他人个人信息。"其次,《民法典》第四编"人格权"第六章"隐私权和个人信息保护"中使用了六个条文(第1034~1039条)分别对个人信息和处理的含义,处理个人信息应遵循的原则与合法性要件、自然人对其个人信息享有的查询权、更正权和删除权等具体权利,侵害个人信息的免责事由以及保护个人信息安全义务等作出了规定。此外,《民法典》人格权编第一章"一般规定"和第五章"名誉权和荣誉权"中还规定了个人信息的合理使用(第999条)以及处理信用信息时的法律适用(第1030条)。

由于对个人信息权益的性质还存在很大争议,故此,在我国编纂民法典时,虽然不少学者主张在人格权编中规定"个人信息权"[1],但是,立法机关考虑到"个人信息受保护的权利与其他人格权在考量因素上有所不同,个人信息的保护要适当平衡信息主体的利益与数据共享利用之间的关系",为了"既强调了对信息主体利益的保护,又可以避免不必要的误解,避免妨碍数据的共享、利用以及大数据产业在我国的发展"[2],《民法典》最终没有采用"个人信息权"的概念,只是使用了"个人信息保护"的表述。尽管如此,无论是《民法典》的总则编还是人格权编对个人信息保护的规定都是始终围绕着自然人对其个人信息享有的权益而展开的。从我国《民法典》对个人信息保护的规定来看,已经非常清晰地表明了以下三点:首先,自然人对个人信息享有的是民事权益,而非公法上的权利;其次,自然人对个人信息享有的是人格权益,而非财产权益;最后,自然人对个人信息享有独立的人格权益,该人格权益是不同于隐私权、姓名权、肖像权等具体人格权的新型的人格权益。

---

[1] 王利明:《论个人信息权的法律保护——以个人信息权与隐私权的界分为中心》,《现代法学》2013年第4期;王利明:《论个人信息权在人格权法中的地位》,《苏州大学学报(哲学社会科学版)》2016年第6期;叶名怡:《个人信息权的基本范畴》,《清华法学》2018年第5期;吕炳斌:《个人信息权作为民事权利之证成:以知识产权为参照》,《中国法学》2019年第4期。

[2] 黄薇主编:《中华人民共和国民法典人格权编解读》,中国法制出版社2020年版。

2021年颁布的《个人信息保护法》首次对"个人信息权益"作出了规定，明确将"保护个人信息权益"作为立法目的之一。所谓个人信息权益，简单地说，就是自然人针对其个人信息享有的权益。个人信息权益的核心权能就是个人对其个人信息处理享有的知情权与决定权，以及为实现这两项核心权能而产生的其他权能，如复制、查阅、可携带、更正、补充、删除等。《个人信息保护法》在第四章"个人在个人信息处理活动中的权利"详细规定了个人对其个人信息处理享有知情权、决定权（第44条），个人针对个人信息处理者享有查阅、复制其个人信息的权利（第45条第1、2款），个人有权在符合相应条件时请求将个人信息转移至其指定的个人信息处理者（第45条第3款），个人享有更正、补充其个人信息的权利（第46条），个人在符合一定条件下有权请求个人信息处理者删除其个人信息（第47条），个人有权要求处理者对其个人信息处理规则进行解释说明（第48条）。

正是由于《个人信息保护法》首次提出了"个人信息权益"的概念，同时又提出了"个人在个人信息处理活动中的权利"这一新的概念，于是，《个人信息保护法》颁布后，围绕着个人信息权益的性质与权能、个人在个人信息处理活动中的权利与个人权益的关系、个人信息权益保护的利益范围、个人信息权益被侵害后能否起诉等一系列问题，产生了很大的争议。

第二节 个人信息权益的保护模式与体系

一、公法保护模式

个人信息或个人数据的公法保护模式不仅体现为单一部门法对个人数据的保护，还从宏观的角度界定了个人数据保护的法律边界。个人信息法律保护问题本身跨越了宪法、行政法与刑法等法律部门的界限，如果仅仅从某个部门法的角度观察它难免会顾此失彼。有学者尝试通过宪法、行政法、刑法等公法建立对个人数据的公法保护模式。在国家的法律体系中，宪法从根本法高度列出公民基本权利清单，划定了国家权力和公民权利的基本界限；行政法对一般违法行为作出行政处罚；刑法则对危害性严重的犯罪行为作出刑罚处罚。因此，刑法自身的界限问题实际上大多是刑法与宪法、刑法与行政法的界限问题，只有建立、完善个人信息保护的宪法、行政法规范体系，实现与刑法的协调、顺接，个人信息刑法保护界限问题就能迎刃而解。①

(一) 宪法层面的保护

公法保护首先体现为宪法层面的保护。我国《宪法》规定了公民人身自由、人格尊严、住宅不受侵犯，通信自由和通信秘密受法律保护等等，这为我国隐私权、个人信息保护等人格权立法提供了基本权利的依据和更高位阶的价值遵循。② 从比较法上看，欧洲各国自二战后即将隐私权作为一项基本人权。1948年的《世界人权宣言》明确提出保护居所和通讯的隐私不受侵犯，1950年的《欧洲人权公约》第8条第1款亦规定每个人都有权使其私人生活和家庭生活、其房屋和通讯受到尊重。③ 在美国法中，隐私权概念提出后，最初是通过判例将其认定为一种民事权利，然后上升为一种宪法上的权利。此后，美国宪法第四修正案和第五修正案将隐私权解释为公民享有的对抗警察非法搜查和拒绝自我归罪的基本权利。④

近年来，我国公法学者开始尝试为隐私权的讨论引入宪法的全新维度。已有学者使用美国法上的"宪法隐私权"概念，针对国家、政府对个人信息的控制及处理的合法性与正当性进行剖析。"宪法隐私权"作为一项基本权利也逐渐为我国学者所接受。⑤ 在宪法隐私权的内容上，主要包含空间隐私权、自治性隐私权和信息性隐私权三种，并且每一种都通过发挥独特的功能对国家权力予以制衡，空间隐私权创造安全的私人空间，自治性隐私权使公民私生活自主得以实现，信息性隐私权拯救公民于无处不在的国家信息监控之中。⑥

在我国《个人信息保护法》的立法过程中，曾经产生了应否在该法第1条中增加"根据宪法"之争。有学者提出这意味着个人信息保护法律体系在底层逻辑上的改动，民法上的权利和利益区分保护原理难以适应整个合宪性法秩序。因此，应当将个人信息权确立为宪法位阶的基本权利，并以基本权利作为针对国家的主观防御权和辐射一切法领域的客观价值秩序

---

① 王锡锌：《个人信息权益的三层构造及保护机制》，《现代法学》2021年第5期；陈璇：《个人信息刑法保护之界限研究》，《河南大学学报（社会科学版）》2018年第3期。
② 王利明：《论个人信息权在人格权法中的地位》，《苏州大学学报》2012年第6期；孙平：《系统构筑个人信息保护立法的基本权利模式》，《法学》2016年第4期。
③ 高富平、王苑：《论个人数据保护制度的源流——域外立法的历史分析和启示》，《河南社会科学》2019年第12期。
④ 王利明：《论个人信息权在人格权法中的地位》，《苏州大学学报》2012年第6期。
⑤ 王锡锌：《个人信息国家保护义务及展开》，《中国法学》2021年第1期；张新宝：《个人信息权益的构造》，《中外法学》2021年第5期。
⑥ 李延舜：《论宪法隐私权的类型及功能》，《烟台大学学报（哲学社会科学版）》2017年第6期。

的原理。① 但是，宪法学者内部对于宪法层面到底确立的是什么类型的基本权利还存在争议，有学者认为通过对人权条款下的"通信权"和"人格尊严条款"的解释，可以在学理上证立个人信息权。② 也有学者认为，该权利系"个人信息受保护权"，而非"个人信息权"，原因是个人信息保护法体系建构的是国家在宪法上所负有的保护义务。个人信息受保护权意味着国家不仅应履行尊重私人生活、避免干预个人安宁的消极义务，还应当通过积极保护，支援个人对抗个人信息处理中尊严减损的风险。③

（二）行政法层面的保护

公法保护的第二个层次体现为行政法层面的保护。应将个人数据作为公共物品来规制，对个人数据的治理主体应该是政府机构，进而治理的法律性质主要是公法，治理的目的是公共利益和公共安全，从而促进个人数据的自由共享。④ 个人信息保护是信息时代的一项全新挑战，个人信息控制权是需要通过个人信息保护法确立的一项新型公法权利。⑤ 全景式监控的风险已提示人们，强化个人信息公法保护确有必要，公法研究也应实现从信息公开到信息保护的风向流转。⑥ 行政主体收集、处理和利用个人信息是一种行政事实行为。控制行政权力、保护行政相对人的个人信息权是个人信息保护的行政法基础。⑦ 在平衡政府权力与个人权利的关系中，制定个人隐私权保护法，为隐私权行政法保护提供直接法律依据。在行政法的重点向权力监管转移的背景下，一方面应当考虑把行政复议机关作为个人信息保护监督机关，并赋予其相应的职权。另一方面对信息主体因行政主体违法收集、处理和利用个人信息的行为遭受损害的，个人信息保护法应规定行政赔偿，以及行政措施与行政处罚制度。

（三）刑法层面的保护

公法保护还体现为刑法层面的保护。有学者认为立法机关通过刑罚手段对涉及民众隐私权利的新型危害行为予以惩治和防范，符合我国刑事法

---

① 张翔：《个人信息权的宪法（学）证成——基于对区分保护论和支配权论的反思》，《环球法律评论》2022年第1期。

② 张翔：《个人信息权的宪法（学）证成——基于对区分保护论和支配权论的反思》，《环球法律评论》2022年第1期；汪庆华：《个人信息权的体系化解释——兼论〈个人信息保护法〉的公法属性》，《环球法律评论》2022年第1期。

③ 王锡锌：《个人信息国家保护义务及展开》，《中国法学》2021年第1期。

④ 吴伟光：《大数据技术下个人数据信息私权保护论批判》，《政治与法律》2016年第7期。

⑤ 周汉华：《个人信息保护的法律定位》，《法商研究》2020年第3期。

⑥ 赵宏：《从信息公开到信息保护：公法上信息权保护研究的风向流转与核心问题》，《比较法研究》2017年第2期。

⑦ 刘权：《论个人信息处理的合法、正当、必要原则》，《法学家》2021年第5期。

治发展的现实需要，进一步完善了对公民人权的刑事法保护措施。① 刑法所保护的"公民个人信息"不仅需要具备一定的可识别性，还应当根据刑法的谦抑性原则对其范围进行合理的限缩。刑法所保护的公民个人信息应当具备重要价值，侵犯相关信息会对公民的法益造成重大的危害或危险。就侵犯公民个人信息罪的保护法益的立场上，分为了自然法意义上的法益（即公民的个人法益）②、场景化法益或混合法益③，以及其他人身与财产安全等。④ 此外，还有学者认为隐私权是宪法性权利也是刑事程序基本权，其内容包含两个层面：第一个层面，隐私权作为一种权利是将个人信息和行为对政府保密。第二个层面则是防止侵犯人的尊严。应当加强我国刑事程序中的隐私权保护，处理好隐私权与国家权力的关系。我国刑事法治还有必要根据时代发展的实际情况，借鉴其他法域刑事法的规定，对个人信息规定更加全面和完备的刑法保护措施。⑤

二、私法保护模式

在进入信息社会之前，个人信息如自然人的姓名、身份证号码、电话号码、家庭住址、肖像、财产信息、病历资料等就已经存在，并被政府、企业等主体收集、保管、分析和使用。但是，在进入信息社会前，不仅个人信息的类型相对简单，产生的渠道非常有限，而且收集、存储和利用个人信息的手段和方法也较为单一。此时，通过姓名权、名誉权、隐私权、肖像权等具体人格权的规定以及侵权法规范，就足以满足个人信息保护的需要。例如，未经同意公开或披露自然人的隐私信息（如家庭住址、电话号码等）的，构成对隐私权或名誉权的侵害；擅自使用他人姓名的，是侵害姓名权的行为。但是，随着信息网络科技尤其是大数据与人工智能的发展，个人信息的产生、收集、存储和利用等方面发生了巨大的变化。

（一）民法保护面临的挑战

首先，个人信息的范围越来越广，种类也越来越多。一方面，除了传统的那些能够直接识别特定自然人的信息，如姓名、身份证号码、家庭地址、电话号码等，还有一些虽然本身不足以识别特定自然人，但与其他信

---

① 刘艳红：《民法编纂背景下侵犯公民个人信息罪的保护法益：信息自决权——以刑民一体化及〈民法总则〉第111条为视角》，《浙江工商大学学报》2019年第6期。
② 罗翔：《自然犯视野下的侵犯公民个人信息罪》，《中国法律评论》2023年第3期。
③ 郑泽星：《论侵犯公民个人信息罪的保护法益——场景化法益观的理论构造与实践立场》，《清华法学》2023年第3期。
④ 刘浩：《侵犯公民个人信息罪的法益构造及其规范解释》，《环球法律评论》2023年第3期。
⑤ 王戬、汪振林：《隐私权：刑事程序基本权》，《法学》2003年第4期。

息结合后就能识别出特定自然人的信息,如爱好、习惯、兴趣、性别、年龄、职业等,也成为个人信息;另一方面,现代科技的发展也促使了各种新型个人信息的产生,如通信记录和内容、个人生物基因信息、网络交易信息、上网浏览痕迹、网络社交媒体留言、行踪轨迹等。在进入网络信息社会前,这些信息要么根本不存在,要么无法被收集和存储,而现在,则可以很容易地被网站通过 cookie 技术或智能设备加以收集和保存,由此也导致了需要保护的个人信息的范围越来越广,甚至在许多情况下,连界定哪些信息属于个人信息都存在困难。

其次,进入信息社会之前,对个人信息的收集方式大多是由自然人主动提交,政府、企业等主体收集后手工记载在纸质文档或录入电子档案中加以存储,不仅信息收集的效率、数量和范围有限,且因缺乏算法技术和足够的算力,也难以对其进行分析利用。然而,现代网络信息技术已将现代社会生活高度数字化(或数据化),cookie 技术和各种传感器可以自动地收集与存储个人信息。这种个人信息被大规模、自动化地收集和存储的情形变得越来越普遍,几乎无处不在、无时不在。由此,这产生了个人信息保护上的各种新情况和新问题,如海量的个人信息因保管不善被泄露甚至被非法出售或利用,进而出现犯罪分子利用非法取得的个人信息对受害人进行精准诈骗或者实施其他违法犯罪行为的问题。大数据与人工智能技术的发展使得对海量数据的分析与使用变得非常简单,个人信息被滥用的可能性极大增加。例如,各种网络平台通过分析和利用海量的个人信息,对目标群体做人格画像,实施精准营销甚至行为操纵,严重危害自然人的人格尊严,妨害人格的自由发展。[1]

在这种情形下,传统民法的人格权与侵权责任制度已难以满足有效保护个人信息、维护自然人人身财产安全的需要。例如,现代社会中收集、存储和利用个人信息的主体数量众多且数据规模巨大,一旦个人信息数据被泄露,不仅涉及的受害人数量极为庞大[2],且受害人往往无法证明泄露

---

[1] 例如,2018 年 Facebook 公司泄露 8 700 万用户的个人信息给提供政治咨询服务的剑桥分析公司使用,进而影响美国 2016 年大选。2019 年 7 月 14 日,美国联邦贸易委员会(FTC)决定对 Facebook 处以 50 亿美元的罚款。《Facebook 被罚 50 亿美元还不够,国会听证会继续拷问》,腾讯网,https://new.qq.com/omn/20190714/20190714A0CNSH00.html,2019 年 7 月 19 日访问。

[2] 2018 年公安部、最高人民检察院督办了数据堂公司特大侵犯个人信息专案。根据公安部门的侦查,数据堂公司在 8 个月时间内,日均传输公民个人信息 1.3 亿余条,累计传输数据压缩后约为 4 000GB,公民个人信息达数百亿条,数据量特别巨大。张瑶、闻雨:《追踪"数据堂":特大侵犯个人信息专案,震动大数据行业》,《财经》2018 年第 17 期。

者是谁。① 此外，除非个人信息的泄露给自然人既有的民事权益造成损害，如因个人信息泄露被诈骗而遭受金钱损失②，否则在仅仅泄露信息或非法利用个人信息的场合下，依据传统民法中损害的差额说理论，受害人甚至连所遭受的损害究竟是什么都无法证明。③ 显然，受害人很难指望通过提起民事侵权之诉来维护自身权益。况且，从经济效率上说，让势单力薄的个人对大量收集、存储和利用个人信息的公司或政府以提起民事诉讼的方式来实现保护个人信息的目的，也很不现实。正因如此，个人信息保护的立法才从公法开始，即：一方面，对收集、存储、分析、使用个人信息的行为予以详细严格的管理，通过管制性规范确定各种法定的个人信息保护义务，甚至使之以技术手段内嵌入各种收集个人信息的软件程序中④，以有效地预防个人信息被侵害，从源头上遏制违法收集、使用个人信息的行为，消除自然人因个人信息被侵害而遭受各种现实或潜在的危险。倘若收集和利用个人信息的主体不遵循法律规定，行政主管机关也有人力和物力的支撑来予以查处，通过对违法者施加相应的法律责任惩治侵害个人信息的违法行为，并由此形成巨大的威慑作用。另一方面，随着信息社会中的个人信息数据日益成为定向广告、营销策略甚至创造巨额个人财富的工具，互联网上各种行为定向广告和价格歧视遍地开花。这些在互联网上被广泛应用的各种定价算法，不仅没有改善竞争，反而形成了各种新型垄断以及歧视行为，既扭曲了正常的市场秩序，也损害了消费者的合法权益，使他们为商品和服务付出了比以往更多的金钱。⑤ 此时，行政机关可以借助《反垄断法》《个人信息保护法》《消费者权益保护法》等法律对各种算法垄断、侵害消费者权益的定价算法予以规制，维护公平、公正、公开的市场秩序。这在客观上也起到了保护自然人不因个人信息被滥用而遭受损害的作用。

---

① 北京市第一中级人民法院（2017）京01民终509号民事判决书。
② 北京市朝阳区人民法院（2018）京0105民初36658号民事判决书。
③ 故此，欧盟《一般数据保护条例》第82条第1款中规定的"损害"（damages）被认为采取了极为广义的理解，包括社会歧视、精神压力和人格自由发展中的障碍等。Paul Voigt & Axel von dem Bussche, *The EU General Data Protection Regulation (GDPR): A Practical Guide*, at 205 (Springer, 2017).
④ 这就是美国著名网络法学者劳伦斯·莱斯格教授提到的网络治理的四个维度（法律、准则、市场与架构）中的架构维度。[美]劳伦斯·莱斯格：《代码2.0：网络空间中的法律》，李旭、沈伟伟译，清华大学出版社2009年版。
⑤ [英]阿里尔·扎拉奇、[美]莫里斯·E.斯图克：《算法的陷阱：超级平台、算法垄断与场景欺骗》，余潇译，中信出版集团2018年版。

(二) 民法保护的意义和作用

尽管传统民法在个人信息保护上遭遇了新的挑战，且公法对于保护个人信息具有很重要的作用，但因此就忽视甚至否定个人信息私法保护的作用和意义，显然是不妥的。

首先，个人信息保护的最终目的不是维护公共利益和公共秩序，而是维护自然人的合法权益。通过赋予自然人对个人信息享有相应的民事权益，不仅能够为保护自然人既有的人身、财产等民事权益建立起有效的防御屏障，还可以避免其他可能出现的新型侵害行为。尽管刑事制裁与行政处罚具有重要的预防和威慑作用，但无论是公安机关、网络安全主管部门还是市场监管部门，都不可能发现并查处每一个侵害个人信息的违法行为。况且，即便是对被发现的违法行为人进行了惩处，也不等于就填补了受害人的损害，并不能真正完全实现对受害人的个体保护。通过民法对个人信息的保护，赋予自然人对个人信息相应的民事权益，能够使广大自然人更加重视该权益，让他们真正认识到"线上平台的免费午餐券需要用我们的个人信息来换取"，而这种免费的成本已经变得越来越高了。① 这样就能促使人们在日常生活中"认真对待个人信息"，积极保护个人信息。② 在个人信息被非法收集、利用等侵害行为发生时，也可以更充分地调动自然人保护个人信息的积极性，使之"为权利而斗争"。不仅可促使其在发现侵害个人信息的违法行为后及时向执法机关举报，也可以让其通过对侵权人提起民事诉讼获得补偿，进而对现实的和潜在的侵权人产生巨大的威慑作用。

其次，民法上对自然人个人信息的保护作出规定，不仅意味着民法认可了自然人对个人信息享有受保护的民事权益，彰显了法律对人格尊严和人格自由的尊重，也充分表明了在任何个人信息保护与数据权属的立法中都应始终关注自然人的民事权益保护与信息自由（信息的流动、共享与利用）这两个法律价值的权衡与协调。如果完全排除民法对个人信息的保护，一味基于所谓公共秩序或公共利益而仅由公法保护个人信息，必然导致价值权衡上的重大缺失，使个人信息的法律保护缺乏充分的正当性基

---

① [英] 阿里尔·扎拉奇、[美] 莫里斯·E. 斯图克：《算法的陷阱：超级平台、算法垄断与场景欺骗》，余潇译，中信出版集团2018年版。

② 正是因为我国广大民众还没有认识到个人信息保护的重要性，个别互联网企业家才会有"中国的消费者在隐私保护的前提下，很多时候是愿意以一定的个人数据授权使用，去换取更加便捷的服务"的认识。李彦宏：《中国用户很多时候愿意用隐私来换便捷服务》，新浪网，http://tech.sina.com.cn/i/2018-03-26/doc-ifysqfnf7938663.shtml，2019年4月30日访问。

础，由此也会使个人信息保护问题被简单化为数据收集者、数据控制者的利益与公共秩序、公共利益的矛盾冲突。在忽视甚至否定自然人对个人信息的民事权益的前提下，空谈公共利益或公共秩序，很可能会造成个人信息保护和数据权属立法最终沦落为利益相关方（各类不同的数据企业之间）围绕着个人信息（数据）这一稀缺资源展开的争夺战，甚至使得法律规定成为一方打击另一方，进而限制竞争、维护信息垄断地位的手段，最终损害整体的社会福利。反之，通过对个人信息进行民法保护，科学合理地承认自然人对个人信息应有的民事权益，不仅不会损害公共利益和公共秩序，反而可以在更坚实的正当性基础上建立相应的规则和制度，更好地实现维护公共利益和公共秩序的目标。现代法律中几乎没有完全不受公共利益和公共秩序限制的民事权益，我国民法也不例外。我国《民法典》已明确将公序良俗作为民法的基本原则之一，依据该法第8条，民事主体从事民事活动，不得违反法律，不得违背公序良俗原则。个人信息保护亦不例外。例如，为了新闻报道、舆论监督，以及为维护公共利益而合理收集、使用或者公开自然人个人信息时，无须承担侵害个人信息的民事责任。因此，通过民法对自然人就其个人信息的赋权性规范，可以为法律上细化有权机关针对大规模侵害个人信息的行为提起公益诉讼奠定基础，从而更好地维护公共秩序和公共利益。

再次，从比较法来看，尽管各国对是否承认个人信息权有不同的看法，但没有哪个国家完全将个人信息的保护作为单纯的公法任务。各国都是综合利用公法与私法来实现对个人信息的有效保护。例如，欧盟《一般数据保护条例》除了对数据控制人侵害个人信息的违法行为规定了巨额罚款等行政责任外，还专门在第82条就损害赔偿请求权和民事责任作出了规定。①《德国联邦数据保护法》第83条规定：如果数据控制人处理他人数据的行为违反本法或其他法律，并导致他人损害的，控制人或者其法人负有损害赔偿义务。但是在非自动化数据处理的情形下，如果损害并非是由于控制人的过错所致，则其不负有赔偿义务。②

最后，一些学者之所以反对个人信息的私法保护，主要是因为他们认为，承认个人信息的民法保护就等于在民法上将自然人对个人信息的权利界定为绝对权和支配权，而这会产生很大的弊端，会造成信息无法自由地

---

① 欧盟《一般数据保护条例》第82条的规定意味着，未来所有数据处理程序中涉及的主体都可能会因此而被起诉，从而承担民事责任。
② Vgl. Paal & Pauly, DS-GVO BDSG, 2. Auflage 2018, Rn. 4-9.

流动，将每个人变成一座孤岛而无法进行正常的社会交往①，因而无法实现个人信息上承载的不同价值和利益的平衡。② 笔者认为，这种观点是对个人信息民法保护的一种误读误解。因为承认个人信息的民法保护，并不当然意味着民法上就要承认自然人对个人信息的权利，更不等于必须将自然人对个人信息的权利界定为如同所有权那样的绝对权与支配权。

三、私法与公法保护的协调

（一）个人信息保护在我国的立法演进

我国最早对个人信息收集、利用和保护加以规范的法律是《刑法》。2005年第十届全国人大常委会第十四次会议通过的《刑法修正案（五）》增设了"窃取、收买、非法提供信用卡信息罪"（第177条之一第2款），这是我国法律上第一个关于侵害公民个人信息犯罪的法律规定。2009年第十一届全国人大常委会第七次会议审议通过的《刑法修正案（七）》在《刑法》中新增第253条之一，首次将窃取或以其他方式非法获取公民个人信息、出售或非法提供公民个人信息的行为情节严重的规定为犯罪行为，从而纳入刑事打击的范围。2015年通过的《刑法修正案（九）》对《刑法》第253条之一作了修改，明确规定："违反国家有关规定，向他人出售或者提供公民个人信息，情节严重的，处三年以下有期徒刑或者拘役，并处或者单处罚金；情节特别严重的，处三年以上七年以下有期徒刑，并处罚金。违反国家有关规定，将在履行职责或者提供服务过程中获得的公民个人信息，出售或者提供给他人的，依照前款的规定从重处罚。窃取或者以其他方法非法获取公民个人信息的，依照第一款的规定处罚。单位犯前三款罪的，对单位判处罚金，并对其直接负责的主管人员和其他直接责任人员，依照各该款的规定处罚。"此外，最高人民法院、最高人民检察院等还颁布了相应的侵害个人信息犯罪方面的司法解释，如《最高人民法院、最高人民检察院关于办理侵犯公民个人信息刑事案件适用法律若干问题的解释》《最高人民法院、最高人民检察院、公安部关于依法惩处侵害公民个人信息犯罪活动的通知》等。

2012年12月28日第十一届全国人民代表大会常务委员会第三十次会议通过的《全国人民代表大会常务委员会关于加强网络信息保护的决定》首次对网络服务提供者和其他企业事业单位、国家机关及其工作人员在收集、使用、保管公民个人电子信息中应当遵循的原则、承担的义务及法律

---

① 丁晓东：《个人信息私法保护的困境与出路》，《法学研究》2018年第6期。
② 刘金瑞：《个人信息与权利配置——个人信息自决权的反思和出路》，法律出版社2017年版。

责任作出了较为具体的规定。该决定明确规定，任何组织和个人不得窃取或者以其他非法方式获取公民个人电子信息，不得出售或者非法向他人提供公民个人电子信息。网络服务提供者和其他企业事业单位在业务活动中收集、使用公民个人电子信息，应当遵循合法、正当、必要的原则，明示收集、使用信息的目的、方式和范围，并经被收集者同意，不得违反法律、法规的规定和双方的约定收集、使用信息。此外，该决定还要求"网络服务提供者和其他企业事业单位及其工作人员对在业务活动中收集的公民个人电子信息必须严格保密，不得泄露、篡改、毁损，不得出售或者非法向他人提供。""网络服务提供者和其他企业事业单位应当采取技术措施和其他必要措施，确保信息安全，防止在业务活动中收集的公民个人电子信息泄露、毁损、丢失。在发生或者可能发生信息泄露、毁损、丢失的情况时，应当立即采取补救措施。"2013年10月25日第十二届全国人大常委会第二次会议修订《消费者权益保护法》时，在原第14条中新增了消费者"享有个人信息依法得到保护的权利"，并在第50条就侵害该权利的民事责任作出了规定。这是我国法律首次从民事权利的角度对个人信息作出的规定。

  2016年11月7日第十二届全国人民代表大会常务委员会第二十四次会议审议通过了《网络安全法》。该法在第四章"网络信息安全"中对个人信息的收集、存储、保管和使用进行了更全面、细致的规范。该法第41条明确规定，网络运营者收集、使用个人信息，应当遵循合法、正当、必要的原则，公开收集、使用规则，明示收集、使用信息的目的、方式和范围，并经被收集者同意。网络运营者不得收集与其提供的服务无关的个人信息，不得违反法律、行政法规的规定和双方的约定收集、使用个人信息，并应当依照法律、行政法规的规定和与用户的约定，处理其保存的个人信息。第42条明确规定，网络运营者不得泄露、篡改、毁损其收集的个人信息；未经被收集者同意，不得向他人提供个人信息。但是，经过处理无法识别特定个人且不能复原的除外。网络运营者应当采取技术措施和其他必要措施，确保其收集的个人信息安全，防止信息泄露、毁损、丢失。在发生或者可能发生个人信息泄露、毁损、丢失的情况时，应当立即采取补救措施，按照规定及时告知用户并向有关主管部门报告。此外，该法第43条还规定了个人发现网络运营者违反法律、行政法规的规定或者双方的约定收集、使用其个人信息的，有权要求网络运营者删除其个人信息；发现网络运营者收集、存储的其个人信息有错误的，有权要求网络运营者予以更正。网络运营者应当采取措施予以删除或者更正。同时，该法

第 76 条第 5 项还对个人信息进行了界定，即"个人信息，是指以电子或者其他方式记录的能够单独或者与其他信息结合识别自然人个人身份的各种信息，包括但不限于自然人的姓名、出生日期、身份证件号码、个人生物识别信息、住址、电话号码等"。

此前我国个人信息泄露以及非法数据交易现象极为严重，尤其是"徐某某因信息泄露而被骗学费引发急病发作死亡"以及"清华大学教师被电信诈骗 1 700 多万元"这两起由个人信息泄露引发的案件在社会上产生了很大的影响。[1] 对此，2017 年 10 月 1 日起施行的《民法总则》第 111 条专门规定："自然人的个人信息受法律保护。任何组织和个人需要获取他人个人信息的，应当依法取得并确保信息安全，不得非法收集、使用、加工、传输他人个人信息，不得非法买卖、提供或者公开他人个人信息。"《民法总则》这一条文"从民事基本法的高度赋予了自然人个人信息保护的权利（权益），为个人信息保护在民法分则进一步细化规定提供了基础"[2]，因此具有十分重要的意义。

2018 年 8 月 31 日第十三届全国人民代表大会常务委员会第五次会议审议通过的《电子商务法》也针对电子商务经营活动中的个人信息保护问题作出了规定。例如，考虑到随着大数据技术发展而出现的针对用户进行数据画像、精准营销的行为，为了更好地保护消费者的知情权和选择权，该法第 18 条第 1 款规定："电子商务经营者根据消费者的兴趣爱好、消费习惯等特征向其提供商品或者服务的搜索结果的，应当同时向该消费者提供不针对其个人特征的选项，尊重和平等保护消费者合法权益。"

2020 年 5 月 28 日第十三届全国人民代表大会第三次会议审议通过了《民法典》。《民法典》是民事领域最基本的法律，是新中国第一部以法典命名的法律，开创了我国法典编纂立法的先河，具有里程碑意义。《民法典》除了在总则编中将《民法总则》第 111 条完全保留下来之外，还在第四编"人格权"中对个人信息保护作出了更详细的规定。一方面，在人格权编第六章"隐私权和个人信息保护"中，立法者使用 6 个条文（第 1034 条至 1039 条）对个人信息的概念和类型，个人信息保护与隐私权的关系，处理个人信息应当遵循的原则和符合的条件，自然人对其个人信息享有的查阅、抄录和复制的权利以及更正和删除的权利，侵害个人信息的免责事由，信息处理者的义务等，作出了较为详细的规定；另一方面，人格权编

---

[1] 杨立新：《个人信息：法益抑或民事权利——对〈民法总则〉第 111 条规定的"个人信息"之解读》，《法学论坛》2018 年第 1 期。

[2] 张新宝：《〈民法总则〉个人信息保护条文研究》，《中外法学》2019 年第 1 期。

第一章"一般规定"和第五章"名誉权和荣誉权"中还就个人信息的合理使用（第 999 条），信用信息的处理的准用规则作出了规定（第 1030 条）。①

此外，2020 年 10 月 17 日第十三届全国人大常委会第二十二次会议修订的《未成年人保护法》专门增加了第五章网络保护，其中第 72 条和第 73 条专门就未成年人的个人信息保护作出了规定。

2021 年 8 月 20 日，第十三届全国人大常委会第三十次会议审议通过了《个人信息保护法》，它是我国第一部个人信息保护方面的专门法律。《个人信息保护法》的颁行将极大地加强我国个人信息保护的法制保障，从而在个人信息保护方面形成更加完备的制度、提供更有力的法律保障；《个人信息保护法》以严密的制度、严格的标准、严厉的责任规范个人信息处理活动，规定了完备的个人在个人信息处理活动中的权利，全方位落实各类组织、个人等个人信息处理者的义务与责任，有力地维护了网络空间良好生态，满足人民日益增长的美好生活需要；《个人信息保护法》科学地协调个人信息权益保护与个人信息合理利用的关系，建立了权责明确、保护有效、利用规范的个人信息处理规则，从而在保障个人信息权益的基础上，促进包括个人信息在内的数据信息的自由安全的流动与合理有效的利用，推动了数字经济的健康发展。

(二) 公私法融合保护模式

在个人数据上实现公私法整合保护的必要性是大多数研究者所赞同的。大数据时代个人数据横跨公私两大领域的复合性事实使得公私法整合保护模式成为大数据时代公民个人信息隐私法律保护发展的应然选择。② 大数据时代的个人数据信息所具有的数量大、价值密度低、智能处理及弱因果关系等特征使个人无法以私权为制度工具进行保护。有学者认为对个人数据的保护在公法上具有更大的价值，以宪法隐私权为基础，公共政策与行政法以灵活形式弥补宪法保护的不足，刑法则以积极保护和消极不干涉两种形式勾画个人数据的保护范围。③ 个人信息流通具有公共性价值，法律保护个人信息的目的在于防范相关风险，促进个人信息在具体场景中

---

① 《民法典》物权编和侵权责任编中也有涉及个人信息保护的规定，如《民法典》第 219 条规定："利害关系人不得公开、非法使用权利人的不动产登记资料。"第 1226 条规定："医疗机构及其医务人员应当对患者的隐私和个人信息保密。泄露患者的隐私和个人信息，或者未经患者同意公开其病历资料的，应当承担侵权责任。"

② 程啸：《论大数据时代的个人数据权利》，《中国社会科学》2018 年第 3 期。

③ 吴伟光：《构建公权与私权相结合的大数据技术规治体系》，《网络信息法学研究》2019 年第 1 期。

的合理流通。宜通过"消费者法化",重新激发个人信息私法保护的活力;同时,采取公法框架进行风险规制,保护个人信息。[1] 在部分法保护交叉问题的协调上,有学者认为应当将民法视为前置法,不宜超越前置法设置新的个人信息的概念[2],应在前置法基础上识别出独特的刑法保护的法益。

我国《个人信息保护法》是一体化保护模式的产物。尽管《民法典》《刑法》《网络安全法》《电子商务法》等法律分别从网络信息安全、侵害个人信息犯罪行为的刑事责任、个人信息权益的民法保护等角度作出了相应的规定,但是,我国还需要一部专门的法律来对个人信息保护进行全方位、详尽的规范。《个人信息保护法》既是保护个人信息的专门法律,也是综合性的法律,并非民事特别法或单纯的行政管理法。《个人信息保护法》是针对个人信息保护的特点,综合运用义务性规范与授权性规范以及行政责任、民事责任等多种法律责任,全面系统地保护个人信息权益与调整规范个人信息处理活动的法律。

(三)《个人信息保护法》与《民法典》的关系

民法和个人信息保护法须共同维护法秩序的统一。在《民法典》与《个人信息保护法》都对个人信息保护作出规定的情形下,二者的体系逻辑如何,二者是何种关系,以及司法和执法中应当如何适用,值得研究。学界有种观点认为,《个人信息保护法》是一部保护个人信息的综合性立法,其所包含的个人信息的私法规则与《民法典》构成特别法与一般法的关系,《民法典》确立了个人信息的性质及其在民事权利体系中的位置,故此,《个人信息保护法》的适用需要在《民法典》的体系框架中展开。[3] 还有一种观点认为,《个人信息保护法》是保护个人信息的基本立法,其调整范围、义务主体和执行机制均不同于《民法典》。故此,它不是《民法典》的特别法或下位法。《个人信息保护法》和《民法典》一样都是基本法。[4]

虽然《民法典》与《个人信息保护法》都以保护个人信息权益,协调个人信息保护与利用的关系为目的,但是它们在调整范围与调整方法上存在非常明显的差异。一方面,它们的调整范围不同。《民法典》是民事领域的基本性、综合性法律,调整的是平等主体的自然人、法人和非法人组

---

[1] 丁晓东:《个人信息私法保护的困境与出路》,《法学研究》2018年第6期。
[2] 周光权:《侵犯公民个人信息罪的行为对象》,《清华法学》2021年第3期。
[3] 王利明、丁晓东:《论〈个人信息保护法〉的亮点、特色与适用》,《法学家》2021年第6期;石佳友:《个人信息保护的私法维度——兼论〈民法典〉与〈个人信息保护法〉的关系》,《比较法研究》2021年第5期。
[4] 周汉华:《个人信息保护的法律定位》,《法商研究》2020年第3期;高富平:《论个人信息处理中的个人权益保护——"个保法"立法定位》,《学术月刊》2021年第2期。

织之间的人身关系和财产关系（第2条）。《个人信息保护法》与《民法典》不同，它调整的是个人信息处理者处理自然人的个人信息的活动，无论该处理者是国家机关、企事业单位，还是自然人，也无论处理活动是基于民事活动还是依据行政管理抑或其他公权力活动而展开，只要是信息能力不平等的主体之间的个人信息处理活动，都要受到《个人信息保护法》的保护。故此，作为信息能力平等的主体之间即自然人之间因个人或者家庭事务而处理个人信息的情形，被完全排除在《个人信息保护法》的调整范围之外（第72条第1款），应由《民法典》调整。

另一方面，它们所采取的调整方法有异。《民法典》对个人信息保护的规定集中于人格权编。由于人格权编调整的是"因人格权的享有和保护产生的民事关系"（第989条），故此《民法典》主要也只是规定个人信息权益的享有和保护。然而，《个人信息保护法》是对个人信息处理活动进行全过程、全方位的规范，故此，该法不仅对个人信息处理的基本原则、个人信息处理规则（尤其是告知同意规则）、个人在个人信息处理活动中的权利、个人信息处理者的义务和法律责任等都有详细的规定，并且侧重于从预防的角度作出规定。这与《民法典》主要是事后补救即从侵权责任的角度作出规定，有很大的差别。

要正确地认识《民法典》与《个人信息保护法》的关系，就有必要了解这两部法律在个人信息保护的目的、调整范围与保护方法等方面的异同。《民法典》以保护民事主体的合法权益为目的（第1条），《民法典》对个人信息保护作出规定就是为了保护个人信息权益，并合理平衡保护个人信息与维护公共利益之间的关系。① 《个人信息保护法》更是在第1条就将"保护个人信息权益"与"促进个人信息合理利用"明确为立法目的。显然，保护作为民事权益中的人格权益的个人信息权益是《民法典》和《个人信息保护法》的共同目标，在这一点上，二者完全一致。《民法典》与《个人信息保护法》之所以要保护个人信息权益，归根结底，就是为了贯彻《宪法》尊重和保护人权，保护人格尊严、人身自由、通信自由与通信秘密的规定，落实党的十九大明确提出的要保护人民人身权、财产权、人格权的要求②，更好地满足人民日益增长的美好生活需要，维护人

---

① 全国人民代表大会常务委员会副委员长王晨：《关于〈中华人民共和国民法典（草案）〉的说明》，中央人民政府网站，http://www.gov.cn/xinwen/2020 - 05/22/content_5513931.htm#1。

② 《全国人民代表大会宪法和法律委员会关于〈中华人民共和国个人信息保护法（草案）〉审议结果的报告》，中国人大网，http://www.npc.gov.cn/npc/c30834/202108/a528d76d41c44f33980eaffe0e329ffe.shtml。

民权益,不断增加人民群众获得感、幸福感和安全感,促进人的全面发展。① 总的来说,《个人信息保护法》与《民法典》之间的关系有以下几种类型。

第一,规范补强关系。即个人信息保护法的规定对民法典相关规定进行了充实与丰富发展。具体体现在以下几个方面:其一,对个人信息处理的基本原则的丰富发展与告知同意规则的细化;其二,对个人信息含义的丰富与发展;其三,个人信息处理类型的丰富与个人信息处理者的界定;其四,对个人信息处理的合法性基础的具体规定;其五,对个人在个人信息处理活动中的权利进一步丰富发展。

第二,规范转介关系。即个人信息保护法通过转介条款或相关规定指向了民法典的相关规定,主要有三个层面:其一,个人信息处理规则与格式条款的规制;其二,个人信息处理者的连带责任;其三,个人信息委托处理中的委托合同与相应的民事责任。

第三,优先适用关系。即个人信息保护法的规定相对于民法典的规定是特别规定而应当优先适用。包括《个人信息保护法》第69条第1款关于侵害个人信息权益的侵权责任归责原则的规定以及同条第2款关于侵害个人信息权益的损害赔偿计算方法的规定。

第四,平行适用关系。即个人信息保护法与民法典有不同的规范目的而分别适用于不同的情形。具体体现在:其一,私密信息与敏感个人信息的关系;其二,合法公开的个人信息的处理;其三,死者个人信息的处理问题。②

第三节 个人信息权益的性质

一、个人信息权益是私法上的权益

对于《个人信息保护法》中个人信息权益的性质,目前理论界主要是两种观点。一种观点是权益集合说。此说认为,个人信息权益是一个包含范围非常广泛的概念,《个人信息保护法》中之所以采用这个概念,就是考虑到在信息化时代,个人信息上承载着广泛的个人权利和利益,包括名

---

① 全国人民代表大会常务委员会副委员长王晨:《关于〈中华人民共和国民法典(草案)〉的说明》,中央人民政府网站,http://www.gov.cn/xinwen/2020-05/22/content_5513931.htm#1。
② 程啸:《论〈民法典〉与〈个人信息保护法〉的关系》,《法律科学(西北政法大学学报)》2022年第2期。

誉权、肖像权、隐私权等人格权利，以及个人信息处理中不被歧视的权利，此外，个人信息还与个人的人身安全和财产安全密切相关，而不是一项单一的权利。[①] 不过，在权益集合说内部，就个人信息权益中究竟包括哪些权益，也有分歧。有的观点认为，个人信息权益的权益可以从内部构造和外部约束力（即对外部其他主体相关权益的支配关系）两个角度加以认识。所谓内部构造包括"本权权益"与保护"本权权益"的权利两部分，前者包括人格尊严、人身财产安全以及通信自由、通信秘密等，不包括财产利益；后者包括同意（或拒绝）的权利及知情、查阅、复制、转移、更正、补充、删除、请求解释说明等权利。至于对外约束力主要是指个人信息权益对个人信息处理者和国家机关获得的个人信息具有的约束力。[②] 有的观点则将个人信息权益分为三个不同的层次：第一个层次是宪法层面的，包含了以尊严为核心的基本权利所对应的个人自治、生活安宁、公正对待、信息安全等四类法益；第二个层次是民法层面的，包括了隐私权、名誉权等与个人信息相互关联的权益，该层次针对个人信息处理导致的现实损害；第三个层次是行政法层面的，将个人在个人信息处理活动中的权利作为国家主导构建的"法秩序"的构成要素。[③]

笔者认为，个人信息权益是私法上的权益即民事权益。我国《民法典》虽然没有提出"个人信息权益"的概念，但作为调整民事关系基本法律的《民法典》对个人信息保护作出了规定，并且在第四编"人格权"第六章"隐私权和个人信息保护"中对个人信息保护作出了具体的规定。这就非常清楚地表明了自然人对个人信息享有的权益属于民事权益。[④]《个人信息保护法》在《民法典》的基础上明确提出了"个人信息权益"的概念，是为了更好地实现对个人信息权益的保护，《个人信息保护法》中的个人信息权益当然属于民事权益，是民事权益中的人格权益。[⑤]

个人信息权益是自然人就其个人信息而享有的受到法律保护的利益，性质上属于民事权益，是民事权益中不同于名誉权、隐私权等具体人格权的新型的人格权益。[⑥] 个人信息权益既非所谓公法上的权利[⑦]，更不是混

[①] 杨合庆主编：《中华人民共和国个人信息保护法释义》，法律出版社2022年版。
[②] 张新宝：《个人信息权益的构造》，《中外法学》2021年第5期。
[③] 王锡锌：《个人信息权益的三层构造及保护机制》，《现代法学》2021年第5期。
[④] 程啸：《论我国民法典中个人信息权益的性质》，《政治与法律》2020年第8期。
[⑤] 程啸：《个人信息保护法理解与适用》，中国法制出版社2021年版；王苑：《私法视域下的个人信息权益论》，《法治研究》2022年第5期。
[⑥] 程啸：《论我国民法典中个人信息权益的性质》，《政治与法律》2020年第8期。
[⑦] 周汉华：《个人信息保护的法律定位》，《法商研究》2020年第3期。

合了宪法上的人格尊严、民法上的人格权以及公法上程序性权利的权利集合。①它所保护的核心利益是自然人免于因个人信息被非法处理而遭受人身权益、财产权益上的损害或人格尊严、人身自由被侵害的风险。个人信息权益的核心权利就是个人对个人信息处理所享有的知情与自主决定的权利，具体内容或权能包括查阅权、复制权、可携带权、更正权、补充权、删除权、解释说明权。当这些权益被侵害时，个人有权要求停止侵害、排除妨碍、消除危险；造成损害时，个人有权要求侵权人承担损害赔偿责任。之所以说我国《个人信息保护法》上的个人信息权益就是民事权益，而不是什么权益集合，理由在于以下几点。

（1）将个人信息权益界定为权益的集合，将使个人信息权益的范围漫无边际，无所不包。现代社会早已进入了网络信息时代，个人信息的收集、存储、加工、使用等活动可以说是无时不在、无所不在。所谓个人信息就是与已识别或可识别的自然人有关的各种信息，因此，个人信息不可避免地与自然人的各种人身权益（如生命权、健康权、名誉权、姓名权、肖像权、隐私权等）、财产权益（如物权、债权、股权、知识产权）等息息相关；同时，其也与自然人的人格尊严、人身自由、通信秘密等宪法上的基本权利具有非常密切的联系。故此，从广义的角度来说，个人信息权益就是指个人信息上承载的各种权益，既包括《民法典》这一民事基本法律所规定的与个人信息有关的民事权益如人格权、身份权、人格利益、身份利益、物权、债权、虚拟财产等，也包括了《宪法》规定的人格尊严、人格自由、通信秘密、通信自由等公民的基本权利，还包括了《公司法》《证券法》《消费者权益保障法》《妇女权益保障法》《未成年人保护法》《残疾人保障法》《老年人权益保障法》等其他法律中规定的个人享有的各种权益。例如，《公司法》《证券法》《证券投资基金法》规定的股权、投资性权利等；再如，《消费者权益保护法》规定的消费者的知情权即知悉其购买、使用的商品或者接受的服务的真实情况的权利（第8条），选择权即自主选择商品或者服务的权利的消费者权益（第9条），公平交易权即公平交易的权利（第10条），人格尊严、民族风俗习惯得到尊重的权利，个人信息依法得到保护的权利（第14条）等。可以说，不仅是民事权益，所有的与个人相关的权益，都可以被个人信息权益所涵盖。这种将个人信息权益的范围理解得如此广泛的观点，不仅没有法律上的规范意义，也与《民法典》《个人信息保护法》的规定相背离。在《个人信息保

---

① 王锡锌：《个人信息权益的三层构造及保护机制》，《现代法学》2021年第5期。

护法》中，除了"个人信息权益"外，还使用了"个人权益"一词，如其第 6 条规定："处理个人信息应当具有明确、合理的目的，并应当与处理目的直接相关，采取对个人权益影响最小的方式。"此外，第 8 条、第 24 条第 3 款、第 27 条、第 30 条以及第 51 条中也都使用了"个人权益"一词。这些条文中的个人权益就是范围非常广泛的，是指与个人有关的任何权益，既包括个人的民事权益如人身权益、财产权益，也包括宪法上的人格尊严、人格自由、通信秘密等基本权利，还包括《消费者权益保护法》《妇女权益保障法》《未成年人保护法》《残疾人保障法》《老年人权益保障法》等其他法律中规定的个人享有的各种权益。[①] 如果按照权益集合说的观点，尤其是认为个人信息权益包括宪法、民法以及行政法三个维度的话，个人信息权益就几乎等同于个人权益，《个人信息保护法》也完全没有必要分别使用"个人权益"与"个人信息权益"这两个概念了！

（2）将个人信息权益理解为权益集合的观点会对整个侵权法的归责体系造成毁灭性破坏。《个人信息保护法》第 69 条第 1 款规定："处理个人信息侵害个人信息权益造成损害，个人信息处理者不能证明自己没有过错的，应当承担损害赔偿等侵权责任。"由此可知，侵害个人信息权益的侵权赔偿责任适用的并非过错责任原则，而是过错推定责任。《民法典》第 1165 条第 1 款明确将过错责任作为我国侵权法的基本归责原则，而过错推定责任、无过错责任以及公平责任都必须要由法律（狭义的法律）明确规定（《民法典》第 1165 条第 2 款、第 1166 条、第 1186 条）。《个人信息保护法》第 69 条第 1 款对于侵害个人信息权益的侵权赔偿责任之所以采取过错推定责任，就是考虑到：现代信息社会的个人信息处理活动常常具有很强的技术性，非常专业和复杂，个人与个人信息处理者在信息、技术、资金等各方面都处于能力严重不对等的地位，无法了解个人信息处理者在处理活动中具有什么过错，更无法提出证据加以证明。故此，采取过错推定责任更有利于保护个人信息权益。[②] 如果按照权益集合说的观点，将个人信息权益理解为无所不包，认为个人信息上承载的所有的权益都是个人信息权益，势必造成两个问题：一是，侵权法不仅保护民事权益还保护宪法上的基本权利。依据《民法典》第 3 条、第 120 条，民事主体的人身权利、财产权利以及其他合法权益受法律保护，任何组织或者个人不得侵犯。民事权益受到侵害的，被侵权人有权请求侵权人承担侵权责任。

---

① 程啸：《个人信息保护法理解与适用》，中国法制出版社 2021 年版。
② 程啸：《侵害个人信息权益的侵权责任》，《中国法律评论》2021 年第 5 期。

《民法典》在侵权责任编的第1条即第1164条也明确规定："本编调整因侵害民事权益产生的民事关系。"如果说《个人信息保护法》第69条是对侵害个人信息权益的侵权责任的规定，那么，作为侵权法保护客体的个人信息权益就不可能如权益集合说理解的那么宽泛，既包括宪法上的基本权利，也包括各类民事权益，而只可能是特定的、具体的民事权益。倘若将个人信息权益理解为既包括宪法上的人格尊严、人身自由、通信秘密等基本权利，也包括民法上的隐私权、肖像权等具体人格权，就等于承认了基本权利的"直接第三人效力"①。这种结论不仅违背我国的法律体制，也使《民法典》第109条和第990条规定的作为一般人格权的"人格尊严""人身自由"与《宪法》上的"人格尊严""人身自由"等基本权利相混淆。二是，将所有的侵权责任都变为过错推定责任。即便将宪法基本权利从个人信息权益中排除出去而仅限于民事权益，那么权益集合说的学者所理解的个人信息权益也会包含范围非常广泛的民法上与个人信息相关联的权益，如隐私权、名誉权、肖像权以及生命权、健康权、身体权、债权、物权等。② 现代网络信息社会中几乎所有的民事权益都直接或间接与个人信息相关，如此一来，侵害隐私权、名誉权、债权、物权等任何与个人信息相关的民事权益的侵权责任都会变为过错推定责任。这不仅摧毁了过错责任作为侵权法基本归责原则的地位，而且完全破坏了过错推定责任的法律保留原则。③

（3）以个人难以保护个人信息而需要国家提供保护为由，就否定个人信息权益是民事权益的观点也是不成立的。进入现代信息网络社会以来，个人信息的处理发生了革命性变化，特别是个人信息处理能力的突飞猛进，海量的个人信息不断产生，也不断被政府、企业等主体无时无刻、无所不在地加以收集、存储、加工、使用、传输、提供或公开。个人信息上承载的各种权益无论是人格尊严、人身自由、通信秘密、通信自由等宪法上的基本权利，还是名誉权、隐私权、肖像权、财产权等民事权益，都会

---

① 关于基本权利与私法的关系的讨论，参见［德］克劳斯-威尔海姆·卡纳里斯：《基本权利与私法》，曾韬、曹昱晨译，《比较法研究》2015年第1期；［日］三本敬三：《基本权利的保护与示范的作用》，刘涛译，《交大法学》2010年第1卷。

② 王锡锌：《个人信息权益的三层构造及保护机制》，《现代法学》2021年第5期。

③ 之所以对于过错推定责任的规定必须由法律规定，就是考虑到"对行为人而言，过错推定是一种较重的责任，不宜被滥用，需要由法律对适用范围作严格限定，否则就有可能限制人们的行动自由"。黄薇主编：《中华人民共和国民法典侵权责任编解读》，中国法制出版社2020年版。

因为个人信息的处理活动而受到侵害或存在受侵害的巨大风险。① 由此可见，围绕着个人信息所展开的是一个自然人需要通过对其个人信息的控制与保护来防止遭受人格歧视、人身财产权益免于危险或损害的利益需求，与处理者希望获取和利用个人信息达致各种目的（加强社会管理、提高行政效率，追逐商业利润等）的利益需求之间的矛盾冲突甚或斗争关系。考虑到个人与个人信息处理者之间在信息、技术、知识、金钱等方面的能力不对等，面对大规模持续存在的个人信息处理活动的风险②，为了能够有效地实现对个人信息上承载的个人权益的全面保护，同时实现对个人信息的合理使用，就需要通过专门的法律，综合运用公法与私法相融合的方式对于个人信息进行保护，由此产生了个人信息保护法（或个人数据保护法）这样的"领域性立法"③。公法方法主要是建立详细且具有强制性的个人信息处理规则来规制个人信息处理活动，并施加安全保护等诸多义务给个人信息处理者且在违反时予以处罚，同时建立相应的个人信息保护监管机关，以查处各种非法处理活动。私法方法主要是确立个人信息权益，明确该权益的内容即详细规定个人对其个人信息处理活动享有的具体权利，并通过民事责任尤其是侵权责任来保护个人信息权益。无论如何，公法与私法的方法共同调整个人信息保护的根本目的还是保护个人信息权益，即保护自然人就其个人信息处理享有的人身财产安全以及人格尊严、人身自由不受侵害的利益，这种利益本质上就是私益。如果因为自然人凭借一己之力难以保护自己的个人信息，需要国家保护和支援，国家要履行宪法上的保护义务，就得出结论认为个人对其个人信息不享有任何私人利益，个人信息权益也不属于民事权益，显然从逻辑和常理上说都是不妥当的。试问，我国《民法典》详细规定的自然人享有的那么多民事权益，从生命权、身体权、名誉权、隐私权等人身权益，到债权、所有权、担保物权等财产权益以及著作权、股权等权益，有哪一个不需要得到国家的保护？哪一个不是国家履行宪法上保护基本权利的义务的结果？难道人们就能以此为由认为这些人身权益和财产权益不是民事权益吗？

---

① Veil & Winfried, The GDPR: The Emperor's New Clothes-On the Structural Shortcomings of Both the Old and the New Data Protection Law (December 21, 2018). Vgl. Neue Zeitschrift für Verwaltungsrecht 10/2018: 686 - 696, at SSRN: https://ssrn.com/abstract = 3305056 (last visited on July 6, 2019).
② 王锡锌：《国家保护视野中的个人信息权利束》，《中国社会科学》2021年第11期。
③ 丁晓东：《个人信息公私法融合保护的多维解读》，《法治研究》2022年第5期；王苑：《个人信息保护在民法中的表达——兼论民法与个人信息保护法之关系》，《华东政法大学学报》2021年第2期。

总之，无论是《民法典》还是《个人信息保护法》，我国通过公法和私法双重手段来对个人信息进行保护，最终就是为了更好地维护自然人的合法权益。个人信息权益不仅能够为个人既有的人身、财产等民事权益建立起有效的保卫屏障，还可以避免其他可能出现的新型的侵害行为与损害风险。尽管行政机关查处和刑事制裁措施具有重要的预防和威慑作用，但任何履行个人信息保护职责的部门都不可能发现并查处每一个侵害个人信息的违法行为。况且，即便是对被发现的违法行为人进行了惩处，也不等于就填补了受害人的损害，并不能真正完全实现对受害人的个体保护。通过对个人信息的民法保护，赋予自然人以作为民事权益的个人信息权益，能够促使人们在日常生活中"认真对待个人信息"，积极保护个人信息。在个人信息被非法收集、利用等侵害行为发生时，可以更充分地调动自然人保护个人信息的积极性，为个人信息权益而斗争。这样，不仅可促使个人发现侵害个人信息权益的违法行为后积极、及时地向执法机关举报，也可以让被侵权人通过对侵权人提起民事诉讼获得赔偿金甚至惩罚性赔偿金，进而对现实的和潜在的侵权人产生巨大的威慑作用。虽然国家机关很多时候处理个人信息的行为是职权行为，国家机关与个人之间形成的是公法上的权利义务关系，但即便国家机关也必须依法处理个人信息，不得侵害个人信息权益，否则应当承担（性质上属于侵权责任）国家赔偿责任。正因如此，《个人信息保护法》第50条第1款规定："个人信息处理者应当建立便捷的个人行使权利的申请受理和处理机制。拒绝个人行使权利的请求的，应当说明理由。"同条第2款规定："个人信息处理者拒绝个人行使权利的请求的，个人可以依法向人民法院提起诉讼。"这就是说，个人可以针对个人信息处理者拒绝个人行使权利的行为即侵害个人信息权益的侵权行为提起民事或行政诉讼，从而获得司法救济。

二、个人信息权益保护自然人的人格利益

我国民事权益分类为两大类：人身权益与财产权益。其中人身权益又可分为人格权益和身份权益。人格权益包括人格权利与人格利益，身份权益包括身份权利与身份利益。财产权益分为财产权利和财产利益。当然，有些权益兼具人身性质和财产性质，如著作权、专利权及股权等。个人信息是否附着财产权益是一个有争议的议题。我国《民法典》总则编第五章"民事权利"遵循从人身权益到财产权的排列顺序，对所有的民事权益进行了列举并留出了未来新型民事权益产生的空间。《民法典》虽然没有规定个人信息权，但明确了自然人对其个人信息享有的是人格权益，而非财产权益。尽管就个人信息权益究竟是一种民事权利还是民事利益，存在争议，但主流观点认为，个人信息权益性质上属于不同于隐私权、名誉权等具体人格权的一种新型人格权益。①

首先，从《民法典》对个人信息保护的规定来看，个人信息权益属于人格权益。一方面，《民法典》总则编第五章"民事权利"遵循从人身权益到财产权的排列顺序，对所有的民事权益进行了列举并留出了未来新型民事权益的空间。关于个人信息保护的规定即第111条紧接在第109条和第110条对人格尊严和人身自由这两项一般人格权以及对生命权、身体权、姓名权、隐私权等具体人格权的规定之后，在第112条对基于婚姻家庭关系产生的身份权利的规定之前。这就说明了个人信息权益属于人身权益，而非如同物权、债权那样属于财产权益。另一方面，《民法典》人格权编专章即第六章对"隐私权和个人信息保护"作出了规定，虽然该编并未确立"个人信息权"，但是在作为"调整因人格权的享有和保护产生的民事关系"（第989条）的人格权编中规定个人信息保护，足以说明立法者将自然人针对个人信息享有的权益认定为人格权益而非财产权益。我国民法学界主流观点认为，个人信息涉及自然人的人格尊严和人格自由。因此，无论将自然人对其个人信息界定为权利还是利益，都不影响法律将其确定为自然人的人格权益。主要理由在于：个人信息是能够识别特定自然人的信息，这种可识别性就体现了人格特征。② 因此，个人信息与自然人的人格利益息息相关。无论是基因数据等隐私信息，还是姓名、性别等一般信息，均与人格形成与发展有关，皆为人格要素，均构成个人整体人格之一部。③ 个人信息"既是自然人参与社会交往的载体，也是个人人格表现和人格发展的工具"，因此，"信息主体对个人信息流转范围和流转方式的掌握，和个人人格的发展密切联系，这也是在现实社会中保护个人信息相关权益的价值基础"④。法律对自然人个人信息予以保护，本质上是保护其人格利益，包括人的尊严和自由。⑤

本书赞同上述观点。《民法典》明确规定了作为一般人格权的人格尊严和人身自由，在《民法典》第110条和第990条第1款列举的人格权中

---

① 王利明：《论个人信息权的法律保护——以个人信息权与隐私权的界分为中心》，《现代法学》2013年第4期；程啸：《论我国民法典中个人信息权益的性质》，《政治与法律》2020年第8期。
② 王利明：《论个人信息权在人格权法中的地位》，《苏州大学学报》2012年第6期。
③ 齐爱民：《论个人信息的法律属性与构成要素》，《情报理论与实践》2009年第10期。
④ 王利明主编：《中华人民共和国民法总则详解》（上册），中国法制出版社2017年版。
⑤ 刘金瑞：《个人信息与权利配置——个人信息自决权的反思和出路》，法律出版社2017年版。

第三章　个人数据权益

虽然没有个人信息权，但是，《民法典》第990条第2款明确规定："除前款规定的人格权外，自然人享有基于人身自由、人格尊严产生的其他人格权益。"因此，可以将自然人的个人信息权益归入自然人基于人身自由、人格尊严产生的其他人格权益当中。我国《民法典》规定的具体人格权益可以分为两大类：一类是物质性人格权益，即自然人对于对具有人的身体属性的生命、身体、健康等拥有的人格权益，如生命权、身体权、健康权等。另一类则是民事主体针对精神性人格要素如姓名、肖像、名誉、荣誉、隐私等享有的人格权益，如姓名权、名称权、肖像权、名誉权、隐私权等。自然人对其个人信息享有的民事权益属于上述人格权益中的精神性人格权益。

在将个人信息权益确定为人格权益这一点上，我国与德国等欧洲大陆法系国家既有相同之处，也有明显的区别。相同之处在于，都认为保护自然人个人信息的根本目的在于维护人的尊严和自由。区别在于：欧盟国家倾向于从人权或基本权利的角度来看个人信息权利，但我国则是为了贯彻《宪法》关于保护公民的人格尊严的精神从民法的角度赋予了自然人对其个人信息享有的具体人格权益。① 哈佛大学法学院教授艾伦·德肖维茨曾言："权利来自于人类经验，特别是不正义的经验。我们从历史的错误中学到，为了避免重蹈过去的不正义，以权利为基础的体系以及某些基本权利（例如表达自由、宗教自由、法律平等保护、正当法律程序与参与民主）至关重要。"② 欧洲经历了两次世界大战，尤其是第二次世界大战中法西斯大规模屠杀犹太人的惨痛教训使得欧洲国家始终高度重视人格尊严与人格自由等基本人权的保护。③ 在这些国家看来，法律上保护自然人的个人数据，目的就是保护基本人权和自由，关涉人性的尊严与人格的自由发展。倘若自然人不能自主地决定个人数据能否被他人收集、储存并利用，无权禁止他人在违背自己意志的情形下获得并利用个人数据，则个人之人格自由发展与人格尊严就无从谈起。因此，自然人的个人数据权利属

---

① 在我国法学界，就人格权究竟是宪法权利还是民法上的权利存在争议，主流的观点对二者均予以认可，同时加以区分。尹田：《论人格权的本质——兼评我国民法草案关于人格权的规定》，《法学研究》2003年第4期；王利明：《人格权法研究》（第三版），中国人民大学出版社2018年版；马俊驹：《人格和人格权理论讲稿》，法律出版社2009年版；刘凯湘：《人格权的宪法意义与民法表述》，《社会科学战线》2012年第2期；林来梵、骆正言：《宪法上的人格权》，《法学家》2008年第5期；张善斌：《民法人格权和宪法人格权的独立与互动》，《法学评论》2016年第6期；王锴：《论宪法上的一般人格权及其对民法的影响》，《中国法学》2017年第3期。

② ［美］艾伦·德肖维茨：《你的权利从哪里来？》，黄煜文译，北京大学出版社2014年版。

③ James Q. Whitman, "The Two Western Cultures of Privacy: Dignity Versus Liberty", *The Yale Law Journal*, Vol. 113: 1165.

于基本人权,个人数据保护被视为具有宪法意义,相对于经济利益要优先保护。① 1995 年 10 月 24 日欧洲议会和欧盟理事会在向各成员国做出的《关于涉及个人数据处理的个人保护以及此类数据自由流动的第 95/46/EC 号指令》开篇就指出,"鉴于数据处理制度是服务于人类的;无论自然人的国籍和住所,必须尊重他们的基本权利和自由,特别是隐私权","不仅要求个人数据能在成员国之间自由流动,而且应当保护个人的基本权利"。2000 年的《欧盟基本权利宪章》第 8 条"个人数据保护"更是明确规定,人人均有权享有个人数据的保护,个人数据只能基于特定目的,基于当事人同意或者其他法律依据而被公正地处理,个人有权了解和修正其被收集的个人数据。2018 年 5 月 25 日起施行的欧盟《一般数据保护条例》在作为导言性质的"鉴于条款"第 1 条再次指出:"自然人在个人数据处理方面获得保护是一项基本权利。"

三、我国人格权保护一元化模式涵盖了精神利益与财产利益

我国有些学者认为,个人信息上承载的自然人的利益是多元的,既包括自然人的人格利益,也包括经济利益或财产利益②,因此,对于自然人对个人信息的人格利益,应当通过人格权给予保护,财产利益则通过财产权保护。若同时体现人格利益和财产利益,就给予人格权和财产权的双重保护。③ 笔者不赞同该观点。因为我国法上的人格权历来就不是单纯保护自然人对人格权客体的精神利益,也保护自然人就人格权客体享有的经济利益。比较法上关于人格权主体的经济利益如何保护,有两种模式:一是德国的一元模式,即通过扩张人格权的保护对象,逐步肯定人格权的经济价值,从而通过人格权同时实现对权利人的精神利益和经济利益的保护。④ 二是美国的二元模式,即采取隐私权与公开权两种方式分别保护人格权中的精神利益与经济利益。隐私权作为一种精神性权利,主要保护的是自然人的精神利益,即个人的独处和私生活安宁,该权利不得转让、继承,且主要具有消极防御功能。公开权则主要包括肖像、命名、声音等人格要素上的经济利益,该权利可以转让、继承。

我国有些学者主张对于人格权中的精神利益与经济利益采取二元模式的保护模式。他们认为,一元模式难以解决人格权中的精神利益与经济利

---

① 郭瑜:《个人数据保护法研究》,北京大学出版社 2012 年版。
② 龙卫球:《数据新型财产权构建及其体系研究》,《政法论坛》2017 年第 4 期。
③ 刘德良:《个人信息的财产权保护》,《法学研究》2007 年第 3 期;刘金瑞:《个人信息与权利配置——个人信息自决权的反思和出路》,法律出版社 2017 年版。
④ 王泽鉴:《人格权法:法释义学、比较法、案例研究》,作者印行 2012 年版。

益保护方式的差异,也不符合人格权的内在逻辑体系(如精神利益存在于所有的人格权,而经济利益只有少数人格权涉及),因此采取二元模式分别加以保护,更有针对性,也能更好地协调人格尊严与个人行为自由的关系。持二元模式的学者中,有的主张在人格权、财产权之外设立商事人格权来涵盖姓名权、肖像权、商誉权、信用权、商号权等具有经济利益的人格权[①];有的主张借鉴美国法的经验创设一种新型的无形财产权即商品化权或形象权,从而实现对人格权中各种经济利益的保护。[②] 还有的认为,姓名、名称等人格要素的商品化权益属于一种独立的民事利益,而非人格权。我国通过民法保护姓名权,通过《商标法》《反不正当竞争法》等特别法保护姓名(包括笔名、艺名、译名等)的商品化权益,已经形成了二元保护的立法格局。[③]

大多数学者认为,所谓人格权的商品化利用并非创设一种新的权利(如公开权、形象权或商品化权),人格权的商品化利用只能理解为某些人格权的权能特别是利用的权能发生了扩张,而不是生成了其他独立的权利,否则就会产生这些新的权利与原有的人格权无法区分的问题。[④] 因此,我国仍然应当坚持一元保护模式,即通过人格权来实现对自然人等民事主体的精神利益与经济利益的保护。[⑤]

我国民事立法和司法实践始终坚持的是人格权一元保护模式,即通过人格权制度同时实现对精神利益和经济利益的保护。对此,《民法典》有非常明确的规定,具体体现在:其一,《民法典》不仅允许人格权主体自己行使人格权而实现人格要素的商业化利用,如以自己的姓名作为公司名称或者注册为商标,也明确允许权利人通过许可他人使用的方式对人格要素进行利用。《民法典》第993条规定:"民事主体可以将自己的姓名、名称、肖像等许可他人使用,但是依照法律规定或者根据其性质不得许可的除外。"虽然该条仅列了"姓名、名称、肖像"三项,但因其规定于《民法典》人格权编第一章"一般规定"中,属于在法律没有相反规定的情况

---

① 程合红:《商事人格权论——人格权的经济利益内涵及其实现与保护》,中国人民大学出版社2002年版。
② 郑成思:《商品化权刍议》,《中华商标》1996年第2期;吴汉东:《形象的商品化与商品化的形象权》,《法学》2004年第10期;吴汉东:《无形财产权基本问题研究》(第三版),中国人民大学出版社2013年版。
③ 孔祥俊:《姓名权与姓名的商品化权益及其保护》,《法学》2018年第3期。
④ 王利明:《人格权法研究》(第三版),中国人民大学出版社2018年版。
⑤ 姚辉:《关于人格权商业化利用的若干问题》,《法学论坛》2011年第6期;王叶刚:《人格权中经济价值法律保护模式探讨》,《比较法研究》2014年第1期。

下普遍适用于所有人格权益的共通性规定。加之，该条列举之后使用了"等"字兜底，故此，从解释论上，只要不属于"依照法律规定或者根据其性质不得许可的除外"情形，自然人当然可以将其个人信息许可他人使用。不仅如此，《民法典》第 1035 条和第 1036 条还从正反两方面非常明确地肯定了自然人有权同意（或许可）处理者处理自己的个人信息。依据《民法典》第 1035 条第 1 款第 1 项，处理自然人的个人信息，必须"征得该自然人或者其监护人同意，但是法律、行政法规另有规定的除外"。这就说明，自然人或者其监护人的同意是个人信息处理行为合法性的基础。同时，依据《民法典》第 1036 条第 1 项，如果行为人处理个人信息的行为属于"在该自然人或者其监护人同意的范围内合理实施的行为"，那么行为人不承担民事责任，这就意味着自然人或者其监护人的同意阻却了处理者处理个人信息行为的非法性。其二，《民法典》第 1183 条第 1 款明确规定，侵害自然人的人格权造成严重精神损害的，被侵权人有权请求精神损害赔偿。这是对人格权中自然人的精神利益的保护。同时，《民法典》第 1182 条规定，侵害他人人身权益造成财产损失的，按照被侵权人因此受到的损失或者侵权人因此获得的利益赔偿；被侵权人因此受到的损失以及侵权人因此获得的利益难以确定，被侵权人和侵权人就赔偿数额协商不一致，向人民法院提起诉讼的，由人民法院根据实际情况确定赔偿数额。显然，这一规定所要保护的就是人格权中的经济利益。故此，在我国，只要明确自然人针对其个人信息享有的是人格权益即可同时保护自然人针对个人信息享有的精神利益和经济利益，无须叠床架屋地分别针对个人信息的人格利益和经济利益分别设立单独的人格权和财产权。

四、个人信息权益是不同于隐私权的独立人格权益

自然人个人信息保护中非常重要也是争议特别大的一个问题就是个人信息权益与隐私权的关系，这也是我国民法典编纂过程中反复讨论的问题。对此，一种观点认为，应当通过隐私权来保护个人信息，如借鉴美国法上的信息隐私的概念来实现对个人信息的保护。[1] 另一种观点认为，个人信息不同于隐私，传统的隐私权已不足以保护公民的合法权益，法律需要从隐私权保护转向个人信息权益的保护。[2] 笔者认为，隐私权与个人信息保护具有很密切的联系，但是二者存在明显的区别，不能相互取代。

作为诞生隐私权概念的国家，自 1890 年沃伦与布兰代斯在《哈佛法

---

[1] 徐明：《大数据时代的隐私危机及其侵权法应对》，《中国法学》2017 年第 1 期。
[2] 王利明：《论个人信息权的法律保护——以个人信息权与隐私权的界分为中心》，《现代法学》2013 年第 4 期。

律评论》上发表的"隐私权"（the right to privacy）一文①，首次提出隐私权概念以来，美国的隐私权经历一百多年的发展，已经成为包括侵权法上隐私权与宪法上的隐私权在内的庞大体系。美国著名侵权法学家 William Prosser 教授在 1960 年发表于《加利福尼亚法律评论》的一篇论文《隐私》（Privacy）中，将侵害隐私权的行为分为四类：（1）侵入原告隐居或独处之处或侵入其私人事务（intrusion upon the plaintiff's seclusion or solitude, or into his private affairs.）；（2）公开披露原告的令人难堪的私密信息（public disclosure of embarrassing private facts about the plaintiff）；（3）进行使原告被公众误解的宣传（publicity which places the plaintiff in a false light in the public eye.）；（4）为被告之利益而盗用原告的姓名或肖像（appropriation, for the defendant's advantage, of the plaintiff's name or likeness）。② Prosser 教授的这一观点确立了美国侵权法上隐私权的基本体系框架。美国侵权法上隐私权的保护范围包括："为达成商业目的窃用他人姓名和肖像，毁损他人名誉，跟踪监视，给他人造成精神损害以及诸多的政府行为"。③ 美国宪法上没有规定隐私权，但是自 1965 年的"Griswold v. Connecticut"案首次确立宪法上的隐私权以来，美国联邦最高法院通过一系列判决不断扩大宪法隐私权的保护范围，婚姻隐私、堕胎隐私、子女教育权、同性恋与性行为自由、安乐死等都被纳入其中。④ 尤其是在 1977 年的"Whalen v. Roe"案中，美国联邦最高法院认可了宪法上的信息隐私权（Informational Privacy）。该案判决是美国第一个承认了宪法上的隐私权包括信息隐私和自决隐私两个部分的最高法院判决。此后，美国各州和联邦通过了一系列成文法对信息隐私加以保护，联邦层面重要的立法如 1968 年《综合犯罪控制与街道安全法》，对使用电子设备窃听行为作出了规范，1971 年的《公平信用报告法》规定了信用报告中的隐私保护，1973 年的《犯罪控制法》对刑事审判记录中的隐私信息加以规范，1974 年的《隐私法》和 1980 年的《财务隐私权法》规范了联邦政府的电子记录与财政机构中的银行记录，1980 年的《隐私权保护法》确立了执法机构使用报纸和其他媒体的记录和信息的标准，1994 年的《驾驶员隐私保护法》对州交通部门使用和披露个人车辆记录作出了限制，

---

① ［美］路易斯·D.布兰代斯等：《隐私权》，宦盛奎，北京大学出版社 2014 年版。
② William L. Prosser, "Privacy", 48 *Cal. L. Rev.* 383 1960.
③ ［美］阿丽塔·L.艾伦、理查德·C.托克音顿：《美国隐私法：学说、判例与立法》，冯建妹、石宏等译，中国民主法制出版社 2004 年版。
④ 王泽鉴：《人格权法：法释义学、比较法、案例研究》，作者印行 2012 年版。

1999年的《儿童在线隐私保护法》则是第一部对利用网络处理儿童（13岁以下）个人信息的行为加以规范的联邦法律。总之，如王泽鉴教授所言，"隐私权发源于美国，经过一百余年的变迁，建构了以侵权行为法上隐私权、宪法上隐私权及特别法律的保障机制，并为因应社会经济的需要，尤其是资讯隐私权的保护而不断地发展演变"[1]。

然而，我国的隐私权不同于美国法上的隐私权。首先，我国的隐私权并不是宪法上的权利，不存在美国宪法上那样的隐私权。我国的隐私权始终被看作是一种民事权利。从立法到司法实践，我国对于隐私权的保护经历了一个从最初放在名誉权中加以保护，再到作为人格利益进行有限制的保护，再到民事立法上明确规定为具体人格权的发展历程。[2] 无论如何，我国法都没有将隐私权作为宪法权利。其次，由于自《民法通则》始，我国对人格权采取的就是具体列举的做法，无论是《民法通则》中规定的生命健康权、姓名权、名称权、名誉权、荣誉权、肖像权，还是《民法典》规定的包括隐私权在内的类型更多的具体人格权，隐私权都只是和其他具体人格权并列的一类民事权利，其保护的只是隐私这种自然人的具体人格利益，即"自然人的私人生活安宁和不愿为他人知晓的私密空间、私密活动、私密信息"（《民法典》第1032条第2款）。至于生命、身体、健康、姓名、名称、肖像、声音、名誉、商业信用等人格利益，分别由生命权、身体权、健康权、姓名权、名称权、肖像权、名誉权等具体人格权加以保护。然而，美国法上的隐私权所保护的范围极为广泛，几乎可以将所有的人格利益纳入其中，相当于我国法上的人格权。在这种模式下，"个人信息被置于隐私的范畴而加以保护。这种立法与美国法上隐私权概念的开放性有关，即美国法采纳的是大隐私权的概念，其包括大陆法中的名誉权、肖像权、姓名权等具体人格权的内容，承担了一般人格权的功能，因此，在隐私中包含个人信息也是逻辑上的必然"[3]。由此可见，主张借鉴美国法上的信息隐私权理论，通过信息隐私来保护个人信息的观点，忽视了我国法与美国法的隐私权的根本差异，不符合我国既有的人格权体系。

---

[1] 王泽鉴：《人格权法：法释义学、比较法、案例研究》，作者印行2012年版。
[2] 程啸：《侵权责任法》（第二版），法律出版社2015年版。
[3] 王利明：《论个人信息权的法律保护——以个人信息权与隐私权的界分为中心》，《现代法学》2013年第4期。

第四节　个人信息权益的保护方式

个人信息权益的私法保护模式一直以来都受到很多的关注，民法学者从数据风险日益增大的角度，主张强化个人数据的保护应以加强个人信息权顶层设计为核心，通过事前同意、事中风险评估和事后个案认定机制来对个人信息提供充分的保护。

一、事前预防机制

（一）匿名化（anonymisation）

匿名化，是指个人信息经处理无法识别特定自然人且不能复原的过程（《个人信息保护法》第72条第4项）。由此可见，匿名化是一种修改个人信息的方法，其结果是使信息与个人没有关联。匿名化处理后的信息必须是无法识别特定自然人并且不能复原。对个人信息进行匿名化处理往往是在统计和科学研究中，其主要的方法有随机化（randomization）与泛化（generalization）。① 匿名化不同于加密、去标识化，依据《个人信息保护法》第51条，后两者是个人信息处理者依法采取的安全技术措施，其中，去标识化（de-identification）是指个人信息经过处理，使其在不借助额外信息的情况下无法识别特定自然人的过程（《个人信息保护法》第72条第3项）。加密一般是在数据存储和传输中运用，通过加密算法将信息编码为残缺不全的状态，从而使未经授权的人无法读取信息，只有获得密钥的人才能读取。经过加密后的个人信息可以很好地防止被他人未经授权的访问或被非法窃取或篡改。匿名化与去标识化、加密都有利于保护个人信息和隐私，可以降低信息主体的风险，也有利于处理者更好地履行义务。它们的区别在于：匿名化处理的信息不是个人信息，不适用个人信息保护法的规定。加密的个人信息以及去标识化的个人信息仍然是个人信息。②

笔者认为，将匿名化处理的信息排除在个人信息之外是有必要的。匿名化处理后的信息不再属于个人信息，自然就不适用个人信息保护的法律

---

① ARTICLE 29 DATA PROTECTION WORKING PARTY, Opinion 05/2014 on Anonymisation Techniques, Adopted on 10 April 2014（WP 216），p. 16.

② 有的学者认为，如果采取的是最高程度的加密技术，信息处理者没有密钥或其他解密方法时，这就意味着处理者通过合理的手段是无法读取个人信息的，因此，该加密的个人信息就是匿名化处理的信息，应当视为非个人信息。Gerald Spindler and Philipp Schmechel, Personal Data and Encryption in the European General Data Protection Regulation, 7（2016）JIPITEC 173 para 54.

规范，处理者免除了大量的义务，也不会因为违反个人信息保护法而承担民事、行政乃至刑事法律责任，有利于促进信息的流动和利用。在我国正在大力构建数据产权制度的当下，匿名化更是可以很好地有助于发挥"保护个人信息权益，促进数据流通利用"的重要作用。正因如此，《数据二十条》才明确提出要"创新技术手段，推动个人信息匿名化处理，保障使用个人信息数据时的信息安全和个人隐私"。

个人信息的匿名化的要求是个人信息经处理，无法识别特定自然人且不能复原。问题是：一方面，信息经处理后是否无法识别特定自然人本身就是相对的；另一方面，能否复原也不是绝对的。在可获得的数据来源越来越丰富、数据量越来越大以及算法、数据分析越来越强的现代社会，匿名化处理后的信息依然存在或大或小的重新识别特定自然人的可能性。实践中已有不少事例证明了此点。例如，2000年计算机教授Latanya Sweeney 进行的一项研究表明，只要通过美国的邮政编码（ZIP码）、出生日期和性别这三个信息的组合，就足以识别美国87%的人口。[①] 2008年，人们以公开获取的互联网电影数据库为基础，重新识别了50万奈飞（Netflix）用户的电影评级记录。再如，2013年，根据"匿名化"处理的纽约出租车乘车记录公共数据库以及狗仔队的照片，可以推断出如布莱德利·库珀（Bradley Cooper）和奥立薇娅·玛恩（Olivia Munn）等名人的行踪路线，包括街道地址以及他们是否付过小费。[②] 故此，一些学者认为，随着大数据、云计算等新技术的兴起，传统的仅仅删除姓名和社保号码的匿名化技术已经失败了，目前匿名化技术的"失灵"现象证明了现行法律仍无法实现对个人数据泄露进行充分有效的保护。反向识别技术以及大数据所具有的预测功能要求法律不再一味地依赖于匿名化技术，而是采用一种植根于风险评估和场景化处理的更为灵活的个人数据概念。[③] 总之，匿名化不是绝对的，只是相对的，是在特定的时空和技术背景下来认定的。随着技术的发展和普及如云计算、量子计算机等，以及可能出现的其他附加信息的泄露，匿名化的信息被还原成为个人信息的可能性会逐渐发生变化。

[①] L. Sweeney, Simple Demographics Often Identify People Uniquely. Carnegie Mellon University, Data Privacy Working Paper, Pittsburgh, 2000, p. 2. http://dataprivacylab.org/projects/identifiability/paper1.pdf.

[②] Nadezhda Purtova, "The Law of Everything: Broad Concept of Personal Data and Future of EU Data Protection Law", 10 *Law Innovation & Tech.* 47（2018）.

[③] 丁晓东：《论个人信息概念的不确定性及其法律应对》，《比较法研究》2022年第5期。

尽管匿名化后的信息是否真的就不能识别自然人以及能否复原，都只是相对的。但必须注意的是，一方面，无论如何，匿名化技术都在相当程度上降低了信息被再识别的可能性，对于保护自然人的个人信息权益、隐私权都是有益的。个人数据匿名化过程中包括了直接识别身份信息（直接标识符）的去除，使得该信息不再具有可识别性。一旦个人信息去身份，由于直接身份信息已去除，一般情况下已难以识别到具体个人身份，因而其侵害个人隐私的可能性较低。另一方面，由于个人信息去身份后难以联系到具体个人，在符合一定条件下的信息公开并不会造成个人利益的损害，其隐私风险相对较小。①

因此，司法实践中重要的问题在于：如何认定处理者提出的信息被匿名化处理后不属于个人信息这一抗辩。对此，应注意以下几点：其一，要区分被匿名处理的个人信息的类型。对于敏感的个人信息，匿名化处理的要求应当更高，即再识别的难度应当大大高于非敏感的个人信息。在非敏感的个人信息中又要区分公开的个人信息与非公开的个人信息。对于公开的个人信息，处理者本来就可以不经信息主体同意而在合理范围内处理，故此，对于匿名化处理的强度无须要求太高。其二，考虑匿名化处理后的信息的用途，不同的用途意味着被匿名化处理的信息与其他信息进行关联而重新变得具有识别可能的概率也是不同的。其三，匿名化的技术类型以及技术未来的发展状况，不同的匿名化技术产生的再识别的风险是不同的，而且会随着时间的推移发生变化。其四，复原的成本，具体包括所需的辅助信息获取的难易程度、所需花费的时间和金钱等。

（二）告知—同意规则

这一规则在我国已明确获得《个人信息保护法》第13条合法性基础的确认，即除法定事由之外，其他情形下的个人信息处理必须获得信息主体的同意。告知同意规则，也称"知情同意规则"，它要求任何组织或个人在处理个人信息之前都应当向其个人信息被处理的自然人即信息主体履行告知义务，并在取得个人的同意后，方可从事相应的个人信息处理活动，否则处理活动就是非法的，除非法律、行政法规规定可以不取得个人同意。② 由此可见，告知同意规则可以分为两部分：告知与同意。二者紧密联系、不可分割。一方面，没有充分、清晰、完整的告知，自然人无法

---

① 金耀：《个人信息去身份的法理基础与规范重塑》，《法学评论》2017年第3期；夏志强、闫星宇：《作为漂流资源的个人数据权属分置设计》，《中国社会科学》2023年第4期。
② 王利明、程啸、朱虎：《中华人民共和国民法典人格权编释义》，中国法制出版社2020年版。

就其个人信息被处理作出真实有效的同意与否的表示；另一方面，即便处理者进行了充分、清晰、完整的告知，却未取得自然人的同意，则对个人信息的处理也是非法的，侵害了个人信息权益。告知同意对于保护个人信息权益非常重要，它是最基本的个人信息处理规则，具有如下重要意义。

（1）告知同意规则是判断个人信息处理行为合法与否的一项基本标准，凡是没有遵守该规则的处理行为，原则上都是非法的，除非法律、行政法规另有规定。这就意味着：首先，个人信息处理者对其处理行为合法与否具有更明确的预期，即知道在处理个人信息时应当怎么做才能使处理行为是合法的；对于信息主体即自然人而言，由于被告知了个人信息将被处理，在知情权得到充分尊重的基础上享有了同意或拒绝的权利，故此，告知同意这种标准化的模式无论对于用户还是信息处理者而言均为成本最小化的解决方式，双方减少了因不信任而产生的交易成本，能直接进入个人信息权益行使最为核心的地带：同意及同意的撤回，甚至删除权。[1] 其次，对于个人信息保护执法机构来说，告知同意规则为其查处违法的个人信息处理行为提供了明确的标准。凡是没有遵循该规则且没有法律、行政法规例外规定的个人信息处理行为就是违法行为，就可以查处。最后，在个人信息权益民事纠纷案件的裁判中，告知同意规则是法院认定处理者应否承担侵权责任的重要标准。只要没有遵循告知同意规则而进行处理，当然就是侵害他人个人信息权益的不法行为，至少应当承担停止侵害、排除妨碍、消除危险等侵权责任；如果因此造成损害并符合其他损害赔偿请求权的构成要件的，还要承担损害赔偿责任。

尽管告知同意规则的实践操作冗长复杂，并未让用户真正了解个人信息处理的目的、方式或范围等，但并不能因此就否定告知同意规则，认为该规则是没有意义的。该规则的存在至少使用户知悉自己的个人信息正在被哪个信息处理者所处理并且自己曾经同意处理。这样一来，知情同意规则不仅建立了处理行为的合法性基础，也不影响下文将要提及的即便经过同意的处理行为也可能构成违法行为的法律评价。无论信息处理者在告知同意规则中使用如何复杂冗长甚至含混的表述，也无论个人信息被处理的自然人是否实际阅读或理解了告知的内容，只要因此发生纠纷，行政机构在执行或法院在裁判案件时，首先要审查的就是处理者是否依法履行了告知同意。只要没有履行该义务，就是非法处理行为，应当承担法律责任。

---

[1] 万方：《个人信息处理中的"同意"与"同意撤回"》，《中国法学》2021年第1期。

如果处理者履行了告知同意义务,就不存在非法处理个人信息的行为,自然人原则上也不得对该合法处理行为进行阻碍。因此,告知同意规则在具体落实中存在的一些问题,如处理者的告知含糊不清、琐屑烦琐,自然人缺乏真正的意思自由等①,都不成其为问题。实践中暴露出来的这些问题,不仅没有削弱告知同意规则在个人信息处理中的重要意义,反而彰显了该规则的重要性。

(2)告知同意规则并不意味着发生侵害个人信息权益的违法行为时,处理者可以据此免于承担任何法律责任,处理者也不能以其遵循了告知同意规则来排除其他个人信息保护规则的适用。首先,即便处理者充分适当地遵循了告知同意规则,也只是使处理行为本身不具有非法性而已,即存在违法阻却事由,可能无须承担行政责任或刑事责任。②但是,在处理的过程中,因为不合理的处理行为如处理者的故意或过失等造成自然人的人身财产权益受到侵害的,依然要承担民事责任。《民法典》第1036条第1项就是要表明,即便是在自然人或其监护人同意的范围内实施的个人信息处理行为也必须是合理的,如果不合理,依然要承担民事责任。③也就是说,合法的个人信息处理行为应当遵循比例原则。其次,告知同意规则并非一劳永逸的规则,而只是针对依法告知并取得同意的特定处理者的特定个人信息处理行为而言的。这就是说,并非告知并取得同意后,处理者就可以随意地、无限制地处理个人信息,其仍应当严格遵循法律规定和当事人的约定。例如,在处理目的、处理方式等发生变更时,处理者应当将变更的部分告知个人并取得同意。最后,告知同意规则也需要符合个人信息保护法中的必要、正当、合法、诚信、目的限制等基本原则。告知同意规则不能免除个人信息处理者负有确保个人信息处理活动符合法律、行政法规的规定的义务以及保护个人信息安全的义务。同样,告知同意规则也不能排除信息主体针对处理者享有的权利,如查阅或者复制其个人信息的权利,发现信息有错误的有权提出异议并请求及时采取更正等必要措施的权利等。即便处理者在告知时通过格式条款排除了自然人的这些权利并取得了自然人的同意,这些格式条款也是无效的(《民法典》第497条)。

---

① 任龙龙:《论同意不是个人信息处理的正当性基础》,《政治与法律》2016年第1期;方禹:《个人信息保护中的"用户同意"规则:问题与解决》,《网络信息法学研究》2018年第1期。
② 例如,依据《最高人民法院、最高人民检察院关于办理侵犯公民个人信息刑事案件适用法律若干问题的解释》第2条的规定,违反法律、行政法规、部门规章有关公民个人信息保护的规定的,应当认定为《刑法》第253条之一规定的"违反国家有关规定"。
③ 黄薇主编:《中华人民共和国民法典人格权编解读》,中国法制出版社2020年版。

（3）因告知同意规则涉及自然人的个人信息权益，故此其适用需要受到相应的限制。一方面，人格权益具有专属性，不得放弃、转让或者继承（《民法典》第992条）。因此，任何组织或个人都不能通过告知同意规则而一次性取得对他人的个人信息的无限制、永久的处理权限，自然人本身也不能放弃、转让其个人信息权益。故此，依据《人脸识别解释》第11条，如果个人信息处理者采用格式条款与自然人订立合同，要求自然人授予其无期限限制、不可撤销、可任意转授权等处理人脸信息的权利，那么该自然人有权请求法院确认该格式条款无效。另一方面，告知同意规则不得违背公序良俗原则，不得抵触更高位阶的权益，否则即便遵循了告知同意规则，处理行为也是违法的。显然，通信自由和通信秘密作为宪法保护的高位阶的权利，不应该受到告知同意的限制。[①]

二、事中风险评估

（一）守门人义务

大型网络平台守门人义务分为直接性义务与监管义务。直接性义务是指大型网络平台作为守门人，其本身在处理个人信息时所负有的义务。与直接性义务相对应的是监管义务，也被称为第三方义务[②]，它是指大型网络平台对于平台内产品或服务的提供者实施的个人信息处理活动进行监督管理的义务。《个人信息保护法》第58条规定的大型平台的四项守门人义务中哪些属于直接性义务，哪些属于监管义务，对于确定大型网络平台的法律责任尤其是侵权责任而言，非常重要。

多数观点认为，《个人信息保护法》第58条第2项、第3项规定的义务属于监管义务，即间接性义务。确实，从这两项的文义可看出，它们并不是对大型网络平台自身如何处理个人信息提出的要求，而是要求大型网络平台通过制定符合公开、公平、公正原则的平台规则来规范平台内产品或服务提供者的个人信息处理行为，并明确这些处理者所负有的保护个人信息的义务，同时，对于严重违法处理个人信息的平台用户，大型网络平台要停止提供服务。争议比较大的是第58条第1项和第4项规定的义务的性质，这两项义务究竟是针对大型网络平台自身处理个人信息时所施加的义务即直接性义务，还是仅要求大型网络平台对其平台内的用户处理个人信息负担监督管理义务，学者之间有不同的观点。

一种观点认为，《个人信息保护法》第58条规定的四项守门人义务可

[①] 张新宝：《个人信息收集：告知同意原则适用的限制》，《比较法研究》2019年第6期。
[②] 高秦伟：《论行政法上的第三方义务》，《华东政法大学学报》2014年第1期。

以划分为直接性义务和第三方义务两大类，其中该条第1、4项义务属于直接义务，即属于对大型网络平台自身遵守个人信息保护的规定的要求。① 例如，个人信息保护合规制度体系就包括了个人信息风险评估，因为大型网络平台所处理的个人信息数量更为庞大且影响更为广泛，一旦出现个人信息泄露或者其他违法情形，更容易产生系统风险。因此，作为守门人的大型网络平台应当承担管理系统风险的义务。②

另一种观点认为，《个人信息保护法》第58条并不规制大型平台的个人信息处理行为，仅规制其管理行为。因为，从该条规定来看，其第2、3项规定的是大型网络平台的管理义务，而这四项义务是并列的。从法条内部的同一性来看，应当将第1项和第4项义务理解为管理义务；否则就会造成类似主体之前的义务承担显著不平衡，即大型网络平台的个人信息处理行为被第58条第1、4项所规制，而同样数量巨大的非平台型个人信息处理者就不需要承担这两项规定的特别义务，这显然是不合理的。③

笔者认为，《个人信息保护法》第58条规定的守门人义务既包括了大型网络平台自身实施个人信息处理活动时所负担的义务即直接性义务，也包括大型网络平台对其平台内的产品或服务的提供者实施个人信息处理活动的监督管理义务。第58条第1、4项规定的义务是针对大型网络平台的个人信息处理活动的义务，而非监督管理义务。理由阐述如下。

首先，从文义解释的角度来看，依据《个人信息保护法》第58条第1项，大型网络平台负有"按照国家规定建立健全个人信息保护合规制度体系，成立主要由外部成员组成的独立机构对个人信息保护情况进行监督"。简单地说，"合规"就是符合规定。个人信息保护合规就是个人信息处理行为以及个人信息保护义务履行行为符合国家法律法规、监管规定、行业准则和国际条约、规则，以及法人章程、相关规章制度等要求。④ 按照国家规定建立健全个人信息保护合规制度体系，显然只能是指大型网络平台依据《个人信息保护法》《数据安全法》《网络安全法》等法律、法规、规章等的规定，建立起一整套用来确保其个人信息处理行为和个人信息保护

---

① 周汉华：《〈个人信息保护法〉"守门人条款"解析》，《法律科学》2022年第5期。
② 刘颖：《我国〈个人信息保护法〉中的"守门人"条款》，《北方法学》2021年第6期。
③ 姚志伟：《大型平台的个人信息"守门人"义务》，《法律科学》2023年第2期。
④ 例如，国务院国有资产监督管理委员会颁布的《中央企业合规管理办法》第3条第1款规定："本办法所称合规，是指企业经营管理行为和员工履职行为符合国家法律法规、监管规定、行业准则和国际条约、规则，以及公司章程、相关规章制度等要求。"

义务的履行行为完全符合法律、法规、规章、条约以及监管部门的要求的内部规章制度和操作程序体系，据此开展对个人信息保护的合规管理活动，具体包括：设置合规委员会和合规管理部门，建立合规管理制度和指南以及合规风险识别评估预警机制，进行合规培训，将合规审查纳入经营管理流程，发生合规风险时采取相应的应对措施并报告，建立违规问题整改机制、责任追究、考核评价机制等。显然，该义务主要就是对作为个人信息处理者的大型网络平台而非平台内的产品或服务的提供者提出的要求。因为在第58条第2项和第3项已经就大型网络平台监督管理平台内的产品或服务的提供者的义务作出了规定的情形下，立法者没有必要重复规定。至于《个人信息保护法》第58条第1项中的"由外部成员组成的独立机构对个人信息保护情况进行监督"，当然可以理解为既包括对于大型网络平台自身处理个人信息时对个人信息的保护情况进行监督，也包括监督大型网络平台恰当地履行监管平台内的产品或服务提供者的个人信息处理活动，从而更好地保护个人信息。《个人信息保护法》第58条第4项提出的"定期发布个人信息保护社会责任报告，接受社会监督"的义务，也主要是针对大型网络平台自身处理个人信息的行为和履行个人信息保护义务的情况。这是因为，大型网络平台作为个人信息处理者，除了依照《个人信息保护法》和有关法律法规的规定，负有个人信息保护法定义务外，还应当在法定义务和标准的基础上为企业持续发展和社会公共利益不断提高个人信息保护水平，从而推动全社会共同努力提高个人信息保护水平的良好氛围。[①]

其次，从体系解释的角度来看，《个人信息保护法》是在第五章"个人信息处理者的义务"中规定了大型网络平台的守门人义务，这本身就强调了该义务是个人信息处理者的义务，即自主决定个人信息处理目的和处理方式的组织或个人所负有的义务。如果不是个人信息处理者，则不负有此等义务。故此，第58条在规定履行该义务的主体时才特别强调是"提供重要互联网平台服务、用户数量巨大、业务类型复杂的个人信息处理者"，重心仍然落在"个人信息处理者"之上。换言之，第58条所规定的义务既包括大型网络平台自身处理个人信息时应当遵循的义务，也包括大型网络监督管理平台内用户的个人信息处理行为的义务。尽管这两类义务性质不同，但都属于大型网络平台依法必须履行的以更好地实现个人信息

---

① 杨合庆主编：《中华人民共和国个人信息保护法释义》，法律出版社2022年版。

保护为目的的义务,即个人信息保护义务。① 故此,大型网络平台不论是违反《个人信息保护法》第 58 条中的直接性义务,还是违反监管义务,都属于未履行《个人信息保护法》规定的个人信息保护义务的情形,应当依据该法第 66 条的规定接受相应的行政处罚。

最后,从立法目的来看,立法机关之所以专门新增《个人信息保护法》第 58 条,从而给大型网络平台施加四项守门人义务,根本原因在于大型网络平台在个人信息保护中处于枢纽地位和关键环节。这主要体现在两个方面:其一,大型网络平台因为其技术能力、资金财务实力、掌握的用户规模数量大等因素,从而产生了对于平台内的提供产品或服务的用户较强的支配力和控制力,所以,它们可以有效地实施监督管理利用其平台提供产品或服务的用户处理个人信息的行为;其二,大型网络平台提供的是重要的互联平台服务且用户数量巨大,业务类型复杂,其本身也都是海量个人信息的处理者。因此,一旦发生个人信息泄露或出现其他非法处理个人信息的行为,所造成的后果是非常严重的,将对个人权益、公共利益以及国家安全产生巨大的系统风险。故此,《个人信息保护法》第 58 条并非仅仅是将大型网络平台作为监督管理者看待而给其施加几项监督管理义务而已②,还对大型网络平台自身的个人信息处理活动提出了更高的要求。申言之,大型网络平台除履行《个人信息保护法》第 51 条至第 57 条规定的义务外,还必须按照第 58 条的要求履行针对其设立的、要求更高的个人信息保护义务,如按照国家规定建立健全个人信息保护合规制度体系,成立独立机构对个人信息保护情况进行监督以及定期发布个人信息保护社会责任报告,接受社会监督等。

(二)风险评估

以事中风险评估机制为例,在个人数据被收集之后,企业虽然会采取匿名化、跨境传输、数据共享等处理行为,但即使是一方对其所收集的个人数据的特定要素采取删除、加密等措施,也有可能因为接受方所拥有的多种数据类型或技术手段而变得可识别。因此,企业在实施数据交易等行为时,应当引入风险评估机制,定期对自身的数据匿名化程度、数据交易

---

① 个人信息保护义务、数据安全保护义务与网络安全保护义务分别由我国《个人信息保护法》《数据安全法》《网络安全法》这三部法律加以确立,三者之间既有联系也区别。程啸:《论数据安全保护义务》,《比较法研究》2023 年第 2 期。

② 在个人信息保护法的起草过程中,确实有学者如张新宝教授提出的网络生态守门人的义务仅仅限于监管义务,即作为私人主体来承担行政法上的预防和制止他人实施非法处理个人信息的行为的义务。不过这种观点并未被立法机关接受。张新宝:《互联网生态"守门人"个人信息保护特别义务设置研究》,《比较法研究》2021 年第 3 期。

方再度识别个人的风险进行评估。①

  个人信息保护影响评估属于预防性的个人信息保护手段,主要是针对那些对于个人权益可能造成较高风险的个人信息处理活动展开的。也就是说,个人信息处理者在实施此类高风险的个人信息处理活动之前,需要开展评估,确定处理目的、处理方式等是否合法、正当、必要,该处理活动对个人权益产生何种影响及风险程度如何,个人信息处理者所采取的安全保护措施是否合法、有效并与风险程度相适应,并在评估结论的基础上决定是否实施该处理活动以及如何在符合法律、行政法规的情形下安全地实行该处理活动。因此,个人信息保护影响评估在个人信息保护方面当然具有防患于未然的作用。

  同时,个人信息保护影响评估也可以科学地协调个人信息权益保护与个人信息合理利用的关系。高风险意味着更重的义务与责任,基于责任原则,个人信息处理者应当对其个人信息处理活动负责,并采取必要措施保障所处理的个人信息的安全(《个人信息保护法》第 9 条)。个人信息处理者不是不可以从事高风险的处理活动,但需要为此负责,要承担更高的注意义务,采取更严格的安全保护措施,事前的个人信息保护影响评估与记录义务正是责任原则的体现。此外,个人信息保护影响评估及其记录也有助于证明个人信息处理活动符合法律、行政法规的要求,也就是说,处理者可以通过向监管机关提供该记录来证明处理行为的合法性。例如,欧盟第 29 条工作组在其发布的 DPIA 指南中认为,"数据保护影响评估"(Data Protection Impact Assessment,简称 DPIA)是一个旨在描述处理的过程,评估其必要性和比例性,并通过评估因处理个人数据而对自然人的权利和自由所造成的风险以及提出解决的措施,从而有助于对此等风险加以管理。DPIA 是问责制的重要工具,其不仅有助于控制者遵守《一般数据保护条例》的要求,也有助于其证明已经采取了适当的措施来确保遵守该条例。一言以蔽之,DPIA 就是一个建立并证明合规性的程序。②

三、事后救济保护

  就事后救济保护而言,认识到大数据时代个人信息侵权的特殊性,既有学者的讨论主要围绕着侵权法救济展开。大数据时代的隐私对侵权法的

---

① 齐爱民、张哲:《识别与再识别:个人信息的概念界定与立法选择》,《重庆大学学报(社会科学版)》2018 年第 2 期。
② Article 29 Data Protection Working Party, Guidelines on Data Protection Impact Assessment (DPIA) and determining whether processing is "likely to result in a high risk" for the purposes of Regulation 2016/679,WP 248 rev. 01, as last revised and adopted on 4 October 2017, p. 4.

挑战主要集中在以下几个方面：第一，侵权主体难以确定，信息收集主体多元化，元数据利用方式多样化，以及侵权方式的隐秘性使得主体难以被发现；第二，信息的价值性使得侵权法的设置要兼顾多方面的利益，难以平衡；第三，隐私与个人信息直接的关系更加难以捉摸，有些信息在一定的条件下可以转化成隐私利益，给立法造成困难；第四，损害结果呈现多样化的趋势，不再局限于名誉受损等精神损害，经济利益、不公平对待、人身损害等也时有发生，且精神损害的强度极大增强；第五，损害结果与行为直接的因果关系往往无法查明。凡此种种，导致被侵权人难以获得救济。[①]

（一）侵害个人信息权益赔偿责任的归责原则

我国《民法典》以过错责任为侵权赔偿责任的最基本归责原则（第1165条第1款），并将过错推定责任与无过错责任限制在法律有规定的情形（第1165条第2款、第1166条）。同时，《民法典》第11条也规定："其他法律对民事关系有特别规定的，依照其规定。"这就表明，《民法典》以及其他法律可以对于某些侵权赔偿责任规定过错推定责任或无过错责任。就侵害个人信息权益的侵权赔偿责任，《民法典》并未规定过错推定责任或者无过错责任，故此，在《个人信息保护法》颁布之前，侵害个人信息权益的侵权赔偿责任应当适用《民法典》第1165条第1款的过错责任原则。在《个人信息保护法》起草过程中，就侵害个人信息权益的侵权赔偿责任究竟是采取何种归责原则，存在很大的争议。最终，《个人信息保护法》第69条第1款明确采取了过错推定责任，即"处理个人信息侵害个人信息权益造成损害，个人信息处理者不能证明自己没有过错的，应当承担损害赔偿等侵权责任"。之所以立法机关对于侵害个人信息权益的侵权赔偿责任采取过错推定责任，主要就是考虑到：如果适用过错责任原则，就意味着被侵权人即个人需要证明侵权人即个人信息处理者存在过错，而这非常困难。因为个人信息处理活动具有很强的专业性和技术性，个人与个人信息处理者存在信息、技术、资金等能力上的不对等地位，其无法了解个人信息处理者在处理活动中具有什么过错，更无法提出证据加以证明；如果采取无过错责任，则过于严厉。毕竟个人信息处理活动是现代社会生活须臾不可或缺的活动，个人信息处理者的类型多种多样，处理个人信息的场景千差万别，不应当给处理者增加过多的负担。如此一来，只有过错推定责任最为合适，其既有利于保护个人信息权益，减轻了受害

---

① 徐明：《大数据时代的隐私危机及其侵权法应对》，《中国法学》2017年第1期。

人的举证责任,对个人信息处理者也不过苛,其仍有机会通过证明自己没有过错而免除责任。① 在立法者已经基于上述考虑而作出特别规定的情形下,显然《个人信息保护法》第 69 条第 1 款相对于《民法典》第 1165 条第 1 款的过错责任原则就是特别法,应当优先适用。

(二)侵害个人信息权益的损害赔偿的确定

《民法典》第 1182 条规定:"侵害他人人身权益造成财产损失的,按照被侵权人因此受到的损失或者侵权人因此获得的利益赔偿;被侵权人因此受到的损失以及侵权人因此获得的利益难以确定,被侵权人和侵权人就赔偿数额协商不一致,向人民法院提起诉讼的,由人民法院根据实际情况确定赔偿数额。"此外,《利用信息网络侵害人身权益纠纷规定》第 12 条规定:"被侵权人为制止侵权行为所支付的合理开支,可以认定为民法典第一千一百八十二条规定的财产损失。合理开支包括被侵权人或者委托代理人对侵权行为进行调查、取证的合理费用。人民法院根据当事人的请求和具体案情,可以将符合国家有关部门规定的律师费用计算在赔偿范围内。被侵权人因人身权益受侵害造成的财产损失以及侵权人因此获得的利益难以确定的,人民法院可以根据具体案情在 50 万元以下的范围内确定赔偿数额。"在《个人信息保护法》颁布之前,司法实践中,法院依据上述规定处理了不少侵害个人信息权益的侵权赔偿案件。②

《个人信息保护法》第 69 条第 2 款规定:"前款规定的损害赔偿责任按照个人因此受到的损失或者个人信息处理者因此获得的利益确定;个人因此受到的损失和个人信息处理者因此获得的利益难以确定的,根据实际情况确定赔偿数额。"特别需要注意的是,该款使用的是"损失"一词,而未如《民法典》第 1182 条那样使用"财产损失"的表述。这是立法机关有意为之。所谓损失,既包括财产损失或财产损害,也包括精神损失或精神损害。③ 也就是说,依据《个人信息保护法》第 69 条第 2 款,只要侵害个人信息权益造成损害的,无论是财产损失还是精神损失,都可以按照个人因此受到的损失或者个人信息处理者因此获得的利益确定,如果个人因此受到的损失和个人信息处理者因此获得的利益难以确定的,根据实际

---

① 程啸:《侵害个人信息权益的侵权责任》,《中国法律评论》2021 年第 5 期。
② 北京市朝阳区人民法院(2018)京 0105 民初 9840 号民事判决书,北京互联网法院(2019)京 0491 民初 6694 号民事判决书。
③ 《民法典》对侵害与损害的区分及其意见,参见程啸:《中国民法典侵权责任编的创新与发展》,《中国法律评论》2020 年第 3 期;徐建刚:《〈民法典〉背景下损害概念源流论》,《财经法学》2021 年第 2 期。

情况确定赔偿数额。这一规定明显不同于《民法典》第1182条，属于特别规定。之所以如此，原因在于：首先，个人信息处理者的处理活动侵害个人信息权益的，如果侵害只是单纯的个人信息，而未同时构成对隐私权、名誉权、财产权等具体权利的侵害时，受害人往往没有财产损失，因为单个的个人信息的价值并不高。故此，才有必要区别于《民法典》第1182条的规定。其次，侵害个人信息权益的精神损害通常只是某种心理上的焦虑或不安，或者生活上的些许不便，如骚扰电话或垃圾邮件。这种精神损害的程度显然没有达到《民法典》第1138条第1款要求的"严重精神损害"的程度。倘若要求侵害个人信息权益造成被侵权人严重精神损害时，被侵权人才有权要求侵权人承担精神损害赔偿责任，显然不利于保护个人信息权益遭受损害的被侵权人。故此，《个人信息保护法》第69条第2款在《民法典》第1182条的基础上作出了特别的规定，将"按照被侵权人因此受到的损失或者侵权人因此获得的利益赔偿"的规则适用于包括财产损失与精神损害在内的所有损害。

（三）侵害个人权益造成的精神损害

个人信息是与已识别或者可识别的自然人有关的各种信息，故此，个人信息权益与很多人格权益存在交叉重叠关系，例如，自然人的私密信息属于隐私，受到隐私权的保护，而私密信息属于个人信息，因此隐私权与个人信息权益存在非常密切的关系，以至于《民法典》第1034条第3款专门就二者的关系作出规定。[1] 再如，自然人的姓名既属于个人信息，也属于姓名权的客体，故此，个人信息权益与姓名权会发生重合[2]；自然人的肖像、声音既受到肖像权保护，而肖像、声音本身也属于生物识别信息，是敏感的个人信息，因此个人信息权益与肖像权会发生重叠。[3] 上述个人信息权益与其他人格权重叠时，侵害个人信息权益也往往同时侵害了姓名权、肖像权、隐私权、名誉权等具体人格权。此时，可以说自然人遭受的精神损害是因为侵害这些往往容易被认可为侵害这些具体人格权所致，比较容易认定。

另外一类侵害个人信息权益所造成的精神损害赔偿，是指单纯的因侵害个人信息权益并未同时侵害其他具体人格权，而给自然人造成的精神损害，例如，个人信息处理者没有告知个人并取得其同意而收集个人信息；个人信息处理者导致个人信息毁损或丢失，如医疗机构保管病历信息不当

---

[1] 程啸：《论个人信息权益与隐私权的关系》，《当代法学》2022年第4期。
[2] 张素华、宁园：《论姓名权与个人信息利益保护的区分》，《河北法学》2019年第7期。
[3] 杨芳：《肖像权保护和个人信息保护规则之冲突与消融》，《清华法学》2021年第6期。

导致信息丢失、单位的人事部门或人力资源部门保管人事档案不当导致的信息缺损、电子设备维修不当错误删除记录等。此种情形下，由于侵害个人信息权益的同时并未给信息主体的名誉权、隐私权等具体人格权造成侵害，因此，如何认定个人是否遭受精神痛苦存在很大的困难。因为精神损害并不如财产损害那样，可以通过差额说加以确定，受害人是否遭受精神或心理上的痛苦，痛苦或不安的程度，往往难以确认。特别是我国《民法典》为了限制精神损害赔偿责任的适用，还在第1183条第1款明确规定，侵害自然人人身权益只有造成严重精神损害的，被侵权人才有权请求精神损害赔偿。司法实践中，认定是否构成严重精神损害时，法院往往综合考虑多种因素，如加害行为的性质、程度和方式（如披露他人的隐私、诽谤他人、在发行量巨大或读者众多的媒体上实施侵害行为等），侵权人的主观过错程度（故意还是重大过失抑或轻微过失），损害后果的类型以及被侵权人因侵权而引起的连锁反应（如出现失眠、学习成绩下降、企图自杀）等。

  关于风险增加与焦虑是否属于侵害个人信息权益的损害的问题，我国一些学者也认为，应当从宽解释损害的概念，将个人信息泄露后的风险增加以及信息主体的焦虑认定为损害。[1] 例如，有的学者认为，损害的确定性不等于损害已发生，实质性的未来风险可以满足损害的确定性的要求。由于信息暴露而带来的风险升高、预防风险的支出和风险引发的焦虑是侵权造成利益差额的体现，可以成立损害。[2] 再如，有的学者认为，当个人数据泄露并没有造成第三人电信诈骗侵害个人的财产权或人格权等下游损害时，数据泄露本身引发的受害人的精神上的焦虑以及为避免个人信息泄露风险的现实化而花费的时间及已经支付的费用，属于应予赔偿的损害。[3] 还有的学者认为，个人信息侵权的财产损失应当包括个人信息权益被侵害导致的风险和预防风险的费用。[4] 从司法实践来看，我国的法院都不承认因个人泄露而单纯增加的风险以及对个人信息泄露的焦虑不安属于财产损害或精神损害。[5]

---

[1] 解正山：《数据泄露损害问题研究》，《清华法学》2020年第4期。
[2] 田野：《风险作为损害：大数据时代侵权"损害"概念的革新》，《政治与法律》2021年第10期。
[3] 谢鸿飞：《个人信息泄露侵权责任构成中的"损害"——兼论风险社会中损害的观念化》，《国家检察官学院学报》2021年第5期。
[4] 朱晓峰、夏爽：《论个人信息侵权中的损害》，《财经法学》2022年第4期。
[5] 赵贝贝：《个人信息私法救济中的"损害赔偿"困境与应对路径》，《财经法学》2022年第5期。

笔者认为，个人信息被泄露或未经授权的访问的确在客观上增加了个人在未来遭受第三人侵权的风险，然而，这种风险以及对风险的焦虑过于不确定，与个人信息权益被侵害之间的因果关系过于遥远。因为在不知道个人信息泄露后会被哪些第三人所非法使用，使用人会有多强的意图来进行非法利用，非法利用的行为究竟会选择哪些个人信息被泄露的主体，会侵害个人的何种民事权益等，都难以确定。换言之，受害人因为个人信息泄露而被侵害的风险性质上就属于在未来的不确定期限内遭受不特定的人实施不特定的侵害行为的风险。毫无疑问，此种风险与个人信息泄露即个人信息权益被侵害之间的因果关系实在过于遥远，不仅具有很强的推测性，而且中间可能有太多的介入因素或行为在起作用（如第三方黑客的各种技能和意图）。因此，将这种风险以及对这种风险的焦虑作为确定的、法律上可救济的损害，对于传统确定财产损害的差额说构成太大的冲击，而在我国法上，也不能将单纯风险的增加纳入精神损害当中。即便是在高度重视个人数据保护的欧盟，依据其《一般数据保护条例》第 82 条，个人针对个人数据控制者或处理者提出非合同的赔偿责任时也必须满足的一个要件：就是原告遭受了财产损害或非财产损害（the existence of a material or non-material damage caused to the person claiming compensation）。[①] 并且，依据 2022 年 10 月 6 日欧洲法院总法律顾问提交的法律意见书的观点，在欧盟现行立法中并不存在这样的一项规则，即所有的非物质损害，无论其严重程度如何，都有资格获得赔偿。而且，该意见还明确指出，能够获得赔偿的非物质损害与单纯的心理不安、负面影响是不同的。那些与违反个人数据处理规则有关的个人的模糊、转瞬即逝的感觉或情绪，是法律不予赔偿的。因为《一般数据保护条例》为个人提供了其他的足够的补救措施。[②] 在我国也是如此：《个人信息保护法》在第四章"个人在个人信息处理活动中的权利"里赋予了个人针对其个人信息处理享有知情权和决定权，同时规定了查询权、复制权、删除权、可携带权、更正权、补充权、解释说明权等。针对已经发生或者可能发生个人信息泄露、篡改、丢失的情形，该法第 57 条规定了个人信息处理者应当立即采取补救措施，并通知负有个人信息保护职责的部门和个人。该条甚至规定个人信息处理者采取措施能够有效避免信息泄露、篡改、丢失造成危害的，个人信息处理者

[①] Christopher Kuner, Lee A. Bygrave & Christopher Docksey ed., *The EU General Data Protection Regulation (GDPR)*: A Commentary, Oxford University Press, 2020, p. 1175.

[②] https://curia.europa.eu/juris/document/document.jsf?text=&docid=266842&pageIndex=0&doclang=EN&mode=req&dir=&occ=first&part=1&cid=1670237.

可以不通知个人。此外，在没有损害的情形下，强行扩张损害的概念并判决个人信息处理者承担巨额的赔偿责任，等于变相承认了惩罚性赔偿责任。这也与《民法典》第179条第2款关于惩罚性赔偿必须由法律加以规定的要求不符。①

需要说明的是，在个人信息泄露的情形下，个人为了避免因个人信息泄露而遭受电信网络诈骗或者其他侵权行为，采取了相应的预防措施而支出的成本与费用，如更换银行密码、购买防止身份盗窃的保护和信用监控服务等，这些损失属于现实的、确定的，并且与个人信息权益被侵害存在相当因果关系；故此，只要没有超出合理的范围，侵权人当然应当对此承担赔偿责任。

（四）侵害个人信息权益造成的财产损害

侵害个人信息权益的财产损害就是指个人因其个人信息权益被侵害而遭受的能够通过金钱加以计算的损害。从我国司法实践来看，最常见的侵害个人信息权益的一类财产损害就是自然人的个人信息因个人信息处理者没有履行安全保护义务而被泄露，使得自然人遭受了犯罪分子的电信网络诈骗。例如，在"申某与支付宝（中国）网络技术有限公司等侵权责任纠纷案"中，原告申某通过被告携程公司手机App平台订购机票，因订购机票行为而产生的出行人姓名、航班日期、起落地点、航班号、航空公司信息、订票预留手机号信息被整体泄露，诈骗分子根据泄露的信息内容发送诈骗短信，引导申某使用支付宝亲密付功能消费及工商银行网上银行转账，最终导致申某银行卡内个人财产受损（被诈骗11万余元）。② 再如，在"周某诉广东快客电子商务有限公司、东莞市易得网络科技有限公司网络侵权责任纠纷案"中，受害人周某在被告宾馆App上购买商品后要求退货，结果其信息在购物详情（包括快递单号、收货人手机、收货地址、订单创建时间、订单付款时间、订单发货时间、订单完成时间、订单支付方式、订单支付号、用户账号、商品名称、金额）被泄露给诈骗分子，诈骗分子假冒客服人员与受害人周某联系，导致受害人银行账户被转走49 990.96元。③ 此外，实践中还发生过警察擅自利用公安信息系统帮人查住址，并导致受害

---

① 我国《个人信息保护法》起草过程中曾有观点提出要增加惩罚性赔偿，但是并没有被立法机关采纳。因为《个人信息保护法》第66条对于非法处理个人信息的违法行为规定了很重的罚款，故没有必要再规定惩罚性赔偿。
② 北京市朝阳区人民法院（2018）京0105民初36658号民事判决书。
③ 广东省深圳市中级人民法院（2019）粤03民终3954号民事判决书。

人赵某被前男友找上门并杀死在暂住地内的恶性案件。[①] 在上述案件中,受害人不仅是个人信息权益遭受了侵害(个人信息被泄露),其他的民事权益如财产权益、生命权、健康权等也遭受了侵害。但是,由此产生的财产损失与个人信息权益被侵害之间的因果联系相对而言较为遥远,故此,也有学者将此种损害称为"个人信息侵权下游损害"[②]。对于这种损害的赔偿,理论界和司法解释基本上都予以认可,存在争议的只是个人信息处理者与第三人之间究竟如何承担责任。

个人信息处理者侵害个人信息权益造成的另一类财产损失,就是非法处理行为直接给信息主体造成的财产损害。这些损害在实践中往往表现受害人为了维护其个人信息权益而支出的合理维权成本,如为保全证据支出的公证费、向法院起诉的诉讼费、支付的律师费、交通费等。对于这些财产损失,个人信息处理者当然应当承担赔偿责任。《利用信息网络侵害人身权益纠纷规定》第12条第1款明确规定:"被侵权人为制止侵权行为所支付的合理开支,可以认定为民法典第一千一百八十二条规定的财产损失。合理开支包括被侵权人或者委托代理人对侵权行为进行调查、取证的合理费用。人民法院根据当事人的请求和具体案情,可以将符合国家有关部门规定的律师费用计算在赔偿范围内。"

[①]《宁波一民警违规帮查住址 致女子被前男友上门杀害》,https://www.guancha.cn/FaZhi/2018_05_07_456078.shtml,2022年11月21日。类似案例参见"卢某某、刘某某侵犯公民个人信息案",山东省青岛市中级人民法院(2019)鲁02刑终478号刑事判决书。美国也发生过类似的案件,该案中因信息中介将一名妇女的社会保险号和雇佣信息出售给了跟踪者,结果导致该女士被找到并被枪杀。Remsburg v. Docusearch, Inc, 149 N. H. 148, 816 A. 2d 1001 (2003).

[②] 谢鸿飞:《个人信息处理者对信息侵权下游损害的侵权责任》,《法律适用》2022年第1期。谢鸿飞教授进而认为,个人信息处理者负有积极防止免除此种损害的安全保障义务,如果处理者没有适当履行该义务,导致第三人利用个人信息实施侵权行为的,应当类推适用《民法典》第1198条第2款的规定,承担相应的补充责任。

第四章 个人数据的授权机制

第一节 个人授权与个人同意的区分及其意义

一、引言

《数据二十条》就建立数据产权制度、数据要素流通与交易、数据要素收益分配以及数据要素治理等基础制度提出了全面、系统的意见。作为全球第一份系统构建数据基础制度的政策文件[①]，《数据二十条》的出台对于充分发挥我国海量数据规模和丰富应用场景优势，激活数据要素潜能，做强做优做大数字经济，增强经济发展新动能，构筑国家竞争新优势具有极为重大的意义！《数据二十条》将数据分为公共数据、企业数据、个人数据，并在此基础上建立相应的分类分级确权授权制度。就个人数据，《数据二十条》提出了建立健全个人信息数据确权授权机制的要求。所谓"个人信息数据"就是承载个人信息的数据，简称"个人数据"，是指以电子或者其他方式对与已识别或者可识别的自然人有关的各种信息的记录（《个人信息保护法》第4条第1款、《数据安全法》第3条第1款）。[②] 依据我国《民法典》《个人信息保护法》等法律的规定，自然人对其个人数据享有个人信息权益，对属于私密信息的个人数据，还享有隐私权。此外，个人数据上还承载了自然人的其他权益，如人格尊严、人身自由、通信秘密等《宪法》规定的公民基本权利，以及《著作权法》规定的著作权，《未成年人保护法》《老年人权益保障法》《残疾人保障法》《妇女

[①] 王轶：《加快构建数据基础制度，助推数字经济和数字文明建设》，国家发展和改革委员会网站，https://www.ndrc.gov.cn/xxgk/jd/jd/index_1.html，2023年2月6日访问。

[②] 《数据二十条》中还使用了"个人信息数据"的表述。鉴于个人信息、个人数据、个人信息数据的含义基本上可以相互替代，本章主要使用"个人数据"的表述，偶尔也会使用"个人信息"的表述。

权益保障法》《消费者权益保护法》等法律特别规定的未成年人、老年人、残疾人、妇女、消费者等主体享有的民事权利。① 正因如此，在数据产权制度的建立过程中，除了面临与公共数据、企业数据相同的问题——因数据的无形性、非竞争性以及产生方式的复杂性而导致的数据上多元利益主体的复杂关系以及权利的冲突②，个人数据还有自身独特的问题，即个人数据的确权授权不得损害个人数据上承载的个人信息权益、隐私权、宪法基本权利等个人权益。这不仅是因为前述个人权益产生在先，还因为它们具有更高的位阶，应当优先保护。③

《数据二十条》提出的是"建立健全个人信息数据确权授权机制"，其中，个人数据确权在我国法上并不是需要讨论的问题，因为个人数据权益当然属于个人。这是因为，我国《民法典》《个人信息保护法》等法律已经确认了个人针对个人信息享有个人信息权益，承载了个人信息的数据即个人数据当然也被纳入个人信息权益的客体范围。个人信息权益属于个人数据上的初始权利，也是后续产生的各种权利的基础或前提。④ 因此，建立健全个人数据确权授权机制的核心只是如何建立个人数据的授权机制而已。《数据二十条》第6条将个人数据的授权区分为两类：一是个人授权，即推动数据处理者按照个人授权范围依法依规采集、持有、托管和使用数据，规范对个人信息的处理活动，不得采取"一揽子授权"、强制同意等方式过度收集个人信息，促进个人信息合理利用。二是法定授权，即对涉及国家安全的特殊个人信息数据，可依法依规授权有关单位使用。《数据二十条》属于党的政策文件，需要通过《民法典》《个人信息保护法》等现行法律（以及未来可能制定的法律）予以贯彻落实。因此，理论上对个人数据授权机制的法律问题加以研究，是十分必要的。具体而言，应研究以下问题：首先，个人授权的法律性质是什么？其与《民法典》《个人信息保护法》等法律规定的个人信息处理中的个人同意是一回事抑或存在区别？其次，个人数据授权采取哪些方式进行？数据处理者因个人授权而取得数据上的何种权利？最后，个人数据的法定授权与个人信息处理中的法定许可（法律行政法规规定的无须取得同意即可处理个人信息的情形）是

---

① 王苑：《私法视域下的个人信息权益论》，《法治研究》2022年第5期；程啸：《论个人信息权益》，《华东政法大学学报》2023年第1期。
② 王利明：《论数据权益：以"权利束"为视角》，《政治与法律》2022年第7期。
③ 王利明：《论民事权益位阶：以〈民法典〉为中心》，《中国法学》2022年第1期。
④ 姚佳：《数据要素市场化的法律制度配置》，《郑州大学学报（哲学社会科学版）》2022年第6期。

什么关系？对于哪些个人数据、应由谁来依法依规授权以及授予何种权利等。

二、个人授权与个人同意的区分

"个人授权"并非《数据二十条》首次提出的概念，此前的一些政府文件中就使用了这个概念，例如，2019年9月12日《国家发展改革委、银保监会关于深入开展"信易贷"支持中小微企业融资的通知》（发改财金〔2019〕1491号）要求"除依法依规可向社会公开的数据外，数据来源部门提供的涉及商业秘密和个人隐私的数据应当获得企业或个人授权后方可查询、加工、分析和使用"。2021年12月21日《国务院办公厅关于印发要素市场化配置综合改革试点总体方案的通知》（国办发〔2021〕51号）明确提出了"探索完善个人信息授权使用制度"。但是，在我国个人数据保护的有关法律中并没有出现"个人授权"的概念。无论是《全国人民代表大会常务委员会关于加强网络信息保护的决定》《网络安全法》，还是《民法典》《个人信息保护法》等，使用的都是"被收集者同意"、"自然人或者其监护人同意"或"个人同意"的表述。也就是说，根据《民法典》《个人信息保护法》等法律的规定，个人数据处理者在处理个人数据之前，必须有法律根据（或合法性基础），该处理行为才是合法的。所谓法律根据分为两类：一是取得了个人或者其监护人的同意，二是具备法律或行政法规规定的情形。除这两类情形之外的个人数据处理活动都是非法的，应当予以禁止。①

在个人数据处理中，除了上述"个人授权""个人同意"等概念外，一些部门规章和国家标准中还存在将个人"授权"与"同意"合并使用的情形。例如，《中国人民银行金融消费者权益保护实施办法》第30条第1款就曾经规定："金融机构通过格式条款取得个人金融信息书面使用授权或者同意的，应当在条款中明确该授权或者同意所适用的向他人提供个人金融信息的范围和具体情形，应当在协议的醒目位置使用通俗易懂的语言明确向金融消费者提示该授权或者同意的可能后果。"②再如，2019年颁布的《互联网个人信息安全保护指南》中使用了"同意和授权""授权同意"等表述。该指南第6.1b规定："个人信息收集应获得个人信息主体的同意和授权，不应收集与其提供的服务无关的个人信息，不应通过捆绑产

---

① 当然，即便处理者取得了个人同意，也并不意味着处理个人数据就一定不构成侵权，倘若超越合理范围处理个人数据的，仍可能产生侵权责任（《民法典》第1036条第1项）。

② 该办法已于2020年11月1日被废止，由新颁布的《中国人民银行金融消费者权益保护实施办法》所取代。

品或服务各项业务功能等方式强迫收集个人信息";第 6.5a 规定:"在对个人信息委托处理时,不应超出该信息主体授权同意的范围"。2020 年 3 月 6 日发布的国家推荐标准《信息安全技术 个人信息安全规范》(GB/T 35273—2020)则使用的是"授权同意"一词,该标准第 3.7 条将"授权同意"界定为:个人信息主体对其个人信息进行处理作出明确授权的行为。

个人授权与个人同意具有相同之处,例如,二者都是个人数据处理活动中自然人作出的内心真实意思的外在表示,都具有排除个人数据处理活动非法性的作用。但是,笔者认为,个人授权与个人同意并不相同,无论是在理论上还是实践中都应当严格区分二者,并且这种区分具有重要的理论与实践意义。具体阐述如下。

(一)个人同意与个人授权的性质与法律效果不同

就如何理解个人数据处理中个人同意的性质,我国理论界有不同的看法。有的学者认为,个人同意既是侵权法上的免责事由,可以免除处理者的侵权责任,又是法律行为,即个人授权他人商业化利用其个人信息的许可。[1] 有的学者认为,个人同意是个人对其个人信息权益的处分。[2] 有的学者认为,个人同意是自然人作出的意思表示。[3] 还有的学者认为,个人同意具备法律后果和法律效果意思,属于单方法律行为。[4] 事实上,个人同意的性质问题在德国法学界也一直存在争议,有法律行为说、事实行为说等不同观点。之所以对于个人同意的性质产生如此大的分歧,原因在于:对个人同意性质的不同认识往往决定了同意能否撤回、同意无效的认定、同意能力、一般条款的规范等问题上的不同结论。[5] 有鉴于此,一些德国学者认为,不能笼统地看待个人同意,而应当区分不同层次的个人同意分别研究。例如,有的学者依据同意所导致的被同意者取得的法律地位的强弱差异将同意分为三个层次。首先,被同意者取得的法律地位最强的同意就是权利转让,即因个人之同意而使被同意者取得了权利;其次是许可合同,即因个人同意而在个人与个人数据处理者之间成立了许可合同;

---

[1] 刘召成:《人格商业化利用权的教义学构造》,《清华法学》2014 年第 3 期;陆青:《个人信息保护中"同意"规则的规范构造》,《武汉大学学报(哲学社会科学版)》2019 年第 5 期。

[2] 万方:《个人信息处理中的"同意"与"同意撤回"》,《中国法学》2021 年第 1 期。

[3] 陈甦、谢鸿飞主编:《民法典评注·人格权编》,中国法制出版社 2020 年版,第 379 页。有的观点认为,个人同意原则上是意思表示,但不能简单适用《民法典》关于意思表示的规定(于海防:《个人信息处理同意的性质与有效条件》,《法学》2022 年第 8 期)。

[4] 王洪亮、李依怡:《个人信息处理中"同意规则"的法教义学构造》,《江苏社会科学》2022 年第 3 期。

[5] Patricia Maria Rogosch, Die Einwilligung im Datenschutzrecht, Baden-Baden: Nomos Verlagsgesellschaft, 2013, S. 36 - 37.

三者最弱的就是个人作出的可撤回的单方同意。其中，作为许可合同的同意与"可撤回的单方同意"的区别在于：许可合同对双方当事人都产生了拘束力，但是，可撤回的单方同意对作出同意者（个人）是没有拘束力的。[①] 还有的学者将个人同意区分为三种类型，分别是单方同意（Einseitige Einwilligung）、债务契约性同意（Schuldvertragliche Einwilligung）以及作为处分行为的同意（Verfügungsgeschäft）。单方同意只是具有阻却不法或违法性的效力，而债务契约性同意是个人数据的商业化利用的工具，至于作为处分行为的同意则不仅是在当事人之间发生效力，还能够产生对抗第三人的效力。德国学者认为，之所以要区分单方的同意与作为债务契约的同意，是因为个人数据具有经济价值，个人的同意不再只是简单地排除处理者处理数据行为的不法性，而是在作为数据主体的个人与数据处理者之间产生债法上的权利义务关系。一方面，数据主体同意处理者处理他们的个人数据；另一方面，数据主体将获得来自处理者支付的费用、报酬或者免费在线服务、赠品等。单方的同意是无法调整这种复杂的民事权利义务关系的，因此，必须从债务契约的角度看待同意的性质，从而使个人与处理者之间形成债务合同关系。[②]

在我国，《民法典》《个人信息保护法》已经明确区分了法律效果不同的两种同意：一是个人信息保护法上的个人同意，二是数据权利领域的个人授权。前者是信息主体单方的同意，产生的法律效果是阻却处理行为的违法性，使个人信息处理者能够实施处理行为而无须承担法律责任；[③] 后者在个人与个人数据处理者之间就个人数据的许可使用形成了合意，即数据许可使用合同关系。依据《个人信息保护法》第 13 条第 1 款第 1 项，个人同意是作为数据主体的个人在充分知情的前提下自愿、明确作出的表示，属于个人单方作出的行为。个人同意是个人数据处理的合法性基础之一，处理者只是取得个人同意，还没有达到在数据处理者与个人之间形成个人数据许可使用合同的程度。即便没有取得个人同意，处理者也可以基于其他合法性基础处理个人数据，如履行法定义务、法定职责或为公共利益进行舆论监督等（《个人信息保护法》第 13 条第 1 款第 2－7 项）。如果个人数据处理者要取得对个人数据的相应的财产性权利，需要取得个人授

---

① Ansgar Ohly, „Volenti non fit iniuria" Die Einwilligung im Privatrecht, Mohr Siebeck, 2002, SS. 143－147.

② Patricia Maria Rogosch, Die Einwilligung im Datenschutzrecht, Baden-Baden：Nomos Verlagsgesellschaft, 2013, S. 39－42.

③ 程啸：《论个人信息处理中的个人同意》，《环球法律评论》2021 年第 6 期。

权，即处理者与个人之间订立个人数据许可使用合同。我国法律允许自然人等民事主体许可他人使用姓名、名称、肖像等人格要素，虽然《民法典》第 993 条没有专门列举个人信息，但是，只要不违反法律的规定和其性质，个人信息完全是可以由作为信息主体的个人来许可处理者加以使用的。[①]《数据二十条》中的"个人授权"也就是个人信息即个人数据的许可使用。

之所以说在个人信息处理中的个人同意只是具有排除处理行为非法性的法律效果，个人授权才具有产生个人数据许可使用法律关系的效果，理由在于：一方面，从行为的角度来看，法律在赋予个人享有作为人格权益的个人信息权益的同时，也给任何意欲处理个人信息的、不特定的处理者施加了一个未经个人同意就不得处理个人信息的义务，除非法律、行政法规另有规定。所谓个人同意只是免除了处理者承担的这一义务，却并未在个人和处理者之间建立具有约束力的债权债务关系。这就如同没有经过房屋所有权人的同意，任何人不得进入房屋，否则该行为就是侵害他人房屋所有权的行为，但是房屋所有权人同意某人进入其房屋，并不等于房屋的所有权人就与进入者成立了房屋买卖、租赁、借用等合同关系。同理，个人同意处理者处理其个人信息，不等于个人就将个人数据许可处理者使用，更不意味着处理者就取得了针对个人数据的财产权。只有通过个人与个人数据处理者之间成立许可使用合同这一法律行为，才能在他们之间产生债权债务关系。故此，因个人之同意而阻却其非法的行为可能是法律行为，也可能是事实行为，但是个人授权必然是一项法律行为。另一方面，从权利角度考察，应当区分以下两种权力（power/Kompetenz）：一是主观权利（尤其是财产性权利）所包含的免除义务主体之义务的权力，二是订立合同的权力。[②]《民法典》第 597 条规定，出卖人未取得处分权订立买卖合同而无法履行的，买受人可以解除合同并请求出卖人承担违约责任，这表明订立合同的权力不同于处分财产的权力，出卖人欠缺处分财产的权力，并不影响其订立买卖合同的权力。个人信息领域同样如此，个人同意涉及的只是权利主体对作为一项主观权利的个人信息权益所蕴含的义务进行处分的权力，然而，个人授权则是任何一个民事主体享有的订立合同的权力。举例来说，自然人张三与作为处理者的 A 网络公司订立个人数据许可使用合同，授予该公司处理另一个自然人李四的个人数据。参照适用《民法典》第 597

---

① 程啸：《论人格权的商业化利用》，《中国法律评论》2023 年第 1 期。
② 相关讨论参见 J. E. Penner, *The Idea of Property in Law*, Oxford University Press, 1997, p. 154。

条的规定,该合同显然是有效的,但是,A 网络公司因未取得李四的同意,故此仍然不得处理李四的个人数据,除非具有法律、行政法规规定的不需要取得李四同意的情形。当然,A 网络公司可以依据个人数据许可使用合同而向张三主张违约责任。此外,个人同意与个人授权的区分也体现在我国法律对同意能力和民事行为能力的区分上。《个人信息保护法》第 31 条第 1 款规定:"个人信息处理者处理不满十四周岁未成年人个人信息的,应当取得未成年人的父母或者其他监护人的同意。"这是对个人信息处理的同意能力的规定。然而,个人要对其个人信息进行授权即签订个人信息许可使用合同,就必须具有完全民事行为能力,否则,依据《民法典》的规定,应由其法定代理人代理实施民事法律行为。①

(二)个人同意与个人授权赋予处理者的法律地位不同

或有论者问,既然个人信息处理者在履行告知义务并取得个人同意后,就可以对个人信息进行处理,处理当然包括了对个人信息的收集、存储、使用、加工、传输、提供等。为何还要叠床架屋地区分"个人同意"与"个人授权"?个人同意难道就不能涵盖个人信息初始取得以及后续的商业化利用吗?笔者认为,回答是否定的。在个人信息处理中,处理者告知并取得个人同意后,才可以按照告知的处理目的和处理方式对于个人信息进行收集、存储、使用、加工等处理活动。然而,为了更好地保护个人信息权益,此种基于同意而实施的个人信息处理活动不可能包含对个人信息后续的全部商业化利用,要真正要实现对个人数据的商业化利用尤其是取得个人数据上的财产权,必须要由个人与个人数据处理者达成合意,即经由个人授权而取得。因为《个人信息保护法》为了协调个人信息权益保护与合理利用个人信息之间的关系,对基于同意而实施的处理活动的目的、方式和范围作出了极为非常严格的限制。一方面,个人信息处理活动必须遵循合法、正当、必要的原则,同时还要遵循目的限制原则,即处理个人信息应当具有明确、合理的目的,并应当与处理目的直接相关,采取对个人权益影响最小的方式。收集个人信息,应当限于实现处理目的的最小范围,不得过度收集个人信息(第 6 条)。② 另一方面,对于敏感的个人信息,只有在具有特定的目的和充分的必要性,并采取严格保护措施的情形下,个人信息处理者方可处理(第

---

① 程啸:《论个人信息处理中的个人同意》,《环球法律评论》2021 年第 6 期。
② 例如,国家互联网信息办公室秘书局等单位颁布的《常见类型移动互联网应用程序必要个人信息范围规定》就非常明确的必要个人信息限定于"保障 App 基本功能服务正常运行所必需的个人信息,缺少该信息 App 即无法实现基本功能服务。具体是指消费侧用户个人信息,不包括服务供给侧用户个人信息"。

28条第2款)。举例来说,自然人到银行开立账户,银行在告知并取得个人的同意后可以使用该客户的个人信用信息,但是银行无论是收集、存储,还是加工、使用等处理活动都只能限于实现处理目的的最小范围,即为了实现开立账户的目的。如果银行要进一步去实现更多的目的,如希望收集更多的个人信用信息从而有针对性地推销保险、信托产品以及各种理财产品等,那么就必须取得个人的授权,与个人签订个人信用数据的许可使用合同。这样一来,就使得在基于个人同意的个人信息处理活动中,处理者对个人数据的使用受到极大的限制。即便实践中个人信息处理者以隐私政策、个人信息处理规则等方式来履行告知义务并取得个人对其个人信息被处理的同意,也同样要遵循《个人信息保护法》的要求。因此,处理者不仅在收集的个人数据的范围上受到很大的限制,而且后续的使用上也有极大的限制。但是,如果离开个人信息保护领域,而进入对个人数据的许可使用领域,就是正常的商业活动。个人与个人数据处理者之间成立的个人数据许可使用合同受到《民法典》等民事法律的规范。只要个人数据许可使用合同不违反法律、行政法规的强制性规定和公序良俗,这种许可使用合同就是有效的。即便许可使用合同是由个人数据处理者提供的,也可以通过《民法典》第496~498条关于格式条款的规范加以调整。总之,通过区分个人同意与个人授权可以更加有效地保护个人信息权益,也不会妨碍处理者对个人信息的合理利用,同时,个人授权还使得个人数据处理者针对个人数据取得了一种基于个人与处理者的合意而产生的稳定的财产性权利,个人也得以参与个人数据商业价值的实现与分配当中。

不仅如此,个人同意与个人授权还使处理者对个人数据的处理的稳定性与权利的可转让性上产生很大的差异。一方面,为了保护个人信息权益,《个人信息保护法》第15条第1款规定,基于个人同意处理个人信息的,个人有权撤回其同意。个人信息处理者应当提供便捷的撤回同意的方式。个人撤回其同意是无条件的,也无须任何理由的。个人信息处理者不得对于此种撤回权作出任何限制,任何加以限制的合同或相应条款将被认定为无效。[①] 如此一来,处理者基于个人同意对个人信息的处理活动具有不稳定性,可能随时会因为个人撤回同意而无法继续进行。但是,基于个

[①] 《人脸识别解释》第11条规定:"信息处理者采用格式条款与自然人订立合同,要求自然人授予其无期限限制、不可撤销、可任意转授权等处理人脸信息的权利,该自然人依据民法典第四百九十七条请求确认格式条款无效的,人民法院依法予以支持。"

人授权而在个人与处理者之间建立个人数据许可使用合同关系后①，就不能适用《个人信息保护法》第 15 条第 1 款规定的任意撤回的规定，因为个人授权在个人与处理者之间产生了一个具有拘束力的合同关系，这是个人授权不同于个人同意的最为重要的规范性特征。② 即便要解除该合同，依据《民法典》第 1023 条也应当参照适用肖像许可使用的有关规定（如第 1022 条），个人信息权益主体应当有正当理由的，在合理期限之前通知对方。如果因解除合同造成对方损失的，除不可归责于个人信息权益主体的事由外，还应当赔偿损失。在权利的可转让性上，个人信息处理者基于个人同意处理个人信息的，处理者如果要将个人信息提供给其他处理者的，那么依据《个人信息保护法》第 23 条的规定，提供方应当向个人告知接收方的名称或者姓名、联系方式、处理目的、处理方式和个人信息的种类，并取得个人的单独同意。接收方应当在上述处理目的、处理方式和个人信息的种类等范围内处理个人信息。接收方变更原先的处理目的、处理方式的，应当依照《个人信息保护法》的规定重新取得个人同意。即便是个人信息处理者因合并、分立、解散、被宣告破产等原因需要转移个人信息的，依据《个人信息保护法》第 22 条，也应当向个人告知接收方的名称或者姓名和联系方式。接收方应当继续履行个人信息处理者的义务。接收方变更原先的处理目的、处理方式的，应当依照《个人信息保护法》的规定重新取得个人同意。由此可见，个人信息处理者在取得个人同意后，自己在规定的处理目的和处理方式内处理个人数据没有什么问题，但是要转移或提供给其他处理者的，就必须受到个人信息权益的限制。但如果处理者与个人订立了个人数据许可使用合同，就取得了针对个人数据的财产性权利，其完全可以按照当事人在合同中的约定来实现此种个人数据上的财产性权利的转移，不需要重新取得个人的同意。

（三）个人同意与个人授权侧重保护的自然人的利益不同

个人的"同意"（consent / Einwilligung），是指权益的所有者就他人针对自己民事权益的侵害行为或者将要对自己民事权益造成的特定的不利后果予以同意并表现于外部的意愿。原则上，任何人都不得侵害他人的民

---

① 例如，目前一些互联网企业开发了所谓"数字人"或"虚拟偶像"产品，这种产品需要的是特定的、少数几个自然人（这些人被称为"中之人"）的个人信息（包括一举一动、声音、表情等）。在签订个人数据许可使用合同后，显然个人是不可以随意撤回或单方解除该合同的。感谢阮神裕博士提供的这一例子。

② 有的学者没有注意个人授权与个人同意的不同，而认为依《个人信息保护法》，个人可以任意撤回同意，《民法典》却不允许任意解除肖像许可使用合同，存在立法评价上的显著失衡。杨芳：《肖像权保护和个人信息保护规则之冲突与消融》，《清华法学》2021 年第 6 期。

事权益。但是，民事权益的所有者可以对自己的权益进行合法的处分，包括自行处分以及同意他人处分。在得到民事权益主体的同意后，被同意者实施的客观上侵害他人民事权益的行为，对于同意者而言，不构成侵害。我国《民法典》虽然未将"同意"一般性地规定为侵权责任的免责事由，但在人格权编和侵权责任编中对不同情形下的同意也有具体的规定。例如，《民法典》规定了临床试验中受试者的同意（第1008条），使用肖像时取得肖像权人的同意（第1019条），未经权利人的明确同意不得实施侵害隐私权的行为（第1033条）以及实施手术、特殊检查、特殊治疗需要取得患者或者近亲属的明确同意（第1219条）。如上文所述，在个人数据处理中，个人同意强调的是个人数据处理者在处理其个人数据前必须依法向个人履行告知义务并取得个人（或者其监护人）的同意，从而使个人数据的处理活动具有法律根据。如果说个人同意制度的建立意味着对个人进行了赋权，即赋予个人对其个人数据处理的自主决定权的话[①]，使个人信息权益具有了排他性，给信息主体之外的人施加了不得侵害的义务，那么立法者只是完成了一半的任务。因为，个人同意只是给了个人对其个人数据处理的否决权，即"不同意，不得处理"。个人的同意对于维护其自主决定的精神利益是非常必要的，不可或缺的。没有同意的权利，个人在数字社会中的人身财产安全将无法得到保障。然而，个人授权在个人同意的基础上继续完成了立法者对个人赋权的另一半任务，因为个人授权明确了作为数据主体的个人可以将针对其个人数据的财产性权利授予个人数据的处理者，从而使处理者能够在授权的范围进行数据的收集、存储、加工和使用，进而相应地享有数据资源持有权、数据加工使用权、数据产品经营权等数据产权。也就是说，立法者还应当将个人信息或个人数据上的利益分配或归属给个人。如同所有权具有的分配的内容和排除干涉的这两项功能互为条件一样[②]，个人信息权益也具有分配内容的功能。个人数据授权实现了个人对其个人数据的财产性权利许可他人使用的自主决定权。从这个角度来说，个人同意侧重于对于个人数据的保护，维护个人对个人数据的精神利益，属于防御性手段[③]；个人授权侧重于对个人数据的利用，维

[①] Eleni Kosta, *Consent in European Data Protection Law*, Boston: Martin Nijhoff Publishers, 2013, p.109.

[②] ［德］卡尔·拉伦茨：《法学方法论》（全本·第六版），黄家镇译，商务印书馆2020年版，第324页。

[③] 正因如此，《个人信息保护法》第44条强调的是，个人对其个人信息的处理享有知情权、决定权，有权限制或者拒绝他人对其个人信息进行处理。

护个人对个人数据的经济利益，具有利益分配的功能。

（四）能否委托他人行使以及法定许可上的不同

在个人数据处理中，个人能否作出真正的同意取决于两个前提：其一，个人数据处理者严格依法履行告知义务。《个人信息保护法》要求个人信息处理者在处理个人信息前，应当以显著方式、清晰易懂的语言真实、准确、完整地向个人告知法律、行政法规规定应当告知的事项，如个人信息处理者的名称或者姓名和联系方式，个人信息的处理目的、处理方式，处理的个人信息种类、保存期限等。其二，个人有意愿且有能力来阅读并理解处理者所告知的事项，进而相应地作出同意或拒绝的表示。可是，实践中二者都很难实现。一方面，个人数据的处理者往往通过单方拟定的冗长、复杂的"隐私政策""个人信息处理规则"来履行其告知义务；另一方面，个人出于时间、专业知识、维权成本等方面的原因，既没有意愿也没有能力来认真阅读并理解处理者所告知的事项。虽然借助于履行个人信息保护职责的国家机关的各种监管措施，情形已有改善[1]，但是，个人同意在实践中仍然被认为流于形式，无法真正发挥作用。[2] 纵然如此，个人同意也必须由个人（除非是无民事行为能力人等）亲自作出并能够随时、无条件地撤回。因为个人同意的核心在于维护个人的人格尊严等精神利益。与个人同意不同的是，个人授权既可以由个人亲自行使，也可以委托他人代为行使并受到他人行使结果的约束。申言之，个人可以委托专业的机构来代表他们，对个人数据进行管理，帮助维护和行使个人信息权益，由受托人代表个人与数据企业等处理者进行谈判和交易，并按照数据主体的指示，代表其允许数据企业访问和使用个人数据。如此一来，就极大地增强了个人的谈判能力，有效地避免了单个的自然人没有能力、缺乏意愿了解处理目的、处理方式等数据处理中的重要事实，改变个人与数据处理者之间能力不对等的现状。相比于个人同意，在个人授权的情形下，个人数据处理者难以利用其优势地位通过单方制定的隐私政策、格式条款等来向个人取得或索取授权。

个人数据的合理利用不仅对于数字经济的发展有利，而且对于维护社

---

[1] 例如，国家网信办等部门经常进行执法行动，查处各类 App 违法违规处理个人信息的行为；有关部门明确对于处理者能够收集的个人数据作出规定，如国家互联网信息办公室秘书局、工业和信息化部办公厅、公安部办公厅、国家市场监督管理总局办公厅印发的《常见类型移动互联网应用程序必要个人信息范围规定》就对 39 类常见的 App 的基本功能与必要个人信息作出了明确规定。

[2] 万方：《隐私政策中的告知同意原则及其异化》，《法律科学》2019 年第 2 期。

会利益、公共利益以及国家利益等也具有重要意义，因此，除了个人同意外，我国《民法典》《个人信息保护法》等法律、行政法规还规定了不少个人数据处理的法律根据。简言之，个人数据处理的法律根据具有多元化的特点，同时也会随着社会的发展而变化。但是，数据处理者要取得对个人数据的财产性权利，最主要的方式就是通过个人授权。除了作为数据主体的个人或者个人委托的人，其他人包括国家都不能随意取代个人而将个人数据上的权利授予某些人。只有在极为例外的情形，即对涉及国家安全的特殊个人信息数据，《数据二十条》明确提出，"可依法依规授权有关单位使用"。

第二节 个人授权的含义与法律效果

一、个人授权是个人向处理者授予数据权利的民事法律行为

授权，简单地说，就是一方将某种权利、权力、职能、资格或法律地位授予给另一方。授权可以是依据授予方的单方意思表示、授予方与接受方之间的意思表示一致，也可以是直接依据法律法规的规定。在民事活动中，授权行为较为常见，如代理权的授予，即被代理人作出授予代理权的意思表示，无须代理人的同意，代理人就取得了代理权（Vertretungsmacht）。代理权属于法律上的资格，即行为人可以他人名义实施法律行为而使法律行为的效果直接归于该他人的法律上的权力或资格。[1]《民法典》第165条规定："委托代理授权采用书面形式的，授权委托书应当载明代理人的姓名或者名称、代理事项、权限和期限，并由被代理人签名或者盖章。"再如，在知识产权领域，著作权人、专利权人以及商标权人也可以将其著作权等知识产权中的某些财产性权利授予他人使用。《著作权法》第10条第2款规定，著作权人可以许可他人行使著作权中的复制权、发行权、出租权、展览权、表演权、信息网络传播权等财产性权利。著作权人通过与第三人签订许可使用合同来对其著作权中的财产性权利进行处分，从而授权给第三人即著作权许可使用。所谓著作权许可使用就是指著作权人在法律规定的范围内，按照自己的意愿将其所拥有的作品的著作权的全部或者一部分权利许可使用人以一定的方式、在一定的地域范围和期

---

[1] 王利明：《民法总则研究》（第三版），中国人民大学出版社2018年版，第622-623页；朱庆育：《民法总论》（第二版），北京大学出版社2016年版，第337页；杨代雄：《民法总论》，北京大学出版社2022年版，第440页。

限内使用的民事法律行为。① 依据《著作权法》第 26 条，除非法律规定可以不经过许可而使用的情形，否则，使用他人作品应当同著作权人订立许可使用合同。在许可使用合同中对许可使用的权利种类，许可使用的权利是专有使用权或者非专有使用权，许可使用的地域范围、期间，付酬标准和办法等作出约定。

除民法外，公法中也有授权即行政授权。行政授权是指依据具体的法律、行政法规的规定，将特定的行政职能授予给国家机关以外的组织。我国《行政诉讼法》《行政许可法》《行政复议法》等法律将这些被授予特定行政职能的组织统称为"法律、法规授权的组织"，如基层群众性自治组织、行业组织，工会、妇联、共青团等社会团体以及事业或企业组织等。②

个人数据确权授权机制中的"个人授权"属于民法上的授权。具体而言，就是指作为数据主体（也是信息主体）的个人将其针对个人数据的某些财产性权利授予数据处理者，许可数据处理者以一定的方式，在一定的时间和地域范围对个人数据进行收集、存储、加工、使用等处理活动。在民事活动中，授权行为能够发生法律效力须具备两个要件：一是，授权给他人的民事主体必须具有相应的权利或资格；二是，授予给他人的权利或资格是可以由他人代为行使的。在我国法学界，对于个人是否具有进行个人数据授权的权利基础的问题，少数学者持否定的观点。这些学者认为：个人没有授权的基础，个人对于个人信息或者个人数据并不享有支配性的权利，谈何授权？个人只是能够同意他人处理自己的个人信息而已。③ 然而，通说都认为个人具有进行个人数据授权的权利基础。不过，这种作为基础的权利究竟是什么，也存在争议。一部分学者认为，应当区分个人信息与个人数据，个人信息属于人格权的范畴，保护的是自然人的人格利益；个人数据则属于财产权的范畴，保护的是自然人的经济利益。④ 按照这种观点，个人数据授权的基础是作为财产权的个人数据产权。

---

① 黄薇、王雷鸣主编：《中华人民共和国著作权法导读与释义》，中国民主法制出版社 2021 年版，第 160 页。

② 姜明安主编：《行政法与行政诉讼法》（第七版），北京大学出版社、高等教育出版社 2019 年版，第 110-112 页。

③ 在《个人信息保护法》颁布之前，有的学者认为《民法典》对个人信息没有采取权利规范模式，未赋予个人对个人信息具有支配性权利，故此，在个人信息处理中，不存在个人授权的可能，只能是个人同意。高富平：《同意≠授权——个人信息处理的核心问题辨析》，《探索与争鸣》2021 年第 4 期。

④ 赵磊：《数据产权类型化的法律意义》，《中国政法大学学报》2021 年第 3 期。

笔者认为，个人信息与个人数据既无法区分也没必要区分，它们只是从不同角度看待同一事物而已。以此为基础进一步区分作为人格权益的个人信息权益和作为财产权益的个人数据产权，显属叠床架屋，毫无必要。[①] 因为我国《民法典》《个人信息保护法》规定的个人信息权益同时保护个人对其个人数据的精神利益与经济利益。[②] 个人信息权益虽然性质上属于人格权益，该权益本身不能转让、放弃或者继承（《民法典》第992条），但是，依据《民法典》第993条，个人完全可以将针对个人数据的某些权利授予他人来行使并有权取得相应的报酬，从而实现其针对个人数据的财产利益。[③] 更重要的是，个人对其个人数据处理享有知情权和决定权，这不仅体现为个人有权限制或者拒绝他人对其个人数据进行处理，也体现为个人可以将其个人数据的某些权利授予个人信息处理者。故此，个人信息权益是个人数据授权的基础，个人可以将针对其个人数据进行收集、存储、加工、使用以及取得相应收益等财产性权利授予他人来行使。

二、通过个人数据许可使用合同实现个人数据权利的授权

依据《民法典》第993条，作为人格权主体的自然人、法人或者非法人组织可以将其姓名、名称、肖像等许可他人使用。许可人与被许可人之间要订立许可使用合同（Lizenzvertrag）。《民法典》针对实践中最为常见的肖像许可使用合同作出了两条规定，即第1021条和第1022条。个人信息权益性质上属于人格权益，个人不能将个人信息权益转让给他人，但个人将个人信息权益中的财产性权利许可他人使用不等于转让个人信息权益。个人授权具体表现就是，个人与个人数据处理者之间形成意思表示的一致，签订个人数据许可使用合同，个人授予数据处理者处理其个人数据的某些财产性权利，而数据处理者向个人支付相应的费用等。

个人数据许可使用合同是个人与个人数据处理者之间的双方法律行为，需要双方意思表示一致。通过该合同来明确个人与数据处理者之间的权利义务关系，如许可使用的个人数据的种类、范围；处理个人数据的目

[①] 我国一些地方性法规在数据方面实际上也没有区分自然人针对个人信息的权利与针对个人数据的权利。例如，《深圳经济特区数据条例》第3条第1款规定："自然人对个人数据享有法律、行政法规及本条例规定的人格权益。"《厦门经济特区数据条例》第32条规定："自然人对个人数据享有法律、行政法规规定的人格权益。"但是，有的地方性法规仍然进行了此种区分，如《上海市数据条例》第12条规定："本市依法保护自然人对其个人信息享有的人格权益。本市依法保护自然人、法人和非法人组织在使用、加工等数据处理活动中形成的法定或者约定的财产权益，以及在数字经济发展中有关数据创新活动取得的合法财产权益。"

[②] 程啸：《论个人信息权益》，《华东政法大学学报》2023年第1期。

[③] 程啸：《论人格权的商业化利用》，《中国法律评论》2023年第1期。

的与处理方式；保存的期限；付费的标准和办法；数据处理者取得的对个人数据的权利内容；数据处理者能否将数据提供给其他处理者使用；以及违约责任、纠纷解决方式等。由于个人数据许可使用合同体现了个人对个人信息权益中的财产性权利的处分，故此，个人数据许可使用合同可以参照适用《民法典》第1021条和第1022条关于肖像许可使用合同的规定。当个人与个人数据处理者对个人数据许可使用合同中关于个人数据使用条款的理解有争议的，应当作出有利于个人信息权益主体即个人的解释；如果个人与数据处理者订立的个人数据许可使用合同中对许可使用期限没有约定或者约定不明确的，任何一方当事人可以随时解除许可使用合同，但是应当在合理期限之前通知对方。如果当事人对个人数据许可使用期限有明确约定，个人有正当理由的，可以解除该许可使用合同，但是应当在合理期限之前通知对方。因解除合同造成对方损失的，除不可归责于个人的事由外，应当赔偿损失。倘若是由个人数据处理者通过提供格式条款来与个人订立个人数据许可使用合同的，则应当适用《民法典》第496~498条关于格式条款的规范。

第三节　个人授权的基础、内容与方式

一、个人授权的基础与内容

个人对于个人数据享有个人信息权益，《个人信息保护法》第44条明确赋予了个人对其个人信息处理享有知情权与决定权，这揭示了个人信息权益的核心，即个人对于其个人信息或个人数据的处理是可以自主加以决定的。该决定既包括个人是否自行处理个人信息，是否同意他人处理自己的个人信息，是否将个人数据上的权利授予给企业等数据处理者以及授权范围如何。[①] 因此，个人数据处理者基于个人行使其针对个人数据的个人信息权益以及与个人订立的个人数据许可使用合同，而取得了针对个人数据的财产权。要明了处理者基于个人授权而取得何种个人数据上的权利，必须要

[①] 有的学者否认个人可以对其个人信息进行商业化利用，提出了所谓"人财两分"的理论，即个人数据或个人信息上的精神性利益即人格利益归属于个人，而个人数据的财产利益应当归属于个人数据处理者。这种观点既不符合我国人格权利益保护的一元模式，也无法解释为什么个人数据处理者仅仅因为个人同意处理其个人数据就可以取得对个人数据的财产权。张新宝：《论个人信息权益的构造》，《中外法学》2021年第5期；张新宝：《论作为新型财产权的数据财产权》，《中国社会科学》2023年第4期。

区分数据、数据资源和数据产品这三个概念。一方面,《数据二十条》第3条提出,要根据数据来源和数据生成特征,分别界定数据生产、流通、使用过程中各参与方享有的合法权利,建立数据资源持有权、数据加工使用权、数据产品经营权等分置的产权运行机制;另一方面,《数据二十条》第6条提出,要推动数据处理者按照个人授权范围依法依规采集、持有、托管和使用数据。所谓数据是指任何以电子或者其他方式对信息的记录。数据资源是数据的总体或集合体。数据产品是对数据进行加工后形成的各类产品(如离线数据包、数据应用系统软件等)。有观点认为,数据、数据资源和数据产品这三者的关系是,数据进行资源化后形成数据资源,即只有能够为组织(政府机构、企事业单位)产生一定价值的数据才属于数据资源,数据资源被资产化后产生了数据资产,而数据资产被商品化后形成了数据产品。[1]

笔者认为,数据与数据资源的关系实际上是特定的客体与不特定的集合体的关系,也就是说,数据无论数量如何,都应当是特定的、独立的客体,可以成为民事权利指向的对象。但是,数据资源是对不特定的数据的统称。[2] 在数据资源上很难形成法律意义上的权利。所谓数据资源持有权不过是经济学上的称谓,是从整体上将数据作为现代数字经济的生产要素而做的称呼,强调的是数据的经济意义。在法律上不存在这样一种民事权利。这就如同土地和土地资源的关系,法律上的土地是记载于登记簿上的特定的某块土地即宗地,其上可以成立所有权或他物权,但土地资源是不特定的,是对所有土地的统称。数据资源就是对数据的统称,由于数据是不断产生的,所以数据资源不仅包括所有现存的数据,还包括未来会源源不断产生的新数据。数据产品则是对数据进行加工使用后形成的包含数据或与数据密切相关的有形物、无形物或服务。数据产品有广狭义之分,狭义的数据产品仅指对数据采取一定的方法进行加工后所形成的具有更高经济价值的数据,即衍生数据。[3] 广义的数据产品是指对数据经过加工后形成的一切产品,除狭义的数据产品外,还包括计算机软件程序、技术方

---

[1] 浙江大学等:《数据产品交易标准化白皮书(2022)》,第4-5页。
[2] 数据资产(data asset)是从资产即经济价值角度使用的概念,国家推荐标准(GB/T 40685—2021)《信息技术服务 数据资产 管理要求》第3.1条将数据资产界定为:合法拥有或者控制的,能进行计量的,为组织带来经济和社会价值的数据资源。
[3] 李永明、戴敏敏:《大数据产品的权利属性及法律保护研究》,《浙江大学学报(人文社会科学版)》2020年第2期;李晓珊:《数据产品的界定和法律保护》,《法学论坛》2022年第3期。

案、数据 API 等。① 显然，广义的数据产品上不仅存在数据产权，还包括著作权、商业秘密等其他权利。由于数据产权不能与已有的著作权重叠，所谓技术方案也只是受到反不正当竞争法的保护。② 而且数据产权本身是指对数据的产权，而不是对数据中蕴含的商业秘密等的权利。故此，从数据产权角度而言，数据产品仅限于狭义的数据产品即衍生数据。个人对其个人数据享有个人信息权益，其只能基于该权益将针对个人数据的财产性权利授权给处理者，不存在对数据资源进行授权的问题。数据处理者取得对个人数据的相应的财产性权利后，通过对数据的加工使用而产生数据产品的，其对数据产品也享有相应的权利，这些权利可能是著作权，也可能是数据上的其他受到法律保护的权益。总之，《数据二十条》中提到的数据资源持有权、数据加工使用权、数据产品经营权等，只是经济学角度的称呼，并不对应法律上的权利。

值得研究的是，个人数据许可使用是否可以如同著作权、商标权的许可使用那样区分为专有的和非专有的？我国《著作权法》第 26 条将著作权人许可他人使用的权利分为两类：专有使用权与非专有使用权。所谓专有使用权是指著作权人只授权给某人使用其作品，从而使该使用人取得对该作品的独占的、排他的使用权，也就是说，在授权使用期限内，著作权人不能再授权第三人使用。《最高人民法院关于审理商标民事纠纷案件适用法律若干问题的解释》第 3 条将商标使用许可分为三类：（1）独占使用许可，是指商标注册人在约定的期间、地域和以约定的方式，将该注册商标仅许可一个被许可人使用，商标注册人依约定不得使用该注册商标；（2）排他使用许可，是指商标注册人在约定的期间、地域和以约定的方式，将该注册商标仅许可一个被许可人使用，商标注册人依约定可以使用该注册商标但不得另行许可他人使用该注册商标；（3）普通使用许可，是指商标注册人在约定的期间、地域和以约定的方式，许可他人使用其注册商标，并可自行使用该注册商标和许可他人使用其注册商标。在这三种商标许可使用方式中，独占许可与排他许可的根本区别就在于商标权人自己

---

① 有的观点认为，广义的数据产品可以分为汇集型数据产品与演绎型数据产品。前者是指网络运营商对于原始数据进行简单汇集加工形成的产品；后者是指网络运营商对原始数据进行深度加工、演算分析后形成的数据产品。毛立琦：《数据产品保护路径探究——基于数据产品利益格局分析》，《财经法学》2020 年第 2 期。

② 数据上存在多种不同类型的权利，显然并非都需要通过数据产权加以保护并办理数据产权登记。个人数据可以通过个人信息权益、隐私权加以保护；构成汇编作品的数据库可以通过著作权保护，进行著作权登记；符合商业秘密的数据，可以由反不正当竞争法加以保护，也不需要进行数据产权登记。王利明：《论数据权益：以"权利束"为视角》，《政治与法律》2022 年第 7 期。

还能不能用注册商标。如果是独占许可，那么只有被许可人可以用，即便商标权人也不能用。如果只是排他许可，那么被许可人可以用，商标权人也可以用，无非商标权人不能再许可其他人使用。有学者据此将我国《民法典》规定的姓名、名称、肖像权等人格要素的许可使用的方式也分为独占许可、排他许可以及普通许可。[①] 笔者认为，个人数据与作品、姓名、名称和肖像一样都可以说是无体的，而非动产与不动产那样的有体物，个人数据与作品、姓名、肖像等具有非竞争性，即可以同时由不同的人使用。但是，个人数据的独特之处在于其是不断产生的，而且个人数据是在社会生产生活中不断产生的，也需要在社会生产生活中的不同场景下使用。故此，对于个人数据授权无法采取独占许可和排他许可的方式。

二、个人授权的具体方式

个人就其个人数据进行授权的权利基础在于个人对个人数据或个人信息享有的个人信息权益，而非个人对于个人数据的所有权，个人当然可以直接向个人数据处理者授权，并与之签订个人数据许可使用合同。但是，在现代网络信息社会，个人数据处理者包括国家机关、企业事业单位等各种组织以及个人，而个人数据处理活动又存在于社会生产生活的方方面面。姑且不论国家机关因为履行法定职责等依据法律、行政法规的规定无须取得个人同意或个人授权即可直接处理个人数据，即便是公司企业等市场主体处理个人数据，个人面对它们提供的隐私政策和单方拟定的复杂的格式条款时，也只能作出同意。个人几乎没有对之进行授权并签订个人数据许可使用合同的可能性。这种情形下，倘能有专业勤勉的民事主体来取得个人授权，接受个人委托，为其托管个人数据，并代表个人的利益与处理数据的市场主体签订数据许可使用合同，并对数据处理者的处理活动加以监管，就能很好地维护个人信息权益，更有效率地实现个人数据的合理利用。从国外来看，欧盟也在探索建立个人信息管理系统（PIMS）、数据中介服务等方法来使个人更好地实现对于个人数据的管理与授权。所谓个人信息管理系统是这样一套操作系统，即个人是自己个人数据的"持有者"（holders），个人可以在安全的本地或在线存储系统中管理他们的个人数据，并根据他们自己选择的时间和对象来分享这些数据。个人能够决定哪些服务可以使用他们的数据，以及哪些第三方可以分享他们的数据。该

---

① 温世扬：《中国民法上的"公开权"——〈民法典〉人格标识许可使用规定之解析》，《当代法学》2021年第2期。

系统可以防止哪些规避重要的数据保护原则的非法跟踪和分析技术。[1]《欧洲数据治理法》（Data Governance Act）提出了"数据中介服务"（data intermediation service）的概念，依据该法第 2 条第 11 款，所谓数据中介服务，是指旨在通过技术、法律或其他方式，包括为行使数据主体和个人数据相关权利的目的，在数量不明的数据主体和数据持有者与数据用户之间建立起数据共享关系，从而确立商业关系的服务，至少排除以下内容：(1) 从数据持有者处获取数据并汇总、丰富或转换数据以增加其实质性价值，并允许数据用户使用所产生的数据，而无须在数据持有者和数据用户之间建立商业关系的服务；(2) 侧重于受版权保护内容中介的服务；(3) 一个数据持有人为使用该数据持有人持有的数据而专门使用的服务，或封闭集团中多个法人使用的服务，包括供应商、客户关系或合同建立的合作，尤其是那些以确保连接到互联网的对象和设备的功能为主要目标的服务；(4) 公共部门机构提供的数据共享服务，其目的不是建立商业关系。[2] 依据《欧洲数据治理法》第 10 条，数据中介服务范围之一就是：寻求提供其个人数据的数据主体或寻求提供非个人数据的自然人与潜在数据用户之间的中介服务，包括提供启用此类服务的技术或其他手段，特别是允许行使《一般数据保护条例》规定的数据主体的权利。也就是说，数据中介机构在取得个人的授权的情形下，可以帮助个人行使其在《一般数据保护条例》中的权利，帮助个人完全控制其个人数据并允许与信任的公司分享数据。

《数据二十条》也明确提出了要"探索由受托者代表个人利益，监督市场主体对个人信息数据进行采集、加工、使用的机制"。在确定数据托管人后，个人可以将个人数据上的财产性权利授权给它们，与它们签订委托合同或者托管合同，然后由它们统一代表个人与个人信息处理者签订数据许可使用合同。[3] 由数据托管人代表个人来管理、行使个人数据上的财

---

[1] TechDispatch♯3/2020-Personal Information Management Systems, https://edps.europa.eu/data-protection/our-work/publications/techdispatch/techdispatch-32020-personal-information_en（2023 年 3 月 8 日访问）。

[2] 该法于 2022 年 4 月 6 日由欧洲议会通过，同年 5 月 16 日欧洲理事会批准通过。英文原文参见 https://eur-lex.europa.eu/legal-content/EN/TXT/?uri＝CELEX％3A32022R0868（2023 年 3 月 10 日访问）。

[3] 我国实践中已经出现了这样的情形。据报道，全国首笔个人数据合规流转交易在贵阳大数据交易所所内完成，该笔个人数据交易的模式就是，个人委托网络科技公司利用数字化、隐私计算等技术采集求职者的个人简历数据，加工处理成数据产品，确保用户数据可用不可见，然后通过贵阳大数据交易所进行交易。《全国首笔个人数据合规流转场内交易完成，探索 B2B2C 数据交易全新商业模式》，https://mp.weixin.qq.com/s/z0-nJ_xy4j61DCW-P7df_A。

产性权利。个人无论是向数据处理者授权，还是通过数据托管人来进行授权，都必须是具体、明确的授权，应当明确被授权人的姓名或者名称、个人数据的处理目的与处理方式，被处理的个人数据的种类，处理者针对个人数据享有的权利、权利存续的期限、适用地域范围、数据泄露的风险控制与法律责任等。随着多方安全计算（multi-party computation）、同态加密（Homomorphic encryption）、差分隐私（Differential privacy）、可信执行环境（Trusted Execute Environment）、联邦学习（Federated Learning）等隐私保护技术的发展①，不仅可以做到"数据可用不可见"，还能真正做到数据使用的可控可计量。② 因此，个人授权并不会导致个人信息和隐私的泄露或被非法使用。

个人授权不能采取"一揽子授权"的方式。所谓一揽子授权，也称概括授权，简单地说就是不做任何区分或不加以选择地对数据处理者进行授权，包括未明确被授权的数据处理者、数据的处理目的、数据处理的具体方式、被处理的数据种类、授权的期限等情形。例如，张某将其所有的个人数据的收集、存储和使用的权利一次性、排他地授权给 A 公司。这就属于所谓一揽子授权，这种个人授权以及个人数据许可使用合同都是无效的。因为个人数据的处理必须遵循合法、正当、必要、目的限定以及公开透明等基本原则（《个人信息保护法》第 5 - 7 条、《数据安全法》第 32 条），一揽子授权明显不符合这些原则的要求，不利于保护个人信息权益。故此，《数据二十条》明确要求，不得采取"一揽子授权"、强制同意等方式过度收集个人信息。此外，司法解释和一些部门规章也有禁止性规定，例如，《人脸识别解释》第 11 条就明确禁止个人信息处理者采用格式条款的方式要求自然人授予其无期限限制、不可撤销、可任意转授权等处理人脸信息的权利。再如，国家市场监督管理总局颁布的《网络交易监督管理办法》第 13 条第 2 款规定："网络交易经营者不得采用一次概括授权、默认授权、与其他授权捆绑、停止安装使用等方式，强迫或者变相强迫消费者同意收集、使用与经营活动无直接关系的信息。收集、使用个人生物特

---

① 2023 年 2 月 13 日，联合国大数据和数据科学专家委员会（UNCEBD）发布了《隐私增强技术指南（The PET Guide）》，该指南对各类隐私增强技术进行了介绍。https://unstats.un.org/bigdata/events/2023/unsc-pet-guide/，2023 年 3 月 18 日访问。

② 所谓"可控"是指管控数据的具体使用目的、方式和次数；"可计量"是要求数据使用可以量化，从而使数据要素按照贡献参与分配具有可操作性。2021 年《国务院办公厅关于印发要素市场化配置综合改革试点总体方案的通知》第 20 条明确提出：探索"原始数据不出域、数据可用不可见"的交易范式，在保护个人隐私和确保数据安全的前提下，分级分类、分步有序推动部分领域数据流通应用。探索建立数据用途和用量控制制度，实现数据使用"可控可计量"。

征、医疗健康、金融账户、个人行踪等敏感信息的，应当逐项取得消费者同意。"

第四节　个人数据的法定授权

一、个人数据法定授权的意义与性质

所谓个人数据的法定授权，就是指针对特殊的个人数据，在符合法定条件时，由法定机关依据法定程序授权给有关单位进行使用。个人数据的法定授权意味着在没有得到个人数据的权利人的同意的情形下，数据处理者基于法定授权程序而取得对特定个人数据的使用权。如果说个人授权解决的是个人数据处理者取得个人数据及其上的财产权利的问题，那么，法定授权解决的就是如何限制个人数据处理者对个人数据的财产权的行使或者对其用途加以管制的问题。也就是说，个人数据法定授权主要适用于个人数据的流通利用环节，而非个人数据取得的环节。个人数据法定授权的意义在于：一方面，某些特殊个人信息数据因为涉及国家安全，故此，要加强对这些个人数据的保护和管理。依据《数据安全法》《网络安全法》等法律规定，国家建立数据分类分级保护制度，根据数据在经济社会发展中的重要程度，以及一旦遭到篡改、破坏、泄露或者非法获取、非法利用，对国家安全、公共利益或者个人、组织合法权益造成的危害程度，对数据实行分类分级保护。那些关系国家安全、国民经济命脉、重要民生、重大公共利益等数据属于国家核心数据，要实行更加严格的管理制度。显然涉及国家安全的个人数据属于国家核心数据，要给予严格的管理和保护。因此，不能任由个人就这些个人数据进行授权，从而危害国家安全。另一方面，在特定情形下对这些涉及国家安全的个人数据进行加工和使用，也可能对于公共利益和国家利益具有非常重要的价值，所以不能因为更加严格的管理而完全排斥对这些个人数据的使用。如此一来，确定特殊情形下的个人数据法定授权就非常重要。[①]

个人数据法定授权在性质上相当于国家依法强制取得个人数据处理者针对个人数据所享有的财产权（类似于不动产的征收或征用），然后，将这些权利以法定程序授予给特定组织。个人数据的法定授权与《民法典》

[①] 此处的授权并非是与个人数据授权并列的一种授权方式，而主要是希望通过依法依规授权使用即法定授权的方式来协调保护国家安全与个人数据利用的关系。

《个人信息保护法》规定的个人数据处理的法定许可（法律、行政法规有规定的情形下无须个人同意即可处理个人数据）并不相同。二者的区别在于：首先，适用的个人数据的范围不同。《民法典》第 1036 条与《个人信息保护法》第 13 条第 1 款第 2－7 项规定的无须取得个人同意即可以处理个人信息的情形普遍适用于所有的个人数据，也就是说，任何个人数据都可能出现在没有取得个人同意而基于法律、行政法规的规定就被处理的情形。但是，个人数据的法定授权显然只是适用于极为特定的个人数据，即《数据二十条》所称的"涉及国家安全的特殊个人信息数据"。

其次，适用的条件不同。只要存在法律、行政法规规定的无须取得个人同意的情形，个人信息处理者就可以在不取得个人同意甚至不告知个人的情形下处理个人信息，比如，为订立、履行个人作为一方当事人的合同所必需，或者按照依法制定的劳动规章制度和依法签订的集体合同实施人力资源管理所必需时，处理者就可以直接处理个人数据。至于特定的情形是否属于法律、行政法规规定的情形，在发生纠纷后，由法院依法加以判断，这里不存在先通过一个程序确认是否属于法律、行政法规规定的不需要取得个人同意，然后处理者才能处理个人数据的问题。但是，对于个人数据的法定授权，则必须是依据法定程序作出授权后，被授权者才能使用该等数据。

再次，被限制的权利不同。个人信息的法定许可中是个人信息权益中的决定权受到了限制，即为了实现个人信息的合理利用而由法律和行政法规规定某些情形下无须同意即可以处理个人信息。个人数据法定授权则是对取得个人数据上的财产权利的个人数据处理者的财产权的限制。

最后，被授权的主体不同。个人数据处理者无论是单位还是个人，无论是公司企业、事业单位还是国家机关，在符合法律、行政法规规定的情形时，无须取得个人同意即可直接处理个人数据。但是，个人数据的法定授权只能授权给有关单位，显然被授权的主体范围是非常狭窄的。

二、个人数据法定授权的适用范围

建立个人数据的法定授权程序必须解决以下两个问题：一是，法定授权适用的个人数据的范围；二是，作出授权的主体与被授权的主体。首先，就法定授权适用的范围的问题而言，《数据二十条》提出是"涉及国家安全的特殊个人信息数据"。理论上将国家安全界定为"一国法律确认和保护的国家权益有机统一性、整体性免受任何势力侵害的一种状况"[1]。

---

[1] 吴庆荣：《法律上国家安全概念探析》，《中国法学》2006 年第 4 期。

我国《国家安全法》对国家安全进行了界定，并予以具体的列举。依据该法第2条，国家安全是指国家政权、主权、统一和领土完整、人民福祉、经济社会可持续发展和国家其他重大利益相对处于没有危险和不受内外威胁的状态，以及保障持续安全状态的能力。国家安全涉及面非常广泛，既包括政治领域的国家安全（如国家政权、主权、统一领土完全等），也包括经济与金融领域（如国家基本经济制度、关系国民经济命脉的重要行业和关键领域、重点产业、重大基础设施和重大建设项目以及其他重大经济利益安全等）、能源与资源领域、粮食安全（如粮食安全预警，粮食供给和质量安全）、文化领域（如意识形态领域主导权，增强文化整体实力和竞争力）、科技创新领域（如自主可控的战略高新技术和重要领域核心关键技术）、网络与信息安全（如网络和信息核心技术、关键基础设施和重要领域信息系统及数据）、公共卫生、社会安全、宗教活动、外层空间等。因此，哪些个人数据是涉及国家安全的特殊个人信息数据应当从上述国家安全的范围从严加以认定。例如，对于人类遗传资源采集、保管、使用和提供，《人类遗传资源管理条例》就有非常严格的规定，该条例明确禁止外国组织、个人及其设立或者实际控制的机构在我国境内采集、保藏我国人类遗传资源，同时规定不得向境外提供我国人类遗传资源。再如，该条例第11条规定，采集我国重要遗传家系、特定地区人类遗传资源或者采集国务院科学技术行政部门规定种类、数量的人类遗传资源的，应当符合相应的条件并经国务院科学技术行政部门批准。显然，该条中属于人类遗传资源的个人数据也是涉及国家安全的特殊个人数据。需要注意的是，并非任何属于重要数据的个人数据都是涉及国家安全的特殊个人数据，否则可能会对个人数据的合理利用、个人信息权益保护以及数字经济的发展产生不利的影响。例如，《汽车数据安全管理若干规定（试行）》第3条第6款规定了列举了以下几类重要数据：（1）军事管理区、国防科工单位以及县级以上党政机关等重要敏感区域的地理信息、人员流量、车辆流量等数据；（2）车辆流量、物流等反映经济运行情况的数据；（3）汽车充电网的运行数据；（4）包含人脸信息、车牌信息等的车外视频、图像数据；（5）涉及个人信息主体超过10万人的个人信息。其中第（4）（5）项重要数据中包含了个人数据，但这些数据未必就是涉及国家安全的个人数据。此外，随着社会经济发展和国家发展利益的需要，国家安全的范围也会发生变化。因此，涉及国家安全的特殊个人数据的范围也会发生相应的变化。

三、个人数据法定授权中的主体

关于授权主体和被授权的主体分别是谁的问题，应当根据不同的个人数据类型的管理部门而具体认定。这是因为，依据我国法律法规的规定，涉及国家安全的特殊个人数据分别有相应的行政管理机关，故此，可以对这些特殊个人数据进行授权的应当是法律法规所规定的有权作出授权的行政机关。例如，《人类遗传资源管理条例》第4条规定，国务院科学技术行政部门负责全国人类遗传资源管理工作；国务院其他有关部门在各自的职责范围内，负责有关人类遗传资源管理工作。省、自治区、直辖市人民政府科学技术行政部门负责本行政区域人类遗传资源管理工作；省、自治区、直辖市人民政府其他有关部门在各自的职责范围内，负责本行政区域有关人类遗传资源管理工作。故此，涉及国家安全的特殊个人数据属于人类遗传资源时，授权机关就只能是国务院以及省、自治区、直辖市人民政府科学技术行政部门。再如，对于金融数据、医疗数据、汽车数据等其他各类数据中涉及国家安全的个人数据的授权，也是相应地由行政管理部门负责授权。就被授权的主体，《数据二十条》只是规定"有关单位"，显然被授权主体不包括自然人，此外也不应当包括外国的法人、非法人组织。有关单位只能是我国的法人或非法人组织，有可能是国家机关，也可能是我国的企业和事业单位。

当然，法定授权的具体程序还需要依据相应的法律法规的规定予以明确，包括授权的条件是什么，究竟是由有关单位提出申请还是依法主动授权，授予的是哪些权利、该等权利的具体内容、期限如何，针对被授权的特殊的个人数据应当采取何种安全保护措施、违反之后的法律责任如何等，都需要未来通过相应的法律法规予以明确。

第五章　个人数据的交易

第一节　作为交易标的的个人数据

在当今高度信息化的时代背景下，个人数据作为一种极具价值的新型资产，其重要性日益凸显。从日常生活中的社交媒体互动、购物消费记录，直至医疗保健数据等私密信息，个体时刻都在源源不断地创造并产生海量的数据。这些数据一旦被企业合理收集、分析与应用，就能转化为强大的驱动力，赋能企业的战略决策、新产品创新及精细化客户服务等领域。然而，随着个人数据商业价值的不断显现，随之而来的是关于其作为交易对象的合法性、伦理正当性以及隐私保护等一系列复杂议题，这些问题引起了学界的广泛关注和讨论。

讨论个人数据能否成为交易标的物，首先需要明确个人数据的范畴。从数据来源的角度来看，所有来源于个人的数据是否都能够称为个人数据？有观点认为，个人数据不仅包括个人信息，还包括由个人生成的或者与个人相关的非个人信息。尤其是用户在互联网上发布的天气情况、心情、日常生活情况、实时情况等内容，或者上传的图片、音频、视频等，均属于非个人信息的个人数据。[1] 根据通说的观点，个人数据与个人信息可以相互替换，只有个人信息才属于个人数据，非个人信息应当纳入非个人数据的范畴。

从我国现行法律来看，《个人信息保护法》和《民法典》人格权编中没有直接规定个人数据上具有财产利益。上述两部法律主要聚焦于防止个人数据被滥用、侵犯个人隐私以及确保个人数据处理的合法性、正当性和

---

[1] 姚佳：《数据权益的构造及其动态比较》，《中国应用法学》2023年第3期；王利明：《论数据来源者权利》，《法制与社会发展》2023年第6期。

必要性等方面。至于个人数据上是否具有财产利益，在学说上有所争论。

一、个人数据具有财产利益

（一）个人数据财产利益的反对说

在欧洲学术界的讨论中，尽管认识到人体器官与个人数据具有显著区别，但是通常将对个人数据的保护与对人体器官的保护进行类比。[①] 原因在于，个人数据对构建个人身份方面的关键作用，如同人体器官对于个人身体的完整性一样重要，人体器官与个人数据是个人在精神上和身体上保持完整的固有元素，能够体现强烈的个人属性。[②] 这种观点往往强调个人数据的人格利益和人格属性，进而主张个人数据不具有财产利益，不得进行交易或转让。

美国学者 Radin 认为，个人数据所包含的个体的"属性"和"特征"属于人格身份的核心，个人数据与人的内在本质紧密相连，无法从个人身上剥离出来而独立存在。[③] 该学者批判道，现代市场经济的语境往往把人类社会描绘成一个由无形、可互换、无独特属性的"商品"所构成的世界，这些"商品"可以随意转让。这种市场化的表达方式削弱了人的丰富个性和不可替代性，将人简化为抽象的、可互换的、失去个性化特征的单一单元。Radin 提出，如果认为"作为生命体的自然人是不可交易的"是属于公认的原则，那么与人格紧密相关的个人数据也应该具有不可转让性。因为只有那些能够从个人主体中分离出来的事物才能够成为转让或交易的对象，由于个人数据与个人身份紧密相连，理论上不允许进行转让。[④]

有观点指出，在大数据集合呈现出巨大经济价值的背景下，个人数据本身的经济价值却可能由于过于分散而呈现出"稀薄效应"[⑤]。这一观点认为，如果承认个人数据财产化可能会导致社会各界为了获取有限的个人数据的经济价值而产生不必要的纠纷，这样的局面并不利于个人数据保护和有效利用之间的平衡。还有观点认为，如果承认个人数据上的经济利益并予以市场化，将会对隐私保护带来消极影响。例如，如果法律承认个人数据上的经济利益，可能会导致个人数据被更广泛地用于商业目的，但与

[①] Stefano Rodotà, Trasformazioni del corpo, 37 Politica Del Diritto 3 (2006); Giusella Finocchiaro, Corpo digitale e informazioni nella sanita elettronica, 16 Salute E Societa 32 (2017).

[②] Stefano Rodotà, Trasformazioni del corpo, 37 Politica DEL Del Diritto 3 (2006).

[③] Margaret Jane Radin, "Market-Inalienability", 100 *Harv. L. Rev.* 1849 (1987).

[④] Margaret Jane Radin, "Market-Inalienability", 100 *Harv. L. Rev.* 1849 (1987).

[⑤] 张新宝：《论个人信息权益的构造》，《中外法学》2021 年第 5 期。

此同时，非但不会增强对个人隐私的保护，反而可能导致隐私泄露的风险增高。①

（二）肯定个人数据财产利益具有正当性

从上述否定说的观点来看，核心观点可以归纳为以下两点。一是个人数据之上不具有财产利益，只具有人格利益，所以不能将个人数据进行交易。二是承认个人数据上的财产利益，会出现弊大于利的现象，可能会为了争夺财产权造成许多纷争，或者提高侵害数据安全和隐私保护的风险。

笔者认为，个人数据之上应当具有财产利益。第一，个人数据在数字经济中具有不可否认的经济价值。可以说，个人数据所含有的经济价值是天然内置的。② 个人数据在数字市场的运行中占据主导地位，其作为定向广告的基石，为依赖广告收入市场创造了巨大的经济价值。而且，个人数据的价值不仅仅局限于广告服务领域，它的影响力渗透到数字市场的各个角落。众多企业倚重个人数据来设计和提供核心产品与服务，通过对这些个人数据的分析与应用，企业能够不断提升服务效能，针对性地优化产品，同时也能够精准地向用户推荐与其需求相匹配的产品和服务。据此，美国学者 Schwartz 指出，有一种日益显著的趋势是将个人数据视作可交易的商品，并进一步倡导构建一个能够让个人数据得以自由流通和交易的市场机制，推动个人数据作为一种新型财产在市场中发挥价值。③ 美国学者 Lessig 在此基础上进一步强调，个人对其个人数据享有初始产权，并有权与数据收集者进行协商谈判，以决定在何种条件下通过出售个人数据换取相应的回报是符合自己利益的。这就意味着个人可以根据自己的判断和意愿，在适当的时候选择出让个人数据，以换取相应的经济或其他形式的利益。④

第二，承认个人数据的财产利益并不妨碍对个人数据人格权益的保护。人格权的财产利益是为了彰显个体的经济自主权，从而促进其人格自由的全面发展。⑤ 承认并保护个人数据上的财产利益实际上是对个人自由

---

① Julie E. Cohen, "Examined Lives: Informational Privacy and the Subject as Object", 52 *Stan. L. Rev.* 1373 (2000).

② 向秦、高富平：《论个人信息权益的财产属性》，《南京社会科学》2022 年第 2 期；彭诚信：《论个人信息的双重法律属性》，《清华法学》2021 年第 6 期。

③ Paul M. Schwartz, "Property, Privacy, and Personal Data", 117 *Harv. L. Rev.* 2055, (2004).

④ ［美］劳伦斯·莱斯格：《代码 2.0：网络空间中的法律》（修订版），李旭、沈伟伟译，清华大学出版社 2018 年版，第 245-246 页。

⑤ 王泽鉴：《人格权法：法释义学、比较法、案例研究》，北京大学出版社 2013 年版，第 296 页。

意志的强化体现。① 通过这种方式，能够更有效地保护个人数据。在充分尊重和保护个人数据上的人格利益的前提下，承认并赋予特定个人以个人数据上的财产利益，实际上是增强了个人在处理个人数据方面的自主选择权。从个人数据保护的角度出发，承认个人数据的财产利益，意味着赋予个人更多的管理和支配个人数据的权利，使其有更多的机会参与到对个人数据的控制与决策中去，这样一来，就能够更为周全地保障个人信息背后所体现的人格权益。②

第三，从我国的现行法律规定并不能推断出否认个人数据的财产利益。《民法典》第993条、第1018条、第1023条分别规定了肖像、姓名和声音的许可使用制度。尤其是我国《民法典》第993条和第1023条通过"等"字保持了人格权商品化外延的开放性，从而可以根据科技发展和社会进步的需要融入新的可商品化的人格权。③ 该条中的"等"字，暗示了除明确列举的三种人格标识之外，还存在其他同样能够被许可使用的相似的人格要素，应当包括个人数据等。④ 个人数据如同姓名、肖像等标表型人格权一样兼具人格利益和财产利益，可以与人身在一定程度上分离。⑤ 这意味着，自然人可以将个人数据的财产性权利授予他人使用并取得相应报酬。⑥ 数据主体对其个人数据享有的知情权和决定权，可以展现为积极权能和消极权能。所谓积极权能是指，数据主体可以自行决定将个人数据的特定权利授予他人，而消极权能是指数据主体可以对他人对其个人数据处理的行为进行限制或禁止。

二、可交易的个人数据范围

在承认个人数据具有财产利益的基础上，需要进一步讨论个人数据中能够进行交易的具体范围。《数据二十条》指出要"审慎对待原始数据的流转交易行为"。据此，有学者指出，赤裸裸的个人数据交易是违法的，我国禁止出售消费者的原始个人数据。⑦ 这种观点认为，对于原始个人数据无法进行交易，只有对原始数据进行处理后才可能进行交易流通。

还有相当多的学者认为，判断个人数据能否进行交易，应当根据个人

---

① 刘德良：《个人信息的财产权保护》，《法学研究》2007年第3期。
② 吕炳斌：《数据流通利用语境下个人信息财产利益的实现路径》，《比较法研究》2023年第6期。
③ 刘颖、郝晓慧：《个人数据交易的法律基础》，《学术研究》2022年第11期。
④ 温世扬：《标表型人格权的制度价值与规范构造》，《法律科学》2021年第6期。
⑤ 王利明：《论人格权商品化》，《法律科学（西北政法大学学报）》2013年第4期。
⑥ 程啸：《论人格权的商业化利用》，《中国法律评论》2023年第1期。
⑦ 武腾：《数据交易的合同法问题研究》，法律出版社2023年版，第150页。

数据的具体类型进行判断。有观点认为，个人数据可以分为内在个人数据和外在个人数据，前者如生物识别数据、医疗健康数据，后者如 IP 地址或网页浏览数据等，其中外在个人数据在一定程度上不会面临与内在隐私数据相同的概念、伦理和法律问题。① 还有观点认为，由于个人数据的人格属性，个人数据交易就会受到限制，应当以个人数据类型的敏感性来判断是否可以进行交易，应当禁止交易敏感个人数据。② 支持该观点的人同时指出，对于敏感个人数据的判断不能通过静态列举的方式予以认定。由于数据应用场景的多元化，静态列举模式对于敏感个人数据的认定会有所僵化，而依赖场景模式的动态分析模式则存在着对敏感数据保护不足的风险，应当结合静态列举和动态判断相结合的模式来认定个人敏感数据。③ 另有观点认为，个人数据应当设置交易的绝对例外和相对例外。个人数据交易的绝对例外是指绝对禁止特定种类的个人数据进入市场交易包括关系到国家安全、国民经济命脉、重要民生、重大公共利益等核心数据；相对例外的情形，是指个人数据交易分类分步实施，特别是敏感个人数据和重要数据。不过敏感个人数据和重要数据的外延比较宽泛，应当根据不同类型进行具体分析。④

有学者指出，只要获得数据主体的同意，无论是敏感个人数据和一般个人数据都可以进行交易。⑤ 对于敏感个人数据，由于与私人生活安宁等密切相关，应当征得个人明确同意；对于敏感个人数据以外的其他个人数据，可以相对弱化数据主体的同意要求，尤其是已经公开的个人数据，数据流通的条件可以相对宽松，应当尽量弱化个人同意的条件。⑥ 我国一些地方性法规中也有关于个人数据交易范围的规定。例如，《辽宁省大数据发展条例》《福建省大数据发展条例》《天津市促进大数据发展应用条例》规定，依法获取的各类数据经过处理无法识别特定自然人且不能复原的，可以交易、交换或者以其他方式开发利用。然而，《四川省数据条例》《广西壮族自治区大数据发展条例》《安徽省大数据发展条例》《陕西省大数据发展应用促进条例》《海南省大数据开发应用条例》则规定，依法获取的

---

① Václav Janeček, "Ownership of Personal Data in the Internet of Things", 34 *Computer Law and Security Review* 1039（2018）.
② 苏成慧：《论可交易数据的界定》，《现代法学》2020 年第 5 期。
③ 苏成慧：《论可交易数据的界定》，《现代法学》2020 年第 5 期。
④ 刘颖、郝晓慧：《个人数据交易的法律基础》，《学术研究》2022 年第 11 期。
⑤ 申卫星、李夏旭：《个人数据所有权的赋权逻辑与制度开展》，《法学评论》2023 年第 5 期。
⑥ 王利明：《数据共享与个人信息保护》，《现代法学》2019 年第 1 期。

第五章 个人数据的交易

各类数据经过处理无法识别特定自然人且不能复原的,或者经过特定数据提供者明确授权的,可以交易、交换或者以其他方式开发利用。这说明,个人数据并非绝对不能交易,各地方性法规也明确提到,只要经过特定数据提供者的明确授权,即便能够识别特定自然人,也可以进行交易、交换或以其他方式开发利用。①

笔者认为,只要是个人数据,无论是原始数据还是衍生数据,敏感数据、私密数据还是一般数据,均可以通过数据主体的授权来实现个人数据交易。② 对于敏感数据而言,我国《个人信息保护法》并没有禁止个人数据处理者对之进行处理,只要根据该法第 28 条在"具有特定的目的和充分的必要性"且"采取严格保护措施"的情况下就能进行处理。需要明确的是,在《个人信息保护法》的规定下,数据主体的同意具有违法阻却的效果,即便在处理敏感个人数据时,数据处理者基于商业目的向第三人提供时,只要基于数据主体的单独和书面的同意,数据处理者也不属于非法处理敏感个人数据。数据主体的知情权和决定权意味着,其可以基于人格尊严和人格自由,具有自行决定自己的个人数据能否被他人处理的自由,被他人以何种目的、以何种方式处理的自由,哪些个人数据可以被他人处理的自由。③ 这就意味着敏感个人数据在符合法定条件时,可以由个人数

---

① 《江西省数据应用条例》第 30 条规定:"数据交易活动有下列情形之一的,不得交易:(一)可能危害国家安全、公共利益,侵害个人和组织合法权益的;(二)未经合法权利人授权同意的;(三)法律、法规禁止交易的其他情形。"《四川省数据条例》第 35 条规定:"数据交易应当遵循自愿、平等、公平和诚实守信原则,遵守法律法规和商业道德,履行数据安全保护、个人信息保护、知识产权保护等方面的义务。有下列情形之一的,不得交易:(一)危害国家安全、公共利益,侵害个人隐私的;(二)未经合法权利人授权同意的;(三)法律、法规规定禁止交易的其他情形。"《广西壮族自治区大数据发展条例》第 55 条规定:"鼓励数据交易活动。但有下列情形之一的,不得交易:(一)危害国家安全、公共利益的;(二)损害他人合法权益的;(三)泄露国家秘密、商业秘密、个人隐私的;(四)未经合法权利人授权同意的;(五)法律、法规禁止的其他情形。"《辽宁省大数据发展条例》第 34 条规定:"鼓励数据交易活动,但有下列情形之一的除外:(一)危害国家安全、公共利益,侵害个人隐私的;(二)未经合法权利人授权同意的;(三)法律、法规规定禁止交易的其他情形。"《重庆市数据条例》第 36 条规定:"自然人、法人和非法人组织应当依法开展数据交易活动,遵循自愿、平等、公平和诚实守信原则,遵守法律法规和商业道德,履行数据安全保护、个人信息保护等义务,有下列情形之一的,不得交易:(一)危害国家安全、公共利益,侵犯他人合法权益、个人隐私的;(二)未经合法权利人授权同意的;(三)法律、行政法规禁止的其他情形。"《上海市数据条例》第 55 条规定:"自然人、法人和非法人组织应当依法开展数据交易活动,遵循自愿、平等、公平和诚实守信原则,遵守法律法规和商业道德,履行数据安全保护、个人信息保护等义务,有下列情形之一的,不得交易:(一)危害国家安全、公共利益,侵犯他人合法权益、个人隐私的;(二)未经合法权利人授权同意的;(三)法律、行政法规禁止的其他情形。"

② 程啸:《个人数据授权机制的民法阐释》,《政法论坛》2023 年第 6 期。

③ 程啸、王苑:《个人信息保护法教程》,中国人民大学出版社 2023 年版,第 156 - 159 页。

据处理者向第三人进行提供，为个人数据的交易提供法定基础。① 私密数据是属于数据主体不愿公开的数据，与敏感数据具有一定的交叉重叠之处，但是法律并不妨碍数据主体自愿将私密数据进行公开或基于个人同意由个人数据处理者进行处理。如果数据主体同意个人数据处理者处理相关私密数据的，也应当纳入个人数据可交易的范畴。故此，笔者认为，只要经过数据主体的同意，不论数据处于待加工的原始数据还是已经经过深度加工但仍可识别特定个人的衍生数据，也无论是私密数据还是敏感数据，在理论上皆可以进行交易和流通。

可能有人会认为，当个人与企业间进行个人数据交易时，存在信息不对称和交易价格难以在交易时予以确定的情形，此时若将个人数据尤其是敏感个人数据进行交易时，个人所付出的成本和风险远高于其获取收益的价值，对敏感个人数据的交易保持怀疑态度。② 有观点认为，数据主体同意由企业对个人数据进行收集和处理，企业为个人提供免费服务的情况下，认定为其所提供的个人数据属于对价。③ 这样一来，如果企业在隐私政策或用户服务协议中表示同意数据处理者能够处理各种类型的个人数据时，具有很高的个人数据被侵害的风险。笔者认为，需要明确区分个人数据处理活动与个人数据的交易行为。④ 这就意味着数据处理者收集个人数据的行为并不等于个人数据的交易。数据处理者在提供服务或产品时，如果并没有基于对价关系交易个人数据的意思表示，应当认定为是个人数据处理活动，而非个人数据的交易。关于对价关系的判断，将在后文进行进一步的阐述。这就意味着在个人数据处理活动的场景中，如果数据处理者想要向第三人提供个人数据时，应当根据《个人信息保护法》第 23 条的规定，再次取得数据主体的单独同意。然而，在数据处理者基于对价关系与个人达成个人数据交易合同时，由于个人基于个人信息权益将数据财产权进行授权许可时，数据处理者无须再次征得数据主体的同意，就能够将个人数据在企业之间进行交易和流通，在此情形，笔者认为，可以通过格式条款的规则严格限定数据主体对于个人数据可交易类型的授权，进而保护数据主体的人格利益。例如，《人脸识别解释》第 11 条就明确禁止个人

---

① 刘颖、郝晓慧：《个人数据交易的法律基础》，《学术研究》2022 年第 11 期。
② 田杰棠、刘露瑶：《交易模式、权利界定与数据要素市场培育》，《改革》2020 年第 7 期。
③ 傅雪婷：《个人信息同意撤回与个人数据对价化》，《南大法学》2022 年第 5 期；郑观：《个人信息对价化及其基本制度构建》，《中外法学》2019 年第 2 期。
④ 林洹民：《论个人信息主体同意的私法性质与规范适用——兼论〈民法典〉上同意的非统一性》，《比较法研究》2023 年第 3 期。

信息处理者采用格式条款的方式要求自然人授予其无期限限制、不可撤销、可任意转授权等处理人脸信息的权利。针对个人数据交易条款而言,通过明确数据交易的方式、交易范围等内容,严格限制概括授权条款的适用。例如,在通常的个人与企业间的数据交易中,如果企业提供的合同条款涵盖了其可以对收集的敏感个人数据与第三人进行交易时,应当对此类条款的法律效力予以否认。对于有关个人数据类型与范围的授权,需要结合个人与企业间交易合同中的对价关系之内容进行判断。具体而言,如果企业仅是提供会员积分,或者是价值微薄的代金券时,数据主体通过签订由企业提供的主要是以格式条款所组成的数据交易合同时,对于敏感个人数据的交易授权这类条款的法律效力应当予以否认。

综上所述,不应当对个人数据的可交易性范围进行限制,无论是一般数据、私密数据还是敏感数据,无论数据是否处于加工状态,均可以纳入可交易的范围之内。

第二节 个人数据交易的不同模式

在个人数据交易实践的初期,绝大多数企业没有期待通过向平台用户收取费用来盈利,而是通过提供数字产品或服务来吸引更多的客户,以网络广告或将个人数据向第三方企业提供的方式进行获利。[1] 由于数据的财产属性在实践中不断得以显现,数据企业将数据作为一种有利资源,成为在商业竞争中获得优势的关键性要素。在实践中,越来越多的数据企业通过用户数据授权条款争夺对个人数据的控制权。数据产业发展离不开用户的个人数据,企业通常通过服务或产品作为交换条件收集用户的个人数据,并将其加工成为衍生数据后与其他数据企业进行交易。[2] 本书考察国内外个人数据交易的商业实践,将个人与企业间的数据交易模式分为以下几个阶段。

一、个人数据交易的雏形:"数据换取服务"模式

个人数据交易的一种早期形式体现在"数据换取服务"的模式中,这种模式已经成为现代互联网服务生态系统中的常态。在这种模式下,用户

---

[1] 胡丽、何金海:《互联网用户协议中用户数据授权模式实证研究——以40个互联网平台用户协议为样本》,《河北法学》2022年第10期。

[2] Jacob M. Victor, "The EU General Data Protection Regulation: Toward a Property Regime for Protecting Data Privacy", 123 *Yale Law Journal*. 513 (2013).

在享受各种数字产品和服务时,默认同意其个人数据作为交换的一部分,但是他们往往并没有充分意识到这种数据交换的具体安排。例如,在使用社交媒体、搜索引擎、电子邮件服务或者安装各类应用时,用户虽不直接付费购买服务,但实际上是以允许服务商收集并利用他们的个人数据作为"隐性"支付手段。

尤其是在物联网日益发达的时代,越来越多的智能设备接入网络,并可能与用户的社交媒体账号等个人在线身份相绑定,使得数据交换的范围更加广泛,涉及用户生活的方方面面。采用"数据交换服务"模式的数字产品通常会包含两种功能:一是免费提供基础性服务,二是提供更全面、更优质的功能,但是需要由用户进行付费。[1] 然而,不论用户是否选择升级至付费服务,他们的个人数据往往都在被持续地收集和分析。在此模式下,用户往往缺乏对自己数据的有效控制和管理权限,不清楚服务商究竟在何种程度上"监视"其在线行为,以及这些数据如何在公司内部及与第三方之间进行流动和分享。

当前许多互联网公司的核心商业模式在于收集个人数据并通过个性化广告或数据交易等方式进行变现。[2] 诸如推特、谷歌等知名平台以及大量移动应用程序,都宣称其服务和产品对用户免费开放。有观点指出,"数据换取服务"的说法具有误导性,原因在于大部分互联网用户其实并不清楚自己正在通过提供个人数据来"支付"产品和服务的隐形成本,他们无法准确评估个人数据被收集所带来的实际价值损失。[3]

实际上,当用户使用这些所谓"免费"产品时,实质上是在进行一种不对等的交易,即将自身的数据财产交予企业。这是一种非典型的以物易物的交易,即用个人数据换取产品使用权。[4] 并且,个人数据所蕴含的实际价值可能超越了产品本身的价值。不论是有意还是无意,消费者通过数据交易获得了"免费"产品。[5] 强调"数据即付费",并非是指数据直接作为货币流通,而是用来形象地说明用户在获取数字产品或服务的过程

---

[1] Anja Lambrecht et al., "How Do Firms Make Money Selling Digital Goods Online?", 25 *Marketing Letters* 331, (2014).

[2] Bernard E. Harcourt, *Exposed: Desire and Disobedience in the Digital Age* 6 (2015).

[3] Katherine J. Strandburg, "Free Fall: The Online Market's Consumer Preference Disconnect", 2013 *U. Chi. Legal F.* 95 (2013).

[4] Chris Jay Hoofnagle & Jan Whittington, "Free: Accounting for the Costs of the Internet's Most Popular Price", 61 *UCLA L. Rev.* 606 (2014).

[5] Chris Jay Hoofnagle & Jan Whittington, "Free: Accounting for the Costs of the Internet's Most Popular Price", 61 *UCLA L. Rev.* 606, 628 (2014).

中，以提供个人数据作为代价的现象。

企业能够通过多种途径收集用户数据，不仅包括用户直接使用产品产生的数据，还会运用 cookies 和其他追踪技术，在产品未被使用时继续搜集用户数据。[1] 免费的应用程序往往会依赖个性化广告作为盈利模式，这可能导致它们会更多地寻求访问用户的账户信息、地理位置和通信记录等权限。此外，提供免费应用程序的公司可以通过"应用程序内购买""推广非数字产品""转售通过应用程序所收集的数据"获得额外收入。值得注意的是，当产品以"免费"形式提供时，用户在主张消费者权益保护时可能会面临法律上的障碍。例如，在 Ellis 诉 Cartoon Network，Inc. 案中，美国第十一巡回上诉法院裁定，仅因在智能手机上下载并免费使用某个移动应用来看免费内容，而不付出任何附加费用的用户，并不能被视为美国《视频隐私保护法》意义上的"订阅用户"或"消费者"[2]。法院的裁决表明，尽管金钱上的付费并不是界定订阅用户的唯一标准，但个体与实体之间必须存在某种形式的承诺、关联或利益交换（无论是物质还是非物质），这是构成订阅用户身份的必备要素。这意味着对于那些看似免费的产品，用户在数据交易中享有的权益保护可能存在局限性。

二、个人数据交易的进阶："隐私付费"模式

在原有的"数据换取服务"的基础上，众多企业纷纷探索出不同的商业策略，为了将消费者的个人数据和个人隐私转化为商业利润，充分利用公众对个人数据和隐私保护的强烈需求，企业推出了"隐私付费模式"的各类产品和服务。"隐私付费"模式可以继续划分为两种模式：一是隐私折扣模式，二是高价隐私模式。隐私折扣模式是指，企业对不愿意接受数据收集和定向广告的消费者设定较高的价格门槛，而愿意共享数据的消费者则可以获得相应的折扣优惠。高价隐私模式则是指，企业在其网络产品和服务中直接对提供更强隐私保护和数据安全保障的服务版本收取更高的费用，而不是通过折扣激励用户接受数据的收集与处理。这些企业把用户对隐私的自主掌控视为产品的核心价值之一，借此将此类注重隐私的产品与市场上普遍存在的免费和低价产品作明确区分，后者往往在隐私保护级别上较弱。然而，消费者在选购产品时，可能由于价格优势或者对放弃部分隐私以换取折扣背后的实际影响不够了解，从而选择了隐私保护功能不足的产品。

---

[1] Bernard E. Harcourt, *Exposed: Desire and Disobedience in the Digital Age* 6 (2015).
[2] 803 F. 3d 1251, 1252 (11th Cir. 2015).

（一）高价隐私模式

在这种商业模式下，一些公司以更高的定价策略向消费者提供了包含更多隐私保护和数据安全选项的产品及服务。这些企业的核心目标在于响应消费者日益增长的数据安全需求，构建了一种可称为"高价隐私"的经营模式。经营这类产品的企业着重强化内部防护机制，设法阻止第三方对用户在其产品使用过程中产生的数据进行无限制访问，从而有效地限制了第三方企业获取用户数据的可能性。

尽管有人质疑消费者是否愿意为隐私买单，但在面对日趋严重的物联网数据滥用和个人数据泄露的问题时，消费者对具备高度隐私保护特性的产品需求有显著上升的空间。智能手机市场便是一个很好的例证：相较于安卓操作系统，苹果操作系统因其更为先进的加密技术而受到青睐，当然这意味着用户需要为此付出更高的价格。消费者可以选择价格较低但安全性能相对较弱的其他操作系统的手机，也可以购买诸如苹果这样的智能设备，享受更为严密的数据加密保护。与此同时，诸如美国 FastMail 一类的企业采用了按月或按年收费的方式，为用户提供高级别的隐私保护服务，以区别于那些通过用户数据交换进行盈利的提供类似产品的公司。同样，提供虚拟专用网络服务的企业亦要求用户支付月费或年费，以换取网络连接的加密和匿名性，有效防止广告商追踪用户的网络行为。在此情况下，消费者支付的并非与隐私保护看似无关的额外服务，而是实实在在为自身隐私安全的投资。

（二）隐私折扣模式

当企业采用隐私折扣的商业模式时，如果用户想要保护个人数据和隐私，需要支付更高的费用。与高价隐私模式不同的是，企业通过提供相应折扣引导用户放弃部分隐私和数据权利。例如，某一互联网服务供应商曾提出一项策略，只要用户授权公司对其网络浏览数据进行分析以便推送个性化广告，用户就能获得约 30 美元的优惠。据该企业透露，自实施这种商业模式以来，大部分用户都会欣然接受，同时也有一部分用户愿意为保持对隐私和数据的掌控而付出额外费用。在"数据换取服务"模式中，企业的主要的盈利方式是将其经营过程中收集的各类个人数据进行货币化，很大程度上是依靠开展个性化广告业务来进行获利。

在隐私折扣模式下，用户的选择为企业创造了相较"数据换取服务"模式更加多元的收益途径：第一，接受隐私折扣并提供个人数据的用户，其数据被用于分析以驱动广告收益；第二，另有一些用户决定为保护隐私和限制数据收集而支付更高的产品或服务费用。

选择接受隐私折扣模式的用户实际上是以自己的隐私和个人数据作为交换,换取了经济上的补偿。相较于在"数据换取模式"模式下,用户可能在不知不觉中以数据换取"免费"服务的情况,在隐私折扣模式中,用户更加直观地以隐私和个人数据换取了实际的优惠。这样的用户可以看作是个人数据的积极管理者,主动将自身数据进行了货币化处理。然而,这种货币化进程并不一定受到严格的转让限制,因为提供隐私折扣的公司很可能随时将这些数据进一步市场化和利用。

(三)隐私付费模式与数据换取服务模式的比较

用户通常会认为,选择"隐私付费模式"能够带来对个人数据和隐私更多的保护,期望通过付费来避免广告及其他相关的数据收集行为。然而,有调查研究表明,采取"隐私付费模式"的付费应用与"数据换取服务模式"的免费应用在数据处理行为上的差异性并不显著。一项针对5 877对免费版与付费版应用的研究发现,相当一部分付费应用(48%)使用与免费版相同的第三方代码,如广告、分析、图形渲染和日志记录等;并且,56%的付费应用享有与免费版相同的敏感系统资源访问权限;38%的付费应用收集的用户个人数据与免费版并无二致。[1] 因此,用户通过购买付费应用来保障隐私的做法,可能无法实现预期效果。一方面,隐私付费模式并不妨碍企业继续收集和处理用户数据;另一方面,用户无法掌握其个人数据的未来走向,几乎无法准确了解个人数据将会被如何使用。

三、个人数据交易的完善:个人数据经济模式

个人数据经济模式作为一种新的数据交易模式,是以用户为主体,赋予用户对个人数据的管理权,使他们能够自主决定何时、何地以及何种条件下与企业共享个人信息。[2] 近年来,国际市场上出现了一些专注于个人数据管理的互联网企业,例如 Datacoup、Digi.me 和 Meeco 等企业,它们的核心业务便是打造平台,让用户自行选择向企业共享和提供个人数据。此类企业不再过度依赖数据中介和传统企业所提供的消费者数据,而是直接与消费者建立联系。有一部分企业还开发了功能,使用户的个人数据能够转化为实际的经济收益。

---

[1] Kenneth A. Bamberger, Serge Egelman, Catherine Han, Amit Elazari Bar On & Irwin Reyes, "Can You Pay for Privacy? Consumer Expectations and the Behavior of Free and Paid Apps", 35 *Berkeley Tech. L. J.* 327 (2020).

[2] Mobile Ecosystem Forum, Understanding the Personal Data Economy: The Emergence of a New Data Value-Exchange 3, https://mobileecosystemforum.com/wp-content/uploads/2016/11/Understanding-the-Personal-Data-Economy-Whitepaper.pdf, visited on December 11, 2023.

个人数据经济模式主要可以分为两种类型：一是数据洞察模式，二是数据传输模式。数据洞察模式是指，企业侧重于为用户提供平台服务，帮助用户管理和整合个人数据，从中获得有价值的信息洞见，并在某些情况下，提供市场机制使个人数据得以货币化。而数据传输模式是指，为用户创建一个直接交易的环境，让用户能够将个人数据上的财产权转让给第三方企业。

在个人数据经济模式下，用户将自身生成的数据视作具有可交易价值的财产。采用个人数据经济模式的企业，通过提供数据分析工具和洞察服务，助力用户深刻理解个人数据的真实价值及其在企业和市场中的作用。相较于"数据换取服务"模式，个人数据经济模式提升了数据交易的透明度，使用户能够更全面地理解和把握数据价值及其交易结构。在以往的"数据换取服务"模式中，用户往往对数据价值的认知模糊不清，未能参与到数据交易和开发利用的过程，对其蕴含的巨大经济潜力知之甚少。

(一) 数据洞察模式

数据洞察模式是个人数据经济模式的一种经营方式，诸如 Digi. me、Meeco 和 Cozy 等企业致力于帮助用户汇集、管理和解读自身的数据资源，强调用户对个人数据的控制和财产权，认可用户在生成数据过程中所创造的价值。具体实践中，这些公司通过不同的技术和服务实现目标。

Cozy 公司提供了一种个性化的云端解决方案，让用户能够在私有的个人服务器上集中存储各类数据，涵盖物联网设备数据、电子邮件记录、财务账单等，增强了用户对自身数据的安全保管和管理能力。① Digi. me 公司的应用则集成了多源数据整合功能，让用户能在平台上整合包括金融记录、健康数据在内的各类信息，使之成为个人数据的中枢。通过这种方式，银行等机构可以直接通过 Digi. me 平台获取用户授权的数据来进行信用评估，而非依赖第三方数据经纪商，从而强化了用户对自身数据流向的控制。② 而 Meeco 提供免费的平台服务，允许用户整理包括个人基本信息、联系人列表、网络浏览习惯、品牌喜好等丰富多样的个人数据，并通过该平台提供的工具从这些数据中提炼出有价值的见解，同时保护用户的在线行为不受非法追踪。此外，Meeco 还设想用户能够借助平台创建匿名心愿列表，与特定品牌互动，品牌方可能会据此提供优惠或奖励，实现了

---

① Cozy, About Cozy Cloud, https://cozy.io/en/about/, visited on December 11, 2023.
② Digi. me, Privacy Comes as Standard, http://digi.me/privacy, visited on December 11, 2023.

用户数据的部分货币化。①

这些采用数据洞察模式的公司在保障用户数据安全和隐私方面尤为重视。比如 Digi.me 声称其架构设计保证了公司自身无法访问用户存储的数据；而 Meeco 采用隐私保护的设计原则，确保用户数据免受未经授权的使用或访问。用户在个人数据经济模式中，可以根据意愿选择性地将整理好的个人数据分享给选定的企业，不同于"数据换取服务"模式，用户在这一过程中能获得结构化、有序且经过自己审核的数据副本。

尽管新兴的数据洞察模式企业在提供深度洞察服务方面可能尚不及长期从事大规模用户数据挖掘的传统数据经纪商，但如果这类公司成功扮演起用户数据安全保管者的角色，限制第三方访问用户数据，将会对数据经纪商获取某些类型用户数据的能力形成制约。然而，数据经纪商仍可通过其他合法途径，如公开记录、社交媒体以及其他同意数据出售的公司获取用户数据。总之，在数据洞察模式下，用户不再是数据市场的被动贡献者，而是转变为主动管理者，通过将个人数据转化为具有商业价值的洞察力，换取个性化的交易和服务，进而成为积极的个人数据管理者和受益者。这种模式不仅让用户能够从自己产生的数据中获取价值，同时也为企业创造了基于用户真实需求和行为的新价值源泉。

（二）数据传输模式

数据传输模式的核心在于直接从用户手中购买或授权使用用户产生的数据。采用数据传输模式的企业构建专门的交易平台，不仅吸引第三方在此购买用户的数据，还会直接从用户处购买或取得使用权。例如，Datacoup 公司允许用户将自己的社交媒体账户与其服务相联结，借此聚合用户的财务记录和各类统计信息。当这类公司对用户的数据进行了详细的属性分类、价值评估以及定价后，便会将数据上传至其市场中供潜在买家选购。② 只要用户的数据在平台上成功出售，用户会接到通知，并获得相应的报酬。

类似于数据洞察模式，数据传输模式也赋予了用户将数据转化为经济利益的能力，但关键区别在于，采用数据传输模式的企业会直接向用户提供货币作为交换数据的条件。Datacoup 在其官网上展示了基于对数据价值的深入分析来确定用户收益额度的做法，至于用户是否能就数据出售的

---

① Meeco, About Meeco, https://www.meeco.me/about-meeco, visited on December 11th, 2023.

② Datacoup, How It Works, http://datacoup.com/docs#faq, visited on December 11th, 2023.

条款或价格展开协商，有待进一步探索。

虽然此类公司也能提供数据洞察服务，但其主营业务更倾向于将用户数据转移给第三方企业，或是为第三方提供访问用户数据的权限。① 在以数据经纪人为主导的消费者数据交易环境中，大部分用户并不清楚自己的数据正在被搜集和交易，也不了解这些数据中包含大量能够识别个人的个人数据。实际上，市场上具体有多少公司在进行个人数据的买卖活动，并没有清晰的数据可查。Datacoup 公司表示，随着其数据市场的不断壮大，可能会推出更多功能，让用户在与数据购买者之间的交易中有更多的控制权。另外，还有一些不同类型的公司也在尝试建立能够让用户自行将个人数据货币化的市场机制。比如，有个体用户通过数据交易平台，以每天固定的价格出售自己的信息，这也反映了个人数据货币化的一种途径。

四、个人数据处理活动与个人数据交易的区分必要性

笔者认为，上文介绍的各种类型的数据交易模式不能全部纳入个人数据交易的范畴。应当区分个人数据处理活动与个人数据交易合同。这两者区分的关键在于对价关系上的判断。有观点认为，用户通过个人数据换取经营者的服务，数据是服务的对价，用户与经营者之间存在对价关系。但是根据《个人信息保护法》第 16 条的规定，个人信息处理者不得以个人不同意处理其个人信息或撤回同意为由，拒绝提供产品或服务。在个人不同意处理个人信息时，个人信息处理者也应当提供产品或服务。不能一概认为，用户只要同意处理个人信息，就意味着与对方成立数据交易合同，只要用户撤回同意，就可以依据合同向用户请求承担损害赔偿。

判断对价关系的关键在于，个人信息与产品或服务之间是否具备牵连性。对于牵连性的判断，笔者认为应当结合具体场景进行判断。例如，当经营者表示，用户提供个人信息可以获得折扣、积分、航空里程或其他特权时，应当认定存在对价关系。例如，当个人在饭店通过扫码点单的方式进行点餐时，点餐程序中会弹出注册会员的提示，并告知会提供特定金额的优惠券时，应当认定为数据处理者提供了具有对价性质的产品。相反，如果个人通过扫码点单的方式进行点餐时，没有提供任何优惠券或会员积分活动，应当认为数据处理者没有提供具有对价性质的产品或服务。如果经营者通过付费获取用户的同意，授权许可使用其个人信息时，对价关系

---

① Mobile Ecosystem Forum，Understanding the Personal Data Economy：The Emergence of a New Data Value-Exchange 3，https://mobileecosystemforum.com/wp-content/uploads/2016/11/Understanding-the-Personal-Data-Economy-Whitepaper.pdf，visited on December 11th，2023.

的判断更为明显。①

在个人与数据处理者的法律关系中,如果双方的行为不包含数据交易的意思表示,则仅存在个人信息处理的法律关系,双方需要适用《个人信息保护法》与《民法典》人格权编的相关规范。如果双方的行为包含了数据交易的意思表示,则个人既需要对个人信息处理作出同意,也需要对个人数据交易的要约作出承诺,此时,需要考虑同时适用《个人信息保护法》与《民法典》合同编的相关规范。

在上文中,数据换取服务模式不应当构成个人数据交易合同,仅构成企业与个人的个人数据处理关系,因为无法从中判断出双方存在对价关系。隐私付费模式中的高价隐私模式是指作为用户的个人通过付费来限制企业收集相关的个人数据,用户在此场景中并没有数据交易的意思表示,不应当纳入个人数据交易的范畴。而对于隐私付费模式中的隐私折扣模式,个人通过向企业提供相关的个人数据换取相应的优惠券或可兑换积分时,可以认定为双方存在对价关系,从而纳入个人数据交易的范畴。

个人数据经济模式是探索个人数据交易流通的全新方式。在企业与个人进行数据交易模式的场景下,个人在面对企业设定的隐私政策和繁复的格式条款时,通常只能接受而无法进行实质性的协商并签订个人数据交易合同。在这种情况下,个人几乎不具备足够的能力来自主授权并监控其个人数据的使用状况。在个人数据经济模式中,专门从事个人数据管理的机构或企业能够代表个人与处理数据的市场主体缔结数据许可使用合同,或者个人自主选择向第三方企业进行何种类型或范围的个人数据授权,能够对数据处理活动实施有效的监督。这种做法既能有效地保障个人信息权益不受侵犯,又能更高效地推动个人数据在合法合规的前提下得到合理利用,从而在保障数据安全与促进数据经济健康发展之间寻找到理想的平衡点。

第三节　个人数据许可使用合同

有关个人数据的交易,可以发生在个人与企业之间,亦可以发生在企业与企业之间。有观点称,将个人与企业之间发生的个人数据交易可以认定为个人数据交易的一级市场,而企业之间发生的个人数据可以认定为二

---

① 林洹民:《论个人信息主体同意的私法性质与规范适用——兼论〈民法典〉上同意的非统一性》,《比较法研究》2023年第3期。

级市场。① 本章只讨论个人与企业之间的个人数据交易，即个人数据许可使用合同。关于企业之间的个人数据交易，主要会涉及特定个人数据的转让或访问，双方根据自身需求签订数据转让合同或数据访问合同，这部分内容在后文进行详细介绍。

一、个人数据许可使用合同概述

所谓个人数据许可使用合同是指，个人授予数据处理者针对个人数据的特定财产性权利，数据处理者向个人支付相应对价的合同。个人数据许可使用合同主要明确个人与数据处理者之间的权利义务关系，包括许可使用的个人数据的种类、范围；处理个人数据的目的与处理方式；保存的期限；付费的标准和方法；数据处理者对个人数据的具体权利，包括能否将个人数据传输至其他第三方；违约责任等内容。②

我国法律没有专门对个人数据许可使用作出专门的规定。但是，个人数据许可使用合同是个人对其个人信息权益的财产性权利进行处分，可以参照适用肖像许可使用合同。《民法典》第1023条规定，对于姓名等的许可使用，可以参照肖像许可使用的相关规定。故此，涉及包含个人信息权益在内的人格权商业化利用，尤其是涉及许可使用的合同，均可以参照适用《民法典》第1021条和第1022条有关肖像许可使用合同的相关规定。

二、个人数据许可使用合同的内容

（一）许可使用的个人数据种类与范围

按照个人数据的分类，个人数据可以分为私密与非私密个人数据，敏感与非敏感个人数据以及公开与非公开个人数据。正如上文所述，关于许可使用的个人数据的种类，应当没有任何限制。

根据国家标准《信息安全技术 个人信息安全规范》（GB/T 35273-2020），个人数据可以分为个人基本数据、个人身份数据、宗教信仰数据、生物识别数据、医疗健康数据、财产数据、网络通信数据、行踪轨迹数据、违法犯罪数据、常用设备数据和其他数据。在《民法典》人格权编规定的肖像、姓名、声音属于个人数据中的个人基本数据和生物识别数据，属于敏感数据。即便是敏感的个人数据，只要个人行使具体人格权的积极权能，就可以通过许可使用人格要素取得相应的经济价值。与此同理，私密数据虽然属于隐私，但在不违反公序良俗的情况下，可以进行商业化利用。例如，知名人物将自身的私密数据进行商业化利用，允许商业机构将

---

① 刘颖、郝晓慧：《个人数据交易的法律基础》，《学术研究》2022年第11期。
② 程啸：《个人数据授权机制的民法阐释》，《政法论坛》2023年第6期。

其授权许可的私密数据进行公开,以获取网络流量赚取收入。故此,无论是私密数据还是非私密数据,敏感数据还是非敏感数据,均可以通过个人进行授权许可。

至于公开的个人数据,是否需要个人进行授权许可需要进行讨论。公开的个人数据包括自然人自行公开的个人数据和其他已经合法公开的个人数据。《个人信息保护法》第 27 条规定,个人信息处理者可以在合理的范围内处理个人自行公开或其他已经合法公开的个人信息。认定处理公开个人数据的合理范围,就要遵守必要原则和目的原则。如果个人数据在公开时有明确用途的,个人数据处理者处理这类公开个人数据也要遵循公开个人数据时的明确用途。例如,大学教授为了课题合作,在所在学院网站上公开了联系电话或电子邮件等个人数据,此时联系课题合作事宜属于公开个人数据时的明确用途。数据处理者在处理大学教授联系方式等个人数据时,也必须要遵循课题合作这一特定目的,不能超出公开个人数据的用途,在其他领域对个人数据进行处理,如将大学教授的个人数据进行出售等。如果个人数据在公开时用途并不明确的,数据处理者也应当根据目的原则,合理谨慎地处理公开数据。① 如前所述,个人信息处理的同意与个人数据授权行为在法律性质和法律效果上存在差异,如果对于公开的个人数据开展经济性的数据活动,如构建个人数据服务数据库,提供个人数据查询服务等,恐怕仅依据《个人信息保护法》第 27 条不足以开展上述数据活动。只有当数据处理者获得对于个人数据的财产性权利,有权对个人数据进行加工、使用、传输,才能开展相应的数据交易活动。依据《个人信息保护法》和《民法典》关于合法公开的个人信息的利用规则,在涉及向第三人传输合法的个人数据时,需要依法重新取得数据主体的同意,必须受到个人信息权益的限制。如果双方签订个人数据许可使用合同,数据处理者取得了对于个人数据的财产性权利,可以根据合同约定来自由处分个人数据上的财产性权利,无须重新取得数据主体的同意。

关于个人数据授权的范围,主要依据数据处理者取得的财产性权利而定。根据个人数据许可使用合同,数据处理者可以取得有关个人数据的持有、加工、使用和处分权,即数据处理者有权对个人数据进行收集、存储、使用、加工、传输提供、公开或删除。至于数据处理者对个人数据享有何种权利,需要依据个人数据许可使用合同所约定的权利范围之内容确定。依据许可使用合同所处理的数据范围与基于《个人信息保护法》意义

---

① 程啸:《论公开的个人信息处理的法律规制》,《中国法学》2022 年第 3 期。

上的基于合法、正当、必要的原则以及目的限制原则处理个人数据的范围会有所不同。当个人没有与数据处理者签订许可使用合同时，数据处理者仅能在为个人提供服务所必要且最小的范围内对个人数据进行处理。例如，个人到商业银行开设银行账户，银行为了开设账户需要，在个人作出个人信息处理意义上的同意后，可以对个人的信用信息进行处理，无论是收集、存储、加工、使用，处理者仅能在实现处理目的的最小范围，即以开立银行账户的目的，对其个人信用信息进行处理。如果商业银行为了实现商业目的，例如推销信托产品、保险产品等理财产品，因超出个人信息处理目的的范围，需要与个人签订个人数据许可使用合同。一旦双方签署许可使用合同，银行可以在许可合同允许的范围内，收集、存储、加工、使用甚至传输个人更加广泛的个人数据，包括个人使用的银行卡所产生的银行流水数据、职业状态和就业收入数据等。如果双方没有签订个人数据许可使用合同，银行如果想要将客户的个人数据提供至其他金融服务公司或机构，需要重新取得个人的有效同意；一旦双方签订个人数据许可使用合同，银行享有个人数据上的财产权，可以根据许可使用合同中所约定的个人数据的可转让性，在无须重新取得个人同意的情况下，基于银行取得的个人数据财产权，对其他第三方提供相关个人数据集合，或形成用户画像为其他第三方提供数据服务。

（二）个人数据许可使用的方式

《最高人民法院关于审理商标民事纠纷案件适用法律若干问题的解释》第3条规定，商标使用许可可以分为独占使用许可、排他使用许可和普通使用许可。有观点认为，人格要素的许可使用可以参照商标使用许可的方式分为独占使用许可、排他使用许可和普通使用许可。[1] 我国《著作权法》第26条规定著作权人许可他人使用的权利分为专有使用权和非专有使用权。专有使用权意味着被许可人享有独占的、排他的使用权，著作权人无法在授权使用期限内对其他第三人进行再授权。

关于个人数据作为人格要素，能否采取专有许可方式，《民法典》没有予以规定。有观点认为，人格权与著作权一样，可以采取排他性许可授权或独占性许可授权的方式。[2] 被许可人依据授权许可所获得的使用权具

---

[1] 温世扬：《中国民法上的"公开权"——〈民法典〉人格标识许可使用规定之解析》，《当代法学》2021年第2期。

[2] 张红：《〈民法典（人格权编）〉一般规定的体系构建》，《武汉大学学报（哲学社会科学版）》2020年第5期；温世扬：《中国民法上的"公开权"——〈民法典〉人格标识许可使用规定之解析》，《当代法学》2021年第2期。

有准物权的效力，但是由于人格利益优先于财产利益的法律原则，即便签订了独占性许可或排他性许可使用合同，人格权人也有权对其人格要素进行非商业性使用，并且如果许可使用内容有损于人格尊严和人格自由时，可以限制或干涉被许可人对人格要素的使用权。但另有观点认为，专有许可方式不适用于人格权领域，因为专有许可是赋予被许可人对人格要素的排他性使用权，此种排他性使用权也禁止许可人本人使用。由于人格要素与人格权密切相关，若允许人格要素的专有许可使用方式，则有违人格尊严和人格自由，对人格要素的许可使用不得违反人格权专属性的要求。① 不同于肖像、姓名等人格要素，个人数据可以通过个人参与经济、社会活动过程中不断产生，数量会随着时间的积累不断递增。肖像、姓名等人格要素不会如同个人数据那般时刻动态变化。

笔者认为，由于个人参与各种社会性、经济性活动中产生的各类个人数据会根据不同的场景被不同的数据处理者所持有，从客观上无法采取独占许可或排他许可的方式对个人数据进行授权许可。② 例如，个人在不同浏览器上所产生的搜索记录等个人数据会被不同的搜索引擎服务提供商所持有。如果个人在不同的浏览器进行相同内容的搜索，且个人与某一家搜索引擎服务提供商签订所谓的排他性许可使用，则意味着另一家搜索引擎服务提供商无法对个人在其搜索服务器上所产生的个人数据进行商业化利用，开展经济性的数据活动，虽然在理论上有一定可能性，但是会很大程度上限制个人的人身自由。一方面，个人只能在一家服务器提供商上使用搜索服务，其不能再与其他服务提供商签订个人数据许可使用合同，无法使用其他服务提供商所提供的服务；另一方面，个人不能在其他企业的服务器上产生与签署独占许可使用合同的企业服务器上所产生的具有相同内容的个人数据，因为这样会面临独占许可使用合同违约的风险。故此，对于个人数据无法进行独占性许可使用。对于个人数据的排他性许可使用，则更不合理。因为根据《个人信息保护法》所规定的个人所享有的可携带权，个人可以随时请求数据处理者将个人数据移转至其他数据处理者，排他性许可使用意味着个人自己都无法行使基于个人信息权益上的各项权能，不符合作为人格权的个人信息权益的性质，显然违反人格利益优先于经济利益的法律原则。综上，对于个人数据的许可使用无法采取独占许可或排他许可的方式，只能采取普通许可的方式。

---

① 朱晓峰：《〈民法典〉第993条（人格要素许可使用）评注》，《中国应用法学》2023年第5期。

② 程啸：《个人数据授权机制的民法阐释》，《政法论坛》2023年第6期。

三、个人数据许可使用合同的效力

在个人数据许可使用合同中，对于许可人而言，不产生人格权转让的效果。个人数据的许可使用并不改变人格权的归属，被许可人通过许可使用合同享有在特定期间、特定范围以特定方式对个人数据的使用权。作为被许可人的数据处理者基于许可使用合同取得的数据使用权系一种个人数据上的财产权，可以对个人数据进行商业化利用，包括对个人数据进行收集、存储、使用、加工、传输、删除等权利。数据处理者要受到个人数据许可使用合同的约束，应以合同约定的方式，在约定的期限、地域使用个人数据。

在个人数据许可使用合同中，作为许可人的个人并不负有许可特定数量或特定质量的数据之义务。例如，服务提供商甲公司提供一款通讯功能的应用服务，作为回报，用户乙授权甲公司出于自身的商业目的处理其个人数据。对于这种由乙被动而非主动提供其个人数据的情况，乙没有义务实际使用甲公司所提供的服务并产生一定数量的用户生成数据或产生特定质量的数据（如产生用于揭示用户通信对象真实身份的数据）。不仅如此，乙还可以自由删除这些应用程序，从而使得甲公司无法进一步访问数据源。原因在于，个人数据的人格权属性要求数据处理者不得强制请求个人提供特定数量或特定质量的数据，个人数据不能作为强制执行的标的。在商业实践中，双方通常会以格式条款的形式签订个人数据许可使用合同，如果在合同条款中要求个人必须在特定时间段内使用数据处理者所提供的服务或产品产生个人数据，或要求提供特定种类或特定质量的个人数据条款的，应当根据格式条款规制规则认定无效。因为这种条款明显限制了个人的主要权利，侵犯其人身自由和人格尊严，强制要求个人从事其不愿从事的活动，明显具有违法性和不当性。故此，在这类合同中，许可人只能授权处理特定类型的个人数据，无法授权处理特定数量或特定质量的个人数据。

不仅如此，当双方签订个人数据许可使用合同后，个人无法适用《个人信息保护法》第15条第1款所规定的任意撤回同意的规定，因为个人与数据处理者之间产生了一个具有拘束力的合同关系。即便想要解除合同，也应当依据《民法典》第1023条，参照适用肖像许可使用的规定，必须要具备正当理由并且在合理期限之前通知对方。虽然我国《个人信息保护法》第15条第1款规定了个人可以无须任何理由撤回其个人信息处理的同意，但是个人数据许可使用合同的目的在于数据处理者可以稳定地进行数据活动，个人负有许可数据处理者处理其个人数据的合同义务。如果因解除合同给对方造成损失的（除非有因不可归责于个人的事由），应当向对方承担违约责任。同理，在个人数据许可使用的场景中，个人不得依据《个人信息保护法》第 47 条，请求作为被许可人的数据处理者删除其特定个人数据，否则也应当承担相应的违约责任。

第三编

企业数据权益与企业数据交易

第六章 企业数据的法律保护

第一节 概 述

一、企业数据的界定

个人数据、企业数据与公共数据是目前被理论界与实务界普遍接受的一种重要数据分类方法。这主要是因为《数据二十条》采纳了该分类,并提出要据此建立数据分类分级确权授权制度。所谓个人数据,也称"个人信息数据",就是指承载个人信息的数据。企业数据是指企业产生和处理的数据,如机器设备运行中产生并被记录的数据,企业在经营活动中合法收集的用户的数据,或者企业从其他市场主体处合法取得的数据等。公共数据是国家机关、法律法规规章授权的具有管理公共事务职能的组织以及公共服务运营单位在依法履行职责以及提供公共服务过程中生产、处理的数据。从逻辑上来说,与个人数据相对应的应当是非个人数据,而企业数据是强调持有数据的主体是企业,企业数据中既包括个人数据也包括非个人数据。同样,公共数据也是如此,既有个人数据,也有非个人数据。所以,个人数据、企业数据与公共数据的分类并不是特别严谨。但是,该分类的意义主要在于:体现了不同主体对数据的利益需求,有利于明确数据上各类权益的性质、类型及相互关系。例如,就个人数据而言,其上的权益主要就是个人信息权益和隐私权等人格权益;而就企业数据而言,主要涉及的就是企业的数据产权,该财产权和个人数据上的个人信息权益、隐私权以及商业秘密权等在先权益的关系。至于公共数据,主要涉及的问题就是如何进行数据的共享、开放与利用,从而协调国家、公众、私人等各方的利益。

企业数据是企业在生产经营或提供服务的过程中取得的数据,这些数据的来源多种多样:有些是企业自身产生的,有些是企业的用户产生的,有些是企业从其他市场主体或国家机关处取得的。归纳起来，企业数据的来源主要有以下三方面：

其一，企业自身产生的数据。企业在从事生产经营过程中，本身也是数据的生产者或者说制造者。企业对于自身产生的这些数据进行收集和存储，也是形成企业数据的重要途径。例如，企业对于自己与其他市场主体进行的交易活动的记录；企业运行的各种机器设备的状况、耗电量、故障率、维修信息、产品损耗率等；企业在进行原材料的采购、仓储以及产品的运输等各个供应链环节中形成的供应链数据等；企业的财务报表、资产负债表、利润表、现金流量表等财务方面的数据。

其二，企业从用户处合法收集的数据。企业参与市场活动，为用户提供产品或者服务时也会合法收集各种数据，这些数据中包括个人数据，也包括非个人数据。例如，网络公司通过 App 收集的用户的姓名、性别、年龄、手机号、检索记录、人脸信息等各种与特定自然人相关的信息；电动汽车的厂商通过物联网收集的用户驾驶习惯、行踪信息等个人信息。物联网是指通过信息传感设备，按照约定的协议，把任何物品与互联网连接起来，进行信息交换和通信，以实现智能化识别、定位、跟踪、监控和管理的一种网络，它是在互联网基础上延伸和扩展的网络。[①] 物联网上的联网汽车、工业机器、玩具和其他设备会自动产生大量的数据和信息，据预计存储的数据总量到 2025 年将达到 163ZB。在当今先进传感器的帮助下，每辆自动驾驶汽车每天就可以产生多达 4 000GB 的数据，这些数据涉及车辆的性能和维护、汽车的位置以及车内人员的各个方面的信息。[②] 企业通过物联网收集的大量数据同时包含了个人数据与非个人数据。

其三，企业从其他途径合法取得的数据。企业还可以通过其他途径合法取得数据，例如，A 企业与 B 数据公司直接进行数据交易或者在数据交易所进行交易而取得的数据。再如，C 公司向政府申请政府信息公开或者检索相关国家部委网站公开信息而合法取得的相关数据。实践中，企业通过爬虫技术而抓取他人的数据也是一种常见的取得数据的方法。不过，通过这种方法获取的如果是他人的非公开数据，则往往构成侵害商业秘密。即便获取的是其他企业的公开数据，但其他企业采取了技术保护措施或者获取的是其他企业投入大量成本加工后形成的数据产品，则该取得数据的

[①] 温家宝：《政府工作报告——2010 年 3 月 5 日在第十一届全国人民代表大会第三次会议上》，中央人民政府网站，https://www.gov.cn/2010lh/content_1555767.htm。

[②] Lothar Determann, No One Owns Data, 70 Hastings Law Journal 1 (2018), p. 3.

行为很可能会被认为构成不正当竞争。①

二、企业数据的类型

企业数据多种多样，可以从不同的角度进行不同的分类。例如，按照数据权属可以分为内部数据和外部数据；根据数据存储特性，可以分为结构化数据（Structured Data）、非结构化数据（Unstructured Data）；根据数据承载的信息内容，可以分为基础数据（Reference Data）、主数据（Master Data）、事务数据（Transactional Data）、观测数据（Observational Data）、规则数据（Conditional Data）、报告数据（Report Data）以及元数据（Meta Data）。② 再如，企业数据还可以分为主数据、业务数据与分析数据。所谓主数据，是指具有高业务价值的、可以在企业内跨越各个业务部门被重复使用的数据，是单一、准确、权威的数据来源。主数据包含元数据、引用数据、企业结构数据、业务结构数据等内容。业务数据则包含业务活动数据和业务审计数据，业务数据是在交易和企业活动过程中动态产生的，通常具有实时性的特点。分析数据是对业务数据梳理和加工的产物，在分析数据域中除了传统的结构化数据，有大量半结构和非结构化数据引入。③ 此外，从数据安全的角度，可以依据企业数据一旦遭到篡改、破坏、泄露或者被非法获取、非法利用，对国家安全、公共利益或者个人、组织合法权益造成的危害程度，将其分为一般数据、重要数据与核心数据（《网络安全法》第21条）；从企业所属的不同行业角度又可以将企业数据分为工业数据、电信数据、金融数据、交通数据、科技数据等。这些对企业数据的分类在不同的领域（如数据治理、数据安全）都各有其意义。就企业数据的保护以及企业数据权益的研究而言，以下三种企业数据的分类，更有意义。

（一）个人数据与非个人数据

个人数据与非个人数据是对数据进行分类的一种重要方法（前文已经有论述）。虽然"个人数据"的概念已为比较法上不少国家的法律所接受，理论界也在反复使用该概念，但是，我国法律和行政法规中没有采用这个概念，它只在一些政策文件、规章及地方性法规中出现。例如，《中共中央、国务院关于构建更加完善的要素市场化配置体制机制的意见》提出："推动完善适用于大数据环境下的数据分类分级安全保护制度，加强对政

---

① 浙江省高级人民法院联合课题组：《关于企业数据权益知识产权保护的调研报告》，《人民司法》2022年第13期。
② 华为公司数据管理部：《华为数据之道》，机械工业出版社2023年版，第37页。
③ 王兆君、王钺、曹朝辉：《主数据驱动的数据治理：原理、技术与实践》，清华大学出版社2019年版，第24页。

务数据、企业商业秘密和个人数据的保护。"再如,《最高人民法院关于支持和保障深圳建设中国特色社会主义先行示范区的意见》提到要"加强个人数据、公共数据等数据产权属性、形态、权属、公共数据共享机制等法律问题研究,加快完善数据产权司法保护规则"。《深圳经济特区数据条例》第 2 条第 2 项规定:"个人数据,是指载有可识别特定自然人信息的数据,不包括匿名化处理后的数据。"作为我国数据产权领域的最重要、最基础性的政策文件,《数据二十条》中不仅出现了"个人数据",还并行使用了"个人信息数据"与"承载个人信息的数据"等概念。

从比较法来看,对个人数据的界定基本相同,差异很小。例如,欧盟《一般数据保护条例》(GDPR)第 4 条第 1 款规定:"'个人数据'是指与一个已识别或可识别的自然人('数据主体')相关的任何信息。一个可识别的自然人是指能够被直接或间接地加以识别的人,尤其是通过参考诸如姓名、身份证号码、位置数据、在线身份识别码这类标识,或者通过特定于该自然人的一个或多个身体、生理、遗传、心理、经济、文化或社会身份等要素。"再如,《德国联邦数据保护法》第 46 条第 1 项规定:"个人数据:指与已识别或可识别的自然人(数据主体)有关的任何信息;可识别的自然人是可以直接或间接识别的自然人,尤其是通过参考如姓名、识别号、位置数据、在线标识符或与该人的身体、审理、遗传、心理、经济、文化或社会身份有关的一个或多个因素等识别特征。"《巴西通用数据保护法》第 5 条第 1 款规定:"个人数据:与已识别或可识别的自然人有关的信息"。在我国,《民法典》第 1034 条第 2 款和《个人信息保护法》第 4 条第 1 款已对个人信息作出了界定,且《数据安全法》第 3 条第 1 款也界定了数据的含义。结合上述法律规定,笔者认为,所谓个人数据,是指以电子或者其他方式对与已识别或者可识别的自然人有关的各种信息的记录。

"个人数据"这一概念的核心在于:它必须是与已经识别或可识别的自然人有关的数据。至于该数据是否由个人生产或来源于个人,无关紧要。有些数据是机器制造出来的,表面上看并不是个人数据,但经由大数据技术处理之后就可以追溯到个人,从而成为与个人相关的数据,例如智能电表上收集的读数。由于每个电子设备通电时有独特的负荷特征,因此基于用电情况就可以了解特定自然人的日常生活习惯,这些数据就属于个人数据。① 反之,即便是个人生产的数据或者来源于个人的数据,若不包

---

① [英]维克托·迈尔-舍恩伯格、肯尼斯·库克耶:《大数据时代:生活、工作与思维的大变革》,盛杨燕、周涛译,浙江人民出版社 2013 年版,第 196 页。

含个人信息,也不属于个人数据,例如,自然人用户在平台上传的风景图片、关于天气的记录等。当然,广义上可以将这些数据称为"用户数据"①。倘若数据虽然承载了个人信息,而数据处理者对个人信息进行了匿名化处理,那么,这些数据因为未承载个人信息,不再属于个人数据。理论界有些学者为了表示个人也属于数据要素生产过程中的参与主体,将个人称为"数据生产者"或"数据来源者"②。然而,不能因此就将"个人数据"与"来源于个人的数据"等同。因为来源于个人的数据并不都是个人数据,非来源于个人的数据也未必就不是个人数据。总之,认定个人数据的核心标准是该数据是否与个人相关,而非是否由个人生产或来源于个人。

在将个人数据排除之后,剩下的都是非个人数据,从实践来看,主要包括以下类型:(1)仅与法人、非法人组织等组织体而非自然人相关的各种数据,如某一行业特定时间内的交易金额,航空企业一年内的航班延误次数,某汽车厂的汽车生产总量等;(2)用户使用相关程序或信息服务后产生的无法识别特定个人的数据,如特定时间段中某些关键词的检索总次数或者某一软件的下载总次数;(3)与个人无关的纯客观的(或自然界的)数据,如天气情况、降雨情况、海域面积、动植物信息等;(4)物联网上产生的非个人数据,如家电的耗电量,电动汽车的行驶里程与油耗等;(5)对于个人数据进行匿名化处理后形成的数据(《个人信息保护法》第4条第1款)。当然,个人数据和非个人数据的区分并不是固定的、不变的,个人数据的范围也是动态变化的和具有相对性的,对于某个主体而言属于个人数据的数据,对于另外的主体可能就不属于个人数据。

(二)原始数据与衍生数据

原始数据与衍生数据是依据数据是否被加工而进行的分类。③ 在企业数据中,凡是没有经过任何加工的数据即不依赖于现有数据而产生的数据,就是原始数据,例如,企业直接收集到的用户的个人信息、用户发表的评论数据、用户使用服务的日志数据等。原始数据是直接来源于现实世界的数据,而现实世界的数据库极易受噪声、缺失值和不一致数据的侵扰,数据质量低。因此,需要通过数据清理、数据集成、数据变换等数据

---

① 姚佳:《数据权益的构造及其动态比较》,《中国应用法学》2023年第3期。
② 丁晓东:《论数据来源者权利》,《比较法研究》2023年第3期。
③ 原始数据与衍生数据的区分不同于有的学者提出的基础数据与增值数据的划分,后一种分类的基础数据都属于个人数据,但是原始数据包括个人数据,也包括非个人数据。丁道勤:《基础数据与增值数据的二元划分》,《财经法学》2017年第2期。

预处理后才能进行高质量的数据挖掘。衍生数据就是对于原始数据进行统计、关联、挖掘或聚合等加工活动而产生的数据。① 根据加工程度和维度不同，衍生数据又包括脱敏数据（如个人数据去标识化、匿名化处理后形成的数据）、标签数据（偏好标签、关系标签等）、统计数据（如群体统计数据、交易统计数据）、融合数据（如多个业务、多个地市的数据整合）等。②

　　区分原始数据与衍生数据的法律意义在于：首先，原始数据中往往包含了大量个人数据，故此，原始数据的收集、加工、提供等处理活动必须具有法律根据（如取得个人的同意或者具备法律、行政法规规定的情形），否则就可能构成对自然人的个人信息权益的侵害。法律上对于原始数据的处理以及安全保护有非常严格的要求。企业对于其原始数据的共享、利用抑或流转交易都必须十分地谨慎。《数据二十条》明确要求"在保障安全前提下，推动数据处理者依法依规对原始数据进行开发利用，支持数据处理者依法依规行使数据应用相关权利"，"审慎对待原始数据的流转交易行为"。衍生数据是通过对原始数据进行加工、分析等处理活动而产生的，在这一过程中，处理者已经对原始数据中的个人数据进行匿名化处理，故此衍生数据不包含个人数据。因此，对衍生数据的流转交易等就更加自由。其次，企业对原始数据的收集、存储等处理活动虽然也会付出成本，但是并不高，而且单纯的收集和存储活动，创造性程度也较低，并未增加新的价值。但是，衍生数据是对原始数据进行加工处理后形成的，相比于原始数据，企业对衍生数据投入的人力、物力更多，一些衍生数据的创造性程度也会更高。因此，衍生数据有可能具有独创性，构成智力成果，可以受到著作权等知识产权的保护。③ 即便衍生数据无法受到知识产权的保护，但因为企业可能对其投入了较大成本，从而形成了企业在竞争上的优势，故此，其也可以获得《反不正当竞争法》的保护。例如，在"安徽美景信息科技有限公司与淘宝（中国）软件有限公司不正当竞争纠纷案"

---

① 2021年12月31日全国信息安全标准化技术委员会秘书处发布的《网络安全标准实践指南——网络数据分类分级指引》第2.9条。
② 2021年12月31日全国信息安全标准化技术委员会秘书处发布的《网络安全标准实践指南——网络数据分类分级指引》第6.4.3条。
③ 有的学者甚至认为，应当将衍生数据作为知识产权的一种客体，即数据专有权的客体（杨立新、陈小江：《衍生数据是数据专有权的客体》，《中国社会科学报》2016年7月13日）。但是，诚如有的学者所言，衍生数据的概念非常广泛，并非所有的衍生数据都具有较高的价值，都可以得到专有权的保护（武腾：《数据交易的合同法问题研究》，法律出版社2023年版，第114页）。

中，法院认为：淘宝公司"生意参谋"大数据产品不同于原始网络数据，其提供的数据内容虽然同样源于网络用户信息，但经过网络运营者大量的智力劳动成果投入，经过深度开发与系统整合，最终呈现给消费者的数据内容，已独立于网络用户信息、原始网络数据，是与网络用户信息、原始网络数据无直接对应关系的衍生数据。因此，淘宝公司对其开发的大数据产品，应当享有自己独立的财产性权益，应当受到《反不正当竞争法》的保护。[1]《数据二十条》也明确指出"保护经加工、分析等形成数据或数据衍生产品的经营权，依法依规规范数据处理者许可他人使用数据或数据衍生产品的权利"。

（三）公开的数据与非公开的数据

依据是否公开可以将企业数据分为公开的数据与非公开的数据。这种区分的意义在于，二者的保护方式存在差别。企业的非公开的数据往往是那些具有经济价值并且企业要采取相应的保密措施的数据，如技术数据、经营数据等，这些数据属于《反不正当竞争法》第 9 条第 4 款规定的"商业秘密"，可以获得《反不正当竞争法》的保护。并且由于这些数据对于保证企业在竞争中的优势地位非常重要，企业不会将这些属于商业秘密的非公开的数据来进行交易。然而，公开的数据不可能构成商业秘密。在企业数据中公开的数据，主要包括以下三类：

其一，依法必须公开的或者企业自行公开的数据，例如，电子商务平台销售的各类产品的价格、型号、质量、产地信息、保质期、使用方法等，这些信息是依据《产品质量法》《消费者权益保护法》必须公开的。依据《企业信息公示暂行条例》的规定，企业应当于每年 1 月 1 日至 6 月 30 日，通过国家企业信用信息公示系统向市场监督管理部门报送上一年度年度报告，并向社会公示。企业年度报告包括以下内容：（1）企业通信地址、邮政编码、联系电话、电子邮箱等信息；（2）企业开业、歇业、清算等存续状态信息；（3）企业投资设立企业、购买股权信息；（4）企业为有限责任公司或者股份有限公司的，其股东或者发起人认缴和实缴的出资额、出资时间、出资方式等信息；（5）有限责任公司股东股权转让等股权变更信息；（6）企业网站以及从事网络经营的网店的名称、网址等信息；（7）企业从业人数、资产总额、负债总额、对外提供保证担保、所有者权益合计、营业总收入、主营业务收入、利润总额、净利润、纳税总额信息。其中第 1~6 项内容应当向社会公示，对于第 7 项企业可以自主决定

---

[1] 浙江省杭州市中级人民法院（2018）浙 01 民终 7312 号民事判决书。

是否向社会公示。

其二，原本就是公开的数据，例如，相关数据在所属领域属于一般常识或者行业惯例的，或者数据仅涉及产品的尺寸、结构、材料、部件的简单组合等内容而所属领域的相关人员通过观察上市产品即可直接获得。

其三，原本是非公开的数据，后来因为他人的侵权行为而被公开。

公开的数据显然是不能作为商业秘密加以保护，除非已经被公开的数据又经过了整理、改进、加工后形成了新的数据，而这些新的数据不为所属领域的相关人员普遍知悉和容易获得（《最高人民法院关于审理侵犯商业秘密民事案件适用法律若干问题的规定》第3条、第4条第2款）。依据《民法典》第1036条第2项、《个人信息保护法》第13条第1款第6项以及第27条，个人信息处理者可以在合理的范围内处理个人自行公开或者其他已经合法公开的个人信息，无须取得个人的同意，除非个人明确拒绝。并且，个人信息处理者处理已公开的个人信息，对个人权益有重大影响的，应当依法取得个人同意。所以，对于企业的公开的数据中的个人数据，其他民事主体可以在合理的范围内进行处理，不需要取得个人的同意，也不需要取得企业的同意。但是，其他民事主体处理企业的公开的个人数据也好，或者公开的非个人数据也罢，倘若该处理行为不符合自愿、平等、公平、诚信的原则，未遵守法律和商业道德，或者该处理行为违反《反不正当竞争法》的规定，扰乱市场竞争秩序，损害其他经营者或者消费者的合法权益，那么此种对公开的数据的处理行为属于不正当竞争行为，行为人应当承担侵权责任。

三、企业数据涉及的主体

企业数据涉及数据来源者、数据生产者和数据处理者三个主体，这三个概念也是近年来讨论数据权益，尤其是企业数据权益时常出现的概念。在这三个概念中，比较准确的就是数据处理者的概念，因为《数据安全法》第3条第2款明确地将数据处理界定为"包括数据的收集、存储、使用、加工、传输、提供、公开等"，也就是说，任何实施数据的收集、存储、使用、加工、传输、提供、公开等活动的自然人、法人或非法人组织，都是数据处理者。① 但是，数据来源者和数据生产者这两个概念，相对比较模糊。按照字面意思，所谓数据来源者应当是指，数据从其那里来的自然人、法人或非法人组织，如此则数据来源者至少包括两类主体：

---

① 我国《数据安全法》并未如同《个人信息保护法》那样明确要求数据处理者必须"自主决定"数据处理目的和处理方式。

(1) 其自身的数据被他人收集的主体，例如，自然人张某的个人数据被某公司合法收集，张某就是数据来源者。E 公司所有并运行的机器设备的各种运行数据被该机器的生产商 G 公司收集，则 E 公司是数据来源者。(2) 向其他主体提供并非自身的数据的主体，如 A 公司向 B 公司出售其从 C 公司处取得的数据，C 公司是数据来源者，A 公司同样也是数据来源者。究竟何为数据生产者，理论界有不同的界定。有的观点认为，数据生产者就是那些投入资本并在从无到有产出数据或者依一定目的、用途对他处数据加以收集、整理、加工过程中起决策作用的市场主体。[1] 还有的观点认为，数据生产是指数据生产者投入生产要素以获得数据的生产环节，无论是网络用户使用互联网产品或服务的活动，还是用户进行内容生产的活动，都只是消费活动，而非数据生产活动。[2]

理论界的一些学者提出数据来源者与数据生产者这两个概念，主要就是希望借此来解决数据财产权的归属问题。使用"数据来源者"这一概念的观点的逻辑在于：既然采集的数据来源于作为自然人的用户，那么，就应当由该自然人用户享有数据的所有权。[3] 至于企业，则是通过数据所有权人的授权而取得所谓的数据用益权，该数据用益权在数据生成和利用的不同阶段又分为不同的具体实现形式，包括数据资源持有权、数据加工使用权以及数据产品经营权。[4] 使用"数据生产者"这一概念的观点的逻辑在于：数据生产者为数据的生产投入了资本或生产要素，因此，就可以取得数据的财产权或控制权。例如，有的人认为，数据财产权应当分配给数据生产者，而非数据来源者。例如，企业收集的个人的人脸信息，个人是数据来源者，而企业是数据生产者。有的学者认为，应当区分数据生产和数据流通这两个环节，在数据生产环节确认数据的初始归属应当以数据控制权的法律配置为实现方式，该控制权应当配置给数据生产者，它们对其生产的数据享有一般性的数据控制权，无论数据是个人数据还是非个人数据，是原始数据还是衍生数据，是公开的数据还是非公开的数据。在数据流通环节，通过意定或法定两种方式配置数据利用权，意定方式即授权他

---

[1] 刘文杰：《数据产权的法律表达》，《法学研究》2023 年第 3 期。
[2] 宁园：《从数据生产到数据流通：数据财产权益的双层配置方案》，《法学研究》2023 年第 3 期。
[3] 申卫星：《论数据用益权》，《中国社会科学》2020 年第 11 期。
[4] 申卫星：《论数据产权制度的层级性："三三制"数据确权法》，《中国法学》2023 年第 4 期。

人利用数据和公开数据，法定方式则是法律强制设立数据利用权。①

《数据二十条》并没有使用"数据生产者"的概念，而仅使用了"数据来源者"与"数据处理者"的概念。依据该文件，数据来源者与数据处理者针对数据都享有相应的合法权益，其中，数据来源者的合法权益体现为：其一，基于知情同意而允许数据被投入流通使用当中；其二，享有获取或复制转移由其促成产生数据的权益。数据处理者对于对依法依规持有的数据享有进行自主管控的权益，具体而言体现在：其一，数据加工使用权，即依照法律规定或合同约定获取的数据加工使用权；其二，使用数据和获得收益的权利；其三，对于经加工、分析等形成数据或数据衍生产品享有经营权并且有权许可他人使用数据或数据衍生产品；其四，处分相关财产性权益的权利，即依法或依约流转数据相关财产性权益；其五，数据处理者发生合并、分立、解散、被宣告破产时，相关权利和义务依法依规同步转移。从《数据二十条》上述规定可以看出，数据来源者包括自然人、法人和非法人组织，即数据从其那里而来的主体。数据处理者是指对于数据进行收集、加工、存储、使用等活动的企业等市场主体。数据处理者针对合法持有的数据享有内容较为广泛的权利或权能，而数据来源者的合法权益实际上是依个人信息权益而构造出来的。所谓基于知情同意而允许数据被投入流通使用当中，就是个人对个人数据处理的知情权与决定权（《个人信息保护法》第44条）；享有获取或复制转移由其促成产生数据的权益，就是个人对个人数据的查询权、复制权以及可携带权（《个人信息保护法》第45条）。

四、企业数据的保护路径

企业针对其数据究竟享有何种权益、怎样交易以及如何保护是企业的数据权益或数据产权问题，该问题是数字经济时代备受关注的问题。② 作为全球第一份系统构建数据基础制度的政策文件，《数据二十条》对于我

---

① 宁园：《从数据生产到数据流通：数据财产权益的双层配置方案》，《法学研究》2023年第3期。

② 国内的代表性论文参见：王利明：《数据何以确权》，《法学研究》2023年第4期；张新宝：《论作为新型财产权的数据财产权》，《中国社会科学》2023年第4期；龙卫球：《数据新型财产权构建及其体系研究》，《政法论坛》2017年第4期；龙卫球：《再论企业数据保护的财产权化路径》，《东方法学》2018年第3期；程啸：《论大数据时代的个人数据权利》，《中国社会科学》2018年第3期；梅夏英：《企业数据权益原论：从财产到控制》，《中外法学》2021年第5期；冯晓青：《大数据时代企业数据的财产权保护与制度构建》，《当代法学》2022年第6期；姚佳：《企业数据的利用准则》，《清华法学》2019年第3期；吴汉东：《数据财产赋权的立法选择》，《法律科学》2023年第4期；姚佳：《企业数据权益：控制、排他性与可转让性》，《法学评论》2023年第4期；张素华：《数据产权结构性分置的法律实现》，《东方法学》2023年第2期。

国企业数据权益的构建提出了思路，主要包括：其一，企业数据产权的三权分置，即根据数据来源和数据生成特征，分别界定数据生产、流通、使用过程中各参与方享有的合法权利，建立数据资源持有权、数据加工使用权、数据产品经营权等分置的产权运行机制。其二，推动建立企业数据确权授权机制，并明确对于"各类市场主体在生产经营活动中采集加工的不涉及个人信息和公共利益的数据，市场主体享有依法依规持有、使用、获取收益的权益"。由于《数据二十条》只是政策文件，上述关于企业数据权益构建的内容仍需通过相应的法律规范，以权利义务关系的方式加以贯彻落实。如何对企业数据权益进行准确的定位与保护，并科学合理的协调企业数据权益与个人数据、公共数据上的权益之间的关系，需要系统全面的研究。

对数据权益的研究，存在两种不同的进路：一是将数据涵摄于法定财产权之下，形成数据所有权、数据占有、数据著作权—邻接权，或者使用数据库特殊权利、商业秘密或一般意义上的知识产权进行保护。二是建构新型的数据权益，尤其是随着《数据二十条》提出"数据资源持有权、数据加工使用权、数据产品经营权等分置的产权运行机制"，越来越多的观点倾向于区分原始数据、数据集合和数据产品分别进行确权。

从民事权益的角度来说，如果说企业对于其合法收集的数据具有应当受到法律保护的利益，那么，首先需要考虑的是，这些利益是否已经为现行的民事权利所涵盖。如果完全可以通过现行的民事权利所保护，那么该利益就不具有独立性，无须叠床架屋创设新的权利对之加以保护。[1] 我国《民法典》第一编"总则"第五章"民事权利"详细列举了我国法上的民事权利体系，包括人格权、身份权、物权、债权、知识产权、继承权、股权和其他投资性权利等。这些权利中与企业数据保护相关的民事权利主要有物权、债权以及知识产权。通过下文的分析可知，这三类民事权利都可以在某些方面保护企业对其数据的利益，但都不能完全涵盖。在通过物权、债权以及知识产权保护企业对数据的财产利益之外，司法实践中最常见的保护企业数据的方法，就是借助《反不正当竞争法》的一般条款来保护企业对其数据的财产利益。

本章将着重对现行法对企业数据的保护展开讨论，尤其是重点评述理论界提出的通过现行法上的所有权、著作权等既有的民事权利来保护数据的观点，据此论证现行法及既有的民事权利为什么不足以对企业数据提供

---

[1] 程啸：《侵权责任法》（第三版），法律出版社 2021 年版，第 149 页。

充分的保护。

第二节 物权法对企业数据的保护

一、数据所有权说

数据所有权说主张，数据上（或特定数据上）的财产权益的类型为所有权。在历史意义上，国内理论和实务对数据确权的讨论是从"数据所有权说"开始的。例如，2015年的一篇文章中就有观点认为，企业对匿名化数据集享有有限的所有权。[1] 根据谁享有数据所有权的标准，可以将数据所有权说细分为：数据持有者所有权说和数据来源者所有权说。

（一）数据持有者所有权说

该说主张，数据持有者对特定类型的数据享有数据所有权。[2] 之所以是"特定类型的数据"，而非一般的数据，是因为若是承认承载着个人信息的数据上成立数据持有者所有权，可能将会严重限制个人信息权益保护的程度。故此，有的观点主张，企业只对充分匿名化之后的数据集享有有限的所有权。[3] 有的观点主张数据持有者对数据产品和基础数据中的非个人数据享有数据所有权。[4] 有的观点主张数据持有者对企业的生产经营数据、个人数据经匿名处理后的数据享有数据所有权。[5]

德国判例与学说曾经一度主张通过数据载体的所有权来保护存储在数据载体上的数据。[6] 这一主张的合理性在于，数据的存在可以还原为数据载体上的电磁结构或者特定电荷状态，因而数据乃是数据载体的内在结构。《德国民法典》赋予所有权人对其物进行随意处置的权利，并且排除他人一切干涉。因此，可以得出结论称，所有权的法律权能延伸至数据载体的内在结构中。根据数据载体所有权的观点，数据在某种意义上亦是所有权的对象。

---

[1] 王融：《关于大数据交易核心法律问题——数据所有权的探讨》，《大数据》2015年第2期。

[2] 汤琪：《大数据交易中的产权问题研究》，《图书与情报》2016年第4期；石丹：《大数据时代数据权属及其保护路径研究》，《西安交通大学学报（社会科学版）》2018年第3期；时明涛：《大数据时代企业数据权利保护的困境与突破》，《电子知识产权》2020年第7期。

[3] 王融：《关于大数据交易核心法律问题——数据所有权的探讨》，《大数据》2015年第2期。

[4] 时明涛：《大数据时代企业数据权利保护的困境与突破》，《电子知识产权》2020年第7期。

[5] 石丹：《大数据时代数据权属及其保护路径研究》，《西安交通大学学报（社会科学版）》2018年第3期。

[6] MüKoBGB/Wagner, 9. Aufl. 2024, BGB § 823 Rn. 285-288.

然而，在云存储与云计算兴起之后，通过数据载体所有权保护数据的观点已经缺乏说服力。随着互联网的迅猛发展，数据越来越多地从固定的数据载体中解放出来。数据可以在几秒钟内被复制，并从一个载体转移到另一个载体。云计算是数据和数据载体分离的一个典型例子，其中，基础设施的所有权属于云计算的运营商，但数据由云计算的用户上传。上传的数据与用户有个人联系，而与载体所有者无关。倘若将数据上的相关权益分配给数据载体的所有权人，那么，云计算的运营商将会控制一切数据，甚至包括用户上传的个人信息。这一方案违背了个人信息保护法的立法宗旨。将删除和修改权限分配给数据载体的所有权人，意味着在越来越常见的云计算场景中，不能由实际对数据具有法律利益的人决定删除或者不删除，而是由对单个数据没有法律利益的云计算的运营商决定，这显然是无法令人信服的。可以说，由于数据和数据载体的日益分离（Abstraktion），试图通过数据载体的所有权来保护数据的方案正在失去或根本就没有意义。[1]

（二）数据来源者所有权说

该说认为，应当由数据来源者享有数据所有权，而数据处理者享有数据使用权或数据用益权。其具体内容包括：

第一，数据来源者享有数据所有权。其中，数据来源者可以是个人、企业或者政府（或天气、地理等自然环境），由此分别形成个人数据所有权、企业数据所有权和国家数据所有权。企业数据所有权的成立以该数据不包含个人数据为前提条件。一旦企业数据中包含其所收集的个人数据，那么，即便这些数据同时包含企业作为来源者的数据，这些数据上也应当成立个人数据所有权。同样，国家数据所有权的成立也以该数据不包含个人数据或企业数据为前提条件。一旦其中包含个人数据或企业数据，也不能成立国家数据所有权。[2]

由于《民法典》和《个人信息保护法》确立了个人信息权益，个人数据所有权似乎与个人信息权益存在一定的重叠关系。因此，对于主张个人数据上成立所有权的论者而言，首先需要厘清的是个人数据所有权与个人信息权益之间的关系。对此，一种观点认为，个人数据所有权与个人信息权益乃是两项相互独立的、分别存在的法律权利。个人数据所有权的客体

---

[1] Johannes Kevekordes, Daten als Gegenstand absoluter Zuordnung, Berlin: Duncker & Humblot, 2022, S. 104.

[2] 申卫星：《论数据产权制度的层级性："三三制"数据确权法》，《中国法学》2023年第4期。

是个人数据,乃是符号信息,处于句法层;个人信息权益的客体是个人信息,乃是语义信息,处于内容层。《数据安全法》第 3 条第 1 款规定数据是"以电子或者其他方式对信息的记录",而《个人信息保护法》第 4 条第 1 款规定个人信息是"以电子或者其他方式记录"的各种信息。由此可以看出,我国现行法有意地区分了数据和信息两个不同层面的客体。① 数据的所有权之所以应当赋予个人(数据来源者),而非数据处理者,是因为从数据的全生命周期来看,数据起源于用户的网络接入行为,考虑到用户是数据产生的原发者,对用户进行赋权应该成为数据权利配置的起点。此外,数字劳动理论表明,在数字时代,娱乐即劳动,用户使用网络服务耗费了大量的时间和精力,为数据处理者提供了海量数据,应当依照劳动财产理论赋予个人对其数据享有所有权,从而矫正用户被数据处理者剥削的不公正局面。② 简要言之,由于数据来源于个人,并且个人也为此付出了某种意义上的劳动,因此个人应当享有个人数据所有权。

第二,数据处理者享有数据用益权。由于数据处理者付出了大量的劳动和资金投入,因此应当赋予数据处理者一定的数据产权。考虑到数据来源者应当享有数据所有权,数据处理者应当按照"所有权—用益物权"和"著作权—邻接权"的逻辑享有数据用益权。数据处理者享有数据用益权,一方面是因为数据处理者付出了劳动,另一方面是数据处理者获得了数据来源者的同意或授权。数据处理者享有的数据用益权可以依据数据的全生命周期,进一步区分为"数据资源—数据集合—数据产品"三个阶段的具体权利,具体而言:(1)在数据资源阶段,数据来源者对数据资源享有所有权,数据处理者对其合法收集的数据资源,依其实际占有、控制数据的事实,享有数据资源持有权。数据资源持有权类似于物权法上的占有,数据处理者可以禁止他人的不当爬取,但是无法积极支配和使用数据。数据资源持有权构成数据加工使用权与数据产品经营权的前置性基础权利。数据处理者能否对数据资源享有持有权或加工使用权,取决于数据所有权人是否授权。(2)在数据集合阶段,鉴于数据集合由海量数据经初步加工整理形成,并且经由原始数据所有权人的授权,数据处理者享有数据集合的加工使用权。数据集合的加工使用权须经登记才能对抗第三人。(3)在数据产品阶段,数据产品本质上属于经加工形成的新型数据,依照加工取得

---

① 申卫星:《论数据产权制度的层级性:"三三制"数据确权法》,《中国法学》2023 年第 4 期。

② [英]克里斯蒂安·福克斯:《数字劳动与卡尔·马克思》,周延云译,人民出版社 2020 年版,第 345 页。

所有权的添附制度，数据处理者作为加工人可以取得数据产品所有权；倘若数据产品的独创性满足知识产权的要求，数据处理者将取得数据产品知识产权。数据产品所有权的法律权能包括占有、使用、收益和处分四项。①

类似的观点认为，在信息社会中，数据的所有权与使用权高度分离。其中，数据应当分为两个部分：一是与个人身份特征或行为特征密切相关的数据信息（个人信息），它们的所有权归个人，企业不得出售或者转让；二是个人信息经过脱敏、脱密后可视为企业自己的数据资源，可以支配或买卖。对于个人信息而言，尽管个人享有所有权，但是企业以及依法取得个人信息的其他机构，如医疗保险机构、法院、检察院等等，享有使用权。例如，病例的所有权归患者，但是医疗机构享有使用权。②

（三）数据所有权说的缺陷

数据所有权说最大的问题在于：数据之上究竟能否成立《民法典》第240条意义上的所有权？《民法典》第240条规定的所有权的客体仅限于动产或者不动产。数据既非动产，也非不动产，其上似乎难以成立所有权。有人认为：“越来越多的物权法理论认为，我国的物权客体应当扩大到一些无体物，磁、电、热、声、光以及空间等尽管是以无形的状态表现，但其仍然属于不以人的意志为转移的客观存在，而且能够为人力所支配。数据通过光、电、磁等物理方式存在，是肉眼不可见的一种客观存在物，其客观存在性足以使其成为物权的客体。”③ 问题在于：所有权的客体真的可以扩张涵盖数据吗？这一问题显然是不能仅仅根据客体的属性加以判断的。这是因为：一方面，《民法典》第252条规定"无线电频谱资源属于国家所有"。无线电频谱资源既非动产也非不动产，但是可以成为国家所有的客体。另一方面，作品、发明或者商标等无形财产根本不能成为所有权的客体。因此，无法仅从客体的属性判断是否可以成立所有权。

不仅如此，而且从所有权所调整的对象可以认为数据上不能成立所有权。因为，所有权仅仅调整因财产的竞争性利用而产生的法律关系。换言之，当且仅当权利主体对某一客体的使用具有竞争性时，该客体才能成为

---

① 申卫星：《论数据产权制度的层级性："三三制"数据确权法》，《中国法学》2023年第4期。
② 杜振华、茶洪旺：《数据产权制度的现实考量》，《重庆社会科学》2016年第8期。
③ 申卫星：《论数据用益权》，《中国社会科学》2020年第11期。

所有权的客体。可以说，所有权的法律权能均是"竞争性的利用行为"①。由此可知，尽管无线电频谱资源并非有体物（物质），而是无线电波的物理特征（频率）的集合，但是，之所以无线电频谱资源可以成为所有权的客体，是因为在特定的时空中，仅能允许一个无线电波具有特定频率，否则会相互干扰。②换言之，尽管无线电频谱资源不是有体物，因为其只能被竞争性利用，但是无线电频谱资源的竞争性补足了其并非有体物的欠缺，使其可以成为物权客体。然而，数据最大的一个特点就是非竞争性，相同的数据可以由不同的人在同一时间在不同的地点加以不同的利用而互不妨碍或干扰。由于数据的使用并不具备竞争性，因此其难以成为所有权的客体。

人们还要进一步追问的是：所谓的个人数据所有权真的具有独立存在的必要性吗？尤其是在我国《个人信息保护法》已经明确规定了个人信息权益的背景下，个人数据所有权还有必要存在吗？是否存在某种法律目的是个人信息权益无法实现的，因此需要确立一个所谓的个人数据所有权才能实现呢？对此，有人认为，只有当个人对其数据拥有所有权时，才能有效地保证信息自决。因为，个人信息权益中的更正权、删除权、可携带权等权能虽然指向语义层面的个人信息，但是必须借助符号层面的个人数据才能实现。例如，当且仅当赋予个人数据所有权时，个人才能有效地行使删除权。③显然，该观点的主张是，个人信息权益仅指向语义信息，而不指向符号信息。因此需要单独确立个人数据所有权，补足信息主体的权利，使其控制个人数据。然而，这一观点明显曲解了个人信息权益。因为，个人信息权益本身已经同时指向了语义信息和符号信息。换句话说，个人信息权益的客体已经包括了语义信息和符号信息。

首先，《个人信息保护法》规定的处理行为，不可避免地同时指向语义信息和符号信息。例如，个人信息的收集行为是个人信息处理活动的起点，收集个人信息将不可避免地涉及以电子或者其他方式对个人信息进行记录形成数据。个人信息处理者必须取得个人的同意才能收集个人信息，若是个人不予同意，那么个人信息处理者不仅无法获得语义层面的个人信

---

① Herbert Zech, Die „Befugnisse des Eigentümer" nach § 903 Satz 1 BGB-Rivalität als Kriterium für eine Begrenzung der Eigentumswirkung, AcP 219 (2019) 488, S. 525ff.

② 娄耀雄：《论无线电频谱使用权的准物权特征及面向技术进步的制度变革》，《法律科学》2009 年第 5 期。

③ 申卫星：《论数据产权制度的层级性："三三制"数据确权法》，《中国法学》2023 年第 4 期。

第六章 企业数据的法律保护

息,也无法获得符号层面的个人数据。如此一来,个人依据《个人信息保护法》第 13 条第 1 款第 1 项享有的同意或者不同意的权利,不仅控制了自己的个人信息,同时也控制了自己的个人数据。又如,《个人信息保护法》第 22 条规定了"因合并、分立、解散、被宣告破产等原因需要转移个人信息",第 23 条规定了"个人信息处理者向其他个人信息处理者提供其处理的个人信息",其中个人信息的转移和提供,当然是指符号层面的个人数据的转移和提供。倘若想要脱离个人数据,单独转移语义层面的个人信息,那就只能要求个人信息处理者的工作人员通过口口相传的方式进行转移或者提供。再如,《个人信息保护法》第 24 条规定了"利用个人信息进行自动化决策",其中自动化决策的基础是海量数据的分析与挖掘,而数据分析工作的对象又不可避免地是符号层面的个人数据。以用户画像为例,用户画像建模过程通常使用的数据表包括用户信息表、商品订单表、埋点日志表、访问日志表、商品评论表、搜索日志表、用户收藏表、购物车信息表等等。① 个人信息处理者通过对这些数据表的数据分析,最终决定向某一用户推送何种广告。由此可见,《个人信息保护法》所要规制的处理行为,既涉及语义信息,也涉及符号信息。倘若将符号层面的个人数据从中分离出去,并且授予个人数据所有权,将对个人信息保护法的规范目的造成严重的干扰。

其次,事实表明,即便没有确立个人数据所有权,基于个人信息权益的删除权仍然可以实现。例如,"拼多多"的运营主体寻梦公司未经吴某某同意,将其收集的吴某某的姓名、身份证号码等个人信息提供给了关联公司付费通公司,用于开设吴某某的付款账户,付费通公司收集的个人信息违反法律法规的规定,法院判决付费通公司删除吴某某的个人信息。② 这一判决是建立在"个人信息权益"的基础上,而非个人数据所有权的基础上作出的,似乎没有什么理由认为吴某某的删除权欠缺正当性基础。

再次,有的人之所以将个人信息权益的客体限缩解释为语义信息,而不包括符号信息,是因为现行法有意地区分了信息和数据两个概念。比如《个人信息保护法》第 4 条第 1 款规定的是"以电子或者其他方式记录的……各种信息",而《数据安全法》第 3 条第 1 款规定的是"任何以电子或者其他方式对信息的记录"。若是严格遵循概念使用的同一律,那么

---

① 赵宏田:《用户画像:方法论与工程化解决方案》,机械工业出版社 2023 年版,第 12-16 页。
② "吴某某与上海付费通信息服务有限公司等个人信息保护纠纷案",浙江省杭州市中级人民法院(2021)浙 01 民终 12780 号民事判决书。

个人信息权益似乎只能是针对语义信息的权利,而不涵盖针对符号信息的权利。然而,这种逻辑上的概念统一将会违背经验事实。除非社会公众是通过口口相传的方式对语义信息进行传播,否则的话,一项语义信息若要获得传播,必然需要依赖于符号信息。可以确定的是,个人信息不是通过口口相传的方式进行处理的,个人信息处理活动总是伴随着符号层面的个人数据的收集、存储、使用、加工、传输、提供、公开或者删除等。《个人信息保护法》第 4 条第 1 款中 "以电子或者其他方式记录的……各种信息" 的定义方式就充分表明:当且仅当个人信息被记录下来之后,才有可能对个人信息进行处理,才有必要赋予个人以个人信息权益。若是为了严格遵循信息与数据的概念区分,将个人信息权益解释为语义信息上的权利,排除了信息主体对符号信息的权利,那么,个人信息权益几乎没有什么实际价值。

最后,需要讨论的是,数据来源者所有权说的论据只能用来证成 "权利的归属",而无法证成 "权利的结构"。上文指出,个人数据所有权说认为,由于数据来源于个人,并且个人也为此付出了某种意义上的劳动,因此个人应当享有个人数据所有权。在这一论证逻辑中,不管是数据来源于个人,还是个人付出了劳动,均是用来证成某种数据权益应当归属于个人,而不是用来论证该数据权益应该是 "数据所有权" 的。换句话说,即便在数据权属中认可洛克的劳动赋权理论,那么该理论也只是关于权利归属的论证,而不是关于权利性质以及权利结构的论证。对此举个反例,则更加容易理解。假设一种观点主张个人数据上应当成立著作权,该观点同样可能面临一个问题:所谓 "个人数据著作权" 究竟是应该归属于个人,还是归属于数据处理者?这种观点同样可以援引相同的论证,即数据来源于个人并且个人付出了劳动,从而证明个人数据著作权应当归属于个人,而不是数据处理者。由此可见,数据来源于个人并且个人付出了劳动,是根本无法论证个人数据之上成立的权利为什么就应当是 "所有权" 而非其他权利。

数据来源者所有权说主张,数据来源者享有数据所有权,数据处理者享有数据用益权。数据用益权如同用益物权一样,是从数据所有权中 "权能分离" 出来的或者 "派生" 出来的。数据用益权还可以根据数据的全生命周期进一步划分为数据资源持有权、数据集合加工使用权和数据产品所有权(其中数据产品所有权包含了数据产品经营权)。这一命题存在一个自相矛盾之处。该命题一开始主张 "数据三权分置乃是数据用益权在数据生成和利用不同阶段的具体实现形式",但是,其最后得出的结论是 "作为经深度加工提炼形成的新型数据，数据产品已基于人类劳动的凝结而成为独立的客体，完全可归属于数据产品开发者所有"，即成立一个数据产品所有权。① 如此一来，数据产品所有权必然不属于数据用益权在不同阶段的表达形式。将数据用益权拆分为数据资源持有权、数据集合加工使用权和数据产品所有权还有一个模糊之处，即数据集合上是否可以成立持有权？数据集合持有权与数据资源持有权有何差别？数据处理者对其持有的数据资源是否享有加工使用权？一种观点主张"数据资源持有权类似于物权法上的占有，数据资源持有权人可以此对抗他人不当爬取，但尚无法积极支配和使用数据"②。该观点似乎认为数据资源持有权不包含加工使用权。倘若果真如此，那么数据资源何以经过初步加工整理而成为数据集合？如果数据处理者对其持有的数据资源持有加工使用权，那么，这一加工使用权和数据集合的加工使用权存在何种差异？对于这些问题，持"数据所有权—数据用益权"说的人均无法回答。

二、数据占有说

（一）数据占有说的理由

"数据占有说"主张数据持有人可以对数据事实控制应当被认定为"占有"或者"准占有"。该说认为，之所以可以对数据进行占有，是因为：第一，承认数据占有符合《数据二十条》等政策文件的政策意旨和文字表述。《数据二十条》数次提到"持有"数据的概念，例如"数据资源持有权"、"推动数据处理者按照个人授权范围依法依规采集、持有、托管和使用数据"或者"数据处理者对依法依规持有的数据进行自主管控的权益"等等。但是在《民法典》、《个人信息保护法》或者《数据安全法》等法律法规中没有"持有"的概念，因此需要在法律体系中寻找与之同义的法律概念，从而将政策目标转化成法律制度。有的论者认为，与持有或者控制最为相近的法律概念是占有，二者具有同质性。对有体物进行的支配即为占有，对无体物进行的支配即为控制。③ 根据这一观点，对数据的控制、持有或者支配，就是对数据的占有。所谓数据的占有，一方面是指数据载体的占有，另一方面是指虽然不占有数据载体但是能够随时调取数

---

① 申卫星：《论数据产权制度的层级性："三三制"数据确权法》，《中国法学》2023年第4期。

② 申卫星：《论数据产权制度的层级性："三三制"数据确权法》，《中国法学》2023年第4期。

③ 云晋升：《占有理论下数据持有者权的建构》，《暨南学报（哲学社会科学版）》2023年第4期。

据。由于占有数据载体的意义在于控制数据的调取,因此数据的占有(或控制)的实质就是"对数据调取接口的限制"。

第二,承认数据占有可以赋予数据一定的排他性法律地位,从而实现数据确权的政策目标。数据确权的目标是赋予数据排他性,从而使数据具备财产权的充分必要条件。那么,如何赋予数据排他性呢?有的观点主张准用民法上的"占有"制度。之所以"准用"而非"直接适用"占有,是因为占有的对象通常是动产或者不动产,只在一些例外情况下才可以是气体、液体等可以在空间上清晰分割的物质。尽管如此,在德国民法理论中存在针对权利占有的"准占有"制度。例如,权利主体对著作权、债权的事实上支配可以准用占有制度。《奥地利普通民法典》第 311 条规定"凡能作为法律上交易客体的有体物和无体物,均得被占有。"尽管我国现行法没有规定对无体物的占有,但是可以参考比较法上的观念或者立法,承认数据的"准占有"。数据的"准占有"的正当性依据在于:其一,数据持有者对数据载体具备管领能力。数据持有者要么通过本地的电脑或移动硬盘管领数据,要么通过密钥管领存储于网络硬盘存储空间的数据。其二,数据持有者通过对数据载体的管领能力实现了对数据内容(信息)的管领。[①]

第三,承认数据占有可以减少限制访问的技术措施,从而促进数据流通。有的学者认为,若是不承认数据占有,或者不采取其他确权方案,那么数据持有者为了保护自己的数据,将会采取限制访问的技术措施,阻碍第三人访问数据,由此徒增数据持有者的运营成本,并且加大正常用户的访问难度(例如,中国裁判文书网为了防止数据爬虫而影响正常用户的使用体验)。与此相反,若是承认数据占有,即可实现"数据保护由技术秩序转向法律秩序",即数据持有者无须投入成本采取限制访问的技术措施,而是在他人非法复制和使用时,通过行使法律救济权,来维护自己的数据。[②]

事实上,国内学者提出的数据占有并非什么新观点。在德国,早就有学者主张过所谓的"数据占有(Datenbesitz)"。就数据上的权益的性质问题,德国理论界和实务界曾经一度想要确立数据所有权(Dateneigentum)[③],但是,在 2017 年各州司法部长的"数字新起点"工作小组对该问题进行了

[①] 姜程潇:《论数据财产权准占有制度》,《东方法学》2022 年第 6 期。
[②] 云晋升:《占有理论下数据持有者权的建构》,《暨南学报(哲学社会科学版)》2023 年第 4 期。
[③] Thomas Hoeren, Dateneigentum Versuch einer Anwendung von §303a StGB im Zivilrecht, MMR 2013, S. 486; Fezer, Dateneigentum der Bürger: Ein originäres Immaterialgüterrecht sui generis an verhaltensgenerierten Informationsdaten der Bürger, MMR 2017, S. 3.

第六章 企业数据的法律保护

详尽的研究之后,得出的结论是:现行法律并未承认数据所有权或者其他针对数据的绝对权;并且,目前没有必要创设数据绝对权。① 在这一背景下,一些研究者就将目光从数据所有权转向了数据占有。其中,最具代表性的学者就是德国明斯特大学的托马斯·霍伦教授(Thomas Hoeren),其早些年主张数据所有权②,后来改为主张数据占有。③ 霍伦教授之所以转向数据占有,除了因为主流观点不承认数据所有权,并且立法机关不打算创设一个数据所有权或者其他类似的数据绝对权,还有以下两个理由:

其一,为了促进法律体系的统一性和连贯性,有必要赋予数据单一性质的法律地位。在不承认也不创设数据所有权的背景下,数据保护将会依据数据的性质分别适用不同的权利及其规范。例如,非公开数据适用商业秘密的保护,实质性投入的数据适用数据库特殊权利的保护,具备独创性的数据集合适用著作权的保护。这将导致数据保护的碎片化,数据在法律体系中的保护更像是一块"拼布"(Flickenteppich)。在霍伦教授看来,为了一个统一的法律体系,有必要在教义上令人信服地将数据保护的问题纳入现有的法律体系中。只有这样,才能解决边缘案例,以及有力地和连贯地回答当前法律中未解决的问题。④

其二,数据占有在德国法律体系中存在实证基础。《德国刑法典》第303a条第1款规定,违法删除、封锁或者更改数据的行为构成犯罪。立法资料指出,该条的目的是保护数据的可使用性。鉴于数据通常是由率先记录、创建或者生产数据的主体使用的,并且他们为此可能付出了相当大的经济成本,他们对数据的持有状态值得刑法保护。⑤ 基于这一规定,《德国刑法典》保护数据的控制和使用的事实状态。霍伦教授进一步论证,数据控制与使用的事实状态可以被评价为民法上的占有。这是因为:首先,占有关注的是物的事实控制,而不是法律上的标准。同样地,《德国刑法典》第303a条以"记录行为"(Skripturakt)这一事实作为决定性的分类标准,也体现了对数据创建的事实行为的侧重。换言之,创建数据集的事

---

① Arbeitsgruppe „Digitaler Neustart" der Konferenz der Justizministerinnen und Justizminister der Länder, Bericht vom 15. Mai 2017, https://www.justiz.nrw.de/JM/schwerpunkte/digitaler_neustart/zt_bericht_arbeitsgruppe/bericht_ag_dig_neustart.pdf,最后一次访问2024年1月12日。

② Thomas Hoeren, Dateneigentum Versuch einer Anwendung von §303a StGB im Zivilrecht, MMR 2013, S. 486.

③ Thomas Hoeren, Datenbesitz statt Dateneigentum, MMR 2019, S. 5.

④ Thomas Hoeren, Datenbesitz statt Dateneigentum, MMR 2019, S. 5.

⑤ Deutscher Bundestag, Drucksache 10/5058, S. 34, at https://dserver.bundestag.de/btd/10/050/1005058.pdf,2024年1月12日访问。

实行为是决定性的。其次,《德国刑法典》与《德国民法典》之间原本就存在相互契合之处,例如《德国刑法典》第242条第1款的盗窃概念与民法中的占有密切相关。相应的,《德国刑法典》第303a条对数据的实际控制的保护,也应当在民法上赋予类似于占有的法律地位。例如,当黑客攻击数据时,数据持有者可以主张类似于《德国民法典》第859条意义上的自助行为。① 当然,霍伦教授也看到了数据的记录行为与物的占有的差异:数据的记录是一个行为,而物的占有是状态。物的占有状态可以产生推定效力②,但是,数据的记录行为欠缺相应的公示性。人们无法从数据的实际控制状态推论出该数据是谁记录的,或者谁生产的。不过,霍伦教授认为这一差异不是根本性的。因为物的占有亦有直接占有与间接占有之分,间接占有人也没有对物进行实际控制,但是也可以被认定为占有人。因此,"记录行为"结束之后的实际控制即便缺乏可识别性,也不一定反对"数据占有"的设想。③ 最后,数据确权面临的数据产权归属难题可以通过占有规定得到化解。所谓数据产权归属难题,是指数据产权应当归属于谁,存在较大的理论争议。例如,汽车数据的产生涉及驾驶员、汽车制造商、智能设备的制造商等多方主体,假使要对数据进行确权,谁应当取得数据产权?这个问题将通过占有制度得到化解。这是因为,占有区分了直接占有人、间接占有人和占有辅助人的概念,霍伦教授认为可以通过多层次的控制关系解决数据产权的归属难题。④

(二)数据占有的法律效果

数据占有说认为,将数据持有者对数据的控制状态认定为"占有"或者"准占有",将会产生以下法律效果:

第一,数据的占有(或准占有)意味着推定效力和公信效力。数据准占有的推定效力是指,数据准占有可通过证明"事实上的拥有"来推定数据财产权的实体权利的归属。数据准占有的公信效力是指,相对人因为信赖行为人对数据准占有的外观而可以善意取得数据。例如,行为人实际管领硬盘或者网络存储空间的密钥时,相对人可以善意取得行为人对这些数

---

① 《德国民法典》第859条规定:(1)占有人可以以强力抵御法律所禁止的私力。(2)动产被从占有人处用法律所禁止的私力取走的,占有人可以以强力向当场被捉住或被追赶的行为人夺回它。
② 《德国民法典》第1006条第1款第一句规定:为动产占有人的利益,推定其为物的所有人。
③ Thomas Hoeren, Datenbesitz statt Dateneigentum, MMR 2019, 5, S. 7.
④ Thomas Hoeren, Datenbesitz statt Dateneigentum, MMR 2019, 5, S. 8.

据的处分。①

第二，数据的占有（或准占有）应当适用占有保护的规定，具体包括：（1）基于数据占有的占有保护请求权。侵害数据占有的行为包括侵夺和拷贝数据，并且行为人拷贝数据的行为应当看作对数据"孳息"的剥夺，数据持有者可以基于数据占有主张占有保护请求权。有的学者更加明确地指出，侵害数据占有的行为主要表现为"非法接入接口"的行为，例如，被告将特定的数据接入权限通过出租或者出借方式提供给了不特定的第三人，扩大了单一接口的使用者数量（"生意参谋案"）；又如，在网络爬虫案件中，被告绕开反爬虫措施，大批量地下载数据，构成了对数据控制的侵害。② 对于侵害数据占有的行为，数据持有者可以主张停止侵害、排除妨碍和返还占有的占有保护请求权。（2）基于数据占有的损害赔偿请求权。当数据持有者对数据的占有受到他人侵占或者妨害而遭受损害时，数据持有者还可以依据《民法典》第462条的规定要求损害赔偿。这是因为，数据的控制状态足以赋予数据持有者享有使用数据的利益，倘若他人通过侵犯占有的方式损害这一利益，那么其就应当承担赔偿责任。③

第三，对数据的占有（或准占有）可以区分直接占有、间接占有或者占有辅助人，分别给予法律保护。例如，数据交易平台应当看作准占有辅助人，而交易主体为准占有人。当第三人侵夺或者拷贝数据时，只有交易主体可以主张占有保护请求权，数据交易平台没有权利主张保护请求权。④

第四，有的观点认为，占有保护的路径甚至优于物权保护的路径。这是因为，基于物权的物权请求权以请求权人证明自己是所有权人、用益权人或者担保权人为前提条件，然而现行法尚未承认数据财产权，数据持有者难以证明自己享有一个法定的数据财产权。相比之下，占有保护路径则不存在这一问题，请求权人不需要证明自己享有原权，只要证明自己处于占有状态即可。除此之外，占有保护仅保护状态，不像物权产生追及力，可以避免数据垄断。⑤

---

① 姜程潇：《论数据财产权准占有制度》，《东方法学》2022年第6期。
② 云晋升：《占有理论下数据持有者权的建构》，《暨南学报（哲学社会科学版）》2023年第4期。
③ 云晋升：《占有理论下数据持有者权的建构》，《暨南学报（哲学社会科学版）》2023年第4期。
④ 姜程潇：《论数据财产权准占有制度》，《东方法学》2022年第6期。
⑤ 云晋升：《占有理论下数据持有者权的建构》，《暨南学报（哲学社会科学版）》2023年第4期。

（三）笔者的观点

笔者认为，不能简单地套用物权法上的占有理论来保护数据，以数据占有来保护企业对其数据的合法利益，会引发一系列的问题。

（1）占有的概念是建立在竞争性使用的基础之上的，然而，对数据的使用不是竞争性使用。首先，占有概念通常被理解为"对物支配"（Sachherrschaft）。例如，《德国民法典》第 854 条第 1 款规定"物的占有，因取得对该物的事实上的支配力而取得"（Der Besitz einer Sache wird durch die Erlangung der tatsächlichen Gewalt über die Sache erworben），其中"对物的事实支配力"（die tatsächliche Gewalt über die Sache）通常被"对物支配"概念替代。① 其次，对物支配的概念是以竞争性使用为前提条件的，即当且仅当主体对客体的使用行为具有竞争性时，才被称作对物支配。对物支配的概念在历史上存在争议，主要包括以下几种不同的定义方式：其一，通过人与物的空间关系进行定义。由于占有的潜在性和间接性，空间关系不必始终以同样程度存在。例如，身处北京的甲对其存储在瑞士一家银行保险柜的古董成立占有。其二，通过人对物的影响可能性（Einwirkungsmöglichkeit einer Person auf eine Sache）进行定义。但是，所谓的影响能力仍然是一个抽象的、不明确的标准。例如，尽管一个人可以对停放在停车场中的汽车施加影响，但不一定构成占有——这个人用手指触碰汽车的能力，甚至在汽车上贴条的能力，都不足以构成占有。究竟何时具备影响能力，总是需要诉诸社会观念。其三，通过权利人排除他人干涉的可能性进行定义，即当一个人能够排除他人的影响能力时，就存在占有。不过，萨维尼（Savigny）在《论占有》一书中已经详细讨论了，一个人通常不可能完全确保排除他人的干涉。② 其四，通过权利人对物施加影响的可能性和排除他人干涉的可能性综合定义，即当且仅当一种对物施加影响的行动将会干涉他人施加同一影响时，对物施加影响的可能性才能构成占有。按照经济学的术语，这个标准相当于竞争性。也就是说，一个人在使用物的同时，其他人不能使用该物，这个人才占有该物。相反地，如果其他人进行了相同的使用行为，那么就构成了对占有的侵害。③ 也就是说，用以判断占有成立与否的标准是竞争性使用，当且仅当主体对客体的使用具有竞争性时，主体才有可能占有客体。最后，由于占有（对

---

① MüKoBGB/Joost, 7. Aufl. 2017, vor § 854 Rn. 6.
② Staudinger/Gutzeit, BGB, 2012, § 854 Rn. 6.
③ Herbert Zech, Besitz an Daten?, in: Tereza Pertot (Hrsg.), Rechte an Daten, Tübingen: Mohr Siebeck, 2020, S. 95.

物支配）建立在竞争性使用的标准上，并且数据的使用是非竞争性的，因此，人们不可能占有数据。更确切地说，数据持有者与数据之间的关系难以被涵摄进"占有"这一概念之下。最终结论是，无论是现行法律、类比法还是通过创建新的法律规定，都应拒绝将占有概念应用于数据。[1]

（2）所谓"准占有"不是对外在客体的占有，而是对权利的占有。例如，著作权人对著作权的占有、债权人对债权的占有。循此逻辑，数据财产权的准占有应该是指对数据财产权的准占有，而非对数据的占有。但是，这个论证强调的是数据持有者对数据载体及其内容的管领能力。事实上，倘若严格依照德国民法中的"准占有"的概念，只有事先存在一个数据财产权，才能产生对数据财产权的准占有，然而，无论是中国的法律还是德国的法律，恰恰还没有规定一个叫作"数据财产权"的法定财产权。在这个意义上，数据财产权准占有的观点存在模糊和混淆之处。

（3）数据持有者对数据的"占有"这一观念也不能说毫无意义，尤其是在数据持有者非法获取数据，或者接受他人委托而持有数据的场景中，数据持有者的法律地位不同于合法获取数据或者自行持有数据的数据持有者的法律地位。对于前一法律地位，法律体系不可能毫不保护。也就是说，甲尽管非法获取数据，或者接受他人委托而持有数据，但是当乙未经同意侵夺或者爬取甲的数据时，甲是否可以主张停止侵害、排除妨碍请求权？[2] 对于这一问题，从法律和平的角度考虑，的确应当赋予甲某种类似于占有保护请求权的救济性权利。但是，甲的法律地位又不能完全等同于合法获取数据或者自行持有数据的数据持有者的法律地位。就此而言，应当区分两种法律地位：一是对数据的事实持有，二是对数据的某种意义上的财产权。这种区分的确与物权领域中的物之占有与物之所有权的区分十分相似。

综上所述，占有属于物权领域的法律概念，不宜简单地被套用于数据领域，更不能认为所谓的数据占有就可以解决数据权益的问题。

---

[1] Herbert Zech, Besitz an Daten?, in: Tereza Pertot (Hrsg.), Rechte an Daten, Tübingen: Mohr Siebeck, 2020, S. 99.
[2] 在"淘宝诉美景案"中，美景公司一方面招揽已经订购"生意参谋"的淘宝用户，另一方面向咕咕用户提供如下服务，即通过远程登录的手段获取淘宝用户可以访问的"生意参谋"中的市场行情数据。美景公司在面对诉讼请求时提出一个抗辩，即淘宝公司"生意参谋"中的数据是非法获取的，从而主张美景公司的行为是正当的。

第三节　知识产权法对企业数据的保护

一、著作权—邻接权说

（一）著作权—邻接权说的内容

由于数据与知识产权的客体均属于无形财产，而非诸如动产或者不动产一样的有形财产，数据在客体属性上天然地与知识产权具有相似性和亲缘性，因此，不少学者（主要是知识产权法学者）主张数据上应当成立著作权或者邻接权，或者其他可能的知识产权类型。其中最为常见的就是数据上应当成立著作权的观点。例如，有学者主张，应当根据数据的独创性或者价值生成阶段的不同，将数据区分为原始数据、数据集合和数据产品。原始数据可能包括个人数据、机器生成的非个人数据、企业自身生产经营产生和累积的非个人数据，它们不具有直接使用和交易价值，须经汇聚、清洗、整理和分类归集，方可形成具有质量的数据集合。数据产品则是企业利用算法对数据集合进行深度加工和处理的产物，属于智慧决策，可以为产品升级或企业制定营销计划提供依据。在该观点看来，具有确权必要性的企业数据是数据集合和数据产品。具体而言：其一，数据集合上应当构建类似于邻接权的权利。数据集合邻接权的正当性理由包括：第一，数据集合的形成有赖于企业投入资金与技术，数据集合为数据分析和应用提供了原材料，这种劳动与贡献应当得到法律的保护，针对数据集合赋予邻接权，符合邻接权的规范目的。第二，在比较法上，欧盟的《数据库法律保护指令》、《构建欧洲数据经济》和《数据法》分别规定的"数据库特殊权利""数据生产者权"和"数据可制作者权"体现了对数据集合加工生产者投资和劳动贡献的肯定态度。第三，以邻接权保护模式构建数据集合产权不会造成数据垄断，仍然可以保障数据的流通和公平利用。不过，该观点没有说明为什么邻接权模式不会造成数据垄断。其二，数据产品上应当构建类似于著作权的权利。数据产品上的权利包括两类：一是企业数据产品持有权，二是企业数据产品使用权。企业数据产品持有权表征的是数据产品的产权归属，乃是对经由数据分析形成的数据产品的实际控制状态和利用管理权限，其取得方式为原始取得，可以通过数据登记制度予以公示，产生排他效力。企业数据产品使用权表征的是数据产品的产权利用，其中的使用权是广义的，还可以包括经营权、收益权或者销毁权等。企业数据产品持有权和使用权的关系，不是所有权与用益物权的派生关系，而是相对独立的"二元并立"的状态。①

与上述学者观点相似的是，还有的观点依据数据集合的独创性程度，将数据集合划分为数据产品、数据资源和数据利益。首先，数据产品中具有独创性者，成立数据产品著作权；虽不具备独创性，但是数据持有者投入了大量资本、时间和人力等的，成立数据产品邻接权，如适用汇编作品的规定，或者像域外一样采取数据库权利的保护。数据产品若是具有秘密性，并且已经采取必要保护措施，则适用商业秘密的规定。其次，数据资源是指欠缺独创性的数据集合，因此不能适用知识产权的规定，只能采取合同法和侵权法保护的进路。最后，数据利益同样是指欠缺独创性的集合，则应当适用反不正当竞争法的保护。②

（二）笔者的观点

笔者认为，数据之上成立著作权或者邻接权的观点，值得商榷。因为，"著作权—邻接权说"主张数据可以依其形态而分别成立著作权、邻接权，其实是以独创性程度（以及秘密性）为标准而对数据进行的分类。一些数据涵摄于既有的知识产权下，另一些数据则受到行为规制的保护（保护性法律）。但是，"著作权—邻接权说"的问题在于，其内容含糊不清，根本就没有提出一个明确的数据确权方案。

一方面，符合独创性要件的数据可以受到《著作权法》的保护，而那些无法满足这一要件的数据，按照"著作权—邻接权说"，就落入了邻接权的保护范围。可是，在我国现行法的规定中并没有关于邻接权的一般规定。《著作权法》只是对出版者权、表演者权、录音录像制作者权、广播电台和电视台的具体邻接权作出规定，很显然非独创性数据并不属于这些权利的客体范围，因此，无法受到法定的邻接权的保护。如此一来，仅仅是将非独创性数据界定为邻接权的客体，对于法律适用而言几乎没有什么帮助。

另一方面，著作权其实不适合为数据提供保护。首先，尽管著作权的保护对象是符号信息，但是，著作权保护的是作者与其作品之间在精神与人格上的联系。著作权保护的并非每一种想法的表达，而是具有作者特殊独创性的表达。"独创性"这一要件其实是语义层面的要求，因此，只有当数据在语义层面具备独创性时，才能受到著作权的保护。然而，机器生成数据在语义层面只涉及过去真实的事物、人物或者事件，而非作者进行

---

① 张素华：《数据产权结构性分置的法律实现》，《东方法学》2023年第2期。
② 吴桂德：《商业数据的私法保护与路径选择》，《比较法研究》2023年第4期。

独创性的表达。[1] 其次，我国著作权法采取的是"一元论"，即著作权同时保护人格权和财产权。由于机器不具有人格权，机器生成数据若被纳入著作权的保护范围，那么将会赋予机器部分人格权，因此严格来说机器生成数据不能纳入著作权的保护范围。

二、数据库特殊权利说

（一）数据库特殊权利说的内容

数据库特殊权利说内部有不同的主张。一种观点认为，数据（尤其是机器生成数据）具有直接适用数据库特殊权利（database *sui generis* right）的法律保护的潜力。[2] 其主要理由是：其一，根据欧盟《数据库法律保护指令》第7条第1款的规定，数据库制作者（the maker of a database）在数据库内容的获取、验证或者展示方面（the obtaining, verification or presentation of the contents）作了实质性投资（a substantial investment），那么该数据库就应当受到特殊权利的保护。在实践中，"实质性投资"的门槛通常非常低。因此，在大多数情况下，数据持有者对测量基础设施（如传感器、机器或者其他设备），数据的获取、展示或者验证等等的投资，往往可以满足欧盟《数据库法律保护指令》第7条第1款中的"实质性投资"的条件，因此，数据持有者的数据往往可以受到数据库特殊权利的保护。[3] 其二，根据欧盟《数据库法律保护指令》第7条第1款的规定，数据库特殊权利作为一项排他权，可以禁止他人"撷取"（extraction）或者"再利用"（re-utilization）数据库的全部内容或者实质性内容。在数据确权的场景中，他人未经同意爬取数据持有者的数据集合的行为，通常是直接或间接地使用整个数据集合，因此侵害了欧盟《数据库法律保护指令》中的排他权。

另一种观点主张，数据集合应当参照适用数据库特殊权利的法律保护。[4]

---

[1] Johannes Kevekordes, Daten als Gegenstand absoluter Zuordnung, Berlin: Duncker & Humblot, 2022, S. 82; Herbert Zech, Daten als Wirtschaftsgut-Überlegungen zu einem „Recht des Datenerzeugers": Gibt es für Anwenderdaten ein eigenes Vermögensrecht bzw. ein übertragbares Ausschließlichkeitsrecht?, Computer und Recht Heft3/2015, S. 141.

[2] ［德］马蒂亚斯·莱斯特纳：《大数据与〈数据库指令〉：现行法与改革潜力》，载［德］塞巴斯蒂安·洛塞等编：《数据交易：法律·政策·工具》，曹博译，上海人民出版社2021年版，第20页。

[3] ［德］马蒂亚斯·莱斯特纳：《大数据与〈数据库指令〉：现行法与改革潜力》，载［德］塞巴斯蒂安·洛塞等编：《数据交易：法律·政策·工具》，曹博译，上海人民出版社2021年版，第20页。

[4] 需要说明的是，主张适用或者类推适用数据库特殊权利建构数据财产权的观点，均以"数据"或者"数据集合"作为权利客体，而不讨论数据产品的确权问题。张浩然：《由传统数据库保护反思新型"数据财产权"》，《法学杂志》2022年第6期。

第六章　企业数据的法律保护

这一观点的正当性在于：其一，数据库和数据集合面临着相似的利益冲突问题。数据库在便于公众获取数据的同时，也为他人复制数据库提供了便利，从而威胁数据开发者的利益。数据集合也涉及相似的利益冲突问题。其二，数据集合满足数据库特殊权利的成立要件。数据库特殊权利的成立要件主要就是指数据库应当满足以下两个要件：（1）数据库要件。根据《数据库法律保护指令》第1条的规定，数据库特殊权利的保护客体是数据库。所谓数据库，是指独立作品、数据或素材的集合，经过系统或有序编排，并可以通过电子或其他方法独立访问。针对这一要件，数据库的存储对象为结构化数据，但是数据集合包含的不限于结构化数据，还包括用户浏览痕迹、设备信息、分享资料等半结构化、非结构化数据。但是，可以将数据库的保护客体进行扩张，从而包括半结构化、非结构化数据。（2）实质性投资要件。根据《数据库法律保护指令》第7条第1款的规定，数据库得到保护的条件是数据开发者在收集、订正、展示其数据内容方面付出了实质性投资。

既然数据集合可以参照适用数据库特殊权利，那么，数据集合上的财产权益的法律权能应当与数据库特殊权利相似。数据库特殊权利的法律权能包括两项：一是禁止他人对数据库内容的提取，二是禁止他人对数据库内容的再利用。提取是指任何未经授权的占用数据库部分/实质内容的行为，其是否直接从权利人处获得、是否以电子或手抄方式获得、是否与原数据库存在竞争等在所不问。再利用指的是通过发行、出租、在线传输或其他传输方式，将数据库的部分/实质内容向公众传播。并且，再利用不以一次性向公众传播数据库的部分/实质内容为前提条件，只要不特定主体可以持续访问数据库的部分/实质内容，因而实质剥夺了权利人回收投资成本的机会即可。同样，数据集合上的财产权也应当具备这两项法律权能，禁止他人未经允许复制、向公众传播数据集合的部分/实质内容。具体而言：（1）行为人未经授权爬取网上公开数据的情形构成提取，行为人若在自己的网站上进行展示则构成再利用。例如，百度爬取大众点评服务器上的数据用于百度地图的行为，将构成提取和再利用，侵犯了大众点评的数据权益。（2）行为人未经授权，或者超越授权范围爬取开放平台的数据的情形，同样构成提取和再利用。（3）行为人未经同意传播数据衍生产品的行为，也侵犯了数据库制作者向公众传播和再利用的权利，因而也构成对数据权益的侵犯。例如，在"淘宝诉美景案"中，美景公司组织用户分享账户、出租账户查看淘宝产品数据，也构成对淘宝数据权益的侵犯。

当然，数据库特殊权利的法律权能可能过分限制社会公众对数据的获

· 199 ·

取自由，因此应当对该权利施加一定的限制，包括以下限制措施：第一，引入美国版权法上的合理使用的判断框架，对实践中出现的构成提取和再利用的行为进行综合判断。第二，对于单一来源数据集合，权利人有义务通过公平、合理、无歧视的条件进行对外许可。第三，建议设置一定的权利保护期限，例如设置为5年。①

（二）笔者的观点

尽管数据确权针对的数据，不管是结构化数据、半结构化数据还是非结构化数据基本上都是存储在数据库中，因此，数据确权似乎理所当然地可以涵摄或者类推适用于数据库特殊权利，但是，在数据与数据库特殊权利之间，仍然存在一些难以轻易逾越的鸿沟。具体而言：

（1）数据库特殊权利保护的是获取数据的投资，而非创造数据的投资。根据《数据库法律保护指令》第7条第1款的规定，数据库特殊权利保护的是在内容的获取、验证或展示方面的实质性投资。在《数据库法律保护指令》实施期间，欧盟法院的判决区分了两种类型的投资：一是获取、验证和展示数据的投资，这些投资受到数据库特殊权利的保护；二是创造数据的投资，例如，当事人组织比赛生成马匹列表等投资属于创造数据的投资，这类投资不能受到数据库特殊权利的保护。② 换句话说，数据库特殊权利保护的是"获取数据库内容的投资（'寻找'现有的独立材料）"，而非"对材料的'创造'进行投资"。根据这一原则，由于大数据通常是由机器生成的或者说"创造"的，对该机器的投资被视为对"创造"数据进行的投资，而非对"寻找"数据进行的投资，因而这种投资不属于数据库特殊权利的保护范围。③ 而在数据确权的场景中，数据集合恰恰不涉及数据的获取、验证和展示，而是涉及数据的创造，即企业的生产设备生成数据，以及企业针对原始数据进行加工后产生衍生数据，均是数据的创造行为。倘若严格依照《数据库法律保护指令》以及相关判例确立的规则，那么，这些创造的数据集合将无法获得保护。④

---

① 张浩然：《由传统数据库保护反思新型"数据财产权"》，《法学杂志》2022年第6期。

② Case C-203/02, the British Horseracing Board Ltd. and Others v. William Hill Organization Ltd., ECLI: EU: C: 2004: 695.

③ 欧盟法院在"英国赛马案"（British Horseacing）和"设备营销案"（Fixtures Marketing）中的判决，[德]马蒂亚斯·莱斯特纳：《大数据与〈数据库指令〉：现行法与改革潜力》，载[德]塞巴斯蒂安·洛塞等编：《数据交易：法律·政策·工具》，曹博译，上海人民出版社2021年版，第17页。

④ 张浩然：《由传统数据库保护反思新型"数据财产权"》，《法学杂志》2022年第6期。

第六章 企业数据的法律保护

当然,"创造"数据与"获取"数据之间的区别可能不是十分明显。① 有的论者主张,数据究竟是"创造"的,还是"获取"的,取决于机器处理的数据类型。例如,雷达系统或观测卫星产生的传感器数据更符合"获取"数据的条件,因此,这些数据可以适用数据库特殊权利的保护;相反,由计算机生成的航班时刻表数据完全属于"创造"的数据,因此不受到数据库特殊权利的保护。② 在德国法院的判例中,也有一些案件模糊了"创造"数据和"获取"数据之间的边界。例如,在"Toll Collect 案"中,德国联邦最高法院认为,对车牌号码、特定车辆对应的加油卡以及车辆行驶的路线进行记录,构成了对数据获取的实质性投资。其原因是,这些数据即使没有被原告捕获,也是存在的,因此这些数据不是原告创造的,而是原告获取的。③ 又如,在"Hit-Bilanz 案"中,根据特定特征,例如排名、标题和表演者,排列的前 100 热门歌曲形成排行榜,也被解释为数据获取。④ 有人甚至认为,对数据的"创造"的投资也应当得到保护。数据库特殊权利不应当区分获取、验证、展示数据的投资和创造数据的投资,即便是创造数据的投资也应当受到数据库特殊权利的保护。⑤ 根据这些观点,数据库特殊权利的保护范围应当予以扩张,扩张至一切"获取、创造、验证或展示"数据的投资,那么通过数据库特殊权利保护数据将是可行的。

然而,根据欧盟法院的判例,数据库特殊权利不保护数据库中的单个数据。对于保护所需的实质性投资,必须涉及收集的数据的安排和连接(die Anordnung und Verbindung der gesammelten Daten),而不是其生成。换句话说,数据库特殊权利的保护对象仅限于数据的获取,而不是数据的创造或生成。⑥ 总体而言,自从欧盟法院 2004 年关于《数据库法律

---

① Davison & Hugenholtz, Football Fixtures, Horseraces and Spin-Offs: the ECJ Domesticates the Database Right, *European Intellectual Property Review* 113 (2005).

② [荷] P. 伯恩特·胡根霍尔兹:《知识产权法体系下的数据财产权:契合还是错置?》,载[德] 塞巴斯蒂安·洛塞等编:《数据交易:法律·政策·工具》,曹博译,上海人民出版社 2021 年版,第 17 页。

③ BGH, Öffentliche Wiedergabe durch Zurverfügungstellen einzelner Datensätze an einzelne Nutzer, GRUR 2010, 1004.

④ BGH, Verletzung des Datenbankherstellerrechts bei Neuzusammenstellung von Daten aus Chartlisten, GRUR 2005, 857.

⑤ William Cornish, David Llewelyn & Tanya Aplin, *Intellectual Property: Patents, Copyrights, Trademarks & Allied Rights*, Sweet & Maxwell Press, 2007, pp. 834-836.

⑥ EuGH, Voraussetzungen rechtlichen Schutzes von Datenbanken, GRUR 2005, 244; EuGH, Kein Investitionserfordernis für Fußballspielplan, GRUR 2005, 252.

保护指令》的判决以来，其内容和目标没有改变。因此，相较于德国联邦最高法院较新的判决，欧洲法院更为严格的判决应仍为判断数据在数据库中的保护范围和程度的标准。① 根据这一标准，诸如机器生成数据等数据不应当纳入数据库的保护范围。

（2）企业对数据集合的创造在多大程度上构成"实质性投资"可能存在不确定性。根据《数据库法律保护指令》第7条第1款的规定，数据库特殊权利的成立以开发者付出了实质性投资（a substantial investment）为前提条件。根据这一条件，数据集合受到数据库特殊权利的保护将会面临两个难题：其一，何为"实质性投资"乃是不确定法律概念，可能导致不同裁判者得出不同的结论。欧盟法院采取的标准通常是"最小排除原则"（de minimis exclusion rule），只要投资并不是微不足道的，则给予特殊权利保护。有的观点主张采取较高的标准，即只有企业收集具有实质数量的数据条目进而产生实际价值或者竞争优势时，才具有保护的必要性。② 其二，数据集合的创造能否满足实质性投资的条件，也存在不确定性。这些不确定性将会影响数据受到法律保护的实效性。

（3）有的观点认为，传统的数据库原则上具有开放性，即制作数据库的商业目的是开放给社会公众进行无偿或者有偿的使用。但是，大数据原则上具有封闭性，即数据企业收集大数据的目的是内部使用，通过分析大数据得出产品研发、商业服务和战略投资的智慧决策。因此，大数据涉及的利益关系不同于数据库特殊权利。③ 该观点显然是值得商榷的。数据库究竟是开放的还是封闭的，并不影响特殊权利的适用。德国联邦最高法院在"Toll Collect案"中指出，尽管德国公路使用情况的汇编和数据保护只是为了运作公路收费系统，而非建立一个可商业化利用的数据库，但是为获取数据所作的投资，是《数据库法律保护指令》第7条第1款所规定的"在数据库内容的获取、验证或展示方面的实质性投资"④。毫无疑问，这个数据库是封闭的，而非开放的，社会公众无法访问这一数据库，但是德国联邦最高法院仍然认定数据库特殊权利的成立并且赋予法律保护。

（4）有的论者还指出了传统数据库与大数据意义上的数据集合之间的

---

① Johannes Kevekordes, Daten als Gegenstand absoluter Zuordnung, Berlin: Duncker & Humblot, 2022, S. 87.
② 张浩然：《由传统数据库保护反思新型"数据财产权"》，《法学杂志》2022年第6期。
③ 李谦：《法律如何处理数据财产——从数据库到大数据》，载苏力主编：《法律和社会科学》第15卷第1辑，法律出版社2016年版，第90页。
④ BGH, Öffentliche Wiedergabe durch Zurverfügungstellen einzelner Datensätze an einzelne Nutzer, GRUR 2010, 1004.

区别，不过这些区别似乎是表面的，而非实质性的。例如，在传统的数据库特殊权利中，数据主要是作品数据（如中国知网）和结构化的事实数据。但是，在数据确权的讨论中，数据类型包括各种结构化、半结构化和非结构化的数据。除此之外，传统数据库的数据来源者主要是作品的著作权人，但在大数据中数据来源者是海量用户。① 又如，传统的数据库特殊权利的正当性基础，不在于数据库的独创性，而在于投资保护（Leistungsschutz）。但是，大数据最终表现为一种基于数据的智力洞察和决策判断，乃是数据与技术的高度融合的产物，因此相较于传统数据库具有更多的智力创造性。②

（5）数据库特殊权利的执行也十分困难，这是因为数据库制作者必须证明，涉案数据正是从其数据库中提取的，然而即使符号编码完全相同，也不足以证立涉案数据是从数据库制作者的数据库中提取的。因此，数据库制作者还面临着实际执行其数据库特殊权利的困境。

（6）对于我国现行法而言，只有当数据汇编具备独创性时，才能受到汇编作品著作权的保护③，在现行法中并不存在独立的数据库特殊权利。因此主张直接适用或者参照适用数据库特殊权利的观点，其实是以现行法先确立一个数据库特殊权利为前提条件的。这一立法方案未免过于曲折，不如直接确立数据产权更加具有针对性。

三、新型知识产权说

（一）新型知识产权说的内容

新型知识产权说认为，数据权益应当纳入知识产权体系，但是不一定涵摄至现有的法定权利类型中，而是创设一种新型的、以数据为客体的知识产权，如"商业数据权"④、"商业数据财产权益"⑤ 等。将数据权益纳入知识产权体系的具体理由包括：第一，数据与知识产权客体存在相似性。一方面，知识产权的客体本质上是财产性信息（proprietary information），数据作为无形财产，其价值来源于数据蕴含的信息，因此数据本质上也是信息性资产。另一方面，数据和其他知识产权的客体一样具有非竞

---

① 李谦：《法律如何处理数据财产——从数据库到大数据》，载苏力主编：《法律和社会科学》第15卷第1辑，法律出版社2016年版，第89页。
② 大数据战略重点实验室：《块数据》，中信出版社2015年版，第91-117页；李谦：《法律如何处理数据财产——从数据库到大数据》，载苏力主编：《法律和社会科学》第15卷第1辑，法律出版社2016年版，第90页。
③ 王迁：《著作权法》（第二版），中国人民大学出版社2023年版，第155页。
④ 孔祥俊：《商业数据权：数字时代的新型工业产权》，《比较法研究》2022年第1期。
⑤ 冯晓青：《知识产权视野下商业数据保护研究》，《比较法研究》2022年第5期。

争性、非排他性与非损耗性。① 凸显数据与知识产权客体相似性的一个有力论据是,在民法总则制定的过程中,"数据信息"曾出现于知识产权客体范畴,成为一类并列于智力成果、商业标记的独立民事权利客体。第二,数据权益与知识产权在法理证成方面存在共同之处。也就是说,劳动财产理论或者功利主义理论可以证成知识产权,也同样可以证成数据财产权。从劳动财产理论的角度看,只有企业投入劳动,企业才能获得有价值的数据,因此可以说数据生产活动与智力成果的创作、发明创造等创造性行为具有同质性。从功利主义理论的角度看,赋予财产权可以保障数据投入的成本得到回收,从而激励更多的数据生产。因此,有必要对数据的劳动投入进行财产权的确认和保护。② 笔者认为,劳动财产理论与功利主义理论或许可以证成数据需要确权,但是不能证成数据权益的类型为知识产权。因此,这一论点不足以作为独立的论点支撑将数据权益纳入知识产权体系。第三,数据权益与知识产权的政策目标具有相似性。这主要表现在,数据权益的政策目标应该是激励创新,即激励企业对数据进行创新性的开发和利用,从数据中挖掘出创造性的信息进行智能决策等。数据权益还应当维护市场竞争的公平与正当,既要避免垄断,又要避免搭便车。数据权益还应当促进效率最大化,同时维护公众利益和社会公共利益。③ 正是因为政策目标上的相似性,所以数据权益应当属于知识产权体系。

在持新型知识产权说的学者看来,将数据权益纳入知识产权体系,并不意味着将数据权益涵摄于或者类推适用于既有的法定知识产权,而是另起炉灶创设一种在体系上属于知识产权的新型权利。之所以创设一种新型权利,是因为数据具有一些其他知识产权客体不具备的特征。具体而言:(1)数据价值具有内生性,即数据可以在反复发掘和利用的过程中获得价值。数据的价值是其所有可能用途的总和,这些价值总和就是数据的潜在价值。(2)数据须是达到较大规模的规模性数据集合。《日本反不正当竞争法》第2条第7款在定义数据含义时,就提出"积累相当数量"的核心特征。(3)数据集合的具体内容具有动态性和可变性。数据集合的构成要素可能是变动的,但是具有整体可确定性。数据的价值在于集合整体,个

---

① 孔祥俊:《商业数据权:数字时代的新型工业产权》,《比较法研究》2022年第1期;冯晓青:《知识产权视野下商业数据保护研究》,《比较法研究》2022年第5期。
② 冯晓青:《知识产权视野下商业数据保护研究》,《比较法研究》2022年第5期。
③ 冯晓青:《知识产权视野下商业数据保护研究》,《比较法研究》2022年第5期。

别数据的局部变化不影响数据集合的整体价值。①

正是这些特征决定了数据不同于作品、专利或者商标等既有的知识产权的客体。数据无法涵摄于既有的法定知识产权中，而是应该建构一项新型的知识产权，即商业数据权或者商业数据财产权。商业数据权的客体为企业数据，而非科学数据或者政府数据，后二者原则上不应当被垄断为私有财产。根据公开性标准，企业数据可以分为公开数据和非公开数据，前者只能受到有限的财产权保护，后者可以作为财产权客体受到专有权利的保护。根据劳动投入的标准（或"数据处理程度"的标准），企业数据可以分为原始数据和数据产品，前者只有达到一定规模后才具有财产属性，后者蕴含企业大量的智力劳动投入，体现较强的独创性或创造性，构成商业数据财产权制度下的权利保护客体。也就是说，企业数据中公开的大规模原始数据或者公开的创造性的数据产品上将会成立一种被称为"商业数据财产权"的新型知识产权。这种"商业数据财产权"的内容包括积极权能和消极权能两个方面：积极权能包括使用权、许可权、转让权等等，消极权能是指阻止他人未经许可对商业数据的获取与使用的禁止权。不过，商业数据财产权的禁止权能也存在一些例外，即社会公众可以基于学习、欣赏、课堂展示、科学研究目的等合理使用数据，国家可以在某些情况下征用商业数据，或者参照标准必要专利许可的 FRAND 原则，建立商业数据方面的必要数据共享机制。②

（二）笔者的观点

创设一种以数据为客体的新型知识产权的观点，其实并非根据现行法对数据进行保护，严格来说，属于本书后面所要讨论的建构新型的企业数据权益的观点。若是承认这一点，那么，争论这种新型权利究竟是知识产权还是独立的权利类型，就没有太大的实践价值了。在笔者看来，数据与知识产权的客体固然有一些相同点，但更多的是实质性差异。这些差异表现在以下两个方面：一方面，知识产权的客体即专利、作品或者商标都体现了发明者、作者或设计者等主体的创新性智力成果，是这些主体某种思想的具体呈现。但是，数据是对客观世界的描述，并不体现数据提供者的创造性思想。另一方面，知识产权的客体是纯粹精神创造物，是抽象的，

---

① 孔祥俊：《商业数据权：数字时代的新型工业产权》，《比较法研究》2022 年第 1 期；冯晓青：《知识产权视野下商业数据保护研究》，《比较法研究》2022 年第 5 期。

② 冯晓青：《知识产权视野下商业数据保护研究》，《比较法研究》2022 年第 5 期。

而数据文件虽然无形,但却在物理意义上存在实体。[1] 因此,不能将数据等同于诸如作品、发明或者商标等抽象物。

第四节 反不正当竞争法对企业数据的保护

一、反不正当竞争法一般条款保护说

(一)一般条款保护说的具体内容

从我国目前的民事司法实践来看,侵害企业数据的侵权纠纷往往发生在经营者之间,主要表现为被告企业通过爬虫技术等方法获取原告企业的公开数据而用于经营的目的。原告企业认为被告企业的行为属于不正当竞争行为。此类案件的案由基本上被定为"网络不正当竞争纠纷"。已经发生的典型案例如"北京百度网讯科技有限公司等与北京奇虎科技有限公司不正当竞争纠纷案"[2]、"北京淘友天下技术有限公司等与北京微梦创科网络技术有限公司不正当竞争纠纷上诉案"[3]、"北京百度网讯科技有限公司与上海汉涛信息咨询有限公司不正当竞争纠纷上诉案"[4]、"深圳市谷米科技有限公司与武汉元光科技有限公司等不正当竞争纠纷案"[5]、"安徽美景信息科技有限公司与淘宝(中国)软件有限公司不正当竞争纠纷案"[6]、"上海复娱文化传播股份有限公司与北京微梦创科网络技术有限公司不正当竞争纠纷案"[7]、"湖南蚁坊软件股份有限公司与北京微梦创科网络技术有限公司不正当竞争纠纷案"[8]、"苏州朗动网络科技有限公司与浙江蚂蚁小微金融服务集团股份有限公司等商业诋毁及不正当竞争纠纷上诉案"[9]、"深圳市腾讯计算机系统有限公司等与成都融思科技有限公司等不正当竞争纠纷案"[10]、"武汉美之修行信息科技有限公司与透明生活(武汉)信息

---

[1] 赵磊:《数据产权类型化的法律意义》,《中国政法大学学报》2021年第3期;纪海龙:《数据的私法定位与保护》,《法学研究》2018年第6期。
[2] 北京市高级人民法院(2017)京民终487号民事判决书。
[3] 北京知识产权法院(2016)京73民终588号民事判决书。
[4] 上海知识产权法院(2016)沪73民终242号民事判决书。
[5] 广东省深圳市中级人民法院(2017)粤03民初822号民事判决书。
[6] 浙江省杭州市中级人民法院(2018)浙01民终7312号民事判决书。
[7] 北京知识产权法院(2019)京73民终2799号民事判决书。
[8] 北京知识产权法院(2019)京73民终3789号民事判决书。
[9] 浙江省杭州市中级人民法院(2020)浙01民终4847号民事判决书。
[10] 陕西省西安市中级人民法院(2020)陕01知民初1965号民事判决书。

科技有限公司不正当竞争纠纷案"[1]等。总的来看，这些通过《反不正当竞争法》保护企业数据的案件有以下两个特点：

（1）法院需要考察原告企业对其数据是否享有受保护的合法权益。实践中，法院一般是依据以下三项标准来考察原告企业对于其合法收集的数据是否拥有受到反不正当竞争法所保护的合法权益：

1）原告企业取得数据是否合法，是否符合商业道德。因为被告企业往往会质疑原告企业取得的数据本身是否合法，如是否属于未经个人同意而非法处理的个人数据。一旦原告企业是违反《个人信息保护法》《数据安全法》《民法典》等法律而获取数据，其对于案涉数据就不具有合法权益。

2）企业对于这些数据的处理是否投入了人力、物力和资金，付出了成本。这是因为在确认企业的数据权益时，劳动财产权理论是支撑保护企业数据的重要理论基础。依据该理论，当一个人所从事的劳动是正当地属于其本人时，那么其通过劳动使任何东西脱离其自然状态的话，该东西自然就成为其财产，受到法律的保护。[2] 因此，法院更愿意确认企业对于衍生数据即经过加工处理的数据享有受到保护的权益。

3）企业的这些数据是否具有经济价值。企业的数据如果具有经济价值，能够为其带来经济收入，则属于企业的重要资源，形成了企业竞争优势，其他经营者不得任意加以侵害。例如，在"安徽美景信息科技有限公司与淘宝（中国）软件有限公司不正当竞争纠纷案"中，法院认为："淘宝公司'生意参谋'大数据产品的表现形式是对于产品购买者开展商业活动而言具有相当参考意义的趋势图、排行榜、占比图等，具体包括如行业、产品、属性、品牌粒度下的热销商品榜、热销店铺榜、流量商品榜、流量店铺榜等流量指数、交易指数与搜索人气的排行数据，各类商品关键词的搜索人气与点击率排行数据及趋势图，各类商品交易数、流量数、搜索人气排行数据，各类商品的卖家数、卖家星级、占比数，商品人群的性别、年龄、职业、支付习惯的占比数等数据。上述数据分析被作为'生意参谋'数据产品的主要内容进行了商业销售，可以为淘宝公司带来直接经营收入，无疑属于竞争法意义上的财产权益；同时基于其大数据决策参考的独特价值，构成淘宝公司的竞争优势；其性质应当受到反不正当竞争法

---

[1] 湖北省高级人民法院（2022）鄂知民终 500 号民事判决书。
[2] ［英］洛克：《政府论》（下册），瞿菊农、叶启芳译，商务印书馆 1964 年版，第 17 页以下。

的保护。"①

（2）法律依据是《反不正当竞争法》的一般条款。我国《反不正当竞争法》并未对企业数据的保护作出明确的规定，司法实践中，法院都是依据《反不正当竞争法》第 2 条第 1、2 款的规定，即："经营者在生产经营活动中，应当遵循自愿、平等、公平、诚信的原则，遵守法律和商业道德。本法所称的不正当竞争行为，是指经营者在生产经营活动中，违反本法规定，扰乱市场竞争秩序，损害其他经营者或者消费者的合法权益的行为。"依据这一规定，法院在认定被告企业获取和使用原告企业的数据的行为构成不正当竞争行为时主要考虑到以下因素：

1）被告企业的行为是否违反商业道德从而具有不正当性。"行为是否符合商业道德，一直是司法实践中认定竞争行为正当与否的重要标准。"②《最高人民法院关于适用〈中华人民共和国反不正当竞争法〉若干问题的解释》第 3 条对于何为商业道德以及认定违反商业道德的参考因素作出了规定。依据该条，《反不正当竞争法》第 2 条中的"商业道德"是指特定商业领域普遍遵循和认可的行为规范。人民法院应当结合案件具体情况，综合考虑行业规则或者商业惯例、经营者的主观状态、交易相对人的选择意愿、对消费者权益、市场竞争秩序、社会公共利益的影响等因素，依法判断经营者是否违反商业道德。人民法院认定经营者是否违反商业道德时，可以参考行业主管部门、行业协会或者自律组织制定的从业规范、技术规范、自律公约等。具体到企业数据权益引发的不正当竞争纠纷中，法院主要从网络信息产业和互联网环境的特点以及数据获取者、使用者的利益和公共利益等多方利益的协调出发来认定，从既保护企业的数据权益，又避免出现对网络信息产业领域的创新的不正当阻碍。例如，在"北京百度网讯科技有限公司与上海汉涛信息咨询有限公司不正当竞争纠纷上诉案"中，法院认为："对于擅自使用他人收集的信息的行为是否违反公认的商业道德的判断上，一方面，需要考虑产业发展和互联网环境所具有信息共享、互联互通的特点；另一方面，要兼顾信息获取者、信息使用者和社会公众三方的利益，既要考虑信息获取者的财产投入，还要考虑信息使用者自由竞争的权利，以及公众自由获取信息的利益，在利益平衡的基础上划定行为的边界。"③

---

① 浙江省杭州市中级人民法院（2018）浙 01 民终 7312 号民事判决书。
② 浙江省高级人民法院联合课题组：《关于企业数据权益知识产权保护的调研报告》，《人民司法》2022 年第 13 期。
③ 上海知识产权法院（2016）沪 73 民终 242 号民事判决书。

2）区分被告企业获取其他企业数据的行为以及获取后的利用行为。在评价被告企业的数据获取行为是否正当时，首先，要考虑案涉数据是公开数据还是非公开数据，因为非公开数据涉及商业秘密，而且企业的非公开数据不涉及数据的流通利用这一合理需求，故此，法院倾向于对于非公开数据采取更强的保护措施。其次，对于公开数据，需要平衡企业数据权益的保护与数据流通利用的关系，因此，需要考虑原告企业对公开数据是否采取了相应的技术保护措施（如用户身份认证系统、反爬虫技术等）来保护其数据等。如果被告企业通过破坏原告企业的技术保护措施而获取公开数据，则其行为更容易被评价为不正当行为。当然，如果被告企业与原告企业订立了合同，被告企业违反约定而获取原告企业的数据，该行为基本上可以被认定为不正当行为。至于 Robots 协议，由于该协议本身是为了指引搜索引擎的网络机器人更有效地抓取对网络用户有用的信息，促进数据流通，故此，不能当然地将 Robots 协议作为限制数据流通的工具。在判断被告企业违反 Robots 协议的数据获取行为是否有不正当性时，必须对个案中 Robots 协议的合理性进行考察。例如，在"北京百度网讯科技有限公司等与北京奇虎科技有限公司不正当竞争纠纷案"中，法院认为：百度网讯公司、百度在线公司以设置 Robots 协议白名单的方式限制可以抓取其网站网页的搜索引擎范围，此种方式不是以网络信息本身是否适合被搜索引擎抓取作为区分标准，而是将搜索引擎的经营主体作为区分标准。并且，此种区分并未采取相同的标准，对奇虎公司而言，具有针对性和歧视性，不仅损害了奇虎公司的利益，也损害了相关消费者的利益。[1]

（二）笔者的观点

应当说，借助《反不正当竞争法》第 2 条这样的一般条款，企业对其数据的财产权益在一定程度上得到了保护，尤其是企业数据中那些无法作为汇编作品或构成商业秘密的数据也能得到保护。然而，反不正当竞争法上提供的保护仍然存在很大的不足之处。例如，有的学者认为，反不正当竞争法提供的保护主要是公法保护，没有提供对数据的私法保护。[2] 不仅如此，反不正当竞争法的立法目的在于维护竞争秩序，并非确认民事权益，无法从正面规定数据权利的内容、数据权利的限制以及数据许可使用、数据转让等规则。[3] 还有的学者认为，《反不正当竞争法》第 2 条作

---

[1] 北京市高级人民法院（2017）京民终 487 号民事判决书。
[2] 王利明：《论数据的民法保护》，《数字法治》2023 年第 1 期。
[3] 王利明：《数据何以确权》，《法学研究》2023 年第 4 期。

为一般条款过于原则、抽象,尤其是实践中以商业道德作为认定竞争行为的正当与否的标准具有很大的抽象性与不确定性,因为道德判断本质上是一种价值判断,这使法官在认定时的自由裁量权很大,甚至会阻碍可能存在的积极的数据利用行为,不当地影响市场上的竞争秩序。[1]

笔者认为,反不正当竞争法为企业的数据权益提供了一定程度的保护,值得肯定。但是,这种保护只是一种消极的、被动的、个案认定式的保护。也就是说,只有在企业的数据被某个行为人的具体行为侵害时,才能由法官依据《反不正当竞争法》第2条这样抽象的一般条款,在个案中参考相关因素,决定是否提供一定的救济。这种救济存在很大的局限性:一方面,其被限定于侵权损害赔偿责任,即在企业因为不正当竞争行为遭受了损害之后,才能提供损害赔偿的救济方法。另一方面,只有当行为人与受害企业之间存在竞争关系,即双方都属于经营者,且在生产经营活动中,行为人因数据抓取行为或数据利用行为而侵害了受害企业的数据权益时,才能加以适用。如果行为人与受害企业之间并无竞争关系,行为人不属于经营者,就无法依据《反不正当竞争法》来加以保护。显然,此种消极和被动的救济方法无法明确赋予企业对其数据享有何种权益,企业既不能基于对数据的权益而享有停止侵害、排除妨碍、消除危险等更为积极的请求权,也无法通过行政机关查处等方法来获得更为丰富的公法上的保护。由于企业无法知悉其对数据享有何种占有、使用、收益和处分的权能,故此,企业无法主动地将数据作为企业的资产,通过市场配置数据资产并建立相应的数据价值分配机制,更不可能实现数据的资本化,如将数据投入交易,进行融资担保等。这种现状显然无法充分实现数据的流通利用,发挥数据的要素价值。

二、商业秘密说

(一) 商业秘密说的内容

所谓商业秘密,是指不为公众所知悉、具有商业价值并经权利人采取相应保密措施的技术信息、经营信息等商业信息(《反不正当竞争法》第9条第4款)。权利人依法对商业秘密享有专有权。目前,我国没有专门的法律法规对权利人依法就商业秘密享有的专有权利作出规定,对商业秘密专有权利的保护分散规定在反不正当竞争法、合同法等法律中。企业的

---

[1] 谢兰芳、黄细江:《互联网不正当竞争行为的认定理念》,《知识产权》2018年第2期;李生龙:《互联网领域公认商业道德研究》,《法律适用》2015年第9期;李兆阳:《〈反不正当竞争法〉视角下对数据抓取行为规制的反思与修正》,《暨南学报(哲学社会科学版)》2021年第3期。

非公开数据如果是具有商业价值的技术信息、经营信息等商业信息，符合商业秘密的构成要件的，可以受到商业秘密权的保护。例如，在一个案件中，法院认为："涉案网站数据库中的用户信息是涉案网站在长期的经营活动中形成的经营信息，且不容易为相关领域的人员普遍知悉和容易获得；该用户信息能够反映涉案网站具有较大的用户群和访问量，与网站的广告收入等经济利益密切相关；原告同时对上述用户信息采取了保密措施，故涉案网站数据库中的用户信息属于商业秘密，受法律保护。"[1] 学界也有观点认为，数据可以涵摄于商业秘密，通过商业秘密的法律保护实现数据保护的目标。对于那些没有公开的数据而言，其可以根据《反不正当竞争法》第9条的规定禁止他人非法获取、披露和使用处于秘密状态的数据条目。[2] 在实践中，多数企业数据均处于秘密状态，如用户或客户数据、交易记录、经营信息、行程记录等，并且企业数据都被存储于平台服务器的私人空间中，受到保密措施的保护，致使他人大规模获取十分困难，客观上也使企业数据因此具有一定的保密性。[3] 但是，商业秘密只能保护部分的数据。对于那些已经公开的数据而言，通常无法满足"不为公众所知悉"的构成要件。

从比较法的角度看，欧盟《商业秘密指令》第2条第1款将"商业秘密"定义为满足以下三个条件的信息：（1）所涉信息是秘密的，应该作为一个整体或由各部分合成而存在，并不是该领域专业人员普遍知悉的信息，也不是普通劳动者在工作过程中获得的公共知识、技术和技能。（2）因秘密性而具有商业价值。（3）一直被其合法控制人通过合理的步骤在各种情况下加以保密。根据这一定义，数据是否可以涵摄于商业秘密之下，取决于以下三个要件是否得到满足：其一，秘密性。数据是否满足秘密性，不能一概而论。在一些数据公开的场景中，数据显然不具有秘密性；但在一些数据不公开的场景中，数据是否具有秘密性，需要判断该数据是否"不属于该领域专业人员普遍知悉的信息，也不是普通劳动者在工作过程中获得的公共知识、技术和技能"。这一问题需要在具体个案中进行判断。

其二，商业价值。欧盟《商业秘密指令》第14条规定："建立一个统

---

[1] "周某民与浙江省衢州万联网络技术有限公司侵害商业秘密纠纷上诉案"，上海市高级人民法院（2011）沪高民三知终字第100号民事判决书。

[2] 孔祥俊：《商业数据权：数据时代的新型工业产权》，《比较法研究》2022年第1期；崔国斌：《公开数据集合法律保护的客体要件》，《知识产权》2022年第4期；崔国斌：《大数据有限排他权的基础理论》，《法学研究》2019年第5期。

[3] 梅夏英：《企业数据权益原论：从财产到控制》，《中外法学》2021年第5期。

一的商业秘密定义是重要的，而不应限制受保护免受窃取的主题范围。因此，这样的定义应该构建为覆盖专业知识、商业信息和技术信息，其中既有保持其保密的合法利益，也有合理预期这种保密性将被保持。此外，这种专业知识或信息应具有商业价值，无论是实际的还是潜在的。例如，这种专业知识或信息应被视为具有商业价值，如果其非法获取、使用或泄露可能损害合法控制它的人的利益，因为它破坏了该人的科学和技术潜力、商业或财务利益、战略地位或竞争能力。商业秘密的定义排除了琐碎信息以及员工在正常工作过程中获得的经验和技能，并且也排除了在通常处理该类信息的圈子里已为人所知或容易获取的信息。"根据这一定义，商业秘密的价值可以是实际的，也可以是潜在的。欧盟委员会认为，在金融或商品市场、信用评分、天气和汽车出行等领域，数据（尤其是非个人数据）具备商业价值。他人未经同意非法获取、使用或者披露这些数据，将会破坏持有人的商业利益。①

其三，合理的保密措施。数据持有者是否采取了合理的保密措施，需要根据数据持有者的情况进行个案判断。在理论上，判断商业秘密的持有者是否采取了合理的保密措施，存在两种不同的判断标准：一是根据商业秘密的持有者的情况进行主观判断，二是根据特定行业中采用的标准保护措施进行客观判断。② 对此，有的学者认为，数据获取级别的限制、使用技术保护措施以及谨慎的内部数据处理机制，均属于合理的保密措施。③

（二）笔者的观点

通过商业秘密制度当然可以保护一部分数据，但是，仍存在以下缺陷：首先，商业秘密无法保护公开数据。当且仅当数据处于非公开状态，并且数据持有者采取合理的保密措施时，该数据才能受到商业秘密的保护。这意味着，公开数据肯定不受商业秘密的保护。但是，亟待确权的数据，恰恰是公开数据，而不是非公开数据。毕竟非公开数据还受到事实上的排他性保护，例如《刑法》第285条第2款规定："违反国家规定，侵入前款规定以外的计算机信息系统或者采用其他技术手段，获取该计算机

---

① ［英］塔尼娅·阿普林：《数字经济中的数据交易：商业秘密的视角》，载［德］塞巴斯蒂安·洛塞等编：《数据交易：法律·政策·工具》，曹博译，上海人民出版社2021年版，第50页。

② Tanya Aplin, A Critical Evaluation of the Proposed EU Trade Secrets Directive, 2014 IPQ, p.25.

③ ［英］塔尼娅·阿普林：《数字经济中的数据交易：商业秘密的视角》，载［德］塞巴斯蒂安·洛塞等编：《数据交易：法律·政策·工具》，曹博译，上海人民出版社2021年版，第51页。

信息系统中存储、处理或者传输的数据，或者对该计算机信息系统实施非法控制，情节严重的，处三年以下有期徒刑或者拘役，并处或者单处罚金；情节特别严重的，处三年以上七年以下有期徒刑，并处罚金。"根据这一规定，非公开数据属于保护性法律所要保护的法益，他人违反保护性法律侵害这一法益的，受害人可以主张侵权损害赔偿请求权。但是，对公开数据是否应当确权，一直是我国理论界和实务界争论的焦点。通过商业秘密保护数据的方案规避了真正的难题。

其次，商业秘密对非公开数据的保护没有"增益"。鉴于非公开数据已经具备事实排他性，并且这一事实排他性受到《刑法》、《网络安全法》或者《数据安全法》的保护，那么通过商业秘密对非公开数据提供保护，其实没有提供比这些事实排他性更多的东西，它仅仅是"对事实排他性在法律层面的进一步强化"[1]。也就是说，不管是《刑法》产生的事实排他性，还是确立为商业秘密，数据权益均属于纯粹的防御性权利，而不是包含积极权能分配的排他性权利（或独占性权利，Ausschließlichkeitsrecht）。不过，也有学者认为，恰恰是因为商业秘密只是纯粹的防御性权利，而非诸如所有权一样的排他权，才使商业秘密更加契合数据确权的经济目标，这是因为"它专注于第三方获取数据的特定方式，而非针对数据的使用提供保护"[2]。

最后，数据的确权与保护的碎片化。可能会有论者主张，非公开数据适用商业秘密的相关规则，公开数据则另寻他途，例如，确立一个"公开数据有限排他权"[3]。但是这一思路的后果是，数据的确权与保护是碎片化的。

由此可见，企业的公开数据，非公开数据中不具有商业价值的数据以及不属于技术信息、商业信息的数据，显然无法获得商业秘密权的保护。商业秘密权以数据具有秘密性且采取了保密措施为要件，这也使数据无法投入流通和利用，企业必须尽量采取措施实现对信息的独占和垄断。由此导致了以商业秘密权来保护数据，将无法实现数据的流通和利用，与数据保护立法的目的有明显的冲突。[4]

---

[1] Herbert Zech, Information as Property, JIPITEC 192 (2015), p.196.
[2] Josef Drexl, Designing Competitive Markets for Industrial Data, 8 J. Intell. Prop. Info. Tech. & Elec. Com. L. 257 (2017), p.16.
[3] 崔国斌：《大数据有限排他权的基础理论》，《法学研究》2019年第5期。
[4] 浙江省高级人民法院联合课题组：《关于企业数据权益知识产权保护的调研报告》，《人民司法》2022年第13期。

第五节 合同法对企业数据的保护

一、通过合同保护企业数据

债权是与物权相并列的最重要的一类财产权。所谓债权,就是权利人请求特定义务人为或者不为一定行为的权利,其发生原因包括合同、侵权行为、无因管理、不当得利以及法律的其他规定(《民法典》第118条第2款)。企业的数据当然也可以通过合同债权而获得一定程度的保护。通过合同债权对于企业数据加以保护的场景主要就是数据分享与数据交易的场合。[①] 数据分享的典型情形即开放应用编程接口(Open API),这是服务型网站常见的一种应用,网站的服务商将自己的网站服务封装成一系列API开放出去,供第三方开发者使用,这种行为称作开放网站的API。Open API是互联网新的应用开发模式,这种网络应用开发模式能够更好地发挥数据资源价值,实现开放平台方和第三方应用方之间的合作共赢。Open API通过"开发者协议"来约定双方的权利义务,也通过该协议来实现保护用户数据信息。如果一方违约如超越权限获取数据,另一方就可以追究其违约责任。例如,在"北京淘友天下技术有限公司等与北京微梦创科网络技术有限公司不正当竞争纠纷上诉案"中,被告企业是通过原告企业提供的Open API接口获取数据,但是根据开发者协议及法院查明的相关事实,被告企业仅有读取用户头像、昵称等信息的普通接口权限,在未经特别申请并取得授权的情况下,其无权获取用户的职业、教育信息,而被告企业无视开发者协议的具体内容直接对此类信息进行了获取,并且这种获取没有经过用户的同意。故此,该行为属于违反协议的违约行为。[②] 至于数据交易的场合,提供数据的一方与另一方也会就数据的获取和使用作出明确的约定,例如,原告与被告之间曾签订证券信息合同约定,原告向被告提供上海证券交易所的证券信息及实时股票行情,同时双方在合同的第5条约定,未经原告书面许可,被告不得对上海证券交易所的证券信息进行永久储存或使用,且该条款对"使用"的含义作了明确的解释:"包括但不限于复制、传播、编辑、转让、许可他人使用和开发衍生产品"。被告违反合同约定,利用原告提供的数据与新加坡交易所共同

[①] 梅夏英:《企业数据权益原论:从财产到控制》,《中外法学》2021年第5期。
[②] 北京知识产权法院(2016)京73民终588号民事判决书。

开发上市了中国 A50 指数期货。法院认为，被告开发、上市中国 A50 指数期货的行为，实质就是利用原告按约提供的上海证券交易所实时股票行情开发了衍生产品，该种行为显属违反合同约定。①

二、笔者的观点

基于当事人的意思自治而在拥有数据的企业与需要利用数据的企业等民事主体之间成立数据利用等合同关系，本身并没有为拥有数据的企业确认权利。也就是说，应当先确定拥有数据的企业对数据享有何种民事权益，然后该企业才能基于该数据权益，以合同的方式许可他人使用数据。故此，合同本身不具有确权的功能。此外，就保护功能而言，合同债权也是有限的。因为，合同债权在性质上属于相对权，具有相对性，只是在特定当事人之间形成的权利义务关系，拥有数据的企业只能向那些与其存在合同关系的行为人追究违约责任。至于对没有合同关系的行为人，则无法通过合同债权来保护数据。

---

① "上证所信息网络有限公司诉新华富时指数有限公司证券信息合同纠纷案"，上海市浦东新区人民法院（2006）浦民二（商）初字第 2963 号民事判决书。

第七章　企业数据权益

第一节　企业数据确权的正当性

从上一章的分析讨论中可知，虽然物权法、知识产权法、反不正当竞争法以及合同法可以或多或少地为企业数据提供保护，但都存在不少弊端。这种现状使人们迫切希望能够超越分散、零敲碎打式的保护方法，而建立一种独立的、统一的法律制度来保护企业数据，确切地说，就是要确立一种新型的、单独的企业数据权益，以便使企业对其数据的合法利益可以得到更为全方位、综合性的保护和利用。

一、理论上的争议

对于是否有必要建构一种新型的企业数据权益来保护企业数据，存在不同的观点。否定说认为，不仅不需要对企业数据确权，对于任何数据也不需要进行确权。这不仅是因为对于数据进行确权，尤其是确认企业的数据权益存在很大的困难，还在于对数据进行确权后会产生很大的危害。首先，我国相关法律已经为不同场景和情形下数据要素各参与方的数据权益保护提供了基本依据，包括：（1）如果数据制作者对数据内容的选择或者编排符合作品独创性要求，对该数据可以依据著作权法的规定，按照汇编作品予以保护，数据制作者对汇编作品享有著作权；（2）如果数据记录的信息构成商业秘密，则可以按照法律关于商业秘密的保护规则对数据持有者予以保护；（3）相关主体对数据的流通利用订有合同的，按照《民法典》合同制度的规定处理。此外，《反不正当竞争法》《反垄断法》从规范竞争秩序的角度，为如何确定数据权益保护的界限，平衡好数据保护与利用之间的关系提供了依据。[①] 其次，将数据纳入私权体系存在很大的困

[①] 王瑞贺：《健全数据法律制度，促进数字经济发展》，《民主与法制周刊》2023年第24期。

难。一方面，个人信息与数据财产如何统一于同一数据之上以及如何在数据可由众多主体合法分享的前提下，体现出数据权利在私法上的排他性和救济性特点。① 另一方面，网络平台数据已经成为互联网企业的核心资产，而对平台数据无法进行明确化的界权。因为平台数据常常具有多重属性：平台数据包含了大量的个人数据，个人对于此类数据具有数据隐私保护的权利；平台数据是企业所收集的，企业对于平台数据拥有相应的权益；平台数据又可能属于公共领域，无论个人或企业都不具有独占性权利。② 最后，对数据只适合以责任规则保护，不适合确权，否则就会导致反公地悲剧的结果，阻碍数据的公平获取、使用，与促进数据流动和共享的目标南辕北辙。③

肯定说认为，应当为数据确权，尤其迫切的是要为企业数据确权。我国现行物权、知识产权、反不正当竞争法和个人信息保护等制度都无法充分地保护数据权，必须通过为企业确认数据权益或者数据产权来实现对企业数据的全面的保护，同时更好地激励数据的生产、流通和利用。④ 归纳起来，支持企业数据确权的主要理论就是劳动赋权理论与激励理论。劳动赋权论是英国思想家洛克的观点。他认为，土地和一切低等动物都归所有人共有，但是一个人的身体从事的劳动和双手做的工作是归这个人所有的，因此，只要一个人使任何东西脱离了自然存在的状态并加入了自己的劳动，那么它们作为劳动的产物就变成了他的所有物，通过附加属于这个人的劳动，他排除了他人的共有。⑤ 依据劳动赋权理论，理论界认为，企业等数据处理者为数据的生产和收集付出了成本，包括投入的资金、人力和物力等，以及在收集用户的个人数据时作为对价而免费提供给用户使用的各种数据产品、网络数字服务。⑥ 因此，企业对于数据的生产和收集作

---

① 梅夏英：《在分享和控制之间——数据保护的私法局限和公共秩序构建》，《中外法学》2019年第4期。
② 丁晓东：《数据到底属于谁？——从网络爬虫看平台数据权属与数据保护》，《华东政法大学学报》2019年第5期。
③ 戴昕：《数据界权的关系进路》，《中外法学》2021年第6期；陈越峰：《超越数据界权：数据处理的双重公法构造》，《华东政法大学学报》2022年第1期；周汉华：《数据确权的误区》，《法学研究》2023年第2期。
④ 龙卫球：《数据新型财产权构建及其体系研究》，《政法论坛》2017年第4期；程啸：《论大数据时代的个人数据权利》，《中国社会科学》2018年第3期；王利明：《数据的民法保护》，《数字法治》2023年第1期；王利明：《数据何以确权》，《法学研究》2023年第4期。
⑤ ［英］约翰·洛克：《政府论》（下册），丰俊功、张玉梅译，北京大学出版社2014年版，第36—38页。
⑥ 程啸：《论大数据时代的个人数据权利》，《中国社会科学》2018年第3期。

出了贡献并且承担经济上的责任,故此,应当认可企业对于数据享有相应的民事权益。激励理论认为,通过确权,尤其是为企业确认数据产权或者数据权益,可以更好地激励数据的生产和流通。[①] 企业等数据处理者在数据的开发过程中,投入了大量的资金、人力和物力,因此,需要通过法律赋权使其产生合理预期,从中获得回报、获取收益,否则将极大地挫伤人们创新的动力和积极性。而且由于确认了数据产权并加以保护,故此,企业等数据权益主体就更有意愿将数据投入流通,从而更加充分地实现数据要素价值,激活数据要素潜能,做强做优做大数字经济。

二、企业对其数据享有民事权益的正当性基础

《数据二十条》明确提出了,探索建立数据产权制度,推动数据产权结构性分置和有序流通,结合数据要素特性强化高质量数据要素供给;在国家数据分类分级保护制度下,推进数据分类分级确权授权使用和市场化流通交易,健全数据要素权益保护制度,逐步形成具有中国特色的数据产权制度体系。

应当说,我国建立数据产权制度是一个非常伟大的、有意义的探索。对于数据这一信息时代的重要生产要素而言,其上的利益关系极为复杂多样,数据从生产、流通到使用的全过程涉及各类主体,包括个人、企业和国家等。因此,建立数据产权制度对于明晰、协调数据上各类主体之间的权益性质、类型以及关系,并在维护国家数据安全以及保护个人信息权益、商业秘密权等在先权益的前提下,促进数据的合规高效流通、使用是非常必要的。《数据二十条》在构建数据产权制度体系时充分吸收借鉴了劳动赋权理论与激励理论。该文件第5条明确指出,对各类市场主体在生产经营活动中采集加工的不涉及个人信息和公共利益的数据,市场主体享有依法依规持有、使用、获取收益的权益,保障其投入的劳动和其他要素贡献获得合理回报,加强数据要素供给激励。第7条规定,在保护公共利益、数据安全、数据来源者合法权益的前提下,承认和保护依照法律规定或合同约定获取的数据加工使用权,尊重数据采集、加工等数据处理者的劳动和其他要素贡献,充分保障数据处理者使用数据和获得收益的权利。

在笔者看来,企业对企业数据享有的是不同于所有权、知识产权等既有的民事权益的一类独立、新型的财产权,该权利属于民事权益,可称之为数据财产权。一方面,数据财产权是财产权制度在信息时代的发展与延

[①] 王利明:《数据何以确权》,《法学研究》2023年第4期。

续，当然具有与物权、知识产权相通的若干特征，如对世性和支配性。①物权、知识产权和数据财产权调整的都是权利主体和不特定第三人之间的关系，都具有对世性和一定程度的支配性、排他性，从而使它们与作为相对权的债权相区分。另一方面，数据是一种新型的权益客体，不同于有体物和知识产权客体，这使传统的物权、知识产权都无法充分实现对企业就其数据所享有的经济利益的保护。此时，需要适应社会的发展而确立新型民事权益即数据财产权来保护企业的新型经济利益。将企业的数据权益认定为所有权、用益权、知识产权以及持有权等观点都是不妥当的。现在需要深入研究的是企业数据的确权路径、该权益的权能等具体问题。

第二节 企业数据的确权路径

目前，为企业数据确权的路径有两种：一是单一确权路径，即为企业确认单一的、完整的数据权益。二是区分确权路径，即认为应当区分不同的主体以及客体而分别进行确权。

一、单一确权路径

持单一确权路径的学者认为，应当为企业确认单一的数据权益或者数据财产权。企业数据确权并不包括对数据上在先权利的确认，如个人数据上的个人信息权益、数据上已有的商业秘密权。例如，有的学者认为，我国法上应当明确规定企业的数据权利，即企业对合法收集的包括个人数据在内的全部数据享有支配的权利，性质上属于独立于人格权、物权、债权、知识产权的新型财产权。具体来说，数据企业数据权利的内容及保护方法包括以下几项：其一，数据企业在得到自然人同意的情形下，有权收集个人数据并进行存储（占有）。至于非个人数据，数据企业有权依据法律规定的方式进行收集和存储。其二，数据企业在得到自然人的同意的前提下，可以按照法律规定及与自然人约定的目的、范围和方式分析、利用个人数据。而在个人数据进行符合法律规定的匿名化处理后，无须得到自然人的同意即可在不违反法律和行政法规强制性规定的前提下进行使用。其三，数据企业有权处分其合法收集的数据，如转让给其他的民事主体或授权其他民事主体进行使用。但是，对于个人数据必须得到自然人的同意，才能进行处分。其四，数据企业在数据权利遭受他人侵害时有权要求

---

① 张新宝：《论作为新型财产权的数据财产权》，《中国社会科学》2023年第4期。

侵权人承担侵权责任，包括在他人未经许可而窃取数据时，有权要求侵权人停止侵害、删除非法窃取的数据；在侵权人因故意或过失而造成损害时，有权要求侵权人承担侵权赔偿责任。① 还有的学者认为，应当确认一种与物权、知识产权相并列的新型财产权利即数据财产权，该权利的主体是在数据处理活动中自主决定处理目的和处理方式的自然人、法人、非法人组织，即除国家机关之外的数据处理者。该权利具有对世性、支配性和排他性。数据财产权的权能包括：（1）利用（处理）权能，即权利人对数据进行处理，多维度发掘以及实现数据使用价值的权能；（2）收益权能，即通过数据交易和服务取得一定的经济利益；（3）占有（持有）权能，即对数据客体的实际管控权能；（4）处分权能，权利人可以对数据客体进行最终处置，包括进行数据交易或者数据销毁等。② 再如，有的人认为，企业等数据生产者对数据享有数据权，该权利是一种全面的总括性的权利，其本质是权利主体依其意志对数据进行事实上或法律上处分的自由。它既包括自行利用及许可他人利用数据之积极权能，也包括排斥他人侵夺占有、利用等消极权能。数据权的权利人既可以自由利用数据之使用价值，也可以利用数据之交换价值，例如以数据对外设定担保。③

二、区分确权路径

采取此种确权路径的学者认为，数据上涉及多元主体，而企业数据权益属于权利的集合，包含了多种权利，故应区分不同主体或客体分别确定数据权益。比较有代表性的观点有以下几种。

（一）主体区分说

主体区分说，即通过区分不同的主体来确认数据权益。例如，王利明教授认为，双重权益结构是数据确权的重要思路，它是指在同一数据上，区分数据来源者和数据处理者而确认不同的权利。数据来源者分为两类：一是自然人作为数据来源主体，二是非自然人作为数据来源主体。数据处理者享有的是数据上的财产权，但这种权利并非如所有权那样赋予数据处理者绝对独占和排他的权利。数据处理者对于数据享有的权利包括：（1）持有权，即按照法律规定或合同约定自主管控所取得的数据资源；（2）使用权，即权利人享有的在不损及数据来源主体的法定在先权益的前提下，根据自身需要在各个生产经营环节自主使用数据包括对数据进行开发利用的权利；（3）收益权，是指权利人基于自我使用数据以及基于法律上的处分

---

① 程啸：《论大数据时代的个人数据权利》，《中国社会科学》2018 年第 3 期。
② 张新宝：《论作为新型财产权的数据财产权》，《中国社会科学》2023 年第 4 期。
③ 刘文杰：《数据产权的法律表达》，《法学研究》2023 年第 3 期。

而获得各种经济收入的权利；（4）处置权，即数据财产权人对数据进行自主处置的权利。① 吴汉东教授认为，数据财产权是一种二元结构权利，属于信息产权或者说知识产权领域的新型财产权，是具有相对排他性的特别财产权，由"控制—共享""保护—限制"的双重权利主体构成。因此，数据财产权应当分为数据制作者权与数据使用者权：前者属于特别知识产权的范畴，权能涉及数据的收集、存储、使用、加工、传输、提供、公开处分等全部过程，包括控制权、开发权、利用权以及禁止权；数据使用者权是数据财产权制度的反向设权，表现了权利分置和权益共享的数据产权立法意图，包括用户及其他同业经营者的访问权。②

（二）客体区分说

1. 区分数据和数据产品

有的观点认为，应当区分数据和数据产品。所谓数据，是"用数字化、电子化方式承载一定信息的符号"；所谓数据产品，则是数据的产物或者集合体，是"数据处理者通过合法手段收集各种数据后依法进行处理所形成的数据产品"。例如，"大众点评"是一款数据产品，其中包含的要素包括数据、算法、界面设计、名称、商标和产品架构等。其中，数据包括个人数据，如消费者的账户信息、消费记录、地理位置等；也包括经营者的数据，如店铺的介绍、店铺发布的各类信息以及优惠券等。③ 该观点认为，应当在区分数据和数据产品的基础上，分别讨论数据上的权益和数据产品上的权益。一方面，就数据上的权益而言，应当采取权利束的视角。依据这一视角，数据权益是信息之上产生的多项集合的权益，根据数据的具体内容可能涉及个人信息权益、著作权、商标权、专利权、名称权等等不同的权利类型，这些权益可能归属于数个民事主体，从而形成多元主体间的复杂权益网络。④ 另一方面，就数据产品上的权益而言，其在整体上应当属于无形财产。倘若数据产品具有独创性，那么其就应当受到著作权的保护；即便只是投入了大量的劳动，也要受到保护，防止他人"搭便车"。也就是说，数据产品归属于企业，任何人不得非法利用企业的数据产品，否则将构成对企业财产权的侵害。⑤

根据上述观点，数据产品是建立在数据的基础上，结合其他要素（如

---

① 王利明：《数据何以确权》，《法学研究》2023 年第 4 期。
② 吴汉东：《数据财产赋权的立法选择》，《法律科学》2023 年第 4 期。
③ 王利明：《论数据权益：以"权利束"为视角》，《政治与法律》2022 年第 7 期。
④ 王利明：《论数据权益：以"权利束"为视角》，《政治与法律》2022 年第 7 期。
⑤ 王利明：《论数据权益：以"权利束"为视角》，《政治与法律》2022 年第 7 期。

算法、界面设计、名称和商标等)形成的产品。数据产品的功能实现始终依赖于数据(或者数据库服务器)。典型者如"大众点评"数据产品。不管是对消费者还是对经营者而言,"大众点评"数据产品的真正价值在于其汇聚的数据(公开的、非结构性的数据),其他要素可以更好地呈现数据的价值,但是并非根本性的。循此思路,对数据产品的法律保护,可以进一步化约为两个部分:其一,现行法对数据产品中的算法、界面设计、名称和商标等其他要素的保护;其二,数据产品中的数据权益的保护。那么,数据权益究竟是什么呢?对此问题,有的学者主张采取权利束的视角,这一视角打破了所有权视角下将数据归属于某一特定主体完全独占的分配模式,强调的是利用而非归属。根据权利束的视角,在数据之上可能存在个人信息权益、著作权或者商标权等民事权益。但是,数据持有者对其持有的数据究竟享有什么权益,这种权益的性质及具体内容为何?这些问题没有得到进一步的澄清。

有一种与上述观点类似的观点主张,在数据集合上成立有限财产权或有限排他权,在数据产品上成立财产权[1]。具体而言:(1)根据"数据价值生成机制"的标准,可以将数据分为原始数据、数据集合和数据产品。所谓"数据价值生成机制",是指数据在不同阶段、不同场景中具有不同的价值,存在不同的利益状态。因此,需要按照这一标准,对数据进行分类。其中,原始数据是指未经加工的、原始形态的数据,主要包括个人生成或者机器生成的数据。数据集合是指对原始数据进行收集、清洗、加工后所汇集的数据集。数据产品则是对数据集合进行深度加工与处理,从而形成的"智慧决策",例如产品升级策略,或者企业营销计划等。(2)数据集合承载了个人人格利益、企业财产利益以及公共利益。在数据集合之上应当成立有限财产权或有限排他权。数据集合的有限财产权的积极权能是转让或者许可使用的权利,消极权能是禁止他人未经同意不当抓取数据集合实质性内容的权利。所谓有限财产权或者有限排他权,是指权利主体不可以禁止任何主体对财产实施任何行为,而只能禁止特定类型的主体实施特定类型的行为。有限排他权的正当性基础包括准占有制度和准财产制度,前者是指通过一种权利的行使达到控制某物的效果,后者是指在某物上设置一种仅对抗特定行为人的权利。数据集合上恰恰应当构建这样的有限排他权。之所以将数据集合上的财产权益称为有限财产权,一方面是因

---

[1] 姬蕾蕾:《企业数据保护的司法困境与破局之维:类型化确权之路》,《法学论坛》2022年第3期。

为该财产权益只能禁止他人非经许可对其数据集合的实质内容进行复制使用或者许可他人使用；另一方面是因为个人信息权益和公共利益应当得到优先保护。(3)数据产品的财产权是一种完全的、绝对的财产权。这是因为：一方面，数据产品经过深度加工处理之后通常已经脱敏，不再涉及个人利益或公共利益的问题；另一方面，数据产品具有更高的、更加直接的价值，可以直接用于企业的生产经营活动。数据产品财产权的内容主要为数据持有者对数据产品的控制、使用、传输和处分的专有权能，以及受到侵害或者妨碍时的恢复数据产品完整权与删除数据产品请求权。

这一观点的问题主要是：其一，数据集合与数据产品之间的区分是否可行？数据产品和数据集合之间的差异体现在，对数据进行加工与处理的程度。这是一个相对模糊的标准。不同的市场主体是否可以根据这一标准得出大致相同的判断？例如"生意参谋"是数据产品还是数据集合？"生意参谋"既提供实时的销售数据，也提供数据指标，还提供销售建议，那么"生意参谋"究竟是数据产品还是数据集合？其二，数据集合的有限财产权适用于公开数据还是非公开数据，抑或两者均可适用？有的论者提出的"大数据有限排他权"仅适用于公开的、没有独创性的大数据集合，而不涉及非公开数据。但是，所谓的"数据集合有限财产权说"，似乎没有区分其客体究竟是公开数据还是非公开数据。对于企业控制的非公开数据，企业享有事实性的排他权。所谓数据集合有限排他权究竟是强于还是弱于企业已经享有的事实性排他权？这些问题都不清楚。其三，数据产品真可以确权吗？有的人主张数据产品是智慧决策，例如，产品的升级策略，或者企业营销计划。最为人们熟知的是，沃尔玛将纸尿布和啤酒摆在一起销售，这是大数据分析的结果。按照前述观点，这种销售策略显然是一种数据产品。问题在于：将纸尿布和啤酒摆在一起销售这个想法，可以确立绝对权吗？亚马孙看到这一先进经验之后，也将纸尿布和啤酒摆在一起销售，是否侵害了沃尔玛的某种数据产品绝对权？倘若把纸尿布和啤酒摆在一起销售的想法不是来自大数据分析，而是来自一个超市经理的经验与洞察力，那么这种想法可以受到绝对权的保护吗？倘若结论是不能的话，那么它与大数据分析得出的销售策略有什么差异呢？

2. 区分原始数据、数据集合与数据产品

有的学者认为，应当将作为客体的企业数据区分为企业数据集合和企业数据产品并在这一基础上分类构建企业数据产权体系。具体而言，以邻接权保护的思路来构建企业数据集合产权，而针对企业数据产品，形成表征产权归属的企业数据产品持有权与表征产权利用的企业数据产品使用权二元并立的产权结构分置状态,并由此形成企业数据产品的权利体系。[1]

还有的学者认为,应当在将企业数据权利的客体区分为原始数据、数据资源和数据产品的基础上,分别构建起完全支配绝对排他、完全支配无排他性、有限支配有限排他的分级分类的企业数据确权规则。[2] 其中,原始数据是指企业经采集或者授权获得的数据,数据资源是指对原始数据的初步加工与汇聚形成的资源,数据产品是对数据资源投入实质性加工形成的产品,包括数据分析报告、数据可视化产品、数据 API 等。《数据二十条》提出的权利应当理解为:(1)数据资源持有权,是指"通过自主劳动生产或经由相关数据主体的授权同意,对原始数据、数据资源和数据产品享有的管理、使用、收益和依法处分的权利"。数据持有权的排他性将随着数据类型的变化而发生变化。(2)数据加工使用权,是指"经由数据持有权人授权,对原始数据、数据资源享有的使用、分析、加工数据的权利"。(3)数据产品经营权,是指"数据持有权人或经由授权的其他主体作为数据市场主体,对加工数据形成的数据产品享有的自主经营权和收益权"[3]。需要注意的是,数据加工使用权和数据产品经营权不是由数据持有权派生的,而是呈现出并行不悖、各行其是的局面。数据加工使用权是数据持有权的权利人许可使用的结果,并且由于数据的非竞争性,加工使用权人和持有权人可以并行不悖地直接支配特定数据,只不过数据的加工使用权人无权处分数据。数据持有权是表征归属的,而数据加工使用权和数据产品经营权是表征利用的。就表征归属的数据持有权而言,依据数据类型的不同可以分别成立原始数据持有权、数据资源持有权和数据产品持有权:其一,原始数据持有权。原始数据持有权应当区分数据来源进行差异化配置:(1)原始数据若是来自企业本身,那么原始数据持有权具有完全支配、绝对排他的权能。(2)原始数据若是来自个人授权,那么原始数据持有权只是具有有限的排他支配权能,受到个人信息权益的限制。(3)原始数据若是来源于公共数据开放,那么原始数据持有权也是有限的,受到公共数据开放协议和公共利益的限制。其二,数据资源持有权。企业对数据投入了大量劳动,由此形成的数据资源乃是新的客体,企业依据其付出的劳动将原始取得数据资源持有权。倘若数据资源来自企业自行采集的数据,或者继受取得其他企业自行采集的数据,那么由于原始数据持有权是一种绝对排他的权利,因而企业享有绝对排他的数据资源持有权。相反,

---

[1] 张素华:《数据产权结构性分置的法律实现》,《东方法学》2023 年第 2 期。
[2] 孙莹:《企业数据确权与授权机制研究》,《比较法研究》2023 年第 3 期。
[3] 孙莹:《企业数据确权与授权机制研究》,《比较法研究》2023 年第 3 期。

若是数据资源来自个人授权、公共数据开放,那么该数据资源同样受到个人信息权益和公共利益的限制。按照该论者的表述是"起点绝对排他,终点即绝对排他",或者是"起点有限排他,若无经由特殊处理改变数据之上的复杂利益格局,终点即有限排他"①。当然,倘若企业对数据进行匿名化处理和脱敏化处理,企业将取得完全支配和绝对排他的数据资源持有权。其三,数据产品持有权。数据产品可分为衍生数据和数据衍生产品。衍生数据是"企业投入实质性加工形成的新数据",例如,对用户的搜索内容和购买记录进行计算形成的市场走势数据,这些数据与原始数据或数据资源没有直接对应关系。数据衍生产品是"经由企业投入研发资源,已经挖掘出特定用途并且进行过产品化封装"的产品。由于数据产品不再具备原始数据和数据资源的内容,因此数据产品持有权是一种完全支配和绝对排他的权利。企业可以按照自己的意志进行持有、使用、收益和处分。②

3. 只对数据产品确权

由于《数据二十条》明确提到了"数据产品"或者"数据产品经营权"的概念,因此不乏论者主张对数据产品应当予以确权。例如,有观点认为,当且仅当数据被加工成数据产品时,才有必要和充分的理由对数据产品进行确权。这种观点主张应当得到确权的是数据产品,而非数据。由于企业投入巨大的努力和劳动创造数据产品,企业对该数据产品享有财产权。③ 所谓数据产品,是指运用大数据分析技术对数据集合加工而成的、关于特定信息内容的产品,其能够用于解决特定问题、满足特定商业需求。"基于特定需求,当加工制作使得信息内容可供专用之时,信息内容才能进入经济交换的过程,构成了具有经济性和稀缺性的物品,形成数据产品。"④

数据产品确权论者通常认为,数据产品与原始数据、数据集合具有本质区别。一方面,数据产品的来源是企业的加工创造,而非个人的直接提供。数据产品是对原始数据进行加工、分析和挖掘形成的预测型、指数

---

① 孙莹:《企业数据确权与授权机制研究》,《比较法研究》2023 年第 3 期。
② 孙莹:《企业数据确权与授权机制研究》,《比较法研究》2023 年第 3 期。
③ 徐海燕、袁泉:《论数据产品的财产权保护——评淘宝诉美景公司案》,《法律适用》2018 年第 20 期;刘维:《论数据产品的权利配置》,《中外法学》2023 年第 6 期;高阳:《衍生数据作为新型知识产权客体的学理证成》,《社会科学》2022 年第 2 期。
④ 刘维:《论数据产品的权利配置》,《中外法学》2023 年第 6 期。

型、统计型的衍生数据。① 有的论者将数据产品分为汇集型数据产品和衍生型数据产品。汇集型数据产品是指由"一般性智力劳动"生产的，相比于原始数据"仅是改变了数据的质量和数量"。衍生型数据产品是指由"创造性智力劳动"提炼出的，虽然属于数据，但是本质上"已经属于信息或知识的范畴"。汇集型数据产品的赋权路径不同于衍生型数据产品的赋权路径，唯有后者可以成立新型知识产权。② 另一方面，数据产品的内容是对个人或者企业的评估或者预测，而非事实。数据产品不是关于个人或者企业的当前事实状态的描述，而是对其未来行为的预测或者风险警示。例如，基金公司专为个人客户设计的投资计划书，保险公司基于健康分析对用户预期寿命的预测，银行对用户信誉状况的分析等。③

只对数据产品进行确权、不对原始数据或者数据集合进行确权的理由在于：第一，对数据产品进行确权具有必要性。若是不对数据产品进行确权，可能导致市场失灵。这是因为，数据产品作为信息内容，可能被他人免费利用（搭便车）而发生市场失灵。"如果不对数据产品配置产权，则开发制作者将投入更多资源用于防止他人免费利用数据产品，利用者竞相投入更多资源以利用他人数据产品，结果不会增加数据产品的供给，而只会产生无谓损失。"④ 除此之外，之所以有必要对数据产品确立新型财产权益，是因为现行法无法有效地防止数据产品的市场失灵。著作权以作品具备独创性为前提条件，但是数据产品不一定具备独创性，数据产品的生产和开发也非文学、艺术和科学领域的创作活动，而是为了解决某一问题、提升决策效率的解决方案。商业秘密只能用来保护处于保密状态的数据产品，至于那些处于公开状态的数据产品，则无法通过商业秘密得到保护。反不正当竞争模式只能赋予企业自用数据产品，但是该企业无法通过许可、设定担保等方式获得相应的商业对价，不符合数据市场的发展趋势。⑤ 第二，对数据产品进行确权具有正当性基础。通常来讲，数据产品的形成凝聚了企业的劳动投入，因此不管是从劳动财产理论还是从功利主

---

① 徐海燕、袁泉：《论数据产品的财产权保护——评淘宝诉美景公司案》，《法律适用》2018年第20期。
② 高阳：《衍生数据作为新型知识产权客体的学理证成》，《社会科学》2022年第2期。
③ 徐海燕、袁泉：《论数据产品的财产权保护——评淘宝诉美景公司案》，《法律适用》2018年第20期。
④ 刘维：《论数据产品的权利配置》，《中外法学》2023年第6期。
⑤ 徐海燕、袁泉：《论数据产品的财产权保护——评淘宝诉美景公司案》，《法律适用》2018年第20期；刘维：《论数据产品的权利配置》，《中外法学》2023年第6期。

义的角度考虑，赋予数据产品一种排他性的法律地位具有正当性。①第三，只对数据产品进行确权，还意味着不对原始数据或者数据集合进行确权。一种理由是，原始数据或数据集合常常包含个人信息或者其他涉及个人或者企业秘密的信息，因此只有对原始数据或数据集合进行清洗或者净化，实现匿名化的效果，才能进行数据确权。②另一种理由则是，数据或者数据的信息内容的经济价值不具有确定性，缺乏基于特定需求的、高质量的加工制作，通常难以定价；而大数据集只是供机器识读和分析使用的材料，其经济价值也不确定。无论是单个数据还是大数据集，都只是处于自然状态的公共物品，是广泛意义上的数据资源，不能成为数据确权的对象。③至于数据产品的权利内容：一种观点主张分为独占权和禁止权两个部分，独占权是指发布权、许可权、转让权、传播权，禁止权是指衍生数据不被第三方损坏、不当获取的权利。④另一种观点主张数据产品的排他权的内容为，未经许可或者法定事由，不得对数据产品进行获取、使用或者公开传播。⑤

笔者认为，只对数据产品进行确权的观点值得商榷。首先，数据产品的含义具有模糊性。在最广义上，任何涉及数据处理的产品均可以被称为数据产品。一些业界人士将收集数据的埋点技术、汇聚数据的数据中台等等称为"数据产品"⑥。当然，在数据确权的讨论中，数据产品通常是指基于数据产生的产品，而非用于处理数据的产品。即便如此，数据产品的外延依旧十分广阔，至少包括以下类型：其一，基于海量数据训练产生的模型或者人工智能，例如ChatGPT。其二，基于大数据分析产生的决策建议，包括精准营销、风险控制等其他商业决策。其三，基于应用程序向其他市场主体提供数据的产品，例如"大众点评"向社会公众免费提供了大量关于店铺的信息、点评、评分等数据⑦，又如"生意参谋"向付费用户提供了关于淘宝店铺的海量数据。在讨论数据产品确权时，似乎少有学者明确他们所称的数据产品究竟为何。

---

① 刘维：《论数据产品的权利配置》，《中外法学》2023年第6期。
② 高阳：《衍生数据作为新型知识产权客体的学理证成》，《社会科学》2022年第2期。
③ 刘维：《论数据产品的权利配置》，《中外法学》2023年第6期。
④ 高阳：《衍生数据作为新型知识产权客体的学理证成》，《社会科学》2022年第2期。
⑤ 刘维：《论数据产品的权利配置》，《中外法学》2023年第6期。
⑥ 杨楠楠等：《数据产品经理：解决方案与案例分析》，机械工业出版社2022年版，第28、52页。
⑦ 例如，王利明教授认为，大众点评是一款数据产品。王利明：《论数据权益：以"权利束"为视角》，《政治与法律》2022年第7期。

其次，数据产品与数据集合、原始数据的边界不清楚。数据产品与数据集合、原始数据之间的边界通常是由数据持有者的劳动投入决定的，劳动投入达到一定的阈值时，数据持有者将会获得一款数据产品。问题在于，劳动投入的标准具有不确定性。数据持有者需要投入多少劳动，其控制的数据才是一款数据产品，而非数据集合或者原始数据呢？例如，"大众点评"向社会公众免费提供了关于实体店铺的信息，包括对实体店铺的介绍、其发布的各类信息以及优惠券等。那么，"大众点评"究竟是一款数据产品，还是数据集合呢？这一问题存在不确定性。

最后，有的论者将其意欲确权的数据产品界定为"信息内容"，即"基于特定需求，当加工制作使得信息内容可供专用之时，信息内容才能进入经济交换的过程，构成了具有经济性和稀缺性的物品，形成数据产品"，数据产品的功能是"用于分析特定对象的特征、预测未来、辅助决策"[1]。简而言之，需要确权的数据产品，乃是基于数据分析得出的语义信息。由于刘维没有提出具体实例，因此无法准确理解其所称的信息内容究竟为何。可以想象的情形，例如，谷歌通过对海量的搜索记录的数据分析，预测了冬季流感的传播。这一典型实例说明了，可以通过对海量数据进行分析，获得有巨大价值的产品和服务，或者深刻的洞见。[2] 有的人所称的"信息内容"似乎就是根据海量的搜索记录进行数据分析得出的结论，即"今年将会爆发流感"，或者更进一步的"今年12月将于A地爆发某种流感"。很难想象这一信息内容可以确权。毫无争议，著作权不保护思想，只保护表达。一个研究者即便睿智地发现或者预测了"今年12月将于A地爆发某种流感"，他的这一发现或者预言也无法获得知识产权的保护。但是，现在一个算法或者人工智能通过数据分析得出了相同的发现或者预言，它们却可以成立财产权利。这种观点显然是令人怀疑的。如果确实需要确权的话，那么确权的对象也应该是数据（包括数据集合），而非数据产品。

（三）数据生产流通环节区分说

有的学者认为，数据财产权益的配置应以数据的"生产—流通"为分析框架，分别进行数据生产环节的数据控制权配置和数据流通环节的数据利用权配置，以统筹数据流通与利用中的秩序目标和效率目标。在数据的生产环节，数据控制权配置应以数据生产为依据，即谁生产了数据，谁就

---

[1] 刘维：《论数据产品的权利配置》，《中外法学》2023年第6期。
[2] ［英］维克托·迈尔-舍恩伯格、肯尼斯·库克耶：《大数据世道：生活、工作与思维的大变革》，浙江人民出版社2013年版，第4页。

享有数据控制权。所谓数据控制权，是指数据生产者对其生产的所有的数据享有的一般控制权，该权利既包括积极权能，如对数据进行持有、使用、收益和处分，也包括消极权能，即排除他人干涉和侵害的权能。在数据流通环节，数据利用权配置可依意定和法定两种模式展开：数据利用权的意定配置包括数据控制者授权他人使用数据和公开数据两种形式；数据利用权的法定配置包括为保护特定利益所必需和为促进数据流通所必需两种典型情形。[①]

三、区分确权路径的弊端

《数据二十条》提出"探索数据产权结构性分置制度"时，提到了多个可能影响数据确权方案的要素，一是在权利主体的维度上区分公共数据、企业数据和个人数据，二是在权利目的的维度上应当分别界定数据生产、流通、使用过程中各参与方享有的合法权利，三是在权利客体的维度上区分了原始数据、数据资源和数据产品，进而"建立数据资源持有权、数据加工使用权、数据产品经营权等分置的产权运行机制"。

其中，在权利客体的维度上区分原始数据、数据资源和数据产品，并且分别进行确权，是《数据二十条》的独创之处，在比较法上没有可供参照的法律制度或者政策文件。2023年11月通过的欧盟《数据法》第2条第1项定义的"数据"是指任何行为、事实或者信息的数字表示，以及这些行为、事实或信息的任何编译，包括以声音、视觉或者视听录制的形式；并且该法的"鉴于条款"第15条明确了"从数据中推断或衍生出的信息，即从数据中赋予价值或洞察的额外投资结果，特别是通过使用专有的复杂算法得出的结果，不适用本法"。尽管《数据法》的"鉴于条款"第26条提及了"数据产品"（data product）的概念，但是该条旨在说明，由于企业对于提供数据集或数据产品的成本难以计算，因此在市场上提供这些数据的主体，应该是用户而非企业，否则企业将因经济回报的不可预测性而拒绝在市场上提供数据。除此之外，《数据法》没有再次提及"数据产品"的概念。[②] 事实上，在欧盟讨论和起草数据法律框架的过程中，始终是以"数据"（data）或者"数据集"（dataset）为中心的，几乎不涉及数据产品。例如，欧盟委员会2012年《在连接世界中保护隐私——21

---

① 宁园：《从数据生产到数据流通：数据财产权益的双层配置方案》，《法学研究》2023年第3期。

② REGULATION OF THE EUROPEAN PARLIAMENT AND OF THE COUNCIL on harmonised rules on fair access to and use of data and amending Regulation (EU) 2017/2394 and Directive (EU) 2020/1828 (Data Act).

世纪欧洲数据保护框架》和 2014 年《走向繁荣的数据驱动型经济》关注的是欧盟内部缺乏适应数据交易的法律环境可能导致难以获得"大型数据集"[①]。在 2017 年《打造欧洲数字经济》中，欧盟委员会重点讨论了"机器或过程生成的原始数据（即自记录以来未经处理或更改的数据）的访问和转移问题"[②]，针对的也是数据或者数据集。在这些讨论中，数据与数据集可以等同视之[③]，它们在本质上均为数据。相比之下，在《数据二十条》颁布之后，我国学界的讨论倾向于在数据的全生命周期中区分原始数据（数据资源）、数据集合和数据产品，并且分别赋予不同的权利。因此，数据确权的研究重心转向了各个阶段的数据类型之上究竟应当成立何种权利，例如，一种常见的观点认为，随着数据持有者对数据的劳动与投入的增加，数据的"独创性程度"或者"数据价值生成"逐渐深化，数据持有者应当对各个阶段的数据类型享有一种逐渐变强的数据产权。正是这一思路导致了数据确权的复杂化。虽然对数据进行区分确权的方案十分精细，看上去很美，然而，如果按照区分确权的方案进行数据确权会产生以下问题：

（1）无论是区分数据来源者与数据处理者抑或数据制作者与数据使用者等不同的主体，还是按照数据的生产流通环节不同来分别确权，并无实质意义。数据来源者如果是个人，其针对个人数据享有的是个人信息权益；如果数据来源者是法人或者非法人组织，则该等组织对于数据要么享有商业秘密、著作权或者数据权益等在先权利，其与取得其数据的企业之间肯定是存在数据交易关系的。区分数据的制作者与使用者实际上相当于在数据生产环节与数据流通环节分别确权。生产环节的确权是第一个层次，属于初始确权阶段，而流通环节确权属于后续确权阶段。所谓数据的初始确权阶段，是法律直接规定企业对其所持有的数据享有何种民事权益。后续确权阶段则是第二个层次，是企业已经经过初始确权阶段取得了对其数据的民事权益后，再行使该数据权益的阶段，包括与他人以法律行为的方式创设各种新类型的数据权益。这实际上已经是数据交易的领域，如，A 企业与 B 企业签订数据许可使用合同，允许 B 企业使用 A 企业的

---

① Commission, Safeguarding Privacy in a Connected World A European Data Protection Framework for the 21st Century, COM (2012) 9 final; Commission, Towards a thriving data-driven economy, COM (2014) 442 final.

② Commission, Building A European Data Economy, COM (2017) 9 final.

③ 例如，《数据法》"鉴于条款"第 7 条和第 34 条中的数据集可能包括个人数据和非个人数据，该法第 2 条第 7 项在定义"处理"时，将其定义为"对数据或数据集执行的任何操作或操作集"等等，这些表述表明《数据法》并未有意区分数据和数据集，以便赋予不同的法律意义。

数据，A企业收取相应的费用。B企业基于该合同取得了对于A企业的数据的使用权，该权利属于债权。对于企业数据权益而言，最重要的是初始确权，因为只有明确了企业对于其合法收集的数据（无论是个人数据还是非个人数据，是公开数据还是非公开数据）究竟享有何种内容的民事权益，才能为后续的企业数据权益的交易等奠定基础。而完成初始确权后，企业只要不违反法律、行政法规的强制性规定和公序良俗，完全可以基于自由意思而行使其数据权益。那种认为对于"数据的生产、存储、传递、处理、利用、治理等活动交错进行，每进行一项活动，都涉及数据某种权利的确定"的观点[1]，显然完全脱离了我国现行民事法律规范体系，既没有考虑到民事权利的权能本身所具有的高度概括性（根本无须对每一项活动进行所谓的确权），更无视数据交易中应当奉行的合同自由原则。市场活动中数据交易的具体形态完全是在企业数据权益的初始确认后企业行使其数据权益的自然结果，这是基于当事人的意思自治而发生的，法律上充其量能够对一些典型合同作出规定，不可能完全加以描述。

（2）区分不同的客体分别确权的做法也不妥当。数据、数据产品、数据资源抑或企业数据集合、企业数据产品，它们在本质上都是数据，无非在不同意义上使用的不同称呼或者对它们的加工处理程度不同而已。从经济学的角度来看，区分原始数据、数据资源和数据产品具有一定的意义。因为，这一区分使人们可以从经济上更清晰地认识到数据价值链的变化与实现过程。并且，由于原始数据中往往包含个人数据和重要数据，涉及隐私、个人信息以及国家安全，所以对于原始数据的开发利用以及流转交易都要非常慎重。例如，《数据二十条》明确提出要"要审慎对待原始数据的流转交易行为"，对于公共数据的原始数据的开放还要求，在保护个人隐私和确保公共安全的前提下，按照"原始数据不出域、数据可用不可见"的要求，以模型、核验等产品和服务等形式向社会提供。同时，数据产品是企业投入了相当的人力、物力和财力经过加工处理后形成的，具有更高的经济价值，而且可能构成汇编作品等，会受到知识产权法的保护。但是，就研究企业数据权益而言，从作为权利客体的角度来说，无论是区分原始数据、数据资源和数据产品，还是区分企业数据集合和企业数据产品，都没有意义。因为它们在本质上都是数据，在主体不发生变化的情况下，数据形态和经济价值上的差异并未使原始数据、数据资源和数据产品

---

[1] 李纪珍、姚佳：《企业数据精准确权的理论机理与实现路径》，《浙江工商大学学报》2023年第5期。

就分别成为完全不同的、新的权利客体，进而导致其上的权利也发生变化。这就如张某拥有一块黄金，其花费巨大成本将黄金雕刻成一尊佛像，虽然黄金和黄金佛像在形态上和价值上发生了很大的变化，而且因为创作了作品，张某还享有了著作权，但是，张某无论是对黄金还是对黄金佛像所享有的权利，都没有发生变化，仍然是所有权。因此，如果认定某个企业对于原始数据享有某种数据财产权益，该数据被加工为数据产品后，该企业对于数据产品仍然享有该数据财产权益。

（3）区分确权的做法事实上没有任何必要。数据确权的复杂方案假定了不同数据类型上分别成立不同类型的数据产权。然而，这些所谓的不同类型的数据产权之间的区别往往只是表面性的。不管最初的数据类型多么复杂，最终建构的数据产权的权利结构总是大同小异。所以，学者们提出的复杂确权方案将会面临区分必要性的难题。例如，有的观点主张数据集合上成立的是"有限财产权"，数据产品上成立的是"新型财产权"。"数据集合的有限财产权"的权利内容是对数据集合享有控制、使用、许可他人使用或转让的权能，以及禁止他人对数据集合的实质内容进行复制使用的权能。"数据产品的新型财产权"的权利内容是对数据产品的控制、使用、传输和处分的权利，以及请求恢复数据产品完整性和删除数据产品的请求权。[1] 就积极权能而言，对数据集合享有的"控制、使用、许可他人使用或转让的权能"似乎与对数据产品享有的"控制、使用、传输和处分的权利"没有本质性区别。就消极权能而言，数据集合的有限财产权给他人施加的指向性义务，乃是未经同意不得复制数据集合的实质性内容；而数据产品的新型财产权施加的指向性义务，是未经同意不得破坏数据产品，并且不得复制数据产品。由此可见，数据集合与数据产品上成立的两种类型的数据产权的消极权能并没有什么实质性的差异。又如，有些学者主张，不具有独创性的数据集合上成立邻接权，具有独创性的数据产品上成立类似于著作权的"企业数据持有权"和"企业数据使用权"[2]。邻接权与著作权之间的确存在权利结构的差异。通常来讲，邻接权人享有的专有权利在数量上少于著作权人享有的专有权利。[3] 但是，这些学者仅仅是

---

[1] 姬蕾蕾：《企业数据保护的司法困境与破局之维：类型化确权之路》，《法学论坛》2022年第3期。

[2] 张素华：《数据产权结构性分置的法律实现》，《东方法学》2023年第2期。相似的观点主张，具有独创性的数据产品上成立著作权，不具有独创性但投入了资本、时间与人力的数据产品上成立邻接权，如数据库权利（吴桂德：《商业数据的私法保护与路径选择》，《比较法研究》2023年第4期）。

[3] 王迁：《著作权法》（第二版），中国人民大学出版社2023年版，第333页。

宣称数据集合上成立邻接权,数据产品上成立著作权,只是提出了数据集合与数据产品的权利结构"应当"存在差异,还没有说明二者"实际"上存在什么样的差异。而且,我国《著作权法》根本就没有针对邻接权作出一般性的规定,它只是列举性地规定了表演者权、录音录像制作者权和广播电台、电视台的权利,难以从中推演出数据集合邻接权的具体内容。有的学者主张,数据集合邻接权没有赋予权利人完全排他的权利,同时数据产品持有权与使用权也不是绝对排他的,还要受到公共利益和个人利益的限制。[1] 问题是:在"排他性"这一点上,数据集合邻接权和数据产品持有权与使用权之间的差异究竟是什么呢?总之,数据确权的复杂方案的初衷是根据数据蕴含的劳动投入的程度不同或者数据的独创性程度的不同,而对数据进行类型化区分并赋予不同类型的数据以不同强度的数据产权。可是,现有的确权方案都表明,尽管这种对数据类型的区分十分精致,但是数据产权的权利内容没有实质性差异。如此一来,区分原始数据、数据集合与数据产品分别确权的实际意义很小。

(4)复杂的、看上去很美的数据确权方案还面临着可行性难题。复杂确权论者主张根据劳动程度或独创性程度或者其他标准,将数据区分为原始数据、数据资源(数据集合)和数据产品分别确权。然而,即使是不对数据产业实践进行实际的考察,人们也可以想象到,这几个概念之间的界分将是十分困难的。通常认为,原始数据是指数据持有者收集的关于客观世界的数字化原始记录;数据集合是指数据持有者进行了一定的加工,即汇聚、清洗、整理或者分类之后形成的集合;数据产品则是数据持有者深度加工之后形成的、可以在市场上流通的数据产品或服务。[2] 在原始数据、数据集合和数据产品的生命周期中,发挥界分作用的"标准"可能是"价值生成阶段""劳动程度"或者"独创性程度"。由此带来的问题是:数据的价值需要得到多大程度的实现,数据持有者需要投入多大的劳动,数据的独创性需要达到何种程度,原始数据才能蜕变为数据资源,数据资源才能进化为数据产品?这个问题恐怕没有办法得到具有确定性的答案。因为,使用标准(standard)而非规则(rule)作为划分数据以及相应的数据产权之判准,可能引发不确定性。规则属于明确具体的法律规范,行为人可以事前(ex ante)明知其行为性质,而且预留给裁判者的自由裁量空间相对较小,因此有利于提高法律确定性。相比之下,标准则是一种裁

---

[1] 张素华:《数据产权结构性分置的法律实现》,《东方法学》2023年第2期。
[2] 许可:《从权利束迈向权利块:数据三权分置的反思与重构》,《中国法律评论》2023年第2期;高阳:《衍生数据作为新型知识产权客体的学理证成》,《社会科学》2022年第2期。

判结果开放式的法律规范，行为人只有在事后（ex post）经过裁判者的判断才能知道自己的行为性质，因此不利于法律确定性。①

由于原始数据、数据集合和数据产品之间的界分存在不确定性，因此当一个陌生人在面对数据时，可能因为无法作出准确判断而实施不法行为。例如，有的论者主张对原始数据不确权，数据集合和数据产品受到邻接权或者著作权的保护。那么，当一个陌生人在面对某些数据时，他是否可以访问、复制或者使用这些数据呢？这个陌生人作出的判断可能不同于数据持有者的判断，也可能不同于裁判者的判断，而这将严重限制陌生人的行动自由。为了弥补这种不确定性，有的论者提出通过"举证责任的分配机制"进行平衡。例如，一种观点主张由数据产权的权利主体对自己享有的数据产权承担更重的证明责任。② 还有一种观点认为，由于数据资源可能同时承载着个人利益和公共利益，因此数据资源持有权的排他性应当受到限制，至于在多大程度上受到限制，不宜预先作出绝对化规定，而是应当结合具体个案进行判断，而相应的事实的举证责任应当由企业承担。③ 的确，倘若数据产权主要是在司法裁判中发挥作用，也即数据确权所要确立的是裁判规范，那么可以通过举证责任的分配机制，将依据标准作出裁判的不确定性及其风险转嫁给实力雄厚的一方，从而最大限度地修正"价值生成阶段""劳动程度"或者"独创性程度"这些标准带来的不确定性。但是，包括数据产权在内的任何一项财产权发挥规范性的场景，主要不是在法院，而是在日常生活中。因此，若是将数据产权置于日常生活中的实践推理中，那么界分原始数据、数据集合和数据产品的可行性难题将会被放大，成为一个难以轻易克服的理论难题。

四、数据确权的单一路径及其具体展开

（一）数据确权应当采取单一确权路径

笔者认为，企业数据权益应当采取单一确权的路径，即直接确认企业对于其生产和收集的数据享有单一、完整的数据产权。换言之，数据确权应当采取一般化的方案。由于财产权发挥着调整陌生人行动的指导功能，并且这些陌生人是海量的、不特定的，这一功能决定了财产权的结构应当是一般性的。这是因为，财产权乃是一种"对世权"（right in rem），这

---

① 田源：《行为法律经济学视野中的"法律确定性命题"——以规则和标准的分类为线索》，《法制与社会发展》2018年第2期。
② 徐玖玖：《利益均衡视角下数据产权的分类分层实现》，《法律科学（西北政法大学学报）》2023年第2期。
③ 孙莹：《企业数据确权与授权机制研究》，《比较法研究》2023年第3期。

意味着，世界上的每一个人都必须认识到，他们有义务不干涉他人的财产权。如此一来，必然产生巨大的信息成本和集体行动的协调问题。因此，财产权的存在及边界应该通过简单信号进行传达，以便被大量具有不同经验和智慧技能的人理解。① 在这个意义上，财产权应当具有一般性。相反，若是财产权十分复杂，财产权的存在及边界取决于标准（standard），并且在不同的场景下可能存在不同的判断结果，那么将不会产生广泛协调所需要的期望稳定性。使用详细信息的标准也会诱使每个人为了自己的利益解读这个标准。过于复杂的标准会导致机会主义的错误计算主张。② 具体阐述如下：

（1）财产权的相关义务通常是简单的。传统民法在定义所有权概念时，是将动产或者不动产分配给所有权人，与此同时，动产或者不动产的物理边界决定了所有权的相关义务。所有权给他人施加的义务，原则上是通过动产或不动产的物理边界传递的。他人在判断是否存在义务，以及存在何种义务时，只需要明确物理边界即可。此时，物理边界作为简单信号向不特定第三人传达了"远离"（keep off）的义务。③ 有的学者指出，在知识产权中，专利权也是通过类似的简单信号，即通过"发明的物理边界"界定权利边界的。以化学发明为例，申请者通过声明化学发明的结构来对某一物质主张权利。对该物质的任何使用，无论申请者在申请时是否预见，都受专利权的禁止。④《专利法》第 11 条规定的"任何单位或者个人未经专利权人许可，都不得实施其专利"，就是通过专利的物理边界界定专利权的相关义务的。

德国学者使用不同的术语表达了相同的观念，即财产权的相关义务是通过财产的物理边界这一简单信号描述和界定的。拉伦茨和卡纳里斯认为，《德国民法典》第 823 条第 1 款中的"其他权利"应当满足三个条件：一是归属功能，二是排他功能，三是社会典型公开性。其中，社会典型公开性是指，一项法益（Rechtsgüter）若想作为"其他权利"受到侵权法的保护，那么该法益应当具有可识别性。这种可识别性源于两个基础：一是

---

① Thomas W. Merrill & Henry E. Smith, The Morality of Property, 48 Wm. & Mary L. Rev. 1849 (2007), p. 1853.

② Thomas W. Merrill & Henry E. Smith, The Morality of Property, 48 Wm. & Mary L. Rev. 1849 (2007), p. 1853.

③ Henry E. Smith, Property as the Law of Things, 7 Harvard Law Review 1691 (2012), p. 1694.

④ [美] 亨利·E. 史密斯：《作为财产的知识产权——界定信息权利》，载易继明主编：《私法》第 13 辑第 1 卷（总第 25 卷），华中科技大学出版社 2016 年版，第 179 页。

社会与文化的共通认识;二是建立在可感知的客体上。① 由此可见,德国学者在讨论何种法益具备《德国民法典》第 823 条第 1 款的"其他权利"的特性时,其判断标准也着眼于"可感知的客体"上。按照本文使用的术语可以说,一项法益施加给他人的相关义务若是通过可感知的客体的物理边界描述和界定的,那么该法益就应当如同绝对权一样受到侵权法的保护。

(2) 财产权的相关义务间接地服务于财产权所要实现的目的。财产权所要实现的目的通常是权利人从财产中获得经济利益,当然有时候也可能伴随精神利益。正如边沁所说:"财产不是别的东西,只是期待的基础,即从我们所拥有的某一事物中,根据我们与这一事物的关系产生得到某种利益的期待。"②《民法典》第 205 条规定"本编调整因物的归属和利用产生的民事关系。"其中的"利用"通常是指权利人从动产或者不动产中获取经济利益的行为。《民法典》第 240 条将"利用"具现化为占有、使用、收益和处分四项典型权能。

为了实现财产权的目的,在理论上可以采取以下方法:首先对人们是如何利用财产的进行——描述和界定,随后对这些利用财产的法律权能进行逐个分配,即规定权利人可以实施哪些行为,其他人不得实施哪些行为。权利束理论提供了这一图景。在权利束理论看来,重要的不是"物",而是人们对物进行利用的"行为"。正如科斯所述:"人们通常认为,商人得到和使用的是实物(一亩土地或一吨化肥),而不是行使一定(实在)行为的权利。我们会说某人拥有土地,并把它当做生产要素,但土地所有者实际上拥有的是实施一定行为的权利。"③ 在理想情况下,一个"赫拉克勒斯"立法者可以将谁可以针对某一财产做什么以及不能做什么进行逐一描述和界定,从而最大化实现财产权的目的。然而,在现实世界中,描述和界定人们对财产进行利用的法律权能存在成本。倘若界权的收益低于其成本,那么逐一界定利用财产的法律权能就是没有效率的。正是基于这一原因,财产权通常使用粗略的"排他策略"(exclusion strategy)划下界权的"第一刀"(first cut)④,即通过财产的物理边界划定财产权的相关

---

① 于飞:《侵权法中权利和利益的区分方法》,《法学研究》2011 年第 4 期。
② [英]吉米·边沁:《立法理论》,李贵方译,中国人民公安大学出版社 2004 年版,第 138 页。
③ [美]罗纳德·H. 科斯:《企业、市场与法律》,格致出版社、上海三联书店、上海人民出版社 2014 年版,第 118 页。
④ [美]亨利·E. 史密斯:《作为财产的知识产权——界定信息权利》,载易继明主编:《私法》第 13 辑第 1 卷(总第 25 卷),华中科技大学出版社 2016 年版,第 192 页。

义务。法律将他人排除在财产的物理边界之外，并以简单信号告诉他人"远离"该财产时，实际上保护了权利人一系列的、宽泛的、潜在的或实际的利用行为，而无须对这些利用行为进行一一界定。这样一来，财产权的相关义务与其所要实现的目的之间就存在一定的"间接性"。

（3）现代社会中的财产权及其边界是无法通过纯粹的物理边界描述和界定的。尤其是随着市场经济的发展，同一财产可以满足多方主体的多种利用需求。因此，越来越多的"合理使用"规则成为法定财产权的组成部分。这些"合理使用"规则恰恰是通过逐一描述和界定对财产的利用权能的方式进行规定的。尽管如此，对法定财产权的全景式观察表明，财产权的相关义务原则上是通过财产的物理边界描述和界定的，在例外情况下才针对具体的利用行为进行详细规定。或者说，现行法首先使用财产的物理边界界定相关义务，其次使用行为规范规定他人的合理使用。

上文尝试提出了一个关于财产权的一般性的命题，在此基础上再次回到数据确权的复杂方案，可以更加清楚地发现这种方案面临的问题。数据确权的复杂方案的主要问题在于，这些方案没有提供关于数据产权施加给他人的相关义务的具体内容。如此一来，数据确权的复杂方案无法在日常生活中为人们的行为提供明确的指引。数据确权的复杂方案之所以无法发挥指导行为的功能，是因为该方案设计了一套过于复杂的数据产权。数据确权的复杂方案尝试根据"价值生成阶段"、"劳动程度"或者"独创性程度"标准，区分出原始数据、数据集合和数据产品，并且分别赋予不同的数据产权。倘若将来我国的数据产权立法真的采取了这样的思路，那么，对于任何一个人来讲，其在网络空间中遇到某一数据时，首先需要搞清楚，这一数据究竟是原始数据、数据集合还是数据产品，以便判断他受到哪些义务的拘束。例如，"大众点评"App上用户上传的评分数据、评论数据等，究竟属于原始数据、数据集合抑或数据产品？不同的判断者可能得出截然不同的判断结论。"大众点评"的运营商可能主张，这些数据的处理过程投入了大量的商业洞察力而具有独创性，当然属于数据产品，因此成立著作权。另一市场主体可能主张，这些数据的处理过程完全不具有独创性，任何一个市场主体都可以想到这个处理方式，只不过其他市场主体如今没有机会获取如此海量的数据了，因此这些数据充其量只能算是原始数据。在这个意义上，数据确权的复杂方案不仅没有划定各方市场主体的行动自由的边界，反而赋予各方市场主体证成其行动的潜在理由。因此，这种复杂方案实质上在"事前"没有产生定纷止争的效果，反而诱使每个人为了自己的利益提出某种机会主义的主张，从而将论争推延到了

"事后"。

当然，笔者并不认为数据确权的复杂方案就完全是错误的。这些观点在探索数据产权的权利类型、结构与数据产权所要实现的终极目标之间的关系上确实提供了某些启发。它们也充分地揭示了数据产权问题的复杂性。但是，管理复杂性问题的最佳方法并不是设计一套同样复杂甚至更加复杂的机制。尤其在财产权领域中，数据产权如同其他财产权一样，发挥着调整权利主体和不特定陌生人之间法律关系的功能。因此，一个过于复杂的数据确权方案将会导致不特定的第三人在判断自己是否可以实施某一行为时陷入困境。数据确权的复杂方案的问题，不在于它们在某种意义上不符合数据确权所要实现的终极目标，而是它们太过于关注数据确权的终极目标，而忽视了实现这些目标的手段或者机制，从而成为学术上的"屠龙之术"。财产权所要实现的经济利益或许十分复杂，但是，据以实现这些物质利益的手段总是要趋向于简单化。① 同样，数据确权的终极目标或许十分复杂，既要保障投入劳动的数据持有者充分实现数据价值，也要保护个人利益甚至是公共利益。但是，法律体系为了管理这些复杂性问题，首先需要做的应该是划下数据产权的"第一刀"。如是，数据确权应当一般化或单一化。

（二）单一确权路径的具体展开

既然财产权是一般性的，那么数据确权就应当采取一般化的方案或者说单一路径。数据确权的一般化方案或者说单一路径可以分为两个层次：一是数据产权的客体应当是数据；二是应当通过数据的物理边界进行确权。

1. 数据产权的客体应当是数据

数据确权的一般化方案首先意味着，数据产权的客体应当只有一种，即数据，而不需要区分衍生数据、数据产品。复杂确权论者倾向于根据数据的类型不同而分别确权，根据劳动投入的程度、创造性程度或者其他标准，将数据分为原始数据、衍生数据和数据产品，赋予从弱到强的财产权利。如上文所指出的，这种确权方案面临一个两难境地：一方面，复杂确权论者没有令人信服地说明不同客体上成立的数据产权的差异究竟为何；另一方面，倘若不同客体之上成立的数据产权真的存在差异，如原始数据之上不成立数据产权，只有衍生数据和数据产品之上才成立数据产权，这

---

① Henry E. Smith, Mind the Gap: The Indirect Relation between Ends and Means in American Property Law Responses, 94 Cornell L. Rev. 959 (2009), p.963.

种差异又将在实践推理中给陌生人造成巨大的信息成本。为了克服这种复杂性与不确定性,应当将数据产权的客体界定为数据或者数据集合(复数形式),这是因为:

其一,原始数据与数据集合均属数据。如上文所述,原始数据与数据集合的差异在于,数据集合蕴含着数据持有者更多的劳动投入或者创造性较高,但是它们均属于数据。问题在于,是否需要区分原始数据和数据集合分别确权。从民事权利客体的角度而言,没有必要区分数据、数据资源和数据产品,它们只是从经济学的角度出发对数据进行划分。[①] 这一观点具有合理之处。在工业制造业中存在原料、材料和成品的区分,但在法律世界中,它们均属于动产。因为原料、材料和成品的区分只是对制造工艺与会计账目存在意义,但是对于法律而言,原料、材料和成品上的民事权利、权利变动规则以及权利救济规则没有实质性差异,均可涵摄至《民法典》第 240 条的动产所有权。同样,数据与数据集合均属"符号信息"(部分数据产品则属语义信息),在数据或数据集合上也应当成立统一的数据产权。

其二,部分数据产品可以化约为数据,部分数据产品不应纳入数据确权的范畴。首先需要说明的是,数据产品的范围十分宽泛。在最广义上,任何涉及数据处理的产品均可以被称为数据产品。一些业界人士将收集数据的埋点技术、汇聚数据的数据中台等称为"数据产品"[②]。不过,在法学研究中,数据产品通常被界定为基于数据产生的产品,而非拥有处理数据的产品。在这个意义上,数据产品可能包括两种不同的含义:一是衍生数据。衍生数据通常是指数据持有者通过大量智力劳动投入,运用算法及分析模型将海量原始数据深度加工、分析与提炼生成具有市场价值的商业数据集。衍生数据的性质仍然是数据,其确权方式等同于数据集合的确权方式。二是衍生产品。衍生产品的性质不再是数据,而是智慧决策、计算机软件程序、商业方案等等。[③] 例如,诸如 ChatGPT 等生成式人工智能是基于海量数据训练而产生的,因此属于数据的衍生产品,但是它本身不是数据。又如,在我国司法实践中,诸如"生意参谋"等提供实时数据的

---

① 程啸:《论数据产权登记》,《法学评论》2023 年第 4 期。
② 杨楠楠等:《数据产品经理:解决方案与案例分析》,机械工业出版社 2022 年版,第 28 页、第 52 页。
③ 高阳:《衍生数据作为新型知识产权客体的学理证成》,《社会科学》2022 年第 2 期。

应用程序也被定性为数据产品。①

问题在于：对所谓的衍生产品是否应当确立数据产权？为了回答这一问题，仍有必要再对衍生产品作进一步的区分。笔者认为，根据衍生产品的功能实现是否需要访问数据为标准，可以分为两类：第一类，衍生产品的功能实现不需要访问数据。例如，数据分析公司根据海量市场数据分析得出的商业方案，或者根据海量判决文书分析出的法官偏好及相应的法律建议。这类产品的功能实现不需要再次访问海量数据。此外，一些生成式人工智能（如ChatGPT）的功能实现也不需要访问数据库。第一类衍生产品的功能实现不再需要访问数据库，其实与数据产权的问题已经没有直接关系。若对数据的衍生产品，如智慧决策、计算机软件程序或者商业方案等赋予数据产权，似乎偏离了数据确权的初衷。一方面，一些数据的衍生产品上可以成立著作权，如智慧决策、计算机软件程序或者商业方案的"表达"若是具有独创性，则应当受到著作权的保护，无须假手于数据产权，否则将会造成"破坏性的权利重叠"②。另一方面，衍生产品的表达若是不具有独创性，或者说潜在的侵害行为不是复制这些表达，而是获取它们蕴含的思想，例如第三人未经同意获取了一家数据分析公司提供的商业决策的建议，那么这些衍生产品无法受到著作权法的保护。事实上，基于海量数据分析产生的商业决策，与一个精明企业家基于直觉判断产生的商业决策，在法律地位上不应该存在差别。因此，现行法若是不对精明企业家得出的商业决策提供法律保护，那么，也不应该对基于海量数据分析产生的商业决策提供法律保护。除此之外，诸如商业访问、决策建议等衍生产品是在"语义信息"的层面上发挥其经济效益的，不同于数据是在"符号信息"的层面上发挥经济效益。③故此，第一类衍生产品不应当纳入数据确权的范畴。

第二类，衍生产品的功能实现需要访问数据。例如"生意参谋"的实时数据总是建立在阿里巴巴汇聚的海量数据的基础上，又如"大众点评"若要向消费者提供准确的经营者信息，则需要允许消费者通过应用程序访问服务器中的数据库。第二类衍生产品的法律保护可以进一步化约为数据

---

① "安徽美景信息科技有限公司、淘宝（中国）软件有限公司商业贿赂不正当竞争纠纷案"，浙江省杭州市中级人民法院（2018）浙01民终7312号民事判决书。

② ［荷］P. 伯恩特·胡根霍尔兹：《知识产权法体系下的数据财产权：契合还是错置？》，载［德］塞巴斯蒂安·洛塞：《数据交易：法律·政策·工具》，曹博译，上海人民出版社2021年版，第71页。

③ Herbert Zech, Daten als Wirtschaftsgut-Überlegungen zu einem „Recht des Datenerzeugers", Computer und Recht, Heft 3/2015, S. 138.

产权的问题。这是因为，第二类衍生产品的功能实现依赖于两个要素：一是数据，二是算法（或程序）。第三人侵害行为的目标可能是程序，例如复制代码侵害著作权，或者破坏程序的稳定运行。但是这类侵害行为与数据产权的问题没有直接关系。当第三人侵害行为的目标是数据时，那么该衍生产品的保护问题实质上是数据保护的问题。例如，"生意参谋"数据产品包含了对于电子商务经营者开展商业活动而言具有相当参考意义的趋势图、排行榜、占比图等，具体包括如行业、产品、属性、品牌粒度下的热销商品榜、热销店铺榜、流量商品榜、流量店铺榜等流量指数、交易指数与搜索人气的排行数据，各类商品关键词的搜索人气与点击率排行数据及趋势图，各类商品交易数、流量数、搜索人气排行数据，各类商品的卖家数、卖家星级、占比数，商品人群的性别、年龄、职业、支付习惯的占比数等数据。这些数据分析的功能实现一方面取决于"生意参谋"这款App的程序，包括服务端的数据分析的算法，以及前段的界面设计等等要素，另一方面取决于后台的数据库。只有后台的数据库实时更新关于店铺或者商品的相关数据时，"生意参谋"这款应用程序才能实现它的完整功能。当美景公司开设"咕咕互助平台"，允许"生意参谋"的用户在该平台上共享"生意参谋"的账户和密码，允许不特定人在"咕咕互助平台"上购买这些账号和密码，以便访问"生意参谋"数据产品时，实质上是未经同意访问了"生意参谋"的数据。尽管审理法院使用了"数据产品"的表达方式①，但是美景公司的行为应当是未经同意访问数据的行为。故此，第二类衍生产品应当纳入数据确权的范畴，而且因其真正有价值的乃是实时数据，而非数据产品的算法、界面设计等要素，因此此类衍生产品的确权等同于数据集合的确权。

当然，笔者的主张可能面临一个困难，即《数据二十条》提到了原始数据、数据资源和数据产品等概念，因此数据产权的构建应当遵循《数据二十条》的政策目标。例如"推动数据处理者依法依规对原始数据进行开发利用"或者"审慎对待原始数据的流转交易行为"，又如"建立数据资源持有权、数据加工使用权、数据产品经营权等分置的产权运行机制"，再如"推动数据产品标准化"等等。这些表达方式似乎表明了政策目标是在各类数据类型上构建不同的数据产权。不过，参与《数据二十条》制定的学者指出，在持有、使用和经营这些行为动词之前加上"资源"和"产

---

① "安徽美景信息科技有限公司、淘宝（中国）软件有限公司商业贿赂不正当竞争纠纷案"，浙江省杭州市中级人民法院（2018）浙01民终7312号民事判决书。

品"等前缀,主要是为了符合商业用语习惯,而与数据是否经过匿名化处理或者是否系标准化产品等问题关系较弱,在法律学说和实定法表达层面,这些限定用于的意义并不明显。① 也就是说,数据资源持有权、数据加工使用权和数据产品经营权的构词规则只是修饰性的,而非实质性的。确立数据资源持有权的同时,也应该确立数据产品持有权;或者反过来说,确立数据产品经营权并不意味着数据资源上不能成立经营权,即便是原始数据也可以发生流转交易行为,从而产生原始数据经营权,只不过原始数据的经营行为需要得到"审慎对待"。故此,《数据二十条》本身并不严格区分原始数据、数据资源和数据产品等概念,再分别赋予不同类型的数据产权。

除此之外,《数据二十条》作为政策性文件提出的政策目标不应当被简单地等同于将来可能的数据产权立法的规定。政策性文件提出的经济目标如果要转化成法律规范,仍有相当长的一段道路要走。正如弗里德曼教授所言:"经济学的一般理论主要是在讨论抽象的概念,如财产、交易、企业、资本和劳工,律师和法学教授处理的则是这些概念的实际状况。"② 故此,《数据二十条》不是法律规范,不能以"法教义学"的态度亦步亦趋地对待该文件的具体内容。即便《数据二十条》的政策目标真的是根据数据的类型差异而构建不同的数据产权,立法者同样可以因为这种方案的不可行性而加以拒绝或修正。

2. 通过数据的物理边界进行确权

既然数据确权的客体应当是数据,由此产生的问题是:如何确定数据产权及其边界?换句话说,数据确权的"第一刀"应该划在哪里?财产权之所以具有一般性,是因为财产权通常使用财产的物理边界作为简单信号传递该财产权施加给他人的相关义务。同样,在数据确权的一般化方案中,数据产权的消极权能也应当通过数据的物理边界这一简单信号进行描述。这就产生了一个问题:数据存在物理边界吗?如果存在的话,应当如何描述?

笔者认为,在相对于不特定的陌生人的法律关系中,数据的物理边界表现为数据的可访问性或者公开性。倘若数据是非公开的,在互联网中是不可访问的,那么不特定第三人负有未经同意不得访问、复制、使用或者公开数据的义务。与此相反,倘若数据是公开的、可访问的,那么不特定

---

① 熊丙万:《论数据权利的标准化》,《中外法学》2023 年第 5 期。
② [美]大卫·D. 弗里德曼:《经济学与法律的对话》,徐源丰译,广西师范大学出版社 2019 年版,第 14 页。

第三人不受这些义务的拘束,原则上可以自由访问、复制或者使用数据,除非实施的数据利用行为构成不正当竞争行为。不管数据是公开还是非公开的,不特定第三人均应承担不得破坏数据完整性的义务。简言之,数据的可访问性为数据确权的"第一刀",主要理由包括:

第一,访问数据是一切后续的利用行为,如复制、使用或者公开数据,甚至是破坏数据完整性的起点。由于缺乏有体性,人们不能占有数据。人们不能如同持有一部手机一样物理持有手机中的数据。故此,有的学者主张,对信息的可访问性(Zugang / access),在功能上类似于对动产或者不动产的占有。对信息的处理行为中,最简单的方式就是对信息的访问。[①] 在技术上,任何对数据的利用行为,均建立在访问数据的基础上。消费者对文本、图片或者视频等非结构性数据的利用,以访问数据为前提条件;对于消费者没有购买访问权限的数据,消费者没有访问可能性,因此也就无法利用数据进行娱乐。经营者对其他经营者的业务数据的利用,也以访问数据为前提条件。供给数据的一方可以将数据直接复制给需求方,也可以开放 API 端口给需求方,这些机制均旨在实现需求方对供给方的数据的访问。甚至可以说,恶意第三人想要攻击一个计算机系统,对该系统中的数据进行删除、修改或者增加,也是以访问该数据为前提条件的。反过来说,一个数据驱动的业务模式和经济模型,主要不是取决于一个企业通过占有载体实际控制的数据的大小,而是取决于该企业可以访问的数据的多少。[②] 打破数据垄断,也以授予市场主体访问数据的自由为出发点。[③] 由此可见,尽管数据不像动产或者不动产一样具有明确的四至边界,甚至不像作品、专利或者商标一样具有可视化的边界,但是数据通过其可访问性界定了一条非常明确的界线。对于数据持有者自愿提供给陌生人访问的数据,陌生人的访问、复制或者使用不再受到某种义务的拘束;相反,对于数据持有者没有开放访问的数据,陌生人要么受到不得访问、复制、使用或者公开等义务的拘束,要么通过与数据持有者进行协商的方式,或者在符合合理使用的情形中(有待法律规定)获得访问权能。

第二,访问数据通常难以和其他的数据利用行为作有效的区分。在法

[①] 在 Zech 的论证中,数据乃是符号信息,也属于信息范畴。Vgl. Zech, Information als Schutzgegenstand, 2012, S. 120.

[②] Udo Kornmeier & Anne Baranowski, Das Eigentum an Daten-Zugang statt Zuordnung, BB, 22/2019, S. 1224.

[③] [美]沙拉·拉姆丹:《"付费墙":被垄断的数据》,黄尹旭、赵精武译,上海人民出版社 2023 年版,第 160 页。

律体系规定一个财产权施加给不特定陌生人的相关义务时,既可以像笔者主张的那样通过"物理边界"这一简单的信号施加一个粗糙但明确的义务(排他策略),如所有权给陌生人施加的不得对物实施任何干涉的义务;也可以通过行为规范逐一规定不特定陌生人不得实施的行为类型(治理策略)。在描述财产权的相关义务时,究竟应当采取何种方式,取决于描述义务的成本与收益。倘若区分不同的利用行为并分别加以规制十分困难,且由此带来的收益较低,那么立法者应当采取排他策略;相反,若是区分利用行为较为简单,且每一种利用行为的合理配置都会产生巨大的经济效益,则立法者应当采取治理策略。亨利·史密斯(Henry E. Smith)曾以知识产权为例进行说明,在他看来,专利权在很大程度上采取了排他策略,这是因为对"实施专利"予以细分和度量的成本很高,专利人在申请专利时,难以想象他的专利将在哪些场景中被如何具体实施。与此不同的是,著作权则在很大程度上采取了治理策略,对复制、发行、出租、演绎或者表演等特定行为都赋予了专有权,这是因为对作品的使用可以进行更加便宜的界定,并且各个行为之间不具有联系性。例如,对作品的发行行为固然是以复制行为为前提的,但这两个行为可以由两个不同的主体分别实施,发行作品的主体(书店)不一定要实施复制行为(出版社)。①

按照上述思路,对数据产权的相关义务的描述方式应当更多地采取排他策略,即通过简单信号给陌生人施加一个粗糙但是明确的义务。这是因为,对数据的各项利用行为彼此之间难以得到界分。例如,倘若一个网站允许不特定人访问数据,通常意味着这些人也可以复制数据。当然,在中国的互联网环境中,许多网络服务提供者尝试在提供访问的同时,禁止用户复制数据。当用户尝试复制一些网页上的文本数据时,他们将收到"开通 VIP,享受无限制复制特权"的弹窗。由此引发了网络服务提供者进行加密、用户通过各种手段进行解锁的拉锯战。在这场拉锯战中,用户的解锁手段总是略胜一筹。至少用户可以通过截图和 OCR 识别的方式提取网页中的文本数据。② 再如,倘若一个数据持有者允许他人复制数据,那么该数据持有者将失去控制他人如何使用数据的能力。在著作权领域,著作权人可能没有办法控制他人秘密地复制作品,却总是有办法控制他人进一步发行或者出租这些作品。在数据领域,倘若一个数据集合被他人复制,

---

① [美]亨利·E. 史密斯:《作为财产的知识产权——界定信息权利》,载易继明主编:《私法》第 13 辑第 1 卷(总第 25 卷),华中科技大学出版社 2016 年版,第 196 页。

② 例如《解除网页文本禁止复制限制的六种方法》,https://zhuanlan.zhihu.com/p/370708102,2023 年 10 月 31 日最后一次访问。

那么，该他人如何使用这一数据集合，如何对之进行分析和挖掘，数据持有者是无法发现的，因此也难以控制。由此可见，对数据的各项利用行为彼此之间无法进行有效的界分，数据确权的方法即对数据产权的相关义务的描述方法，更应该像是专利权的确权方法而非著作权的确权方法。

将数据的可访问性或者公开性作为数据的物理边界，从而划下了数据确权的"第一刀"，由此就形成了两种不同的数据产权：一是非公开数据产权，二是公开数据产权。其中，非公开数据产权施加给陌生人的义务是：未经同意不得访问、复制、使用、公开数据，或者破坏数据完整性。简言之，非公开数据产权意味着，陌生人未经同意不得以任何方式利用数据。至于公开数据产权，原则上并不禁止陌生人访问、复制或者使用数据，但是陌生人不得破坏数据完整性，或者不得实施实质性替代等构成不正当竞争的行为。

第三节 企业数据权益的法律权能

一、概述

权能是权利的非独立的组成部分，它是权利所赋予权利人的意思决定的空间。原则上，权能是权利的不可分离的组成部分，因此，权能是不能被单独转让的。[1]《数据二十条》提出了"数据产权"的概念，并且聚焦数据在采集、收集、加工使用、交易、应用全过程中各参与方的权利，要"建立数据资源持有权、数据加工使用权、数据产品经营权等分置的产权运行机制"。《数据二十条》颁布后，不少学者围绕该文件进行阐释和创新，提出了各种观点。例如，有的学者认为，企业数据产权可以分为企业数据集合的产权与企业数据产品产权，前者通过邻接权方式构建，后者可结合数据产品的应用场景和流程以及《数据二十条》提出的权利分置框架，在企业数据产品上形成表征产权归属的企业数据产品持有权和表征权利用的企业数据产品使用权二元并立的产权结构分置状态。[2] 有的学者认为，数据财产权在赋权形式上应当采取二元权利主体结构，即区分数据制作者权与数据使用者权，数据制作者权是有限排他效力的财产权，数据

---

[1] Larenz/Wolf, Allgemeiner Teil des Buergerlichen Rechts, 9 Aufl. München: C. H. Beck, 2004, §13, Rn. 24-25.

[2] 张素华:《数据产权结构性分置的法律实现》,《东方法学》2023年第2期。

使用者权的主体分为用户和数据同业经营者。① 有的学者认为，数据资源持有权、数据加工使用权和数据产品经营权呈现相互分离、彼此独立的关系。② 对于这三种权利的具体内容，应当根据不同的数据客体逐一分析不同场景中的利益分配格局为企业的数据持有权确定不同级别的排他支配效力。③ 还有的学者将数据资源持有权、数据加工使用权以及数据产品经营权统称为"数据持有者权"，认为数据持有者权是基于占有数据的事实而产生的，是数据价值链条上的每个主体都享有的权利，是一种普遍的权利。④

二、企业数据权益的积极权能

我国法学界对于企业数据权益的积极权能有不同的观点。有的学者主张采用权利束范式界定数据产权，并且在确定数据财产权的具体内容时，参考所有权的权能体系，对所有权的占有、使用、收益和处分等权能进行适当调整，是较为高效和实用的做法。具体而言：其一，持有权。持有权是指权利人有权依照法律规定或合同约定的方式自主管控所取得的数据资源。持有权同时意味着，不特定第三人不得擅自获取或者干扰财产权人对数据的稳定持有秩序和管控状态。其二，使用权。使用权是指权利人可以根据自身需求在各个生产经营环节自主使用数据，以及对数据进行开发利用；也可以许可他人使用。其三，收益权。收益权是指权利人通过数据获得经济利益的权利，包括通过数据产品获得收益、许可他人使用获取金钱对价等。其四，处置权。处置权是指权利人可以对数据进行自主处置，包括物理性处置和交易性处置，后者包括整体转让、许可经营、数据担保、投资入股等方式。除此之外，数据财产权还应当蕴含消极权能，即"在数据财产权遭受侵害或妨碍，或者面临危险时，数据处理者可以主张停止侵害、排除妨碍或消除危险请求权"。这些请求权无法被持有权涵盖，因为它们属于动态层面，而持有权施加的相关义务属于静态层面。⑤

有的学者认为，数据财产权的主要权能包括：其一，利用（处理）权能。企业作为权利主体有权处理、利用其数据，企业对其持有的数据享有加工使用权，企业可以通过多维度开发、挖掘其持有的数据价值，提升企

---

① 吴汉东：《数据财产赋权的立法选择》，《法律科学》2023年第4期。
② 许可：《从权利束迈向权利块：数据三权分置的反思与重构》，《中国法律评论》2023年第2期。
③ 孙莹：《企业数据确权与授权机制研究》，《比较法研究》2023年第3期。
④ 高富平：《论数据持有者权——构建数据流通利用秩序的心范式》，《中外法学》2023年第2期。
⑤ 王利明：《数据何以确权》，《法学研究》2023年第4期。

业管理效率和决策质量，或者形成新的数据产品或服务。例如，通过大数据分析，数据处理者可以优化财务管理、人力资源管理、供应链管理等业务流程。其二，收益权能。权利主体可以通过数据交易和服务取得一定的经济利益。企业有权授权他人访问数据或向他人提供数据从而收取费用；企业还可以利用其持有的数据研发数据产品，再通过数据产品交易取得收益。其三，占有（持有）权能。占有权能是指数据财产权人对数据客体的实际管控权能。例如，企业对其持有的数据，主要是通过数据存储设备的物理控制、秘钥控制以及防御性技术手段等实现占有或持有的。占有权能意味着，他人不得对数据实施非法侵入、干扰、盗窃、破坏等行为，进而非法获取数据或者改变数据的事实状态。在张新宝教授看来，数据财产权的相关义务是通过占有权能得到呈现的，或者说相关义务/消极权能被合并在占有权能之中了。其四，数据财产权人对数据享有最终的决定权，即有权处分数据的最终命运，例如数据产权交易、数据销毁等。[1]

还有的观点主张，对于不涉及个人利益与公共利益的原始数据和数据资源，企业享有完全支配、绝对排他的权能。由于数据产品的概念是以不涉及个人利益和公共利益为前提条件的，因此企业对数据产品也享有完全支配、绝对排他的权能。其中，完全支配是指对数据享有的管理、使用、收益和依法处分的权能。绝对排他似乎是指类似于所有权的、排除他人一切干涉的权利，但是其具体含义没有得到进一步的说明。对于涉及个人利益与公共利益的原始数据和数据资源（数据资源所受限制乃是原始数据所受限制的延续），企业享有有限支配、有限排他的权能。一方面，企业的法律权能受到个人信息权益的限制：首先，个人可以依法行使撤回同意权、删除权、信息携带权等权利；其次，企业对数据的支配（处理活动）不能超出个人同意的范围；最后，企业对数据的处分权能受到限制，未经个人单独同意不得向他人提供个人数据。另一方面，企业的法律权能也受到公共利益的限制，这取决于公共数据开放时的使用条件和目的。[2]

尽管以上观点存在差异，数据产权的类型及具体内容有所不同，但是总的来看，它们具有三个共同特征：一是，以上观点均存在一种积极权能偏好，即倾向于通过定义数据产权的积极权能进行数据确权，至于消极权能则是一带而过甚至缄口不言。对此下文还将予以详细分析。二是，对数据产权的积极权能的描述，都受到《民法典》第240条对所有权权能规定

---

[1] 张新宝：《论作为新型财产权的数据财产权》，《中国社会科学》2023年第4期；张新宝：《产权结构性分置下的数据权利配置》，《环球法律评论》2023年第4期。

[2] 孙莹：《企业数据确权与授权机制研究》，《比较法研究》2023年第3期。

的影响，没有脱离占有、使用、收益和处分的表达方式的窠臼。即便存在差异，也是数据处理活动的特殊性产生的表面上的差异。三是，对数据产权的积极权能的描述基本上就是说明两件事情：其一，数据持有者可以对数据进行事实性的利用；其二，数据持有者可以对其享有的某种数据产权的法律地位进行法律性的"处分"。其中，对数据的事实性的利用可以在广义上加以理解，涵盖了一切可以想象得到的、现代技术允许的甚至是将来技术允许的使用数据的方式。对数据的事实性利用的可能性是无穷无尽的，显然，数据确权的目标不在于去挂一漏万式地描述这些无限的利用可能性。法律上之所以要界定数据权益或数据产权的积极权能，其原因在于明确数据权益所要保护的价值，也就是，对数据进行确权所要实现的经济目的。因此，将数据权益的积极权能仿照所有权的权能描述为占有、使用、收益和处分，因为是高度抽象的描述，所以更多的是具有一种示范意义。

三、企业数据权益的消极权能

（一）消极权能的概念分析

在对企业数据权益的消极权能进行分析时，先要分析消极权能的概念，要区分出潜藏在消极权能这一概念之下的两层含义：一是诸如所有权等绝对权施加给不特定陌生人的相关义务，二是权利主体强制执行该义务的绝对权请求权。我国学者经常将绝对权的消极权能等同于绝对权请求权。例如，一种观点认为："消极的权能就是指所有权在受到侵害以后所产生的物权请求权，它是指所有权在遭受损害的情况下，权利人对所有权进行保护的权利。"[1] 该观点非常明确地指出，消极权能就是物权请求权。也有论者主张："《民法典》第240条关于所有权的界定，没有明示所有权的消极权能，这并不意味着《民法典》否认所有权具有消极权能，而是为了避免重复，不再把第235条以下关于物权请求权的规定照搬于此，根据解释论（法教义学），所有权作为物权的一种，当然具有物权请求权。"[2] 这一表述的言下之意是，将所有权具有的消极权能等同于基于所有权产生的物权请求权。还有观点认为："排除他人干预的权能是所有权的消极权能。……所有权所具有的排除他人不法干预的权能，有两种表现方式：①在合理限度内，所有权人可以自力救济……。②行使物上请求权，要求回复占有、排除妨害或消除危险等。"[3] 这一观点将物上请求权看作所有

---

[1] 王利明：《物权法研究》（第四版）（上卷），中国人民大学出版社2016年版，第384页。
[2] 崔建远：《物权法》（第五版），中国人民大学出版社2021年版，第195页。
[3] 刘家安：《民法物权》，中国政法大学出版社2023年版，第135页。

权的消极权能的"表现方式"。

当然，在一些学者的表述中，消极权能与物权请求权似有一定的区别。例如，谢在全教授认为，"至所谓得排除他人干涉，是为所有权之消极权能"，"所有权系对标的物全面支配之物权，为贯彻其积极权能，自不容他人干涉而得以排除之，其排除方法即为第七六七条第一项规定之内容（物上请求权）"[①]。王泽鉴教授认为："排除他人之干涉，为所有权的消极权能，系所有权作为一种绝对权的特色，得对任何人主张之。其排除的方法主要为'民法'第767条规定的所有人物上请求权。"[②] 与此相似，有的学者认为，所有权的消极权能是指所有权人排斥并除去他人对所有物的不法侵夺、干扰或妨害，而这一权能主要是通过行使物权请求权予以实现的。[③] 这些表述似乎区分了消极权能和它的实现方法或手段。消极权能是排除他人一切干涉，而消极权能的实现取决于物权请求权的行使。倘若以上表述的原意果真如此，那么消极权能不能完全等同于物权请求权，然而，其中的差异并没有得到正面的阐释。

相比之下，在德国民法学者的阐释中，所有权的消极权能并不等同于基于所有权的物权请求权。首先，《德国民法典》第903条比较明确地规定了所有权的积极权能与消极权能。其中，积极权能是指所有权人按照自己的意愿随意处置其物，消极权能则是排除他人一切干涉。其次，尽管《德国民法典》第903条的措辞表明，所有权人可以排除他人对物的一切干涉，但是通说认为，该条没有规定实现所有权人法律权能的请求权基础规范。[④] 换句话说，《德国民法典》第903条只是规定了所有权施加给不特定陌生人的相关义务，但是该条没有赋予所有权人诸如停止侵害、排除妨碍或者消除危险的请求权。所有权人可以实施的请求权位于《德国民法典》的其他地方，如该法第985条规定的返还原物请求权以及第1004条规定的排除妨害请求权和不作为请求权。在德国民法理论中，消极权能是指所有权施加给他人的相关义务，而非旨在强制实现这一义务的物权请求权。

当然，笔者并不认为，德国学者对消极权能这一概念的使用方式就是

[①] 谢在全：《民法物权论》（上），中国政法大学出版社2011年版，第113页。
[②] 王泽鉴：《民法物权》，北京大学出版社2010年版，第113页。
[③] 梁慧星、陈华彬：《物权法》（第七版），法律出版社2021年版，第146页。
[④] Staudinger/Althammer (2020) BGB § 903, Rn. 6, Rn. 12; Jauernig/Berger, 19. Aufl. 2023, BGB § 903 Rn. 3; MüKoBGB/Brückner, 9. Aufl. 2023, BGB § 903 Rn. 22; Wofl/Wellenhofer, Sachenrecht, München: C. H. Beck, 2020, S. 14 – 16.

绝对正确的，我国学者将消极权能等同于物权请求权的使用方式一定是错误的。以上论证只是想说明：消极权能这一概念存在不精确的地方，其至少包含两个应当予以区分的层次：一是诸如所有权的绝对权施加给不特定陌生人的相关义务，二是权利主体强制执行该相关义务的绝对权请求权。王利明教授在阐释数据产权的消极权能时，曾使用了"静态层面"和"动态层面"的区分。他认为："持有权是静态层面的权利，其重点在于要求不特定第三人不得随意利用归属于数据处理者的数据，而不是数据处理者提出具体的权利主张。停止侵害、排除妨碍和消除危险请求权则是动态层面的权利，即在数据财产权遭受侵害或者妨碍这一新的法律事实发生后，数据处理者针对特定的加害人或者妨害人提出的停止侵害或者排除妨碍的请求权。"[1] 根据这一区分，一项主观权利施加的相关义务是一回事，而权利主体通过请求权执行该相关义务是另一回事。

在哈特的权利理论中，同样可以看出这一区分，哈特认为："根据法律，一个人针对另一个人的义务，被赋予了排他的并且多少是广泛的控制权，其结果是在那一义务覆盖的行为领域，拥有权利的个人对于承担义务的个人来说，就是一个小型的主权者。有关控制权的最充分的标准由三个不同的要素构成：①权利持有者可以放弃或撤销义务，也可以让其处于存续状态；②在违背义务或被威胁要违背义务之际，他可以保留'不予执行'，也可以通过提起赔偿之诉来'执行'义务，或者在特定情形下，提请禁令或强制令，以阻止后续的或进一步的侵权；以及③他可以放弃或撤销因义务被侵犯而产生的赔偿之责。"[2] 根据哈特的区分，一项权利总是与义务相关，但是权利主体执行或者不执行与权利相关的义务，则是权利主体的选择（权力）。在这一权利理论中，义务是一回事，对义务的强制执行则是另一回事。

综上，消极权能存在两个不同的层次：一是诸如所有权的绝对权施加给不特定陌生人的相关义务，二是权利主体强制执行该相关义务的绝对权请求权。我国学者在使用"消极权能"一词时，是在第二个层次使用的；而德国学者在使用"消极权能"一词时，是在第一个层次使用的。笔者将在第一个层次上使用"消极权能"一词。这是因为，消极权能通常被看作是诸如所有权等绝对权的权能之一。这意味着，在一个具体场景中，倘若存在一项所有权（或其他绝对权），那么必然存在消极权能，但是并不必

---

[1] 王利明：《数据何以确权》，《法学研究》2023年第4期。
[2] ［英］H. L. A. 哈特：《哈特论边沁——法理学与政治理论研究》，谌洪果译，法律出版社2015年版，第192页。

然存在基于所有权的绝对权请求权。在所有权与绝对权请求权之间，仍然存在着一个间隙。当且仅当发生所有权的侵害、妨碍或者危险时，绝对请求权的构成要件才得到全部满足，才能生成所有权人享有一项绝对权请求权。

(二) 数据确权中的消极权能

1. 消极权能的规范性意义

如上文所述，企业数据权益的积极权能决定了权利的目的，而真正实现这一目的的手段是企业数据权益的消极权能。尽管我国多数学者在关于数据权益的讨论中更偏好讨论积极权能，但是也有一些学者强调了数据权益中的消极权能。一方面，知识产权学者在阐释数据产权的权利内容时，往往受到知识产权的法律权能不是自用权而是禁止权这一理念的影响，通常是从消极权能的角度描述、说明数据权益的权能的。例如，有的观点认为，无体物上难以设立诸如占有、使用、收益或处分的权能，而是应当设立独占权和禁止权。数据产权的独占权为发布权、许可权、转让权、传播权；禁止权为他人不得损坏、不当获取衍生数据的权利。所谓发布权，是指享有衍生数据权的企业首次向社会公众公开衍生数据的权利；传播权则是衍生数据权人防止未经许可以有线、无线方式向社会提供、传播数据的权利。[1] 当然也有一些知识产权学者从积极权能和消极权能两个方面讨论数据产权的权利内容。例如，有的学者主张针对商业数据确立一种商业数据产权。商业数据产权的积极权能包括使用权、许可权和转让权等，商业数据使用权涵盖以商业数据为客体的各类商业性利用行为，包括挖掘、处理、分析、经营商业数据等等。商业许可权或者转让权则是许可他人使用商业数据或者转让商业数据的权利。商业数据产权的消极权能则是阻止他人未经许可获取或者使用商业数据。当然，为了个人利益或者公共利益考虑，法律应当通过例外保障特定主体访问商业数据的权利，从而限制商业数据产权的消极权能。[2]

另一方面，一些受到美国财产理论影响的我国学者也强调消极权能在数据确权中的重要地位。例如，有观点认为，按照模块化理论，数据确权的工作就是在区分公共数据和非公共数据的基础上，针对四种标准化的人际关系，逐一剖析每个权利模块的个别规则：(1) 数据控制者与陌生人的关系；(2) 数据控制者与数据流通相对方的关系；(3) 数据控制者与法定

---

[1] 高阳：《衍生数据作为新型知识产权客体的学理证成》，《社会科学》2022年第2期。
[2] 冯晓青：《知识产权视野下商业数据保护研究》，《比较法研究》2022年第5期。

第三方的关系；（4）数据控制者与国家的关系。其中，在数据控制者与陌生人的关系中，数据控制者的排他权表现为：其一，数据安全权，即他人不得侵害数据的安全；其二，他人不得过度爬取数据，他人过度爬取的，数据控制者可以要求停止爬取、返还或者删除数据，并且禁止他人以发行、出租、传输等形式向社会公众提供数据。①

还有一种观点认为，数据产权施加给陌生人的义务不具有确定性，只能在具体个案中，衡量多个因素进行判断。例如，有人指出，在判断数据持有者就其数据享有多大程度的排他性时，应当考虑下列因素：（1）数据持有者在数据上的投入程度。投入越多，那么数据就越应当受到保护。数据产品经过深度加工，甚至具备独创性，应当获得较高程度的保护；原始数据未经深度加工，企业的投入相对较少，只能获得较低程度的保护。（2）行为人与数据持有者之间是否存在竞争关系。倘若行为人与数据持有者没有竞争关系，利用数据生成另外一种功能上不同的数据集合或者数据产品，那么行为人的行为原则上不应当受到禁止。（3）行为人对数据进行利用的具体表现，包括获取数据的手段是否规避了反爬虫措施或者其他技术措施、数据是否公开、数据中是否包含个人信息以及行为人再利用数据的行为是否正当等要素。（4）行为人利用的数据的数量及其后果。只有当数据达到一定程度时行为人利用数据的行为才会被判定为非法。在判断行为人是否负有某种义务以及行为人实施的行为是否违反该项义务时，对以上因素应当予以综合考量，并且每个因素均不是孤立的，而是遵循动态系统论的原理进行综合考虑。② 由此，企业数据的保护范围具有不确定性，甚至是动态化的。

2. 禁止访问、复制与使用的权能

通常而言，数据权益的消极权能是指禁止他人访问、复制或者使用数据的权能。就此而言，论者几乎没有什么实质性差异。例如，有的观点认为，数据权益的消极权能主要表现为，未经权利人同意亦无法定事由，任何人不得随意访问、复制、篡改、破坏或者删除数据（持有权）；不得干涉权利人自我使用数据（使用权）；不得阻碍权利人通过整体转让、许可使用、设立担保和投资入股等方式对外经营数据（经营权）。③ 又如，一种观点主张类推适用数据库特殊权利确立数据产权，这一观点自然而然希

---

① 许可：《从权利束迈向权利块：数据三权分置的反思与重构》，《中国法律评论》2023年第2期。
② 周樨平：《大数据时代企业数据权益保护论》，《法学》2022年第5期。
③ 熊丙万：《数据确权：理路、方法与经济意义》，《法学研究》2023年第3期。

望将数据库特殊权利的权能移植到数据产权之中。根据这一思路，将数据库特殊权利的权能移植到数据产权中，将会产生以下消极权能：（1）禁止他人未经授权爬取网上公开数据。例如，百度通过网络爬虫爬取大众点评服务器上的大量数据进行分析，构成"提取"和"再利用"的行为。（2）禁止他人未经授权、超出授权在开放平台中爬取数据。例如，抖音公司超出腾讯公司授权范围，抓取用户信息，并在其应用中进行提供的行为，也构成"提取"和"再利用"的行为。（3）禁止他人未经授权传播数据衍生品的行为。例如，美景公司组织用户分享或者出租"生意参谋"的账户，从而使社会公众可以未经在淘宝平台上注册即可查看淘宝的产品数据，侵害了数据库制作者的再利用权。①

还有的学者认为，数据产权应当包括以下专有权能：（1）访问获取权能。访问获取权能一方面是数据持有者（"企业衍生数据所有者"）通过技术设备留存并访问个人资料信息并从中获取原始数据增值收益的权能，另一方面是控制他人从衍生数据样本中提取和复制数据信息的权能。不过，访问获取权能只能控制他人的获取访问和获取行为，不能进一步控制他人的后续处理行为。（2）挖掘分析权能。挖掘分析权能是指数据持有者享有对企业衍生数据代码样本通过算法手段进行提取和保存的权能；与此同时"可以通过法律将数据样本收集权能规定为企业衍生数据所有人所专有，无论何种组织或个人未经该权能主体的同意提取数据样本的行为均构成侵权行为"②。（3）共享权能。共享权能是指数据持有者享有分享依赖企业衍生数据完成的技术成果所带来的商业利益和其他利益的权能。（4）知情决定权能。知情决定权能是指数据持有者有权对数据的使用情况进行知晓和了解的权能。③

3. 禁止破坏数据完整性的权能

事实上，数据权益中最重要的消极权能就是禁止他人破坏数据完整性的权能。也就是说，数据权益施加给不特定第三人的指向性义务之一是，任何个人或者组织不得以任何形式破坏数据，不管该数据是否公开，或者存储于物理意义上的硬盘中，还是存储于云存储空间中。在历史上，由于没有确立数据权益，没有哪一法律地位可以给不特定第三人施加不得破坏数据的义务，故此在域外的判例和学说中，有的人认为，数据完整性的保护应当通过存储设备所有权的保护实现，具体而言，包括以下两种情形：

---

① 张浩然：《由传统数据库保护反思新型"数据财产权"》，《法学杂志》2022年第6期。
② 原文如此。这一表述不符合"挖掘分析权能"作为专有权能的应有之义。
③ 许娟：《企业衍生数据的法律保护路径》，《法学家》2022年第3期。

第一，存储设备本身遭受实体性的破坏，进而导致数据完整性遭到破坏。例如，在德国的一起案件中，运送数据存储设备的汽车发生交通事故，导致存储设备毁损、数据丢失。法院认为，受害人遭受侵害的民事权益仅限于存储设备的所有权，而数据丢失属于所有权遭受侵害之后的衍生性损害。根据《德国民法典》第 249 条第 1 款的规定，赔偿义务人应当将存储设备恢复至假如损害没有发生的状态，即不仅要将存储设备（载体）恢复原状，也要将其中存储的数据恢复原状。倘若无法恢复原状，赔偿义务人应当对此赔偿损失。[①] 德国判例的这一观点，实际上是将数据完整性遭到破坏作为存储设备所有权遭受侵害的衍生性损害，从而实现了对数据完整性的法律保护。问题在于：将数据完整性遭到破坏作为一项衍生性损害是否正当？一方面，数据作为一项独立的客体，与存储设备具有可分离性。数据与存储设备具有不同的经济意义。数据的价值有时候可能远远大于存储设备的价值。将数据完整性遭到破坏看作是存储设备所有权遭到侵害的结果（衍生性损害），在有些情况下可能具有本末倒置的嫌疑。另一方面，在上述具体个案中，运送数据存储设备的汽车发生交通事故，行为人可能无法预见到对汽车及其运载货物的破坏将会导致数据完整性遭到破坏。也就是说，存储设备所有权遭到侵害，与数据完整性遭到破坏之间的责任范围的因果关系不总是可以成立。

第二，存储设备没有遭受实体性破坏，仅仅发生数据丢失或者数据遭到删改。在这种情形中，是否可以通过保护存储设备所有权，实现保护数据完整性的目标？德国联邦最高法院曾经在一则判决中认定，数据存储设备与其存储的计算机程序一起构成一个有体物。[②] 随后的判例与学说延续了这一思路，从存储设备所有权遭受侵害的救济路径，实现对数据完整性的保护。具体而言，这包括以下两种不同的思路：一是，将存储设备的电磁结构看作是存储设备的物理结构，因此对数据的删除或者篡改实质上是对存储设备电磁结构的破坏，因此构成所有权侵害。这种思路的问题在于：一方面，电磁结构的变化是微观的，在不借助计算机和形影程序的情况下无法为人类所直接感知。因此电磁结构的改变不能当然等同于存储设备所有权遭到侵害。[③] 另一方面，电磁结构的变化是任意的，改变电磁结

[①] OLG Kaiserslautern, Eigentumsverletzung, Datenverlust, Schadensersatz, Mitverschulden, Datensicherung, DAR 2001, 225.

[②] BGH, Anwendung des Abzahlungsgesetzes auf Software-Kauf, NJW 1990, 320.

[③] 王镭：《电子数据财产利益的侵权法保护——以侵害数据完整性为视角》，《法律科学》2019 年第 1 期。

第七章 企业数据权益

构并不意味着破坏电磁结构。删除数据之后,仍然可以重新存储数据。因此,将改变电磁结构的行为评价为对存储设备所有权的侵害,似有不妥。二是,将对数据完整性的破坏看作是对存储设备的物之功能的妨害。例如,一则德国判例认为,计算机硬盘数据丢失导致硬盘所有人无法访问数据的,尽管数据蕴含的信息内容不属于法律规范的保护对象,但是行为人实施的行为导致硬盘数据丢失,妨害了硬件所有人依照其期望的方式对计算机硬件进行使用的可能性,因此构成对所有权的妨害。[①]

通过对存储设备所有权的保护实现对数据完整性的法律保护,建立在以下前提上:存储设备和其中存储的数据归属于同一民事主体,倘若二者发生分离,即存储设备属于甲,其中存储的数据属于乙,那么以上思路将不再奏效。例如,第三人毁损了甲的存储设备,导致乙的数据发生丢失,那么就无法再将数据丢失作为存储设备所有权遭受侵害产生的衍生性损害进行救济。而在云存储技术日益普及的今天,存储设备与数据的分离恰恰成为常态,因此上述通过对存储设备所有权的保护实现对数据完整性的间接保护的路径,将面临无法克服的困难。

有的观点提出,数据中蕴含的信息内容的可读取性,应当作为一项重要的法益加以保护。但是,不应该采取任何意义上的数据绝对权的保护方式,而是应当采取行为规制的保护方式,即通过明确列举第三人不得实施的若干行为,确定第三人针对数据实施的哪些行为是正当的,哪些行为构成对数据"利益"的侵权行为因而是不正当的。[②] 在现行法的框架下,以下保护性规范实质上发挥着保护数据权益的功能:

第一,《刑法》第 286 条第 1 款规定:"违反国家规定,对计算机信息系统功能进行删除、修改、增加、干扰,造成计算机信息系统不能正常运行,后果严重的,处五年以下有期徒刑或者拘役;后果特别严重的,处五年以上有期徒刑。"根据这一规定,行为人对计算机信息系统功能进行删除、修改、增加、干扰,造成计算机信息系统不能正常运行的,构成对保护性规范的违反。《刑法》第 286 条第 3 款规定:"故意制作、传播计算机病毒等破坏性程序,影响计算机系统正常运行,后果严重的,依照第一款的规定处罚。"这意味着,《刑法》第 286 条第 3 款规定的行为也属于对计算机信息系统功能进行破坏的一种行为。破坏计算机信息系统功能可能涵盖对数据完整性的破坏,这是因为计算机信息系统的功能实现可能依赖于数据的可读取性,行为

---

① OLG Karlsruhe, Haftung für Zerstörung von Computerdaten, NJW 1996, 200.
② 王镭:《电子数据财产利益的侵权法保护——以侵害数据完整性为视角》,《法律科学》2019 年第 1 期。

人若是破坏数据完整性,将会导致计算机信息系统的功能无法实现。

第二,《刑法》第286条第2款规定:"违反国家规定,对计算机信息系统中存储、处理或者传输的数据和应用程序进行删除、修改、增加的操作,后果严重的,依照前款的规定处罚。"这一条款比较明确地给不特定第三人施加了一项关于数据的义务,即不得对计算机信息系统中存储、处理或者传输的数据进行删除、修改或者增加。不特定第三人若是违反这一义务,不仅可能面临刑事责任,还可能因违反保护性规范给权利人造成损害而承担侵权责任。

第三,《网络安全法》第27条第一分句规定:"任何个人和组织不得从事非法侵入他人网络、干扰他人网络正常功能、窃取网络数据等危害网络安全的活动。"这一条款强调的是"窃取网络数据"的行为方式,即不特定第三人不得实施窃取网络数据的行为。《数据安全法》第32条第1款规定:"任何组织、个人收集数据,应当采取合法、正当的方式,不得窃取或者以其他非法方式获取数据。"这一条款强调的是不特定第三人不得窃取或者以其他非法方式获取数据的义务。至于"其他非法方式"包括哪些义务,则语焉不详。应当指出,相比于《刑法》第286条第2款的规定,《网络安全法》第27条第一分句和《数据安全法》第32条第1款的规定侧重点有所不同:前者强调的是对数据完整性的保护,即不管是对数据进行"删除""篡改"还是"增加",均属于对数据完整性的破坏;后者强调的是对数据垄断性的保护,即未经同意不得"窃取"或者"以其他非法方式获取"数据。

4. 无法禁止他人的平行开发

数据产权的消极权能不包括禁止他人平行开发。所谓平行开发是指,其他主体收集相同的数据集合,或者开发相同的数据产品,但是没有实质性接触权利主体控制的数据的情形。"绝对权的排他效力虽可排除他人对权利客体的干涉,却无法排除他人通过合理方式对同类客体取得权利。……即便在数据之上设立绝对权,他人的平行开发也并不会因绝对权的排他效力而受阻;相反,当行为人以平行开发作为数据侵权的抗辩事由时,数据之上绝对权的排他效力还可以为'接触+实质性相似'标准的适用提供逻辑基础。"[1]

---

[1] 沈健州:《数据财产的权利架构与规则展开》,《中国法学》2022年第4期。

第八章 企业数据的交易

第一节 企业数据交易合同概述

在我国，数据交易合同不是一个独立的法律概念。虽然在法律实践中，交易当事人通常都会通过签订合同来进行数据交易，普遍使用"数据交易合同"或"数据交易协议"等名称，但对其内涵和外延并无统一的认识，数据交易合同仍然属于学理概念的范畴。为了能够准确适用相关法律规范，有必要对数据交易合同的概念进行界定，为后续讨论打下基础。

一、数据交易合同的概念

有关数据交易的内涵，我国法律没有作出明确的规定。在法律层面，数据交易仅在我国《数据安全法》中有所提及。该法第19条明确规定，国家建立健全数据交易管理制度，规范数据交易行为，培育数据交易市场。我国国家推荐标准《信息安全技术数据交易服务安全要求》（GB/T 37932-2019）提到了关于数据交易的定义：数据交易是指数据供方和需方之间以数据商品作为交易对象，进行的以货币或货币等价物交换数据商品的行为。数据商品是指用于交易的原始数据或加工处理后的数据衍生产品。然而，在国家市场监督管理总局、国家标准化管理委员会于2023年8月25日公开征求意见的《信息安全技术 数据交易服务安全要求》[以下简称《信息安全技术 数据交易服务安全要求（2023年征求意见稿）》]中，关于数据交易的定义有所变化。根据《信息安全技术 数据交易服务安全要求（2023年征求意见稿）》第3条，数据交易是指以数据产品作为交易标的，进行的以货币或货币等价物交换数据使用权和市场化流通的行为。其中，数据产品包括API数据、数据结构、数据报告、数据应用、数据工具和数据服务等。可以发现，两者对于数据交易的定义有一定差异：在2019年安全要求的版本中，数据交易的标的是数据商品，而在2023年征求意见稿的版本中,数据交易的标的是数据产品。

可以说,数据产品与数据商品既有联系,也有区别,是看待事物的两个不同方面。数据产品通常指的是通过对原始数据进行采集、整合、清洗、分析和建模等处理后,形成的具有实用价值和功能性的成果。数据商品则更侧重于数据本身作为一种可交易、可市场化的客体。数据产品更加强调产品的功能性和使用性,而数据商品强调的是数据的可流通性。上述2023年征求意见稿将数据交易的标的,从数据商品更改为数据产品,就是为了能够突出数据交易中的主要标的物应当是具有功能性和使用性的数据产品,淡化原始数据作为一种数据交易的标的。在笔者看来,因为数据产品能够进行流通,可以纳入数据商品的范畴;然而,原始数据虽然具有可流通性,可以作为数据商品来看待,但由于其未经过加工和处理,通常无法称之为数据产品。

我国多数地方性法规虽未规定数据交易的定义,但纷纷规定了数据交易的对象,大体上可分为两种:一种是将数据产品和服务作为数据交易的对象。《深圳经济特区数据条例》第67条,《陕西省大数据条例》第36条,《重庆市数据条例》第33条规定了数据产品和服务可以依法交易。另一种是将经过处理、无法识别且不能复原的数据作为数据交易的对象。《天津市促进大数据发展应用条例》第29条,《福建省大数据发展条例》第17条等规定指出了经处理、无法识别且不能复原的数据是数据交易的对象。全国各地数据交易所也都是围绕数据产品和数据服务构建交易机制,为数据买卖双方提供交易标的物。

在学界,对于数据交易的概念存在多元化的解读。有观点认为,数据交易是以数据商品为交易标的,并将数据商品的各种权利进行转移的活动。[1] 进一步认为,大数据交易是将数据作为一种所有物进行的交易。[2] 还有观点认为,数据交易是指数据持有者让与或许可数据使用权于数据使用者,数据使用者支付对价的行为。[3] 相反观点则认为,数据交易是一种服务合同,而非商品化的产权交易。[4] 数据交易与数据访问和流动互为一体,数据交易是其派生的特殊形式。还有观点认为,数据交易是合法获取

---

[1] 朱扬勇、熊赟:《数据的经济活动及其所需要的权利》,《大数据》2020年第6期。

[2] 齐爱民、胡丽:《大数据交易:产业创新与政策回应——中国大数据交易合规性调查报告》,《光明日报》2018年1月25日,第14版。

[3] 冉高苒:《数据分享理论——数据法律基础概念的厘清与再造》,《东方法学》2023年第6期。

[4] 梅夏英:《数据交易的法律范畴界定与实现路径》,《比较法研究》2022年第6期。

数据的行为，是《数据二十条》所倡导的一种方式，可以增加促进数据流通，充分发挥数据的价值。① 在数字经济中，数据交易是长期活动而非一次性买卖，否则一次性交易未必能够反映真实价值，这涉及生产和稳定供给问题，同时需要有较为固定和开放的使用者，双方才能进行选择和匹配。②

上述关于数据交易的讨论，有助于深入理解数据交易的本质及内涵。"交易"一词在日常的生活实践中极为常用。交易的概念，最初源自以物易物的传统交换形式，指的是两个或多个参与方之间通过统一的价值衡量标准，交换各自拥有的物品、服务或权利的行为。在现代经济体系中，交易通常是以货币为中介工具，交换商品和服务的行为。所谓的交易是指，参与方基于信任而实施的交换行为。③ 经济学家康芒斯将"生产"与"交易"概念相并列，认为"生产"是人与自然的关系，而"交易"是人与人之间的关系，只有两者相结合才能阐释全部的经济活动。康芒斯认为，交易的实质是权利的交换，而不是实物的交换——确立了作为一般经济范畴的交易概念。康芒斯将交易分为三种，买卖的交易、管理的交易和限额的交易。所谓买卖的交易是平等主体之间进行的带有竞争性的自愿交换关系；管理的交易是指上下级之间的交易；限额的交易是指联合企业将利益和负担分派给企业成员的交易。经济学家科斯在康芒斯理论的基础上提出了交易费用理论。传统微观经济学中对交易的理解为完全信息假设、完全理性假设和交易成本为零的假设，科斯对这种假设进行修正，进而研究交易成本相关的制度结构。科斯所使用的"交易"概念，多数情况下是指市场交换。

从我国现行法律上来看，交易主要用于民商法领域，集中在合同法和商事特别法之中，典型形态为买卖。④ 我国《刑法》第 226 条规定了强迫交易罪，按照条文意旨，交易是指商品的买卖和服务的提供。交易应当是指平等市场主体之间就其所有的财产或利益实行的交换。交易关系在法律上就会表现为合同关系，通过合同法予以规制。笔者认为，交易的重点在于交换行为，不应仅局限于买卖行为。根据交易的目的不同，交易通常会以不同的方式予以呈现。以房屋为例：如果是以获得房屋所有权为交易目

---

① 侯利阳：《论平台内经营者数据的权利配置》，《政法论丛》2024 年第 1 期。
② 胡凌：《数据要素财产权的形成：从法律结构到市场结构》，《东方法学》2022 年第 2 期。
③ 张维迎：《经济学原理》，西北大学出版社 2015 年版，第 57 页。
④ 屈茂辉、章小兵、张彪：《交易概念的法学与经济学比较》，《财经理论与实践》2006 年第 2 期。

的，当事人通过签订房屋买卖合同来实现。如果以获得房屋使用权为交易目的，当事人通过签订房屋租赁合同来实现其目的。当然，如果交易当事人不以所有权或使用权为交易目的，仅是通过房屋的价值来进行融资来获取一定数额的货币，通常会签订房屋抵押合同。无论是买卖、租赁，还是抵押，均可以称之为广义上的房屋交易。只不过，在日常的生活习惯中，房屋交易通常仅指房屋的买卖。

数据交易合同中的"交易"与"合同"有语义重合之处。因为在法学研究领域，交易含有合同之义，交易与合同二词的混合使用可能有叠床架屋之嫌。笔者认为，数据交易合同中的交易并非指向合同，而应指向一切关乎数据的交换行为，并且对于交易也不应当采取狭义上的理解，即仅指买卖行为。关于数据交易的定义，应该从两个方面予以理解：一方面，以货币或货币等价物交换具有市场流通性和经济价值的特定数据和数据服务的行为。其中，特定数据的具体表现形式可以是数据集合，也可以是数据产品。这种场景下的数据交易直观表现为数据需求者通过支付金钱购买市场上可供销售的特定数据和数据服务，这在当前的数据交易实务中占据了主导地位。比如，在数据交易平台上，各类数据产品和服务都是通过货币交易的方式来实现其价值流转的。另一方面，数据交易还体现在数据作为一种新型财产的表现形式，扮演着货币等价物的角色，用于交换实体经济中的其他产品或服务。例如，在网络服务环境中，普通用户在享受网络服务提供商提供的数字服务时，会主动提供个人数据作为交换条件，以换取相应的服务体验。这种数据与产品或服务之间的交换关系亦应视为数据交易的一种创新形态。总之，数据交易合同中的"交易"概念超越了狭义的买卖行为，囊括了更为广泛的、涉及数据价值交换的多种形式，无论数据是作为被交易的商品还是作为交易媒介，都在数据交易的定义范围之内。

综上所述，结合上文有关数据交易的定义和范围，数据交易合同是以数据作为标的物，涵盖多种交易模式的类型合同。这种概念不仅包括交易方提供特定数据和数据服务，相对方支付对价的有偿合同，还包括交易方提供特定商品和服务，相对方以数据作为对价支付的有偿合同。前者通常指向企业之间的数据交易合同，而后者指向个人与企业间的数据交易合同。

循此思路，企业数据交易合同根据合同标的可以分为两种类型：一是提供特定数据的合同，二是提供数据服务的合同。提供特定数据的合同是指数据提供方向数据需求方提供特定类型的数据，并根据合同约定转移相应数据财产权，由数据需求方支付相应对价的合同。至于何种数据能够进行交易,在下一部分进行详细讨论。提供数据服务的合同是指服务提供方根据服务接受方的要求,提供特定的数据服务,由服务接受方支付对价的合同。有观点认为,数据服务仅指向数据需求方提供满足其特定信息需求的数据处理结果的服务。① 笔者认为,数据服务不仅包括向数据需求方提供特定的数据处理结果,还应当包括向数据需求方提供数据采集、数据清洗、数据整合、数据分析等运用数据技术处理的相关服务。例如,我国数据堂公司根据客户的专门需求,可以提供数据采集、数据标注等定制化服务。

二、企业数据可交易性的类型化讨论

《数据二十条》给出了有关数据分类的两种判断标准:一是根据数据持有主体的不同,划分为个人数据、企业数据和公共数据;二是将数据在交易链条的地位和可发挥的作用作为标准,划分为原始数据、数据资源与数据产品。② 基于《数据二十条》的判断标准,从企业数据的构成内容上来看,可以认为企业数据是由原始数据、数据资源和数据产品所组成的。至于企业数据中的原始数据、数据资源和数据产品能否作为交易标的物,需要进一步讨论与分析。

(一)原始数据具有交易价值

在计算机科学中,原始数据是数据挖掘领域的基本概念,其是指为数据挖掘准备的初始数据,典型特征是包含丢失值、失真、错误记录等。③ 原始数据很少能够直接用来进行数据挖掘,因为原始数据不具备直接可用性,可能会存在错误、冗余、缺失等问题,只有对原始数据进行可用性转换,才能产生对所选的数据分析技术和数据挖掘方法更有用的特征。④ 可以说,在计算机科学中,原始数据集合并不能直接用于数据分析,只有对原始数据进行整理和预处理,例如删除错误记录、补充丢失值等,才能得到高质量数据,并对其进行数据分析。⑤ 由此可见,原始数据存在于数据准备阶段,一旦对数据进行转换处理,则不应纳入原始数据范畴。

在现行法律实践中,对原始数据的界定并非明确。在法学理论界,原

---

① 孙莹:《论数据权益客体中的基本范畴》,《东方法学》2024年第1期。
② 武腾:《数据交易的合同法问题研究》,法律出版社2023年版,第103页。
③ [美]哈默德·坎塔尔季奇:《数据挖掘概念、模型、方法和算法》,李晓峰、刘刚译,清华大学出版社2021年版,第29页。
④ [美]哈默德·坎塔尔季奇:《数据挖掘概念、模型、方法和算法》,李晓峰、刘刚译,清华大学出版社2021年版,第30页。
⑤ [美]哈默德·坎塔尔季奇:《数据挖掘概念、模型、方法和算法》,李晓峰、刘刚译,清华大学出版社2021年版,第29-34页。

始数据通常是指未经加工的处于原始形态的数据。① 常见的原始数据包括个人在注册网络服务应用程序时所提供的个人数据，互联设备如智能汽车在运行过程中所产生的驾驶数据，通过数据采集设备将物理世界的具体事物进行数字化所呈现的各类数据等。从数据持有的主体角度，无论是个人、企业还是公共部门，只要他们所持有的数据没有经过任何加工并处于原始形态，都应当认定为原始数据。例如，个人通过其智能手机对物理世界中的特定物体进行拍摄，存储于手机中的照片是由数据所呈现，因其未经过任何加工处理，处于原始状态，应当属于原始数据；在企业提供网络服务的过程中，用户通过使用该企业提供的服务形成的用户行为日志或形成的支付交易记录属于原始数据；公共部门在依法履行公共管理或公共服务职能的过程中，收集了个人数据或企业经营数据，这些数据属于原始数据。可以说，原始数据是指未经任何处理或经过初步采集的、最基础的信息记录，传感器采集的实时数据、用户行为日志、支付交易记录等。这些数据通常不具备直接可用性，可能存在缺失值、错误等问题，且形式可能是各种类型的文件、数据库记录、文本、图片、音频、视频等。

有人可能会认为，由于原始数据处于待加工状态，应用价值笼统且并非明确，应用场景也并不固定，交易当事人不会将原始数据作为交易客体进行交易。在获取原始数据后，只有对其进行整理、使用、加工、分析等处理后，才能够彰显"大数据"应有的社会价值和经济价值。但是，笔者认为，不能仅基于原始数据的应用价值笼统、不明确等原因否定原始数据的可交易性。原始数据的交易与否在于其能否成为财产权的客体。无论数据是否处于原始状态，只要原始数据能够被特定化，就能够成为财产权的客体。至于应用价值的高低，需要根据交易相对方的使用场景而定，不能直接否认原始数据不具有交易价值。

笔者认为，只要企业对其持有的原始数据享有财产权，就能够进行交易。例如，个人数据含有巨大的潜在经济价值，企业通常将个人数据资源作为其独特的竞争优势，通过对个人数据进行分析加工，提高自身的市场竞争力，通过个性化广告、优化经营策略、提高产品质量等方式不断增加

---

① 姬蕾蕾：《企业数据财产权益的归属判定及实现程序》，《苏州大学学报（哲学社会科学版）》2023年第4期；文禹衡：《数据确权的范式嬗变、概念选择与归属主体》，《东北师大学报（哲学社会科学版）》2019年第5期；肖冬梅：《"数据"可否纳入知识产权客体范畴?》，《政法论丛》2024年第1期；彭辉：《数据交易的困境与纾解：基于不完全契约性视角》，《比较法研究》2023年第2期；齐爱民、罗炜：《论刑法典规制范式视角下非法数据跨境传输罪的确立》，《求是学刊》2023年第3期。

自身的盈利。在数字经济时代，掌握个人数据资源越多的企业就越能够获得更多的经济利益。对于个人原始数据，企业在获得数据主体的明确授权后，享有对个人数据的财产权，可以进行转让或使用。在个人数据市场领域，个人原始数据是每一家企业求之不得的经济富矿。对于企业所生成的原始数据而言，由于企业通过投入资金使用特定设备将各类信息转化为数据，基于对捕获或生产数据的奖励①，企业享有这类原始数据的财产权。企业可以根据自身的经营策略或交易当事人的不同需求，对原始数据进行交易。例如，在下文会详细阐述的数据源利用合同中，由于交易当事人追求获取数据的时效性，交易当事人通过签订此类合同可以实时获取特定数据源所采集或生产的原始数据，并根据自身需求对原始数据进行数据分析和数据挖掘，形成相应的数据产品。

总而言之，原始数据由于没有经过加工整理而处于杂乱无章或待用的状态，相对于经过整理且具有特定主题的数据集合而言，原始数据的可用性确实不高。但是，不能因为原始数据存在质量上的"缺陷"，就否定原始数据的交易性。无论数据是否经过加工，根据数据确权的原理，可以对于个人原始数据、企业原始数据和公共原始数据进行财产权的确权，进而进行数据交易。

（二）数据资源无法成为交易标的物

有关数据资源的范畴，在学界有一定的争论。有观点认为，数据资源主要是由非结构化的原始数据所构成，包括个人、企业、公共部门以及其他组织产生的各类原始数据。② 数据资源是开展数据行为的生产资料，是发挥数据价值与效用的基础。③ 还有观点认为，数据资源除了包含原始数据，还应当包含初步加工的衍生数据，但不包括具有实际应用价值的数据产品。④ 但是有学者就认为，数据资源是初步加工的衍生数据，从加工程度上来看，应当呈现"原始数据—数据资源—数据产品"的数据序列。⑤ 另有学者从最广泛的视角来看待数据资源，将原始数据、数据集合、数据产品全部纳入数据资源的范畴，只要是可供社会和人类使用的数据均属于

---

① 许可：《数据权属：经济学与法学的双重视角》，《电子知识产权》2018 年第 11 期。
② 申卫星：《论数据产权制度的层级性："三三制"数据确权法》，《中国法学》2023 年第 4 期。
③ 高富平：《数据持有者的权利配置——数据产权结构性分置的法律实现》，《比较法研究》2023 年第 3 期。
④ 武腾：《数据资源的合理利用与财产构造》，《清华法学》2023 年第 1 期。
⑤ 黄科满、杜小勇：《数据治理价值链模型与数据基础制度分析》，《大数据》2022 年第 4 期；黄丽华等：《关于构建全国统一的数据资产登记体系的思考》，《中国科学院院刊》2022 年第 10 期。

数据资源。①

笔者认为，数据资源是不特定数据的总和，既可以涵盖已经存在的数据，也可以包含未来将要产生的数据，而民事权利所指向的客体应当是特定的、独立的客体。②数据资源本身并非法学上的术语，系属经济学上的名词，强调的是数据本身具有的经济意义。《数据二十条》中的数据资源持有权这一概念，本质上是从经济学视角对数据在现代数字经济领域作为关键生产要素的一种定位表述，它侧重于揭示数据在经济活动中的重要价值。尽管在现行法律体系中，并未直接设定名为"数据资源持有权"的具体民事权利类型，但这一提法有助于我们从宏观角度理解和把握数据的经济属性。类比于土地所有权和土地资源的概念：法律意义上的土地所有权指向的是经过法定登记并明确界限的特定地块，其上可以设立所有权及其他物权形式。与此相反，"土地资源"则泛指自然界中广泛分布、尚未特定化的全部土地集合。同样地，数据资源作为一种整体性、概括性的资源，涵盖了现有的一切数据，同时也包括持续生成和累积的新数据流。这意味着数据资源持有权虽不是严格的法律术语，但它试图表达的是对数据资源整体控制、管理及潜在收益的权利主张，这一主张有待法律框架进一步细化和完善，以适应数字经济时代对数据产权保护与流通的需求。

无论是个人数据资源、企业数据资源还是公共数据资源，只有将数据资源中的某种类型的数据进行特定化，才能成为数据交易的标的。因为只有特定的数据才能成为权利客体，构成一项财产进行流通。如果将广泛不特定的数据集合体进行交易，在法律上不具有可行性。不独立、不特定的客体之上无法产生权利，由于交易的本质是权利的让与，所以对于数据资源而言，无法进行法律意义上的交易。

（三）数据产品交易的具体范畴

目前，绝大多数学者都认为，数据产品是经由对原始数据进行加工处理形成的一种新的产品。至于对原始数据加工到何种程度才能构成数据产品，在学界存在争议。有的观点认为，数据产品应当是对原始数据进行实质性加工的结果，比如可以参考"淘宝诉美景案"中对数据产品的阐释。③同时有的地方立法实践采取这一观点。如《深圳市数据产权登记管

---

① 许可：《从权利束迈向权利块：数据三权分置的反思与重构》，《中国法律评论》2023年第2期。
② 程啸：《个人数据授权机制的民法阐释》，《政法论坛》2023年第6期。
③ "安徽美景信息科技有限公司、淘宝（中国）软件有限公司商业贿赂不正当竞争纠纷案"，浙江省杭州市中级人民法院（2018）浙01民终7312号民事判决书。

第八章　企业数据的交易

理暂行办法》中对数据产品的界定是，对数据资源进行实质性劳动形成的数据和衍生产品。另外，有学者提出，数据产品可以定义为网络运营商通过合法途径获取原始数据，运用特定算法对其进行深度筛选、综合提炼和脱敏处理后产出的具有交换价值和实施可行性优势的新型数据。[1] 然而，也有观点认为，数据产品的形成不一定非要经历实质性加工过程。比如，有学者把数据区分为未经加工的原始数据和经过任何形式合法处理、具有市场价值的衍生数据产品。[2] 此外，还有学者倾向于对数据产品采取更为宽泛的理解，他认为除原始数据外，只要是经过合法处理且具有市场价值的数据都可以视为数据产品，而不必过于苛求是否进行了实质性或创新性的加工。[3] 若仅仅将经过加工的数据认定为数据产品，则数据与数据产品的边界划分将会变得模糊不清，就如同哈特提出的"剃刀边缘难题"一般难以界定。[4]

从最广义的视角上来看，所有涉及数据处理的产品均可以被视为数据产品。在业界，收集数据的埋点技术、汇聚数据的数据中台也都被称为数据产品。[5] 笔者认为，数据产品是基于数据产生的产品，对于数据处理的产品（或工具）应排除在数据产品之外。例如，一些计算软件或程序能够对数据进行处理产生衍生数据，此类软件和程序不能纳入数据产品的范畴。基于这一意义，数据产品可以分为两类：一是衍生数据，二是衍生产品。衍生数据是指通过对原始数据进行二次处理、分析、组合或转换而生成的新数据集。这些新数据集通常是为了满足特定的业务需求、洞察分析或提供新的信息视角而创建的，如具有统计数据、聚合指标、预测模型等内容的数据集合。衍生产品根据不同的功能，可以区分为两种类型：一是诸如智慧决策、商业方案等重在展现特定信息内容的衍生产品[6]，二是诸如数据应用等需要访问特定数据，并对数据进行处理分析的衍生产品。

第一种类型的衍生产品的功能实现主要是通过对海量数据分析所形成的某种具有特定主题或目标的信息内容，该信息内容的表达如果具有独创

---

[1] 李晓珊：《数据产品的界定和法律保护》，《法学论坛》2022年第3期。
[2] 高富平：《数据生产理论——数据资源权利配置的基础理论》，《交大法学》2019年第4期。
[3] 许可：《从权利束迈向权利块：数据三权分置的反思与重构》，《中国法律评论》2023年第2期。
[4] 程啸：《论数据产权登记》，《法学评论》2023年第4期。
[5] 杨楠楠：《数据产品经理：解决方案与案例分析》，机械工业出版社2022年版，第28页、第52页。
[6] 高阳：《衍生数据作为新型知识产权客体的学理证成》，《社会科学》2022年第2期。

性，可以受到著作权的保护，而不需要通过以数据财产权的方式对信息内容本身进行保护，否则会造成破坏性的权利重叠。① 衍生产品的表达若不具有独创性，当第三人获取了衍生产品所蕴含的思想或内容时，不应当受到数据财产权的相关保护。因为数据财产权所保护的是"符号"层面上的经济利益，而非"语义"层面上的经济利益。换句话说，数据财产权所要规范的法律秩序是"符号"层面上的使用行为，而非"语义"层面上对信息的使用行为。商业方案等策略型衍生产品主要是基于对海量数据进行加工使用后得出的一种全新的信息或知识，故此，不应当在此类衍生产品上确立数据财产权。第二种类型的衍生产品是需要实时访问相应数据以实现相应检索和展示功能的衍生产品，例如数据应用、数据模型等。用户使用此类产品，实际上是由用户对数据应用中的数据库进行相关数据的访问，并且通过数据应用中所设置的数据分析、数据挖掘等算法技术向用户呈现出相关的信息内容。

讨论数据产品能否成为交易标的物，首先要明确的是在数据产品上是否能够确立数据财产权。正如上文所分析，数据产品可以分为衍生数据和衍生产品。衍生数据是对原始数据加工所形成的，衍生数据之上当然要形成财产权。对于衍生产品，需要按照上文的分类进行具体判断。对于智慧决策、商业方案类的衍生产品，由于这些产品的呈现方式为语义信息，而非数据集合，不应当认定这些衍生产品之上成立数据财产权。此类衍生产品的内容属于商业秘密的，可以由《反不正当竞争法》来进行保护；此类衍生产品的表达构成著作权的，由《著作权法》来进行保护。数据财产权无法也没必要对语义信息进行保护。对于诸如数据应用等需要实时访问数据的衍生产品，由于用户需要通过使用数据集合来获取相应信息内容，应当认定是对特定数据的使用。数据应用所访问的数据集合，可以是原始数据集合，也可以是衍生数据集合。无论是哪种类型的数据集合，都可以基于法律赋权或劳动赋权的方式，成立数据集合上的财产权。

总的来说，对于数据产品的交易可以分为以下几个方面：当数据产品指向衍生数据时，双方当事人交易的是数据集合；当数据产品指向智慧方案等展现特定信息内容的数据产品时，双方没有进行数据交易，而是由数据产品提供者根据数据处理技术向数据产品使用者提供一种咨询性质的服务；当数据产品指向数据应用等需要访问数据的数据产品时，双方当事人

---

① [荷] P. 伯恩特·胡根霍尔兹：《知识产权法体系下的数据财产权：契合还是错置？》，载[德] 塞巴斯蒂安·洛塞：《数据交易：法律·政策·工具》，曹博译，上海人民出版社2021年版，第71页。

签订的是混合合同，一是包括对数据应用所嵌入软件的许可使用合同，二是对特定数据的使用合同，即转让数据使用权的数据交易合同。

三、企业数据交易合同的类型

根据我国场内外数据交易实践以及上文的分析，数据交易客体可以分为原始数据、数据产品和数据服务，通常包含数据集、API 数据、数据应用、数据标注、数据加工、数据报告等内容。数据交易客体在名称上五花八门，但究其本质，可以分为两种类型，即数据集合与数据服务。

首先对上述在实践中常见的数据产品和数据服务的具体类型进行逐一分析。数据集是具有一定主题的，可满足用户需求的特定范围的数据。API 数据是指通过应用程序接口 API 实现调用的数据。数据应用是指对数据进行加工处理后，所提供的数据应用服务或定制化解决方案。数据标注、数据加工是一种数据处理的技术或手段。数据报告是指通过对数据进行分析处理，呈现数据处理结果的分析文件。从上述的分析来看，数据集、API 数据和数据应用的交易本质上是有关数据集合的转让或使用。其中，API 数据的交易的重点在于对应用程序调用接口的使用，API 等数据接口本质上属于数据提供的一种履行方式。交易当事人可以通过运用 API 接口获取数据，并根据合同的约定取得数据财产权或数据使用权。数据应用则侧重于数据处理和信息展现，用户通过访问承载大量数据的数据库或数据服务器，并借助嵌入式应用软件对数据进行处理分析，最后以信息内容的形式呈现数据处理结果。数据应用的交易可以区分为两个层面：一是对数据应用的嵌入式软件进行许可使用，二是对数据应用所依赖数据库中数据集合的访问。对数据集合的访问，本质上就是取得了数据使用权。而数据标注和数据加工的交易是指数据服务的提供，例如数据标注和数据加工这两种服务，主要是对特定数据进行深度加工和优化处理所涉及的数据技术服务。至于数据报告，则是在充分挖掘和利用大量数据的基础上，通过专业的分析处理，制作成便于理解和决策的信息内容。数据报告的交易并不涉及数据财产权或数据使用权的转让，属于运用数据处理技术后的信息成果交付。总的来说，在企业数据交易实践中，企业利用数据的方式主要有两种：一是获取特定的数据集合，通过合同取得数据使用权或数据财产权；二是接受特定的数据处理服务，通过利用数据获取数据处理结果所呈现的信息内容。

笔者认为，企业数据交易合同主要可以分为以下三种类型：数据转让合同、数据访问合同与数据处理合同。数据转让合同是指以特定数据为标的，由数据提供方向数据接收方提供数据并转移数据财产权的合同。在数据转让合同中，数据提供方将特定的数据集合提供至数据接收方，并将数据财产权进行转移，此时数据接收方能够对特定数据进行控制，并有权对特定数据进行使用、收益和处分。数据访问合同是指以特定数据为标的，由数据提供方向数据接收方提供数据并转移数据使用权的合同。在数据访问合同中，数据提供方向数据接收方提供访问的特定数据的权限，将数据使用权而非数据财产权进行转移，数据接收方仅能对数据进行使用和收益，但不能对特定数据进行控制并进行法律上的处分。数据处理合同是指数据服务提供者根据数据服务接受者提出的要求，提供特定数据处理服务的合同。数据处理合同可以分为两个子类型：一是数据服务提供者根据数据服务接受者的要求，基于自身持有的海量数据提供数据分析等数据处理服务的数据咨询合同。在数据咨询合同中，数据服务提供者向数据服务接受者提供服务，但并不提供数据且不发生数据财产权的转移。二是数据服务提供者根据数据服务接受者的要求，基于自身所掌握的数据处理技术提供数据采集、数据加工等数据处理服务成果的数据定制合同。在数据定制合同中，数据服务提供者可以根据数据服务接受者的要求，提供数据处理服务成果，例如将数据采集或数据加工形成的数据集合提供至相对方并转移数据财产权。

数据交易实践中常见的各种数据产品和数据服务，均可以由上述三类合同进行规制。例如，数据集合、API数据的交易由数据转让合同进行规制；数据应用由数据访问合同进行规制；数据标注、数据加工由数据定制合同规制；而数据报告由数据咨询合同进行规制。关于企业数据交易合同具体类型的内容和规制，下文会进行详细分析。

第二节　企业数据交易合同的缔结

数据交易合同的成立，与有名合同相同，需要由两个或两个以上的当事人为意思表示，并就合同主要条款达成合意。根据交易主体的区分，数据交易合同主要可以分为个人与企业间的数据交易合同、企业间的数据交易合同。个人与企业间的数据交易合同，是以个人数据为交易标的物，企业支付对价获取个人数据的合同。由于这种类型的合同是以个人数据作为合同标的，本文称之为个人数据交易合同。企业间的数据交易合同则是以企业数据为交易标的物，交易相对方支付对价获取企业数据的合同。以企业数据作为合同标的的，本文称之为企业数据交易合同。

企业间的数据交易,通常是由双方自愿进行协商并达成数据交易合同。然而,随着大型互联网平台的不断发展与壮大,大型平台掌握着大量其他市场主体不享有的数据资源,为有效利用和发挥企业数据的社会效益与经济效益,是否需要引入强制缔约义务规则来规范企业数据交易合同值得进一步讨论与分析。

在数字经济时代,数据在当今商业环境中已经被广泛认为是企业的一种重要战略资产。随着企业数据资源的不断积累,数据可以为企业提供翔实的基础信息和深度洞察,使企业提高运营效率,开发创新产品和服务,不断提升自己在市场中的竞争优势。随着数字经济的持续深化,互联网大型平台企业在数据资源掌控上逐渐构筑起优势地位。这些平台积累了庞大的用户基础和丰富的业务场景,由此生成的数据资产不仅构成了其核心竞争力,也成为众多中小市场主体在数字经济生态系统中不可或缺的生命线。这些中小市场主体往往依赖大型平台提供的数据分析、用户行为洞察等服务来优化自身产品、制定市场战略,甚至维持基本运营。

一、企业数据交易的问题与困境

当大型平台选择限制或拒绝向特定的市场主体开放数据接口与合作时,可能会对这些依赖数据资源的企业造成显著影响,进而威胁到它们的生存和发展空间。[1] 近年来,我国一系列具有代表性的企业数据纠纷案件凸显了这一问题的重要性,例如大众点评诉爱帮网关于数据抓取及利用的系列诉讼,以及新浪微博针对脉脉、今日头条等企业不正当竞争的法律诉讼,均体现了互联网行业内围绕企业数据财产权的竞争激烈程度。

当前,在智能化改造和数字化转型的大潮下,不仅是互联网企业,传统行业的企业也在逐步意识到大数据的价值,并产生了巨大的数据需求。无论是为了提升生产效率、优化供应链管理,还是为了精准营销和客户关系管理,各行各业都在积极探索如何合法合规地获取、分析并应用数据资源,以驱动企业的创新发展。《数据二十条》明确指出,要合理降低市场主体获取数据的门槛,鼓励数据资源在依法规范的前提下实现更广泛的共享与交易,以促进创新创业和维护市场公平竞争。尽管数据具有非排他性和非消耗性等特征,多个主体可以同时使用数据而不影响其效用,但在特定的数字经济领域中,大型平台凭借其控制的独特和关键的数据形成了市场准入和运营的基础。这一领域的中小企业在经营过程中对这些数据形成深度依赖。在某种意义上,中小企业如果脱离大型平台的数据供给,可能

---

[1] 高薇:《平台监管的新公用事业理论》,《法学研究》2021年第3期。

会面临无法独立生存和发展的境地。

数据交易为促进数据流动、资源共享和价值挖掘的有效手段，企业间可以通过交换数据和转让数据来满足自身发展所需，进而催生出更高附加值的数据产品和服务，充分释放数据的社会效益和经济效益。然而，大型平台通过技术手段强化对自有数据资源的控制权，可能对市场公平竞争环境产生显著抑制效应，同时也可能限制了数据创新生态的开放性和包容度。尽管数据本身固有的非排他性使用特点意味着所有市场主体都能无阻碍地获取数据，但在实践中，大多数中小企业在获取数据的渠道、成本以及数据总量等方面都面临着重大难题。因此，在保障数据安全、尊重隐私的前提下，如何平衡大型平台与中小企业间的数据供需关系，推动建立公正合理的数据交易机制，成为当前亟待解决的关键问题。

（一）大型平台的数据聚合与垄断

自20世纪末以来，我国互联网行业经历了突破性的发展阶段，诞生了一批在激烈的市场竞争中脱颖而出的大型平台企业。这些企业在数字经济体系内占据核心位置，并在各个细分市场及跨领域经营中发挥了关键作用。随着这些企业在市场中的主导地位不断巩固，它们对数据资源的掌控逐渐成为反映其可能限制企业数据交易的一个显著标志。

在当前数字化经济时代，数据作为一种新型的关键生产要素，具有极高的资本和技术密集特性。企业的竞争力在很大程度上取决于能否及时且高效地获取与利用数据资源。从过往的商业实践上来看，大型平台企业通过早期开放数据来吸引商家入驻和用户增长，从而积累了庞大的数据资产。初期阶段，平台允许第三方基于平台上的数据来发展业务，以此扩大自身影响力并积累用户基数；然而，在平台规模达到一定程度并且积累了海量数据之后，出于商业策略调整和合规要求等原因，平台会收紧数据政策，仅限经过许可的第三方方可访问数据。[1] 这种针对特定对象实施的选择性数据封锁策略通常针对那些有可能挑战平台市场份额的竞争者，旨在保持自身的市场领导力。此外，甚至一些与大型平台主营业务无直接竞争关系的市场主体也可能因为大型平台对数据的严格控制而无法获取支撑自身运营所需的有效数据，这无疑阻碍了产品创新和技术进步的步伐。

大型平台的商业模式加剧了数据要素市场的集中趋势，大量宝贵的数据资源持续向大型平台汇聚。坐拥丰富数据资源的大型平台能够利用这些

---

[1] Joshua Nelson, Tech Platforms Are Essential Facilities, 22 Nevada Law Journal. 379 (2021).

信息优化产品服务，吸引更多用户产生更多数据，形成一种正向循环效应。技术驱动下的网络效应使这类平台拥有巨大的数据价值附加，为其深度拓展市场提供了稳固的基础。数据虹吸效应所形成的高准入壁垒赋予了大型平台天然的竞争优势，使其能在多个市场领域实现垄断性的收益回报，由此逐步形成了大型平台的数据垄断。

这一局面的存在将数据要素转变为制约互联网企业，尤其是初创企业发展的关键瓶颈。凭借市场支配地位，大型平台通过对数据资源的严密把控，实质上提高了新进入市场的企业面临的门槛。中小企业往往必须依赖于大型平台提供的数据才能开展业务，而大型平台可以通过技术和规则手段有效地阻挡潜在竞争对手的数据使用权，这种对数据资源的强有力掌控实际上构成了一种强大的市场操控力量，可以称为"数据权力"[1]。借助这种权力，大型平台能够实时监控市场动态，迅速识别并抑制新兴竞争对手的成长势头，或者通过复制商业模式、采取并购行动等策略提前消除竞争压力。此类平台争夺流量的行为不仅损害了平台上其他经营者和消费者的权益，还严重制约了市场竞争环境，加大了数据垄断的裂痕，最终破坏了市场的公平性，侵蚀了创新潜力和社会事业的发展基础。[2]

（二）基于控制状态与财产权的数据锁定

在常见的数据交易中，企业可以通过数据交易合同促进企业数据的流转、获取与利用。虽然在理论上交易双方可以通过合同约定在法律允许的范围内行使合同权利获取相关数据，但是企业为了能够保持自身的市场竞争力并获取更多的经济利益，通常会通过设置访问障碍，限制和阻碍企业数据的有效流通。在商业实践中，即便数据持有企业对企业数据不享有相应的财产权，但这些企业可以通过对数据产品或数据服务进行相应的技术设计与控制，来确定数据生成的内容以及可被访问的数据范围。[3]

为了满足数据企业对数据资源的使用需求，即便数据企业双方没有签订数据交易合同，许多数据企业通过数据爬取获取相关数据并加以利用。然而，在未经数据持有企业许可的情况下，大规模抓取并商业化利用企业数据的行为引发了合法性争议。在"大众点评诉爱帮网案"中，法院判决明确了数据爬取行为必须适度，不能对被爬取方的数据内容市场产生替代

---

[1] 解正山：《约束数字守门人：超大型数字平台加重义务研究》，《比较法研究》2023年第4期。

[2] 孙清白：《论大型平台企业数据交易强制缔约义务》，《中外法学》2024年第1期。

[3] 闫文军、王珊珊：《企业数据法律保护和规制研究》，知识产权出版社2023年版，第158页。

效应，否则会侵犯对方合法权益，破坏数据市场的秩序，构成《反不正当竞争法》所禁止的不正当竞争行为。① 自此以后，我国法院多以《反不正当竞争法》为依据审理后续的相关案件，对数据爬取行为进行限制，使企业在开展数据爬取行为时要始终进行严格的合规审查。对于公开数据和非公开数据的数据爬取行为，"微梦公司诉蚁坊公司案"② 和"微梦公司诉云智联案"③ 体现了法院的规制思路。对于公开可见的数据部分，法院认为平台经营者应当适度容忍他人合法地收集和使用其平台上已经公开展示的数据，如果过于严格限制，可能妨碍基于公益研究或其他有益目的的数据应用，这与互联网提倡的信息互联互通精神相违背。然而，即使是对公开数据的抓取行为，法院也设定了严格的边界。当抓取手段不正当时，无论是抓取行为本身还是后续的数据利用都将被认定为不正当。但是，即便是采用正当手段抓取，也要视抓取数据的数量、规模是否达到具有实质数据价值的程度，以及抓取者后续使用该数据的行为是否实质性地替代了原数据平台的功能和服务等多方面因素来综合评判抓取公开数据行为的合法性。对于非公开数据，法院则采取更为严格的态度，明确指出使用技术手段规避平台的安全措施以获取非公开数据的行为本身就具有违法性和不正当性，因为这侵犯了数据持有者的合法权益，并可能扰乱正常的数据市场秩序和网络空间的公平竞争环境。因此，在对待非公开数据的问题上，法院通常会保护数据持有者的控制状态，禁止非法抓取和使用行为。

从上述的裁判中可以知道，在不预设企业数据财产权的前提下，需要根据数据的类型、数据的获取行为以及数据的使用行为来判断数据抓取行为的正当性，进而通过对被爬取企业是否造成损害并影响市场秩序来认定数据爬取行为的合法性。对于企业非公开数据，只要没有获得企业的授权许可，法院均可能认定数据爬取行为的违法性。

笔者认为，企业基于对数据的控制，能够达到数据锁定效应。一方面，企业间签订数据交易合同时，可以通过限制数据访问权限或控制数据集合数量来尽可能保持自身在市场中的竞争地位。另一方面，企业基于对其持有数据享有的经济利益，可以通过《反不正当竞争法》来限制其他企业对其企业数据的数据获取行为。很多企业因惧怕遭受诉讼风险和合规风险所带来的不利益，通常只能在数据持有企业允许的范围内，对公开数据进行合理获取，而对非公开数据基本上只能望而却步。在这种情况下，企

---

① 北京市第一中级人民法院（2011）一中民终字第 7512 号民事判决书。
② 北京知识产权法院（2019）京 73 民终 3789 号民事判决书。
③ 北京市海淀区人民法院（2017）京 0108 民初 24512 号民事判决书。

业数据无法得到有效利用与盘活，抑制广大数据企业的发展，形成了一种"隐性"动因阻碍数据市场的发展。

无论是我国政策文件，还是多数学者，都赞同在企业数据之上成立财产权[1]，促进数据的流通与交易。不可否认的是，在企业数据之上确立财产权，确实会在一定程度上阻碍数据的流通，除非作为企业数据的财产权人愿意对数据进行交易的处分。有观点认为，如果数据归属于"唯一所有者"会存在滥用其数据垄断的优势地位，阻碍其他利益相关方对数据资源的有效使用与共享。[2] 财产权的本质特征在于支配性与排他性，如企业对其持有的数据享有财产权，并且基于排他性权利，排除他人对其数据的侵害行为。[3] 在未经同意的情况下，不允许其他企业对其持有的数据进行使用，会进一步加剧数据锁定效应。对此，有学者就主张，数据作为一种新型的财产形态，在当今社会中具有显著的价值属性和保护需求，然而这一新兴领域仍在不断发展演变之中，尚未形成稳定且成熟的标准与规则体系。在推进数据财产权制度建设的过程中，如何平衡各方利益关系，科学合理地界定和配置数据权益内容是一项极具挑战性的任务，不可能一蹴而就。[4] 在笔者看来，企业数据确权需要站在数据治理的角度统筹考虑，需要对各方利益和价值进行比较衡量。构建数据财产权对于明确、协调涉及数据的各利益主体之间的权益属性、种类及相互关系至关重要，尤其是在确保国家数据安全和维护个人信息权益、商业秘密等既存权益不被侵犯的基础上，该制度的建立能够促进数据在合法合规的前提下实现高效、顺畅的流通与使用。通过设立健全的数据财产权体系，可以合理界定各类数据的持有权、使用权以及相关权益归属，从而引导市场参与者在合法合规的框架下进行数据交易、共享和创新应用，最终推动数字经济的健康发展和社会整体效益的最大化。

在笔者看来，企业数据财产权确有必要，从利益衡量的角度出发；

---

[1] 龙卫球：《数据新型财产权构建及其体系研究》，《政法论坛》2017年第4期；程啸：《论大数据时代的个人数据权利》，《中国社会科学》2018年第3期；王利明：《数据的民法保护》，《数字法治》2023年第1期；王利明：《数据何以确权》，《法学研究》2023年第4期。

[2] Wolfgang Kerber, Rights on Data: The EU Communication' Building a European Data Economy' From an Economic Perspective, in Trading Data in the Digital Economy: Legal Concepts and Tools 109, 124（S. Lohsse, R. Schulze & D. Staudenmayer eds., Oxford: Hart Publishing 2017).

[3] WolfgangK Kerber, A New (Intellectual) Property Right for Non-Personal Data? An Economic Analysis, 37 GRUR Int. 989 (2016).

[4] 谢在全：《物权法争议问题之挑战——常鹏翱教授〈物权法的"希尔伯特问题"〉之启发》，《中外法学》2023年第2期。

数据确权有利于保护各方合法利益，可以有效依法推动数据交易。但是正如上文所分析，企业对其持有的数据享有财产权，会不可避免地带来企业数据的锁定效应。尤其是大型平台，为了能够控制其自身的市场竞争优势，并开拓潜在市场以获取更多的经济收入，不愿意通过数据交易的方式，将自身的数据资源进行共享，阻碍数据市场的健康发展。为了破除企业数据的锁定效应，在承认企业数据财产权的情况下，应当从法律制度层面，通过对相关企业施加法定义务，来促进企业数据的有效流通。

二、破除数据锁定的欧盟路径

欧盟对于数据确权的问题，经历了长期且深入的立法探索、司法实践和学界讨论。随着欧盟《数据法》的正式生效，欧盟对于数据确权的路径可以区分为三个时期。第一个时期是以数据库特殊权利为典型代表，试图将知识产权保护扩展至数据库层面。[1] 第二个时期是推出数据生产者权，并将其描述为一种类似于知识产权的特殊权利。[2] 有学者对比分析了数据库特殊权利与数据生产者权，发现二者背后创设的正当理由及其合理性论证具有显著的相似性。[3] 第三个时期是欧盟《数据法》规定数据访问权，通过赋予数据使用权而非专有财产权的方式规制数据流通。[4]

在数据确权的第一个时期，欧洲学者认为针对数据可以适用数据库特殊权利。[5] 当数据库制作者在搜集、核实或展现数据库内容的过程中进行了实质性投资，这种投资达到一定程度时，按照欧盟《数据库法律保

---

[1] European Commission, The 2018 Evaluation of the Database Directive, Open Future, Dec. 2021, https://openfuture.eu/wp-content/uploads/2021/12/2018swd-Evaluation-of-Directive-969ECpdf.pdf, visited on December 16th, 2023.

[2] Herbert Zech, Data as a Tradeable Commodity, in European Contract Law and the Digital Single Market: The Implications of the Digital Revolution 53, 74–78 (A. De Franceschi ed., Intersentia 2016); Andreas Wiebe, Protection of Industrial Data: A New Property Right for the Digital Economy? 1 Journal of Intellectual Property Law & Practice 62, 62 (2017).

[3] Julia Reda, Learning from Past Mistakes: Similarities in the European Commission's Justifications of the Sui Generis Database Right and the Data Producers' Right, in Trading Data in the Digital Economy: Legal Concepts and Tools 295, 296 (S. Lohsse, R. Schulze & D. Staudenmayer eds., Oxford: Hart Publishing 2017).

[4] Regulation (EU) 2023/2854 of the European Parliament and of the Council of 13 December 2023 on harmonised rules on fair access to and use of data and amending Regulation (EU) 2017/2394 and Directive (EU) 2020/1828 (Data Act).

[5] ［德］马蒂亚斯·莱斯特纳：《大数据与〈数据库指令〉：现行法与改革潜力》，载［德］塞巴斯蒂安·洛塞等编：《数据交易：法律·政策·工具》，曹博译，上海人民出版社2021年版，第20页。

第八章　企业数据的交易

护指令》第 7 条第 1 款，该数据库应当被赋予特殊的法律保护。实践中，对于"实质性投资"的要求标准通常较为宽松，这意味着数据持有者对诸如传感器、硬件设备等测量基础设施的购置和运营，以及在获取、展示及验证数据过程中所进行的各种投资活动，往往能够满足欧盟《数据库法律保护指令》第 7 条第 1 款关于"实质性投资"的判定标准。因此，在大多数情况下，数据控制者因其所掌控的数据资源而实施的相关投资行为，足以使其享有对这些数据的数据库特殊权利保护。① 数据库特殊权利是专有财产权，具有排他性。欧盟委员会对数据库特殊权利的实际效果给予了高度关注，分别于 2005 年和 2018 年对《数据库指令》的执行效果进行了两次评估。在首次评估中，欧盟委员会指出，数据库特殊权利对于提升数据库产量并无明显积极作用，甚至可能产生了相反的效果。这一结论在 2005 年的审查中被明确提出。② 而到了 2018 年的第二次评估阶段，尽管确认了该指令在协调欧洲数据库保护层面发挥了一定积极作用，但依旧认同先前评估中关于数据库特殊权利并未有效激励欧洲数据库产业投资的观点。③

在第二个时期，欧盟委员会颁布《构建欧洲数据经济》，考虑创设数据生产者权，旨在消除法律权益不确定性对创新投资的潜在抑制作用，并积极推动非个人数据的交易与流通。④ 数据生产者权是赋予数据生产设备的所有者或长期使用者以数据的排他性财产权，激励对数据的商业化利用。⑤ 数据生产者权的出现是为了打破制造商和服务提供商对于其生产的设备或服务生成数据上的控制，通过赋予用户（使用设备或接受服务的个人和企业）以数据生产者权来打破数据持有者对于数据的事实上的控制和锁定。对于数据生产者权，欧洲学者认为存在多处优势：首先，通过确认数据生产者的权利，可以激发数据企业对数据收集的积极性，增加可用于

---

① ［德］马蒂亚斯·莱斯特纳：《大数据与〈数据库指令〉：现行法与改革潜力》，载［德］塞巴斯蒂安·洛塞等编：《数据交易：法律·政策·工具》，曹博译，上海人民出版社 2021 年版，第 20 页。

② European Commission, First evaluatiano of Directive 96/9/ECo on thel legalp protection of databases 5 (DGI InternalM Market and Services Working Paper, Brussels, 12 December 2005).

③ European Commission, The 2018 Evaluation of the Database Directive, Open Future, https://openfuture.eu/wp-content/uploads/2021/12/2018swd-Evaluation-of-Directive-969ECpdf.pdf, visited on December 17th, 2023.

④ European Commission, Communication from the Commission to the European Parliament, the Council, the European Economic and Social Committee and the Committee of the Regions: "Building a European Data Economy", COM (2017) 9 final, Brussels, 1 October 2017, p. 13.

⑤ 周汉华：《数据确权的误区》，《法学研究》2023 年第 2 期。

分析的数据总量,从而间接地促进和强化各领域的创新活动;其次,这种权利分配能够鼓励数据持有者公开那些自身无力或无暇深入分析的有价值数据资源,让其他市场参与者有机会对其进行二次开发与利用,从而在宏观层面上创造额外的价值增长点;再次,通过在法律层面建立明确的数据排他性使用权,有助于解决信息悖论问题,即在保护数据权益的同时,催生一个有序的数据交易市场,确保数据资源能够在法律框架下得到合法、高效的流通;最后,在大数据应用场景中,明确规定数据生产者享有的财产权作为合同谈判的基础,使各方在签订合同时能有清晰的权利起点,而在没有事先约定或约定不清的情况下,数据生产者权也能作为决定数据使用权限分配的基本依据,从而为数据使用的合法性与公正性提供保障。①

然而,在向社会各界公开征集意见阶段,这项提议遭到了来自行业内部以及其他相关方的广泛质疑和反对。批评者指出,数据共享的核心并不在于权利归属问题,而是如何合理、有效地组织和利用数据资源的问题。② 由于数据在生成、流转过程中涉及众多不同的参与者,确定一个明确的所有权归属十分困难。如果将数据所有权赋予每一位参与数据产生或处理过程的个体,则可能导致同一份数据上出现多重所有权的现象,这不仅在法律实践中难以操作,而且会给数据的有效利用和流通带来极大的负面效应,例如造成使用权的冲突、阻碍信息流动以及增加市场交易成本等复杂问题。③

在第三个时期,也就是于 2024 年 1 月生效的欧盟《数据法》创设了数据访问权。对此有人评价道,欧盟从数据产权化立法模式走向了去产权化的立法模式。④ 无论是数据库特殊权利赋权模式还是数据生产者权赋权模式,本质上都是赋予数据持有者或用户以数据专有权,系属排他性的财产权,无法有效解决数据锁定的问题。有鉴于此,越来越多的欧洲学者主

---

① Herbert Zech, Daten als Wirtschaftsgut-Überlegungen zu einem „Recht des Datenerzeugers", Computer und Recht, Heft3/2015, S. 145.

② Josef Drexl, Data Access and Control in the Era of Connected Devices (Study on Behalf of BEUC, 2018), https://www.ip.mpg.de/fileadmin/ipmpg/content/aktuelles/aus_der_forschung/beuc-x-2018-121_data_access_and_control_in_the_area_of_connected_devices.pdf, visited on December 11, 2023.

③ Josef Drexl, "Designing Competitive Markets for Industrial Data", 8 J. Intell. Prop. Info. Tech. & Elec. Com. L. 260 (2017).

④ 孔德明:《数据财产权到访问权:欧盟数据设权立法转型解析》,《比较法研究》2023 年第 6 期。

第八章　企业数据的交易

张建立具有非排他性特征的数据访问权[1]，以推动数据的利用，不需要聚焦数据的权利归属问题，而应当将重点放在如何有效地使用数据的问题上。如果对数据赋予生产者权，除了数据持有者诸如设备制造商或服务提供者对设备生成数据或服务生成数据享有事实上的控制权，设备使用者（或所有者）和服务接收者作为用户享有对数据的专有财产权，可能会给第三方访问聚合数据集造成更多的障碍。[2] 例如，原来第三方只需要和数据持有者签订数据访问合同即可对聚合数据集进行访问，现在除了与数据持有者签订数据访问合同，还需要对潜在的数据生产者获取相应的授权。有鉴于此，数据访问权是通过赋予用户（使用设备或接受服务的个人和企业）访问数据的权利来试图打破企业数据锁定效应。所谓数据访问权是指，根据欧盟《数据法》第3条，在满足一定的条件下，具有相关利益的企业或个人可以访问和使用数据的权利。这意味着法律上数据持有者负有允许他人访问的义务。马普所认为，数据访问权并不妨碍其他第三人对数据的访问和使用，是为了能够破除数据持有者对数据的技术性垄断。[3] 根据《数据法》第5条，数据控制者在接收到用户申请时，应当无条件地、不间断地、即时地向第三方提供与用户所获取相同质量级别的数据，即用户有权要求数据持有方在不收取费用、实时连续的情况下，向指定的第三方开放与其自身所获数据同等水平的数据访问权限。需要注意的是，由用户请求数据持有者向第三方传输数据时，必须要有用户提出请求，并且访问的数据须先限定在用户使用数据。在涉及企业间的数据交易场景中，《数据法》第8条和第9条沿用了合同法的基本原理，赋予数据持有方和接收方通过协商方式来确定提供数据的相关条款的权利。这两条规定意味着，双方在商定数据共享的过程中，可以就数据转移的价格、条件等进行自由磋商，任何经协商达成的报酬都被视作合理，体现了合同自治原则在数据交易领域的应用。

从数据库特殊权利到数据生产者权的讨论，再到欧盟《数据法》的生效，应当看到欧盟从数据产权化路径转变为数据去产权化路径，通过赋予非排他性的数据访问权的方式，试图促进数据的有效利用与流通。从欧盟

---

[1] 马克斯·普朗克创新与竞争研究所：《马克斯·普朗克创新与竞争研究所就欧盟委员会"关于构建欧洲数据经济征求意见书"的立场声明》，刘维等译，《电子知识产权》2017年第7期。

[2] 孔德明：《数据财产权到访问权：欧盟数据设权立法转型解析》，《比较法研究》2023年第6期。

[3] 马克斯·普朗克创新与竞争研究所：《马克斯·普朗克创新与竞争研究所就欧盟委员会"关于构建欧洲数据经济征求意见书"的立场声明》，刘维等译，《电子知识产权》2017年第7期。

数据访问权治理模式来看，企业间的数据共享或利用可以通过以下两种方式实现：一种方式是赋予数据接收者一般访问权，具体包括：一是数据接收者通过签订数据交易合同取得意定访问权；二是数据接收者基于反不正当竞争法的规定享有正当的法定数据访问权；三是数据接收者基于欧盟《数据法》的规定享有法定访问权。另一种方式则是赋予行业访问权，允许第三方在特定行业内进行数据访问，例如欧盟《机动车维修和保养信息访问条例》。[①] 总的来说，数据访问权路径对于破除企业数据锁定效应有所缓解，通过对用户和享有合法利益的第三人赋予数据访问权，使其能够获取数据持有者实际控制的数据，可谓是打破数据锁定和数据垄断的一种有效尝试。通过让数据持有者负担法定的数据提供义务，来使用户和第三方能够获取数据持有者控制的相关数据，释放数据潜能，提高数据再利用，对于我国企业数据垄断和锁定效应的破除，具有参考意义。

三、企业数据交易的强制缔约制度构建

正如上文所分析，反对数据确权的观点主要是担心引发数据垄断与数据锁定效应，阻碍数据的有效流通与利用。[②] 在对企业数据进行财产权确权后，不特定第三人对相关数据的使用必将受到限制，一旦权利人滥用财产权，便可能出现数据资源被垄断的情况。为了避免数据垄断所带来的流通难题，有观点指出，可以借鉴知识产权法上的合理使用和强制许可的方式来对企业数据财产权进行限制，以此来协调数据持有者对数据的控制权限和其他第三人对数据利用的需求之间的矛盾。[③] 具体而言，一是通过在法律上建立数据合理使用制度，允许特定主体能够在合理的范围内对企业数据进行合理使用。例如，允许个人、科研机构等主体基于生产生活、科学研究等合理需求，在一定范围内无偿或低成本使用数据资源，即使未经数据处理者同意也可实施小规模的数据利用行为。[④] 二是应当明确规定，在满足特定私益或公益目的时，相关主体可在未经数据持有者同意的情况下使用相关数据，以促进数据在市场机制外的流通与高效利用。第二种方式是要通过反垄断制度对企业数据财产权进行限制。当特定数据持有者行使数据财产权的行为涉嫌滥用市场支配地位时，法律应当运用反垄断手段

[①] 王洪亮、叶翔：《数据访问权的构造——数据流通实现路径的再思考》，《社会科学研究》2023年第1期。

[②] Stacy-Ann Elvy, Commodifying Consumer Data in the Era of the Internet of Things，59 B. C. L. Rev. 423（2018）.

[③] 王利明：《数据何以确权》，《法学研究》2023年第4期。

[④] 吴汉东：《数据财产赋权的立法选择》，《法律科学》2023年第4期。

予以纠正，必要时可采取强制缔约等措施，迫使数据持有者与潜在需求方进行交易，从而减轻数据垄断对数据利用带来的负面影响。[1]

（一）强制缔约制度引入的必要性分析

对于企业数据锁定的问题，有不少学者主张可以通过反垄断法来解决大型平台的数据控制问题。[2] 适用反垄断法规制企业数据的开放与利用行为的主要依据是必要设施原则。[3] 必要设施原则的传统应用场景涵盖了诸如铁路、港口、桥梁以及电信设施等关键基础设施领域，一旦这些设施被确认为市场竞争中的"必要"组成部分，设施的所有者便负有法定义务——以公正、合理的条件向第三方开放这些设施供其使用。有观点认为，在大数据产业环境下，推行必要设施原则可能引发的矛盾相对较少，原因在于数据具有非竞争性特质，意味着同一份数据集可以被无数用户同时使用而不影响其效用，因此，数据垄断企业共享数据资源的成本几乎可以忽略不计。在这种情况下，法院可以通过制定适当的机制，允许数据垄断者在履行开放义务的同时，回收与其提供必要数据相关的合理成本，以此维持其持续投资和改进服务的动力，从而达到既能保证数据资源有效流动，又能兼顾数据所有者利益的目的。[4] 欧盟委员会也认识到，将必要设施原则应用于强制性数据开放，能够有效地应对数字化市场竞争的需求，实现对市场健康有效竞争的保障。[5] 这一原则可作为调和工具，在确保市场投资者权益得到适当保护的同时，有力地推进市场竞争进程，通过两者之间的均衡调节，构筑起既能维护市场公平竞争又能鼓励投资的良好格局，从而服务于数字化市场经济的健康发展。

根据必要设施原则，要求企业流通数据时需符合两个基本的前提条件：第一，数据必须具备"不可或缺"的性质；第二，拒绝提供数据的行为必须属于滥用市场优势地位的情况。然而，在实践中这两个条件的界定颇具挑战性。针对第一点，要强制具有市场支配地位的企业开放其持有的数据资源，必须先举证在相关市场内不存在相似或可替代的数据。然而，

---

[1] 王利明：《数据何以确权》，《法学研究》2023年第4期。

[2] Erik Hovenkamp, The Antitrust Duty to Deal in the Age of Big Tech, Yale Law Journal, Vol. 131, No. 5, 2022, p. 1487; Zachary Abrahamson, Essential Data, Yale Law Journal, Vol. 124, No. 3, 2014, p. 867；邓辉：《数字广告平台的自我优待：场景、行为与反垄断执法的约束性条件》，《政法论坛》2022年第3期；苏宇：《平台数据垄断的监管限度》，《国家检察官学院学报》2022年第6期。

[3] 周樨平：《大数据时代企业数据权益保护论》，《法学》2022年第5期。

[4] Zachary Abrahamson, Essential Data, 124 Yale L. J. 867 (2014).

[5] 王健、吴宗泽：《论数据作为反垄断法中的必要设施》，《法治研究》2021年第2期。

相同的数据内容可以在不同的数据集中得到显现,例如,同一街景数据可以被两个不同的企业使用设备进行采集,这两者所呈现的数据集合归属于不同的企业主体,在计算机程序中的展现方式可能有所不同,但呈现的内容是相同的。这使在评判某一特定数据集是否构成反垄断法意义上的"必要设施"时,存在着广泛的争议和辨识困难。针对第二点,必要设施原则的触发条件还包括:数据垄断者拒绝数据交易的行为,必须实际削弱了相关二级市场的有效竞争,比如阻碍了能满足市场需求的新产品的出现,且此种拒绝行为明显不具备合理理由。该原则本质上是以防止企业借助在某一市场的垄断地位影响到其他相关市场的竞争为出发点,避免市场间的不公平杠杆效应。在具体实践中,对于是否应该运用必要设施原则,还需对拒绝交易的企业进行一系列严谨的考察,包括其是否在上游市场(一级市场)中确实占据市场支配地位、拒绝数据交易的动机是否存在抑制竞争的本质,以及这一拒绝行为是否在下游市场(二级市场)产生了排除或限制竞争的实际效果。这些考察需要深入的经济分析与评估,而这恰恰加大了必要设施原则实际应用时的复杂性和不确定性。[①] 即使大型互联网平台的数据控制及其衍生出的排除竞争行为可能构成了垄断,运用反垄断法来要求这类平台强制公开或分享数据时,对其适用条件的设置应当极为审慎。[②] 故此,反垄断法对于破除企业数据的锁定效应作用有限,应当考虑其他路径进行治理。

前文提及的数据合理使用制度是否可以解决问题?在笔者看来,建立数据合理使用制度,主要是为了能够允许特定主体满足公共利益的需求,不经数据持有者的允许对企业数据进行小规模的使用。但应当清楚的是,满足特定情况的条件或对数据进行利用基本上限于小规模数据的使用,对于海量的企业数据使用,仍然要诉诸数据交易制度。

从欧盟的数据治理模式来看,通过设立数据访问权制度能否有效破除企业数据的锁定效应呢?笔者认为,通过向数据来源者(欧盟《数据法》中的用户)赋予数据访问权,虽说可以有效缓解因企业数据锁定而导致的市场失灵,但无法根本打破企业数据的锁定效应。从欧盟《数据法》的规定可以看出,欧盟委员会通过承认数据来源者权利,即用户对使用产品或接受服务过程中产生的用户数据享有数据访问权,来限制企业对其持有数据的锁定或垄断,防止出现数据孤岛的现象。我们应当承认在数据生产过

[①] 周樨平:《大数据时代企业数据权益保护论》,《法学》2022年第5期。
[②] 梅夏英:《企业数据权益原论:从财产到控制》,《中外法学》2021年第5期。

程中，数据来源者与数据处理者通过各自的付出与努力形成了数据，即在数据来源者与数据处理者的共同作用下生产了记载用户相关信息的各类数据。数据来源者提供了原料，企业作为数据处理者通过自身的服务和产品，结合自身所掌握的算法等数据处理技术产出了具有用户生成内容或具有用户行为内容的相关企业数据。企业所持有的各类用户数据具有很大的经济利益，无论是在产业界还是在学界均已达成共识。

正如前文所述，多数学者认为应当在企业数据之上确立财产权，笔者也认为应当进行财产权确权。但问题的关键在于：这类企业数据的财产权应当归属于企业还是数据来源者？讨论权利归属问题的意义就在于，权利主体对于特定数据享有使用、加工、分析等数据处理的权利以及对数据财产权进行相应处分的权利。有观点认为，数据确权时不能仅对数据处理者进行确权，还应当考虑数据来源者的贡献，对之亦应当确权。在过去资产阶级社会结构的发展过程中，知识产权之所以得以确立其正当性，是因为它源自个人的智力创作成果；而在迈入 21 世纪的信息化时代背景下，数据所有权的合法性依据转移到了公民通过日常互动和行为轨迹所自发生成的数据上。这一思路勾勒出一条历史发展线索，即从传统的实物所有权，经过知识产权的演变，最终延伸到了基于个人行为产出信息数据的新形态的所有权。[①] 也有观点认为，如果单纯将数据财产权赋予那些从事数据收集与经营的企业或实体，将会造成一种失衡现象：实际产生数据的用户可能需要付出高昂的成本去了解自己的信息是否被收集及如何被利用，而这些数据收集者无须为此付出额外成本，因为他们已经控制并正在利用这些数据。该观点认为，数据财产权的形成是一个多元参与的过程，法律制度应考量各个参与者对数据产生的贡献度，并据此合理分配各方的权益。还有观点认为，赋予个人对其产生的个人数据一定的财产权利，会有助于提升个人在与企业等其他主体协商过程中的议价能力，从而更好地维护个人的利益。[②] 有学者提倡，从数据利益的合法性和各主体在数据价值创造中的贡献度出发，建立一套适用于数据主体与数据使用者之间以及数据使用者相互之间的利益平衡与补偿机制。[③] 笔者认为，对于企业持有的用户数据的权利归属问题，应当区分为自然人用户数据和非自然人用户数据。在

[①] Karl-Heinz Fezer, Dateneigentum der Burger, ZD 2017, S. 101.

[②] Ryan Calo, "Privacy and Markets: A Love Story", 91 Notre Dame Law Review 649 (2015).

[③] 韩强、吴涛：《论数据要素收益分配的制度基础——基于用益补偿的视角》，《行政管理改革》2023 年第 5 期。

自然人用户数据中还应当区分为可识别特定自然人的用户数据以及无法识别特定自然人的用户数据。

可识别特定自然人的用户数据属于个人数据，个人基于个人信息权益享有对这类用户数据的人格利益和经济利益。应当认为，对于可识别特定自然人的用户数据，个人享有数据财产权，企业想要对这类数据获取财产性权利，应当通过个人数据授权行为，即通过签订个人数据许可使用合同来完成数据财产权的移转工作。然而，对于无法识别特定自然人的用户数据而言，应当由企业享有对这类数据的财产权。如果法律想要赋予自然人对其所产生的不可识别型用户数据以财产权，由于这类数据缺乏身份识别特征，权利的份额在客观上无法被确定，不利于数据财产权的行使，更不利于企业数据的有效流通。[①] 例如，平台数据通常包含大量用户提供的个人信息和基于个人信息产生的其他数据（如个人在使用特定产品时产生的各类行为数据），并且除了用户的个人信息和行为数据，平台数据还可能包括企业数据和公共数据。若想要精确评估单个用户提供的有限信息在已经聚合的平台数据总价值中所占的确切比重，是一项极其困难的任务。这意味着，尽管法律上可以承认用户对平台数据享有数据财产权，但在实际操作层面上，由于数据碎片化、混合化以及价值叠加效应，确定每一位用户在整体数据权益中享有的具体权利份额就成为一个极具挑战性的法律和技术问题。退一步讲，即便承认对于无法识别特定自然人的用户数据的财产权归属于企业，特定个人也可以被赋予如欧盟《数据法》中作为数据来源者权利的数据访问权，以此解决用户能够访问、利用和复制这些用户数据的问题，促进数据的有效使用与流通。基于以上分析，笔者认为，对于无法识别特定自然人的用户数据，应当由作为数据处理者的企业享有财产权，并通过设立数据访问权来化解数据孤岛问题。对于非自然人用户数据而言，应当与无法识别特定自然人的用户数据的确权路径相同，由作为数据处理者的企业享有财产权，作为用户的非自然人应当享有数据访问权，对这类用户数据进行访问、复制和利用。具体原理上文已作阐述，此处不再赘述。

在企业数据中，除用户生产的数据外，还会涉及企业在生产经营过程中自行生产的数据，根据前文的分析，这类数据的财产权归企业所有。应当看到，对于企业数据进行大规模分析和利用时，通常是将企业持有的海量数据集作为一个整体进行利用，而不是将特定用户相关的数据进行单独的利用与

---

① 王利明：《论数据来源者权利》，《法制与社会发展》2023 年第 6 期。

分析。即便采用欧盟模式下的数据访问权制度，第三方企业如果想要获得海量的用户数据集合（主要是无法识别特定自然人的用户数据与非自然人用户数据），需要逐一取得用户关于数据访问的同意或授权，这其实会在客观上导致难以对这类数据进行利用。此外，对于企业自行生产的数据，除非获得企业自身的同意或授权，第三方企业更是没有其他途径获取这类数据。故此，从客观上讲，虽然数据访问权能够打破企业对其持有数据的完全锁定效应，通过用户行使数据访问权，将相关用户数据进行流通和利用，但是对于海量的企业数据而言，除非获得所有用户的访问同意，否则仍然无法达到对企业持有的海量数据进行分析和加工的效果。简单来说，数据访问权制度解决的是用户相关的少量数据的流通与利用问题，但无法解决海量的由企业持有的各类数据的流通与利用问题，尤其是由众多用户数据所聚合而成的原始数据集和衍生数据集，以及企业在经营过程中自行生产的各类数据，还包括经其他市场主体转让或授权许可而持有的相关数据。

综上所述，无论是通过反垄断制度、合理使用制度还是数据访问权制度，均无法有效破除企业数据锁定效应。学界已经意识到，采用交易机制促进数据的流通是有效解决数据锁定问题的一个有力途径。[1] 因此，最为合理的企业数据流通策略应该是实施基于等价有偿原则的交易模式。[2] 这样既能够鼓励数据持有者积极分享数据资源，又能够确保数据使用者为此付出相应的代价，从而形成可持续的数据生态，进而逐步弥合不同群体间的数据获取差距，减少数据鸿沟现象。这种市场化手段有助于数据资源的价值最大化和社会效益的均衡分布。通过引入强制缔约制度，让符合条件的企业数据持有者负担强制缔约之义务，能够基于市场交易的路径有效破除企业数据控制与锁定之困境。

（二）企业强制缔约义务的构建

所谓强制缔约，是指合同的订立不以双方当事人的合意为要件，只要一方当事人提出缔结合同的请求，另一方当事人就负有法定的、与之缔结合同的义务。[3] 强制缔约一般仅限于特殊的情形，根据法律规范及其解释，为了受益人的合法权益，在无权利主体意思拘束的情况下，使一个权

---

[1] 孔德明：《数据财产权到访问权：欧盟数据设权立法转型解析》，《比较法研究》2023年第6期。

[2] 付新华：《企业数据财产权保护论批判——从数据财产权到数据使用权》，《东方法学》2022年第2期。

[3] 王利明：《合同法研究》（第三版）（第一卷），中国人民大学出版社2015年版，第309页。

利主体负担与该受益人签订具有特定内容或应由中立方指定内容的合同之义务。① 与一般的合同缔结相比,强制缔约属于法定义务。这就是说,负有强制缔约义务的一方在违反该强制性义务的时候,需要承担相应的民事责任,甚至是行政责任。②

通过强制缔约制度,法律能够在特定场景下介入私人契约关系,要求相关方必须缔结合同,从而在必要时对契约自由进行一定的约束,以求在保护公共利益、促进社会稳定与经济发展之间取得平衡。③ 通常而言,强制缔约制度是为了防止公共服务提供者选择性地提供公共服务,损害消费者利益,进而损及大众的公共利益。④ 我国法律明确规定了从事公共交通、邮政服务、电信服务、电力供应、供水、供气、供暖等公共服务行业的企业,负有强制缔约义务。有观点认为,在数字经济快速发展的背景下,大型平台因其强大的公共属性,已成为数字生态系统中的"公共基础设施"⑤。它们在数字经济中的角色与传统公用事业公司在各自行业中的角色相仿,尽管并未通过国家法律法规明确授予垄断经营权,但大型平台通过掌控海量数据资源,已构建起对众多中小企业的依赖性网络。当这些中小企业在特定范围内无法寻觅到同等效用的数据替代品,唯有通过与大型平台建立契约关系以支持自身的日常运营时,这些企业在数字经济市场中的处境就如同传统公用事业市场中的消费者一般,必须依赖公共服务提供者。⑥

在当前数据市场实践中,大型平台所掌握的一些对中小市场主体的竞争力与生存发展至关重要的数据,特别是那些能够激发科技创新、增进社会福利的关键性数据,应当采取交易的方式向中小企业开放。法律应规定,大型平台在接收到中小市场主体提出的合理数据交易申请时,不得无理拒绝,从而确保这些数据资源能够在不同规模的企业间实现有效流转和利用,进而推动整个数字经济生态的繁荣与发展。

在笔者看来,对大型平台的认定,无须满足是否构成了"数据垄断"。

---

① [德]迪特尔·梅迪库斯:《德国债法总论》,杜景林、卢谌译,法律出版社2004年版,第70页。
② 崔建远:《强制缔约及其中国化》,《社会科学战线》2006年第5期。
③ 翟艳:《强制缔约制度与经济法的契合性解读》,《政治与法律》2013年第7期。
④ 王利明:《合同法研究》(第三版)(第一卷),中国人民大学出版社2015年版,第311页。
⑤ [意]卢西亚诺·弗洛里迪:《第四次革命——人工智能如何重塑人类现实》,王文革译,浙江人民出版社2016年版,第220页。
⑥ 孔德明:《数据财产权到访问权:欧盟数据设权立法转型解析》,《比较法研究》2023年第6期。

第八章 企业数据的交易

强制缔约制度的核心理念是保障市场开放性、维护健康的竞争秩序，以及推动社会利益的公正分配。依赖《反垄断法》来划定大型平台的范畴具有难度，因为对大型平台市场支配地位的判断很难进行，包括对相关市场和市场份额的确定在数字经济的实践中也难以达成统一。[①]

对大型平台的界定要随着数据市场的逐步成熟，场外数据交易模式的不断发展才能够精准刻画出大型平台的范畴。只要大型平台对数据的控制行为和拒绝开放数据的行为实质性地破坏了市场竞争，并造成了数据资源分配的不公平性，就应当依据强制缔约制度，要求大型平台在合理条件下与中小市场主体进行数据交易。[②] 在我国，微信、微博、支付宝、抖音、淘宝、京东等大型互联网平台主导了个人社交媒体、电子商务、线上支付等领域，在这些企业的发展过程中积累了大量的用户资源，具有庞大的用户群体，不断巩固作为大型平台对数据资源的各方面优势。这些企业因享有庞大且不可替代的数据资源，应当通过法律针对特定类型的数据交易负担强制缔约义务。在考察大型平台的强制缔约义务时，应当根据以下三种因素进行综合考量：第一，企业数据的类型；第二，企业数据是否具有不可替代性；第三，数据交易是否会影响大型平台的合法权益。

从企业数据的构成类型上来看，根据是否能够识别到特定个人，可以区分为个人数据和非个人数据。非个人数据，主要包括自然人和非自然人使用产品或接受服务时所生产的包含用户各类行为的数据以及企业自身生产的各类经营活动数据。随着信息传感技术及相关设备在工农业机械、汽车产品以及家电等诸多领域的广泛应用普及，各类电子设备内部嵌入的传感器系统正持续不断地从环境中自发捕捉各类信息，从而将被动式数据收集融入生产和日常生活运作的各个环节。这些传感器捕获的数据借由物联网这一先进的连接技术，能够实现互联互通，并可供远程访问和集中管理，形成了一个庞大的实时数据流。随着工业 4.0 时代全面展开，机器自身生成的数据已成为驱动数字经济发展的核心资产。在智能工厂场景下，生产设备不断产生大量的运行数据，这些大数据构成了智慧工厂的基石，通过对生产流水线上的各项数据深度挖掘和智能分析，助力企业优化工艺

[①] 杨东、臧俊恒：《数据生产要素的竞争规制困境与突破》，《国家检察官学院学报》2020年第6期；郭传凯：《超级平台企业滥用市场力量行为的法律规制——一种专门性规制的路径》，《法商研究》2022年第6期；周汉华：《论平台经济反垄断与监管的二元分治》，《中国法学》2023年第1期。

[②] 孔德明：《数据财产权到访问权：欧盟数据设权立法转型解析》，《比较法研究》2023年第6期。

流程、提升资源利用率和产品质量;而在智慧农业方面,农田监控传感器搜集的土壤水分、养分、气候条件等数据构成了智慧农场大数据,支撑起了精准种植与智能化管理;同样,在智能交通体系内,汽车和其他交通工具上搭载的传感器汇聚成了庞大的交通大数据,在改善交通调度、保障行驶安全、优化出行体验等方面起着决定性作用。① 相较于个人数据,在企业数据中的非个人数据是强制缔约制度所要介入的领域。因为个人数据在蕴含经济利益的同时,还包含人格利益,对于含有人格利益的个人数据,不能通过强制缔约制度,将个人数据进行广泛自由的流通,否则会造成人格尊严面临侵害的各类风险。

　　企业数据是否具有不可替代性是判断法律是否要课以特定企业强制缔约义务的重要标准。当某种数据唯有通过特定来源获取,且拒绝交易将直接导致相关主体丧失市场竞争机会时,这种数据便具备了不可替代性特征。若相同类型的数据能在其他企业或平台上轻易取得,那么强制要求提供数据的一方与之交易往往是不适宜的。判断数据是否具有可替代性,并非仅关注其是否受到排他性控制,关键在于在预期合理范围内是否存在其他有效替代途径,这涉及对另寻数据源的现实可行性及自主开发数据所需付出的成本的综合考量。对于互联网公司来说,虽然没有传统实体基础设施那样的物理障碍,但技术保护措施以及用户粘性等因素构建了数据复制的隐形壁垒。一方面,企业对数据的技术保护措施制约了数据的直接复制,这使外部复制其平台数据在法律层面上面临巨大挑战。另一方面,用户基础的黏性与独特性也是构成数据具有不可替代性的重要因素。用户的习惯养成和路径依赖会形成强大的用户锁定效应,用户及其产生的数据迁移至其他平台所涉及的转换成本极高。② 例如,微信在社交网络市场中具有主导地位,任何试图复制其模式的社交媒体平台都需要吸引大规模的用户群,而这在现实中极具难度。

　　笔者认为,在不可替代性判断的因素上,需要根据企业所提供的产品和服务本身,以及企业用户规模的程度来进行综合考量。需要讨论的是:持有公共数据的企业是否负担强制缔约义务?对于诸如供水、供电、供气、公共交通等提供公共服务的企业来说,提供产品和服务本身具有不可替代性,而且用户规模基本上能够实现全覆盖。对于这类企业所持有的数据而言,通常是通过公法上的法律义务让这些企业负担数据开放的义务。

---

① 周樨平:《大数据时代企业数据权益保护论》,《法学》2022 年第 5 期。
② 孔德明:《数据财产权到访问权:欧盟数据设权立法转型解析》,《比较法研究》2023 年第 6 期。

正如上文所分析，将数据持有主体作为数据类型的判断标准，具有很强公共性并涉及社会公共利益的公共数据在由提供公共服务的企业所持有时，可以被称为企业数据。对于这些企业数据而言，仅需结合数据的公共利益属性和所涉私主体的在先法定权利情况，根据公法上的义务区分为无条件开放、有条件开放和不开放数据，无须通过强制缔约制度进行进一步规制。因为一旦持有公共数据的企业负有强制缔约义务，可能会面临国家安全和公共利益遭受侵害的潜在风险，故此，在界定企业应否承担强制缔约义务时，应具体明确其适用边界。负担强制缔约义务的主体应当是那些虽然不属于提供公共服务，但因其实质性的商业活动和广泛的市场覆盖范围而积累了大量具有公共属性数据的非公共企业。这类企业的数据之所以具有公共属性，是因为它们的数据开放、交换和利用，能够对社会进步和行业创新起到积极推动作用，进而有助于提高社会经济运行的效率。如果这些具有公共属性的数据没有得到有效利用和流通，会阻碍良性的市场竞争和新数字产品的开发。[1]

从社会经济结构的角度审视，各行各业的进步与发展都与大型平台企业和行业龙头的引领作用密切相关。在这些企业发展壮大的进程中，它们依托各自的行业特色和竞争优势，自然而然地汇聚了大量与其服务相关的用户数据资源。这些数据不仅是企业竞争力的核心要素，同时也是社会和经济发展的重要驱动力。以微信、微博等社交平台为例：它们在个人社交网络市场占据主导地位，拥有庞大的用户基数。用户在这些平台上产生的各种互动和行为数据，因其特殊的社会交往属性和规模效应，往往带有显著的不可替代性特征。这些数据在一定程度上反映并塑造了社会关系网络、公众舆论动态甚至消费行为模式，对于社会治理、政策制定乃至整个社会经济环境的健康发展都有着深远的影响。因此，对于这类数据而言，应当致力于实现社会最大化利用。通过强制缔约制度，既能够保障数据的有效流通与利用，又能够通过等价交换的交易方式不断激励各类企业对数据生产进行广泛的投资。

国务院反垄断委员会《关于平台经济领域的反垄断指南》第14条规定了认定平台是否构成"必需设施"的因素："认定相关平台是否构成必需设施，一般需要综合考虑该平台占有数据情况、其他平台的可替代性、是否存在潜在可用平台、发展竞争性平台的可行性、交易相对人对该平台的依赖程度、开放平台对该平台经营者可能造成的影响等因素。"这一规定对于判断

---

[1] 熊丙万：《论数据权利的标准化》，《中外法学》2023年第5期。

企业数据是否具有不可替代性具有一定的启发。需要注意的是，该指南的适用对象是平台，而并非平台控制的数据。在判断企业数据是否具备不可替代性时，不能对该条进行直接适用。总的来说，针对不同行业和领域的各类企业，我们可根据其在市场中的占有率来大致评估其用户基数和用户基础，并在此基础上，结合企业自身的数据收集、处理能力和所拥有的数据特性、数量，进行全面而细致的分析，以确定其数据是否具备不可替代性特征。而对于数据不可替代性的准确判断，需要紧密结合数据市场的演变进程以及具体应用场景的实际情况，进行具体分析和界定。

关于是否会损害大型平台的合法权益的问题，需要进行具体分析。虽然数据作为一种无限再生的资源，一般情况下数据的使用并不会导致其内在价值的减少，但强制性数据交易并不能保证不对大型平台的数据权益造成潜在冲击。有观点指出，大型平台是否应该向第三方开放数据，应当根据具体情况区别对待：在不涉及竞争的市场环境中，如果数据交易不会对大型平台利益造成负面影响，理论上可以进行强制性的数据交易；相反，如果提出交易请求的是大型平台的竞争对手，且交易可能导致大型平台失去竞争优势，那么不应强制大型平台向对手提供关键的竞争性资源。[1] 仅凭交易双方是否存在竞争关系来判断数据交易是否会对大型平台的合法权益造成损害，虽然逻辑明了，却并不足够全面涵盖所有可能的危害情景。即使在数据需求方与大型平台并无直接竞争关系的情况下，特定条件下进行的数据交易仍有可能对大型平台的合法权益构成侵犯，特别是在数字经济领域，损害表现形式多样。例如，在现实场景中，假设一家专注于本地生活信息服务的企业为了提升自身的竞争力和用户粘性，有意从一家提供全方位旅游服务的大型平台那里获取包含酒店预订、景点门票销售、餐饮评价等在内的宝贵数据。这种数据的转移，很可能导致大型平台的用户忠诚度降低，市场份额收缩，以及收入来源受损，这种情况下，应当视作对大型平台合法权益的一种潜在侵犯，因此不宜纳入强制性数据交易的要求。尽管强制性数据交易的主要意图在于通过打破大型平台对关键数据的控制与锁定，来保障中小企业的生存发展空间，但我们必须认识到，这一过程中绝对不能忽视对大型平台正当权益的保护。强制大型平台与中小企业分享数据，其本意是弥补后者在数据获取方面的短板，防止由于关键数据的匮乏而影响其正常经营。然而，大型平台搜集、整理和使用数据的核心动机是支持和强化自身的主营业务，而非单纯满足中小企业的数据交易

---

[1] 周樨平：《大数据时代企业数据权益保护论》，《法学》2022年第5期。

需求。如果强制性数据交易的结果反而削弱了大型平台的合法权益,那么这将在实质上构成一种消极的经济激励机制,对大型平台显然是不公平的。针对那些数据交易本身不直接损害大型平台正当权益,但中小市场主体获取数据后可能利用数据对大型平台权益造成损害的情况,大型平台可以通过在数据交易协议中设立追责条款等方式来自我防护。①

总的来说,强制缔约制度的引入旨在破解大型平台对数据资源的过度控制、垄断及其带来的锁定效应,从而促进由大型平台所掌握的多元数据资产在市场中得到更加有效的流通与合理利用。在这一制度下,那些依法负有强制缔约义务的大型平台,必须与寻求数据合作的中小企业展开数据交易活动。双方应签订何种具体类型的数据交易合同,可以根据实际情况和共同意愿进行商讨决定,确保合同内容既能符合强制缔约制度的要求,又能满足各自的利益诉求和合规性标准,推动数据交易市场的健康发展和有序竞争。

第三节　典型的企业数据交易合同

一、数据转让合同

(一)数据转让合同的内容与性质

数据转让合同是指转让人将特定数据提供至受让人,并将数据财产权进行转移,由受让人提供价款的合同。其中,转让人是指按照约定提供数据并转移数据财产权的人,相应地,受让人是指支付价款并接受数据财产权的人。数据转让合同的标的是数据,具体而言,应当是数据集合,既可以是将原始数据整理形成的原始数据集合,也可以是将原始数据进行加工处理所形成的衍生数据集合。正如上文所分析,无论是原始数据还是衍生数据,只要能够构成财产并确立财产权,均能够成为数据交易的标的。故此,数据集合既可以是个人数据集合,也可以是非个人数据集合。

典型案例:甲公司运营一家在线商店,持有大量客户的个人数据,包括客户的个人姓名、联系方式、购买商品记录、搜索记录、支付记录等。乙公司为了能够开展个性化广告业务,与甲公司签订数据转让合同。合同约定,甲公司将特定类型的数据集合,即指定数量的来自特定地区(某省

---

① 孔德明:《数据财产权到访问权:欧盟数据设权立法转型解析》,《比较法研究》2023年第6期。

份或某地区）在指定时段内所积累的购物行为数据集合，包括客户姓名、电子邮件、购买记录和搜索记录，提供给乙公司。乙公司根据合同约定向甲公司支付价款。

数据转让合同最显著的特征是受让人可以对转让数据进行控制，并基于数据财产权，可以对数据进行存储、加工、使用、传输等事实上的处分行为和法律上的处分行为。在数据转让合同中，双方当事人关注的是转让数据财产权，允许受让人合法地控制特定数据，并在约定的范围内自由使用数据，同时这种权利在面对权利持有人和其他第三方时应当有效。除非双方另有约定，在数据转让合同中应不对受让人使用和转让数据设置任何限制。由于在我国《民法典》和相关领域的特别法中没有对数据转让合同进行规定，该合同属于无名合同。《民法典》第467条第1款规定："本法或者其他法律没有明文规定的合同，适用本编通则的规定，并可以参照适用本编或者其他法律最相类似合同的规定。"该规则是无名合同的法律适用规则，也是确定数据转让合同的重要指引。所谓参照适用，在性质上被视为法定类推，它是在法学领域内扮演着融合形式逻辑推理和价值评判双重角色的一种法律解释与适用工具。参照适用旨在解决这样一种问题：通过对待处理的法律事实与其准备参照援引的法律条文中所设定的抽象标准进行综合考量，特别是从规范目的、法律制度的整体效果等多个维度进行对比分析，若发现两者在构成要件事实上虽不完全一致却存在类似性，则依据"同类情况同等对待"的平等原则，应当对这类待处理对象给予适当且相对应的法律评价。[①] 在参照适用的过程中，相似性判断是非常关键的一环。故此，在判断数据转让合同要参照适用何种典型合同规则时，需要分析数据转让合同的给付特征，与合同法所规定的典型合同类型进行比对，找出最为接近的合同类型，进而适用该典型合同的规则。在这个过程中，识别和确认相似性是参照适用工作最核心的内容，需要综合考量规范目的、法律性质、构成要件等诸多方面展开，尤其是要注重价值判断的适宜性。[②] 根据数据转让合同的内容能够确认的是，数据转让合同属于转移财产的有偿合同，这就能够识别出在《民法典》中最为相似的合同可能是租赁合同和买卖合同。从给付特征来看，数据转让合同不同于租赁合同。租赁合同规定的是对租赁物的使用与收益，并不包含对租赁物的处分。在租赁合同中，承租人享有对租赁物的财产使用权，并不享有对租赁物的所有权，无法

---

① 王泽鉴：《民法学说与判例研究》（第7册），北京大学出版社2009年版，第208页。
② 刘风景：《准用性法条设置的理据与方法》，《法商研究》2015年第5期。

对租赁物进行法律上的处分,包括设立担保物权或将租赁物进行买卖。然而,在数据转让合同中,受让人不仅享有对转让数据的使用权,还享有对转让数据的处分权,可以对转让数据进行法律上的处分,包括对转让数据进行有偿转让。

虽然数据财产权不同于所有权,但两个权利的权能类似,均是占有(或控制)、使用、收益和处分的权能。从受让人享有的权利内容方面来看,两个合同均是将财产权的全部权能进行移转,数据转让合同与买卖合同的主给付义务具有高度相似性。数据转让合同中,转让人提供数据并将数据财产权转移的给付义务履行一次就可以实现合同内容。数据转让合同与买卖合同相同,均为一时性合同,而非继续性合同。故此,数据转让合同应当参照适用买卖合同。

(二)数据转让合同的主要效力

1. 转让人提供数据并转让数据财产权

提供数据是数据转让合同中转让人的主给付义务。在数据转让合同中,双方会约定数据的提供方式。与有体物不同,数据具有无形性特征,数据提供通常会采取两种方式:一是将数据存储于有形载体之上,将存储特定数据的有形载体向受让人交付;二是转让人将特定数据通过在线传输的方式存储于受让人所控制的介质之上。

根据数据转让合同,转让人需要根据约定的方式向受让人提供特定数据。通过有形载体交付数据的,转让人需要向受让人现实交付存储数据的有形载体,以履行其交付数据的义务。通过在线传输的方式交付数据的,可以有以下几种方式:第一,转让人将特定数据直接传输至受让人控制的介质上。第二,除了直接传输至受让人控制的介质,转让人可以在受让人被授予访问权限的介质上提供数据,并允许受让人将数据转移到其选择的介质上。以上述典型场景为例,受让人乙公司指示转让人甲公司将与客户相关的数据转移到特定的云空间。该云空间可以是由甲公司所控制,乙公司有权访问,并将该特定数据下载到本地计算机上,也可以转存至其所控制的云空间或其他介质之上。《民法典》第 512 条第 2 款规定,电子合同的标的物为采用在线传输方式交付的,合同标的物进入对方当事人所指定的特定系统且能够检索识别的时间为交付时间。这意味着,当数据进入受让人所指定的特定系统(介质)时,数据交付完成。

数据转让人对其所持有的数据负有安全保护义务时,应当确保数据交付行为的安全性。当特定数据涉及个人数据时,即便个人数据已获得数据主体的授权使用,也应当依据《个人信息保护法》第 51 条保障个人信息的安全，或依据数据主体与数据转让方所签订的个人数据许可使用合同保护个人数据的安全，防止个人数据的泄露或丢失。故此，如果数据提供方式具有安全隐患，则转让人对提供数据的方式可以进行调整。即便数据提供方式不符合约定，转让人也无须因此承担违约责任。当提供方式或受让人指定的介质由于数据安全顾虑显得不合理时，转让人应及时通知受让人这些顾虑，以便受让人可以指示替代的交付方式或介质。例如，受让人指示转让人将特定数据集合转移到特定云空间，但该云空间存在安全隐患，因此，此类交付方式并非合理的数据提供方式。在这种情况下，转让人没有义务将数据转移到不安全的云空间。这样可以确保转让人免于在客户数据被转移到不安全存储空间时可能违反合同和法定义务的风险。

2. 转让人的权利瑕疵担保义务

根据《民法典》第612条，买卖合同中出卖人就交付的标的物负有权利瑕疵担保义务，出卖人保证第三人对交付标的物不享有任何权利，这就意味着标的物之上不能有权利负担。权利瑕疵担保义务是一项法定义务，即使当事人之间在合同中没有提及，出卖人仍然担负此项义务。数据转让合同应当参照适用买卖合同有关权利瑕疵担保义务的规定，数据转让人应当对转让数据负有权利瑕疵担保义务。需要讨论的是：数据转让合同中转让人负担的权利瑕疵担保义务的内容是否和买卖合同中出卖人负担的权利瑕疵担保义务的内容相同，要求转让数据之上不得存在任何第三人的权利？

笔者认为，答案是否定的。在数据转让合同中，转让人对数据的权利瑕疵担保义务不同于买卖合同中出卖人的权利瑕疵担保义务。因为在买卖合同中，要求交付的标的物之上不能存在任何第三人的权利，包括物权、人格权、知识产权，甚至是债权。① 然而，由于数据具有自身特征，在同一数据之上存在多个主体的相关权利是一种常态。以上述案例为例，数据转让人向受让人转让的客户数据集合之上就有多个不同主体的相关权利。一方面，转让人因取得所涉客户对个人数据的授权，获得了对其个人数据上的财产权；另一方面，由于客户数据集合能够识别到特定自然人，客户对于客户数据集合中的个人数据享有个人信息权益。故此，在数据转让合同中，转让人的权利瑕疵担保义务的内容不应是数据之上不存在任何第三人的权利，而应聚焦于受让人能否基于其享有的数据财产权对抗数据上存在的各种在先权利。换句话说，数据转让合同中的权利瑕疵义务的判断，

---

① 韩世远：《合同法学》（第二版），高等教育出版社2022年版，第348页。

不在于数据上是否存在其他在先权利,而在于受让人能否基于数据财产权对抗数据上业已存在的在先权利。

根据数据转让合同的目的,受让人获取数据就是为了能够基于数据财产权对特定数据进行控制、使用、收益和处分:一是可以基于自身目的,对转让数据进行自由使用,包括分析、加工形成数据产品或基于特定数据提供数据服务,将数据服务或数据产品投入数据市场获益;二是利用自身市场优势,针对转让数据进行再次转让,以获取相应收入。故此,只要受让人能够基于数据财产权对转让数据自由地控制、使用、收益和处分,而且即便数据的在先权利人对数据主张权利,受让人能够依据数据财产权有效对抗在先权利,不受在先权利的妨碍的,可以认定为数据之上无权利瑕疵。例如,转让人之所以能够将特定个人数据进行转让是因为其获得了相关个人的授权许可,受让人基于法律行为享有对个人数据的财产权。相关个人要依据个人数据许可使用合同的约定,负担允许第三人对个人数据进行相关处分的合同义务。当然,由于个人数据之上存在人格利益,相关个人基于个人信息权益可以随时要求第三人删除其个人数据,但一旦删除相关的个人数据,则该相关个人要基于个人数据许可使用合同向转让人承担相应的违约责任。相关个人基于个人信息权益要求受让人将其个人数据进行删除的,就可以认为已经造成受让人对转让数据自由处分的妨碍,构成权利负担,受让人可以基于权利瑕疵担保责任请求转让人承担相应的违约责任。

当原始数据集合由非个人数据所构成时,除数据持有者对非个人数据集合享有财产权外,还有可能存在其他第三方对该数据集合享有数据财产权的情况。例如,转让人所持有的特定数据是基于其他企业通过数据转让合同所获取的,此时转让人和其他企业均享有对这些特定数据的财产权。此时,判断所转让的非个人数据集合上是否存在权利瑕疵,应当聚焦于受让人能否基于数据财产权对抗数据上存在的在先权利。对于非个人数据而言,一旦数据财产权发生转让,数据财产权人能够对非个人数据进行控制、使用、收益和处分,尤其是能够对这些非个人数据的各项处理活动依其自由意志进行控制。在个人数据集合转让场景中,转让人获得特定个人的授权许可后,享有对个人数据的财产权,可以对其进行相应的使用、收益和处分,但不能享有对这些个人数据的完全控制权,即不能够对抗数据主体。因为在个人数据上,基于人格权益的保护要求,无论个人数据流向何处,由何人持有,数据主体依然能够基于个人信息权益保持对个人数据的控制。数据主体对个人数据的控制权能够对抗任何第三人,包括已经获得个人数据授权的被许可人在内,数据主体可以对任何第三人基于个人信息权益行使其删除权。但是由于非个人数据之上并不存在人格权益,在假设不存在诸如知识产权等无形财产权的情况下,在非个人数据集合转让的场合,受让人享有的财产权能够完全对抗前手数据财产权人。换句话说,非个人数据集合的前手财产权人不能依据自身所持有的财产权要求后手数据财产权人删除数据,或限制数据的使用和处分。故此,即便在非个人数据集合之上存在多个享有财产权的主体,由于转让人享有非个人数据集合的财产权后,能够对抗所有的前手财产权人的权利主张,不存在对数据财产权行使的妨碍,就可以认定为在非个人数据集合上不存在权利瑕疵。

需要注意的是,根据《民法典》第613条的规定,买受人订立合同时知道或应当知道第三人对买卖的标的物享有权利的,出卖人无须承担违反瑕疵担保义务所产生的违约责任。数据转让合同能否适用这一条规定,需要进行讨论。数据转让交易往往涉及多元权利主体,特别是在转让原始数据集合时,很可能有多方对这些数据享有不同的权利。比如,当原始数据集合主要由个人数据构成时,除数据持有者通过许可使用合同拥有的个人数据财产权之外,各个数据主体(自然人)对其个人数据享有不可剥夺的人格权益。尽管数据受让人可能意识到所接收的个人数据集合中包含了其他特定个人的个人信息权益,但在数据转让合同中,只要转让人明示且保证所转让的所有个人数据都已经得到了相应的授权许可,可以理解为转让人实际上是在履行一种针对数据权利瑕疵的担保义务,即确保受让人获取的数据不遭受第三人基于合法权利的追索。总结来说,在个人数据集合转让场景中,尽管存在多种复杂的权利关系,只要转让人在合同中明确已得到全部所需授权,并以此作为转让的前提条件,即便受让人明知数据包含他人的个人信息权益,转让人仍需承担类似于传统买卖合同中的权利瑕疵担保义务,从而保障受让人能够依据合同约定行使对所获数据的各项权利,并按照预期进行合法的数据活动及相关的处分行为。

3. 转让人的关于数据质量的瑕疵担保义务

《民法典》第615条规定了出卖人对交付标的物的瑕疵担保义务。所谓物的瑕疵担保义务是指,出卖人要按照约定的质量要求交付标的物。买卖合同中有关物的瑕疵担保义务针对的客体是有体物。数据作为无体物,虽然不能直接适用,但是由于数据受让人对特定数据的质量会有所要求,可以参照适用买卖合同中有关物的瑕疵担保义务的相关规定。

数据转让合同中受让人所追求的合同目的,除了能够获取特定数据及数据财产权,当然还要包括数据作为标的物符合约定的质量要求。在数据领域，有关数据质量通常会表现为数据的相关特性和描述方法。其中，最重要的一些特性和描述方法包括：性质（是个人数据还是非个人数据）、准确性、时效性、完整性、颗粒度、格式以及包含元数据、领域表格和其他用于数据利用所必需的规格说明，还有数据的供应频率和更新内容等。

在某些情况下，如果双方当事人并未在合同中明确说明数据的性质、数量和质量，但转让人已经作出了关于数据的描述，并且这些描述成为交易基础的一部分，应当将其纳入合同之中。在这种情况下，转让人应当依据与受让人在签订合同时对数据进行的描述，向受让人提供相同格式或相同描述的特定数据。例如，转让人向受让人提供了样本数据集，则转让人应当交付与样本数据质量、结构和描述相同的数据。《民法典》第635条规定，样品买卖的当事人应当封存样品，并对样品质量予以说明。出卖人交付标的物应当与样品及其说明的质量相同。在数据转让合同中，转让人提供的数据也要适用这一规定。例如，如果在谈判期间，转让人向受让人提供了典型的样本数据集，并且这些样本数据集中数据要目完整，所有字段（包括非必填字段）都已经填写完毕，应当视为对数据质量已经进行了承诺。再例如，双方在交易的谈判过程中，转让人声明数据集在过去3个月之内已进行过更新。数据转让合同则应当包含数据转让人对于数据集在特定期间内更新的承诺，这属于对数据质量的说明和描述。以上述典型案例为例，甲公司向乙公司提供了100个典型客户的样本数据集，这些数据集包括客户姓名、电子邮件、交易记录等字段名称、描述和示例。那么，数据转让合同中对于转让数据的各类特性应当与所提供的样本数据集合一样完整详细，应当认定为转让人负有对转让数据特性的保证，即要确保与样本数据集的特性相同，保证转让数据的质量。

根据《民法典》第511条第1项，双方当事人在合同中没有明确约定关于标的物质量的，可以按照国家标准、行业标准进行补充；没有国家标准和行业标准的，按照通常标准或符合合同目的的特定标准履行。在数据转让场景中，由于数据是无形物，且数据效用的发挥要依附于具体的场景，通常无法对数据规定国家标准或行业标准。不同的数据活动，会要求不同的数据内容。故此，如果在合同中没有约定数据质量相关的条款，应当结合合同目的来对数据的质量进行补充。若转让人知晓受让人获取数据的特定目的并且在合同中已经明确规定，则所提供的数据必须符合于受让人的特定目的。美国《统一商法典》第2.315条也有类似规定，以供参考。当卖方知晓买方购买货物的具体目的，并且买方依赖卖方的专业技能或判断选择适合的货物时，即认为卖方在合同中作了一个默示担保，确保提供的货物符合合同目的。以上述典型案例为例,受让人乙公司为了开展个性化广告业务,与转让人甲公司签订数据转让合同。如果甲公司所转让的数据集合中仅包含客户的姓名和电子邮件,而不包含交易记录,则意味着乙公司无法凭借甲公司所转让的客户数据集开展个性化广告业务。因为,乙公司无法凭借所受让的数据集合形成用户标签,在不了解特定客户的个性化需求时,就无法开展广告业务。故此,在该数据转让合同中,即便没有约定数据质量条款,对于数据特性没有作出明确约定,但是依据合同目的,应当认为所转让的数据集合中要包含客户消费行为相关的数据,否则转让人甲公司将违反数据质量的瑕疵担保义务,承担违约责任。

  如果数据转让人是专门从事数据交易的企业,通过数据交易获取收入,则可以期待转让人所提供的数据质量达到相关类型交易中的标准。考虑到数据转让人从事数据交易业务的专业性,在市场中对数据质量有相应期待的情况下要求转让人保证数据质量是合理的。美国《统一商法典》第2.314条规定了当货物的销售者为商人时,销售合同应当包含一个默示担保条款,即货物具有适销性。想要符合适销性,货物必须要满足一系列标准,其中最重要的是,在行业内无异议地流通并且适合此类货物通常的用途。[1] 交易过程或行业惯例亦可以称为合同的默示担保条款。在数据转让场景中,对于数据质量的担保条款亦可以适用商人销售货物有关的默示担保规则。例如,皮鞋制造商A公司通过一款专门设计的应用程序为客户提供定制皮鞋的服务,客户如果想要定制皮鞋,需要通过应用程序提供其脚的尺寸。A公司积累了大量客户的脚部尺码,并认为其他鞋类制造商或矫形设备供应商等行业对于此类数据有市场需求,于是开始向鞋类厂商出售客户脚部尺寸数据,获得了大量利润,开拓了专门从事脚部尺寸数据交易的业务。此时,A公司应当被认定为专门从事数据交易的企业。对于以数据交易作为专门业务的转让人而言,受让人对这类转让人所提供的数据质量的预期会高于不专门从事数据交易业务的转让人所提供的数据质量的预期。随着数据交

---

[1] 美国《统一商法典》第2.314条规定:"(a)如果货物买卖合同的卖方是该类货物的商人,合同即包含一项默示担保,即货物具有商销性,除非该担保被排除或修改。在本条中,为收取价值而提供店堂或其他地点消费的食品或饮料,亦属于买卖。(b)货物至少达到下列标准才具有商销性:(1)根据合同的描述,货物可以不受异议地得到本行业认可;并且(2)涉及种类物时,货物在描述范围内具有良好平均品质;并且(3)货物适合其使用的通常用途;并且(4)货物在每个单位内部以及全体相关单位之间,种类、质量及数量均匀,差异在协议允许的范围内;并且(5)当协议有要求时,货物按要求妥善地置入容器、加以包装并贴上标签;并且(6)当容器或标签上载有许诺或对事实的确认时,货物符合此种许诺或确认。(c)交易过程或行业惯例刻意引起其他默示担保,除非该担保被排除或修改。"

易实践的不断发展，数据交易作为一个专门行业，会对于它们所出售的数据有一个行业标准，供业内参考指导。例如，在相关行业和特定情况下，通常的预期是当数据被转移时，数据集合中客户的电子邮件地址的失效率通常不超过约15%。如果数据转让人是专门从事数据交易的，对于数据使用或处理的有效性通常要达到一定比例，否则即便交易数据被移转至受让人，受让人有效使用该类数据的比例也很低，则很难认为数据转让人的合同履行义务符合约定。

二、数据处理合同

（一）数据处理合同概述

所谓数据处理合同，是指数据受托人为数据委托人承诺处理数据，由数据委托人支付相应对价的合同。所谓数据处理，应当包括以下几项内容：第一，数据的收集与记录，如数据抓取；第二，数据分析，如数据分析服务；第三，数据的组织、结构化、展示、修改或组合，如数据管理服务；第四，数据擦除等。数据处理合同类型广泛，会以复杂多样的形式呈现。只要涉及数据处理的相关内容，应当纳入数据处理合同的范畴。

对数据处理合同界定的关键，在于对"数据"范围的限缩。笔者认为，首先，应当将数据聚焦在作为资产、资源或可交易商品的大规模信息记录。[1] 如为当事人提供摄影摄像服务，虽然使用数码相机进行摄影摄像的行为，从某种意义上来说，可以视为数据的收集与记录，将客观现实中的人物或物体进行数字化，最终的呈现方式是存储于介质中的数据，但这种摄影摄像服务并不属于数据处理服务，因为摄影摄像服务并不是以大规模处理信息记录为合同目的，仅是通过利用特定技术或技能，运用带有数字化元素的设备，来提供摄影摄像的劳务服务，其重点在于摄影摄像，而非针对特定数据集合的处理。其次，应当将数据处理作为合同的主给付义务。在众多类型的合同中，服务提供方在履行义务的过程中参与数据处理活动的情形也很常见。故此，数据处理合同的界定，应当将数据处理服务作为主给付义务，而不应该将那些以履行不同性质的合同（如买卖合同、著作权许可合同等）的主给付义务为目的去进行数据处理的行为作为判断标准，把这类合同纳入数据处理合同的范畴。例如，电子书商家与消费者签订著作权许可合同，将一本电子书许可使用给消费者，消费者可以在特定平台上进行浏览、阅读。在这种情况下，电子书商家需要允许消费者在商家运营的特定平台上访问特定书籍，通过授权许可的方式使消费者可以

---

[1] ALI-ELI Principles for a Data Economy: Data Rights and Transactions, Principle 2 (1).

自由阅读购买的书籍。此时，电子商家为了履行电子书籍购买合同，即著作权许可合同，需要允许消费者针对特定数据库进行访问，提供数据检索和访问服务。虽然可以将此类行为视作数据处理行为，但对特定数据的处理行为是为了履行著作权许可合同的主给付义务，即对著作权的普通许可。此时，不应当将著作权许可合同认定为数据处理合同。

根据数据处理的内容不同，具体的数据处理合同可能会适用不同的典型合同规则。故此，笔者将数据处理合同区分为数据定制合同和数据咨询合同。下面将进行具体的分析。

(二) 数据定制合同

1. 数据定制合同的内容与性质

数据定制合同是指，受托人根据委托人的要求，进行特定的数据处理活动，并将相应的数据处理的结果交付至委托人，委托人支付价款的合同。数据定制合同通常发生于企业间的数据交易场景。在这类交易中，数据服务企业通常通过数据采集、数据标注、数据清洗等数据加工的方式，为特定企业提供数据集合、数据模型、数据应用等以数据产品为代表的工作成果。例如，为了满足药物研发企业研究特定疫苗的目的，数据服务企业通常通过采集患有特定疾病的病人的临床数据，并对大量临床数据进行清洗、加工，为药物研发企业提供相应数据产品。再例如，为了汽车研发公司训练自动价值，数据服务企业可以根据汽车研发公司的专门需求，采集大量不同类型道路的数据，并通过标注道路中各类障碍、指示牌以及车辆行驶轨迹，为自动驾驶训练提供大量数据集合。以我国企业"数据堂"为例，该企业提供成品训练数据集，涵盖语音识别数据20万小时，计算机视觉数据800TB，自然语言理解数据20亿条；提供数据定制服务，针对不同用户的业务需求，专门提供数据采集和标注的定制服务，包括街景数据定制、行为识别定制、语音合成数据定制、多模态数据定制等。其中，"数据堂"企业所提供的成品训练数据集的交易应当适用数据转让合同相关规则，而数据定制服务应当适用本部分内容，即数据定制合同规则。

关于数据定制合同的主要内容，可以包括以下两点：第一，以数据采集和标注为主要目标的数据定制。在此类合同中，委托人要求受托人采集特定类型的数据。例如，汽车研发公司甲公司为了确保其开发的自动驾驶应用的精确性，要求数据服务公司乙公司采集标注特定区域的街景数据，包括路侧街景数据采集、停车位数据采集、交通标识标注、障碍物标注、车道线标注、停车区域标注、可行驶区域标注。根据数据处理合同，乙公司为甲公司提供的是数据定制服务,以特定区域的街景数据的采集和标注为工作内容,向甲公司提供可供自动驾驶训练使用的特定数据集合。再例如,房地产公司甲公司与数据服务公司乙公司签订数据定制合同,要求对甲公司的建筑创建数字孪生,以便于日后的维护。乙公司为了满足甲公司提出的需求,需要处理海量数据。此时,乙公司可以利用自身所拥有的技术和设备,在建筑物中安装各类传感器收集数据,并且通过无人机等设备采集影像数据。乙公司通过各类设备所收集的数据,为甲公司的建筑创建数字孪生。

第二,以数据加工分析为主要目标的数据定制。在此类合同中,受托人为委托人提供数据加工和分析的服务,根据委托人的要求形成特定主题或目标的衍生数据集合。在这类合同中,受托人既可以根据自己采集的数据进行加工分析,也可以对委托人提供的其所控制的数据进行加工分析。例如,房地产甲公司与数据服务乙公司签订合同,要求乙公司为甲公司对在全国范围内的房地产销售情况进行数据分析,对全国销售数据进行深度数据挖掘,形成衍生数据集合。基于甲公司所提供的各类销售数据,乙公司经过深度挖掘、加工处理后形成了衍生数据集合,并依托衍生数据集合为甲公司开发出具有实时进行购买力预测、市场需求预测等功能的数据产品。

从数据定制合同的内容来看,这类合同属于服务合同的范畴。由于在数据定制合同中,受托人为委托人提供数据处理的服务,并根据委托人的要求提供相应的服务成果,这种类型的合同首先要归类于提供服务成果的合同,而非提供服务行为的合同,应当属于承揽型服务合同。需要讨论的是:数据定制合同是属于承揽合同还是技术合同中的技术服务合同?有观点认为,数据定制合同属于承揽合同。[1] 这类合同需要根据委托人的要求,对数据进行包括采集、标注、加工等方式的处理,为其提供数据集合、数据产品等工作成果。另有观点认为,数据定制合同属于技术服务合同。[2] 根据《民法典》第878条第2款的规定,技术服务合同是当事人一方以技术知识为对方解决特定技术问题所订立的合同,不包括承揽合同和建设工程合同。故此,技术服务合同是指当事人一方用自己的知识、技术信息和劳务,为他方解决特定技术问题,他方接受服务工作并支付报酬的协议。

---

[1] 纪海龙:《数据的私法定位与保护》,《法学研究》2018年第6期;高郦梅:《论数据交易合同规则的适用》,《法商研究》2023年第4期。

[2] 武腾:《数据交易的合同法问题研究》,法律出版社2023年版,第157-165页。

技术服务合同是服务合同的一种类型,但技术服务合同与一般的服务合同相比,聚焦在技术问题。技术服务合同是给付工作成果之债,技术咨询合同属于劳务之债。对于技术服务合同与承揽合同的区分,具有一定的难度,以至于在没有规定技术服务合同的立法例中完全可以运用承揽合同的规则予以规制。① 但既然我国明确区分了技术服务合同与承揽合同两种有名合同,可以将常规技术手段作为标准进行区分:如果通过常规技术手段进行加工、定做、测绘等工作,属于承揽合同;如果以非常规技术手段解决复杂、特殊技术问题则属于技术服务合同。② 笔者认为,应当将数据定制合同认定为技术服务合同,因为数据处理服务提供的一方需要依据自身的专业技术知识、设备、软件工具等为委托人提供一系列与信息应用技术相关的服务,其核心在于解决数据处理过程中的技术问题。此外,数据定制合同在订立时,特定的工作成果是不存在的,需要由数据提供方依照约定通过其设备、技术和劳力创造出来。这一点与数据转让合同有明显不同。通常而言,在签订数据转让合同时,作为合同标的物的数据集合已经存在,而这类数据集合通常无法体现委托人所提出的特定要求。故此,数据定制合同不是数据转让合同。

2. 数据定制合同的主要效力

受托人的主要义务如下:第一,根据《民法典》第883条的规定,受托人应当按照约定完成服务项目,解决技术问题,保证工作质量,并传授解决技术问题的知识。受托人想要履行这一义务,就要充分利用自己的知识、技术、信息和经验,按照合同约定产出具体的工作成果③,如符合委托人要求的各种类型的数据集合或数据产品等。第二,受托人有妥善保管数据,保证数据安全的义务。笔者认为,受托人的保管义务应当参照适用《民法典》第784条承揽合同有关妥善保管定作人提供的材料和工作物的义务。④ 在数据定制合同中,委托人将自己持有的数据提供给受托人,由受托人根据提供的数据进行加工、分析的,受托人有义务确保委托人所提供的数据安全,不得将数据用作非合同目的的处理。例如,为满足自身业务需求,将数据进行分析加工以作自用,或者将委托人提供的数据传输给

---

① 韩世远:《合同法学》(第二版),高等教育出版社2023年版,第532页。

② 石宏主编:《〈中华人民共和国民法典〉解释与适用(合同编)》(下册),人民法院出版社2020年版,第727页。

③ **魏耀荣**等:《中华人民共和国合同法释论(分则)》,中国法制出版社2000年版,第494页。

④ 王利明:《合同法分则》,北京大学出版社2023年版,第380页。

其他第三方,以获得相应收入。对委托人提供的数据的保管义务是法定的合同义务,违反该义务造成损害的,受托人应当承担损害赔偿责任。[①] 此外,在完成数据处理服务后,受托人应当及时销毁委托人所提供的数据。第三,根据《最高人民法院关于审理技术合同纠纷案件适用法律若干问题的解释》(以下简称《技术合同纠纷司法解释》)第35条,受托人发现委托人提供的数据不符合约定的,应当及时通知委托人。例如,合同约定受托人针对特定类型的数据进行加工分析,但是委托人提供数据时,没有将某一类型的数据进行提供,此时受托人应当在合理期限内通知委托人补充特定类型的数据。

关于受托人是否要亲自完成还是可以交由第三人完成特定数据产品需要进一步讨论。由于在我国《民法典》合同编有关技术服务合同中没有关于这一问题的规定,需要考虑是否需要参照适用承揽合同相关规则。笔者认为,由于技术服务合同属于承揽型服务合同,系属给付工作成果之债,当没有类似规定时,可以参照适用承揽合同规则。根据《民法典》第772条第1款的规定,在承揽合同中,主要工作应当由承揽人通过自身的劳动技能完成[②],除非当事人另有约定。根据该条第2款,主要工作由第三人完成,且未经定作人同意的,定作人可以解除合同。根据《民法典》第773条,承揽的辅助工作可以交由第三人完成。由第三人完成辅助工作的,承揽人应当就第三人完成的工作成果向定作人负责。在承揽合同中,所谓的主要工作一般是指对工作成果的质量起决定性作用的工作,也可以说是技术要求高的工作,例如量体裁衣和整体裁制是定制服装的主要工作。[③] 主要工作与辅助工作相对应,以定制服装为例:服装的裁剪、制作工作属于主要工作,而安装纽扣、包装衣服属于辅助工作。[④] 数据定制合同高度依赖数据服务提供者所掌握的技术知识、技能、软件和设备,因为数据服务提供者所掌握的数据处理能力的高低直接决定所定制的数据处理工作成果的质量。因此,在当事人没有特别约定的情况下,数据服务提供者应当亲自完成主要工作,未经委托人同意,不得将主要工作交由第三人完成。因为数据定制合同是委托人基于对受托人的信赖关系而订立的,如果将数据处理的主要工作交由第三人完成,不符合委托人的缔约目的,也构成对信赖关系的侵害,此时,应当由委托人自主选择是否行使《民法

---

① 韩世远:《合同法学》(第二版),高等教育出版社2023年版,第486页。
② 周江洪:《服务合同立法研究》,法律出版社2021年版,第269-272页。
③ 胡康生主编:《中华人民共和国合同法释义》,法律出版社1999年版,第376页。
④ 王利明:《合同法分则》,北京大学出版社2023年版,第388页。

典》第 772 条第 2 款所规定的合同解除权。当然，受托人可以将辅助工作交由第三人完成，不需要取得委托人的同意。所谓辅助工作，是相对于主要工作而言的。例如，以数据采集、标注为数据定制内容的合同中，受托人利用专业设备进行数据采集和标注是主要工作。以仅需采集街景数据的定制合同为例，使用专业设备采集街景数据需要由受托人亲自完成，因为专业设备的不同会直接影响数据质量，而对于采集街景数据的整理工作应当认定为辅助工作，可以交由第三人完成。

（三）数据咨询合同

1. 数据咨询合同的内容与性质

数据咨询合同是数据咨询服务提供者（受托人）根据数据需求方（委托人）的特定要求，对自身持有的数据集合进行分析、加工后，有偿为数据需求方提供数据查询、数据验证、专题调查等数据处理结果的合同。此类合同的目的不在于转移特定数据的财产权，而是通过对海量数据进行利用，以生成特定的数据处理结果。委托人对数据咨询服务提供者所持有的数据财产权并不感兴趣，其并不以持有或控制数据咨询服务提供者的特定数据为目标，委托人所关注的重点是要依托数据咨询服务提供者所持有的海量数据，为自身提供数据分析的结果。换句话说，委托人签订此类合同的目的就是获取数据处理结果所呈现的信息内容。

例如，在上海数据交易所挂牌的名称为"危险驾驶行为数据查询"的数据服务，就是典型的数据咨询合同的标的。"危险驾驶行为数据查询"是由数据咨询服务提供者根据自身掌握的车牌号、车辆颜色、车辆驾驶信息等海量数据，为数据需求方提供特定车辆急加速、急减速、急变道、急转弯的相关信息报告。[①] 数据需求方可以在受托人的服务器上输入自己的车牌号、车辆颜色、查询时间起始日和到期日，受托人根据其提供的各项数据，向数据需求方提供急加速次数、急减速次数、急转弯次数、急变道次数。对于这类数据处理结果可能感兴趣的数据需求方通常是汽车保险公司、车队管理公司、交通安全研究机构、个人车主、司机培训和评估中心等组织和个人，尤其是对于那些希望降低保险费率的驾驶员而言，这类数据处理结果能够改善司机的驾驶技能和行为。"危险驾驶行为数据查询"这一数据服务的核心价值就在于，获取数据处理结果，为数据需求方提供驾驶信息分析报告，有助于保障驾驶安全、降低事故风险、制定个性化保险费率、提高车队工作效率、提供个性化的司机培训等服务。

---

① https://nidts.chinadep.com/ep-hall/spec?id=4447，2024 年 2 月 20 日访问。

笔者认为，数据咨询合同应当是技术咨询合同，而非技术服务合同。数据定制合同与数据咨询合同的主要区别在于工作成果的性质。数据定制合同需要就特定技术问题的解决提供工作成果，而数据咨询合同不要求提供特定工作成果，可以仅是咨询报告或意见。[①] 从合同目的上来看，技术服务合同是由受托人向委托人提供技术服务工作，以解决特定技术问题，而技术咨询合同并无此种订约目的，不以解决特定的技术问题为目标。详言之，数据定制合同通常会要求受托人根据特定需求或目标向委托人提供经过处理的原始数据集合或衍生数据。从杂乱无章的原始数据转化为原始数据集合，或将原始数据分析加工形成衍生数据，就是需要受托人利用自身所掌握的数据分析、数据挖掘、数据清洗等信息处理技术和算法技术，为委托人解决数据处理这一特定技术问题。例如，委托人为了有效训练自己所研发的人工智能大模型，需要海量的特定类型数据集合，通过数据定制合同，要求受托人提供经过数据处理的原始数据集合。相比于原始数据集合或衍生数据之上所反映的信息内容，委托人更在意特定数据的"原料"本身，因为只有通过使用和处理这一数据"原料"，才能满足委托人的特定需求。然而，数据咨询合同并不以获取特定工作成果为目标，数据需求方签订这类合同的目的是能够获取基于海量数据分析后的信息内容。虽然对海量数据进行数据分析和挖掘，会产生衍生数据，但数据需求方对于衍生数据这一数据"原料"并不在意，其所关注的是衍生数据所承载的特定信息内容。因为数据咨询合同中的委托人没有利用符号层面的数据的需求或目的，例如其没有研发人工智能大模型的计划或能力，不需要对符号层面的数据进行大规模利用，仅需要利用特定数据处理结果所呈现的特定信息内容，为自身经营决策或商业计划提供参考。

2. 数据咨询合同的效力

受托人的主要义务如下：第一，受托人负有按期完成咨询报告或者解答问题的义务。根据《民法典》第 880 条，受托人应当按照约定的期限内完成咨询报告或解答问题，提出的咨询报告应当达到约定的要求。数据咨询合同在数据交易实践中，通常会表现为委托人根据自身需求提出诸如核验、查询、预测、分析报告等要求，受托人根据其自身的数据资源进行加工、分析等数据处理，为委托人提供相应的咨询报告。例如，甲银行为了信贷业务，需要对借贷人进行信贷评分，其中借贷人的户籍身份是信贷评

[①] 王利明：《合同法分则》，北京大学出版社 2023 年版，第 229 页。

分的重要组成部分。数据公司乙基于个人数据授权或其他合法途径拥有大量的个人数据资源库，双方签订咨询合同，约定甲银行向乙公司提出户籍身份的核验请求，由乙公司基于自身数据的检索和分析向甲公司提出核验报告，反馈特定人群是否属于特定地区的户籍身份。乙公司反馈户籍身份核验报告，就是技术咨询合同中受托人的主给付义务，需要根据约定的要求，在一定期限内向委托人提供咨询报告或解答相应的问题。《民法典》第881条第2款规定，如果受托人没有按期提出咨询报告或解答问题，或者所提出的咨询报告不符合合同约定的，应当承担减收或免收报酬等违约责任。受托人所反馈的咨询报告不符合合同约定，如其所反馈的咨询报告中，并没有具体反馈特定人群的身份信息，而仅是介绍了特定人群过去的教育经历、工作履历等相关信息，这些信息无法验证特定人群现在的户籍地状态，受托人构成违约，需要承担相应的违约责任。对于受托人提供的咨询报告是否符合约定的质量要求，需要根据合同约定的咨询报告的形式内容和分数，按照约定的验收或评价办法进行检验。[①] 双方当事人应当在合同中明确约定，咨询报告的验收和评价方式。例如，数据分析公司所提供的咨询报告是根据截至特定日期的相关数据进行分析处理得出的结论，如果在数据分析公司提交咨询报告后，咨询报告所涉及的内容出现差错，导致最终咨询结果有偏差的，不应当认定为咨询报告具有质量瑕疵。

第二，受托人发现委托人提供的资料、数据等有明显错误或缺陷时，应当及时通知委托人。根据《技术合同纠纷司法解释》第32条第一句，受托人发现委托人提供的资料、数据有明显错误或缺陷时，没有按时通知委托人的，视为对委托人提供的技术资料、数据予以认可。这意味着，受托人在接受委托人所提供的相关数据、资料后发现错误或纰漏，没有及时通知委托人，事后又以该数据、资料存在错误为由，对其所提供的咨询服务错误不承担责任的，法律上应当给予否定性评价。例如，甲银行向乙公司提供特定个人的身份信息，乙公司根据其数据库进行检索核验时发现甲银行提供的个人身份信息无法指向同一主体，最后乙公司所提供的户籍核验报告并非甲银行所想要查询的特定个人的信息。如果乙公司没有及时向甲银行反馈数据资料有问题，甲银行可以请求乙公司承担相应的违约责任，如可以不向对方支付服务报酬等。

需要讨论的问题是：委托人是否享有对承载咨询报告的相关数据的财产权？笔者认为，答案是否定的。以上述案例为例，如果甲银行向乙公司

---

① 何志：《合同法分则判解研究与适用》，人民法院出版社2002年版，第529页。

提出核验近 1 万人的户籍状态，乙公司根据数据分析结果向甲银行反馈验证结果。验证结果可能仅为"具有"特定区域的户籍和"不具有"特定区域的户籍两种。甲银行根据咨询合同要求乙公司提供上述近 1 万人的姓名、具体户籍地等相关个人数据的，由于给付标的并不属于咨询报告的范畴，乙公司有权拒绝提供甲银行所要求的相关个人数据。正如上文所分析，数据咨询合同所追求的目的是根据委托人提出的需求获取特定主题的信息内容，而并不指向承载信息内容的相关数据。如果委托人是想要获取特定主题或类型的相关数据，而并非数据所承载的特定信息内容，其则应当通过签订数据转让合同获取相关数据的财产权，进而可以对这些数据进行使用、处理或向不特定第三人进行提供。当然，甲银行根据乙公司提供的户籍核验报告，掌握了特定个人的包含姓名和户籍地在内的个人数据，此时应当受到个人信息权益的相关规制。例如，甲银行在没有获得特定个人的个人信息处理意义上的同意，或者没有获得特定个人对其个人数据的授权时，不能对特定个人的个人数据进行处理或交易。甲银行是否获得个人数据的财产权，对于其所掌握的个人数据能否进行进一步交易具有重要意义。当甲银行并不享有上述特定主体的个人数据财产权时，其并不能对个人数据进行转让或对其他第三人进行许可使用。因为甲银行对个人数据并不享有在财产权意义上的处分权。如果其想要对个人数据进行基于商业目的的使用或交易，需要取得该特定个人的个人数据授权或个人数据财产权人的授权或让与，以获得个人数据财产权。

三、数据访问合同

（一）数据访问合同概述

数据访问合同是指以特定数据为标的，由数据提供方向数据接收方（需求方）提供数据并转移数据使用权的合同。在数据访问合同中，数据提供方向数据接收方提供访问的特定数据的权限，将数据使用权而非数据财产权进行转移，数据接收方仅能对数据进行使用和收益，但不能对特定数据进行控制并进行法律上的处分。数据访问合同是数据提供方承诺在自身控制的介质上向数据需求方提供特定数据访问的合同。数据访问合同不同于数据转让合同，因为在数据访问合同中，数据提供方并非将数据移转至数据需求方所控制的介质上，而是允许数据需求方可以访问存储有数据的，且由数据提供方控制的介质。这意味着，在这类合同之下，数据提供方仍然保持对数据存储介质和对特定数据的控制权，从而更好地管理和保护数据，防止未经授权的数据泄露或滥用。

典型案例：汽车企业甲公司在研发新兴汽车的过程中进行了深入研

究，收集了大量关于汽车原型及相关部件的测试数据。这些数据能够使发动机制造商乙公司更好地了解发动机的工作原理，继而对发动机进行改进和优化。甲公司与乙公司签订合同：甲公司向乙公司提供访问汽车测试数据的权限，乙公司可以在甲公司的服务器上访问特定类型的测试数据，乙公司向甲公司支付相应的费用。

以上述场景为例：企业间签订数据访问合同的根本原因在于，甲公司在收集并研究测试数据上投入了大量的资金，如果直接将测试数据集合转移至乙公司，则乙公司很有可能将特定数据集转售至甲公司的竞争对手或遭到第三方黑客攻击的风险。故此，通常情况下，没有任何一家企业愿意将数据直接移转至另一家企业，使受让企业拥有对数据的控制权，进而可以随意处置这些数据。如果双方签订的合同中，明确约定甲公司将数据上传至乙公司的服务器，此类合同属于数据转让合同，而不是数据访问合同，应当受到数据转让合同相关规则的规制。

关于数据访问合同的内容，可以区分为两种情形：第一，数据提供方仅向数据需求方提供只读访问权限；第二，允许数据需求方在数据提供方控制的介质上处理数据并可以迁移特定数据处理结果。[1] 数据提供方签订数据访问合同而非数据转让合同的主要动机是对数据享有完全的控制权。然而，在很多情况下，只读权限对于数据需求方而言并不实用。考虑数据的进一步使用，数据访问合同的内容不能仅允许数据需求方访问和阅读数据，还应当允许在数据提供方所控制的介质上对数据进行处理。例如，在上述典型场景的基础上，乙公司为了能够从测试数据中获益并改进其汽车发动机，需要使用甲公司控制的数据进行分析研究。在数据访问合同中，双方可以达成协议，允许乙公司在甲公司的服务器上进行自己的数据分析，这就涉及了在数据提供方所控制的介质上对其所控制的数据进行处理。由于乙公司希望在其公司运用这些数据分析的结果，甲、乙公司可以进一步达成合意，将数据分析结果迁移至乙公司自身的服务器上。总的来说，在这个案例中，虽然甲公司并没有直接向乙公司转让原始的测试数据，但通过给予乙公司在甲公司的服务器上读取、分析数据，以及迁移数据分析结果的权利，实现了双方所要追求的目的。在数据访问合同中，数据提供方能够保持对原始数据存储介质的控制，确保数据的安全性。

（二）数据访问合同的性质

首先需要讨论的是：能否将数据访问合同界定为许可使用类合同，进

---

[1] ALI-ELI Principles for a Data Economy: Data Rights and Transactions, Principle 8.

第八章 企业数据的交易

而根据《民法典》第 467 条第 1 款的规定，适用或参照适用知识产权许可合同（技术许可合同或著作权许可合同）呢？

首先，讨论数据访问合同能否构成知识产权许可合同。此时需要判断数据访问合同中所访问的原始数据或衍生数据能否构成知识产权的客体。关于原始数据，如果原始数据是由大量的机器生成数据或用户数据构成，这种原始数据由于不存在"选择或编排的独创性"，不构成汇编作品，无法成为知识产权的客体。如果原始数据所承载的信息内容是知识产权所保护的客体，该信息内容及其原始数据应当受到知识产权法的保护。但此时能否通过签订数据访问合同，进而达到知识产权许可的法律效果呢？笔者认为，此时双方当事人应当签订知识产权许可合同，而非数据访问合同，应当区分是对数据本身的利用，还是对数据承载的信息内容的利用。签订数据访问合同是为了大规模利用"符号"层面的数据，而非"语义"层面的数据，如果要使用"语义"层面的数据，则应当通过相关的法律和合同进行规制。例如，针对特定作品的数字化处理以非结构化样态所呈现的原始数据应当受到著作权法的保护，此时为了能够获取作品使用权而访问承载作品内容的原始数据，只需要由双方签订著作权许可合同来调整双方的权利义务关系，无须通过数据访问合同进行调整。所谓衍生数据，是通过运用算法技术，针对原始数据进行分析过滤和提炼整合所产生的数据集合。衍生数据具有很高的应用价值和经济价值的原因在于，衍生数据所呈现的信息内容超过了所有纳入加工整合范围的原始数据所承载的信息内容之总和，产生出了新的信息内容。有观点主张，对于具有创作性投入的衍生数据可以纳入著作权的保护客体。[1] 笔者对此不予赞同，因为判断是否具有创作性抑或独创性，需要在语义层面上进行判断，衍生数据经过计算机技术、算法技术等信息应用技术的处理后，所展现的是一种对特定信息的呈现，这种呈现不能被认定为是具有独创性的。

随着科技进步的步伐加快，算法的角色经历了一个动态演变的过程：从最初作为产品内部核心组件的功能化算法，逐渐过渡到更为普遍和灵活的工具化形态。在当今的人工智能时代，特别是在大数据和深度学习技术的强力驱动下，算法进一步深化其内在逻辑，朝着更加自我调整和完善的方向——本体化算法发展。这一类算法在处理复杂任务时，能够基于训练数据自行学习并作出决策，其中某些决策过程及原理可能超出了人类设计

---

[1] 陶乾、李衍泽：《论衍生数据的知识产权保护模式》，《大连理工大学学报（社会科学版）》2023 年第 4 期。

者的初始预期和直接理解。① 尽管如此，目前的技术尚未实现让算法完全脱离人为设定规则，进而独立地进行类似人类创造性的自由创作活动。换言之，现有的算法虽然展现出一定的自主性，但它们的行动边界和产出仍建立在既定算法框架之内。② 在利用算法生产衍生数据时，这就好比将原始材料输入智能加工系统，经过算法的"冶炼"后产出独一无二的结果。在这个过程中，数据处理者并不能像传统手工匠那样，凭借个人灵感和创造力打造出个性化的作品。即使算法设计中包含了随机元素，使不同的输入数据或者不同的处理方式可能导致不同的输出结果，这些差异性本质上仍然是算法结构和规则作用下的产物，而非源自人的主观创意。因此，尽管算法产生的结果可能存在随机性，但并不具备真正的独创性，因为任何人在同样的算法机制下运作，都有可能得到随机决定的相似结果。衍生数据归根结底是由数据处理者利用算法技术进行的生产结果，其表达的信息内容属于思想范畴③，而非表达范畴，不应当纳入著作权的客体。故此，无论是原始数据还是衍生数据，在"符号"层面意义上并不构成知识产权的客体，无法直接将数据访问合同定性为知识产权许可合同。

其次，需要判断数据访问合同能否参照适用知识产权许可合同。此时需要结合规范目的、法律性质、构成要件进行相似性判断，选择最能够保护合同双方当事人的权利义务关系的典型合同。无论是技术许可协议还是著作权许可协议，其核心均在于在特定知识产权领域内，依据合同条款赋予受让人在特定地理区域和约定时限内独占使用权、排他使用权或普通使用权。例如，在技术许可合同中，许可人的主要义务包括许可技术的义务，权利瑕疵担保义务，不得限制技术竞争和技术发展的义务，按照约定提供资料和指导的义务，以及保密义务。而对于数据访问合同，其关键点在于对数据的访问与使用，尤其是要求数据提供方通过相应手段确保数据使用方能按照约定及时、有效地访问并使用相关数据。尤其是在数据使用方面，要通过数据提供方的技术支持保障数据使用方能够按照约定实时获取并使用相应的数据。技术许可合同中的主要合同内容是在许可人的技术指导下能够在特定区域、特定期限内正常使用、实施相关的技术。而数据访问合同是由数据使用方实时访问存储数据的特定介质，聚焦于对数据的获取与使用。故此，在笔者看来，数据访问合同应当归入租赁合同范畴，而无须参照适用知识产权许可合同。

---

① 张凌寒：《算法规制的迭代与革新》，《法学论坛》2019 年第 2 期。
② 刘影：《人工智能生成物的著作权法保护初探》，《知识产权》2017 年第 9 期。
③ 李晓珊：《数据产品的界定和法律保护》，《法学论坛》2022 年第 3 期。

根据数据访问合同的内容，数据需求方可以根据自己的需求随时访问数据供给方控制的介质以获取数据，数据访问合同具有租赁合同的性质。租赁合同是以非消耗物的使用、收益为目的，无须转移标的物处分权或所有权即可使用、收益。租赁合同并不设定物权，承租人对标的物只享有债权意义上的使用、收益权。[1] 租赁合同是财产有偿利用类合同的典型。[2] 将数据访问合同的性质认定为租赁合同的做法，在德国立法实践中亦有体现。欧盟于 2019 年正式颁布了《数字内容与服务合同指令》，将数字内容与服务拆分为数字内容与数字服务。所谓的数字内容，是指被明确为以数字形式产生并提供的数据；数字服务被定义为对消费者提供的数据以数字形式创建、处理或储存的服务，实现消费者和其他用户以数字形式进行数据交互的服务，包括数据库、云计算服务、社交网络服务等。[3] 数字内容与服务是数据或数据相关的服务，都是通过数字方式所呈现，具有易复制、无形性、易存储等特征，且须依赖于特定技术方可呈现其状态或实现其功能。[4] 2021 年 6 月，德国正式转化了欧盟《数字内容与服务合同指令》，采用类合同模式的选择。[5] 在德国，数字内容和数字服务统一被称为数字产品。转化的结果则是，在《德国民法典》合同法总则中增加"数字产品合同"类型，将欧盟《数字内容与服务合同指令》的内容引入《德国民法典》第 327 条，包括数字内容与服务合同的概念、产品瑕疵标准、违约救济方式等多方面；并且根据数字内容与服务合同的特征，分别在消费品买卖合同、赠与合同、租赁合同、承揽合同章节下加入"数字产品合同"类型。

一时出让数字内容与服务使用权的合同被归类于租赁合同，规定于《德国民法典》第 548a 条和第 578b 条。根据一时出让数字内容与服务使用权的合同，使用方可以根据自己的需求随时访问提供方控制的服务器或介质，以获取数据之上特定的数字内容或数字服务。无论是欧盟《数字内容与服务合同指令》还是经过该指令转化的《德国民法典》，数字内容与

---

[1] 谢鸿飞、朱广新：《民法典评注·合同编：典型合同与准合同》，中国法制出版社 2020 年版，第 139 页。
[2] 周江洪：《典型合同原理》，法律出版社 2023 年版，第 196 页。
[3] Directive (EU) 2019/770 of the European Parliament and of the Council of 20 May 2019 on certain aspects concerning contracts for the supply of digital content and digital services.
[4] 张彤：《数字内容与服务合同的法律规制研究：以欧盟为视角》，中国政法大学出版社 2023 年版，第 92 页。
[5] 张彤：《数字内容与服务合同的法律规制研究：以欧盟为视角》，中国政法大学出版社 2023 年版，第 159 页。

服务合同指向的是数据之上所承载的内容或功能，例如在线视频、电子书籍、社交媒体的使用等场景。本文所讨论的数据访问合同与上述所描述数字内容与服务合同类型（一时出让数字内容和服务使用权的合同）相似，都需要由数据使用方访问数据提供方服务器或介质上的数据，但是两个合同所关注的重点不同。数据交易背景下的数据访问合同主要指向数据提供方所控制的海量数据，数据使用方通过访问的方式对特定数据进行获取，进而以分析、加工等方式形成数据分析结果或数据产品以获取经济利益。然而，《德国民法典》第548a条规定下的数字内容与服务合同中当事人对数字产品是否为海量数据本身并不关注，其所关注的是数据之上所呈现的具体内容或功能，即数字内容或数字服务能否正常使用，如能否在线观看视频、电影，或者能否使用在线服务与其他用户进行交互等。

我国《民法典》第703条规定，租赁合同是出租人将租赁物交付承租人使用、收益，承租人支付租金的合同。对于租赁物，通常而言是动产或不动产，是法律允许出租的物，法律规定的违禁品无法成为租赁物。① 由于租赁物需要交付，一般会认为租赁物应当是有体物，占有应当是使用租赁物的前提。笔者认为，租赁物并不一定是有体物，租赁合同的目的在于对租赁标的物的使用和收益，只要能够将租赁标的物特定化，在客观上存在使用和收益的可能性，就应当纳入租赁标的物的范围。通常而言，租赁物应当是非消费物。② 数据虽具有无形性、非竞争性等特征③，但是数据具有客观实在性④、特定性、可控制性等特征。⑤ 在交易场景下的数据具备可确定性，能够与其他客体相分离并被主体识别，能够独立地成为交易客体。⑥ 例如，可以通过界定数据范围，以内容维度和时间维度作为标准，将数据特定化，如特定期间内在某处的人脸数据就是可确定的、可控制的，也是具有客观实在性的。故此，数据的上述特性表明，数据能够成为租赁标的物，可以供承租人进行使用和收益。以数据为标的物的租赁合同中，无须通过转移占有的方式对标的物进行使用。因为数据的非竞争性特点，数据不具有排他性，可以由多个主体对同一特定数据进行占有。故此，数据是以"提供"的方式供承租人使用，即承租人可以通过访问特定

---

① 王利明：《合同法分则》，北京大学出版社2023年版，第160页。
② 周江洪：《典型合同原理》，法律出版社2023年版，第201页。
③ 程啸：《论数据权益》，《国家检察官学院学报》2023年第5期。
④ 刘文杰：《数据产权的法律表达》，《法学研究》2023年第3期。
⑤ 齐爱民：《数据法原理》，高等教育出版社2022年版。
⑥ 刘文杰：《数据产权的法律表达》，《法学研究》2023年第3期。

服务器的方式获取特定数据,以供使用和收益。数据访问合同之所以能够被界定为租赁合同,是因为其具有两个主要特征:第一,时间上具有连续性和长期性;第二,使用方对数据的使用持续依赖提供方的给付。[1]

(三) 数据访问合同的主要效力

1. 数据提供方按照约定向数据使用方授予访问数据的权限

《民法典》第708条规定:"出租人应当按照约定将租赁物交付承租人,并在租赁期限内保持租赁物符合约定的用途。"在数据访问合同中,由于数据与有体物存在区别,加上数据访问合同与数据转让合同内容的本质区别,数据提供方无须通过转移占有的方式将数据"交付"至承租人使用。换言之,数据访问合同不要求通过转移数据控制权的方式交付数据,应当将《民法典》第708条中的"交付"解释为出租人向承租人提供访问数据的权限,以供数据的使用和收益。由于数据访问合同追求数据的安全性,数据提供方向数据使用方提供必要的访问凭证,并移除技术性访问障碍,便于数据使用方访问数据。这意味着,数据提供方不仅需要确保数据使用方可以访问数据,还需要建立一套安全机制来控制和管理访问过程,包括数据使用方提供登录凭证、解除适当的安全限制措施等措施,同时保证数据访问过程中数据不会泄露或被未经授权的第三方获取。所谓按照约定向数据使用方授予访问权限,是指数据提供方不仅应当向数据使用方提供访问数据的权限,而且应当按照合同约定确保数据使用方能够在相应的期限内,根据约定的访问数据的方式访问到特定类型的数据。例如,乙公司请求远程访问甲公司的服务器时,甲公司拒绝该请求,声称基于数据安全的考虑仅允许本地访问此类数据。如果双方没有在数据访问合同中明确约定数据访问的方式限定为本地访问,当数据的安全风险可以通过技术手段得到有效控制,或者能够通过相应的安全保障措施确保远程访问不会增加安全风险时,应当允许数据使用方通过远程访问的方式获取特定数据。[2]

针对有体物的租赁合同,由于有体物具有排他性和独占性,出租人不能将同一租赁物分别出租给多人,否则将会导致承租人不能对租赁物实际占有、使用而构成违约,出租人应当承担相应的违约责任。[3] 但是针对数据的租赁合同,即数据访问合同,数据提供方可以就同一数据出租给多

---

[1] 张彤:《数字内容与服务合同的法律规制研究:以欧盟为视角》,中国政法大学出版社2023年版,第261-262页。

[2] ALI-ELI Principles for a Data Economy: Data Rights and Transactions, Principle 8.

[3] 王利明:《合同法分则》,北京大学出版社2023年版,第163页。

人，以供多人同时使用数据。因为数据具有易复制性和非竞争性的特点，数据可以被多个主体同时占有和使用。通过授予数据使用方访问权限的方式，多个数据使用方可以在同一时间针对同一服务器或存储同一数据的介质进行数据访问，获取相同的数据。在数据交易领域，无论是数据转让合同还是数据访问合同，都可以进行"一物数卖"和"一物数租"。

2. 数据提供方负有对数据的瑕疵担保义务

根据《民法典》第708条，出租人应当保证承租人享有使用租赁物的权利，以及租赁物的质量能够满足合同约定的目的。在数据访问合同中，数据提供方应当对数据负有权利瑕疵担保义务与质量瑕疵担保义务。

权利瑕疵担保义务是指出租人应当保证在租赁期间内，不会因第三人主张任何权利而影响承租人对租赁物的正常使用和收益。[1] 租赁合同中的权利瑕疵担保义务是为了保障承租人能够对租赁物正常使用和收益，防止第三人的权利主张影响承租人对租赁物的使用权。数据提供方负有权利瑕疵担保义务，意味着其对被访问的数据享有合法权利。针对个人数据的数据访问，数据提供方只有在获得数据主体的授权许可后，才能允许数据使用方访问个人数据，否则，在没有获得数据主体的授权许可的情况下，数据主体可以依据个人信息权益要求作为数据处理者的数据提供方不得对数据进行传输、使用等数据处理行为或要求数据提供方删除其个人数据。那么，数据使用方就无法访问个人数据，并对数据进行使用或收益。对于非个人数据的访问，数据提供方应当享有对非个人数据的财产权。如果数据提供方对数据不享有财产权，根据《民法典》第723条第1款的规定，因第三人主张权利，致使数据使用方不能对数据使用和收益的，数据使用方可以请求减少价款或不支付价款。在数据提供方违反权利瑕疵担保义务的情况下，违约责任的成立需要具备以下条件：第一，数据之上存在权利瑕疵致使第三人主张权利的。例如，数据使用方通过访问方式使用数据时，数据主体对数据使用方主张权利，不允许对其个人数据进行处理。第二，因第三人主张权利致使数据使用方无法对数据使用、收益。即便出现第三人对数据主张权利，只要没有影响到数据使用方的使用和收益的，数据使用方不能基于权利瑕疵担保义务请求数据提供方承担违约责任。例如，数据使用方通过访问数据提供方的服务器的方式，获取相关个人数据，数据主体基于个人信息权益行使个人信息查询权，没有影响到数据使用方对数据的使用和收益时，其不能请求对方承担权利瑕疵担保责任。第三，数据

---

[1] 王利明主编：《民法》（第八版）（下册），中国人民大学出版社2020年版，第247页。

使用方对于权利瑕疵的存在并不知情。如果数据使用方明知存在权利瑕疵，如明知道数据提供方对数据不享有相关财产权，仍然与之订立数据访问合同，就要由自己承担相应的后果。①《民法典》第723条第1款实际上赋予了作为承租人的数据使用方减价请求权。此外，根据《民法典》第723条第2款，当第三人对数据主张权利时，数据使用方应当及时通知数据提供方。没有及时通知导致权利瑕疵损害的，数据提供方不承担相应赔偿责任。

对于数据质量的瑕疵担保义务：数据提供方应当担保数据符合约定的用途，以保持数据的适租状态，以达到合同的目的。②《民法典》第708条规定了出租人的物的瑕疵担保义务。在数据访问合同的场景下，数据提供方应当对数据质量负有瑕疵担保义务，尤其应当聚焦在数据的各类特性之上。关于数据质量的瑕疵担保义务，在上文数据转让合同的部分已详细论述，此处不再赘述。简而言之，数据提供方应当按照约定向数据使用方提供数据，要按照约定确保数据的性质、数量、准确性、时效性、完整性、粒度、格式，以及元数据、领域表和其他为实现数据利用所需的技术规格，以及确保数据的供应频率和更新内容等。在数据访问合同中没有明确约定数据质量的，要根据数据访问合同中的合同目的来确定数据使用方能够获取到的数据的性质、数量、准确性、时效性、更新频次、更新内容等。当然，如果数据使用方在订立合同时已经知道数据质量方面存在瑕疵，而且仍然愿意签订合同，则数据提供方原则上无须负担相应的瑕疵担保义务。③数据质量的瑕疵可能会由第三方的原因造成。例如，数据提供方控制的服务器遭到黑客破坏，导致部分数据丢失而无法开展正常的数据访问活动。由于数据提供方的瑕疵担保义务是一项持续的义务，此时数据提供方对于数据质量的瑕疵给数据使用方造成的损失，也应当承担赔偿责任。

3. 数据提供方负有对特定数据的"维修义务"

根据《民法典》第712条的规定，出租人对租赁物负有维修义务。在传统租赁合同中，保障租赁物符合约定的用途的方式主要就是维修，承租人在租赁物需要维修时可以请求出租人在合理期限内维修。出租人没有履行维修义务的，承租人可以自行维修，维修费用由出租人承担。因维修租

---

① 胡康生：《中华人民共和国合同法释义》，法律出版社1999年版，第338页。
② 谢鸿飞、朱广新：《民法典评注·合同编：典型合同与准合同》，中国法制出版社2020年版，第278页。
③ 史尚宽：《债法总论》，中国政法大学出版社2000年版，第171页。

赁物影响承租人使用的，根据《民法典》第713条，应当相应减少租金或延长租期。

在实践中，数据访问合同中，数据提供方的维修义务应当体现在确保数据使用方能够正常访问其服务器以获取数据。存储数据的服务器出现故障，导致数据使用方无法按照合同约定的方式正常访问数据的，数据提供方应当及时对服务器进行修复。数据提供方的维修义务与其对数据质量的瑕疵担保义务存在直接关联，这也是数据提供方负担的主给付义务。[1] 在租赁合同中，规定维修义务，就是为了保证租赁物在租赁期限内能够符合合同约定的用途。若数据使用方访问数据时发现，其能够访问的数据缺少合同约定的特定数据类型，或数据的数量和准确性不足够，则数据提供方应当及时调整访问措施，确保数据使用方能够访问的数据符合合同约定的数据质量。

4. 数据使用方负有合理使用数据的义务

在合同期限内，数据使用方只对数据享有债权意义上的使用权，并不享有对数据的财产权。在租赁合同中，有关租赁物使用的方法需要根据当事人之间的协议、租赁的目的以及相关默认规则来进行确认。[2]《民法典》第709条规定，承租人应当按照约定的方法使用租赁物，没有约定或约定不明确的，应当根据第510条的规定进行确认，仍然不能明确的，要根据租赁物的性质使用。承租人应当依照约定使用租赁物，要根据当事人之间的合同、租赁目的确定使用方法进行使用。[3] 故此，在数据访问合同中，数据使用方对数据的使用不能是无限制的任意使用，应当就数据处理的方式、数据处理目的进行约定和确认。例如，以上述典型场景为例，双方最初在合同中约定乙公司将进行某些数据处理活动，以便更好地了解发动机的工作原理和优化方案。但是在分析数据的过程中，乙公司意识到这些数据对于开发互联汽车的操作系统具有研究意义。由于这一目的与双方约定的合同目的不同，可能会潜在损害甲公司的利益（如甲公司正在研发互联汽车的操作系统），乙公司不能根据新的合同目的对数据进行处理。如果数据使用方想要根据新的合同目的对数据进行处理，则需要由双方当事人达成新的数据访问合同。关于这一点，数据访问合同与数据转让合同有明显不同。双方订立数据访问合同的主要动机是数据提供方能够保持对数据的控制，特别是出于数据安全、数据隐私方面的考量，或是针对相关数据

---

[1] 王利明：《合同法分则》，北京大学出版社2023年版，第165页。
[2] Kare Lilleholt et al.，Lease of Goods，Oxford University Press 2008，p. 108.
[3] Kare Lilleholt et al.，Lease of Goods，Oxford University Press 2008，p. 108.

第八章　企业数据的交易

活动保持知情和掌控的需求等，数据使用方只能将被赋予访问权限的数据用于合同中所约定的数据处理目的。然而，在数据转让合同中，数据受让人享有对数据的财产权，可以根据任何合法目的，对数据进行任意处理。故此，在数据访问合同中，特别强调数据使用方在处理数据时要严格依据合同目的限制数据处理活动，以确保数据提供方在转移数据财产权的情况下，仍然能够有效管理数据的使用，并在必要时监督和控制数据的相关活动。①

数据访问合同可以约定数据使用方能够在数据提供方的服务器上处理数据，进行数据分析活动。当数据使用方对数据进行处理后产生了衍生数据时，数据使用方是否可以将衍生数据迁移至数据使用方？《民法典》第720条规定，在租赁期限内因占有、使用租赁物获得的收益，归承租人所有，但当事人另有约定的除外。根据该规定，在合同期限内，数据使用方对数据进行使用而产生的收益，如数据分析结果或其他数据衍生产品，应当归属于数据使用方。因为作为租赁合同的数据访问合同之签订，就是为了对数据进行使用、收益，数据使用方享有对数据的使用权，应当允许数据使用方取得相关收益②，即对数据分析结果或衍生数据的财产权。

5. 数据使用方负有不得将数据访问权限擅自转让的义务

数据使用方依据数据访问合同享有的数据使用权为合同债权，并非作为物权的财产权。故此，数据使用方不能如同自己享有财产权那般，随意处分数据。《民法典》第716条第1款规定，承租人经出租人同意，可以将租赁物转租给第三人。承租人转租的，承租人与出租人之间的租赁合同继续有效；第三人造成租赁物损失的，承租人应当赔偿损失。数据访问合同为租赁合同，数据使用方不得将数据使用权随意转让至第三人，除非经过数据提供方的同意。即便数据使用方将数据使用权转移至第三人，由于对数据的使用需要依赖数据提供方的技术性措施等配合行为，第三人也无法访问数据，进而使用数据。数据提供方同意将数据使用权移转至第三人，发生因数据泄露导致数据提供方遭受损失的，应当由数据使用方向数据提供方承担损害赔偿责任，因为数据使用方只受到其与数据提供方的合同关系的约束。③ 未经数据提供方同意擅自将数据使用权转移至第三方的，由于数据使用方对数据不享有财产权，构成无权处分。依据《民法

---

① ALI-ELI Principles for a Data Economy: Data Rights and Transactions, Principle 8.
② 王利明：《合同法分则》，北京大学出版社2023年版，第169—170页。
③ 王轶等：《中国民法典释评·合同编·典型合同》（上、下卷），中国人民大学出版社2020年版，第433页。

典》合同编关于无权处分的规定,无权处分并不影响合同的效力[①],但是由于破坏了数据提供方与数据使用方之间的信任关系,且增加了数据泄露风险,依据《民法典》第716条第2款的规定,数据提供方享有解除合同的权利。

(四) 数据访问的特殊形态:数据源利用合同

数据源利用合同是指数据提供方承诺给予数据使用方访问数据采集或数据生成设备的权限,获取数据以供使用的合同。[②] 数据源利用合同是一种特殊类型的数据访问合同。这类合同的重点在于对特定数据采集或生成设备的访问。这意味着数据使用方关注的是特定数据采集或生成设备的特性,而非数据本身的特性。换句话说,数据访问合同中的访问数据是指已经存在的特定数据,而数据源利用合同的访问数据是指数据采集或生成设备在特定期限内的所有数据,包含已经存在的数据和未来将会产生的数据。数据源利用合同在数据经济中十分常见。

典型场景:汽车制造商甲公司与商业公司乙公司签署一份合同。根据合同,乙公司获得了汽车雨刮器和前大灯产生的数据访问权限。这些数据使乙公司能够为缺乏其他气象传感器数据的地区提供精准天气报告。无论是甲公司还是乙公司都不知道汽车会行驶多远,在何时何地行驶,且甲公司并未就此向乙公司作出承诺。由于乙公司被授予了访问数据设施的权限,并且该合同不属于数据访问合同,此时的合同就属于数据源访问合同。

数据提供方对数据使用方提供访问特定数据设备的技术方面的安排,可能存在多种实现方式。数据提供方不一定需要直接给予数据使用方对原始数据源的访问权限。在实践中,双方通常会约定允许将原始数据源中的实时数据传输至数据源副本中,随后再赋予数据使用方对数据源副本的访问权限。[③] 在这种情况下,尽管数据使用方并没有直接访问原始数据源,但通过访问复制的数据源同样可以获取相同的数据,而这种方式更加便于管理和控制数据流,并可能有助于保护原始数据源的安全性和完整性。以上述典型场景为例,甲公司并不希望乙公司访问其已经联网的车辆,而是会通过合同约定,甲公司会自动且持续地将由雨刮器和汽车前大灯所生成的所有数据传输至特定的服务器,随后再赋予乙公司对该服务器的访问权

---

① 王轶等:《中国民法典释评·合同编·典型合同》(上、下卷),中国人民大学出版社2020年版,第433页。

② ALI-ELI Principles for a Data Economy: Data Rights and Transactions, Principle 9.

③ ALI-ELI Principles for a Data Economy: Data Rights and Transactions, Principle 9.

限。尽管该服务器并非真正的数据源，但双方已经将其变成了原始数据源的一个副本。

数据源利用合同和数据访问合同之间的关键区别在于，数据提供方对数据质量的瑕疵担保义务有所不同。除非双方有特别的约定，数据源利用合同中，数据提供方没有义务保证数据使用方能够访问到的数据质量、类型和数量等。在某些情况下，如果双方当事人在合同中约定数据使用方能够获取最低数量的数据，或者达到最低质量标准的数据，那么此时的合同应当属于向数据使用方提供特定数据的范畴，归入数据访问合同的范畴，而非数据源利用合同。

在数据提供方的瑕疵担保义务群中，只有数据质量的瑕疵担保义务与数据访问合同中数据提供方的瑕疵担保义务有所区别，权利瑕疵担保义务与数据访问合同中数据提供方的权利瑕疵担保义务相同，此处不再赘述。关于数据质量的瑕疵担保义务，数据提供方并不负有对数据特性的担保义务。数据提供方对于数据质量的瑕疵担保义务体现在，数据使用方能够正常且实时地访问数据源。换而言之，在数据源利用合同中数据提供方的担保义务应当聚焦在数据源能否正常工作，即能否正常地进行数据采集或数据生成工作，以及数据使用方能够正常访问数据源。例如，以上述典型场景为例，假设乙公司联系甲公司，向其描述了开发远程地区智能天气报告服务的计划，并询问甲公司是否有任何甲公司的汽车生成的数据适合这一用途。然后，甲公司向乙公司提供了接入汽车雨刮器和前大灯数据的权限，乙公司对此表示同意。然而，在实际情况中，前大灯对不同的天气条件没有任何反应，无论是下雨还是晴天都以同样的方式运行；雨刮器在挡风玻璃上的运行也不尽人意，当挡风玻璃上有灰尘时也会被自动激活，使雨刮器数据对于乙公司的目的而言实用性大大降低。在这一例子中，由于甲公司了解乙公司获取数据的具体目的，并且乙公司依赖甲公司的专业技能来选择数据源，因此，该数据源必须符合数据使用方特定用途的要求。当双方签订数据源利用合同，而非数据访问合同时，交易的本质应当是对特定数据源的利用，而非对特定数据的访问。对于数据源利用合同，数据提供方不需要担保数据使用方能够获取特定类型、特定数量的数据，只要保证以下两点即可：第一，允许数据使用方访问并迁移由数据源生成的所有数据；第二，数据使用方享有实时访问数据源的权利，即可以在数据生成的同时获取数据。简而言之，数据源利用合同强调对数据获取的实时性，数据使用方能够及时充分地有效利用数据源产生的所有实时数据。以上述典型场景为例：如果甲公司担心部分数据可能会有所泄露，而对雨刮器和前大灯生成的部分数据进行筛选，通过技术手段不允许数据使用方访问此类数据，甲公司就违反了数据源利用合同中的主给付义务，即允许数据使用方能够实时使用数据源所生成的所有数据。数据提供方负有的关于数据质量的瑕疵担保义务并不会保证数据使用方能够获取最低数量的数据。在上述例子中，如果甲公司汽车的购买者使用汽车的频率逐渐降低，乙公司通过雨刮器和前大灯所获取的数据数量越来越少，即便如此，乙公司也不能因此请求甲公司承担相应的违约责任。

第九章　数据产权登记

第一节　数据产权登记的性质

一、登记的概念

登记，从形式上看，就是将特定信息记载于登记簿（或者其他信息管理系统①）中的过程。② 考察我国实证法上存在的各种登记程序，可以归纳出登记的主要功能是实现国家的管理目的和公示特定信息。③ 当然，针对不同信息、具有不同目的的登记，体现这两种功能的程度不尽相同。就学术界研究较多的不动产登记来说，学者一般都承认这两种功能，但会认为公示的功能更为重要。例如，有学者认为，保护权利人的物权，维护不动产交易安全是不动产登记的基本功能，对不动产进行管理、征收赋税、进行宏观调控和反腐败等是不动产登记的附属性功能。④ 新近的观点认为，我国的不动产登记制度经历了确权—管制—确权—公示四个阶段的演变，总体上呈现出公权力在不动产权利分配问题上介入不断弱化，而转向为权利的市场分配服务的趋势。⑤ 也就是说，在不动产登记方面，登记的

---

① 在我国实证法中，并非所有类型的登记程序都会将登记的信息记载于登记簿上。例如，根据《中华人民共和国商标法实施条例》（2014 年修订）第 94 条，注册商标及有关注册事项记载在商标注册簿上。实际上，这种注册簿与登记簿并没有实际的差异，"注册"和"登记"都对应英文"register"，两者在含义上并没有实质的差异。由于不被称为登记簿的信息记录账册或数据库与登记簿在功能上没有任何区别，以下所称的登记簿，采广义理解，包括所有与登记簿功能相当的账册、数据库等记录集合。

② 申惠文：《物权登记错误救济论》，法律出版社 2015 年版，第 17 页；杨晓玲：《行政登记研究》，中国政法大学 2009 年博士学位论文，第 9－10 页；上海数据交易所有限公司：《全国统一数据资产登记体系建设白皮书》，2022 年 8 月，第 9 页。

③ 杨晓玲：《行政登记研究》，中国政法大学 2009 年博士学位论文，第 9－11 页。

④ 程啸：《不动产登记法研究》（第二版），法律出版社 2018 年版，第 62－64 页。

⑤ 王敏：《错配的钥匙　再论不动产登记争议的行政诉讼》，《中外法学》2023 年第 4 期。

国家管理功能逐渐减弱，而公示功能愈发凸显。而户口登记、市场主体登记（特别是从事特殊经营活动的市场主体登记），更多体现国家（政府）管理社会的目的。

就我国实证法来说，具有法律意义的登记的实现方式一般都是：由公权力机关或具有法律法规授权的组织将特定信息记载在登记簿上，由它们制作并保管登记簿，并为公众提供利用登记簿上信息的各种服务（如查询、更改、删除等）。例如，根据《不动产登记暂行条例》，不动产登记工作由县级以上地方人民政府确定的不动产登记机构负责，由上级人民政府不动产登记主管部门指导、监督（第6条）；不动产登记簿由不动产登记机构按照国务院自然资源主管部门的规定设立（第8条），登记信息纳入统一的不动产登记信息管理基础平台，确保国家、省、市、县四级登记信息的实时共享（第23条）；权利人、利害关系人依法查询、复制不动产登记资料的，不动产登记机构应当提供（第27条）。

登记无外乎将特定信息记载下来，供不同的主体查询、利用，至于在登记前信息能否记载在登记簿上的审查（例如对待登记的权利指向的客体是否存在的审查）等程序，以及在登记后登记簿上信息利用的资格审查（例如并非所有主体都可以查询特定不动产的登记信息，只有有资格的主体才能获取）等程序，都不是研究一般性的登记制度要考虑的问题，或者说这些问题不是所有登记类型都普遍存在的问题①，因而不应该在一般性的"登记"议题下讨论。从登记制度的原理上考虑，真正与确立一种可行的登记实现方式相关的要求只涉及以下三个方面：一是记入登记簿的信息是应当被记入的；二是登记簿上的信息能够得到完整的保存，不被篡改；三是有权查询的主体能够通过某种方式获取登记簿上的信息。只要能够实现上述三方面的要求，从原理上说，这种记载和传输信息的方式就可以成为一种登记的实现方式②，整个事务的处理过程也就是一种登记。传统上，只有依赖公权力机关或具有法律法规授权的组织的权威，加上众多公

---

① 例如动产和权利担保登记没有事前的实质审查程序，专利权、商标权的登记记录可供一般公众查询，没有查询资格的限制。

② 从通信理论（communication theory）的角度考虑，从登记簿中获取信息的过程就是将特定信息从登记簿（信源）通过特定方式（信道）向特定主体（信宿）传输信息的过程。例如，有权查询主体在政府网站上获取不动产登记信息，实际过程就是将各地不动产登记中心数据库中的登记簿信息通过互联网传输给查询主体。香农经典的通信模型包括五个部分：信源（information source）、发送器（或称编码器，transmitter）、信道（channel）、接收器（或称解码器，receiver）、信宿（destination）。以上分析简化了编码和解码的过程。C. E. Shannon, A Mathematical Theory of Communication, 27 The Bell System Technical Journal 379 (1948), pp. 380-381.

第九章　数据产权登记

职人员为维护登记簿努力工作，才能够满足上述三方面要求，使登记簿上记载的信息能够被社会大众普遍信赖，所以具有法律意义的登记事务一直被公权力机关和具有法律法规授权的组织垄断。但是，在信息技术得到快速发展的当下，传统的由公权力机关或具有法律法规授权的组织控制的登记实现方式已经不再是能够实现登记功能的唯一方式，登记实现方式的可能性得到了极大的扩张。这种变化深刻地影响了法学对"登记"议题的讨论。总的来说，信息技术发展对登记实现方式的影响体现在以下三个方面：

（1）由于数据库和信息检索技术的发展，登记簿的编制和保存方式变得多样，登记信息的查询和利用方式也变得多样。传统上，我国及其他德国式民法教义学下的理论一般将登记簿的编制模式区分为物的编制主义（物的编成主义、物的登记方法）模式和人的编制主义（人的编成主义、人的登记方法）模式。所谓物的编制主义模式，是以登记指向的各个不同的权利客体为基本单位，对每个不同的权利客体都设置单独簿页，各个权利客体簿页集成为登记簿的登记模式，例如不动产登记簿以每一个不动产单元为基本单位编制，集成起来形成不动产登记簿；所谓人的编制主义模式，是以权利人为基本单位，为每个权利人设置单独簿页，各个权利人簿页集成为登记簿的登记模式。[1] 这种区分实际上包含了对两个不同的问题的判断：一个是登记信息管理（包括信息项设置、不同记录整理集成等）的技术问题，另一个是记入登记簿的信息是否应当被事先审查，以确保准确性的规范问题。[2] 就前一个技术问题来说，信息技术的发展已经使信息管理的效率大幅提升、成本大幅下降，我国的法律实践中也已经广泛地利用数据库、信息检索等技术，提高登记信息存储和利用的效率，降低成本。例如，不动产、专利权、商标权、信托产品等财产的登记信息都可以在相应的政府网站上查询，依据相关的规范性文件，登记机构内部维护的登记簿大多已不再是纸质的形式，而是以数据库、电子文件等信息化形式存在。在此背景下，以物的编制主义编制的登记簿与以人的编制主义编制

---

[1] 程啸：《不动产登记法研究》（第二版），法律出版社 2018 年版，第 210–214 页；[德] 鲍尔、施蒂尔纳：《德国物权法》（上册），张双根译，法律出版社 2004 年版，第 299 页。

[2] 实际上，无论采用物的编制主义模式还是人的编制主义模式，如果没有登记前的审查程序，登记簿上信息都可能是不真实、不准确的，都可能出现登记簿上的不同记录相互冲突的情况。只是在传统上，物的编制主义模式通常与登记前的审查挂钩，而人的编制主义模式通常不设置审查程序（传统理论一般认为这种模式的登记簿无法实现事先的有效审查——无法有效率地发现权利冲突情况，但这只是信息检索技术不发达或法律制度造成的障碍，并非不能跨越）。

的登记簿，从信息管理的角度看并没有实质差异，两种登记簿可以互相转换①，都可以高效、低成本地添加、修改、删除、查询登记信息。② 因此，传统的区分方式在登记的实现方式问题上已没有实际意义。登记簿的信息项设计、登记簿的信息查询方式等登记的信息管理问题，根本上都不是法律问题，应当将其重新定位为技术问题，从信息技术的视角加以讨论，无须局限于物的编制主义和人的编制主义两种编制模式的框架中。

（2）由于区块链技术的出现，记载信息的权威性（正确性）不再必然需要一个中心化的权威机关维持。传统上的登记是中心化的，由公权力机关或法律法规授权的组织垄断登记事务的处理过程，这种设计一方面便于处于中心位置的组织汇聚信息并控制信息的流动，从而实现社会管理的目

---

① 例如，如果某种登记簿以物的编制主义编制，存放于数据库中。这种登记簿在数据库中的基本表现形式就是一张以登记对象的唯一编号为主键（识别特定条目所必须存在的数据项），包括权利人的唯一编号、登记对象的相关信息等数据项的数据表。通过数据库管理系统自带的信息检索功能或者自行编写的信息检索程序，可以很容易检索出以不同权利人为分组方法的登记信息。也就是说通过信息检索程序，可以获得不同权利人拥有登记对象的情况。于是，通过信息检索，物的编制主义形式的登记簿可以转换为人的编制主义形式的登记簿。类似地，根据物的编号（如汽车发动机编号）、特征（如不动产所处的经纬度）等关键信息进行检索和整理，人的编制主义形式的登记簿也可以转换为物的编制主义形式的登记簿。支持传统学说的学者可能主张，人的编制主义形式的登记簿记载物的相关信息可能不标准或不准确，根据这些信息转换成的物的编制主义形式的登记簿，可能会出现记录冲突、事实上的同一物出现多个簿页等问题。但这只是记入登记簿的信息是否确保正确性的问题，亦即登记的功能问题，与登记簿编制的形式无关，即使是物的编制主义形式的登记簿，如果没有机制确保记入信息的正确性，同样可能出现上述问题。除了以数据库形式存在的登记簿，通过与纸质文件格式类似的电子文件（如 Word 文档）来存储登记信息的登记簿，只要经过简单的数据清洗、整合过程，也能够通过类似的方式实现上述的转换。甚至可以说，即使是用纸质方式保存的登记簿，利用 OCR（光学字符识别）技术，经过必要的数据清洗和整理过程，也能够实现上述的转换。在其他一些国家，比如美国，采取人的编制主义模式的登记簿之所以会导致不能清晰展现登记的财产权利变动情况、信息查找成本高等问题，除了登记功能定位上的考虑，主要是因为受法律的限制，美国的登记机构一般只提供纸质的档案材料，而不提供信息化的检索手段，信息查询的方式相当落后，有些地方只允许在现场翻阅档案，例如查找洛杉矶县的房地产记录，只能预约在线下检索［受加利福尼亚州公共记录法案（California Public Records Act）第 6254.21 节的规定限制］（View Real Estate Records, available at https://www. lavote. gov/home/recorder/real-estate-records/viewing-real-estate-records/view-real-estate-records, last visited at Oct. 24, 2023）。我国不存在这样的障碍。

② 例如，在添加一个不动产权利记录的场景，对于物的编制主义的登记簿，只需要先查询不动产登记号，确定待登记权利是否与此前的记录冲突，若无冲突，在数据表上增加一条数据记录即可。人的编制主义的登记簿同样可以很简单地实现不导致权利冲突的登记：只需要先根据不动产的登记号或待登记不动产的特征（如所处县市、经纬度、楼层等），在所有数据记录中查找是否包含对待登记不动产的登记记录，若无，则新增记录；若有，则检索具有同样不动产登记号的数据记录记载的权利是否会与待登记的不动产权利冲突，若无冲突，则增加一条数据记录。实际上，无论采取何种编制模式，如果采用关系型数据库实现，底层的数据表结构很可能是一样的（都需要维护权利客体信息表、权利信息表、权利人信息表等数据表）。

的；另一方面，借助这些组织的权威并通过它们的专业人员来管理登记簿，在很大程度上能够避免登记簿上信息被篡改、登记记录遗失等风险，从而提升登记簿记载信息的可信度，有助于维护登记簿作为法律事实存在性记录的权威地位。但是，通过中心化的权威机关和专业人员来维持登记簿中记载信息的准确性和真实性，具有很大的局限性。登记机构人员管理的疏失、自然灾害、网络攻击等等原因都可能导致登记记录丢失或被篡改。而且聘请大量维护登记簿的专业人员是成本高昂的。区块链作为一种去中心化的信息处理系统，具有时序记录功能，能够有效地防止数据篡改[1]，相比于由公权力机关和法律法规授权的组织控制的中心化登记系统，更能够确保登记簿上信息的真实性，防止这些信息被篡改。在不需要一个中心化的组织实现某些社会管理功能（如限制财产交易的达成、控制登记信息传播等）的登记情景，利用区块链技术构建登记事务的处理系统显然是一个效果更好、成本更低的选择。国内外已有相当数量的学术文献讨论在登记中利用区块链技术的问题。[2]

（3）各种信息技术都得到了大幅的发展，改变了登记事务实现的成本结构，使登记簿上可记载的信息类型和数量可以大幅增加，登记信息查询的理论难度大幅下降，消弭了所谓的"登记能力"问题。传统理论认为，并非所有权利都有资格登记在登记簿中，对公众公示，只有那些具有交易重要性且需要公示的权利才具有登记能力，应当在登记簿上记载并公示。[3] 设定登记能力限制记入登记簿的信息类型的主要理由（针对土地上的权利）是，"某些权利，如使用承租权与用益承租权等，其对外公示对权利交易并无重大法律意义，倘若也将它们纳入土地登记，不仅会使登记制度丧失其目的，而且会加重登记工作"[4]。这一理由有两个要点：一是

---

[1] 袁勇、王飞跃：《区块链技术发展现状与展望》，《自动化学报》2016年第4期。

[2] 关于区块链技术在不动产登记中的应用，例如，王新建：《区块链技术在构建全国不动产登记系统中的应用》，《中国房地产》2020年第6期；贾文珏、张菲菲：《基于区块链的全国不动产登记信息共享服务思路初探》，《国土资源信息化》2020年第2期；Vinay Thakur et al., Land Records on Blockchain for Implementation of Land Titling in India, 52 International Journal of Information Management 101940 (2020); Benito Arruñada, Prospects of Blockchain in Contract and Property, 8 European Property Law Journal 231 (2019). 关于区块链技术在数据产权登记中的应用，参见彭勇、祝连鹏、王雪：《基于数据登记的数据要素市场建设探究》，《产权导刊》2022年第6期。

[3] 程啸：《不动产登记法研究》（第二版），法律出版社2018年版，第150-152页；程啸：《论数据产权登记》，《法学评论》2023年第4期；李永军：《论财产权利"登记能力"对物权效力体系的影响》，《法商研究》2021年第6期。

[4] [德]鲍尔、施蒂尔纳：《德国物权法》（上册），张双根译，法律出版社2004年版，第289页。

不具有登记能力的权利对外公示对权利交易没有重大的法律意义；二是如果不设限制，将所有权利都纳入登记，会加重登记工作。第一个要点实际上是倒果为因，实际情况不是公示对承租权等权利的交易没有法律意义，所以不需要公示，而是因为相关信息不允许通过登记公示而导致实践中交易双方无法有效获取相关的真实情况，所以不去关注这些信息（或者说不以这些信息为交易的基础）。在权利对世效力的取得基本都以公示为要件[1]的背景下，是能否公示决定了权利是否能够对第三人产生效力，而非权利本身的类型、属性决定其是否具有对抗第三人的效力。[2] 第二个要点则完全是针对纸质登记簿孱弱的信息存储能力得出的结论。传统的纸质登记簿，簿页的表格固定，能够填入簿页的内容十分有限[3]，如果不加限制地允许所有权利信息填入登记簿，就很可能使登记簿的记录数量过多，难以保存，也不便于查询信息，确实会"加重登记工作"。这种理由在信息技术得到充分发展的今天，就不再合理了。如今的信息存储成本很低，登记簿也已大多实现电子化，登记机构完全可以以很低的成本在登记簿（实际上是数据库或者其他在计算机中运行的信息系统）中记入更多类型的信息，同时不大幅提高信息存储和查询的成本。因此，所谓"登记能力"的登记资格限制，在当前的法律体系和社会现实下，缺乏充分的理由，应当予以摒弃。

综上，登记的概念指涉的就是一套能够将可以记载的信息存储起来，可以有效保障信息真实性，防止篡改，并能够为有资格的主体提供信息查询服务的信息管理机制。在信息技术发达的当代背景下，登记的可能性非常广阔，可以具有多样的登记簿编制方式，多样的组织、运行机制，可以记载多类型的信息。

---

[1] 公示生效主义和公示对抗主义都符合这一点。除此之外，基本权利、人格权等每个人都可自动获得的权利，宪法和法律上的规定也可以被认为是一种公示。

[2] Arruñada, Benito, Property Titling and Conveyancing: Research Handbook on the Economics of Property Law, Edward Elgar, Cheltenham UK, K. Ayotte and H. E. Smith, eds., Ch. 12, 2011, p.238.

[3] 例如，传统的纸质不动产登记簿对一个不动产相关信息的记载，假如用汉字算，很可能不会超过1 000个汉字。在计算机中，一个汉字通常占用2个字节（byte），那么不动产登记簿一个不动产簿页承载的信息量就只有2 000字节，即2KB。而今天的计算机存储设备的容量都是以TB为单位算的（1TB＝1 000 000 000 KB，方便起见，以上字节单位均按十进制换算）。这很明显就能看出传统纸质登记簿和计算机信息系统在信息承载能力方面的差异。关于不动产登记簿的样式，参见《国土资源部关于启用不动产登记簿证样式（试行）的通知》（国土资发〔2015〕25号）的附件1"不动产登记簿样式及使用填写说明"。

二、登记的种类与数据产权登记的归类

以"登记"为关键词检索我国的法律法规数据库,可以发现我国的法律实践中存在着很多类型的登记[1],如不动产登记、著作权登记、信托产品及其受益权登记、证券登记、房屋租赁登记、户口登记、收养登记、市场主体登记等等。观察这些登记类型可以总结出一个共性,即所有的登记,都是要记载以某一关键节点(法律主体或客体)或某种核心关系为中心的法律关系簇以及其他相关信息。例如不动产登记等财产登记以房屋、土地、作品等财产(或者说财产权益指向的客体)为核心节点,记载与此相关的各种法律关系和相关信息,如利益归属法律关系(所有权法律关系)、用益法律关系、担保法律关系以及权利人的个人信息等;而公司登记、证券登记、信托登记、户口登记、婚姻登记等组织或利益共同体的登记,以共同投资或经营关系、家庭关系等形成组织和利益共同体的核心关系为中心,记载与此相关的法律关系及其他相关信息,如利益归属关系、投票权等组织内部权力行使资格、参与组织的法律主体的信息等。

根据登记的关键节点或核心关系是否具有财产属性(具有稀缺资源分配或产品生产分工功能的社会关系),可以比较粗略地将登记划分为性质有较大区别的两类登记:与财产相关的登记、其他登记。[2] 与财产相关的登记是以特定财产为中心或以特定财产性关系为中心的登记,其他登记则是不以财产性客体或财产关系为中心的登记。在我国,法律主体在市场中从事财产性的法律活动具有较大的自主性,法律法规设置登记的主要目的是保护权利人和市场上其他参与者的合法权益,维护交易秩序[3],而非直接针对特定客体或法律关系进行行政管理。也就是说,与财产相关的登记相较于其他登记,通常公示的功能成分占比较高,管理的功能成分占比较低。

---

[1] 我国实证法中有一些登记类型虽然不以"登记"为名,但无论是功能还是事务处理过程都与登记十分相似,例如商标的注册(register)、私募基金备案(备案信息需公示)。

[2] 有观点主张,根据登记对象,可以将登记分为财产权登记、商事登记和民事身份登记(上海数据交易所有限公司:《全国统一数据资产登记体系建设白皮书》,2022 年 8 月,第 9-10 页)。但是,所谓财产权登记,并不会仅仅登记财产权,还是会登记一些财产权以外的信息,比如不动产登记有预告登记和异议登记。所谓商事登记也不一定仅仅登记商事主体的信息,很多时候也会涉及财产权的问题,例如公司登记既涉及商事主体的登记,也涉及股权这种财产权的登记。所以这种分类不能提供一个清晰的划分标准,没有太大的意义。

[3] 例如,对于不动产登记,学者一般认为登记的主要功能是保护权利人的物权和善意第三人、维护交易安全、提高交易效率。程啸:《不动产登记法研究》(第二版),法律出版社 2018 年版,第 62-63 页。

数据产权登记，顾名思义，登记的主要信息与"数据产权"相关。无论如何理解"数据产权"，"数据产权"带有"产权"（property right）二字，必然与具有财产属性的客体或财产性法律关系相关，故而数据产权登记应当属于与财产相关的登记。现有与数据产权登记相关的文献都赞成这一点。①

值得注意的是，在《数据二十条》中，既有关于"数据产权登记"的论述——"研究数据产权登记新方式"，也有关于"数据要素登记"的论述——"建立健全数据要素登记及披露机制"，两种登记是何种关系，是否都属于与财产相关的登记，需要进一步分析。不少学者认为这两者含义相同②，也有学者认为数据产权（资产）登记包括对资源性数据资产（原始的数据要素）和经营性数据资产（数据产品）的登记。③ 这两种观点实际上都混淆了数据产权和数据要素的概念。所谓数据要素，是从生产要素的角度来认识数据，与是否用产权机制（设置排他性的法律权利）配置数据无关（市场化配置不等于应用产权机制）。根据《中共中央、国务院关于构建更加完善的要素市场化配置体制机制的意见》，要素除了数据，还包括土地、劳动力、资本、技术。这些要素中只有土地和资本可以完全通过产权机制来配置，劳动力的市场化配置根本不可能利用产权机制④，技术的市场化配置也不完全利用产权机制，例如科学发现、智力活动的规则和方法等就不具有可专利性（《专利法》第25条），即使权利人被授予专利权、著作权等"产权"，法律上也有很多规定允许权利人以外的主体利用（如合理使用规则、强制许可规则）。所以，对数据要素也并非一定要全部都利用产权机制来配置。对于公共数据，《数据二十条》第4条就规定，"推动用于公共治理、公益事业的公共数据有条件无偿使

---

① 程啸：《论数据产权登记》，《法学评论》2023年第4期；黄丽华等：《关于构建全国统一的数据资产登记体系的思考》，《中国科学院院刊》2022年第10期；彭勇、祝连鹏、王雪：《基于数据登记的数据要素市场建设探究》，《产权导刊》2022年第6期；刘晓春、杜天星：《数据要素市场建构中的数据知识产权确权登记》，《中国对外贸易》2023年第7期。

② 程啸：《论数据产权登记》，《法学评论》2023年第4期；郭明军、童楠楠：《探索数据产权登记新方式，加快构建全国一体化数据要素登记体系》，微信公众号"国家信息中心"，2023年1月18日。

③ 黄丽华等：《关于构建全国统一的数据资产登记体系的思考》，《中国科学院院刊》2022年第10期。

④ 根据《宪法》第42、43条，公民有劳动的权利和义务，劳动者有休息的权利，没有任何组织或个人可以对"劳动力"享有法律意义上的财产性权利。在我国实证法中，对劳动这种生产要素主要利用劳动法律法规的强制性规则和劳动者与用工单位之间的劳动合同来配置。其中，强制性规则是一种国家干预的资源配置模式，劳动合同也相较于一般的民商事合同具有特殊性，与"产权"的买卖合同属性完全不同。

用",这与一般意义上,以货币价格配置资源的产权机制具有显著的不同。对于政务数据在政务部门间共享利用和对社会主体开放,《政务信息资源共享管理暂行办法》《国务院关于加强数字政府建设的指导意见》《全国一体化政务大数据体系建设指南》等法规和政策文件规定了一套以无偿为原则的体系,也与产权机制不同。所以,如果将"数据产权登记"和"数据要素登记"当作等同的概念来理解,就可能混淆两者不同的功能和性质。

三、数据产权登记的功能

登记的主要功能有两种:管理和信息公示,但它们在不同的登记类型中体现的程度不一样。关于数据产权登记如何体现管理和信息公示这两方面的功能,有不同的看法。一种观点比较强调信息公示方面的功能,认为数据产权登记具有三种基本功能:证明数据产权的功能、降低数据交易成本的功能以及保护数据权利与数据交易安全的功能,而加强数据监管和为国家制定数据市场政策提供依据等管理方面的功能属于附属功能。[1] 同样强调信息公示功能的另一种观点认为,数据产权登记具有五方面重要作用:界定保护产权、促进高效流通、变革要素分配、维护市场秩序、支撑行政管理。[2] 另外一些观点则更加重视登记在管理方面的功能,认为保障数据(产品)流通的安全合规性,防止数据滥用及数据侵权行为,支持政府统计和决策也是数据产权登记十分重要的功能。[3]

这些观点实际上存在两方面的分歧:一是数据产权登记作为一种信息公示机制,在功能上是否能够确认数据产权归属、创设财产权,还是只能证明数据产权。二是数据安全保护以及数据所涉主体合法权益保护等数据合规要求在数据产权登记中是否具有重要性的问题。第一个问题实际上涉及一些更为抽象、更为体系性的法学问题,如公示的功能是什么?[4] 财产

---

[1] 程啸:《论数据产权登记》,《法学评论》2023年第4期。

[2] 郭明军、童楠楠:《探索数据产权登记新方式,加快构建全国一体化数据要素登记体系》,微信公众号"国家信息中心",2023年1月18日。

[3] 上海数据交易所有限公司:《全国统一数据资产登记体系建设白皮书》,2022年8月,第66—68页;彭勇、祝连鹏、王雪:《基于数据登记的数据要素市场建设探究》,《产权导刊》2022年第6期。

[4] 并非所有观点都认为公示只有证明功能。有观点就认为,公示具有使权利产生对世效力的功能(具有权利的建构意义)。梅夏英:《民法上公示制度的法律意义及其后果》,《法学家》2004年第2期;高富平:《物权公示与公信力原则新论》,《华东政法学院学报》2001年第5期。

权是否必须具有排他性？① 第二个问题实际上涉及的则是数据产权可以根据法定的规则在登记前获得（参考著作权的取得模式），还是只能在登记的程序中经审查通过后被授予（参考专利权、商标权的取得模式）的问题。因为如果数据产权登记的功能不仅仅是公示数据产权的内容和归属，还需要对数据合规性进行管理，那么数据产权的取得就不能够独立于登记程序，否则数据产权人不去登记，绕过数据合规审查，管理的功能就无法实现。从《数据安全法》和《数据二十条》等法律法规和政策文件来看，数据行政管理和开发利用得到了几乎同等程度的强调②，因而就政策导向来说，数据产权的保护不太可能脱离数据合规要求的控制。所以，若是要主张比照不动产登记等传统财产登记模式，将登记的主要功能限制为公示，那么这种观点就有必要同时提出如何在不将数据产权登记与数据合规审查绑定的前提下，确保数据起码能够合规流通的新方案。

数据产权登记作为一种与财产相关的登记，在功能方面除了以上的两个问题，还存在一个问题，即登记是否需要审查信息准确性，对外提供财产权属的准确信息的问题。在不动产登记领域，这一问题被放在物的编制

---

① 经济意义上的产权，根据巴泽尔的界定，是个人直接消费或间接消费（通过交换消费其他东西）商品或服务的能力，see Yoram Barzel, *Economic Analysis of Property Rights* 3 (1997)。换个角度说，产权就是个人利用外在事物最大化其效用的可能性。这个定义中并没有排他性的要求。数据具有非竞争性，同样的数据无论给多少人利用，都不会影响任意一个主体利用数据提升自己的效用（就像书无论印刷多少本，每个读者都可以有收获）。一个主体控制数据，即使不被赋予排他性的权利，这种对数据的控制也符合上述产权的定义。但是不少观点认为，排他性，亦即对他人产生的限制其利用行为的效力（对世权），是财产权的本质属性（阮神裕：《区块链数字资产的财产意涵》，《中国人民大学学报》2023 年第 2 期；王涌：《财产权谱系、财产权法定主义与民法典〈财产法总则〉》，《政法论坛》2016 年第 1 期）。如果遵循这样的观点，那么进一步的问题就是：财产权的排他性是否内含于法律关于财产权类型设定的规则中，每个具体的权利无须满足其他条件（如登记、占有等公示要求）即可获得排他性，还是说一个具体的财产权成立不仅需要法律上对财产权类型的设定（假设仍然遵循财产权法定主义），还需要满足公示等要求？如果承认后一种理解，那么在仅主张有限排他权，且排他权指向的义务主体与权利人关系密切，同处于一个组织网络中，受着一系列相互关联的合同约束的背景下，是否可以放弃财产权法定主义，仅仅依赖组织内部形成的规则和公示，认可权利人的财产权（例如游戏社区中的虚拟财产、平台中的账号等）？如果这一点也能被承认，那么登记等公示本身实际上就具备创设财产权（这种财产权对承认公示手段的人有排他效力）的能力。实际上，区块链上遵循特定标准（如 EIP-721 非同质化通证标准）通过智能合约创设"财产权"，就是一个典型的例子。

② 《数据安全法》第 13 条规定，国家统筹发展和安全，坚持以数据开发利用和产业发展促进数据安全，以数据安全保障数据开发利用和产业发展。《数据二十条》第二点"建立保障权益、合规使用的数据产权制度"将"保障权益"和"合规使用"并列，第三点"建立合规高效、场内外结合的数据要素流通和交易制度"和第五点"建立安全可控、弹性包容的数据要素治理制度"，也都在强调数据合规利用的制度建设问题。

主义登记簿和人的编制主义登记簿选择问题中处理。前文已经提及,在技术方面,物的编制主义登记簿和人的编制主义登记簿可以相互转换,利用现代的信息技术,也许能够创造出更好的登记簿编制方式,不一定要拘泥于传统理论提及的两种编制模式。传统理论区分这两种编制模式,更重要的意义是对登记功能的区分。传统理论认为,物的编制主义模式优于人的编制主义模式,理由主要包括:人的编制主义模式无法精确描述权利客体的详细信息,不能清晰展现特定权利客体上的权利状况及其变动,不利于保护权利人的隐私和商业秘密等。[1] 据此,在登记的权利客体可特定化,为不同的权利客体设置独立登记页成本不高的时候,应当优先选择物的编制主义模式;当权利客体特定化存在困难,或者为不同权利客体设置单独登记页的成本太高时,则应当选择人的编制主义模式。[2] 这种理解和选择虽然在现代信息技术的背景下,很难说合理,但它体现了一种对登记功能的区分——物的编制主义登记簿要审查记入登记簿信息的准确性,具有明确特定权利客体的权利归属的功能;人的编制主义登记簿不具备明确特定权利客体的权利归属的功能,不需要在登记前审查记入登记簿信息的准确性。在我国的法律实践中,大多数与财产相关的登记都采取了审查信息准确性的模式,主要的例外是动产和权利担保统一登记,《动产和权利担保统一登记办法》第4条和第24条明确规定,登记机构(中国人民银行征信中心)不开展事前审批性登记,不对登记内容进行实质审查,担保权人、担保人和其他利害关系人对登记内容的真实性、完整性和合法性负责。

按照是否审查待记入信息准确性而对登记所作的区分,与权利登记(Registration of Rights)模式和契据登记(Recording of Deeds)模式的区分相当。权利登记模式要求登记人员根据登记簿上现有的信息审查待记入登记簿的信息的准确性,从而在事前(ex ante)排除权利冲突、明确权利客体状况,使善意第三人可以信赖登记簿上的信息,这种模式可见于澳大利亚、德国、英国和西班牙的不动产登记制度;契据登记模式仅归档财产权转让合同(契据,title deeds),以提供(针对前手)财产权主张的证据,通过诉讼在事后(ex post)解决财产权归属争议,第三人需要调查所有与权利客体相关的记录,不能轻信任何一条权利转让记录,这种模式可

---

[1] 程啸:《不动产登记法研究》(第二版),法律出版社2018年版,第214页。
[2] 程啸:《论数据产权登记》,《法学评论》2023年第4期。

见于美国、法国和具有法国法背景的国家的不动产登记制度。[1] 美国法理论一般认为,权利登记模式可以提高土地的价值,但可能会对低价值土地过度保险(overassurance),契据登记模式制度运行成本较低,但在此制度下土地价格会相对较低,且可能对高价值土地欠缺保险(underassurance),所以选择权利登记模式还是契据登记模式取决于登记的成本收益比较和登记的财产权价值大小。[2]

数据产权登记是否需要事前审查待记入的信息是否准确呢?有观点认为,应当采用人的编制主义登记簿,即事前不审查数据产权归属,记载的数据也无须严格特定化。[3] 另一种观点则认为,应当通过健全、唯一且不可篡改的数据产权登记制度,确保数据产权相关主体的权属关系明确。[4] 在笔者看来,这个问题应该参考美国法理论的思路,考虑登记成本和收益的关系以及数据产权的价值大小。[5] 此外,数据产权登记的信息类型也与此息息相关,是审查数据和以特定数据为客体的权利的准确性,还是审查数据开发、利用和共享法律关系的准确性?这两种思路实现的难度有显著不同,因为第一种审查模式需要逐个判断每条数据的情况,在数据规模庞大时,工作量巨大,而第二种审查模式不直接审查每条数据的状况,只要判断法律关系的真实性和合法性即可。下文将会对数据产权登记的信息类型进行讨论。

四、登记行为的法律性质

一些关于不动产登记的研究将登记行为是属于行政行为、民事行为还是具有其他法律属性命名为"不动产登记的性质"问题[6],严格地说,这应该被称为"不动产登记行为的法律性质"问题,因为不动产登记过程的

---

[1] Arruñada, Benito, Property Titling and Conveyancing. Research Handbook on the Economics of Property Law, Edward Elgar, Cheltenham UK, K. Ayotte and H. E. Smith, eds., Ch. 12, 2011, pp. 239 - 240. 美国一些州也有部分行政区采取过权利登记模式,这种模式在美国被称为托伦斯模式(Torrens system), see Thomas J. Miceli et al., Title Systems and Land Values, 45 The Journal of Law & Economics 565 (2002), pp. 565 - 566。

[2] Benito Arruñada & Nuno Garoupa, The Choice of Titling System in Land, 48 The Journal of Law and Economics 709 (2005), p. 724; Thomas J. Miceli et al., Title Systems and Land Values, 45 The Journal of Law & Economics 565 (2002), p. 579。

[3] 程啸:《论数据产权登记》,《法学评论》2023年第4期。

[4] 黄丽华等:《关于构建全国统一的数据资产登记体系的思考》,《中国科学院院刊》2022年第10期。

[5] 初步看来,不同类型的数据价值差异很大。所以,应当首先对数据根据价值进行分类,再考虑登记方案。

[6] 程啸:《不动产登记法研究》(第二版),法律出版社2018年版,第82页;王洪亮:《不动产物权登记立法研究》,《法律科学》2000年第2期。

行为和结果在法律上都有重要意义,"不动产登记"在概念上应该既包括登记行为,也包括登记结果。① 登记行为的法律性质问题,实际上指向的主要问题是:当对不动产登记的行为或结果产生争议时,当事人应当通过行政诉讼的途径获得救济,法院根据行政法的原理和规则进行审理;还是说,当事人应当通过民事诉讼的途径获得救济,法院应当根据民法的原理和规则进行审理? 在二十多年间,民法和行政法学术界已对此问题进行了大量的讨论,大体上可以分成行政行为说、民事行为说、双重属性说三大类型的观点。②

实际上,登记行为的法律性质争议,并没有太大的意义。无论采取行政行为说、民事行为说、双重属性说的哪一种,学者都承认登记行为不是典型的行政行为或者民事行为,有其自身的特殊性。既然如此,关于登记行为的法律性质就应该回到真正的问题上去,即在对登记的行为(程序)和结果有争议时,应当通过什么程序解决争议,法院或其他争议处理机构应当以什么标准裁判,而不必纠缠于是以行政法还是民法的大框架推导或者类推出处理问题的框架。此外,前文已经提及,登记在当下的信息时代具有多样性,并非一定需要一个中心化的公权力组织介入,用区块链等技术手段比起通过法律设置一套完善的登记程序和纠纷处理规则,也许能够以更低的成本实现更准确的登记,避免登记错误的发生,这样来看的话,登记行为的法律性质争议更是无足轻重。数据登记行为作为一般登记行为的一个实例,其法律性质问题同样适用前述说明。

第二节 数据产权登记的客体与类型

一、数据产权登记的客体

何为数据产权登记的客体? 一种观点认为,主要涉及两方面的问题:一是数据产权登记的标的物,二是数据产权登记的权利。③ 根据这种观点的理解,数据产权登记是一种财产权登记,财产权登记记载的是财产权,财产权的客体就是财产权登记的标的物;据此,数据产权登记的标的物只

---

① 孙宪忠:《不动产登记基本范畴解析》,《法学家》2014年第6期;常鹏翱:《不动产登记法》,社会科学文献出版社2011年版,第3-6页。

② 关于此问题的综述,请参考程啸:《不动产登记法研究》(第二版),法律出版社2018年版,第82-92页。

③ 程啸:《论数据产权登记》,《法学评论》2023年第4期。

能是数据,因为从民事权利客体的角度而言,没有必要区分数据、数据资源和数据产品,对它们的区分只有经济方面的意义。① 至于数据产权登记的权利,则涉及登记能力问题,需要首先明确《数据二十条》数据产权结构性分置中的三种权利——数据资源持有权、数据加工利用权、数据产品经营权——在法律上的性质和内容,才能回答。②

另一种观点则将与此相关的问题称为数据产权登记的对象问题。这种观点认为,"数据资产登记是指对数据要素、数据产品的事物及其物权进行登记的行为","登记对象是登记者持有和控制的、经过一定审核程序以后可以认定的资源性数据资产和经营性数据资产"③。

笔者认为,登记是将相关信息记载在登记簿或其他信息系统中的过程。与财产相关的登记可能会记载与那个有用的(物权法意义上的)物相关的信息,比如不动产登记会记载土地的坐落、界址、空间界限、面积、用途等自然状况以及编码④,机动车登记需要记载车辆识别代号、出厂合格证明等信息⑤;也可能记载体现财产性质的法律关系(如所有权关系、应收账款债权债务关系、商事信托关系)、与财产相关的法律关系(如担保合同关系)以及其他信息(如预告登记信息、权利人信息等)。一种登记上可能同时包含上述两种类型的信息,例如不动产登记既包括与不动产相关的信息,也包括不动产上各种权利、法律关系、权利人等信息;也可能仅包括其中一种类型的信息,例如动产和权利担保登记如果记载的是应收账款质权等权利质权,就不会有关于特定标的物的信息,不以动产或不动产为底层资产的信托产品登记的情况也类似。所以,准确地说,与财产有关的登记以"财产"为中心展开,这里的"财产"可以是物,也可以是某种具有财产属性的法律关系(如金钱债权债务关系、商事信托关系);与财产有关的登记记载的信息类型可以很广泛,只要与财产相关,都可能记入登记簿。

在此理解下,上述关于数据产权登记的客体(笔者更倾向于采用"数据产权登记记载的信息类型"的说法)的两种观点实质意义上的争议是:数据产权登记是以"数据"为中心展开,还是以具有财产性质的数据生

---

① 程啸:《论数据产权登记》,《法学评论》2023 年第 4 期。
② 程啸:《论数据产权登记》,《法学评论》2023 年第 4 期。
③ 黄丽华等:《关于构建全国统一的数据资产登记体系的思考》,《中国科学院院刊》2022 年第 10 期。
④ 《不动产登记暂行条例》第 8 条。
⑤ 《机动车登记规定》第 12 条,行业标准《道路交通管理信息采集规范 第 2 部分:机动车登记信息采集和签注》(GA/T 946.2—2020)。

产、共享和利用关系为中心展开？这种争议实际上是对数据产权内容的不同理解导致的。第一种理解主张数据产权是类似于物权或一般金钱债权那样指向性明确的典型财产权利，于是数据产权就是指向特定数据①的财产权，这样数据产权登记就应当以可以作为财产的特定数据为中心展开。第二种理解强调数据从原始数据到数据产品的价值附加过程，其所主张区分的"资源性数据资产"和"经营性数据资产"是一种从会计视角对财产利益的描述，转换成法律视角，这两种"资产"类似于公司股东的分红权、高速公路收费权等将有的金钱债权、商事信托的受益权，不指向特定的物或财产利益，但通过一定的方法可以估计出比较确定的当前价值（现值，present value）。所以，根据第二种理解，数据产权的内容是一种类似于公司与股东间利益分配关系、基础设施和公用事业项目收益权转让合同关系、信托关系等具有财产属性的法律关系；这种法律关系并不指向特定数据，涉及的数据可以在一定界限内被不断修改、增减；这种法律关系的财产属性体现为，利用原始数据产出数据产品，以及将数据产品共享给其他主体利用的经济价值。于是按第二种观点，数据产权登记就应该以具有财产属性的数据生产、共享和利用关系为中心展开。

二、数据产权登记的类型

登记的类型问题，关于不动产登记的学术文献对其研究最多。在不动产登记领域，理论对登记类型的划分方式有很多：根据登记是否涉及权利之间的顺位关系，可分为实体权利登记（物权登记）和程序权利登记（权利顺位登记）；根据登记的权利类型，可分为所有权登记和他项权利登记；根据登记的法律效力，可分为终局登记（直接使物权变动发生效力）和预登记（条件满足时才发生物权变动效力），或称本登记和预备登记；根据不动产机关的工作程序，可分为初始登记、变更登记、更正登记、涂销登记；根据登记内容的不同，参考《不动产登记暂行条例实施细则》的分类，可分为权利登记和其他登记（包括更正登记、异议登记、预告登记和

---

① 这里的"特定数据"仍会存在因对数据概念的不同理解——数据是指现实过程原始记录，还是指特定信息的一种表示方式（本书第一章中非信息论意义上的数据概念和信息论意义上的数据概念）——造成的指向性不同的问题。但无论是哪种概念下的数据，最终都可以通过数字摘要算法（数字摘要，digital digest，也称数字指纹；利用数字摘要算法，输入任意长度的数据，可以得到一定长度且不重复的数据，这个输出的数据可以作为识别输入数据的依据）特定化。当前已公布的关于数据产权登记的地方规范性文件及其征求意见稿就有将数据摘要［数据快照散列值（哈希值）］纳入申请数据产权登记需要提交的材料的参见《江苏省数据知识产权登记管理规则（试行）（征求意见稿）》第15条。但是，采取此观点的学者似乎并不主张数据完全地特定化，允许数据的数量发生变化（程啸：《论数据产权登记》，《法学评论》2023年第4期）。

查封登记);根据登记的启动原因,可分为依申请登记、依嘱托登记与依职权登记;根据登记是否具有独立性,可分为主登记和附记登记;根据登记的效力,可以分为设权登记、对抗登记、宣示登记。[1]

考察我国现行法的规定,可以发现针对不同登记的法律法规和规范性文件所规定的登记类型存在较大的差异。例如,不动产登记包括权利登记和其他登记(更正登记、异议登记、预告登记和查封登记)。[2] 动产和权利担保登记有初始登记、变更登记、展期登记、异议登记、注销登记这几种类型。[3] 机动车登记包括注册登记、变更登记、转让登记、抵押登记、注销登记五类。[4] 证券登记包括初始登记、变更登记(过户登记和其他变更登记,如司法冻结、质押等)、退出登记三类。[5] 信托(产品)登记包括预登记、初始登记、变更登记、终止登记、更正登记五类。[6] 总的来说,一方面,登记的类型划分与登记的功能密切相关,如不动产登记涉及不动产上多种权利的公示,所以区分了多种权利登记类型,而其他的登记涉及的财产性质的权利类型单一或者不具有区分权利类型的功能,所以没有划分不同的权利类型;另一方面,不同的登记总是存在以下三种登记类型:(1)第一次将信息记入登记簿的登记类型,通常被称为首次登记、初始登记、注册登记等;(2)修改原有登记簿记载信息的登记类型,通常被称为变更登记、更正登记等(当然不同的名称对应的修改理由可能不同);(3)删除登记簿上记载信息的登记类型,通常被称为注销登记、终止登记等。之所以所有的登记都具有上述三种登记类型,原理上是因为,登记是一种信息管理机制,而增加、修改、删除信息是任何信息管理机制不可或缺的基本功能。

数据产权登记当然要有上述三种必要登记类型,除此之外,还应当有哪些登记类型,取决于数据产权登记的功能如何。已经出台的关于数据产权登记的地方规范性文件,主要是参考知识产权登记的模式,而我国的知识产权登记通常不区分登记类型,只有登记簿要记载什么信息,登记事务要怎么办理的规定,所以新出台的规范性文件大多没有关于登记类型的规定。唯一的例外是,《深圳市数据产权登记管理暂行办法》第四章规定了

---

[1] 孙宪忠:《论不动产物权登记》,《中国法学》1996 年第 5 期;程啸:《不动产登记法研究》(第二版),法律出版社 2018 年版,第 65-82 页。
[2] 《不动产登记暂行条例实施细则》第四、五章。
[3] 《中国人民银行征信中心动产融资统一登记公示系统操作规则》第 19~23 条。
[4] 《机动车登记工作规范》第二章。
[5] 《中国证券登记结算有限责任公司证券登记规则》第二章到第四章。
[6] 《中国信托登记有限责任公司信托登记管理细则》第三章到第七章。

数据产权的登记类型，包括首次登记、许可登记、转移登记、变更登记、注销登记和异议登记六种。这种登记类型的区分体现了深圳方案的数据产权登记既具有公示权属的功能，又具有公示两种不同交易（许可、转移）的功能。

第三节　数据产权登记的法律效力

一、登记的法律效力

登记的法律效力[①]问题是与登记有关的法律问题的终极性问题——所有关于登记制度的设计，最终都指向这一问题。登记的法律效力不是根据某种登记制度的设计而被最终确定的。相反，建构一套登记制度，设计者首先就会考虑他希望这种登记具有怎么样的法律效力，然后才去决定登记的具体规则如何设计，即登记的法律效力的需求决定了登记制度的具体内容。[②] 所以登记的法律效力问题实际上是登记具有哪些可能的法律效力模式，在具体场景中应当如何选择的问题。就学术界研究较多的不动产登记制度来说，理论一般认为不动产登记制度对不动产转让相关情况的登记，具有转让效力（登记导致转让生效）或对抗效力（登记导致转让结果可对抗善意第三人）[③]；不动产登记簿具有推定力（登记簿上记载的信息推定为真实，可作为证据）和公信力（信赖登记簿上的信息而作的决策受法律保护）。[④] 考察现行法中的其他登记制度，会发现以下几点：

（1）登记对财产权转让产生的效力整体上有三种模式——转让效力、对抗效力、无效力（是否登记对转让结果无影响）。除不动产登记外，采

[①]　在本书的术语体系下，登记的法律效力仅指登记结果的法律效力，而不包括登记行为的法律效力。关于后者的说明，请见第一节第四点。另外，从广义上理解"功能"，登记的法律效力是登记的功能的一种。但这种理解不便于区分登记作为一种信息系统的内部要素（系统的能力）和对外部的意义。所以，在本章的语境中，所谓登记的功能，仅指登记的内部要素，或者说整个登记系统能够做到什么，而登记的法律效力，指登记系统对外部的意义。

[②]　当登记制度是从外国法移植来的时候，可能会出现来自外国的登记制度限制了法律效力的可能性的问题，比如我国的不动产登记制度。但这是法律移植带来的毛病。对于数据产权登记，没有外国法可供移植，也就不会产生这样的问题。

[③]　程啸：《不动产登记法研究》（第二版），法律出版社2018年版，第10-21页。

[④]　程啸：《不动产登记法研究》（第二版），法律出版社2018年版，第264-354页。另一种文献从更宽泛的层面讨论不动产登记的效力（不考虑是否具有直接的法律意义），认为不动产登记的效力包括：物权公示效力、物权变动的根据效力、权利正确性推定效力、善意保护效力、警示效力、监管效力（孙宪忠：《论不动产物权登记》，《中国法学》1996年第5期）。但如果仅仅着眼于登记直接产生的法律意义，后一种观点和前一种观点基本没有差异。

取转让效力模式的主要有证券登记。根据《证券法》第 151 条第 2 款，"证券登记结算机构应当根据证券登记结算的结果，确认证券持有人持有证券的事实"，故一般认为，对证券转让的登记具有转让效力（证券转让采取登记生效主义）。① 但与不动产转让登记的转让效力不同，证券交易并非出卖人和买受人之间的显名交易，而是通过证券中央结算体系实现，交易双方并不具有直接的合同关系，都不承担对方不履约的风险，而由结算机构（也是登记机构，《证券登记结算管理办法》第 48 条）承担②，不存在类似于"一物二卖"的问题，所以登记无论是具有转让效力还是对抗效力，几乎不会存在差异。采取对抗效力模式的主要是机动车、船舶、航空器等特殊动产的转让。根据《民法典》第 224、225 条，这些特殊动产的转让自交付时发生效力，未经登记，不得对抗善意第三人。采取无效力模式的主要是著作权的转让和许可。根据《著作权法》（2020 年修正）第 26、27 条以及《作品自愿登记试行办法》第 2 条，著作权许可使用和转让无须登记即可生效，登记是自愿性质的，不论是否登记对享有的权利没有影响；根据《著作权法实施条例》第 24 条，"著作权法第二十四条（旧法，笔者注）规定的专有使用权的内容由合同约定，合同没有约定或者约定不明的，视为被许可人有权排除包括著作权人在内的任何人以同样的方式使用作品"，所以无论是否登记，合同设立的专有使用权都具有对世效力。③

（2）登记簿的推定力和公信力的效力程度在不同登记制度中也有不同。这两种效力实际上体现着登记簿上的信息不同的可信度〔该信息正确可能性的（官方）合理评估，由规定登记制度的法律法规确定〕，大致上可以分成以下四种程度：1）登记簿上的信息应当都具有最基本的可信度（否则这种登记制度毫无意义），起码能够证实申请登记人曾经主张过某种权利或者某种与登记相关的观点（对登记的异议等），这体现为最小范围的推定力。2）若是登记簿上的信息被赋予更高的可信度，则可以推定登记的事项，如权利归属，是正确的；此时登记簿具有较强的推定力。3）若登记簿上的信息被赋予再高一些的可信度，不仅法院在裁判相关案

---

① 李东方：《证券登记结算的法理基础研究》，《中国政法大学学报》2018 年第 5 期。

② 《证券登记结算管理办法》第六章；李东方：《证券登记结算的法理基础研究》，《中国政法大学学报》2018 年第 5 期；井涛：《论证券结算客观性风险之法律控制》，《现代法学》2005 年第 1 期。

③ 这种模式虽然受到学者批评，但学者一般都认为这就是著作权法规定的现状。苏平、张晨燃：《我国著作权登记制度探析——兼评新修著作权法第十二条》，《电子知识产权》2022 年第 5 期；石宏：《〈著作权法〉第三次修改的重要内容及价值考量》，《知识产权》2021 年第 2 期。

件时可以接纳登记簿上的信息作为证据,其他主体依赖登记簿上的信息进行决策也被认为是合理的,那么登记簿就具有公信力。4)若是登记簿上的信息被赋予最大程度的可信度,即直接规定登记簿上的信息就是正确的,与此不同的信息,无论据以佐证的证据多充分,都被规定为错误的信息;此时登记簿就具有绝对的公信力。在现行法中,后三种效力形态都能够找到实例,分别举例说明如下:

其一,作品自愿登记体现的是第二种效力形态。根据《作品自愿登记试行办法》第1条,作品登记可以为解决著作权纠纷提供初步证据;根据《计算机软件保护条例》第7条第1款,软件登记机构发放的登记证明文件是登记事项的初步证明。因此,作品的登记关于登记人是著作权人的记载具有一定的可信度,可以发挥在一定程度上推定登记人享有著作权的效力。

其二,机动车等特殊动产的登记体现了第三种效力形态。[①] 根据《民法典》第225、311条,登记簿上关于所有权归属的记载可以推定为正确,第三人与登记簿上记载的权利人完成交易(符合第311条的条件),取得对机动车或其他特殊动产的占有,并完成了所有权转让登记,无论真实的权利状况如何,该第三人都会成为新的所有权人。[②]

其三,证券登记体现了第四种效力形态。根据《证券法》第151条第2款,"证券登记结算机构应当根据证券登记结算的结果,确认证券持有人持有证券的事实,提供证券持有人登记资料"。在证券采用无纸化交易的背景下,没有其他非源于证券登记的证券持有人证据,故而证券登记结算公司根据证券登记结算的结果出具的证明,具有最强的证明权利归属的功能。[③] 这也就意味着,证券登记的信息被视为绝对正确,是不可被推翻的。即使证券持有人并非真正的受益人(权益拥有人),与受益人之间存在证券代持关系,根据《中国证券登记结算有限责任公司证券登记规则》第5条第2款的规定,名义持有人可以行使全部证券权利,而证券的受益

[①] 既具有推定力,又具有公信力,但不具有完全公信力的效力模式仍可以根据可信度大小进一步划分。不动产登记属于这种效力模式,但显然与特殊动产的登记不同。

[②] 至于第三人与名义权利人订立合同,并完成转让登记手续,但未经交付程序取得对标的物的占有的"一物二卖"场合,他能否取得所有权(对登记簿上信息的信赖能否得到保护),存在不同的观点〔程啸:《论动产多重买卖中标的物所有权归属的确定标准——评最高法院买卖合同司法解释第9、10条》,《清华法学》2012年第6期;崔建远:《物权法》(第五版),中国人民大学出版社2021年版,第109页〕。在一定程度上,这种争议体现了学者对特殊动产登记簿公信力大小的不同理解。

[③] 周友苏、李红军:《无纸化背景下证券权利若干问题研究》,《社会科学研究》2012年第4期。

人只能通过名义持有人间接地行使权利，所以在法律意义上，名义持有人仍然是真真切切的权利人。

二、数据产权登记的法律效力模式选择

既然登记的法律效力有那么多种模式，数据产权登记应当选择哪一种法律效力模式呢？对此，可以分为以下两个方面展开讨论：

第一，数据产权登记对数据产权的转让或专有许可具有什么意义？有观点认为，数据产权登记应具有转让效力，未经登记，不发生权利变动的效果。理由在于：首先，数据权利是新兴权利，采取登记主义有助于权利的明晰化和法定化；其次，有助于促进数据产权在国家指定的数据交易场所内交易，更好地做到数据交易合规；再次，提升登记的公信力，节约交易成本；最后，这使登记簿具有更高的可信度，获得更强的推定力和公信力。[①] 考虑到数据产权登记还要兼顾数据合规管理的功能，这种观点具有一定的合理性。但是，数据交易以买受人自用为主，转售的情况很少，在有合同约束的前提下，买受人是否会寻求登记，仍然存在疑问。

第二，数据产权登记簿记载的信息应当被赋予多高的可信度，登记簿具有多大程度的推定力和公信力？这与数据产权登记需要具有怎么样的公示功能是一个问题的不同表述。前面讨论数据产权登记的功能的章节已经提及，对于这个问题存在两种观点：一种认为数据产权登记仅具有证明产权的功能，另一种观点则认为数据产权登记具有确权功能。从法律效力模式的选择角度来说，前一种观点认为登记簿最多仅能具有推定力和部分的公信力，不能最终决定权利的归属或者创设权利；后一种观点则认为，登记簿可以具有绝对的公信力，发挥确权的功能（确权相当于在登记簿上记载一条被视为绝对可信的权利归属记录）。透过这个视角，我们可以看到，数据产权登记公示信息的功能可以被赋予很多不一样的意义：（1）仅开放登记系统给所有主体登记，不提供任何形式或实质上的审查服务，就可以获得最基础的推定力——证明登记人主张过某种数据权利或利用过某种数据；（2）在此基础上要求登记人提供获取数据产权的依据，证明数据产权的客体或法律关系存在，可以获得相当于作品自愿登记的推定力——为登记人证明自己拥有数据产权提供初步证据；（3）如果进一步配备审查人员或设计能够实现审查功能的算法，尽可能确保记入登记簿的信息的准确性，那么登记簿就可以获得类似于不动产登记或特殊动产登记的推定力和公信力——为登记名义人提供证明自己拥有数据产权强有力的证据，若权

---

① 程啸：《论数据产权登记》，《法学评论》2023年第4期。

属登记错误，合理信赖登记簿上信息的善意第三人可获救济；(4) 如果明确登记簿上的信息就是正确的，绝对不能被推翻，那么登记簿就具有确权的功能，甚至可以创设新的数据产权类型。① 具体应当选择哪种法律效力模式，最终取决于我们希望有多强排他性、多少灵活性、包含多少内容的数据产权。

---

① 若放弃财产权法定观念（这种做法是否合适，仍有争论。熊丙万：《法定物权的自由展开：经济分析与法律教义》，《中国法学》2023 年第 6 期；张永健：《物权法之经济分析：所有权》，北京大学出版社 2019 年版，第 106－157 页），登记簿上记载的权利内容既然是正确的，承认登记簿的人就必须认可登记簿上的记载，在不与权利内容相冲突的范围内行事。这样新的财产权（起码针对承认登记簿的人具有有限的排他功能）就被创造出来了。

第四编

公共数据权益与共享开放、授权运营

第十章 公共数据权益

第一节 公共数据的概念与类型

一、公共数据的概念

（一）公共数据概念的发展

《数据二十条》《大数据发展纲要》等政策性文件广泛使用了"公共数据"的概念。作为一种重要数据类型，明确"公共数据"的概念内涵对于构建清晰完备、协调统一的数据基础制度，促进数据流通利用，充分发挥数据价值，十分重要。然而，目前国家层面立法中缺乏对"公共数据"的明确定义，地方层面则存在各地标准不统一的情况。[①] 总体而言，地方立法是在响应国家政策的基础上展开，反映出各地对政策精神的理解和为促进其落实展开的探索，其中出现差异、分歧是正常现象，为进一步的统一立法提供了可研究参考的经验。这也说明当下谈论"公共数据"概念，不旨在从既有法律规范或政策文件中直接获得答案，而仍需以发展的眼光，回归政策精神、制度功能，结合实践经验，探寻概念核心内涵，在此基础上进行规范构建与阐释。

纵观我国相关立法和政策的发展脉络可知，"公共数据"概念产生于构建数据共享开放体系的实践当中，并逐渐取代了"政务数据/政府数据"成为数据治理语境的主概念。[②] 在地方公共数据共享开放规范中，其内涵

[①] 民政部于2011年11月2日颁布的《国家地名和区划数据库管理办法（试行）》第17条规定，"公共数据是指经筛选并脱密处理的数据，面向社会公众，通过互联网、问路电话、触摸屏等平台提供相关信息"。这一定义是从数据的权限、对象角度出发，与"政务数据（主要面向政府部门，供浏览查阅，不能下载保存，不同用户授予不同权限，使用环境与互联网逻辑隔离）"相区别，不同于本部分在数据治理语境下讨论的"公共数据"概念。

[②] 郑春燕、唐俊麒：《论公共数据的规范含义》，《法治研究》2021年第6期。

是政务数据概念基础上的拓展解释，并呈现出从"政务数据"到"公共性数据"的扩张趋势。① 下面加以具体分析。

1. 政务数据的概念

2007 年的《政府信息公开条例》第 2 条规定："本条例所称政府信息，是指行政机关在履行职责过程中制作或者获取的，以一定形式记录、保存的信息。"其中"行政机关在履行行政管理职能过程中制作或者获取"这一标准在 2016 年 9 月发布的《政务信息资源共享管理暂行办法》中得到延续和发展，该办法第 2 条明确："本办法所称政务信息资源，是指政务部门在履行职责过程中制作或获取的，以一定形式记录、保存的文件、资料、图表和数据等各类信息资源，包括政务部门直接或通过第三方依法采集的、依法授权管理的和因履行职责需要依托政务信息系统形成的信息资源等。"一些地方法规对"政务/政府数据"的定义与《政务信息资源共享管理暂行办法》中的"政务信息资源"的定义基本一致。例如，《贵州省政府数据共享开放条例》第 3 条明确："本条例所称的政府数据，是指行政机关在依法履行职责过程中制作或者获取的，以一定形式记录、保存的各类数据，包括行政机关直接或者通过第三方依法采集、管理和因履行职责需要依托政府信息系统形成的数据。"《山西省政务数据管理与应用办法》第 24 条第 1 项明确："政务数据，是指政务服务实施机构在履行职责过程中采集和获取的或者通过特许经营、购买服务等方式开展信息化建设和应用所产生的文字、数字、符号、图片和音视频等数据。"

有观点认为，"政务/政府信息"与"政务/政府数据"的用语各有偏重，"信息"是已经加工和解读后的数据，信息公开以其自身为最终目标，旨在让公众获取；"数据"特指未经过加工和解读的一手资料，政务数据开放的最终目的是让数据能够被开发利用。② 也有观点认为，信息与数据的区分是相对的，在有关开放政府的立法中经常混用，这种概念分歧对立法工作的影响并不大。③ 事实上，这两种观点互不矛盾，语义上"信息"与"数据"确实蕴含形态与使用目的方面的差异，立法中立法者往往根据语境和语感灵活使用。不论是在信息公开，还是在数据开放的语境下，所涉及的基本生活事实都是一致的，定义的关键问题在于如何确定"政务"的范围。因此，"政务数据"可以参照"政务信息"的标准。此外，如果仍从形态与

---

① 王锡锌、王融：《公共数据概念的扩张及其检讨》，《华东政法大学学报》2023 年第 4 期。

② 郑磊：《开放政府数据研究：概念辨析、关键因素及其互动关系》，《中国行政管理》2015 年第 11 期。

③ 王万华：《论政府数据开放与政府信息公开的关系》，《财经法学》2020 年第 1 期。

使用目的的角度考察,"信息资源"已经非常接近"数据"之含义。

综上所述,可以将"政务数据"界定为:政务部门在履行职责过程中制作或获取的,以一定形式记录、保存的文件、资料、图表和数据等各类信息资源,包括政务部门直接或通过第三方依法采集的、依法授权管理的和因履行职责需要依托政务信息系统形成的数据。

2. 公共数据概念的产生及扩张

《政府信息公开条例》主要是从建设透明政府、保障人民群众知情权出发推动政府信息公开。随着数据技术、数字经济的发展,数据治理、数据要素市场培育等理念逐渐强化,政府数据的价值受到了更广泛的重视,许多新的政策性文件陆续出台。自2007年以来,先后有《国务院办公厅关于加快发展高技术服务业的指导意见》《国务院关于印发服务业"十二五"规划的通知》《国务院关于印发"十二五"国家战略性新兴产业发展规划的通知》《国务院关于促进信息消费扩大内需的若干意见》等文件提及了鼓励引导"公共信息资源"的社会化利用和深度开发。2015年印发的《大数据发展纲要》指出,数据已成为国家的基础性战略资源,政府数据不仅是提升政府治理能力的新途径,而且蕴含大众创业、万众创新的驱动力。2017年2月中央全面深化改革领导小组第三十二次会议通过《关于推进公共信息资源开放的若干意见》,提出要加强规划布局,进一步强化信息资源深度整合,进一步促进信息惠民,进一步发挥数据大国、大市场优势,促进信息资源规模化创新应用,着力推进重点领域公共信息资源开放,释放经济价值和社会效应。[①] 同年5月,国务院办公厅印发《政务信息系统整合共享实施方案》,要求强化协同,推进全国政务信息共享网站建设,同时推动开放,基于政务信息资源目录体系,构建公共信息资源开放目录,按照公共数据开放有关要求,推动政府部门和公共企事业单位的原始性、可机器读取、可供社会化再利用的数据集向社会开放,开展中国数据创新系列活动,鼓励和引导社会化开发利用。

在上述政策性文件中,仍以"政府/政务信息""政府/政务数据"的用语为主,也出现了"公共信息""公共数据"的表述,但未见对"公共数据"的定义。一些地方在响应中央政策进行立法时所采取的用语也并不统一:有的采用"政府数据"的概念(如《贵州省政府数据共享开放条例》《贵阳市政府资源管理办法》等),有的采用"政务数据"的概念(如

[①] 《习近平主持召开中央全面深化改革领导小组第三十二次会议强调:党政主要负责同志要亲力亲为抓改革扑下身子抓落实》,《人民日报》2017年2月7日,第1版。

《山西省政务数据管理与应用办法》《河北省政务数据共享应用管理办法》等),还有的采用"政府/政务信息资源"的概念(如《郑州市政府信息资源共享管理办法》《湖南省政务信息资源共享管理办法》等),也有相当数量的地方使用"公共数据"的概念(如《浙江省公共数据条例》《山东省公共数据开放办法》等)。

对采用"公共数据"概念的地方性法规、地方政府规章进行梳理可以发现[1],差别主要在于数据采集、产生主体的范围,大致存在以下几类:(1)行政机关;(2)行政机关以及履行公共管理和服务职能的事业单位;(3)行政机关、履行公共管理和服务职能的事业单位及企业;(4)行政机关、履行公共管理服务职能的企事业单位及其他。时间上,第一类和第二类主体范围集中出现于2021年之前施行的地方性法规、地方政府规章,见表10-1。

表10-1 采取第一类、第二类主体范围的地方性法规、地方政府规章

	规范名称	施行时间	定义内容
主体范围:行政机关	成都市公共数据管理应用规定[2]	2018.07.01	本规定所称公共数据,是指政务部门在依法履职过程中产生和管理的,以一定形式记录、保存的文字、数据、图像、音频、视频等各类信息资源。
主体范围:行政机关+事业单位	浙江省公共数据和电子政务管理办法(已失效)[3]	2017.05.01	本办法所称公共数据是指各级行政机关以及具有公共管理和服务职能的事业单位(以下统称公共管理和服务机构),在依法履行职责过程中获得的各类数据资源。本办法所称电子政务是指各级行政机关运用信息技术与网络技术,优化内部管理,并向社会提供优质、高效、透明的公共管理和服务的活动。

---

[1] 本部分所梳理的规范的检索方式为:以同句内包括"公共数据"和"是指"两个关键词为条件进行全文检索,得到地方性法规23份、地方政府规章17份,最后检索时间为2024年1月16日。其中,部分地方性法规、地方政府规章的定义范围比较模糊,例如《浙江省数字经济促进条例》规定"本条例所称公共数据,是指国家机关、法律法规规章授权的具有管理公共事务职能的组织在依法履行职责和提供公共服务过程中获取的数据资源,以及法律、法规规定纳入公共数据管理的其他数据资源"。由于存在法律保留,是否包括提供公共服务的企业和其他社会组织,尚不明晰。下文所列表格中筛除了此类情况,仅呈现内容清晰的代表性地方性法规、地方政府规章。

[2] 该规定将"公共数据"定义为政务部门依法履职过程中产生和管理的各类信息资源,但同时在第37条明确"供水、供电、燃气、通信、交通、邮政等公共企事业单位在提供公共服务过程中获得的公共数据的归集、共享、开放和安全管理,适用本规定",事实上也已将公共数据采集主体扩展至企事业单位。

[3] 该规定第41条明确"水务、电力、燃气、通信、公共交通、民航、铁路等公用企业在提供公共服务过程中获得的公共数据的归集、共享和开放管理,适用本办法。中央国家机关派驻浙江的管理机构获得的公共数据的归集、共享和开放管理,参照本办法执行;具体办法由省公共数据和电子政务主管部门会同有关中央国家机关派驻浙江的管理机构制定"。故其"公共数据"规则的实际适用范围也包括公用企业。

续表

	规范名称	施行时间	定义内容
主体范围：行政机关＋事业单位	上海市公共数据和一网通办管理办法	2018.11.01	本办法所称公共数据，是指本市各级行政机关以及履行公共管理和服务职能的事业单位（以下统称公共管理和服务机构）在依法履职过程中，采集和产生的各类数据资源。
	上海市公共数据开放暂行办法	2019.10.01	本办法所称公共数据，是指本市各级行政机关以及履行公共管理和服务职能的事业单位（以下统称公共管理和服务机构）在依法履职过程中，采集和产生的各类数据资源。
	浙江省公共数据开放与安全管理暂行办法	2020.08.01	本办法所称的公共数据，是指各级行政机关以及具有公共管理和服务职能的事业单位（以下统称公共管理和服务机构），在依法履行职责过程中获得的各类数据资源。
	宁波市公共数据安全管理暂行规定	2020.12.01	本规定所称的公共数据，是指行政机关以及履行公共管理和服务职能的事业单位（以下统称公共管理和服务机构）在依法履行职责过程中获得的各类数据资源。
	江西省公共数据管理办法	2022.03.01	本办法所称的公共数据，是指各级行政机关以及具有公共管理和服务职能的事业单位（以下统称公共管理和服务机构）在依法履行职责和提供公共服务过程中产生或者获取的任何以电子或者其他方式对信息的记录。

2020年3月，中共中央、国务院发布《关于构建更加完善的要素市场化配置体制机制的意见》，要求：加快培育数据要素市场，推进政府数据共享开放。优化经济治理基础数据库，加快推动各地区各部门间数据共享交换，制定出台新一批数据共享责任清单。研究建立促进企业登记、交通运输、气象等公共数据开放和数据资源有效流动的制度规范。2022年12月，中共中央、国务院发布《数据二十条》，再次明确将数据作为新型生产要素，提出充分发挥我国海量数据规模和丰富应用场景优势，激活数据要素潜能，做强做优做大数字经济，增强经济发展新动能，构筑国家竞争新优势。在强调数据利用开发的政策导向下，地方立法中的"公共数据"概念呈现出了扩张趋势。许多地方将公共数据采集、生产主体的范围扩展到承担公共服务职能的企业，即采取第三类主体范围，列举部分见表10-2。

表 10-2　采取第三类主体范围的地方性法规、地方政府规章

	规范名称	施行时间	定义内容
主体范围：行政机关＋事业单位＋企业	安徽省大数据发展条例	2021.05.01	本条例所称公共数据，是指各级人民政府和有关部门，法律、法规授权履行公共事务管理职能的组织，财政性资金保障的其他机关和单位为履行职责制作或者获取的政务数据，以及与人民群众利益密切联系的教育、卫生健康、供水、供电、供气、供热、环境保护、公共交通等领域公用企事业单位制作或者收集的公用数据。
	武汉市公共数据资源管理办法	2021.11.15	本办法所称公共数据资源，是指本市各级政务部门在履行职责和公共企事业单位在提供服务过程中产生或者获取的各类数据的总称。 本办法所称政务部门，是指本市各级行政机关以及法律、法规授权具有公共管理和服务职能的组织。 本办法所称公共企事业单位，包括本市供水、供电、供气、公共交通（含轨道交通）、运输、邮政和通信等承担公共服务职能的企事业单位。
	江苏省公共数据管理办法	2022.02.01	本办法所称公共数据，是指本省各级行政机关、法律法规授权的具有管理公共事务职能的组织、公共企事业单位（以下统称公共管理和服务机构）为履行法定职责、提供公共服务收集、产生的，以电子或者其他方式对具有公共使用价值的信息的记录。
	福建省大数据发展条例	2022.02.01	公共管理和服务机构，是指政务部门以及公益事业单位、公用企业。 公共数据，是指公共管理和服务机构在依法履职或者提供公共管理和服务过程中收集、产生的，以一定形式记录、保存的各类数据及其衍生数据，包含政务、公益事业单位数据和公用企业数据。 政务数据，是指政务部门在履行职责过程中采集、获取或者通过特许经营、购买服务等方式开展信息化建设和应用所产生的数据。
	浙江省公共数据条例	2022.03.01	本条例所称公共数据，是指本省国家机关、法律法规规章授权的具有管理公共事务职能的组织以及供水、供电、供气、公共交通等公共服务运营单位（以下统称公共管理和服务机构），在依法履行职责或者提供公共服务过程中收集、产生的数据。
	重庆市数据条例	2022.07.01	政务数据，是指国家机关和法律、法规授权的具有管理公共事务职能的组织（以下称政务部门）为履行法定职责收集、制作的数据。 公共服务数据，是指医疗、教育、供水、供电、供气、通信、文旅、体育、环境保护、交通运输等公共企业事业单位（以下称公共服务组织）在提供公共服务过程中收集、制作的涉及公共利益的数据。

续表

	规范名称	施行时间	定义内容
主体范围：行政机关＋事业单位＋企业	黑龙江省促进大数据发展应用条例	2022.07.01	本条例所称公共数据，是指国家机关和法律、法规授权的具有管理公共事务职能的组织以及供水、供电、供气、供热、通讯、公共交通等公共服务运营单位（以下统称公共管理和服务机构）在依法履职或者提供公共管理和服务过程中收集、产生的，以一定形式记录、保存的各类数据及其衍生数据，包含政务、公益事业单位数据和公用企业数据。
	四川省数据条例	2023.01.01	本条例所称公共数据，是指国家机关和法律、法规授权的具有管理公共事务职能的组织（以下统称政务部门）为履行法定职责收集、产生的政务数据，以及医疗、教育、供水、供电、供气、通信、文化旅游、体育、交通运输、环境保护等公共企业事业单位（以下统称公共服务组织）在提供公共服务过程中收集、产生的涉及公共利益的公共服务数据。
	厦门经济特区数据条例	2023.03.01	公共数据，包括政务数据和公共服务数据。政务数据是指国家机关和法律、法规授权的具有管理公共事务职能的组织（以下简称政务部门）为履行法定职责收集、产生的各类数据。公共服务数据是指医疗、教育、供水、供电、供气、交通运输等公益事业单位、公用企业（以下简称公共服务组织）在提供公共服务过程中收集、产生的涉及社会公共利益的各类数据。
	吉林省大数据条例（2023年修订）	2024.01.01	公共数据是指行政机关、公共企事业单位在依法履行职责或者提供公共服务过程中，采集或者产生的各类数据。

还有部分地方采取"组织"等更宽泛用语，数据采集、生产主体的范围进一步包括"人民团体"等各类进行公共管理或服务的主体，不限于行政机关（政府部门）及企事业单位，即采取第四类主体范围，列举部分见表10-3。

表 10-3 采取第四类主体范围的地方性法规、地方政府规章

	规范名称	施行时间	定义内容
主体范围：行政机关＋事业单位＋企业＋其他	湖南省网络安全和信息化条例	2022.01.01	本条例所称公共数据，是指国家机关、事业单位和其他依法管理公共事务的组织以及提供教育、卫生健康、社会福利、供水、供电、供气、环境保护、公共交通等公共服务的组织（以下统称公共管理和服务机构）在依法履行职责或者提供公共服务过程中获取、产生、处理的数据。

续表

	规范名称	施行时间	定义内容
主体范围：行政机关＋事业单位＋企业＋其他	上海市数据条例	2022.01.01	公共数据，是指本市国家机关、事业单位，经依法授权具有管理公共事务职能的组织，以及供水、供电、供气、公共交通等提供公共服务的组织（以下统称公共管理和服务机构），在履行公共管理和服务职责过程中收集和产生的数据。
	深圳经济特区数据条例	2022.01.01	公共数据，是指公共管理和服务机构在依法履行公共管理职责或者提供公共服务过程中产生、处理的数据。公共管理和服务机构，是指本市国家机关、事业单位和其他依法管理公共事务的组织，以及提供教育、卫生健康、社会福利、供水、供电、供气、环境保护、公共交通和其他公共服务的组织。
	山东省公共数据开放办法	2022.04.01	本办法所称公共数据，是指国家机关，法律法规授权的具有管理公共事务职能的组织，具有公共服务职能的企业事业单位、人民团体等（以下统称公共数据提供单位）在依法履行公共管理职责、提供公共服务过程中，收集和产生的各类数据。
	苏州市数据条例	2023.03.01	公共数据，是指本市国家机关、法律、法规授权的具有管理公共事务职能的组织，以及其他提供公共服务的组织（以下统称公共管理和服务机构）在履行法定职责、提供公共服务过程中产生、收集的数据。
	滨州市公共数据管理办法	2023.03.01	本办法所称公共数据，是指本市公共管理和服务机构在依法履行公共管理职责、提供公共服务过程中，收集和产生的各类数据。本办法所称公共管理和服务机构，是指国家机关，法律法规授权的具有管理公共事务职能的组织，具有公共服务职能的企业事业单位、人民团体等。
	济南市公共数据授权运营办法	2023.12.01	本办法所称公共数据，是指各级行政机关、法律法规授权的具有管理公共事务职能的组织、人民团体以及其他具有公共服务职能的企业事业单位等（以下统称数据提供单位），在依法履行公共管理和服务职责过程中收集和产生的各类数据。
	青岛市公共数据管理办法	2024.02.01	本办法所称公共数据，是指国家机关、法律法规授权的具有管理公共事务职能的组织以及其他具有公共服务职能的企业事业单位、人民团体等（以下统称公共管理和服务机构），在依法履行公共管理职责、提供公共服务过程中收集和产生的各类数据。

续表

	规范名称	施行时间	定义内容
主体范围：行政机关＋事业单位＋企业＋其他	江西省数据应用条例	2024.03.01	本条例所称公共数据，包括政务数据和公共服务数据。政务数据是指国家机关和法律、法规授权的具有管理公共事务职能的组织（以下统称政务部门）履行法定职责收集、产生的各类数据。公共服务数据是指供水、供电、供气、公共交通等提供公共服务的组织（以下统称公共服务机构）提供公共服务过程中收集、产生的各类数据。

从施行时间上看，各地立法中的"公共数据"概念并不是严格的"越新近越宽泛"，有一些地方较早就采取了最宽泛的定义，有一些地方立法较晚但其"公共数据"采集、产生主体的范围较窄。换言之，同一时间点上各地存在不同的选择。不过，总体而言，新近地方立法越发倾向于采取更宽泛的定义，公共数据概念的扩张趋势较为明显。有学者指出，这种扩展并非对概念外延的简单延展，而是在本质上将"公共数据"与"具有公共价值的数据"相混同。[1] 还有学者指出，"政府数据""政务数据"的概念已经不能完全涵盖包含社会公共部门信息的"公共数据"，数据治理实践所形成的社会环境与建设数字经济社会的需求作为外部影响因素，数据资源的重要程度与学理研究的推动作为内部影响因素，是立法上公共数据概念嬗变的双重动因。[2]

（二）公共数据的界定标准

如前所述，我国目前的"公共数据"概念定义不统一且存在扩张趋势，那么问题在于：究竟应以什么标准认定公共数据或者说要将公共数据限制在何种范围？对此，当前并无明确、统一规定。前文所列各地立法的一些定义多是从数据持有主体或数据生成关系、业务性质角度进行的界定，而非依据数据本身的性质或数据重用的目的。这些界定未能科学回答哪些数据可以向社会开放，其周延性受到质疑。[3] 理论界对应当采取何种公共数据的界定标准存在不同的看法，主要观点可以概括为公共属性说和多要素标准说。

1. 公共属性说

公共属性说以数据是否具有公共属性为判定公共数据的核心标准，在

---

[1] 王锡锌、王融：《公共数据概念的扩张及其检讨》，《华东政法大学学报》2023年第4期。
[2] 郑春燕、唐俊麒：《论公共数据的规范含义》，《法治研究》2021年第6期。
[3] 高富平：《公共机构的数据持有者权——多元数据开放体系的基础制度》，《行政法学研究》2023年第4期。

"公共属性"的具体内涵和判断上,存在不同的理解。有的学者从数据掌握主体的角度,认为公共数据区别于个人数据、企业数据和国家数据,是不归属于任何社会性主体的各种数据,即"公共的数据",是一种具有财产性质的社会公共资源。① 有的学者认为,可适用经济学中的公共物品理论:"公共性"包括非排他性、非竞争性和外溢效应性。非排他性,指一项公共物品产出后,不能或很难排除任何第三方共享使用;非竞争性,指一项公共物品的产出可能在于满足特定群体需求,但亦不会对第三方使用产生影响;外溢效应性,指公共物品的产出对外部产生的影响,可分正面影响和负面影响,包括地域空间和行业领域。② 有学者认为,公共数据之公共性并非指向数据主体的公私属性,也非数据的公用或私用,而是指数据包含信息内容是否涉及公共利益。应当以公共利益确定公共数据的内涵,以公共管理与服务的目标划定公共数据的外延,不论何种主体控制的数据,只要能促进公共管理与服务目标的实现,具有公共性,都可以纳入公共数据的讨论范畴。③ 还有的学者则提出"公共性价值"概念,基于行政权力的运行将公共数据生成主体分为三个层次,并依次分析认为公共数据是指行政机关、具有公共事务管理职能的机构、社会组织、企业在履行公共管理、公共服务职能、行政委托职能、行政合同义务时产生、收集的,社会企业在日常生产经营中产生、收集的,以及公民个人在日常生活中产生的具有公共性价值的数据。④

2. 多要素标准说

多要素标准说认为,不能仅根据数据是否关乎公共利益判断是否属公共数据,而应当对数据的主体要素和行为要素、内容要素等进行考察,各项要素同时满足公共性的,才能认定为公共数据并加以特别规制。例如,有学者认为:公共数据的义务主体要么是行使公权力的机构,要么是依托公权力产生,作为公权力在公共服务领域的延伸;行为要素上,公共数据必须是在履行管理职责和公共服务的过程中形成的数据,并且应当考虑数

---

① 王渊、黄道丽、杨松儒:《数据权的权利性质及其归属研究》,《科学管理研究》2017年第5期。
② 王勇旗:《公共数据法律内涵及其规范应用路径》,《数字图书馆论坛》2019年第8期。
③ 郑春燕、唐俊麒:《论公共数据的规范含义》,《法治研究》2021年第6期。类似地,有观点认为"决定数据属性的关键是数据开发利用的目标追求、数据需求的群体规模、服务主体的供给方式,服务公共利益、面向大众群体、以公共/公益获取方式为主导是公共数据有别于其他类型数据的本质特征"。夏义堃:《数字环境下公共数据的内涵、边界与划分原则分析》,《中国图书馆学报》2023年10月24日网络首发论文)。
④ 周林枫:《公共数据概念的三层逻辑解构——以行政权运行为视角》,《黑龙江省政法管理干部学院学报》2023年第2期。

据活动资金是否全部或者部分来自公共财政。① 还有学者以制作或获取数据的主体（数源主体）和数据承载的内容为标准，认为只有数源主体具有最低限度公共性，且内容涉及公共领域的数据才能纳入公共数据。其中，主体要素的公共性可根据数源主体履行职能所需的资金来源和主体性质判定，内容要素公共性可根据产生公共数据的活动内容判定，可分为提供公共产品与准公共产品两类。②

3. 笔者的观点

公共数据必然具有"公共性"，这在文义上应当不存在争议，上述各种公共数据的界定标准实际上都是在对"公共性"作具体阐释。而如前所述，当前数据实践及制度都处于边探索边发展的阶段，《数据二十条》等文件已经明确了"公共数据""企业数据""个人数据"分类治理的基本框架，公共数据共享开放等有关制度也在中央和地方层面得到了一定程度的建立，但仍有许多具体操作上的空白和不统一之处。这意味着"公共数据"的概念和界定标准既是一个必须在现有法律法规基础上展开的解释论问题，也是一个有待转化成进一步立法以更好引领、促进实践发展的公共政策问题。基于这一背景反思，若以"什么是（公共数据的）公共性"或"哪些数据具有公共性"的方式提问，容易预设已经存在确定的"公共性"标准，进而套用法学或其他学科中关于"公共性"概念的现有成果，步入忽视制度目的、政策考量的误区。目前看来，单纯的公共属性说也往往内容宽泛，各有侧重，难以形成共识，未能有效解决问题。

如学者所指出，现有政策及法律框架下，不同类别的数据适配了不同的制度逻辑和法律效果。例如，一旦被认定为公共数据，相关主体就将要承担相应的共享开放义务。③ 在此意义上，问题的关键其实是"哪些数据应当被作为公共数据加以治理"，并基于此提出适合于我国公共数据制度的界定标准。对此，笔者认为应当从公共数据相关制度的目的、功能、所涉利益等方面加以分析，具体如下：应当对公共数据的界定采取以可预期、必要公益性为核心的综合判断标准，即判定某项数据是否属于公共数据的核心标准在于，该数据是否内在地具有通过共享、开放来服务于公共利益的可预期性与必要性。

"公共数据"概念发展自"政务数据/政务信息资源"，再向前追溯，与"政府信息"亦有一定关联。这些用语反映出两条制度主线：一条以提

---

① 王锡锌、王融：《公共数据概念的扩张及其检讨》，《华东政法大学学报》2023年第4期。
② 沈斌：《论公共数据的认定标准与类型体系》，《行政法学研究》2023年第4期。
③ 王锡锌、王融：《公共数据概念的扩张及其检讨》，《华东政法大学学报》2023年第4期。

高公共管理、服务水平为核心目的,另一条则着眼于建设和发展数据市场、激发数据价值。前者早期以政府信息公开为代表,近年发展到促进政务部门之间的数据共享;后者主要涉及公共数据的开放和授权运营,最初的动因是让政府部门所控制的数据能够得到进一步利用,充分发挥价值。这两条主线存在交融,例如公共部门间的数据共享同样可能促进经济发展;此外,广义来说,公共数据开放和授权运营本身也是一种公共管理和服务。指出这两种制度偏重的意义在于为分析公共数据的应然范畴提供思路:从提高公共管理和服务水平出发,应当纳入公共数据并加以共享的,应该是与公共管理和服务有相当关联的数据;从促进数据开发利用、发展数据经济的角度,由于判定为公共数据将给相关数据主体带来相应权责,可能成本不菲,或者与某些主体的合法权益产生冲突,将某种数据纳入公共数据应当有充分的理由。可能的理由包括但不限于不作为公共数据难以甚至无法促进其流通使用、不适合或者法律禁止交由其他数据机制处理、作为公共数据显著效益更优等等。当然,这些理由单个也未必充分,在可能涉及多方权益冲突的情况下,尤其需要谨慎地具体分析。不论基于什么目的或理念,公共数据共享开放(包括授权运营)作为一种公共管理和服务,必须在尊重各方主体的合法权益的基础上展开,并且不能背离公共利益。

基于以上理解,笔者尝试对公共数据的判定提出以可预期性、必要公益性为核心的综合判断标准。具体而言,某项数据是否属于公共数据取决于其是否内在地具有通过共享、开放来服务于公共利益的可预期性与必要性。其中:"内在地"指基于数据本身的产生过程和内容加以判断。"公共利益",包括宏观抽象层面的促进市场发展、科技进步、人民生活质量提高,相对具体层面的企业利用开放数据开发产品、经授权依法运营公共数据并收益,科研机构依法利用公共数据开展科研等。①

(1)"可预期性"指从内容上,数据采集主体能够合理地预期该数据

---

① "公共利益"在我国《宪法》《民法典》等法律以及《数据二十条》等政策性文件中都有提及,具体内涵却向来不明确,例如围绕"为了公共利益需要的征收"素有许多讨论。有观点认为公共利益包括"机会均等、公平竞争、资源共享和社会福利"的特定法律内涵(颜万发、钟文红:《公共利益:一个需要界定的行政法原则》,《行政与法》2005年第8期);还有观点引介宪法委托理论,指出可以通过普通立法对宪法上的"公共利益"加以具体化(胡锦光、王锴:《论我国宪法中"公共利益"的界定》,《中国法学》2005年第1期)。可以说,阐述"公共利益"是一个深刻严肃、所涉颇广的难题,并非本书的写作目的所能囊括。故此,这里针对公共数据判定这一具体语境下的"公共利益",采取明确列举的方式加以说明。虽无法穷尽,但本书基于对公共数据相关制度目的的理解,采取了较为宽松的公共利益标准,在个案中若结合所举例子与核心价值,判断是否涉及公共利益应当不存在太大的困难。

具有通过共享、开放机制促进某种公共利益的价值。例如,行政机关在履行公共管理职能的过程中,可能会产生内部工作数据或过程性数据(如考勤数据、系统操作日志等),这些数据在监督政府工作和数据安全监管等方面可能具有意义,并需要依法留存,但是数源部门很难预期到这些数据可以通过共享给其他公共部门或面向社会开放/授权运营创造公共利益价值。如果仅因是典型的产生于政务部门工作中的数据,满足主体和行为要素,就将其判定为公共数据并要求编制目录清单、向数据平台汇集等,可能会增加不必要的成本与负担。这里所说数据采集主体能够合理预期,不要求其事实上真的有所预期,也不采取个体化的主观标准,而是从预设该问题可能出现的视角,以该主体所属领域一般人标准进行客观检验。之所以特别从数据采集主体的角度进行判断,一方面,是因为其对数据的采集付出了成本,而且在数据被判定为公共数据的情况下,将要负担存储或向有关部门提供数据等义务,施加此种负担,有必要对其预期和负担能力加以考虑。另一方面,是因为,随着技术的创新发展,数据的潜在价值很可能难以预估。受限于当下的技术或理念,一些数据可能不具有前述可预期的公共利益价值,却不排除情况在未来发生改变。在不计成本与软硬件客观限制的理想情况下,尽可能多地合法留存数据以待开发利用或许是不错的政策选择。然而考虑到现实情况,仍需要对数据的潜在价值加以预判,以合理控制公共数据的范畴,避免过大的负担和资源浪费。由于数据采集主体往往在该数据产生的领域具有一定的专业性,也正因此其才会在履职或提供服务的过程中成为该数据的采集主体(例如特定领域的政务数据由专职部门采集,医疗数据的采集主体通常是医疗机构)。相较于社会一般人,数据采集主体可能对于数据的潜在价值具有更丰富的经验和更好的判断力。因此,现阶段可以考虑从数据采集主体视角判断数据是否具有可预期的公共利益价值。

(2)"必要公益性",指从数据的产生过程来看,该数据有必要被纳入公共数据,以服务于广泛的公共利益。具体而言,受多要素标准说提出的行为要素标准启发,笔者认为公共数据应至少满足以下任一条件:1)产生于相关主体依法履行公共管理或服务职能的过程;2)数据活动资金全部或部分来自公共财政。原因在于,尽管公共利益是一项崇高的价值,但是否具有潜在公共价值者皆应服务于公共利益,法律上并没有绝对肯定的依据。此外,是否必须把相关数据作为公共数据才能发挥其价值,也值得考虑。如果数据具有公共利益价值,符合前述"可预期性",但并非产生于相关主体依法履行管理或服务职能的过程中,也未受任何公共财政支持，则不应当将其纳入公共数据。因为一方面，这意味着存在非公权力性质的主体对数据的产生作出了贡献，并应当对其享有权益。换言之，这些数据可能属于企业数据，存在更合乎其流通、利用、保护逻辑的相应数据制度可供适用，并不必须作为公共数据才能得到妥善治理并发挥价值。即便不是企业数据（例如可能存在一些民间非法人组织自发采集数据），根据《民法典》第127条和现有法规，相关主体的数据权益也能够得到承认和保护，并使数据在此基础上得到利用。另一方面，数据活动的资金来源涉及将其纳入公共数据进行共享、开放的正当性问题。公共数据共享、开放、授权运营本质上都是广义的公共管理和服务，不应随意对不具有公权力属性或公权力背景的主体施加此种义务或责任，也不应为了更好实现这种管理服务的目标，就将公共数据范畴过分延伸至私人领域。如果数据活动全部或部分受公共财政的支持，则其天然有反哺公共利益的必要；如果数据活动完全是私主体非基于政府采购等公共管理服务延伸的原因开展，而且自负成本，则即便数据具有公共利益价值，也不必然要作为公共数据共享开放。大量涉及公共生活的企业数据都属于这种情况，例如微博平台的话题访问数据等。至于"部分受公共财政支持"需要多大的比例才足以使数据因此满足必要公益性，笔者认为不能仅因数据活动受到了少量财政支持就将由此产生的数据纳入公共数据，而应达到财政资金起到主要作用，进而使数据活动事实上具有政府主导性质的程度。在可量化评估的情况下，可考虑设置为至少应该达到50%。

还需特别指出的是，以上提出的可预期性、必要公益性标准不以主体作为要素，即：一方面，并未主张凡具有公权性质的主体所产生的数据都是公共数据，例如前述政务部门系统操作日志数据即不宜纳入公共数据；另一方面，也未将公共数据的数据活动主体限于公权力或依托公权力产生的主体，重点在于直接产生数据的活动是不是公共职能的延伸并且具有共享开放价值。例如，若出现某私营公司经招投标面向社会提供公共服务的情况，或者财政支持具有创新潜力的私人团队进行科学或社会调查研究，此过程中产生的数据同样可能是公共数据。此外，还有必要区别"数据活动"受公共财政支持与"数据活动主体"受公共财政支持。例如，一些企业可能受到了财政资金的支持，但该财政资助是旨在促进创业创新，而不是直接针对产生数据的具体活动，这种情况下企业的经营活动就并不是政府公共管理和服务职能的延伸，不应当因为企业受到了财政支持就将其企业数据纳入公共数据，否则恰恰可能损害企业的自主性，对市场活力产生不利影响。

笔者提出的上述标准能够与现有立法实践普遍采取的"主体＋行为要素"模式相适应，并且提供必要的矫正。一方面，在各地探索公共数据开放开发机制的过程中，对于《数据二十条》提出的数据分类存在这样一种认识：公共数据是依据数据持有权或数据处理者分类进行的定义，个人数据则是依据数据关联对象分类所作的定义，而企业数据定义更不清晰，有时指企业持有的数据，有时指涉及企业的数据。[①] 这一看法合乎实践发展事实。如前文所指出的，公共数据共享开放最初是限于政务数据。这类数据之所以特别，首要的一个原因就是其受到政务部门控制。在各个部门互信互通程度有限、数据相关活动权责不明确的情况下，如果不建立共享开放等相应的专门机制，数据往往就只会停留在产生数据的部门，无法得到广泛的流通利用。至于共享开放中如何兼顾数据安全、个人信息和商业秘密保护等，其实是在任何涉及这些利益的数据被利用时都必须考虑的。从这一角度来说，公共数据的概念起源和制度动因就注定了实践中提出的界定标准会将产生或持有主体纳入考量，甚至作为首要因素，因为这正是它不得不与其他数据区别对待的直接原因。然而，这不意味着公共数据的判定就可以直接采取这一单一标准，而是仍需要不断修正、完善，形成更科学合理的标准，以适应实践发展并尽可能好地实现制度目的。各地立法其实反映出了这种努力，例如在主体要素之外，普遍还采取行为要素，使明显与履行公共管理和服务无关的数据被排除在外；有些地方还增加了"涉及公共利益"这一限制（如《四川省数据条例》《厦门经济特区数据条例》等）。另一方面，公共数据范围的扩张其实也是各地尝试更充分发挥公共数据价值，让数据"用起来"的一种表现。本书所期待的，是深入探求政策导向和制度目的，综合考量各项利益，提出具有规范性和可操作性的核心判断标准。在绝大多数情况下，适用本书观点会得出与现行法规和通行做法相一致的结论；而对于一些特殊或目前尚未浮现的问题，希望可以借助可预期性、必要公益性的标准，为实践提供相对清晰的规范参照，使之既有自由发展的空间，又不至于偏离法律与制度价值的轨道。

二、公共数据的类型

不论对公共数据采取哪种界定标准，公共数据内容广泛，可能与企业数据、个人数据等存在重叠，牵涉众多权利或利益，是不争的事实。公共数据内涵、外延的扩展已使公共数据演变为一个类概念，即公共数据不再是高度

[①] 董学耕：《数据关联对象对数据的决定权与数据产品化确权》，海南省大数据管理局官网，https://dsj.hainan.gov.cn/jgjs/ldhd/202305/t20230526_3423772.html。

同质性的单一类型数据，而是成为具有特定程度公共性的类型多样的数据资源池。故此，对公共数据的规制不应该也无可能适用整齐划一的法律规则，而必须对其实施类型化规制，即根据各类公共数据的属性特征将其分为不同类别，并分别设置相应的规制规则。公共数据的类型化规制不仅能消解公共数据概念扩展带来的法律规则无法一体化适用的困境，而且能够在一定程度上将公共数据的外延边界清晰化。① 基于不同的标准和应用场景，对公共数据存在不同的分类方案或规定，以下对主要的分类进行介绍。②

（一）基于公共性程度的分类

有观点认为主体要素和内容要素可以表征公共利益，反映公共数据的公共性差异，提出以数源主体履行职能所需资金来源和主体性质为标准判定主体要素，以产生公共数据的活动内容为标准判定内容要素，并将两大要素、三个标准排列组合进行分析，将公共数据分为公共性渐次降低的四种类型：政务数据、公共非营利主体数据、公共营利主体数据和非公共营利主体数据。见表 10-4。③

表 10-4 公共数据的类型

要素组合		数据类型	公共性程度
主体要素	内容要素	数据类型	公共性程度
公共资金	非营利性	公共产品	政务数据	强
公共资金	营利性	公共产品	—	—
公共资金	非营利性	准公共产品	公共非营利主体数据	较强
公共资金	营利性	准公共产品	公共营利主体数据	弱
非公共资金	非营利性	公共产品	—	—
非公共资金	营利性	公共产品	—	—
非公共资金	非营利性	准公共产品	—	—
非公共资金	营利性	准公共产品	非公共营利主体数据	最弱

有观点以行政权为视角，划分出其运作过程中涉及的三个层次，一定程度上体现了数据活动主体公共性的差异，并基于此对数据进行区分对

---

① 沈斌、黎江虹：《论公共数据的类型化规制及其立法落实》，《武汉大学学报（哲学社会科学版）》2023年第1期。

② 需指出的是，其中有一些分类视角，在"数据分类分级"语境中，应认为是"分级"，但这里仍作为类型介绍，以便呈现公共数据治理的各个面向。关于公共数据"分类"与"分级"的区别，参见本书"公共数据分类分级的内涵"部分。

③ 沈斌、黎江虹：《论公共数据的类型化规制及其立法落实》，《武汉大学学报（哲学社会科学版）》2023年第1期。

待：第一，行政机关、具有公共事务管理职能的机构；第二，与行政机关、具有公共事务管理职能的机构产生行政委托关系与行政合同关系的社会企业以及承担社会公共职能的社会组织；第三，社会企业以及公民个人。以此为基础，提出结合数据的分级分类制度对公共数据进行多元化治理，即：对第一层、第二层公共数据进行采集、维护、开放等方式的治理；而对第三层的公共数据更多采取监管治理，即只有在危害国家安全、公共利益时进行管理、干预。[1]

（二）基于数据活动性质的分类

有学者结合地方立法经验指出，公共数据主要包括公共管理数据和公共服务数据两类。其中，公共管理数据即广义上的政务数据，是国家机关和法律、法规授权的具有管理公共事务职能的组织在依法履行管理公共事务或提供公共服务等职责的过程中收集、产生的数据；公共服务数据即医疗、教育、供水、供电、供气、供热、生态环境保护、公共交通、通信、文化旅游、体育等领域的公共服务机构在提供公共服务的过程中收集、产生的数据。

（三）基于数据所涉权益的分类

根据公共数据所涉及的权益主体，公共数据可分为与个人或企业相关的公共数据和与个人或企业无关的公共数据。有观点认为对于与个人和企业无涉的公共数据，国家可依法享有所有权，政府机关依照法定职责享有对政务数据的持有权和加工使用权；含有个人信息或企业信息的数据，所有权则应归属被采集的管理对象，采集者政府机关基于法定授权和个人的同意享有数据用益权基础上的数据资源持有权。[2] 类似地，有学者认为如果公共数据非属个人数据且与社会公共事业相关，如交通信息、医疗药品信息、环境信息等，管理部门基于其付出的劳动，享有所有权。如果公共数据涉及个人数据，为保护个人数据安全、维护人格尊严和私法自治，应赋予个人数据主体该公共数据所有权。[3]

此外，从是否涉及以及涉及何种个人信息权益的角度，也可进行分类。《个人信息保护法》第二章第二节专节对敏感个人信息的处理规则进行了规定，其中第28条第1款提出"敏感个人信息"概念，明确敏感个

---

[1] 周林枫：《公共数据概念的三层逻辑解构——以行政权运行为视角》，《黑龙江省政法管理干部学院学报》2023年第2期。

[2] 申卫星：《论数据产权制度的层级性："三三制"数据确权法》，《中国法学》2023年第4期。

[3] 王勇旗：《公共数据法律内涵及其规范应用路径》，《数字图书馆论坛》2019年第8期。

信息是一旦泄露或者非法使用，容易导致自然人的人格尊严受到侵害或者人身、财产安全受到危害的个人信息，包括生物识别、宗教信仰、特定身份、医疗健康、金融账户、行踪轨迹等信息，以及不满14周岁未成年人的个人信息。据此，在个人信息保护的维度中，可以区分出不含个人信息的公共数据、包含一般个人信息的公共数据和包含敏感个人信息的公共数据。

（四）基于数据生产对象的分类

有学者按照生产对象将公共数据分为与物有关、与人有关和与事有关三类[①]，这种分类方式与基于数据活动性质和所涉权益的分类有一定重合。具体而言：（1）与物有关的公共数据，包括气象、卫生、医疗卫生资源、公共体育运动设施、商品销售量数据等；（2）与人有关的公共数据主要是围绕自然人、法人和非法人组织的生产、生活行为所形成的数据，如用水、用电、用气、公共交通日客流量数据等；（3）与事有关的公共数据则是把人与物进行链接用于解决事件问题，例如工商登记、行政罚款、信用记录、企业缴税记录数据等。该说认为，与物有关的公共数据类似于国家自然资源，与特定的个体身份并无直接的关联。与人有关、与事有关的公共数据具有一定的特殊性。一方面，公共部门对其管理和服务过程中采集和产生的数据享有财产权利，这是公共管理服务数字化转型的必然结果；另一方面，这些公共数据是由若干个具有个体属性的单条数据所组成，个体作为数据主体对其享有特定的权益。

（五）基于数据功能的分类

有观点认为既有的公共数据分类多基于风险程度或行业类型，存在模糊性和固定化的问题，为更好地顺应实践需求与变化，不断推动新型数据的开发利用，提出从数据的功能出发对公共数据进行分类。具体而言，将公共数据分为展示性数据和辅助性数据：展示性数据主要供人们浏览信息本身，能直接成为信息服务或数据产品，例如金融保险领域的企业信用信息、商贸物流和工业制造领域的连接匹配信息、社会治理领域的舆情信息等；辅助性数据则用于帮助某个特定社会系统提升信任程度，辅助一般市场中的要素进行安全有序流动，包括市场主体的身份信息、信用评分信息、匹配信息等。基于这一分类，结合行政发包制结构，分析各种数据的市场需求和适宜的开放程度与开放方式。[②]

---

① 孟飞：《公共数据开放利用的逻辑与规则》，《上海政法学院学报（法治论丛）》2023年第5期。

② 胡凌：《公共数据开放的法律秩序：功能与结构的理论视角》，《行政法学研究》2023年第4期。

（六）基于数据安全风险的分类

《数据安全法》第 21 条第 1 款规定，国家建立数据分类分级保护制度，根据数据在经济社会发展中的重要程度，以及一旦遭到篡改、破坏、泄露或者非法获取、非法利用，对国家安全、公共利益或者个人、组织合法权益造成的危害程度，对数据实行分类分级保护。国家数据安全工作协调机制统筹协调有关部门制定重要数据目录，加强对重要数据的保护。该条第 2 款规定，关系国家安全、国民经济命脉、重要民生、重大公共利益等数据属于国家核心数据，实行更加严格的管理制度。据此，基于数据安全考虑的公共数据，应当包括一般公共数据、重要公共数据和核心公共数据。《网络数据安全管理条例》（征求意见稿）第 5 条亦明确"按照数据对国家安全、公共利益或者个人、组织合法权益的影响和重要程度，将数据分为一般数据、重要数据、核心数据"。

《数据安全法》和《网络数据安全管理条例》（征求意见稿）所给出的分类分级依据较为宏观抽象，这与现实场景的复杂多样、难以统一给出标准有关，意味着数据分类分级需对具体场景中的数据进行具体分析。也因此，有关数据分类分级的具体标准和示例，主要见于行业规范中。例如，《信息安全技术 健康医疗数据安全指南》将健康医疗数据分为"个人属性数据、健康状况数据、医疗应用数据、医疗支付数据、卫生资源数据、公共卫生数据"几类，并根据数据重要程度和风险级别、对个人健康医疗数据主体可能造成的损害以及影响的级别，将数据划分为 5 级（见表 10-5）。

表 10-5 数据的分级

数据级别	数据特征
5	仅在极小范围内且在严格限制条件下供访问使用的数据。例如特殊病种（例如艾滋病、性病）的详细资料，仅限于主治医护人员访问且需要进行严格管控
4	在较小范围内供访问使用的数据。例如可以直接标识个人身份的数据，仅限于相关医护人员访问使用
3	可在中等范围内供访问使用的数据。例如经过部分去标识化处理，但仍可能重标识的数据，仅限于在获得授权的项目组范围内使用
2	可在较大范围内供访问使用的数据。例如不能标识个人身份的数据，各科室医生经过申请审批可以用于研究分析
1	可完全公开使用的数据。例如医院名称、地址、电话等，可直接在互联网上面向公众公开

（七）基于共享开放属性的分类

《大数据发展纲要》《国务院办公厅关于印发全国一体化政务大数据体系建设指南的通知》《国务院关于加强数字政府建设的指导意见》《国务院

办公厅关于印发国家政务信息化项目建设管理办法的通知》《国务院关于印发政务信息资源共享管理暂行办法的通知》等文件明确要求对政务/政府数据制定共享开放目录。据此，在共享开放的语境中，公共数据也将基于共享开放属性被加以分类。与前述基于数据安全和个人信息保护的分类不同，共享开放属性的分类更具实践性和综合性，既要尽可能实现政务数据的共享开放，又要保护相关国家、企业、个人等各方的合法利益和数据安全。这显然需要各个部门或行业在具体场景中对各项数据进行专门评估和判断。概括地来说，目前各地各部门出台的相关文件，总体上都采取了"无条件共享/有条件共享/不予共享"以及"无条件开放/有条件开放/不予开放"的分类思路。

第二节 公共数据权益的含义、现状与学说

一、公共数据权益的含义

公共数据权益，也被称为公共数据权属，对于该问题，需在发展数字经济、建立健全数据要素市场的背景下理解。2019年10月党的十九届四中全会通过《中共中央关于坚持和完善中国特色社会主义制度 推进国家治理体系和治理能力现代化若干重大问题的决定》，其中提出，"健全劳动、资本、土地、知识、技术、管理、数据等生产要素由市场评价贡献、按贡献决定报酬的机制"，首次将数据作为与劳动、资本、土地、知识、技术、管理并列的生产要素。[1] 2020年3月，中共中央、国务院颁布《关于构建更加完善的要素市场化配置体制机制的意见》，进一步提出，加快培育数字要素市场，充分挖掘数据要素价值。2021年3月，十三届全国人大第四次会议审议批准的《中华人民共和国国民经济和社会发展第十四个五年规划和2035年远景目标纲要》提出，要迎接数字时代，激活数据要素潜能，建立健全数据要素市场规则。2022年12月，党中央、国务院印发《数据二十条》，要求探索数据产权结构性分置制度，建立公共数据、企业数据、个人数据的分类分级确权授权制度。

《数据要素白皮书（2022年）》认为，在三年的实践探索中，我国数据要素市场建设取得了显著成效，但仍存在一些制约数据要素市场化配置

---

[1] 戴双兴：《数据要素市场为经济发展注入新动能》，人民网，http://theory.people.com.cn/n1/2020/0512/c40531-31705196.html，2020年5月12日发布，2023年10月14日访问。

的难题有待破解，其中就包括数据的权属界定。这一问题是数据要素市场培育的理论前提，主要关心各主体针对数据所产生的权利义务关系，即围绕数据产生的权利或者权益到底归谁享有。① 笔者认为，这一概括是准确的，其中蕴含了以下几点值得强调的内容：其一，数据权益问题实际上是要处理数据活动相关各主体间的关系问题；其二，各主体对数据享有的可能是权利也可能是利益，有待法律的确认；其三，解决数据权益问题的目的，是健全数据要素市场规则，促进数据要素市场发展。从这三点可以看到，权益问题的解决方案具有很多可能性，所谓"数据权益"或"数据确（立产）权"，并不必然意味着要确定某种数据权利，而是要建立一套各主体能据之合法、有序、充分开展数据活动的规则。目前，我国各地公共数据立法呈现出了不同的实践探索；学界也围绕"是否要确权""如何确权/若不确权，如何规制"，提出了大量设想与建议。公共数据是数据的一种类型，有其特殊性，但也遵从数据权益的一般规则。故对于在一般意义上讨论数据权益的研究，如果其在一般性论述的基础上，针对公共数据权益提出了较为明确的观点，本部分也将在下文综述中加以适当呈现。

二、公共数据权益的现状

（一）公共数据权益的立法实践

目前我国国家层面尚无对公共数据权益或权属的统一立法，仅在数据相关法律中偶有间接涉及，相关法律法规集中于地方层面。其中，大多数地方出台了一般性的"数据条例"，部分地方有针对公共数据的专门法规。关于对数据权益的一般规定，有学者总结出中央与地方立法大致可分为四种类型：1）不涉及。例如《民法典》第127条、《贵州省大数据发展应用促进条例》、《天津市促进大数据发展应用条例》、《海南省大数据开发应用条例》、《山西省大数据发展应用促进条例》等；2）界定为"财产权益"，例如《数据安全法》第7条、《深圳经济特区数据条例》第4条②、《山东省大数据发展促进条例》第45条③、《黑龙江省促进大数据发展应用条

---

① 中国信息通信研究院：《数据要素白皮书（2022年）》，第26-27页。

② 《深圳经济特区数据条例》第4条规定："自然人、法人和非法人组织对其合法处理数据形成的数据产品和服务享有法律、行政法规及本条例规定的财产权益。但是，不得危害国家安全和公共利益，不得损害他人的合法权益。"

③ 《山东省大数据发展促进条例》第45条规定："县级以上人民政府应当依法推进数据资源市场化交易，并加强监督管理；鼓励和引导数据资源在依法设立的数据交易平台进行交易。数据交易平台运营者应当制定数据交易、信息披露、自律监管等规则，建立安全可信、管理可控、全程可追溯的数据交易环境。利用合法获取的数据资源开发的数据产品和服务可以交易，有关财产权益依法受保护。"

例》第 8 条①、《广东省数字经济促进条例》第 40 条②等；3）直接使用"数据权益"概念，例如《上海市数据条例》将"自然人、法人和非法人组织在使用、加工等数据处理活动中形成的法定或者约定的财产权益，以及在数字经济发展中有关数据创新活动取得的合法财产权益"明确提炼为"数据权益"；4）采用"数据权利"概念。2023 年 3 月施行的《苏州市数据条例》第 6 条③首次采用了"相关数据权利"的表述。④ 学者基于以上梳理进一步指出，一方面，不同类型立法在关键概念上的差别表明当前各方对于数据权属的认识不一，有必要对数据确权加以澄清；另一方面，四类立法实际上大同小异，不论是否采取了"数据权利"概念，都没有真正创设一项新的权利，而只是关于"数据权益"的规定。⑤ 在具体归类上，学者的上述观点存在细节方面的可商榷之处，例如《数据安全法》第 7 条虽采用了"与数据有关的权益"，但并未明确其为"财产权益"。不过，其分类和总结总体合乎现况，即总体上，目前立法对于数据的一般性规定只是明确其上具有"权益"。对于公共数据的权属或权益问题，国家层面同样缺乏具体规定，地方层面大体可以分为三类：其一，大部分地方性法规不涉及公共数据的权属问题；其二，有些地方明确政务数据归国家所有，例如山西省⑥、福建省⑦、重庆

---

① 《黑龙江省促进大数据发展应用条例》第 8 条规定："自然人、法人和非法人组织对其合法处理数据形成的数据产品和服务享有法律、行政法规及本条例规定的财产权益，依法自主使用，进行处分。"

② 《广东省数字经济促进条例》第 40 条规定："自然人、法人和非法人组织对依法获取的数据资源开发利用的成果，所产生的财产权益受法律保护，并可以依法交易。法律另有规定或者当事人另有约定的除外。探索数据交易模式，培育数据要素市场，规范数据交易行为，促进数据高效流通。有条件的地区可以依法设立数据交易场所，鼓励和引导数据供需方在数据交易场所进行交易。"

③ 《苏州市数据条例》第 6 条规定："自然人、法人和非法人组织依法享有数据资源持有、数据加工使用、数据产品经营等权益，获取与其数据价值投入和贡献相匹配的合法收益。自然人、法人和非法人组织开展数据处理活动、行使相关数据权利，应当遵守法律、法规，尊重社会公德和伦理，遵守商业道德和职业道德，不得危害国家安全和公共利益，不得损害他人的合法权益。"

④ 周汉华：《数据确权的误区》，《法学研究》2023 年第 2 期。

⑤ 周汉华：《数据确权的误区》，《法学研究》2023 年第 2 期。

⑥ 《山西省政务数据资产管理试行办法》第 7 条规定："政务数据资产是重要的生产要素，属于国有资产，其所有权归国家所有。县级以上人民政府授权政务信息管理部门代表政府行使政务数据资产所有权人职责。县级以上人民政府政务信息管理部门应当建立健全政务数据资产登记管理制度和政务数据资产动态管理制度，编制政务数据资产登记目录清单，建设本级政务数据资产登记信息管理系统，汇总登记本级政务数据资产。"

⑦ 《福建省政务数据管理办法》第 3 条规定："政务数据资源属于国家所有，纳入国有资产管理，并遵循统筹管理、充分利用、鼓励开发、安全可控的原则。"

市①、河南省鹤壁市②等;其三,部分地方明确政务数据归政府所有,如广东省③、四川省德阳市④。

(二)地方公共数据立法权的争议

现有与数据权属相关的立法集中在地方层面,特别是对公共数据,有一些地方明确其归国家或政府所有。围绕此有一个不可回避的问题:地方立法确立公共数据的所有权,是否合法有效?这涉及地方立法的权限与范围。对此,部分学者主张确立公共数据权属的权力应属于全国人大。例如,有学者认为,根据《宪法》第62条及《立法法》第11条的规定,对于资源权利配置及权利范围划定等重大事项,应由全国人大制定法律予以确定。即便要由政府确定公共数据权利归属及权利范围,也应由中央政府在得到全国人大或全国人大常委会授权的情况下实施。⑤ 还有学者提出了以下理由:第一,由人大代表人民确认国家所有权,在程序上比较接近契约主义关于"立约人一致同意"的内在要求;第二,只有人大才能代表人民行使国家所有权,特别是在重大国有财产的最终处分权上,只是具体操作层面,国务院可通过全国人大的授权来具体行使国家所有权。⑥ 也有学者认为将公共数据资源纳入公共资源或国有资产的权限属于中央政府,除非有授权试点,地方出台相关法规无疑是对地方立法权的突破。⑦ 另外,有观点认同地方没有权限规定权属,但认为其可以规定数据权益。⑧ 反对者认为,《立法法》第11条规定了对"民事基本制度"只能制定法律,这一规定并未作权属和权益的区分,无论是规定数据权益,还是规定谁享有数据权益(权属),都涉及了民事基本制度,超越了地方立法权限。⑨

---

① 《重庆市政务数据资源管理暂行办法》第4条规定:"政务数据资源属于国家所有。政务数据资源管理遵循统筹管理、集约建设、充分应用、安全可控的原则。"
② 《鹤壁市政务数据管理办法(试行)》第5条规定:"政务数据权利包括所有权、采集权、管理权、使用权和收益权。政务数据所有权归国家,属于国有资产管理范畴。市政府授权市政务服务和大数据管理局(以下简称市政务数据主管部门)行使政务数据统筹管理权。各政务部门依据其法定职能拥有对相关政务数据的采集权、管理权、使用权。经市政务数据主管部门授权,有关企业和单位可以获得相关政务数据的使用权,享有政务数据再利用的收益权。"
③ 《广东省政务数据资源共享管理办法(试行)》第4条规定:"政务数据资源所有权归政府所有。"
④ 《德阳市政务数据资源管理暂行办法》第4条规定:"政务数据资源归政府所有。"
⑤ 赵加兵:《公共数据归属政府的合理性及法律意义》,《河南财经政法大学学报》2021年第1期。
⑥ 衣俊霖:《论公共数据国家所有》,《法学论坛》2022年第4期。
⑦ 胡凌:《论地方立法中公共数据开放的法律性质》,《地方立法研究》2019年第3期。
⑧ 转引自王娟:《地方数据立法的路径和特点》,《〈上海法学研究〉集刊》2022年第23卷。
⑨ 王娟:《地方数据立法的路径和特点》,《〈上海法学研究〉集刊》2022年第23卷。

《立法法》第 11 条中的"民事基本制度"的内涵并不明确。文义上可以认为其指向民事活动中最重要的一些准则或制度框架，但到底何种重要程度才能构成"基本制度"，在实务中没有明确界定，研究上也缺乏共识。① 在更具体的解释上，存在"重要事项保留说"和"侵害保留说"两条路径。前者从"重要性"出发，一般认为"民事基本制度"包括民事权利及其种类；后者主要为克服"重要事项"内涵难以明确的缺陷，从防范行政法规过度介入民事领域的角度，认为与基本权利对应的民事权利属于只能由法律加以规定限制的"民事基本制度"②。（公共）数据的权益或权属问题，在数据基础制度中意义重大，且涉及民事权利及其类型，从这一角度来说，认为其属于"民事基本制度"更具合理性。此外，考察《民法典》第 127 条，关键在于"法律对数据、网络虚拟财产的保护有规定的，依照其规定"中的"法律"，是指全国人大及其常委会所制定的狭义的法律，还是包括经《立法法》规定的立法程序产生的法律、行政法规、地方性法规和规章的广义法律。全国人大常委会法工委有关人士撰写的民法典释义书指出，该条的法律保留是维持了《民法总则》的相关规定，原因一方面是数据和网络虚拟财产的权利属性及内容存在争议，有待进一步总结理论和实践经验，另一方面是相关内容也具有复杂性，限于民法典总则编的篇章结构，应由专门法律加以规定。该释义书进一步指出，根据现有法律，对数据可以分别情况依据著作权、商业秘密来保护，相应的法律是《著作权法》和《反不正当竞争法》。③ 从这些表述看，这里的法律保留并不是基于中央与地方分权考虑的法律保留，而是考虑到法律科学性的横向的保留，立法者意指的更可能是《著作权法》《反不正当竞争法》之类的狭义的法律。

综上，在对地方立法是否有权规定（公共）数据权属的讨论中，目前理论界的多数说是持否定态度的。基于对《立法法》第 11 条和《民法典》第 127 条的解释，笔者认为，否定的观点更为合理。至于地方立法能否确定"权益"，在《民法典》已经明确了数据权益的背景下，并不成为问题，可以认为那些规定了数据上有权益的地方性法规是对法律规定的重申。考虑到在国家层面就公共数据以及整个数据的权益问题，目前只是一种政策

---

① 周海源：《"民法典时代"行政法规创设民事制度的正当性及其限度》，《行政法学研究》2021 年第 3 期。
② 周海源：《"民法典时代"行政法规创设民事制度的正当性及其限度》，《行政法学研究》2021 年第 3 期。
③ 黄薇主编：《中华人民共和国民法典总则编释义》，法律出版社 2020 年版，第 333－336 页。

性、方向性的引导，而法律保留的原因之一也是为了给实践经验的积累留下时间，对于不少地方已经出台的相关法规，或许也更宜持开放观望态度。待未来法律作出关于（公共）数据权属的统一规定后，与之存在相抵触情况的地方性法规自然应予以修改或废止。

三、关于公共数据权益的学说

近年来，学界围绕数据确权展开了大量讨论。仅关于"数据是否应当确权"这一前提性问题，都争议颇多[①]；在具体制度构想和解决方案上，更是众说纷纭。其中，有许多研究是在一般意义上讨论数据确权，并不专门针对公共数据，但对于其整体构想下的公共数据权属或有论及。提炼此类研究中的相关观点，结合其他专门讨论公共数据权属的研究，可总结出国家所有权说[②]、政府职权说、三权分置说、分类确权说、数据信托说、关系界权说几类。

（一）公共数据国家所有权说

1. 公共数据国家所有权说的内容及理由

公共数据国家所有权说认为，公共数据归国家所有。持该说的学者大多直接使用"国家所有权"这一概念，未对其内涵进行专门阐述。有学者总结指出，关于国家所有权的法律性质，目前主要有私权利说、公权力说和混合说：私权利说认为国家所有权是民法意义上的私权利，有占有、使用、收益、处分等权能；公权力说认为国家所有权本质上是对国家在相关领域的干预和管理权力予以认可；混合说则认为国家所有权是兼具私权利与公权力二重性的混合法律关系。其中，公权力说和私权利说并无本质冲突，而是关注点不同，国家所有权最终需要转化为私权利发挥作用，而公权力意义上的国家所有权是制定私权利规则的前提基础；混合说采取折中路径，将注意力转向具体的制度建构，强调公法与私法的协力配合。[③]

纵观持公共数据国家所有权说的研究，可以认为若无特别说明，学者一般是在混合说的意义上使用这一概念，即跳出关于国家所有权本身法律性质的学理争论，侧重从制度构建的角度，强调公共数据归属于国家，由国家代表全民进行管理配置，服务于最广泛的社会公益。有观点未强调公共数据国家所有权的性质，而是表述为"公共数据为社会公众共有，由政府及相关公

[①] 申卫星：《数据确权之辩》，《比较法研究》2023年第3期。

[②] 部分观点采用了"归属政府"等表述，但其具体内容上是主张公共数据全民所有，只是具体展开方式上，由政府代表国家行使权力，故此类观点归入国家所有权说。例如赵加兵：《公共数据归属政府的合理性及法律意义》，《河南财经政法大学学报》2021年第1期。

[③] 衣俊霖：《论公共数据国家所有》，《法学论坛》2022年第4期。

共事务组织代为管理使用"①，即有此意。用来支持公共数据国家所有权说的主要理由可以归纳为以下几项：

第一，公共资源说。此说认为，公共数据属于公共产品或公共性资源，为全体人民公有公用，属全体人民共同所有的财产。② 不少学者强调公共数据产生于政府/公共部门（在公共财政的支持下）行使职权的过程中，从公共数据的产生、来源角度论证其公共属性。③ 有学者在此基础上，分析公共数据的经济与社会价值，认为公共数据属于生产资料，根据我国的生产资料公有制，进一步论证公共数据全民所有的合理性。④ 此外，还有观点基于公共数据的非排他性、非竞争性、效用不可分割性以及政府本身的公共属性主张公共数据属于公共产品。⑤

第二，劳动赋权说。有学者结合劳动财产理论主张公共数据归属政府，认为政务活动属于劳动范畴，政府对政务活动形成的公共数据享有权益符合劳动财产理论的基本预设。⑥ 有学者依据数据生产理论，认为公共数据集合的生产者投入了大量物力和财力，可通过赋予该生产者一定的控制能力和权益来保护和激励。⑦

第三，制度效益说。许多学者从制度效益的角度论证公共数据国家所有权的正当性。例如，有学者认为公共数据国家所有权具有适应公共数据要素市场化配置的改革需要、符合公共数据开放利用的利他主义原则、适于构建公平合理的公共数据使用制度等优势。⑧ 又如，有学者提出很多依

---

① 崔淑洁：《数据权属界定及"卡—梅框架"下数据保护利用规则体系构建》，《广东财经大学学报》2020 年第 6 期。
② 张素华、王年：《公共数据国家所有权的法理基础及实现路径》，《甘肃社会科学》2023 年第 4 期；赵加兵：《公共数据归属政府的合理性及法律意义》，《河南财经政法大学学报》2021 年第 1 期。
③ 胡凌：《论地方立法中公共数据开放的法律性质》，《地方立法研究》2019 年第 3 期；朱宝丽：《数据产权界定：多维视角与体系建构》，《法学论坛》2019 年第 5 期；赵加兵：《公共数据归属政府的合理性及法律意义》，《河南财经政法大学学报》2021 年第 1 期。
④ 赵加兵：《公共数据归属政府的合理性及法律意义》，《河南财经政法大学学报》2021 年第 1 期。
⑤ 朱宝丽：《数据产权界定：多维视角与体系建构》，《法学论坛》2019 年第 5 期。
⑥ 赵加兵：《公共数据归属政府的合理性及法律意义》，《河南财经政法大学学报》2021 年第 1 期。
⑦ 张素华、王年：《公共数据国家所有权的法理基础及实现路径》，《甘肃社会科学》2023 年第 4 期。
⑧ 张素华、王年：《公共数据国家所有权的法理基础及实现路径》，《甘肃社会科学》2023 年第 4 期。类似地，有学者认为开放数据设立目的主要为促进数据流通使用，由国家所有更有利于实现这一目的（张宝山：《数据确权的中国方案：要素市场语境下分类分级产权制度研究》，《北方法学》2023 年第 5 期）。

赖财政经费采集的数据沦为各个单位控制的私有财产，构建公共数据的国家所有权有利于数据的共享使用①，同时也可以为公共数据资源的共享和使用提供财产制度的支撑。② 还有学者指出，将公共数据配置给政府，由政府代表国家行使相应的占有、使用、处分及管控等权利，有利于推动公共数据开发利用，符合"根据数据性质完善产权性质"的数据要素市场建构目标。③ 总体上，学者所主张的公共数据国家所有权的正面制度效益可以概括为有利于推动共享开放、科学利用和充分发挥社会效益几个方面。

第四，虚拟契约最优方案说。有学者借助无知之幕的契约方法论，论证框架论证公共数据国家所有的正当性，认为相比于国家所有的公共信托契约，以下几种分配公共数据资源的方案皆有其缺陷：1) 公民作为公共数据的直接控制者。该方案将导致决策的极端低效率，导致公共数据难以发挥其价值。2) 政府对公共数据的完全控制。该方案使政府对公共数据资源享有完全的、支配性的权利，对理性立约人的权益保障有限，存在巨大风险。3) 建立公共数据的"用户—企业"民事信托机制。该方案将降低社会治理效率，且导致大部分立约人丧失对公共数据的话语权。此外，相比于维持现状，公共信托契约更具互惠性，也具有现实可行性，立约人有更强的动机支持公共信托关系。④ 故此，公共信托所代表的公共数据国家所有权是合理正当的制度安排。

2. 公共数据国家所有权的实践路径

部分研究不仅提出理由支持公共数据国家所有权，而且进一步阐述了实践方案，其中"公共数据分类规制"和"宪法与法律双层规制"两种观点较为明确、系统，以下简要梳理。需说明的是，这两种观点的视角不同、侧重不同，因此，并不存在非此即彼的对立关系。

（1）公共数据分类规制。

有学者提出区分国有公用公共数据和国有私用公共数据，在此基础上构建以管理权能和收益权能为核心的公共数据国家所有权权能体系，通过行政法上的"公有化—许可—使用"和民法上的"所有权—授权—用益

---

① 刘垠：《向先进生产力集聚实现资源有效配置——中央文件将数据纳入生产要素有深意》，《科技日报》2020年4月13日，第1版。转引自申卫星：《论数据用益权》，《中国社会科学》2020年第11期。
② 申卫星：《论数据用益权》，《中国社会科学》2020年第11期。
③ 赵加兵：《公共数据归属政府的合理性及法律意义》，《河南财经政法大学学报》2021年第1期。
④ 衣俊霖：《论公共数据国家所有》，《法学论坛》2022年第4期。

权"实现公共数据国家所有权的制度效益。① 具体而言，国有公用公共数据是由国家管理和控制，受全体国民自由利用公益目的制约，非经过技术手段和法定程序使其转化为可市场化流通利用的私用类公共数据，不得进行市场化流通和利用的公共数据，包括禁止开放类公共数据、无条件开放类公共数据；国有私用公共数据是国家可对其进行市场化性质的自主或委托他主利用的可处分、可交易的公共数据，即有条件开放类公共数据。

管理权能确认了实践中存在的公共数据管理活动的合法性，且将公共数据开放利用的"公益性"目的嵌入公共数据国家所有权。就国有公用公共数据而言，管理权能侧重于制约处分权能，以限制该类数据的流通；就国有私用公共数据而言，管理权能侧重制约收益权能，以防止该类数据收益的私有化和团体化。收益权能必须服务于全体社会成员的公共利益，针对不同类型公共数据，加以不同限制。对于国有公用公共数据，原则上不允许收益，公众可无偿取得该类数据的使用权。但为补偿公共机构的开放成本，激励开放动力，在某些特殊情况下仍需赋予其收益权利，不过同时应通过法律法规明确可收益情形，并从审批程序、信息公开方面加以严格限制。对于国有私用公共数据而言，可以通过许可使用和授权运营两种方式实现收益，两者均产生"公共数据国家所有权＋公共数据使用权（用益权）"的权利格局。为避免收益权能滥用，也应加以以下限制：1）以"成本分担和补偿"原则来确定公共数据访问和使用的价格；2）建立系统完善的公共数据使用权转让程序，防止利用程序问题变相收费；3）建立依据劳动贡献合理分配利益的机制；4）强化公共数据利用主体的公益负担，鼓励甚至强制公共数据使用权人利用公共数据提供公益服务；5）建立公共数据收益预算分配制度，确保公共数据收益在民生支出中的占比，并定向使用公共数据使用权转让收益来推动公共数据的公益性开发和利用，使公共数据价值惠及全体社会成员。

（2）宪法与法律双层规制。②

有学者建议在宪法层面明确公共数据法律属性及归属模式，在法律层面明确公共数据权利内容及权利行使规则，具体而言：第一，在《宪法》中"土地制度"后增加："《宪法》第××条：公共数据等公共资源，都属于国家，即全民所有。禁止任何组织或者个人用任何手段侵占或者破坏公

---

① 张素华、王年：《公共数据国家所有权的法理基础及实现路径》，《甘肃社会科学》2023年第4期。

② 赵加兵：《公共数据的权属界定争议及其制度建构》，《河南财经政法大学学报》2023年第3期。

共数据。任何组织或者个人不得以任何方式非法转让公共数据。公共数据的利用与保护等由法律规定。"

第二，对公共数据开放予以专门立法，并专条明确公共数据权利内容及行使规则。例如："《公共数据开放××法》第×条：公共数据权利包括占有权、使用权、收益权、处分权及管控权等专有权利。第×条：国务院代表国家行使公共数据权利，法律另有规定的，依照其规定。"其中，占有权是基于政府对公共数据的收集或生成行为产生的。使用权强调政府有权按照实际需要以一定方式规范使用公共数据，既可以自己行使此项权利，也可以授权他人行使该项权利。许可权指政府可采取以开放许可为基础的普通许可模式，以非独占或排他的许可方式以及非差异化的许可条件，公平地授权社会公众使用公共数据并收取许可使用费。处分权指政府作为权利人享有对公共数据进行事实或法律处分的权利，包括删除、销毁、授权等。该权利需受严格限制，例如明确删除或销毁的责任主体，禁止以买卖等形式转让公共数据所有权。管控权是指政府作为权利人对公共数据的处理享有跟踪、评估和管理等权利。

3. 对公共数据国家所有权说的批评

针对公共数据国家所有权说，反对的学者提出的批评主要有以下几点：首先，公共数据价值生产过程中仍有私人的参与，仅确认公共数据国家所有，不足以解决诸如个人请求公共机关更正数据错误的请求权、企业就获授权处理的公共数据享有的自由等层面的确权问题。① 其次，在政务数据共享和开放仍存阻力的局面下，将公共数据宣示为"国有资产"，有被部门利益劫持以反对共享和开放（"严防流失"）之忧。② 再次，如果将公共数据资源定性为国家财产，地方政府为承担保值增值的责任，有动力将公共数据资源按照传统自然资源授权使用的模式以政府采购方式进行排他授权。但这种做法与基于信息公开的数据开放价值相悖，即过度强调信息公开的资产属性而非社会属性。最后，存在将开放问题转变成公共资源使用权拍卖问题，导致公共服务外包，从而使其失去公共属性、完全偏向营利性的风险。③

（二）公共数据政府职权说

公共数据政府职权说不主张确立公共数据上的所有权，但从国家应履行开放义务，推动公共数据利用，发挥其生产要素功能出发，主张确立公

---

① 戴昕：《数据界权的关系进路》，《中外法学》2021年第6期。
② 戴昕：《数据界权的关系进路》，《中外法学》2021年第6期。
③ 胡凌：《论地方立法中公共数据开放的法律性质》，《地方立法研究》2019年第3期。

共管理机构对公共数据的相关职权。例如，有学者认为，为避免公共数据被人为垄断，不宜采取依据公共数据经济属性的财产化保护路径，主张采取依据公共数据社会属性的管理化路径，由政府作为国家的管理者，推动公共数据安全、平等地开放共享。①

关于公共数据政府职权的具体内容，学者采取不同用语、基于不同侧重，提出了各自的论述，但大体上，都强调政府对公共数据有管理权，同时负有合法、科学管理，服务社会公益的义务。例如，有学者认为，数据权是由一系列不同性质的权利组成的权利束，其中包括政府的数据调制权，具体又分为数据调控权与数据规制权。数据调控权，是指政府为实现数字政府的宏观目标，具有对数据进行调节与控制等干预活动的职权，具体包括数据共享权、许可使用权、数据获取权。数据规制权，是指政府为保护数据安全，促进数据市场公平竞争，对相关主体的非法利用数据、实施垄断协议等行为加以限制或禁止等干预的职权。②

有观点主张公共管理机构在公共数据开放和授权利用中拥有的是行政法上的管理权限，其非数据财产权的权利主体。公共管理机构的公共数据授权行为本质上是具体行政行为，需要明确其授权的权限、方式以及程序，符合《行政许可法》等法律的规定。同时，基于公共管理机构的公共数据开放的公共服务属性，还应当强调公共管理机构保障多元市场和社会主体在公平合理条件下获取和利用公共数据的义务，通过为公共数据利用主体构建公平、有效的开发利用规则，推动数据利用效益和社会福利的整体增长。③ 类似地，有学者强调公共管理机构和公共服务机构享有数据权益，但此种权益并非个人信息权益或企业财产权式的私权利。国家机关和公共服务机构基于特殊的主体身份而成为公共数据的生产者与处理者，得以处在公共数据的管控者的地位，其行使数据权益必须严格依据法定的公共数据共享、开放规则，不能基于自由意思而任意决定允许谁使用或禁止谁使用，允许谁有有偿使用或允许谁无偿使用。④

还有学者认为，数据开放规则的基础是承认数据持有人对数据的事实控制权，因此应确认公共机构对公共数据的管理权，具体即公共机构的数据持有者权。这一职权一方面明确公共机构的合法数据使用权，以推动公

---

① 李晓宇：《权利与利益区分视点下数据权益的类型化保护》，《知识产权》2019 年第 3 期。
② 张钦昱：《数据立法范式的转型：从确权赋权到社会本位》，《经贸法律评论》2023 年第 1 期。
③ 张新宝：《产权结构性分置下的数据权利配置》，《环球法律评论》2023 年第 4 期。
④ 程啸：《论数据权益》，《国家检察官学院学报》2023 年第 5 期。

共机构参与数据市场培育，构建公共数据重用秩序；另一方面也明确数据资源的管理职责，使每个公共机构生产的有用的数据资源具有明确的责任主体，促进数据资源在安全管理的前提下充分发挥其价值。[①] 较为特别的是，该观点同时认为，只有无偿无条件开放的数据才满足公共数据性质，在允许政府数据有条件有偿开放的政策背景下，将其他公共机构的数据纳入公共数据没有太大意义。相应地，其主张承认其他公共机构独立的数据持有者权，赋予其自主开发利用其产生数据资源的权利，同时施加向政府提供公共基础信息的义务，从而在实现数据资源自主处理的基础上，也可以为政府提供实现公共服务目的所需要的基础数据。[②] 故该学说所提出的公共机构的数据持有者权，或者说公共机构对公共数据的管理权，相较前述其他观点，范围应当更小。

（三）公共数据三权分置说

有观点提出将公共数据视为具有财产权属性的"公物"，其上附着所有权、使用权以及收益权，并将所有权厘定为国家所有、使用权归属于全体公民、收益权设定为可协商权利。其中，公共数据的国家所有不同于一般物上的所有权，而是为公共数据的全民所有提供法律基础和制度依据。国家这一抽象主体经由全民委托成为公共数据这一特殊资源的受托人，并经由其执行机关"政府"来具体管理公共数据资源。公共数据的使用权主要针对的是公共数据加工、分析、利用等使用活动。为更好地发挥公共数据的价值效益，应当将公共数据的使用权归属于全体公民，即中华人民共和国境内的全体公民均有权使用公共数据，在依法持有公共数据的前提下，对公共数据开展加工、分析、利用等使用活动。

公共数据开放、共享、利用过程中，可能产生收益，公共数据的收益权即基于占有或者使用公共数据，而获得或产生经济利益的一项权利。为促进公共数据流动，提高资源配置效率，除部分特殊公共数据可以明确受益主体外，原则上应当允许各方对谁有权获得收益进行协商。[③]

（四）公共数据分类确权说

一些学者认为，应当区分公共数据的类型，结合每种类型的公共数据的特性而分别采取相应的确权方式。具体而言，有以下几种对公共数据进行分类和确权的观点。

[①] 高富平：《公共机构的数据持有者权——多元数据开放体系的基础制度》，《行政法学研究》2023年第4期。

[②] 高富平：《数据持有者的权利配置》，《比较法研究》2023年第3期。

[③] 喻少如、黄卫东：《论公共数据的分权治理》，《党政研究》2023年第5期。

1. 区分公共管理数据和公共服务数据

有观点区分公共管理数据和公共服务数据，采取不同的确权机制。公共管理数据是国家机关和法律法规授权的具有公共事务职能的组织在依法履行管理事务或提供公共服务等职责过程中收集、产生的数据；公共服务数据是医疗、教育、供水等领域的公共服务机构在提供公共服务的过程中收集、产生的数据。①

公共管理数据之上不存在任何主体权益，公共管理机构对其不具有财产利益，确权授权的重点在于促进多方主体对数据的充分利用。为此，要建立全国级地方统一的政务数据平台以促进数据流通共享，并采取有偿与无偿相结合的方式，遵循公平公正等原则，推动公共数据常规开放或公共数据授权运营。

公共服务数据则具有民事权利客体的性质，应当确认公共服务机构对其依法享有数据财产权。公共服务机构既可以将公共服务数据用于自身的生产经营活动，也可以将其依法提供给其他市场主体，还可以对其实施开发利用，形成数据产品或者数据服务后向社会提供。非营利性的公共服务机构可以利用公共服务数据获取一定收益，但是需要遵循禁止利益分配的原则。其他市场主体依法获取公共服务数据后，其对公共服务数据进行处理的行为将产生新的数据财产权。其他市场主体依法行使数据财产权的行为不受公共服务机构的数据财产权的限制，其依法开发利用公共服务数据所形成的财产权益受法律保护。

2. 区分政务数据与个人/企业数据

有观点根据公共数据是否涉及个人或企业进行分别确权，认为政府自身在履职过程中形成的政务数据，如果与个人和企业无涉，国家可依法享有数据所有权，政府机关依照法定职责享有对政务数据的持有权和加工使用权。对于各级党政机关在依法履职、提供公共服务过程中收集的含有个人信息或企业信息的数据，则应将所有权归属被采集的管理对象，采集者政府机关基于法定授权和个人的同意享有数据用益权基础上的数据资源持有权。② 类似地，有学者认为如果公共数据非属个人数据且与社会公共事业相关，如交通信息、医疗药品信息、环境信息等，管理部门基于其付出的劳动，享有所有权。如果公共数据涉及个人数据，为保护个人数据安

---

① 张新宝、曹权之：《公共数据确权授权法律机制研究》，《比较法研究》2023 年第 3 期。
② 申卫星：《论数据产权制度的层级性："三三制"数据确权法》，《中国法学》2023 年第 4 期。

全、维护人格尊严和私法自治,个人数据主体仍应享有该公共数据所有权。[1]

3. 依据数据内容区分公共数据

有观点认为,应当从公共数据的内容入手来对公共数据进行分类并确权,具体而言:第一,"进入人类研究视域对自然和宇宙认知的数据",这些数据涉及公共利益且多为政府运用财政资金委托研究咨询机构进行研究取得,其所有权属于国家,使用权属于社会公众,不能进入数据交易市场进行交易。第二,"作为历史遗产和现代知识产权的数据",这些数据属于公共资助的研究数据,也属于国家所有,在不涉及国家利益、商业秘密和个人隐私前提下,应免费供公众使用。第三,"经济社会信息数据",该等数据包括国家宏观数据、自然人数据和企事业单位数据。其中国家宏观数据主要是国家履职过程中所形成的国民经济和社会发展的各类统计数据,包括国内生产总值、财政收支、物价指数、等各类数据信息。这部分数据所有权属于国家,在不涉及国家机密时,免费向社会公众开放。自然人数据是政府履职中针对自然人所收集的数据信息,包括自然人识别、登记、纳税、许可、嘉奖、处罚、判决等。这类数据的所有权属于个人,国家机关具有使用权和处置权,但是自然人应具有数据被应用的知情权,个人隐私的被保护权,以及提出数据救济的异议或修改权。企事业单位数据指政府履职中掌握的企事业单位的资产经营数据或纳税记录数据等,这类数据所有权应归属相应的企事业单位。这些数据作为社会公共资源,除小部分出于国家安全需要或商业秘密不能公开外,大部分应向社会开放,供社会公众免费查询。[2]

(五)公共数据信托说

为处理消费者与大型互联网企业间的权利不平衡,美国学者提出了"信息受托人(information fiduciaries)"方案,通过给数据控制者施加对数据主体的信义义务,来强化对自然人隐私和信息安全的保障。与之平行,英国则发展出了建立介于数据主体和数据使用者之间的独立信托机构的"数据信托(data trust)"方案。[3] 在美国,"信息受托人"方案主要还停留在理论层面。英国则已有了一些数据信托试点的实践。开放数据研究所联合英国政府人工智能办公室和"创新英国",从 2018 年 12 月到 2019 年 3 月进行了与非法野生动物贸易、城市数据共享(主要涉及停车

---

[1] 王勇旗:《公共数据法律内涵及其规范应用路径》,《数字图书馆论坛》2019 年第 8 期。
[2] 杜振华、茶洪旺:《数据产权制度的现实考量》,《重庆社会科学》2016 年第 8 期。
[3] 黄京磊、李金璞、汤珂:《数据信托:可信的数据流通模式》,《大数据》2023 年第 2 期。

与供暖)、食物浪费情况相关的三个数据信托试点项目。该研究所的相关分析报告指出,存在传统法律信托、合同架构、公司模式、公共模式、团体利益公司模式等多种可能的数据信托模式,但没有任何一种法律结构可以适用于所有数据信托,每个数据信托都需要自己的、单独设计的法律结构。①

有学者指出,"信息受托人"模式高度依托普通法信托传统,对我国借鉴意义有限,英国的"数据信托"理论与实践则有重要的借鉴意义:一方面,可以通过数据信托悬置数据所有权问题,基于个人或企业的数据财产权益设立数据信托,同时通过第三方管理和隐私计算等技术手段,确保数据流通和交易过程中的隐私保护和数据安全;另一方面,针对公共数据,分行业分领域设立不同类型的公共数据信托或可尝试。② 有学者认为:相较于数据要素产品直接交易等模式,数据信托具有权利结构明晰、交易风险可控、流通功能多元等优势。针对公共数据,如果采用直接交易模式或代理运营模式,数据使用者发生经营情况变动时,数据开发使用关系的稳定性将受到较大挑战。而数据信托结构中,由于信托合同相对数据使用者独立,因此可以保证将数据经营权授权给受托方这一环节不受冲击,确保数据原始权利人数据收益的稳定实现。此外,也可通过数据信托中的公益信托和私益信托模式,实现《数据二十条》关于"推动用于公共治理、公益事业的公共数据有条件无偿使用,探索用于产业发展、行业发展的公共数据有条件有偿使用"的要求。③ 反对的观点认为:公共数据信托并非一种权属安排,而是对所有权问题绕行。并且公共信托在我国语境中是陌生概念,制度移植存在很大的困难。④

(六)公共数据关系界权说

此说认为,创造价值的数据处理活动不以对数据的排他所有为前提,重要的是在具体场景下为数据处理者和控制者的行为提供具体界权方案。具体到公共数据,这意味着不需要认定其是不是"国有资产",但需要规定是允许政府机关对数据开放设置包括价格在内的限制条件,还是允许市场主体主张获得无条件开放。对此,学者借助霍菲尔德框架进行分析,认为应明确获取开放公共数据的利用主体享有开发利用数据的自由(privilege),而公共机关在授权开放后无请求权(no right)作具体干预,以增

---

① 翟志勇:《论数据信托:一种数据治理的新方案》,《东方法学》2021年第4期。
② 翟志勇:《论数据信托:一种数据治理的新方案》,《东方法学》2021年第4期。
③ 黄京磊、李金璞、汤珂:《数据信托:可信的数据流通模式》,《大数据》2023年第2期。
④ 戴昕:《数据界权的关系进路》,《中外法学》2021年第6期。

强市场和社会主体开发数据的自主性和能动性。此外，政府将数据开放给企业时，虽对企业利用的自由（privilege）负担无请求权（no right），但仍应有将相同数据自行开发或对其他主体开放的自由（privilege），而企业的权益不应包含主张其他数据开发者不得开发利用相同数据的请求权（right）。[①]

还有学者检讨"权利球""权利束""权利块"三种权利结构，认为"权利块"是数据权利结构的最佳选择，主张从功能角度，将数据权利分解为服务公共目的的"公共数据权利模块"和以私主体利益为依归的"私人数据权利模块"，并可依据法律关系进一步拆分出"数据权利人与一切人""数据权利人与其他意定数据权人""数据权利人与其他法定数据权人""数据权利人与国家"等子模块。各数据权利模块构成数据界面，其勾连、互动以及相互转化受到数据界面规则的规范。数据界面规则包括"公共数据私人化规则"和"私人数据公共化规则"。公共数据私人化规则主要处理"私主体对公共数据二次利用后形成新数据并创造新价值"，以及"政府在透明性和无歧视的原则下，以特许方式将公共数据与特定私主体共享，并根据使用者付费或补偿成本原则收取费用"两种情形。这些情形中，公共数据跳出公共数据权利模块，私主体得以享有"私人数据权利模块"下的权利，同时应承担"私人数据权利模块"下尊重个人权利、提升数据处理透明度并遵守风险规制的义务。私人数据公共化主要处理"政府强制性取得私人数据，并运用于公共目的"，以及"私主体出于医疗、环保、科学研究、改善公共服务等公益目的而自愿向社会或政府无偿公开数据"两种情形。这时私人数据进入公共数据权利模块，但私主体亦应有撤回同意或反对特定数据处理，从而恢复到"私人数据权利模块"的权利。[②]

上述学说均批判传统财产权思路下普遍性的形式化确权，主张聚焦特定场景，具体分析各主体间的利益互动关系，灵活、动态地予以界权，故将其概括为关系界权说。

四、笔者的观点

如前文指出，公共数据权益问题的本质是要建立一套各主体能据之合法、有序、充分开展数据活动的规则。总体来看，公共数据权益的学说争议可以概括为两个层次：1) 是否要对公共数据确立财产权？若是，具体

[①] 戴昕：《数据界权的关系进路》，《中外法学》2021年第6期。
[②] 许可：《数据权利：范式统合与规范分殊》，《政法论坛》2021年第4期。

构造如何（例如是否应确立国家所有权）？2）若不对公共数据确立财产权，如何理解和协调公共数据相关各主体之间的权益关系？

笔者认为，回答上述问题应当强化公共数据共享开放作为一项政府职能的认识，考察公共数据概念的制度功能及具体内涵，在此基础上提出合法合理、科学高效的权益配置方案。依此思路，本书的结论是应该明确政府为实现公共数据治理而必需的相应职权，但并非对公共数据的财产权；对于其他数据关联主体的合法权益，则适用相应的法律法规加以保护。以下具体论证和阐述。

（一）公共数据概念及内容的澄清

本章第一节对公共数据概念的发展进行了梳理，并基于对制度目的、功能和所涉利益的分析，提出公共数据判定的"可预期性、必要公益性标准"，此处不再赘述。概括而言，公共数据在实践中主要是从数据持有者角度提出的一种分类，旨在建立并适用相应机制，让大量产生于公共管理和服务的数据得到流通利用。为尽可能合法、科学地实现这一目标，公共数据的具体判定标准需要经由理论的反思和实践的检验，适时加以调整。也就是说，"公共数据"是符合一定条件而应当受公共数据专门机制治理的各类数据的总和。与"承载个人信息的是个人数据"或者"企业在生产经营或提供服务的过程中取得的是企业数据"不同，公共数据是一个缺乏纯粹事实性判准的、以政策目的和规范属性为核心的范畴。这意味着公共数据概念无法作为一个整体直接投射到生活事实层面具有同质性的具体确定对象，泛泛地讨论公共数据，试图将其作为一个整体提出通行的权益构造，在逻辑上就难以成立。换言之，作为范畴的"公共数据"不是确权的客体，有必要将"公共数据"具体化，使其所指相对明确。为此，以下将采取分类的研究方法。事实上，公共数据权益的难点之一，也正是在于其内容混杂，与个人数据、企业数据多有重叠。考察公共数据的具体内容，加以分类讨论，合乎理论逻辑与现实需求。

在分类方式上，应将对数据权益有影响的因素作为依据，而权益依附于主体，故可将数据涉及哪些主体作为切入点。从数据的生命周期来看，本章讨论的公共数据权益主要针对原始数据[①]，故应当着眼于数据的产生环节，考虑数据的产生主体与数据内容的关联主体（或者说"数源主体"）。就数据的产生主体而言，按照本书对公共数据的界定标准，其既

[①] 经由数据开放开发而产生的更后端的数据权益，主要在第十二章"公共数据的授权运营"部分讨论。

可能是公权力机构，还可能是公共企事业单位等依托公权力产生的机构，还可能是纯粹的私主体。遵循现行政策法规的框架，这里区分企业（包括国有企业）产生的数据和非企业产生的数据。就数据内容而言，区分涉及个人、法人与非法人组织信息的数据，以及地理名称、气象数据等完全不涉及以上主体的数据。综合起来，笔者认为可将非企业产生的完全不涉及个人、法人与非法人组织信息的公共数据称为"绝对公共数据"，其余公共数据称为"相对公共数据"。以下基于这一分类，论述不宜在这些数据上设立所谓公共数据财产权。

（二）绝对公共数据上不必确立公共数据财产权

纵观各类观点，支持对公共数据确立财产权（多指国家所有权）的理由主要可以概括为劳动赋权说、公共资源说、制度效益说，即：公共管理和服务机构对于数据产生付出了成本而应享有相应权益；为保障公共数据的公益价值，应通过确立国家财产权确保其服务于全民利益；确立公共数据财产权有利于促进其流通利用。反对理由中主要的一项则是公共数据上可能存在个人或企业等相关主体的合法权益。由于绝对公共数据非由企业产生，且完全不涉及个人、法人与非法人组织的信息，故不存在与企业数据权益或个人信息、商业秘密产生冲突的可能。在绝对公共数据上确立财产权，阻力甚小，也似乎更顺理成章。但即便对此类数据，笔者也不认同确立公共数据财产权，以下具体说明。

1. 劳动赋权说不合乎公共数据确权的制度目的

公共数据确权旨在促进其流通利用，以提高公共管理服务水平，激活数据潜力，创造技术、经济等方面的价值，换言之，并不是旨在保护公共管理和服务机构的财产权益。具体到绝对公共数据，依前述分类标准，其应当是产生于非营利性的公共管理、服务或其延伸领域之中，数据产生主体为此投入的劳动或金钱成本，本身就是以促进公共利益为目标。产生这些数据的活动受到公共财政的支持，且数据的生产者在相关活动中，并不具有对数据享有财产权的目的。如果公共管理和服务机构在此存在需保护的财产权益，也应当是因为确立并保护这些权益有助于实现公共数据共享开放的制度目的。暂且不对劳动赋权学说作法理、政治经济学等层面的更深入分析，仅从公共数据确权的制度目的来说，劳动赋权的理念就与其价值不同向，不能成为确权的理由。

2. 公共资源说不构成确立国家所有权的充分理由

公共数据的共享、开放、利用必须服务于公共利益，是相关制度设计的应有之义。国家政策将数据明确为新型生产要素，并且采用了"数据资源"的表述，又鉴于公共数据的"公共性"，可以说公共数据是一种具有公共性的资源。这很容易令人联想到自然资源，并从相关制度中寻找启发。我国《宪法》第9条第1款规定"矿藏、水流、森林、山岭、草原、荒地、滩涂等自然资源，都属于国家所有，即全民所有"。主张确立公共数据国家所有权的学说虽然不一定以数据资源和自然资源的类比作为理由，但都蕴含了"全民所有"的理念。这一理念本身合乎公共资源的价值导向以及我国的社会主义国家性质，是值得肯定的。然而，在具体实现方式上，是否必然要采取"国家所有"，并非没有讨论的空间。

以自然资源为例：虽然世界各国可能存在政治经济体制和意识形态方面的差异，但普遍都将其作为一项公共资源，以服务和保障公共利益为自然资源管理的基本原则。单纯从机制设计的角度，至少还存在美国式的公共信托模式。[1] 如学者所指出，我国的国家所有权制度很大程度是在高度政治性目标的基础上建立起来的。[2] 国家所有权是作为社会主义公有制的集中体现而发端，我国采取以国家所有权为基础的自然资源管理体制有意识形态层面的原因。[3] 法律制度受意识形态影响是很自然的现象，主张法律完全摒除意识形态既不现实也不必要，但制度安排的法律科学性仍需要检验。在宪法明确了自然资源的国家所有权之后，一段时期内实践效果却不理想，由于缺乏具体法律进行进一步确权、对行政权力约束不足等原因，出现"国家所有"沦为"政府所有"，资源利用效率低下，资源浪费、被破坏和环境污染严重的情况。[4] 大量研究围绕自然资源国家所有权的具体落实和完善展开，直到近年问题都没有得到完全解决。[5] 这并不是说国家所有权就应该被否定，在实践中对已有法律不断加以解释、完善正是法学的工作。但至少说明它并非天然正确的，唯一、必然的选项。对于公共数据这一新型资源，在宪法、法律对其权益尚无明确安排的情况下，完全

---

[1] 王灵波：《公共信托理论在美国自然资源配置中的作用及启示》，《苏州大学学报（哲学社会科学版）》2018年第1期。

[2] 孙宪忠：《"统一唯一国家所有权"理论的悖谬及改革切入点分析》，《法律科学（西北政法大学学报）》2013年第3期。

[3] 朴勤：《公共信托、国家所有权与自然资源保护：美国经验与中国发展》，《社会主义科学》2013年第6期。

[4] 肖国兴：《论中国自然资源产权制度的历史变迁》，《郑州大学学报（哲学社会科学版）》1997年第6期；刘毅：《自然资源国家所有权制度重构研究》，《甘肃政法大学学报》2023年第3期。

[5] 例如，崔建远：《自然资源国家所有权的定位及完善》，《法学研究》2013年第4期；王克稳：《自然资源国家所有权的性质反思与制度重构》，《中外法学》2019年第3期；刘毅：《自然资源国家所有权制度重构研究》，《甘肃政法大学学报》2023年第3期。

可以且有必要具体分析其特征，探寻真正有利于保障和实现其公共价值的机制。仅仅从公共数据是公共资源，应该服务于全民利益，就得出要确立国家所有权的结论，理由并不充分。

此外，通过与自然资源进行比较，还可以看到公共数据具有不可直接获得和非排他使用的特征，这进一步证明"全民所有"不能成为公共数据国家所有权的理由。自然资源就其存在方式而言，能够被具有必要物理能力的主体直接获得，或者说是向公众敞开的，因此确立抽象的国家财产权，可以避免私人肆意侵占自然资源，为保障全民利益奠定基础。然而，公共数据天然具有控制者，正常情况下除非控制者提供，其他主体无法直接获得公共数据。也就是说，虽然从数据安全的角度，公共数据同样需要被保护以排除外部主体的随意接触，但是作为一种资源，其面临的首要问题恰恰是无法被公众获取，因此才需要建立专门的共享、开放机制。并且，数据的使用不具有排他性，可以将同一数据资源同时投入多项活动当中，不存在为了实现资源分配而确立一项统一所有权的必要。

3. 公共数据财产权未必带来更高效益

从效益角度支持公共数据财产权的学说主要考虑到了共享、开放工作的便利性和反哺共享、开放成本，认为这样确权有利于政府代表国家分配资源并且通过收益权支撑财政。然而，首先，暂不论所涉权益复杂的相对公共数据，即便对于绝对公共数据，确立财产权也只是一种可能的路径。依照政府（代表国家或全民）行使财产权的逻辑进行共享开放，诚然可以解决共享开放的法律依据问题，但从法律法规明确了公共数据应当依法共享、开放的角度，相关主体本来就有义务依法履职，不应该预设或默许享有财产权就积极履职，不享有财产权就消极懈怠的情况。其次，确立财产权可以带来依据已有规则或惯例行权的便利，但通过完善、细化公共数据相关机制，明确职权，同样可以达到这样的效果。最后，为维持制度正常运转，且考虑到数据开发利用可能给利用者带来可观的经济收益，确实可以设置必要的收费机制。但是这种收费是共享开放部门履行职责的一个环节，这种收费必须服务于制度目的所指向的公共利益，而不是收费者的利益，不应将收费理解为行使"收益权"。或者说，可以认为有关部门具有收费的职权，但这并非私权意义上的财产权。

总之，所谓确立公共数据财产权能够带来更高的效益，并没有充足的依据。相反，如学者所指出，确立公共数据财产权后，部门出于"严防流失"而规避共享和开放①,或为承担保值增值的责任按照传统自然资源模式进行排他授权,使开放问题变异为公共资源使用权拍卖问题②等风险却是切实存在的。

(三)相对公共数据上不应当确立公共数据财产权

以上论述了绝对公共数据不具有确立公共数据财产权的必要,相关理由同样适用于相对公共数据。更进一步来说,对于相对公共数据,不仅是没有必要,而且是不应当确立公共数据财产权。

具体而言,相对公共数据之所以是"相对公共"的,是因为其由于产生过程或内容上的关联,本身已经承载了相关主体的合法权益,只不过出于政策原因又被纳入了公共数据以进行共享、开放,但这不意味着其作为公共数据所蕴含的公共利益价值就高于相关主体的具体利益。例如,涉及个人信息的公共数据首先是个人数据的集合,个人对数据享有人格权益,其中包括精神利益也包括经济利益③;涉及商业秘密的公共数据则包括了企业的经济利益。又如,由企业在生产经营或提供服务过程中取得的公共数据,不论该企业的性质是私有还是国有,都应当判定为企业数据,企业对这些数据享有合法财产权益。此外,在其他涉及法人、非法人组织信息的情况下,虽然法律尚未像对个人信息那样明确相关主体的信息权益,但并不排除未来也承认其财产性权益的可能性;并且无论如何,无法完全斩断数源主体和数据之间的关联,至少可以想见这些主体具有要求更正错误信息等最基本的权益。具体如何认识个人、法人和非法人组织对其相关数据的权益,以及企业数据上的权益构造等,不在本章的讨论范围。这里可以确定的是,相对公共数据要么因属于个人数据、企业数据而明确承载了某些主体的财产性权益,要么至少是受到关联主体待确定的合法权益的限制,总之,不可能完全由公权机构任意共享、开放。这类数据首先应当作为企业数据、个人数据等,适用相应的数据规范加以调整,确保相关主体的合法权益得到保障,而不应当将其作为公共数据再一次确立某项财产权益,加剧权益构造的混乱、冲突。

(四)明确公共数据政府职权能够妥善实现制度目的

以上说明了绝对公共数据上没有必要确立公共数据财产权、相对公共数据上不应当确立公共数据财产权,不论是国家所有权或者政府代表国家行使的所有权,还是所谓的收益权。笔者坚持公共数据共享开放作为一项政府职

---

① 戴昕:《数据界权的关系进路》,《中外法学》2021年第6期。
② 胡凌:《论地方立法中公共数据开放的法律性质》,《地方立法研究》2019年第3期。
③ 程啸:《论我国民法典中个人信息权益的性质》,《政治与法律》2020年第8期。

能的观点，认为应该从制度目的出发，在"应当进行共享、开放的数据集合"的意义上理解公共数据概念。制度目的和公共数据内容的多元性，决定了公共数据确权问题一方面在于如何让数据能用起来，另一方面在于如何保障和平衡数据所涉的多方权益。这两个方面其实又相辅相成：公共数据之所以用不起来，除了过去技术和理念上的限制，很大程度上就是因为数据权益不明、共享开放的权责不明，持有部门和机构顾虑颇多；保障数据权益的实现，也有赖于共享、开放的有效开展，让数据能流通和发挥价值。如果数据得不到开放、开发，个人信息权益中的财产性部分自然无从谈起。

诚然公共数据内容混杂，所涉权益较多，但从以上这两方面分别来看待公共数据权益问题，其实并不复杂。由于公共数据的共享开放是服务于抽象、待实现的公共利益，应该以尊重和保障关联主体已经享有的确切合法权益为前提。在此基础上，再从效用的角度，设计更合理高效的落实机制。具体而言，关联主体中最主要的就是个人和企业，现有法律法规已经对个人信息权益进行了比较明确的规定，企业对企业数据享有财产性权益也争议不大。至于剩下一些目前可能还存在空白的情况，有待理论和实践进一步完善。落实机制上，则坚持从公共数据共享开放是一项政府职能的角度出发，在依法保障个人信息、商业秘密等相关主体权益的基础上，明确有关部门必要的职权而非财产权，例如要求公共数据持有者提供数据、依法开展授权运营等。如此即可以妥善有效实现公共数据制度的功能及目的，而不必顺应制度惯性去确立国家财产权，或者用过于理论性的构造把问题抽象、复杂化。

可能存在的一种疑虑是，不确立公共数据财产权是否会导致公共数据资源的浪费、流失。对此，一方面，不确立公共数据财产权是指不以"公共数据"这一抽象范畴作为对象确权，而不否认具体的公共数据上可能存在关联对象的具体权益，比如企业数据权益（这较为可能发生在国有企业产生公共数据的情况，此时对这些数据也可能作为国有资产进行管理）；另一方面，如上文指出，公共数据不具有可直接获取性和使用排他性，不存在因为非公有而被私人擅自取用、破坏流失的可能，过分强调保值导致得不到流通利用才是对公共数据资源的浪费。

总的来说，笔者主张的这一路径其实就是让公共数据共享、开放回归其作为一种广义公共服务的本位，把公共数据首先还原为通常的、是其所是的数据，能够做到最大程度减少公权力对市场主体权益和自主性的不必要侵扰，并通过承认政府职权，为政策探索授权运营等有效的数据治理机制留下空间。

第十一章 公共数据的共享与开放

第一节 概 述

公共数据的共享与开放是目前备受关注的问题。在《大数据发展纲要》提出的三项"主要任务"中,第一项就是"加快政府数据开放共享,推动资源整合,提升治理能力"。许多地方也陆续出台了数据共享开放方面的地方性法规或规章,例如《贵州省政府数据共享开放条例》《沈阳市政务数据资源共享开放条例》《抚顺市政务资源共享开放条例》等。不过,数据的共享与数据的开放并非等同的概念,区别公共数据的共享与公共数据的开放,了解其异同,从而制定和适用相应的法律规则,对于构建公共数据基本制度至关重要。

一、公共数据共享与开放的含义

(一) 公共数据共享的概念

《大数据发展纲要》在"加快政府数据开放共享,推动资源整合,提升治理能力"这项主要任务下,对数据共享与开放进行了分别描述与要求。其中,"大力推动政府部门数据共享"部分强调加快"各地区、各部门、各有关企事业单位及社会组织信用信息系统的互联互通和信息共享……推动中央部门与地方政府条块结合、联合试点,实现公共服务的多方数据共享、制度对接和协同配合"。国务院颁布的《政务信息资源共享管理暂行办法》第3条规定:"本办法用于规范政务部门间政务信息资源共享工作,包括因履行职责需要使用其他政务部门政务信息资源和为其他政务部门提供政务信息资源的行为。"《交通运输政务数据共享管理办法》第3条明确:"本办法用于规范交通运输部及部际、部省相关政务部门因履行职责需要提供和使用政务数据的行为。"《文化和旅游部办公厅关于进一步加强政务数据有序共享工作的通知》亦指出:"政务数据共享,是指因履行职责需要，使用其他政务部门政务数据资源，以及为其他政务部门提供政务数据资源。"由此可见，国家层面对公共数据共享的定义主要集中于对政务数据的定义，内容上较为统一：一方面，数据共享是指政府部门之间共享数据的情况，而不包括政府部门向外界提供数据的情况。[①] 另一方面，政府部门间的数据共享应当限于履行职责需要，而非必须全部共享或随意共享。

在地方层面，不少地方性法规或规章也都对"公共/政务数据共享"作出明确定义，如《浙江省公共数据条例》第22条第1款规定："本条例所称公共数据共享，是指公共管理和服务机构因履行法定职责或者提供公共服务需要，依法使用其他公共管理和服务机构的数据，或者向其他公共管理和服务机构提供数据的行为。"《山西省政务数据资源共享管理办法》第2条规定，政务数据资源共享"包括因履行职责需要使用其他政务部门政务数据资源、为其他政务部门提供政务数据资源的行为。"再如，《江西省公共数据管理办法》第3条第3款规定："本办法所称的公共数据共享，是指公共管理和服务机构之间因履行职责和提供公共服务需要通过政务数据统一共享交换平台使用或者提供公共数据的行为。"其他地方性法规的定义与上述定义基本上一致。从这些地方的规定中可以看出，其定义与前述中央层面的定义存在两个方面的差别：一是行为主体范围更广，不限于政府部门，还包括其他"公共管理和服务机构"；二是在具体共享方式上，一些地方进一步明确需要通过政务数据统一交换平台等途径进行。行为主体范围的扩张，正是公共数据范围扩张的体现，而具体共享方式不影响数据共享行为的核心内涵。

总的来看，可以认为我国法上"公共数据共享"一词已经形成了较为统一的概念，即应指公共管理和服务机构之间因履行职责需要共享数据的情况，而不包括公共管理和服务机构（例如政府部门）向外界（如一般社会大众等）提供数据的情况。

（二）公共数据开放的概念

《大数据发展纲要》提出"稳步推动公共数据资源开放"，强调"落实数据开放和维护责任，推进公共机构数据资源统一汇聚和集中向社会开放……通过政务数据公开共享，引导企业、行业协会、科研机构、社会组

[①] 唯一的例外是，《海关大数据资源共享管理办法》第20条规定："海关大数据资源共享包括海关与国内外有关政府机构、行业协会和其他组织之间的数据交换，海关各级单位之间的数据交换与使用，以及海关主动向社会和个人的数据开放。"此应认为是广义的共享，其中"开放"之外的狭义"共享"，与前述定义仍然是统一的。

织等主动采集并开放数据"。2017年2月,中央全面深化改革领导小组第三十二次审议通过的《关于推进公共信息资源开放的若干意见》要求着力推进重点领域公共信息资源开放,释放经济价值和社会效应。[①]《数据二十条》提出:"对各级党政机关、企事业单位依法履职或提供公共服务过程中产生的公共数据,加强汇聚共享和开放开发,强化统筹授权使用和管理,推进互联互通,打破'数据孤岛'。鼓励公共数据在保护个人隐私和确保公共安全的前提下,按照'原始数据不出域、数据可用不可见'的要求,以模型、核验等产品和服务等形式向社会提供,对不承载个人信息和不影响公共安全的公共数据,推动按用途加大供给使用范围。"由此可见,所谓"公共数据开放"是指,公共数据向社会的开放,目的在于促进公共数据的开发利用,释放其经济价值和社会效应。

我国的一些地方性法规或规章对公共数据开放进行了界定。例如,《上海市公共数据开放实施细则》第3条第2款及《上海市公共数据开放暂行办法》第3条第2款规定:"公共数据开放,是指公共管理和服务机构在公共数据范围内,面向社会提供具备原始性、可机器读取、可供社会化再利用的数据集的公共服务。"《广东省公共数据开放暂行办法》第3条规定:"公共数据开放,是指公共管理和服务机构面向社会提供公共数据的公共服务。"再如,《福建省公共数据资源开放开发管理办法(试行)》第9条规定:"公民、法人或其他组织(以下简称数据使用主体)通过省统一开放平台获取可开放使用的公共数据。各级政务部门不得新建公共数据资源开放平台,已建成的各级公共数据资源开放平台须纳入省统一开放平台一体化管理。"此外,《山东省公共数据开放办法》第2条、《浙江省公共数据开放与安全管理暂行办法》第2条也都有大同小异的定义。从这些定义可以看出,公共数据开放的核心内涵是"面向社会提供"与"促进数据开发利用"。

二、公共数据共享与开放的关系

通过以上概念梳理可以看到,公共数据的共享与公共数据的开放既有区别也有联系。

二者的区别主要体现在以下方面:第一,共享与开放的具体内涵和制度功能不同。如前所述,公共数据共享指的是公共管理和服务机构之间因履行职责需要实现数据互通的情况,其制度功能主要在于提高公共管理和

---

① 《习近平主持召开中央全面深化改革领导小组第三十二次会议强调:党政主要负责同志要亲力亲为抓改革扑下身子抓落实》,《人民日报》2017年2月7日,第1版。

第十一章 公共数据的共享与开放

服务水平,例如,提高决策效率和科学性以及减轻群众在不同部门重复提供数据的负担。公共数据开放则泛指以促进数据开发利用为核心的、面向社会提供公共数据的行为,其主要功能在于促进数据的流通和开发利用,释放其经济价值和社会效应,例如供科技企业进行产品开发、机器学习等。实践中,公共数据开放存在传统的通过公共数据开放平台进行无条件、有条件开放机制,也存在新兴的授权运营机制,本书后文将对这两种机制都加以考察研究并进一步阐述其关系。第二,基于功能的不同,公共数据共享和开放的具体规则也存在不同。例如,在共享或开放的条件上,由于公共数据共享的目的是提高公共管理和服务水平,公共数据共享应当以存在明确的、与公共管理或服务有直接关联的数据需求为条件,并且接受共享一方只能在履职所需的范围内使用数据。实践当中,为确保这一点,存在共享数据一方不提供原始数据而只提供核验结果等做法。而公共数据开放的目标在于在确保安全合规的前提下,促进其流通利用。虽然出于安全的考虑,对于有条件开放同样存在明确使用用途的要求,对于授权运营同样要求申请运营主体明确运营范围、运营目的及计划,但与公共数据共享不同,授权运营中的这些条件并不存在一个"公共管理和服务所需"的预设前提,而是允许市场主体自由提出数据需求,只要其需求合理且满足法律法规规定的其他条件,就可以进行授权运营。换言之,公共数据开放的条件相对公共数据共享更为灵活。又如,在收费方面,公共数据共享是公共管理和服务机构之间因履行职责而进行的数据互通,不存在有偿共享的情况;而公共数据开放面向社会主体,可能被用于营利性的私人活动,考虑到公共数据本身在规范层面的公益性,以及数据开放基础设施的建设、运维等成本,从公平的角度,存在有偿开放的可能。《数据二十条》也明确了要"探索用于产业发展、行业发展的公共数据有条件有偿使用"。

  二者的联系主要体现在以下方面:第一,公共数据共享和开放有相同的现实背景。共享与开放都是大数据时代的产物,以数据技术的进步为基础。过去也存在公共管理和服务,但限于技术,要么未能形成电子化数据,要么无法实现数据的有效流通利用。虽然存在政务部门之间的信息互通或者面向公众的信息公开,但不构成当今语境下的公共数据共享和开放。第二,公共数据共享和开放具有相同的基本理念和制度目的。与现实背景相关,在技术层面具备对公共数据进行更大范围流通利用的可能性,人们也更深刻意识到数据的潜在价值之后,公共数据天然掌握在其生产、持有部门或机构手中,并且所涉权益颇多,加之共享、开放也有技术和管理成本,使各方对于其流通利用存有顾虑,欠缺积极性。如何打破数据壁垄就成了首要问题，这构成了必须建立公共数据共享和开放制度的原因。通过明确权责、程序，为有序开展公共数据相关活动、释放其价值提供依据，是公共数据共享与开放制度的共同初衷。在笔者看来，这也决定了公共数据共享、开放本质上是一种广义的公共服务。关于这一点，本书第十章已详细说明。第三，公共数据共享和开放在政策和实践层面都能够协同发展。在政策层面，由于具备共同的价值取向，以数据要素、数字经济等理念的发展为背景，两者同为充分发掘公共数据价值、发挥我国数据优势的重要机制。在实践层面，虽然具体规则不同，但共享和开放事实上所处理的是相同的对象，这意味着一些基础设施层面的举措其实是可以交融共通的。例如，公共数据共享和开放均以分类分级为基本方法，而不管未来可能用于共享还是可能用于开放，某一数据的数据安全级别和敏感程度是固定的，共享和开放的分类分级因此存在重叠之处。又如，由于共享、开放都涉及数据存储或对接等基础设施的建设，这些设施之间可以存在互联互通关系。实践中，海南省就是依托已有的政务数据资源设施，建立了"数据超市"这一公共数据授权运营平台。总之，共享和开放的数据基础设施建设工作是可以高效协同的而非截然分割的。

三、公共数据的开放与政府信息公开的关系

因为都涉及政府对外提供数据或信息，公共数据开放与政府信息公开存在一定相似，值得特别加以辨析。由于数据承载信息，政务数字化背景下，信息也很可能以数据形式提供，通过定义并比较"数据"与"信息"的方式区分这两种制度可能无法使问题更清晰，反而徒增混乱。因此，笔者认为主要可以从法律依据、制度目的和具体规则出发，分析公共数据开放与政府信息公开的关系。

法律依据上，二者依托两套完全不同的制度规范展开。政府信息公开的主要法规是《政府信息公开条例》，公共数据开放目前则依据上文梳理的各项政策性文件和地方性法规等开展，同时遵循《民法典》《个人信息保护法》《网络安全法》等法律的有关要求。从颁布时间看，《政府信息公开条例》早在2007年就已经通过，而针对公共数据开放的直接法律法规是近年来涌现的。这反映出二者存在技术背景上的差异，不管认为提供的是信息、数据，还是承载信息的数据，抑或是数据形式的信息，公共数据开放都建立在大数据技术发展的基础上，针对的是结构化、大规模进行流通利用的场景。政府信息公开则不必然依托这些技术，可能是提供数据集，也可能是提供纸质文件，等等。

制度目的上，二者存在显著的区别。根据《政府信息公开条例》第1

条，政府信息公开的立法目的在于：保障公民、法人和其他组织依法获取政府信息，提高政府工作的透明度，建设法治政府，充分发挥政府信息对人民群众生产、生活和经济社会活动的服务作用。也就是说，政府信息公开的首要目的是保障公民的知情权和监督权[1]，此外也可能发挥一定经济价值。而公共数据开放的目的如前所述，主要就在于促进公共数据的流通和开发利用。在数据可见的情况下，客观上也会提供信息，但开放本身并不涉及知情权和行政监督的问题。

具体规则上，政府信息公开以依申请公开为主，公开内容是能使公民了解特定事项的信息，故可以分析报告等形式呈现。公共数据开放则在分类分级基础上，存在公共管理和服务机构主动通过开放平台等提供的无条件开放，和需要依申请、经审批的有条件开放，开放内容侧重数据集本身。[2] 此外，广义的公共数据开放包括公共数据授权运营，此时授权运营也需要经申请、审批开展，但基于"数据不出域"的要求，通过申请、审批并经授权的运营单位只能在授权运营域中开展数据处理活动，并不能带走数据。

综上，公共数据开放和政府信息公开在法律依据、制度目的、具体规则上都存在差异。至于其关联，有学者认为，政府数据开放承继了政府信息公开，在政府信息公开的基础上得以落地，但并没有完全取代政府信息公开，而是形成两种独立制度，共同构成了大数据时代的开放政府体系。[3] 笔者认为这一认识不完全准确：数据开放和信息公开之间确实存在制度发展上的先后关系，也确实都可以被认为是开放政府体系的重要部分，但是从制度目的、开放/公开的内容和具体实现机制上，都难以论证政府信息公开是政府/公共数据开放的基础。如前所述，政府数据开放旨在促进数据流通利用，释放数据价值，政府信息公开的核心目的则是保障知情权、监督权。虽然《政府信息公开条例》第1条也提及了发挥政府信息对经济社会活动的服务作用，但这不完全等同于释放数据经济价值和社会效应，也不妨碍政府/公共数据开放依据其相关价值和功能，成为一项有独立基础的制度。从内容和实现机制看，尽管可以说数据的价值很大程度就是来源于其承载的信息，提供数据集的同时往往也同时提供了信息，

---

[1] 丁晓东：《从公开到服务：政府数据开放的法理反思与制度完善》，《法商研究》2022年第2期。

[2] 郑磊：《开放不等于公开、共享和交易：政府数据开放与相近概念的界定与辨析》，《南京社会科学》2018年第9期。

[3] 王万华：《论政府数据开放与政府信息公开的关系》，《财经法学》2020年第1期。

但政府/公共数据开放中相当一部分情况是"数据可用不可见",最终也未必输出信息,例如可能只是导出经训练的算法模型。故此,笔者认为较为准确的认识是,公共数据开放和政府信息公开共享了开放政府的理念,可以认为二者是开放政府和服务型政府治理框架下,随着技术发展而产生的不同实践,但不存在直接的承继或互为基础的关系,而是两项独立的制度,各有不同的法律依据、制度目的和具体规则。

第二节 国外公共数据的共享与开放

一、引言

信息技术与数据经济的浪潮席卷全球,各国普遍意识到数据蕴含着公共管理和市场经济等方面的巨大价值,陆续展开相关的立法与实践。对国外公共数据共享开放情况进行考察,可为我国未来公共数据共享和开放的制度探索提供参考。需要注意的一点是,并非所有国家都使用"公共数据"这一概念。例如,美国使用更多的是"开放数据(Open Data)",欧洲则同时使用"开放数据(Open Data)"和"公共部门信息(Public Sector Information)"这两个词。有的欧洲学者指出,"开放数据"通常是指"公共数据(Public Data)",即"公共机构和公共公司可获取的数据(data that are available to public institutions and public companies)"[1]。这里的"公共数据"就与我国法上的含义不尽相同。数据的"共享"与"开放"的情况也类似,例如《欧洲数据战略》中所使用的"数据共享"包括了企业对政府数据的共享(business to government data sharing)、企业间的数据共享(business to business data sharing)、政府对企业的数据共享(government to business data sharing)和政府间的数据共享(sharing of data between public authorities)等各类情况。[2] 因此,不能直接从字面上看,就将其与我国的"公共数据共享"等同。概念差异的背后存在法律传统、习惯、治理思路等许多因素,强行对标既不合理也不可行。一种可能的研究方式是采取功能主义的视角,以我国法为基准,针对公共数据的共享、开放、授权运营等各个方面,选取外国法中具有相同制度功能的部分进行比较。这

---

[1] Dianora Poletti, Holding Data between possessio and detention, in: Tereza Pertot (Hrsg.), Rechte an Daten, Mohr Siebeck, 2020, S. 131.

[2] 司马航:《欧盟公共数据共享的制度构造和经验借鉴——以欧盟〈数据治理法〉为视角》,《德国研究》2023年第4期。

种方式较为适合探讨和解决具体问题，但容易将外国的制度、实践碎片化乃至片面化。相对而言，整体综述的方式更适于展现各国实践内部连贯的发展历程和宏观架构、治理逻辑，更符合笔者的研究思路。故此，本节将跳出具体概念的差异，对政策层面价值导向相近的、宽泛的外国"公共数据共享开放"实践进行概括性的梳理。

二、欧盟公共数据的共享与开放

二十世纪九十年代末到二十一世纪初，欧洲开始重视公共部门信息的流通利用，颁布了公共部门信息再利用相关的指令。在随后十多年中，为适应与促进实践的发展，相关法律多次修订，"公共部门信息再利用"的范围逐渐扩大，"数据"以及"开放数据"的概念得到强调。近年来，随着大数据、人工智能等的发展，数据的价值受到更广泛重视，围绕数据的开发利用也涌现出更多问题，欧盟进一步展开了以构建单一市场、促进各项数据制度整体协调为中心的数据专门立法。总体上，以相关法规及其重心为线索，可以将欧盟的公共数据政策发展历程概括为公共部门信息再利用、开放数据以及数据治理等三个阶段。

（一）公共部门信息再利用阶段

1.《公共部门信息：欧洲的关键信息资源》绿皮书

1999年欧洲共同体委员会发布《公共部门信息：欧洲的关键信息资源》（Public Sector Information：A Key Resource for Europe）绿皮书[COM（1998）585]，强调公共部门信息在市场运作和商业流通方面具有根本性作用，指出欧洲公共部门信息缺乏透明度和统一法律的现状妨碍了社会主体获取和利用公共部门信息，限制了公共部门信息潜力的发挥，并从政策、立法等方面对如何促进公共部门信息在欧洲范围内的流动进行展望。[1] 这一时期，欧洲层面尚未展开具体的立法，但已经认识到公共部门信息的价值。绿皮书提出了诸如"如何定义公共部门信息""成员国对获取公共部门信息的不同条件是否在欧洲层面造成了阻碍以及如何解决"等一些重要问题，为后续的理论和实践探索提供了纲领。[2]

2. 2003年《公共部门信息再利用指令》

2003年欧洲议会和欧盟理事会通过了《公共部门信息再利用指令》

---

[1] Commission of the European Communities, Public Sector Information：A Key Resource for Europe-Green Paper on Public Sector Information in the Information Society, COM（1998）585.

[2] Commission of the European Communities, Public Sector Information：A Key Resource for Europe-Green Paper on Public Sector Information in the Information Society："List of Questions", COM（1998）585.

(Directive on the Re-use of Public Sector Information)（2003/98/EC），为各成员国建立公共部门信息利用的内部市场和保障内部市场竞争机制提供参照，并促进协调各成员国有关公共部门信息利用的规则与做法。该指令提出了再利用公共部门机构持有的文件时应满足的条件和原则，包括可用格式、透明收费、非限制竞争许可、非歧视等。① 其中，"公共部门机构"是指国家、地区或地方当局、受公法管辖的机构以及由一个或多个此类当局或一个或多个此类受公法管辖的机构组成的协会；"再利用"是指个人或法人实体将公共部门机构持有的文件用于商业或非商业目的，而不是用于制作这些文件的公共任务的最初目的。纯粹为了执行公共任务而在公共部门机构之间交换文件并不构成再利用。② "文件"概念非常宽泛，涵盖公共部门机构持有的任何行为、事实或信息的表述形态，以及此类行为、事实或信息的汇编，无论其媒介如何（书面形式，或以电子形式存储，或作为声音、视频或视听记录）。③

3. 2013年修订《公共部门信息再利用指令》

2013年欧洲议会和欧盟理事会对《公共部门信息再利用指令》进行修订，发布了《公共部门信息再利用指令（修订版）》（2013/37/EU）。修订内容主要包括：明确各成员国使所有文件可再利用的义务；将指令的适用范围扩大到图书馆（包括大学图书馆）、博物馆和档案馆；调整限于边际成本的收费原则，允许公共部门机构和图书馆、博物馆、档案馆为避免妨碍正常运作而收取高于边际成本的费用等。④

（二）开放数据阶段

2019年欧盟再次修订《公共部门信息再利用指令》，并将其更名为《关于开放数据和公共部门信息再利用的指令》（Directive on Open Data and the Re-use of Public Sector Information）（2019/1024/EU），简称《开

---

① Directive on the Re-use of Public Sector Information（2003/98/EC）：Chapter Ⅲ Conditions for Re-use：Article 5 Available formats, Article 6 Principles governing charging, Article 7 Transparency, Article 8 Standard Licences, Article 9 Practical arrangements, etc.

② Directive on the Re-use of Public Sector Information（2003/98/EC）：Article 2 Definitions.

③ Directive on the Re-use of Public Sector Information（2003/98/EC）："This Directive lays down a generic definition of the term 'document', in line with developments in the information society. It covers any representation of acts, facts or information-and any compilation of such acts, facts or information-whatever its medium (written on paper, or stored in electronic form or as a sound, visual or audiovisual recording), held by public sector bodies. A document held by a public sector body is a document where the public sector body has the right to authorise re-use."

④ Amending Directive 2003/98/EC on the re-use of public sector information 2013/37/EU.

放数据指令》（Open Data Directive）。此次修订的主要内容包括以下几方面：[①]

（1）进一步扩大公共数据开放范围，将指令适用范围从诸如部委、国家机构以及公共资金资助的图书馆、研究组织和其他文化遗产机构等国家、地区和地方层面的公共部门机构的信息再利用，扩展至对公共事业单位数据的再利用。公共事业单位是指诸如气象、水利、能源、运输和邮政等由公共机构主要资助或控制的组织。

（2）推动建立高价值数据集。高价值数据集被定义为其再利用与社会和经济重要利益相关联的文件，例如统计数据或地理空间数据。高价值数据集受制于一套独立的规则，以确保其在整个欧盟可被免费获取，采用机读格式，通过应用编程接口提供，并在相关情况下被批量下载。

（3）保持数据再利用的低费用。《开放数据指令》规定公共部门机构及公共事业单位提供持有的数据必须遵守透明度、非歧视性和非排他性原则，并确保使用适当的数据格式和传播方法，以免费方式提供。但是包括图书馆、档案馆和博物馆在内的文化机构仍能设定合理的费用，回收制作数据，向公众提供再利用数据，将个人数据匿名化，为保护商业秘密采取措施，以及合理投资的成本。收费以不高于边际成本的费用，不妨碍文化机构的正常运行为准。

（4）防止公共部门与私营机构达成排他性协议。实践中一些公共部门与私营机构达成复杂的排他性交易协议，可能导致信息被锁定和独占。因此指令要求建立保障措施以增强协议的透明度，并限制公共部门与私营机构达成协议使私营机构能排他性再利用公共部门信息。该指令第12条规定增强了涉及公共部门信息的公私协议的透明度，限制了达成排他性协议的可能性。就文化遗产机构而言，其会将信息的数字化任务外包给第三方私营机构。由于私营机构在将图书馆和档案馆持有的公共领域藏品数字化的任务上投入了大量资金，应适用允许私营机构排他性获取文化遗产机构公共信息的例外规定。《开放数据指令》第12条第3款规定，如果排他性权利涉及文化资源数字化，则排他性再利用信息的期限一般不超过10年。这意味着承担数字化任务的私营机构被允许独家控制这些信息的再利用权，在十年甚至更长时期内将公有领域的数字化作品置于私营排他性控制之下。但该指令同时提出这一排他性权利的期限应该尽可能短，以尊重公

[①] 华劼：《欧盟公共部门信息再利用制度修订——兼评2019年〈开放数据与公共部门信息再利用指令〉》，《重庆理工大学学报（社会科学）》2021年第10期。

有领域资料被数字化后仍能留在公有领域这一原则。这一例外规定旨在让私营机构收回其对数字化文化资源的投资。

(三) 数据治理阶段

1. 《欧洲数据战略》

2020 年欧盟委员会发布《欧洲数据战略》。该战略以建立数据单一市场、保障欧洲全球竞争力和数据主权为目标，促进采取有关数据治理、访问和再利用的立法措施。例如，推动出于公共利益的企业与政府之间的数据共享；通过在整个欧盟开放高价值的公共数据集并允许免费再利用，使数据更广泛地可用；向欧洲高影响力项目（European High Impact Project）投资 20 亿欧元，开发数据处理基础设施、数据共享工具、架构和治理机制，以促进数据共享的蓬勃发展，并联合节能且值得信赖的云基础设施和相关服务；通过促进数据处理服务采购市场的建立并明确云上适用的监管框架和云上规则框架，实现安全、公平和有竞争力的云服务。[1]

2. 《数据治理法》

作为欧洲数据战略的一部分，2020 年 11 月，欧盟委员会发布《关于欧洲数据治理的规则（数据治理法）提案》[Proposal for a Regulation on European Data governance (Data Governance Act)]。2022 年 5 月 30 日，《数据治理法》[Regulation 2022/868 on European data governance and amending Regulation (EU) 2018/1724，简称 Data Governance Act] 通过，并于同年 6 月 23 日生效。经过 15 个月的宽限期，2023 年 9 月 24 日该法正式全面适用。

《开放数据指令》已对公共部门持有的公开/可用信息的再利用加以规范，《数据治理法》则进一步对公共部门持有的受保护数据（例如个人数据和商业机密数据）的再利用进行了规定，以促进其他立法允许的情况下的公共数据再利用。具体而言，在实际操作层面包括以下内容[2]：

第一，公共部门的技术要求：成员国需要具备技术能力，以确保在再利用情况下充分尊重数据的隐私和机密性。这包括匿名化、化名化或在由公共部门监督的安全处理环境中访问数据等技术解决方案，也包括如公共部门机构与再利用者之间达成保密协议的合同方式。

第二，公共数据再利用的访问者义务：为确保公共数据的使用有利于公共利益，且不侵害知识产权、商业秘密和个人信息权益，公共数据再利

---

[1] European Commission, A European Strategy for Data, COM (2020) 66 final.

[2] Data Governance Act explained, European Commission Website, https://digital-strategy.ec.europa.eu/en/policies/data-governance-act-explained.

用需要满足一定的条件,具体由生产数据的公共部门提前公开。此外,对于跨境传输的数据利用,该法要求数据再利用者说明传输数据的意图和目的,并履行保障数据机密性和尊重存在于数据之上的知识产权的义务。数据访问者使用公共数据的条件和义务,应当是非歧视的、透明的、相称的和客观合理的。①

第三,公共部门机构的协助:如果公共部门机构无法授予某些数据的再利用权限,它应协助潜在再利用者寻求个人的同意,以再利用其个人数据,或者获得可能受到再利用权益影响的数据持有者的许可。此外,只有在获得此类同意或许可的情况下,才可以披露机密信息(例如商业机密)以供再利用。

第四,公共数据排他权制度的适用禁止:《数据治理法》明确规定禁止对公共部门机构持有的数据授予专有权,也禁止以合同等方式限制向经济实体提供公共数据。仅在特殊情况下,例如有国家公共采购或特许授予规则的支持,或出现因专有权缺失而导致公共利益目的无法实现时,可适用透明度原则、平等待遇原则和非歧视原则授予再利用者数据专有权。具体而言,数据利用专有权的权利期限不得超过 12 个月,如专有权是通过订立合同方式实现的,则合同期限应与专有权期限保持一致。此外,数据专有权必须对公众维持极高的透明度,有关公共数据专有的状况应当可以在网上公开获取。②

第五,合理费用:该法倡导数据访问者对于公共数据进行免费再利用,尤其是对于中、小企业的数据利用应形成数据再利用的有效经济激励,但只要费用的收取是非歧视、相称且客观合理的,即不存在限制竞争之可能,公共部门便可以就其数据共享行为收取费用。在收取费用的同时,公共部门应说明费用的类别及明细。③

第六,公共部门机构有最多 2 个月的时间来决定再利用请求。

第七,成员国可以选择哪些主管机构将支持公共部门机构授权再利用,支持的方式包括为其提供安全的处理环境、提供关于组织和存储数据以使其易于访问的建议等。

---

① 司马航:《欧盟公共数据共享的制度构造和经验借鉴——以欧盟〈数据治理法〉为视角》,《德国研究》2023 年第 4 期。
② 司马航:《欧盟公共数据共享的制度构造和经验借鉴——以欧盟〈数据治理法〉为视角》,《德国研究》2023 年第 4 期。
③ 司马航:《欧盟公共数据共享的制度构造和经验借鉴——以欧盟〈数据治理法〉为视角》,《德国研究》2023 年第 4 期。

第八，为帮助潜在再利用者查明哪些公共机构持有哪些信息，要求成员国建立一个单一信息点，欧洲委员会将创建一个欧洲单一访问点（其中包括由国家单一信息点编制的信息的可搜索注册表），以进一步促进内部市场和跨境数据再利用。

基于《数据治理法》上述规则开展的公共数据再利用实践的例子包括芬兰的 Findata 和法国公司 DAMAE Medical：芬兰社会卫生数据许可机构 Findata 处理请求并授予数据再利用的访问权限，其数据来源包括社会保险机构、养老金登记和人口登记等。法国公司 DAMAE Medical 通过法国健康数据中心提供的新培训数据，改进其 LC-OCT（线场共焦光学相干断层扫描术）技术，可立即和无创地提供皮肤内微结构的细胞分辨率成像，直至真皮层。该项目的目标是提高该技术的能力，更好地识别潜在的皮肤癌迹象，并更好地划定手术干预区域。①

3.《数据法》

2022 年 2 月，欧盟委员会公布《关于公平访问和使用数据的统一规则的法规（数据法）提案》[Proposal for a Regulation on Harmonised Rules on Fair Access to and Use of Data (Data Act)]。2023 年 11 月，欧洲议会和欧盟理事会正式通过《数据法》，该法已于 2024 年 1 月 11 日生效。这是继《数据治理法》之后，基于欧洲数据战略产生的第二个主要立法举措。《数据治理法》主要构建了促进数据发展的流程和结构，《数据法》则重在明确谁可以从数据中创造价值以及在什么条件下创造价值。②其规制范围包括企业对用户的数据共享、企业对企业的数据共享和对公共部门的数据共享，明确了用户、第三方及大中小企业在数据访问与共享方面的权利义务，企业间数据共享的合同路径，公共机构使用私营部门所持数据的情形，面向用户的云服务转换，数据国际传输的要求等等。总体上，《数据法》淡化了个人/非个人数据以及公共/非公共数据的分类，关注各方主体的数据访问权，以促进更多数据的合法公平使用和价值释放为基本目标。

（四）实践情况

基于以上法规，欧盟陆续展开了许多促进公共数据流通的实践，包括以下具有代表性的内容。

---

① Data Governance Act explained, European Commission Website, https://digital-strategy.ec.europa.eu/en/policies/data-governance-act-explained.

② Data Act, European Commission Website, https://digital-strategy.ec.europa.eu/en/policies/data-act.

1. 开放数据门户网站（Open Data Portal）

欧盟早期建立了"EU Open Data"和"European Data Portal"两个开放数据门户。2021年4月，经整合的"Data.Europa.EU"启用，成为欧盟开放数据的单一节点。通过这一门户网站，可以访问整个欧洲的公共数据资源，包括36个国家、6个欧盟机构和79个其他欧盟实体的超过100万个数据集。该门户网站还建立实践社区，为欧盟机构和成员国提供培训、咨询；开展研究并发布相关文章，展现公共数据资源再利用的社会经济效益。[1] 此外，根据欧盟2023年开放数据成熟度报告，所有的欧盟国家都有国家层面的开放数据门户（见表11-1）；一些国家（例如丹麦），还有特定领域的门户。国家数据门户主要起到引导访问特定门户的作用。[2]

表11-1 欧盟各成员国国家层面的开放数据门户

成员国	国家门户网址	成员国	国家门户网址
比利时	https://data.gov.be/en	立陶宛	https://data.gov.lt/?lang=en
保加利亚	https://data.egov.bg	卢森堡	https://data.public.lu/en
捷克	https://data.gov.cz/english	匈牙利	https://kozadatportal.hu
丹麦	www.datavejviser.dk	马耳他	https://open.data.gov.mt
德国	https://www.govdata.de	荷兰	https://data.overheid.nl/en
爱沙尼亚	https://avaandmed.eesti.ee	奥地利	https://www.data.gv.at/en
爱尔兰	https://data.gov.ie	波兰	https://dane.gov.pl/
希腊	https://data.gov.gr http://repository.data.gov.gr	葡萄牙	https://dados.gov.pt/en/
西班牙	https://datos.gob.es/en	罗马尼亚	https://data.gov.ro/en
法国	https://www.data.gouv.fr	斯洛文尼亚	https://podatki.gov.si
克罗地亚	https://data.gov.hr/en	斯洛伐克	https://data.gov.sk/en
意大利	https://dati.gov.it	芬兰	https://www.avoindata.fi/en
塞浦路斯	https://www.data.gov.cy/?language=en	瑞典	https://www.dataportal.se/en https://beta.dataportal.se/en
拉脱维亚	https://data.gov.lv/eng	—	—

---

[1] Data.Europa.EU: The new central point of contact for high-quality European data, Fraunhofer Fokus, https://www.fokus.fraunhofer.de/en/dps/projects/data-europa-eu.

[2] Martin Page et al., 2023 Open Data Maturity Report, pp. 90-92. https://data.europa.eu/en/publications/open-data-maturity/2023#intro.

2. 欧洲数据空间

2020年,《欧洲数据战略》提出了"单一欧洲数据空间（Single European Data Spaces）"的愿景,将其描述为"一个对来自全世界的数据开放的真正的数据单一市场。在其中,个人的和非个人的数据,包括敏感的商业数据,都有安全保障,并能够让企业轻松访问高质量的工业数据,促进增长和创造价值"。该战略强调在采取横向行动建立欧洲数据空间的同时,还要在工业、绿色协议、交通、健康、金融、能源、农业、公共行政、技能、开放科学云等十个具有战略意义的领域建设数据空间。随后,还有更多领域的数据空间倡议,例如文化遗产、语言、研究创新和旅游。① 欧盟委员会联合研究中心发布的欧洲数据空间研究报告总结指出,欧洲数据空间旨在通过结合必要的工具和基础设施,并通过共同的规则和标准,遵循法律,克服不同参与者之间数据共享的法律、组织、语义和技术障碍。其三个核心要点为:（1）大量数据集的可获取性;（2）数据利用和交换的基础设施;（3）适当的治理机制。②

可以看到,欧洲数据空间显然并不仅仅包括公共数据,但在其所强调的重点领域中,公共数据占有重要地位。实现公共部门和私营部门之间的低成本、高信任度交换共享,是欧洲数据空间的主要目标之一。目前,欧盟在各个领域都已采取了一定的举措。例如2022年5月,欧洲议会和理事会针对欧洲健康数据空间发布了立法提案。③ 同年10月,由欧盟资助的"HealthData@EU"试点项目启动。该项目汇集了健康数据采集机构、健康数据共享基础设施和其他一些相关欧洲机构,旨在建立健康数据再利用的欧洲健康数据空间基础设施试点版本,服务于研究、创新、政策制定等。④ "HealthData@EU"与服务于欧洲公民在欧盟境内旅行时跨境就医（交换电子处方与患者信息）的"MyHealth@EU"共同构成欧洲健康数据空间的两大支柱（见图11-1）。⑤

---

① Common European Data spaces, European Comission, https://digital-strategy.ec.europa.eu/en/policies/data-spaces.

② Farrell, E et al., *European Data Spaces: Scientific insights into data sharing and utilisation at scale*, Publications Office of the European Union, Luxembourg, 2023, pp. 12 – 13.

③ https://eur-lex.europa.eu/resource.html?uri=cellar: dbfd8974-cb79-11ec-b6f4-01aa75ed71a1.0001.02/DOC_1&format=PDF.

④ HealthData@EU Pilot, https://ehds2pilot.eu/.

⑤ Data sharing through eDelivery in the HealthData@EU, European Comission, https://ec.europa.eu/digital-building-blocks/sites/pages/viewpage.action?pageId=592643692.

第十一章　公共数据的共享与开放

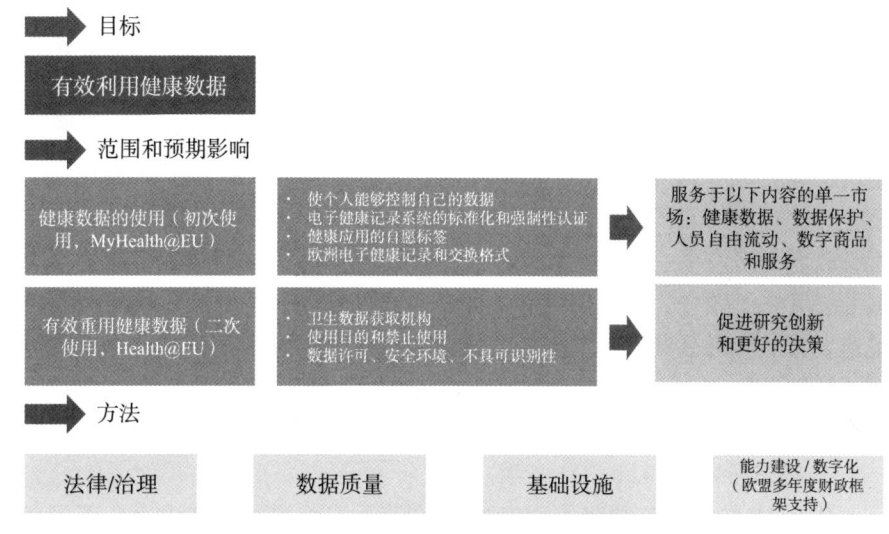

图 11-1　欧洲健康数据空间的关键架构

除欧盟官方外，还有其他组织参与欧洲数据空间建设实践。例如德国发起的国际数据空间协会（IDSA, International Data Spaces）[1]、Gaia-X 欧洲协会[2]等。总体上，这些组织都追求数字化领域可信度和互操作性，旨在为企业和个体提供更加安全、开放和自主的数字环境。Gaia-X 欧洲协会等非官方参与者的实践也为欧洲数据空间的建设积攒了一定的经验，并且其已在许多领域进行了相应的基础设施建设。[3]

三、英国公共数据的共享与开放

（一）政策发展历程

自 2010 年英国政府开放数据门户网站 Data. gov. uk 正式上线以来，英国政府开放数据范围已涵盖福利待遇、法律、交通、教育学习、公民权利、工作求职、税收、移民签证等 15 个领域，涉及人们日常生活的各方面，其中，最重要的是将政府财政税收和公务员收入完全公开与透明化，以达到迎接社会挑战、打击腐败和加强民主、增强政府诚信的目的。[4] 英国政府开放数据政策的发展历程，按发展程度并结合时间顺序，可以大致分为以下四个阶段。

---

[1]　INTERNATIONAL DATA SPACES, https://internationaldataspaces.org/.
[2]　Gaia-X, https://gaia-x.eu/.
[3]　石文臻：《欧洲公共数据空间政策实效追踪：问题、现状与未来》，微信公众号"清华大学智能法治研究院"，https://mp.weixin.qq.com/s/85GKDCVBykezINclVwhmNg.
[4]　朱贝、盛小平：《英国政府开放数据政策研究》，《图书馆论坛》2016 年第 3 期。

1. 第一阶段（2009—2010 年）

该阶段是英国政府开放数据的起步阶段。2009 年英国国家档案馆首先公布了《信息权利工作组报告》，该报告大力提倡政府、行业和第三方平台使用信息通信技术，创造更好的公共服务。① 随后，英国财政部发布《放在前线第一位：智慧政府》报告，要求完全开放数据和公共信息，为政府开放数据的发展提供技术与政策支持。② 2010 年，英国首相卡梅伦给所有政府部门发了一封开放数据的公开信，提议为减少财政赤字和创造更好的公共支出效益，政府部门必须对透明度提出新的标准。③ 英国国家档案馆发布的《对公共部门信息的开放政府许可》规定了公共部门信息被许可的具体条件。④ 与此同时，英国政府门户网站的建立，意味着这些政策的具体条款开始落实和实施。

2. 第二阶段（2011—2012 年）

从 2011 年始，英国政府逐渐加大政府开放数据的发展力度。英国信息政策与服务部门在 2011 年 1 月颁布了《简化英国公共部门信息的再利用：英国政务许可框架与政务公开许可》⑤，明确了政府"透明议程"和再利用公共数据的原则，并指出数据的再利用是公共利益中不可忽略的重要议题。2012 年，由英国内阁办公室部长与财政部主计长共同提交了《开放数据白皮书：释放潜能》，并在英国立法网（legislation.gov.uk）上发布最新修订的《自由保护法案》⑥，要求政府部门必须以机器可读的形式来发布数据，同时对开放数据的版权许可、收费等进行了规定。随后，英国首相宣布了《公共部门透明委员会：公共数据原则》⑦，确定了公共

---

① Power of Information Taskforce Report，https://ntouk.files.wordpress.com/2015/06/poit-report-final-pdf.pdf.

② Putting the Frontline First：smarter government，https://www.civilservant.org.uk/library/2009_putting_the_frontline_first.pdf.

③ https://www.gov.uk/government/news/letter-to-government-departments-on-opening-up-data.

④ Open Government License for public sector information，https://www.nationalarchives.gov.uk/doc/open-government-licence/version/3/.

⑤ Simplifying PSI re-use in the United Kingdom：the UK Government Licensing Framework and the Open Government License. European Public Sector Information Platform，No. 22. January 2011，at 8. Available at https://www.epsiplus.net/topic_reports/topic_report_no_22_simplifying_psi_re_use_in_the_united_kingdom_the_uk_government_licensing_framework_and_the_open_government_licence.

⑥ Protection of Freedoms Act 2012，https://www.legislation.gov.uk/ukpga/2012/9/contents/enacted.

⑦ Public Sector Transparency Board：Public Data Principles，https://assets.publishing.service.gov.uk/government/uploads/system/uploads/attachment_data/file/665359/Public-Data-Principles_public_sector_transparency_board.pdf.

数据开放的形式/格式、许可使用范围、公共机构鼓励数据的再利用等 14 项原则。同年，英国与美国、俄罗斯、巴西等国共同签署了《开放数据宪章》①，对政府开放数据原则达成一致意见。

3. 第三阶段（2013—2015 年）

2013 年是英国政府的数据开放活动快速发展的一年。② 此时，英国政府开放数据政策注重各个部门与机构承担的责任，积极建构政府开放数据的长远发展蓝图。英国政府发布了《抓住数据机遇：英国数据能力策略》，强调政府必须优化公民参与方式，改变服务政策和服务方式，改变责任的承担方式，从"技术""基础设施""软件和协作""安全与恰当地共享和链接数据"四个方面提高数据处理能力。英国内阁办公室发布的《2013 年至 2015 年英国开放政府伙伴关系行动计划》从开放数据、诚信缺失、财政透明度、公民赋权、自然资源的透明度五个方面规划了 2013 年至 2015 年的行动计划。③ 2014 年，英国卫生部颁布的《2014—2015 年卫生部数字更新战略手册》④ 强调要通过数字工作方式来节约卫生部时间与成本，使工作更加开放化、简易化、透明化、主流化与效率化。2015 年 3 月，英国内阁办公室公布的《国家信息基础设施（National Information Infrastructure，NII）执行文件》⑤ 进一步强调具有战略意义的数据的再利用。

4. 第四阶段（2016 年至今）

尽管英国在开放数据领域处于领先地位，但仍有许多问题（如数据质量和数据素养参差不齐）需要解决，截至 2019 年进展缓慢。⑥ 其中一些问题已在英国政府的 2017—2020 年政府转型战略中得到解决。⑦ 2018 年，

---

① G8 Open Data Charter and Technical Annex，https://www.gov.uk/government/publications/open-data-charter/g8-open-data-charter-and-technical-annex.

② 洪京一：《从 G8 开放数据宪章看国外开放政府数据的新进展》，《世界电信》2014 年第 1 期。

③ Open Government Partnership National Action Plan 2013 - 15：End-of-term self-assessment report，https://assets.publishing.service.gov.uk/government/uploads/system/uploads/attachment_data/file/562168/OGPNAP2end-of-termself-assessment.pdf.

④ DH digital strategy update：2014 to 2015，https://www.gov.uk/government/publications/dh-digital-strategy-update-2014-to-2015/dh-digital-strategy-update-2014-to-2015 - 2.

⑤ National Information Infrastructure，https://www.gov.uk/government/publications/national-information-infrastructure.

⑥ Open Data Barometer-Leaders Edition，https://opendatabarometer.org/doc/leadersEdition/ODB-leadersEdition-Report.pdf.

⑦ Government Transformation Strategy：better use of data，https://www.gov.uk/government/publications/government-transformation-strategy-2017-to-2020/government-transformation-strategy-better-use-of-data.

英国出台了一些新的开放数据政策，如发布了军械测量（OS）MasterMap 的关键部分，以帮助企业更轻松地使用地理空间信息。这些数据已被用于支持无人驾驶汽车、5G 和联网汽车等行业。2018 年 6 月，数字、文化、媒体和体育大臣马特·汉考克宣布英国政府将制定一项国家数据战略（National Data Strategy，NDS），其目标在于推动共同愿景，支持英国发展世界领先的数据经济。它将有助于确保人们、企业和组织信任数据生态系统，具备足够的技能在其中有效运作，并且可以在需要时访问数据。NDS 还将为政府间以数据为主导的广泛工作提供连贯性和推动力，同时促进在整个经济体中就数据的使用方式达成共识。

（二）政策内容

英国政府开放数据政策的内容主要涉及政府数据开放原则、开放标准及其原则、开放措施等。

1. 政府数据开放原则

政府数据开放一般是指未经聚合或处理，由公共部门向公众公布（或委托产生或公布）的，机器可读的和可再利用的"原始数据"，但涉及弱势群体保护和商业操作事项等"敏感性"数据除外。这些具有重要战略意义的数据在开放时必须遵循安全性原则（任何处于 NII 执行条件下开放的数据必须具有法律保障）、以用户为中心原则（NII 集中用户需求并默认政府电子服务标准）、治理有方原则（必须确保当局对数据管理者与使用者的支持）、可靠性原则（用户能及时、有效地以适当格式获取数据）、存取原则（数据管理者必须确保数据在整个生命周期内能被用户可持续地获取）、灵活性原则（除政府数据外，NII 的关键性数据还包含对国家具有重要意义的其他数据）、相互联系和可用性原则（通过标准化方式记录数据，确保数据能被识别，并能与其他数据进行交互）。[①]

2. 开放标准及其原则

政府开放数据必须执行一定的开放标准且具备一定的技术条件，才能基于共同认识将数据服务进行互操作，也就是在开放协议下，允许以开放数据和文档形式在数据库与软件之间进行数据互交换。开放标准是一种具有合作性、透明性、正当合法性、公平获取性、市场导向性和授权使用性特征的标准。目前，英国政府开放数据标准尚不完善，正在逐步建立之中，包括建立适用于软件交互的开放界面标准或开放软件协议、适用于数据存储的开放数

---

① Local government transparency code 2015，https://www.gov.uk/government/publications/local-government-transparency-code-2015.

据与文档格式标准等。所有的开放标准都必须遵循以下原则：（1）为用户提供所需数据是开放标准制定的核心；（2）为供应商提供公平竞争的环境；（3）坚持灵活性与适时变动；（4）坚持成本节约原则；（5）开放标准的选择建立在公众普遍告知的基础上；（6）开放标准的选择始终秉持公平、透明的原则；（7）政府将公平、透明地规范和实行开放标准。①

3. 开放措施

英国政府开放数据取得了一定成效，其采取的主要举措包括：（1）以前所未有的数据链接服务支持企业和创新，如通过改变健康与保健数据的获得方式来促进英国生命科学的发展。（2）通过开发地方交通数据促进地方企业与公共交通的发展。（3）通过提供线上公民对个人数据的访问权利来改变信息市场的高科技消费方式。例如，为了增加竞争力，英国国家医疗服务系统（National Health Service，NHS）的所有病人都可在线访问其个人就医记录，公民还可在线获得支持各系统间数据交换的学校信息及学习服务项目的新安排。（4）通过支持高价值企业的增长和促进数据访问来拉动创业，例如，政府免费提供一系列核心数据集，并宣布建立数据战略委员会和公共数据组，将数据价值最大化。② 虽然上述措施在一定程度上效果明显，但是英国仍存在资源受限，致使许多公共部门提供的信息未得到分析和使用，仍有某些观念（如认为数据仅是低价值资源、不愿公开和利用公共数据等）阻碍政府开放数据的发展。因此，英国政府计划采取构建数据分析市场、扩大现有市场机会、创造新产品与新服务等措施来进一步促进政府开放数据的发展，使公共数据的有效利用成为英国知识经济增长的重要动力。

四、美国公共数据的共享与开放

（一）发展历程

1. 2009 年《开放政府指令》

2009 年 1 月，时任总统奥巴马发布了一份名为《透明和开放的政府》（Transparency and Open Government）的备忘录，指示行政部门"利用新技术将有关其运作和决策的信息发布至网上并随时向公众开放"③。根据此备

---

① Open Standards principles（Updated 5 April 2018），https://www.gov.uk/government/publications/open-standards-principles/open-standards-principles.

② Open Data Measures in the Autumn Statement 2011，https://www.gov.uk/government/publications/open-data-measures-in-the-autumn-statement-2011.

③ Barack Obama, Transparency and Open Government, The White House President Barack Obama（January 21，2009），https://obamawhitehouse.archives.gov/the-press-office/transparency-and-open-government.

忘录的要求，总统行政办公室下属的管理和预算办公室（Office of Management and Budget，OMB）[①] 于同年12月发布了《开放政府指令》（Open Government Directive）。此项指令指出，开放政府以"透明度"、"参与"和"协作"这三项原则为基石，其中："透明度"是指通过向公众提供有关政府运作的有关信息来促进问责制；"参与"使公众能够贡献他们的想法与专业知识，以便政府得以利用社会上广泛传播的信息制定政策；"合作"则可以通过鼓励联邦政府内部、各级政府以及政府与私人机构之间的伙伴关系与合作来提高政府的有效性。《开放政府指令》要求行政部门和有关机构采取相应措施，以实现创建"更加开放的政府"这一目标。[②] 这一举措使数据开放门户网站上的政府信息出现了快速增长。[③] 同时，由于备忘录对"高价值数据集"的定义较为宽泛，故而，虽然政府部门参与数据开放是强制的，但各个机构对其发布的数据的格式、大小和内容享有广泛的自由裁量权。

《开放政府指令》规定的具体措施包括：

其一，在线发布政府信息。

为了加强问责制、促进公众知情参与并创造经济机遇，各机构应迅速采取措施，通过在线且开放的格式提供信息，以扩大公众的信息获取范围。同时，在法律允许的范围内，在遵守有效的隐私、保密、安全及其他限制的条件下，应遵循信息默认公开原则。具体要求包括：

（1）默认公开：除另有安排或其他强制公开规定外，各机构应依照《联邦记录法》（Federal Records Act）及其他相关法律和政策，在线发布、保存并维护信息。及时公布信息是透明度原则的重要组成部分。

（2）开放格式：在可行的范围内、遵循现存有效规则的条件下，各机构应以开放格式在线发布信息，以便通过常用的网络搜索应用程序回溯、下载、索引和搜索。"开放格式"是指平台独立、机器可读、不受限制地向公众开放。

（3）主动传播：在可行的范围内、遵循现存有效规则的条件下，各机构应积极主动地使用现代技术来传播有用的信息，而非等待《信息自由法

[①] 管理和预算办公室为总统行政办公室下属部门，为美国总统服务、对其负责，监督其针对行政机构愿景的实施。OMB 的任务是协助总统达成政策、预算、管理和监管目标，并履行机构的法定职责。

[②] Open Government Directive, The White House President Barack Obama（December 8, 2009），https://obamawhitehouse.archives.gov/open/documents/open-government-directive#fn1.

[③] Alon Peled, When Transparency and Collaboration Collide: The USA Open Data Program, 62 J Am. Soc. for Info. Sci. and Tech. 2085, 2086 (2011).

案》(Freedom of Information Act)提出具体要求。

（4）发布数据集：在45天内，各机构应确定并以开放格式在线发布至少三个高价值数据集，并通过data.gov进行注册。这些数据集必须以可下载格式提供。

（5）创建开放政府网页：在60天内，各机构应创建开放政府网页，将其作为与开放政府指令相关的机构活动的门户，并及时维护和更新。

（6）公众评估与反馈：每个开放政府网页应设置公众评估反馈机制。

其二，提高政府信息质量。

为了提高向公众提供的政府信息的质量，机构负责人应确保有关信息符合OMB关于信息质量的指导，并在各机构内建立适当的系统和流程以增强其合规性。具体包括：

（1）指定负责高级官员保证信息质量：在45天内，有关机构应与OMB协商指定一名高级官员，其职责为保障USAspending.gov等公共平台所公开发布的联邦支出信息的质量、客观性，并进行内部控制。该官员应参加该机构的高级管理委员会或类似的治理结构，以根据《联邦管理人员财务诚信法》进行全机构的内部控制评估。

（2）发布信息质量框架：在60天内，OMB的管理副局长需通过单独的指令或综合管理指导意见，发布针对USAspending.gov等公共平台公开的联邦支出信息的质量框架。该框架应要求各机构提交计划，详细说明对信息质量实施的内部控制，包括系统和流程变更，以及这些控制在机构现有基础设施内的整合，并于此后作出评估，以确定是否有必要额外执行OMB关于信息质量的指引，以涵盖向公众传播的其他类型的政府信息。

（3）发布联邦支出透明度长期综合战略：在120天内，OMB的管理副局长需通过单独的指令或综合管理指导意见，发布一项联邦支出透明度长期综合战略。

其三，创造开放的政府文化并将其制度化。

为创造前所未有的和持续的开放和问责制水平，《开放政府指令》指出各高级官员应在机构履职过程中贯彻透明、参与和合作的价值观，政府应在行政过程中结合不同专业学科的理念，如政治、法律、采购、财务和技术运营等。

（1）公布开放政府计划：在120天内，各机构应制定并在政府网页上公布开放政府计划，说明将如何提高透明度并促进公众参与。

（2）创建开放政府"仪表盘"：在60天内，联邦首席信息官和联邦首席技术官应在开放政府网页创建开放政府"仪表盘"，以将行政部门开政府进展的统计数据可视化。

（3）组成开放政府工作组：在 45 天内，OMB 的管理副局长、联邦首席信息官和联邦首席技术官成立专门工作组，关注政府内部的透明度、问责制及公众参与与协作。

（4）制定开放政府指导框架：在 90 天内，OMB 的管理副局长将发布指导框架，以指导各机构用创新或具有成本效益的解决方案促进政府开放。

其四，创建开放政府的政策框架。

在 120 天内，信息和监管事务办公室（Office of Information and Regulatory Affairs，OIRA）局长将与联邦首席信息官和联邦首席技术官协商，审查现有的 OMB 政策，如《减少文书工作指南》等指南，以确定开放政府和使用新技术的障碍，并在必要时发布澄清指南和/或对此类政策提出修订建议。①

2. 2014 年开放数据行政命令

2013 年 5 月，时任美国总统奥巴马再次发布一项关于开放数据的行政命令，指出政府信息应该以"开放和机器可读的格式"公布，以促进数据的再利用。② OMB 相应地发布新的名为《开放数据政策——将信息作为资产管理》的备忘录，强调信息对于社会、政治、经济的价值，指出为充分利用信息资源，行政部门及机构必须将信息视作资产进行全生命周期管理，以促进开放性和互操作性，并妥善维护信息系统和信息，这将有效提高操作效率、降低成本、改善服务、支持任务需求、保护个人信息并增加公众对有价值的政府信息的访问。新的备忘录详细定义了何为"开放数据"，并引入了机器可读数据的定义，即数据"结构合理，允许自动处理"。此文件要求各机构建立一个"企业数据目录"，并将数据集的元数据以一种易于访问的格式公开提供，以便纳入 data.gov 网站。③ 这些在一定程度上提高了对各政府机构公开披露的要求，以推动政府信息的公开。

具体要求包括：

---

① Open Government Directive, The White House President Barack Obama (December 8, 2009), https://obamawhitehouse.archives.gov/open/documents/open-government-directive#fn1.

② Barack Obama, Executive Order 13642—Making Open and Machine Readable the New Default for Government Information, The White House (May 9, 2013), https://www.govinfo.gov/content/pkg/DCPD-201300318/pdf/DCPD-201300318.pdf.

③ Office of Management and Budget, Open Data Policy-Managing Information as an Asset (May 9, 2013), https://www.whitehouse.gov/wp-content/uploads/legacy_drupal_files/omb/memoranda/2013/m-13-13.pdf.

其一，以支持下游信息处理和信息传播的方式收集或创造信息，包括：（1）使用机器可读、开放模式。（2）使用数据标准：与联邦机构在收集或创建数据时使用的数据标准保持一致，以促进数据的开放性与互操作性。（3）通过使用开放许可来确保信息管理。（4）使用公共核心和可扩展元数据，即在收集和创建信息时，机构必须使用公共核心元数据来描述信息。

其二，建立信息系统以支持互操作性和信息可及性。各机构必须在法律允许的范围内，以最大限度地提高互操作性和信息可及性的方式建立信息化系统或使其更现代化。系统设计必须是可扩展的、灵活的，并且便于以多种格式提取数据。

其三，加强数据管理和发布。为了确保机构数据资产在其整个生命周期内得到管理和维护，机构必须采用有效的数据资产组合管理方法。在新备忘录发布之日起6个月内，各机构需审查并酌情修订现有政策和程序以加强其数据管理和发布的有关实践，同时采取以下措施：（1）创建和维护企业数据清单；（2）创建并维护一个公共数据列表；（3）创建与访客互动的流程，以帮助促进数据发布并确定其优先级；（4）各机构必须明确负责人及其职责，以促进高效和有效的数据发布实践。

其四，加强保护措施，确保隐私信息和机密信息得到充分保障。各机构必须审查有关信息，确保在法律允许的范围内，并在受隐私、保密保证、安全、商业秘密、合同或其他有效限制约束的情况下予以发布。

其五，将新的互操作性和开放性要求纳入核心流程。各机构必须制定和维护信息资源管理（Information Resource Management，IRM）战略计划，明确如何将此备忘录中的互操作性和开放性要求制度化并实施到所有适用的机构项目和利益相关者的核心流程中。

3. OMB 数据清单

根据开放政府指令的要求，OMB 提出了数据集列表，可供下载的高价值信息，其中主要包含：（1）总统给行政机构负责人的行政命令和备忘录、总统签署声明。（2）行政政策声明：行政部门对立法项目的看法。（3）美国政府预算：包含总统预算信息、总统特定财政年度拟议预算信息以及整个财政年度发布的其他预算出版物的文件集合。（4）历史表格：关于预算收入、支出、盈余或赤字、联邦债务和联邦就业的数据。（5）预算附录：关于构成预算的各种拨款和基金的详细信息，包括关于单个方案和拨款账户的财务信息、拟议拨款语言文本、每个账户的预算表、立法提案、对要执行的工作和所需资金的解释，以及适用于整个机构或机构集团拨款的拟议一般规定。(6) 按职能类别和计划划分的预算授权和支出：政策和当前服务支出的方案细目。(7) 联邦对州和地方政府的赠款。(8) 公共预算数据库按账户分列的历史和预计预算授权、支出和收入。(9) 联邦信用补充表。(10) 不当付款数据库：该数据集包含有关根据2002年《不当支付信息法》(Improper Payments Information Act，IPIA) 被发现容易受到不当付款影响的项目的不当付款的信息。对于这些被发现容易受到不当付款影响的程序，数据集包括有关计划支出、程序不当付款和减少不当付款的减少目标的信息。(11) 税收支出：该数据集在电子表格中提供表格，以便公众可以轻松访问数据。(12) 经济预测的历史：该数据集包含自1976财政年度以来提交的每个预算的年度经济预测。在过渡期间，它们包括入库和出库行政预算。①

4. 联邦数据战略

2018年3月总统的管理议程提出了一个新的跨机构优先 (Cross-Agency Priority，CAP) 目标：利用数据作为战略资产制定和实施全面的联邦数据战略。根据这项倡议，政府和非政府相关方共同参与制定了第一个联邦数据战略，包括数据公开的使命宣言、原则、实践及年度行动计划四个部分。②

(二) 地方实践：以纽约市为例

作为美国的政治、经济中心之一，纽约市的实践是美国政府数据开放的典范之一。相较于将数据开放仅作为一种技术政策或行政命令的其他城市，纽约市早在2012年便通过《开放数据法案》(Open Data Law) 将数据开放立法化。历经2015年、2016年及2017年三次修改，其法律框架已经趋于完备，相应的数据开放实践也较为成熟。

1. 纽约市数据开放实践的发展

信息技术和电信局 (Department of Information Technology and Telecommunications，DoITT) 为纽约市负责信息技术和电子通信的部门。依照《纽约市宪章》，其职责在于规划、制定、协调并推进城市的信息技术和电信政策③，同时它也是负责纽约市数据开放的主要行政部门。

2007年，在时任市长布隆伯格 (Michael Bloomberg) 的领导下，DoITT

---

① Office of Management and Budget, OMB Data Inventory, https://obamawhitehouse.archives.gov/open/around/eop/omb/datasets (accessed on March 23, 2024).

② Federal Data Strategy Framework, https://strategy.data.gov/assets/docs/2020-federal-data-strategy-framework.pdf.

③ New York City Charter, Chapter 48 §1072 (a).

发布了"PlanIT"，意图通过提升市政府对居民、企业、游客和员工的透明度来推动信息技术的发展，改善和转变服务提供方式，使市政府更加开放。2009年年末，DoITT推出了"纽约数据矿"（NYC DataMine）。这是纽约市首次收集、整理和分类出特定数据集并向公众提供下载的尝试。2010年2月，DoITT发布了《30天报告：实现联通城市》（30-Day Report：Enabling the Connected City），承诺制定城市范围的开放数据政策，以改善公共信息的获取。随后，纽约市出台第140号行政命令指令DoITT"负责建立和执行全市范围的信息技术政策，并确保这些政策与市政府的业务需求和投资以及各机构的个别业务需求保持一致"。2011年10月，DoITT推出了纽约市开放数据门户（NYC Open Data Portal），将城市数据的公开从简单的下载推进到完全交互式的查看、搜索和可视化。此外，纽约市开放数据门户提供了复杂的反馈机制、指标和表述性状态转移（Representational State Transfer，REST）应用程序编程接口（APIs）。[1]

2012年3月7日，时任纽约市长布隆伯格（Michael Bloomberg）签署了2012年第11号地方法律《开放数据法案》（Open Data Law）。这一法律对纽约市的行政法规作出修改，要求在2018年年底前，所有公共数据必须在一个单一的门户网站上提供，以确保市政府的透明、高效并对公众负责。2015年11月、2016年1月及2017年12月，纽约市长白思豪（Blasio）批准了针对《开放数据法案》的几项修正案。这些法案对数据字典和数据保留规定了更严格的要求，明确了对公众请求的响应时间表，并将"开放数据"（Open Data）授权延长至永久。这些法律有助于让纽约人更容易在网上访问纽约市的数据，并围绕"开放数据"推动纽约市的透明度举措。

2. 治理与监督模式[2]

首席开放平台官（Chief Open Platform Officer）与开放数据协调员（Open Data Coordinators）负责纽约市政府数据公开的治理与监督。

首席开放平台官由DoITT指定，担任信息技术相关倡议的总领导者，其中包括与开放政府相关的工作，以及向公众提供机器可读的数据和交易服务。首席开放平台官的职责包括：

（1）监督市政府开放数据计划的运营和持续发展，并管理DoITT的开放数据团队；

---

[1] Office of Technology & Innovation, New York Open Data Technical Standards Manual.
[2] Office of Technology & Innovation, New York Open Data Technical Standards Manual.

（2）与机构开放数据协调员（如下所述）和管理团队合作，负责战略规划并为发布数据集提供支持；

（3）协调提供交易服务和相关开发者生态系统的发展；

（4）发布年度合规计划；

（5）确定、执行和支持公众参与策略，包括公众推广和公众查询；

（6）与其他地方、州和联邦政府实体合作，制定开放政府战略和数据规范；

（7）确保按照城市首席信息安全官的要求进行适当的治理和技术控制。

开放数据协调员由需要进行数据开放的机构指定，担任该机构开放数据工作的协调者。开放数据协调员的职责包括：

（1）识别并确保数据集能够发布到单一网络门户；

（2）制定市级合规报告中的机构部分；

（3）与首席开放平台官及支持开放数据计划的 DoITT 团队协调联络；

（4）处理公众对该机构所公开的数据集的反馈；

（5）进行公众推广和演讲以增加市政府数据集的战略使用。

DoITT 于 2013 年 9 月 9 日向市长和市议会提交了一份合规计划。这一合规计划必须每年更新一次并发布在网络门户上；同时 DoITT 将向每个机构提供一个模板，以促进该机构合规计划的发展和更新，有关机构需与 DoITT 合作以制定该计划。合规计划的内容应包含每个机构控制下的公共数据集的概述、在门户网站中纳入公共数据集的优先顺序，以及公布或更新这些数据集的时间表。若某个公共数据集无法在门户网站上提供，应在该计划中说明无法提供该数据集的原因，若可能，需说明将何时提供该数据集。

与此同时，DoITT 负责维护开放数据仪表盘，以促进公众和内部问责制。数据开放仪表盘跟踪机构的合规计划和进展，特别是哪些数据集已经通过纽约市开放数据门户或直接公开访问发布。此外，开放数据仪表盘还显示计划发布的数据集、已发布的数据集清单、未按计划发布的数据集。

为确保政府开放的数据资产能够吸引公众参与，开放数据协调员需与其所在机构的通信、媒体和/或社区事务团队协调、沟通，以确定下一年可以发布的三项公众参与承诺，制定公众参与报告。

3. 数据开放的方式

在 DoITT 的管理下，纽约市开设数据门户、提供城市的公共数据集目录。所有的公共数据集需要在网上进行标识、引用，相关门户需包含交互式功能以征求公众反馈。同时 DoITT 将提供和管理自动化工具供各机构使用，以从纽约市的技术系统中提取数据、进行加工，并将数据上传至纽约市开放数据平台。

4. 数据开放原则：默认公开

所有公共数据集默认公开，除非其包含《全市信息分类政策》（City Citywide Information Classification Policy）中被定义为敏感、隐私或机密的信息，或者根据《公职人员法》或联邦或州法律法规的豁免信息。提供数据集的机构必须根据公开披露的要求审查数据集的状态并保持流通。

依照纽约州《信息自由法》（Freedom of Information Law，FOIL），无须公开的数据类型包括：

（1）州或联邦法律明确规定无须披露的数据；

（2）一旦披露会侵犯个人隐私的数据；

（3）一旦披露会影响目前或即将进行的合同签订或集体谈判的数据；

（4）属于商业秘密，一旦披露将对主体企业的竞争地位造成重大损害的数据；

（5）是为执法目的而收集的数据，一旦披露将干扰执法调查或者司法程序，或剥夺某人获得公正审判、公正裁决的权利，或可以识别机密来源或披露与刑事调查有关的保密资料，或泄露刑事侦查技术/程序、常规技术/程序的数据；

（6）披露将危机人的生命或安全的数据；

（7）机构间或机构内的通信，除非此类材料包括统计或事实表格或数据、对影响公众的工作人员的指示、最终的政策或决定、外部审计（包括但不限于由审计长和联邦政府执行的审计）；

（8）在最终考试之前请求的考题或答案；

（9）披露将危及机构保障其信息技术资产（包括电子信息系统和基础设施）安全能力的数据。[1]

依照纽约市 2021 年第 11 号法案《发布开放数据》（Publishing Open Data），以下类别的数据也可免于公开：

（1）机构可根据《公职人员法》或联邦或州法律法规或地方法律的任何其他规定拒绝对该等数据集任何部分的访问；

---

[1] Freedom of Information Law，§ 87.

（2）机构可根据《公职人员法》或联邦或州法律法规或地方法律的任何其他规定拒绝对包含大量数据的任何数据集的访问，并且删除此类数据将带来不当的财务或行政负担；

（3）反映一个或多个机构内部审议过程的数据，包括但不限于谈判立场、未来采购，或未决的法律或行政程序；

（4）存储在机构拥有的个人计算设备上的数据，或存储在专门分配给单个机构雇员或单个机构拥有或控制的计算设备的网络部分上的数据；

（5）受版权、专利、商标、保密协议或商业秘密保护的材料；

（6）专有应用程序、计算机代码、软件、操作系统或类似材料；

（7）聘用记录、内部与员工有关的目录或名单、设施数据、信息技术、内部服务台和其他与机构内部管理有关的数据。[1]

（三）分级规则

1. 联邦法规

美国联邦层面设计数据分类的法案包括 2014 年《联邦信息安全现代化法案》（Federal Information Security Modernization Act of 2014，FISMA）[2]、联邦信息处理标准（Federal Information Processing Standard，FIPS）下第 199 号出版物《联邦信息和信息系统安全分类标准》（Standards for Security Categorization of Federal Information and Information Systems，FIPS PUB 199）。

《联邦信息安全现代化法案》第 3552 节（原《联邦信息安全管理法案》第 3542 节）对信息安全作出定义，指出信息安全是指保护信息和信息系统免遭未经授权的访问、使用、披露、破坏、修改，以便保证以下三个信息安全目标：[3]

（1）完整性（integrity），即防止信息被不当修改或破坏，包括确保信息的不可否认性和真实性。

（2）保密性（confidentiality），即保留对信息访问和披露的授权限制，包括保护个人隐私和专有信息的手段。

---

[1] The New York City Council, Publishing Open Data § 23-501 g.

[2] FISMA 可同时指代《联邦信息安全管理法案》（Federal Information Security Management Act of 2002）及其修订版本《联邦信息安全现代化法案》（Federal Information Security Modernization Act of 2014）。现如今 FISMA 通常指代《联邦信息安全现代化法案》。针对信息安全的三个目标，《联邦信息安全现代化法案》并未作出更改，与《联邦信息安全管理法案》一致。

[3] Federal Information Security Modernization Act of 2014，§ 3552.

(3) 可用性（availability），即确保及时、可靠地获取和使用信息。

FIPS 对前述"完整性"、"保密性"和"可用性"三个信息安全目标作出进一步的解释，并据此制定了数据分配标准。所谓失去完整性（loss of integrity），是指未经授权的修改或信息的破坏；所谓失去保密性（loss of confidentiality），是指未经授权的信息披露；所谓失去可用性（loss of availability），是指信息或信息系统访问或使用的中断。

根据安全漏洞对个人或组织产生潜在影响的程度不同，结合组织和国家整体利益进行评估，FIPS PUB 199 定义了三个级别的潜在影响，即低级（low）潜在影响、中级（moderate）潜在影响和高级（high）潜在影响。具体阐释如下：

低级潜在影响指机密性、完整性或可用性的丧失可能会对组织运营、组织资产或个人产生有限的（limited）不利影响。具体而言，保密性、完整性或可用性的丧失可能：（1）导致组织的任务能力受到影响，使组织能够执行其主要功能，但功能的有效性明显降低；（2）对组织资产造成轻微损害；（3）造成轻微的财产损失；或（4）造成对个人的轻微伤害。

中级潜在影响指机密性、完整性或可用性的丧失可能会对组织运营、组织资产或个人产生严重的（serious）不利影响。具体而言，保密性、完整性或可用性的丧失可能：（1）导致组织的任务能力受到显著影响，使其能够执行其主要功能，但功能的有效性明显降低；（2）对组织资产造成重大损害；（3）导致重大的财务损失；或（4）对个人造成重大伤害，但不涉及生命丧失或严重威胁生命的伤害。

高级潜在影响指机密性、完整性或可用性的丧失可能会对组织运营、组织资产或个人产生极其严重或灾难性的（severe or catastrophic）不利影响。具体而言，保密性、完整性或可用性的丧失可能：（1）导致组织的任务能力严重受损或丧失到一种程度和持续时间，以至于组织无法执行一个或多个主要功能；（2）对组织资产造成重大损害；（3）导致重大财务损失；或（4）导致对个人造成严重或灾难性的伤害，包括生命丧失或严重威胁生命的伤害。[1]

据此，FIPS PUB 199 形成了围绕安全目标、影响程度两大维度的数据信息安全分类标准（见表 11-2）。

---

[1] Standards for Security Categorization of Federal Information and Information Systems, February 2004, https://nvlpubs.nist.gov/nistpubs/FIPS/NIST.FIPS.199.pdf.

表 11-2 FIPS PUB 199 数据信息安全分类标准

安全目标	潜在影响程度		
	低	中	高
保密性 　　保留对信息访问和披露的授权限制，包括保护个人隐私和专有信息的手段	未经授权披露信息可能会对组织运营、组织资产或个人产生**有限**的不利影响	未经授权披露信息可能会对组织运营、组织资产或个人产生**严重**的不利影响	未经授权的信息披露可能会对组织运营、组织资产或个人产生**极其严重或灾难性**的不利影响
完整性 　　防止不当的信息修改或销毁，包括确保信息的真实性	未经授权修改或销毁信息可能会对组织运营、组织资产或个人产生**有限**的不利影响	未经授权修改或销毁信息可能会对组织运营、组织资产或个人产生**严重**的不利影响	未经授权修改或销毁信息可能会对组织运营、组织资产或个人产生**极其严重或灾难性**的不利影响
可用性 　　确保及时、可靠地获取和使用信息	信息或信息系统的访问或使用中断预计将对组织运营、组织资产或个人产生**有限**的不利影响	信息或信息系统的访问或使用中断预计将对组织运营、组织资产或个人产生**严重**的不利影响	信息或信息系统的访问或使用中断预计将对组织运营、组织资产或个人产生**极其严重或灾难性**的不利影响

表达信息类型安全级别（security category，SC）的一般格式为：

SC information type＝［（confidentiality，impact），（integrity，impact），（availability，impact）］

安全类别＋信息类型＝［（机密性，潜在影响），（完整性，潜在影响），（可用性，潜在影响）］

其中"impact"即前述低级、中级和高级。

示例：某执法组织确定其管理的极其敏感的调查信息机密性丧失的潜在影响较大，完整性丧失的潜在影响为中等，可用性丧失的潜在影响为中等。则该信息类型的安全类别（SC）表示为：

SC investigative information＝［（confidentiality，HIGH），（integrity，MODERATE），（availability，MODERATE）］

SC 调查信息＝［（机密性，高级），（完整性，中级），（可用性，中级）］

2. 纽约的分类标准

纽约《全市信息分类政策》第 5 条将信息分为受限信息（Restricted Information）、敏感信息（Sensitive Information）、非限制性信息（Non-Restricted Information）、识别信息（Identifying Information）四类，分

类依据与前述 FIPS PUB 199 中规定的低级、中级、高级相一致。具体如下：

（1）受限信息：如果未经授权的披露、修改或销毁该等信息可能会对城市运作、组织资产或个人产生极其严重或灾难性的（severe or catastrophic）不利影响，则该等信息应被指定为"受限信息"。

（2）敏感信息：如果未经授权的披露、修改或销毁该等信息可能会对城市运作、组织资产或个人产生严重的（serious）不利影响，或者该等信息仅供内部使用，则该等信息应被指定为"敏感信息"。

（3）非限制性信息：如果未经授权的披露、修改或销毁该等信息预计会对城市运作、组织资产或个人产生有限的（limited）不利影响，或者公开披露该等信息不太可能对高效或有效提供服务的能力产生不利影响，则该等信息应被指定为"非限制性信息"。

（4）识别信息：《纽约市行政法规》第 23－1201 条中定义的"识别信息"和《纽约市行政法规》第 10－501 条中定义的"个人识别信息"（Personal Identifying Information）必须被归类为"敏感"或"受限"信息，除非机构隐私官或纽约市首席隐私官确定不需要进行此种分类。[1]

五、日本公共数据的共享与开放

（一）公共数据共享开放政策演变

1. "e-japan 战略"时代（2001—2013 年）

日本数据开放的构想源于公开型政府建设的现实需求，即通过利用网络公开行政信息，使国民可以利用这些公开的电子信息参与行政监督，协同提高行政活动效率，政策目的在于通过信息通信技术形成新的政府治理构造，以完成公开型政府的现代化转型。[2] 为了达到这一目的，2000 年日本政府制定《高度信息通信网络社会形成基本法》（以下简称《IT 基本法》），该法明确了制定信息化政策的基本方针与实施信息化战略的领导机构及信息化重点计划的基本内容。[3] 根据《IT 基本法》第 1 条，该法的目的在于明确国家和地方政府在形成先进的信息和通信网络社会方面的责任，设立高度信息通信网络社会推进战略本部，以制定与高度信息通信网

---

[1] NYC Cyber Command，City Citywide Information Classification Policy，https://www1.nyc.gov/assets/oti/downloads/pdf/vendor-resources/information-classification.pdf.

[2] ［日］友冈史仁：《行政情报法制的现代的构造》，信山社 2022 年版，第 23 页。

[3] 关于日本《高度信息通信网络社会形成基本法》的主要内容，参见全国网络安全标准化技术委员会官网：https://www.tc260.org.cn/front/postDetail.html?id=20141016152031，2024 年 3 月 12 日访问。

络社会形成有关的重点计划。

高度信息通信网络社会推进战略本部成立后，制定了"e-japan 战略"，就政府数据的流通方面提出要"实现电子政府"，推动行政文书电子化，在各政府机关之间，国家与地方政府之间通过信息网络即时共享和利用信息，以精简公共行政，减轻公民和企业的负担，提高公共服务的效率。① 2010 年，高度信息通信网络社会推进战略本部再作出"新信息通信技术战略"决定，明确推动促进行政信息二次利用等新业态的发展，提出要实现"国民本位的电子行政""优质医疗、教育、行政服务等的地域普及""数位内容产业创新发展"等目标②；2011 年公布了"关于推进电子行政的基本方针"，该方针也同样提出要完善行政服务的电子化，为便于国民的利用，在综合考虑利用者的属性、利用环境和利用目的等基础上，以统计信息、测定信息、防灾信息等行政信息可以被二次利用的标准来提供信息。③

但是，在"e-japan 战略"时代制定的政策只是用以确保国民可以参与国家政策形成等政治生活，没有涉及通过对行政信息的商业性利用来创造新的产业的设想。④ 在 2011 年东日本大震灾发生后，政府、地方公共团体意识到数据公开的不足与供给技术的落后将无法回应社会与经济发展的需求⑤，意识到有必要公开和使他人便利地利用其所保有的数据。福井县鲭江市等地方自治体率先推进部分行政信息的公开数据化进程，这些行政信息包括避难所、市营停车场、公共卫生间的位置等⑥，但在全国层面还缺乏统一的政策方针指引。为了进一步推动公共数据的广泛利用，日本政府逐步推动了与公共数据开放有关的各项政策。

在"新信息通信技术战略"与"关于推进电子行政的基本方针"的基

---

① 高度情報通信ネットワーク社会推進戦略本部「e-Japan 戦略」（2001 年 1 月 22 日）10 頁。

② 高度情報通信ネットワーク社会推進戦略本部「新たな情報通信技術戦略」（2010 年 5 月 11 日）1—2 頁。

③ 高度情報通信ネットワーク社会推進戦略本部決定「電子行政推進に関する基本方針」（2011 年 8 月 3 日）13 頁。

④ ［日］友冈史仁：《行政情报法制的现代的构造》，信山社 2022 年版，第 24 页。

⑤ 在东日本大震灾中，公司试图利用政府掌握的避难中心信息和地图数据来广泛传播与地震相关的信息，但这些信息是以 PDF、JPEG 或其他格式提供的，机器无法读取，必须手动重新输入，给二次使用带来困难，而且不同的行政机构使用不同的格式，需要花费大量时间来收集和整理信息，这些问题促使日本政府推动电子行政的全面改革。高度情報通信ネットワーク社会推進戦略本部決定「電子行政オープンデータ戦略」（2012 年 7 月 4 日）3 頁。

⑥ 牧田泰一＝藤原匡晃「官民一体のオープンデータ利活用の取り組み：先進県・福井，データシティ鯖江」情報管理 60 巻 11 号（2018 年）803 頁。

础上，2012年7月4日IT综合战略本部发布了《电子政务开放数据战略》，该战略中明确指出，"公共数据是国民共有的财产"，实施该战略的目的在于：第一，通过以能够二次利用的形式提供公共数据使国民能够通过自己或者民间服务对政府的政策进行分析和判断，以提高行政活动的透明度与国民的信赖度；第二，通过多主体共同利用公共数据、公私之间的信息共享，公共服务能以官民协作的方式提供，私人服务也能依靠公共数据来创建，这将有助于各种有创意的公共服务得以迅速且有效地发展，使日本能够适当地应对国家所面临的各种情况，包括严峻的财政状况、各种活动中需求和价值的多样化以及信息和通信技术的日益完善；第三，以能够二次利用的形式提供的公共数据，可以通过其他市场主体的收集、加工、分析等创造新业态，提高企业活动的效率，提升国民经济活力。[1] 根据该政策，为了吸取大震灾的教训，政府首先要公开紧急事件发生时最有用的公共数据，并且数据的公开要遵循以下四大基本原则：第一，政府积极地公开公共数据；第二，以能使机器读取的形式公开；第三，不论营利或非营利目的皆促进利用；第四，从可利用的公共数据入手，及时采取向公众公布数据等具体措施。[2]

为细化该政策的实施，高度信息通信网络社会推进战略本部还发布了《促进电子政务公开数据路线图》，各行省信息化统括责任者联络会议发布了《关于各府省为促进二次利用而发布数据的基本政策（指南）》，对促进公共数据利用进行了具体的安排。《促进电子政务公开数据路线图》再次强调了各行政机关在互联网上发布的数据必须考虑机器可读性的问题，并提出应允许二次使用已发布的国家拥有著作权的数据，除非存在具体、合理的限制二次使用的理由。《关于各府省为促进二次利用而发布数据的基本政策（指南）》则规定了公共数据公开的基本方法，明确了作成的数据格式必须适合机器读取，制定的具体规则包括"不要在数据单元格中包含格式化和定位字符（空格、换行、逗号等）"和"不要在单元格中包含数值、标题和数据单位以外的信息"等。在公共数据利用规则方面，对于国家为著作权人的作品，由于国家能够决定在何种利用条件下进行公开，因此广泛地允许二次使用（除了基于著作权以外的具体且合理的理由而限制二次使用的情形）。该指南提出当在网络上公开报告书等作品时，不应

---

[1] 高度情報通信ネットワーク社会推進戦略本部決定「電子行政オープンデータ戦略」（2012年7月4日）1-2頁。

[2] 高度情報通信ネットワーク社会推進戦略本部決定「電子行政オープンデータ戦略」（2012年7月4日）5-6頁。

妨碍他人对已公开数据进行二次使用，这一内容在委托调查等契约中应予以明确。①

自2001年以来实行的"e-japan战略"及"新信息通信技术战略""关于推进电子行政的基本方针"等政策中有关数据公开部分的内容，其着眼点在于提高行政服务的便利度与行政运营的效率，直到2012年《电子政务开放数据战略》出台，日本政府才实现了从单纯的政务数据有限共享到公共数据全面开放的思维转变和从强调信息通信技术的政府行政服务单向功能到考虑数据资源自身价值与使用者需求相结合的战略路线转变。由于各府省在推动信息技术的投资和公共数据资源的活用方面并无很大的成就，仍然存在公共数据二次利用受限、机械读取困难的数据类型较多、目的数据的有无与所在难以确定、能够进行商业化利用的数据公开不足等问题②，IT技术的高效性和便利性难以凸显，为了反思和解决这些问题，日本政府在2013年以后再度调整了政策。

2."世界最先端IT国家创造宣言"时代（2014—2020年）

（1）政策内容调整。

在这一时期，日本已经注意到公共数据的开放与综合利用可以促进公共监督和完善问责机制，推动卫生、教育、安全、环境保护等公共服务的发展，也可以作为私营部门改革的催化剂，帮助创造新的市场、企业和就业机会，公共数据作为尚未开发的资源，在促进创新和繁荣以及建设一个满足公民需求的强大、互联的社会方面具有巨大潜力。③ 因此，政策的调整方向是通过开放公共数据来促进大数据综合利用。2013年6月14日，日本内阁发布《创建世界最先端IT国家宣言》，提出通过利用电子化的数据来创造新产业、新服务，将构筑数据公开与利用环境作为新的时代使命。该宣言提出，将在日本国内外无论何处都能访问的公共平台为社会公众提供信赖度高的公共数据，例如地理空间信息、防灾减灾信息、统计信息等，使私营部门或个人能将自身所保有的数据与之自由组合起来进行利用来创造新的产业与服务，抵御灾害，构建健康安心的生活环境。该宣言指出，通过将政府、企业、个人等各方掌握的公共数据等"大数据"相互连接并加以利用，创造新的业务和公私部门合作服务，将为商业活动、消

---

① 日本总务省官方网站，https://www.soumu.go.jp/johotsusintokei/whitepaper/ja/h25/html/nc121220.html，2024年3月13日访问。
② 閣議決定「世界最先端IT国家創造宣言について」（2013年6月14日）6頁。
③ 日本外务省官方网站，https://www.mofa.go.jp/mofaj/gaiko/page23_000044.html，2024年3月13日访问。

第十一章　公共数据的共享与开放

费者行为和社会生活带来新生。因此，这将进一步促进向社会公众开放公共数据，并促进个人数据的利用，以创造新产业和新服务。例如，汇总和组织环境、教育、交通等方面的各种数据，提供以简单易懂的方式显示当地情况的房地产信息，以及开发根据客户需求从种类繁多、数量巨大的数据中自动提取数据的程序，等等。[1]

（2）明确公共数据的基本概念。

关于公共数据的概念，在2012年7月4日IT综合战略本部发布的《电子政务开放数据战略》中已经提出过，但没有对该概念予以明确的界定。2016年，日本政府施行的《官民数据活动推进基本法》［平成28年（2016年）法律第130号］中提出了官民数据的概念（"官民データ"，英译"public and private sector data"）[2]，是指以电磁记录所记载的（不包括可能破坏国家安全、妨碍维护公共秩序或妨碍保护公共安全的信息），由国家或地方公共团体或独立行政法人或其他事业者，执行其事务或事业时管理、使用或提供的数据。但该法仍然没有明确何为"公共数据"。

2017年5月30日，IT综合战略本部暨官民数据活用推进战略会议上通过《公共数据基本方针》（「オープンデータ基本指針」），明确公共数据的公开除了是为达到保证国家机关信息透明、确保说明责任等目的，也是为了通过让国民活用公共数据，促进公共服务的提升，创造出新的产业。[3]《公共数据基本方针》明确地界定了公共数据的含义，所谓公共数据，是指国家、地方公共团体及事业者将其所保有的数据，为了便于任何国民能通过网络等容易地利用（包括加工、编辑、再发布），而以符合以下三款所规定的形式公开的数据：1）不问营利或非营利目的，都适用于二次利用规则的；2）可被机器读取的；3）无偿提供的（但也可能向限定的利用人收取数据提供系统的维持管理所需要的成本）。[4] 公共数据被认为是国民共有的财产，所以各府省厅保有的所有数据，包括作为规划和起草政策（包括法律、命令和预算）所依据的数据，这些数据原则上都作为公共数据予以公开。但是，1）包含了个人信息的；2）有损害国家、公共安全和维持秩序

---

[1]　閣議決定「世界最先端IT国家創造宣言について」（2013年6月14日）6頁。

[2]　该法的立法目的是促进官民数据利用以刺激地方经济和在地方社区创造就业机会，为实现一个充满活力的日本社会作出贡献，从而创建自力更生和个性化的地方社区，创造新的企业，并促进产业的健康发展和加强国际竞争力，并且为促进有效和高效的行政管理作出贡献。

[3]　［日］宇贺克也：《情報公開・オープンデータ・公文書管理》，有斐閣2019年版，第270页。

[4]　高度情報通信ネットワーク社会推進戦略本部・官民データ活用推進戦略会議決定「オープンデータ基本指針」（2017年5月30日）2頁。本决定全文载于首相官邸官方网站，详情参见 https://warp.ndl.go.jp/info:ndljp/pid/12187388/www.kantei.go.jp/jp/singi/it2/decision.html。

· 419 ·

之虞的；3) 有损害法人或个人权利利益之虞等的不适合公开的信息，如果有人要求公开，原则上将会对不能公开该公开数据的理由予以公开。此外，对于属于1)～3)项不适合在当下作为公共数据发布的情况，可以将有问题的数据条目以外的其他数据公开，也可以采用在限定的相关方之间进行有限共享的"限定公开"的方式，以开拓数据在将来成为公共数据的可能性。①

(3) 明确数据公开的基本原则。

根据《公共数据基本方针》，数据公开的基本原则主要包括以下七项内容：

第一，原则上对所有政府数据进行公开，包括政策（法令、预算）的计划或方案中包含的数据，除非存在以下合理的理由不能公开：包含个人信息，危害国家或公共安全，有碍于或有可能碍于秩序维持，对法人或个人的权利利益进行侵害等。

第二，各府省厅在网络上公开数据原则上要根据《政府标准利用规约》的规则来进行，除非存在具体且合理的理由不能允许二次利用，否则原则上要积极地促进公开数据的二次利用。过去之所以存在二次利用受限的问题，主要是因为在《政府标准利用规约》（1.0版）中规定了禁止违反法令、条例或公序良俗的数据利用，禁止威胁国家、国民安全的数据利用这两个条款，而且存在著作权免责声明表述不统一的情况。2015年日本政府发布了《政府标准利用规约》（2.0版）删除了前述禁止性条款，并为了规范各行政部门在其网站中作出的著作权免责声明而明确了具体内容的表述方式。②

第三，在官网上要以容易被检索和利用的形式公开数据，尤其是那些需求度高的数据，从利用便宜性和减少系统负荷及提高效率的角度考虑，应导入能提供一次性下载的机制或通过API推进数据的提供。

第四，要以适合机器读取的构造以及数据形式公开数据，在这方面可以参考通用词汇系统与作为数据公开达成度评价指标的"五级标准"③。

第五，就未能立即公开的数据，对于可能妨碍市民生活安全的维持的

---

① 高度情報通信ネットワーク社会推進戦略本部・官民データ活用推進戦略会議決定「オープンデータ基本指針」(2017年5月30日) 2頁。

② 内閣官房IT総合戦略室「「政府標準利用規約（第2.0版）」の解説」(2015年12月24日)。

③ 这里指的是网络创始人蒂姆·伯纳斯-李（Tim Berners-Lee）提出的五级索引，参见 https://5stardata.info/ja/，2024年3月14日访问。

数据，在发布前应进行效果与风险研究，分阶段将其转化为公共数据，可以考虑数据利用的目的、范围、对象等因素进行有限公开，具体地实现有限公开的政府部门应对原因及其做法进行披露。

第六，对于部分根据其种类和使用目的等而有偿公开的数据，应适用二次使用可能性规则，但应当明确表示费用的计算根据，此外还应从以下角度对收费进行重新评估：1）能否使用最新的廉价和安全的技术来降低与数据提供服务有关的成本；2）能否采取增加用户数量和减轻单个用户负担的措施；3）由用户负担费用在社会效果和经济效果上是否合适。

第七，保持对已公开数据的更新，对于那些保持迅速的公开速度与保持最新状态十分重要的数据，应当尽可能迅速地予以公开。另外，要明示数据更新的周期，让利用者能够预先把握更新的时期。①

3. "数据强韧化社会建设"时代（2021年至今）

（1）深化公共数据开放与推进官民协调联动。

为了应对新冠疫情导致的经济下行，日本政府提出要以数据化作为社会变革的原动力促进经济再兴，以云上数字化作为行政基础建设的主轴，实施新的IT战略，构建数据强韧化社会。在日本内阁发布的《数字政府实行计划》中，就数据公开在以下几个方面进行了战略调整：第一，为加强数据管理，制定数据标准与数据品质管理基础框架。2023年9月26日日本内阁出台《通过数据联盟基础设施提供之数据的质量控制指南》，提出了数据联盟基础设施整备主体、数据提供者和数据用户高效和有效实施数据质量管理所需的角色分工以及数据质量评估具体方法的参考模型。②第二，行政机关作为最大的数据持有者、平台的平台（系统的系统），应整备与"个人号码"系统相连接的身份识别系统，整备包括基础登记册在内的基础数据及目录等等，为私营部门提供开放和标准化的应用程序接口（API），以便与系统相连接。第三，各府省行政部门应当将保有的数据100%公开，针对使用人提出的需要进行迅速公开，对不能公开的数据明确说明理由，对于无法全部公开的数据，以向限定的关系人提供的方式进行限定公开。③第四，促进行政数据标准化。为了在官民之间实现跨领域

---

① 高度情報通信ネットワーク社会推進戦略本部・官民データ活用推進戦略会議決定「オープンデータ基本指針」（2017年5月30日发布、2019年6月7日改正）2-5頁。

② 「データ連携基盤を通して提供されるデータの品質管理ガイドブック」（2023年9月26日），内阁府国家战略特区官方网站，https://www.chisou.go.jp/tiiki/kokusentoc/supercity/supercity_230926_guidebook.html，2024年3月12日访问。

③ 閣議決定「デジタル・ガバメント実行計画」（2020年12月25日）26-27頁。

数据连接，有必要统一日期、公共设施和旅游设施的地址等基本数据格式，为此IT综合战略室在2019年编制了《基本行政信息数据链接模型》，制定了日期、住所、电话号码、邮编、地理坐标、POI等数据的标准，还制定了《文字环境导入实践指南》，统一了文字信息录入的方法，也对通行语言系统与二维码系统进行了整理，统一根据标准化数据为跨领域跨部门之间的数据共享进行准备。①

除此以外，日本政府提出了官民一体化数据流通的政策，在2016年提出了"公共数据2.0"计划，即不止步于公共数据的开放，在数据流通利用层面也要加强各种制度的整备工作；从2018年开始启动"开放数据公私圆桌会议"，通过为企业及其他经营实体提供与拥有数据的行政机关直接对话的机会来促进数据开放与利用。为强化这一政策，2020年日本政府根据《官民数据活动推进基本法》第8条第1款规定的"官民数据活用推进基本计划"制定了"世界最前沿的IT国家创造宣言·官民数据活用推进基本计划"，作为数据开放流通的基本方针。② 在"官民数据活用推进基本计划"中，日本政府提出要继续深化与民间事业团体之间的合作与数据共享，提高公共数据开放的质量并制定数据开放评价指标，支援地方公共团体开展数据开放，如发布和扩充"推荐开放数据套餐"，举行"开放数据100"活动等为地方公共团体提供参考。③

（2）深化公共行政管理数字化全面改革。

受新冠疫情的影响，远程办公等现实需求促使政府对公共行政管理制度启动全面的数字化改革，同时日本自身社会所存在的出生率下降、人口老龄化问题日益严重，促进日本政府必须要对社会的发展方向作出新的政策调整。2021年，日本国会公布六部"数字改革关联法案"，其中处于核心地位的《数字社会形成基本法》的立法目的在于通过制定有关数字社会建设措施的基本原则和基本政策，明确国家、地方政府和企业经营者的责任，规定设立数字机构和制定有关数字社会建设的优先计划，从而迅速和有重点地推进数字社会建设措施，为日本经济的可持续健康发展和国民的福祉作出贡献。根据《数字厅设置法》［令和3年（2021年）法律第36

---

① 閣議決定「デジタル·ガバメント実行計画」(2020年12月25日) 28-31頁。
② 日本政府2022年7月17日阁议决定"世界最先端数据国家创造宣言·官民数据活用推进基本计划"，日本IT综合战略室官网，https://cio.go.jp/node/2413，2024年3月12日访问。
③ 閣議決定「世界最先端デジタル国家創造宣言·官民データ活用推進基本計画の変更について」(2020年7月17日) 52-54頁。

号］的规定，新设"数字厅"（デジタル庁）来专门处理与形成数字社会相关的行政事务，前述 IT 综合战略本部被撤销。数字厅直属内阁，是用来强化内阁执行力的机构，数字厅厅长是内阁总理大臣，数字厅大臣则由国务大臣担任，负责辅助内阁总理大臣，统括数字厅事务和监督职员。关于国家行政机关共用的信息系统的整备以及管理工作，以及前述的公共基础信息数据库的整备和使用相关政策的起草工作都由数字厅负责。法案的公布意味着日本的数字社会建设正式迈入了新的阶段。① 实务界和学界对当下的数字化社会改革制度中存在的问题正在展开讨论和批判。②

在新法发布的背景下，2021 年日本内阁公布了"统括性数据战略"，2022 年 6 月 7 日日本内阁发布了《关于和数字化社会形成相关的重点计划、信息系统整备计划、官民数据利用推进基本计划的变更》的决议，2023 年 6 月 9 日发布了《面向实现数据社会的重点计划》。综合上述政策，在公共数据的开放与共享方面，具体的改革性举措包括以下几个方面：

第一，明确规定国家与地方公共团体公开其所保有数据的法定义务。根据《数字社会形成基本法》第 30 条，在制定建立数字社会的政策时，应采取措施记录国家和地方政府所掌握的对公民生活有用的信息，如将文件等所包含的信息转为电磁记录，将以电磁记录的信息公布出来供公众使用，以及采取其他措施确保国家和地方政府所掌握的信息能够被公众方便地利用。

第二，将推荐公开的数据类型具体化，强化机器可读性原则。由于《公共数据基本方针》只规定数据应原则上向公众开放，但缺乏对披露的具体细节和措施的解释，而且只要求原则上具有机器可读性，有义务努力参考"五级标准"，不能说公共数据开放已经取得了足够的进展。③ 2021 年高度信息通信网络社会推进战略本部对《公共数据基本方针》进行了改正，要求：构造化数据（统计信息等能够通过列表和层级表现的数据）必

---

① 关于日本《数字社会形成基本法》的主要内容介绍，参见陈怡玮：《日本〈数字社会形成基本法〉述评》，《上海法学研究》2022 年第 2 期。

② 部分学者指出"数字改革关联法案"存在以下缺陷：在制度设计方面，作为隐私权内容之一的自我信息决定权的保护机制在当下数字化法律制度下付之阙如，敏感个人信息由数字厅一元化管理的构造存有监视社会的危险；在组织权限方面，数字厅也不应当把权力集中在内阁总理大臣手中；在监管方面，对于数字厅作为信息机关从事的活动，个人信息保护委员会或另外设立的专门的第三方机构应当对其进行监督，有必要设置劝告或命令制度以发挥监督的作用。参见日本弁護士連合会「デジタル改革関連 6 法についてプライバシー・個人情報保護の観点から、必要な法改正と法の適正な運用を求める意見書」（2021 年 12 月 17 日）；寺田麻佑「「デジタル庁」と個人情報の利活用をめぐる監督体制」法律時報 93 巻 5 号（2021 年）66 頁参照。

③ 閣議決定「デジタル・ガバメント実行計画」（2020 年 12 月 25 日）25 頁。

须原则上使用 CSV 以上的格式进行公开；对于难以构造化的数据（例如声音数据、影像数据、活字数据等），则应努力改善元信息的发布环境，例如通过使用数据目录网站，来促进可视化和 API 的使用。①

第三，更新支撑数字化社会的系统和技术，构建公共基本信息数据库。首先是更新国家的信息系统，其次是更新地方公共团体的信息系统，最后是完善 5G、半导体等的建设。要建立各政府部门共用的基础设施［包括构筑统一身份认证系统（「公的機関統一 ID 基盤」）和各府省统一内网「府省 LAN 統合（Local Area Network）」］。在进行国家信息系统整备时，应当注意推进数据之间的共享。在完善信息系统时，为了确保数据的相互运用性，要将数据的记述形式、能展开共通解释的词汇、统一使用的文字等标准化。具体来说，以适用《行政基本信息共享模板》和《文字环境导入实践指导手册》为原则。② 建立公共基本信息数据库，这一数据库是由国家、地方政府和其他公共机关以及公共部门的事业者所掌握的数据中构成了处理社会生活或商业活动过程中所需要的众多程序的基础的、体系化数据的集合物，能够让前述的不同主体在适当的控制下使用计算机检索到数据。国家和地方政府为支持官民数据的活用，应相互合作，为自身信息系统相关标准的整备以及确保系统兼容性、修正业务内容等采取必要的措施。《数字社会形成基本法》第 29 条规定，日本政府应促进国家和地方政府信息系统的共享或整合（包括国家发展环境，使所有地方政府能够使用《官民数据利用促进法》第 2 条第 4 款规定的云计算服务）。

第四，加强国家行政机关、地方公共团体以及其他公共机关、公共领域的民间组织之间有效的数据共享。在数据共享方面，首先是整备完善的信息系统硬件建设与服务流程建设。2021 年 12 月 24 日，数据大臣公布了《信息系统整备与管理的基本方针》，分别为国家、地方公共团体、独立行政法人与在准公共领域活跃的民间组织制定了信息系统整备及管理的基本方针。③ 其次是在各领域促进不同类型数据及其子类型数据的标准化，如

---

① 高度情報通信ネットワーク社会推進戦略本部・官民データ活用推進戦略会議決定「オープンデータ基本指針」（2017 年 5 月 30 日发布、2021 年 6 月 15 日改正）4 頁。

② 2021 年 6 月 4 日的《行政服务和数据共享模板》，根据个人数据利用场景和法人数据利用场景等对可能用到的数据进行分类。除了这一模板，日本政府出台了相当多的标准指南，例如《行政手续的在线识别本人的方法指南》《代码（分类体系）实践指南》《API 的实用指南》《API 技术指导手册》《关于在政府信息系统中使用云服务的基本政策》《通过网站等提供和使用行政信息的指导原则》《通过网站等提供和使用推广行政信息的指导原则》等，具体参见 IT 综合战略室主页，https://cio.go.jp/guides，2022 年 11 月 9 日访问。

③ デジタル大臣決定「情報システムの整備及び管理の基本的な方針」（2021 年 12 月 24 日）。

第十一章 公共数据的共享与开放

医疗数据中，处方、诊察券、诊疗费账单等需要根据各系统间的通行用语进行制作。① 最后是建立完善基础登记簿体系，如对个人号码、法人、土地、个体户等数据进行基础登记。②

（二）公共数据开放与相关权利的保护

公共数据在日本被视为公共财产，原则上应当开放，但由于数据开放还是会涉及不同权利主体的权益保护问题，因此也应建立相关的权利保护机制。在这些权利中，以著作权和个人信息的保护最为重要，以下进行简要介绍。

1. 公共数据开放与著作权保护

基于公共数据的公共财产性质，当国家作为著作权人时，一方面其作品不构成《国有财产法》中的国有财产，另一方面其有权决定允许他人在何种条件下利用，因此原则上应允许公共数据的二次利用。根据《关于各府省为促进二次利用而发布数据的基本政策（指南）》，对于各府省厅在官网上公开的数据的利用规则的内容，各府省厅原则上应当根据《政府标准利用规则2.0》中所列举的示例来规定③，除了基于具体且合理的根据不被认可为二次利用的，原则上积极地促进公开数据的二次利用④，而且在官方网站上公开的允许二次利用的表述应当统一。如果要限制二次利用，必须说明其理由。虽然根据《日本著作权法》第12条之2的规定，因信息选择或体系构成而具有创造性的数据库应作为作品受到著作权法的保护，但是，纯粹的事实或数字数据不构成作品，不受著作权法的保护，而且即便构成集成作品或被认为是数据库作品，对不构成作品的素材和数值数据的使用也不违反著作权法。

2. 公共数据开放与个人信息保护

公共数据的共享开放与个人信息保护之间存在相克关系，为了对个人信息的保护，2021年日本修改了日本个人信息保护关联三法（《日本个人信息保护法》《日本关于保护行政机关持有的个人信息的法律》《日本关于

---

① デジタル社会の実現に向けた重点計画（2023年6月9日）8-9頁。
② デジタル社会の実現に向けた重点計画（2023年6月9日）10頁。
③ 《政府标准利用规则2.0》中所列举的关于对网站公开数据的利用规则的示例，包括以下七个方面的内容：1）利用该数据时应记载出处；2）不得侵害第三人权利；3）若存在其他法令对利用限制的内容，记载该法令及其相关限制性规则；4）分条款项列出不适用利用规则的内容；5）列出准据法与合意管辖条款；6）列出免责条款；7）写明利用规则不限制属于《日本著作权法》所规定的权利限制条款范围内的行为（第30条至第47条之9），写明利用规则有可能会发生改变等。具体的表述已经被列明，各府省政府应当参照这些表述来确立相关的数据利用规则。
④ 统计信息是有别于一般行政数据的，根据《统计法》［平成30年（2018年）法律第34号］的规定，其二次利用范围被扩大。

保护独立行政法人持有的个人信息的法律》），全面地对行政机关处理个人信息活动进行统一的规制。在《日本个人信息保护法》中特别设置"行政机关等的义务"一章（第五章），明确对行政机关持有的个人信息[①]、非识别加工信息等概念进行了界定[②]，并限定行政机关持有的个人信息的范围及限制其利用目的的变更。根据《日本个人信息保护法》的规定，行政机关不得超过为达成特定的利用目的的范围持有个人信息。具言之，如果行政机关持有了利用目的之达成所不需要的个人信息，在安全管理方面容易存在问题，也容易发生错误利用的危险，为了保护个人的权利利益，要在达成利用目的的最小限度范围内确定行政机关持有的个人信息的范围。并且，根据该法第 62 条的规定，行政机关在直接以书面方式从本人处取得个人信息时，原则上必须明示取得该个人信息的利用目的，除非存在以下事由：1）为保护人的生命、身体或财产，在紧急且必要时；2）如果向本人明示利用目的，有侵害本人或第三人的生命、身体、健康或其他权利利益的可能；3）如果向本人明示利用目的，有可能对国家机关、独立行政法人、地方公共团体等从事的事务或事业的适当执行产生障碍等。此外，行政机关不能够在超过被合理地认定为与变更前的利用目的存在相当关联性的范围之外变更利用目的。

对于地方公共团体对个人数据的利用，2019 年 5 月 21 日总务省发布了《地方公共团体数据利用指南》（2.0 版）[③]，在该指南中，介绍了当要

[①] 根据该法第 60 条第 1 款的规定，所谓行政机关持有的个人信息，是指行政机关的职员在其职务范围内作成的或者获得的，由该行政机关等职员有组织地利用并由该行政机关所持有的信息，但限于行政文书（根据《行政机关信息公开法》第 2 条第 2 项规定的行政文书）、法人文书（根据《独立行政法人等信息公开法》第 2 条第 2 项规定的法人文书）或地方公共团体等行政文书（地方公共团体或地方自治团体的职员在执行公务过程中制作或获取的文件、图纸和电磁记录，作为该地方公共团体或地方自治团体的职员系统使用的文件、图纸和电磁记录，由该地方公共团体或地方自治团体持有）中所记载的信息，不包括根据《行政机关信息公开法》第 2 条第 2 款各项所列的信息。

[②] 根据该法第 60 条第 3 款的规定，所谓行政机关等非识别名加工信息，是指对构成个人信息档案中行政机关所持有的个人信息的全部或一部分进行加工后所能获得的信息，但不包括能够和其他信息容易地对应起来而能识别出特定个人的那部分个人信息，以及包含了根据《行政机关信息公开法》第 5 条规定的不公开信息、《独立行政法人等信息公开法》第 5 条规定的不公开信息。对于非识别加工信息的利用，根据《日本行政机关个人信息保护法》第 44 条第 2 款的规定，行政机关负责人可以根据该法第四章之 2 作成和提供非识别加工信息。除法律、法规的另有规定，行政机关负责人不得在利用目的以外自行使用或提供非识别加工信息和删除的信息（这里删除的信息，是指用来制作非识别加工信息的行政机关所保有的能够识别特定个人的个人信息，但不包括能够和其他信息容易地对应起来而能识别出特定个人的那部分个人信息）。

[③] 「地方公共団体におけるデータ利活用ガイドブック」，日本总务省官方网站，https://www.soumu.go.jp/menu_seisaku/ictseisaku/ictriyou/bigdata.html，2022 年 11 月 8 日访问。

利用包含个人信息的数据时，应当用表格进行详细记录，就所制作的表格应当包括的内容数据利用的情况。需要注意的是，在个人信息的利用目的发生变更时，要在表格上追加变更的目的，而且只有符合《日本行政机关个人信息保护法》或各地方公共团体规定的个人信息保护条例所规定的要件时，才可以进行利用目的的变更。至于目的外利用，原则上是禁止的，例外情况下可以被目的外利用，对于目的外利用的情形应当根据《日本个人信息保护法》第 69 条以及各地方公共团体条例的具体规定，在表格中进行明确的说明。可以被认可进行目的外利用的情形，主要是以下几点①：1) 本人同意；2) 法律规定；3) 为了避免个人的生命、身体、健康或财产遭受危险等不得已而为之的特殊情况；4) 实施机关为执行其所掌管的事务而在必要限度内具有相当的理由可以进行目的外利用时；5) 根据审议会的意见，实施机关目的外利用数据被认为在公益上是特别有必要时②；6) 通过出版、报道等已经公开的信息③；7) 在有必要增进公益或住民福祉的场合没有被认为会有侵害住民等权利利益之虞时④；8) 在利用数据进行学术研究或进行统计的场合没有被认为会有侵害本人权利利益之虞时。⑤

此外，在关于个人数据保护的体制整备方面，根据新修改的《关于个人信息保护的基本方针》，包括行政机关在内的各个信息处理主体应当明确个人数据与其他待处理数据之间的关系，采用 PIA 法（个人信息保护评估法或隐私影响评估法）进行评估，或设立首席隐私官、数据保护官等负责处理个人数据的人员来建立数据治理系统，落实事前同意、泄露通知等规则以保护个人对其数据控制的实效性。⑥ 在个人数据处理的监督方面，根据新修订的个人信息保护关联法案，由个人信息保护委员会负责对个人信息处理者、借名信息处理者、匿名加工信息处理者、个人关联信息处理者和认定个人信息保护团体、行政机关及独立行政法人、地方公共团体的机关及地方独立行政法人进行统一的监视、监督，确保迅速妥当的跨部门执法体制。

---

① 総務省情報流通行政局地域通信振興課地方情報化推進室「地方公共団体におけるデータ利活用ガイドブック Ver. 2.0」29-30 頁。
② 《姬路市个人信息保护条例》第 9 条。
③ 《港区个人信息保护条例》第 18 条第 1 款第 3 项。
④ 《港区个人信息保护条例》第 18 条第 1 款第 4 项。
⑤ 《东京都个人信息保护条例》第 10 条第 1 款第 5 项。
⑥ 「個人情報の保護に関する基本方針」（2022 年 4 月 1 日改正），日本个人信息保护委员会官方网站，https://www.ppc.go.jp/personalinfo/legal/fundamental_policy/，2024 年 3 月 14 日访问。

第三节 公共数据共享与开放的分类分级

一、概述

针对公共数据共享,《政务信息资源共享管理暂行办法》第 5 条提出,政务信息资源共享应遵循四项原则:(1)以共享为原则,不共享为例外;(2)需求导向,无偿使用;(3)统一标准,统筹建设;(4)建立机制,保障安全。其中,针对"统一标准,统筹建设",该办法第 5 条第 3 项要求"统筹建设政务信息资源目录体系和共享交换体系";第 9 条明确将政务信息资源共享类型分为无条件共享(可提供给所有政务部门共享使用)、有条件共享(可提供给相关政务部门共享使用或仅能够部分提供给所有政务部门共享使用)、不予共享(不宜提供给其他政务部门共享使用)三种类型。各地相关法规对公共数据共享提出的原则均与《政务信息资源共享管理暂行办法》的上述规定相契合,公共数据共享的具体规则也围绕上述原则的内涵与要求而展开。由于决定某一公共数据共享类型的过程,实际上就包含了对数据安全风险的评估,以及对某类数据是按原则共享还是作为例外不共享的判断,对数据分类分级并制定目录正是公共数据共享的核心环节与基本规则。

针对公共数据开放,国家层面目前尚无关于分类分级的明确法律规定。国务院颁布的《大数据发展纲要》提出:"在依法加强安全保障和隐私保护的前提下……推动建立政府部门和事业单位等公共机构数据资源清单,按照'增量先行'的方式,加强对政府部门数据的国家统筹管理,加快建设国家政府数据统一开放平台。制定公共机构数据开放计划,落实数据开放和维护责任,推进公共机构数据资源统一汇聚和集中向社会开放……制定政府数据共享开放目录。通过政务数据公开共享,引导企业、行业协会、科研机构、社会组织等主动采集并开放数据。"这明确地表达了制定目录、进行分类开放的意思,各地相关法规也多参照《政务信息资源目录编制指南(试行)》进行"无条件开放""有条件开放"和"不予开放"的分类。

总之,从我国现有的法规与实践来看,公共数据的共享与开放的核心规则和主要内容就是公共数据的分类分级。在此基础上,才进一步存在如何共享、开放的问题。因此,在对共享与开放的具体方式作进一步阐述之前,有必要先对公共数据的分类分级进行专门探讨。需说明的是,公共数据内容多样、场景丰富,分类分级必须在实践中对所涉数据项具体问题具体分析，不可能从理论上提出一般性的、固定的分类分级结果。本部分主要是探讨公共数据分类分级这一制度，因而不会涉及某类数据属于何种类型、级别的论断，主要是阐述公共数据分类分级的内涵、意义和基本原则。

二、公共数据分类分级的内涵及意义

（一）公共数据分类分级的内涵

20世纪90年代，我国已有一些学者进行数据分类分级相关的研究，不过研究范围和方法都有限，主要服务于绘图数据。[①] 21世纪初，随着信息技术发展和国家对政府信息公开的重视，逐渐有学者关注到政府信息资源分类的问题。[②] 2007年，《政府信息公开条例》颁布，关于政府信息分类分级的研究迎来一个小的高潮。[③] 这一阶段，立法上虽不强调"分类分级"这一用语，但事实上已有分类分级之实践。例如，《政府信息公开条例》第13条明确政府信息的公开采取主动公开和依申请公开两种方式，第14条至第16条明确部分政府信息不予公开或可以不予公开。近年来，随着公共数据的类型增多、规模扩大，数据治理、数据要素市场培育等理念强化，数据分类分级的问题变得越来越复杂，单独的立法随之出现，各类行业规范、标准性文件逐渐完善。综合来看，公共数据的分类分级不是一个静止的概念，而是动态的实践，始终与数据安全和公共数据的共享、开放密切联系。讨论公共数据分类分级的内涵，主要在于指出"分类"和"分级"的区别，以及分类分级的因素、标准。

关于公共数据"分类"和"分级"的区别，法律法规中并无明确规定，但中国证监会发布的《证券期货业数据分类分级指引》中有相关论述可资参考。这一文件在"引言"部分指出，数据分类"是建立统一、准确、完善的数据架构的基础，是实现集中化、专业化、标准化数据管理的基础。行业机构按照统一的数据分类方法，依据自身业务特点对产生、采集、加工、使用或管理的数据进行分类，可以全面清晰地厘清数据资产，对数据资产实现规范化管理，并有利于数据的维护和扩充"，而数据分级"是以数据分类为基础，采用规范、明确的方法区分数据的重要性和敏感

[①] 严炜炜等：《数据分类分级：研究趋势、政策标准与实践进展》，《数字图书馆论坛》2022年第9期。

[②] 例如，刘强、吴江：《政府信息资源分类共享方式的研究》，《中国行政管理》2004年第10期。

[③] 例如，张新民、祁斌刚：《政府信息公开目录体系分类系统研究》，《图书馆建设》2008年第12期；罗贤春等：《社会化服务导向的电子政务信息资源共享目录》，《图书·情报·知识》2009年第3期；周庆山、谢丽娜：《政府信息公开的分类管理与完善策略初探》，《图书情报研究》2013年第4期。

度差异,并确定数据级别"。此外,《网络安全标准实践指南——网络数据分类分级指引》也提出对数据"分类管理、分级保护"。具体实践中,许多地方文件也明确体现出数据类别和级别的不同。例如,《贵州省政府数据 数据分类分级指南》(DB 52/T 1123-2016)针对分类给出了主题、行业、服务三张分类类目表,针对分级划分了公开数据、内部数据和涉密数据。又如,《雄安新区数据资源分类分级指南》针对分类给出主题、资源形态、行业、服务四种分类类目;针对分级,综合数据的安全属性(完整性、保密性、可用性)以及其遭到破坏后的影响对象、影响范围、影响程度,划分为I~V级。再如,《浙江省 数字化改革 公共数据分类分级指南》(DB 33/T 2351-2021)提出示例,将数据分为组织、个人、客体三类,以及以敏感度、泄露影响程度等为判定标准的L1~L4四级。

关于公共数据分类分级的因素和标准,就分类而言,主要有基于行业或应用场景的分类、基于数据功能的分类(展示性数据与辅助性数据)、基于公共性程度的分类(进一步以主体要素、内容要素等为依据);就分级而言,《数据安全法》从数据安全的角度,将公共数据分为一般数据、重要数据、核心数据,这属于数据安全分级。数据共享、开放分级应当考虑到数据的安全风险,但并不等同于数据安全分级。从已有法律法规看,共享、开放的分级体现为"无条件共享/有条件共享/不予共享"和"无条件开放/有条件开放/不予开放",具体定级则应当综合考虑个人信息权益、商业秘密、国家秘密等因素进行。

(二)公共数据分类分级的意义

公共数据的应用经历了从"政务"到"市场"的扩大过程,其背后是数据技术与数据理念的发展转变。在此背景下,公共数据分类分级的意义也得到深化和丰富,逐渐发展为贯彻各类数据活动的一项基准。具体而言,主要有以下三方面的意义:

(1)对数据进行有效统一管理。过去一段时期,公共数据实践主要体现为政府信息公开、共享。从2002年《国家信息化领导小组关于我国电子政务建设指导意见》首次在国家层面发文提出加强整合、促进信息共享,到2016年习近平总书记在中共中央政治局就实施网络强国战略进行第36次集体学习时强调通过数据集中和共享推动跨层级、跨地域、跨系统、跨部门、跨业务的协同管理和服务[①],以及《政务信息资源共享管理

---

① .《习近平在中共中央政治局第三十六次集体学习时强调:加快推进网络信息技术自主创新 朝着建设网络强国目标不懈努力》,《人民日报》2016年10月10日,第1版。

暂行办法》《政务信息资源目录编制指南（试行）》等印发，可以看到，公共数据的应用、管理存在一个发展得较早的重要面向：在政务语境下，服务于政府治理信息化和公共服务信息化。① 在这一面向上，由于其规模大、内容杂，政府信息的分类有一个最基本的意义，在于实现对信息的有效组织和统一管理，提高信息公开、共享效率。正如有学者指出："信息分类是保证政府信息最终得以整合和集成的关键……如果分类问题得不到有效解决，就会出现部门内部信息管理混乱的局面。"②

（2）保障数据安全与第三方合法权益。由于数据包含的内容十分复杂多样，又易于流动，共享、开放等数据活动不免产生安全等方面的风险，需要有相应的制度设计以促进数据活动中各项利益的平衡。2005年中共中央办公厅和国务院办公厅联合下发的《关于加强信息资源开发利用工作的若干意见》即指出，要正确处理加快发展与保障安全、公开信息与保守秘密、开发利用与管理规范的关系。在这一层面，数据分类分级也是保障数据安全和第三方权益的自然要求，很早就得到了重视：以《政府信息公开条例》为例，其对政府信息进行分类管理，明确信息公开与保密的标准，将有利于具体操作的实施；明确哪些政府信息数据涉及商业秘密、个人隐私，设置相应的公开限制，将有利于保障第三方合法权益。③ 2021年施行的《数据安全法》明确了国家建立数据分类分级保护制度，进一步肯定数据分类分级在数据安全方面的重要作用。例如，在刑法中，数据分类分级对于数据犯罪的罪质界定和罪量评价起着基础性作用。④

（3）促进数据合法流通与开发利用。最近一段时期，在政府治理、政务服务信息化的面向之外，公共数据的应用越来越多地被放在"数据要素市场化"的大背景下讨论，公共数据分类分级的意义在更多方面得到深入阐述。过去人们也注意到公共数据具有政务服务外的社会经济价值，"信息资源"的概念并不新奇，早在2004年我国就有学者在公共物品理论的基础上，对政府信息资源分类共享方式进行研究。⑤ 但总体上，对数据经济价值的关注一度是比较宽泛、抽象的，相关的政策与生产实践都较为欠

---

① 陈月华等：《政务信息共享数据安全管理模型及对策研究》，《信息网络安全》2020年第S2期。
② 张新民、祁斌刚：《政府信息公开目录体系分类系统研究》，《图书馆建设》2008年第12期。
③ 周庆山、谢丽娜：《政府信息公开的分类管理与完善策略初探》，《图书馆情报研究》2013年第4期。
④ 张勇：《数据安全分类分级的刑法保护》，《法治研究》2021年第3期。
⑤ 刘强、吴江：《政府信息资源分类共享方式的研究》，《中国行政管理》2004年第10期。

缺。直到近年，随着技术加速创新，数字经济以前所未有的速度、广度发展，数据的经济价值得到了空前的重视，国务院发布《"十四五"数字经济发展规划》《要素市场化配置综合改革试点总体方案》等文件，明确把数据要素市场化作为我国社会主义市场经济体制改革的关键环节。[1] 在此背景下，数据类型多样、形态多元、内容复杂的异质性特征也越发突出，对传统的"整齐划一"数据保护模式提出挑战；同时，数据的流动成为常态，数据处理角色更加多元、业务更加多样，带来更复杂的数据安全风险，这也有赖于通过数据分类分级进行差异化保护以化解。[2]

综上，由于公共数据的异质性与流动性，对其进行分类分级是进行有效组织管理、保障数据安全和保障第三方合法权益的自然要求。在数字技术创新、数字经济发展的时代潮流下，公共数据的应用从政务向更广泛的市场扩展，这种异质性与流动性更加显著，分类分级同时还在促进数据合法流通、利用方面发挥了不可或缺的作用。正如有学者所指出的，在制度定位上，数据分类分级不应局限于安全制度，而是贯穿于数据全领域、全周期、多维度的重要原则，数据的收集、存储、加工、传输、提供、公开等均需要在分类分级的基准下展开。[3]

三、公共数据分类分级的基本原则

关于数据分类分级应当遵循的原则，《网络安全标准实践指南——网络数据分类分级指引》提出了五项：（1）合法合规原则，即数据分类分级应遵循有关法律法规及部门规定要求，优先对国家或行业有专门管理要求的数据进行识别和管理，满足相应的数据安全管理要求；（2）分类多维原则，即可从便于数据管理和使用角度，考虑国家、行业、组织等多个视角的数据分类；（3）分级明确原则，即数据分级的各级别应界限明确，不同级别的数据应采取不同的保护措施；（4）就高从严原则，即数据分级时采用就高不就低的原则进行定级，例如数据集包含多个级别的数据项，按照数据项的最高级别对数据集进行定级；（5）动态调整原则，即数据的类别级别可能因时间、政策、安全事件、业务场景敏感性的变化而发生改变，因此需要对数据分类分级进行定期审核并及时调整。

---

[1] 陈兵、郭光坤：《数据分类分级制度的定位与定则——以〈数据安全法〉为中心的展开》，《中国特色社会主义研究》2022年第3期。

[2] 袁康、鄢浩宇：《数据分类分级保护的逻辑厘定与制度构建——以重要数据识别和管控为中心》，《中国科技论坛》2022年第7期。

[3] 陈兵、郭光坤：《数据分类分级制度的定位与定则——以〈数据安全法〉为中心的展开》，《中国特色社会主义研究》2022年第3期。

基于笔者对公共数据概念的理解，公共数据是符合可预期性、必要公益性要求的，应该加以共享、开放的各种数据的集合，因此也应当遵循数据分类分级的一般原则。对此，可以上述《网络安全标准实践指南——网络数据分类分级指引》提出的五项原则为参照。此外，由于公共数据制度的主要目的是促进其在安全可控前提下共享开放，公共数据分类分级还应该特别关注便利共享开放实践的视角。例如，《上海市公共数据开放分类分级指南》提出兼容性、安全性、科学性、需求导向、可操作性和可扩展性六项分类分级原则。其中，兼容性、安全性、科学性、可扩展性要求基本与《网络安全标准实践指南——网络数据分类分级指引》提出的数据分类分级一般要求一致。可操作性和需求导向要求则体现出基于公共数据实践要求的特别考虑。具体而言，需求导向，指分级分类应充分考虑社会公众对开放数据的实际需求；可操作性，指分级分类应具有可操作性，能够快速有效地制定妥善的开放方式。这两项原则考虑到了公共数据共享、开放的特殊要求，具有指引性，值得参考。

综上，笔者认为公共数据的分类分级应遵循《网络安全标准实践指南——网络数据分类分级指引》提出的合法合规、分类多维、分级明确、就高从严和动态调整原则。同时考虑到公共数据共享开放的制度需求，还应坚持需求导向和可操作性的原则。

第四节 公共数据共享与开放的具体规则

一、概述

《政务信息资源目录编制指南（试行）》提出政务信息资源的共享属性包括共享类型、共享条件和共享方式，开放属性包括开放类型和开放条件。各地提出的要求与此基本一致。例如，《浙江省公共数据条例》（2020年8月施行）第23条第2款要求公共管理和服务机构应当按照国家和省有关规定对其收集、产生的公共数据进行评估，科学合理确定共享属性，并定期更新。列入受限共享数据的，应当说明理由并明确共享条件；列入不共享数据的，应当提供明确的法律、法规、规章或者国家有关规定依据。《山东省公共数据开放办法》（2022年4月施行）第10条第2款要求公共数据目录和开放清单确定公共数据的开放属性、类型、条件和更新频率。《江门市公共数据共享和开放利用管理办法》（2023年8月施行）第16条、18条也分别明确公共数据共享和开放需依据规定的条件进行。这些规则揭示了公共数据共享与开放的基本流程和主要规则。例如,《政务信息资源目录编制指南(试行)》提出的共享属性的三要素之间存在一定的层次递进。共享类型是共享属性中的框架性要素,基于对数据本身敏感性、涉密性等的评估,作出某类数据是否可以共享以及可以在何种程度上共享的原则性划分。在此基础上,共享条件进一步明确数据共享的准入门槛,例如需要有明确、合理的使用用途与范围。[①] 共享方式则是在确定要进行共享的情况下,讨论如何实现共享以满足使用需求的问题。其中,确定共享、开放类型即分类分级的过程,已作为公共数据共享、开放制度的基础在上文加以讨论。下面对公共数据共享、开放的条件与方式进行介绍。

二、公共数据共享与开放的条件

1. 公共数据共享的条件

《政务信息资源共享管理暂行办法》第 12 条第 1 款第二分句规定"属于有条件共享类的信息资源,使用部门通过共享平台向提供部门提出申请,提供部门应在 10 个工作日内予以答复,使用部门按答复意见使用共享信息,对不予共享的,提供部门应说明理由"。如前所述,《政务信息资源目录编制指南(试行)》以及许多地方性法规都要求公共管理和服务机构对其列入有条件共享的数据注明共享条件。然而,实践中许多已公开的共享目录清单文件并未给出明确的共享条件。例如,《齐齐哈尔市政务数据共享目录清单》列明了提供方式,《青岛市教育局政务信息数据资源共享开放目录》列明了共享类型、共享分类、共享方式类型,《山东省教育厅信息数据资源共享开放目录》列明了共享属性,但三者都没有列明共享条件。除此之外,国家及地方层面法规中,也未见针对共享条件进行详细规定的条文。可以认为,实践中尚未形成统一、通行的做法和规范,难以从实证角度总结具体有哪些共享条件。

不过,从公共数据共享分类分级的考虑因素出发,共享条件的设置也应当基于对数据敏感性、重要性、秘密性的评估,旨在保障数据安全、国家秘密和个人信息等权益。因此,结合相关法律法规,可以规定以下几个

---

① 这一点是针对有条件共享类数据而言。对无条件共享和不予共享类数据,《政务信息资源目录编制指南(试行)》要求进行的相关标注主要起到提示说明作用。《政务信息资源目录编制指南(试行)》6.2(9)规定:"无条件共享类和有条件共享类的政务信息资源,应标明使用要求,包括作为行政依据、工作参考,用于数据校核、业务协同等;有条件共享类的政务信息资源,还应注明共享条件和共享范围;对于不予共享类的政务信息资源,应注明相关的法律、行政法规或党中央、国务院政策依据"。

共享的条件：(1) 可提供给相关政务部门共享使用或仅能够部分提供给所有政务部门共享使用（《政务信息资源共享管理暂行办法》第9条第3款）；(2) 使用部门应具备与数据安全等级相应的数据安全保护能力（《数据安全法》第27条等）；(3) 取得相关权益主体的同意（《个人信息保护法》第13条等）；(4) 取得有关部门批准（如《保守国家秘密法》第21条等）。

2. 公共数据开放的条件

一些地方性法规中提示了公共数据有条件开放的基本标准，例如，《浙江省公共数据条例》第33条第1款规定，"自然人、法人或者非法人组织需要获取受限开放的公共数据的，应当具备相应的数据存储、处理和安全保护能力，并符合申请时信用档案中无因违反本条例规定记入的不良信息等要求，具体条件由省、设区的市公共管理和服务机构通过本级公共数据平台公布"；又如，《山东省公共数据开放办法》第8条第2款规定，"数据安全和处理能力要求较高或者需要按照特定条件提供的公共数据，可以有条件开放"。一些地方性法规未对开放条件进行提示，而是完全采取法律保留，例如，《上海市公共数据开放暂行办法》第12条第3款规定"市经济信息化部门应当会同数据开放主体建立开放清单审查机制。经审查后，开放清单应当通过开放平台予以公布"。又如，《吉林省促进大数据发展应用条例》第19条第2款规定："属于有条件开放的公共数据，行政机关以及具有公共事务管理职能的组织应当明确公共数据的开放条件、开放范围和使用用途等信息。对公民、法人和其他组织通过省大数据平台提出的申请，经审查符合开放条件的，应当及时通过省大数据平台向申请人开放；不予开放的，应当说明理由。"综合法律法规和各地开放平台上可查询的内容可知，公共数据有条件开放的开放条件主要包括以下几点：(1) 能力方面，数据使用者需有相应的数据安全保护能力；(2) 主体方面，申请主体需有符合要求的信用记录，或特定的身份资格；(3) 使用方面，需具有合理使用场景（例如自身业务范围内的科学研究）且仅在主管部门授权的范围使用，不得用于挖掘个人敏感信息；(4) 监督方面，需接受定期抽查、实时日志反馈、定期提交利用报告等监督；(5) 其他要求，例如注明数据来源。

有学者对现行的公共数据有条件开放规则提出批判，认为要求政府机关在事前审核乃至设定开放公共数据的具体用途，虽在理论上有利于保证开放数据利用的公共性，但却不切实际地预设了公共部门有能力在事前判断数据在开放后的最优利用方案。相比之下，以企业向公共数据资源池回传自身运营数据，作为其获取公共数据的对价或"开放条件"的"数据换数据"模式更有助于增强市场和社会主体开发数据的自主性和能动性，也有利于简化有关开放条件的界权。① 笔者认为，该观点确实具有一定合理性，但从现有制度、实践来看，这里所讨论的有条件开放，属于"数据对外流通"这一广义开放概念下狭义的开放，或者说传统的通过数据开放平台获取数据的开放。与之并列，还存在公共数据授权运营制度，能够通过建设授权运营安全域等方式，让授权运营单位依其需求自主、灵活地利用数据。并且，在公共数据授权运营制度中，也可以对授权运营的对价进行灵活安排。本书下一章会对公共数据授权运营制度进行更细致的研究。总之，只要正确理解公共数据授权运营制度及其与公共数据开放的关系，不必通过改造"有条件开放"制度来解决该观点提出的问题。

三、公共数据共享与开放的方式

（一）公共数据共享的方式

根据《政务信息资源共享管理暂行办法》第 12 条以及《全国一体化政务大数据建设指南》的要求，政务数据的共享应当通过由国家政务大数据平台以及各地、各部门政务数据平台构成的政务数据平台体系进行。公共数据的共享也遵从这一逻辑。具体而言，无条件共享的公共数据，使用部门可以在共享平台直接获取。而有条件共享的公共数据，应当由使用部门通过共享平台向提供部门申请，经提供部门同意，再予以共享。

有学者指出，这种基于公共数据共享平台的信息传输方式存在一体化汇聚的信息监控风险、（个人信息）模糊性授权的实质违法风险、批量化传输的泛化处理风险和大规模泄露的数据安全风险。在信息传输行为中，需要坚持"告知"等正当程序和均衡性原则。在不影响数据使用的前提下对信息进行脱敏，并结合传输流程的行为目的、数据范围、应用场景等具体指标，进行个人信息影响风险评估，根据评估出的风险等级采取相应的管理措施。② 实践中，公共数据共享不一定总是采取将数据集中存储于共享平台的物理归集，也可能是分布式存储，但在有数据需求时能实现调用的逻辑归集。③ 因此该观点对公共数据共享平台数据汇集方式的认识可能过于绝对，但其指出的违法性风险和数据安全风险确实存在。现阶段除了加强数据安全技术支持，实践主要通过多样化的共享方式规避上述各项风险，例如接口调用、数据核验、提供去标识化数据等。在共享时应当结合具体场景下的使用用途，以满足合理使用需求为限，充分评估数据可能涉及的个人信息、商业秘密、国家安全等因素，采取适宜的方式进行。

---

① 戴昕：《数据界权的关系进路》，《中外法学》2021 年第 6 期。
② 罗英：《个人信息在国家机关之间传输的类型化治理》，《法学》2023 年第 9 期。
③ 杜小勇等：《数据整理——大数据治理的关键技术》，《大数据》2019 年第 3 期。

第十一章　公共数据的共享与开放

（二）公共数据开放的方式

在"促进社会化利用以创造公共数据经济价值"的广义开放利用概念下，公共数据开放的方式较为多样。后文会对公共数据授权运营机制专节讨论，本部分主要针对通过开放平台等获取数据的传统、一般的公共数据开放。

根据各地公共数据开放相关规定，公共数据开放主要通过公共数据开放平台进行。无条件开放类公共数据，可以通过平台直接获取。有条件开放类公共数据，则需要通过平台提出申请，经主管部门和提供部门同意后获取。并且，许多地方还要求申请主体签订相关协议或承诺书，以明确数据使用过程中的范围、安全保障等要求。例如，《浙江省公共数据条例》第 33 条第 3、4 款规定："经审核同意开放公共数据的，申请人应当签署安全承诺书，并与数据提供单位签订开放利用协议。申请开放的公共数据涉及两个以上数据提供单位的，开放利用协议由公共数据主管部门与申请人签订。开放利用协议应当明确数据开放方式、使用范围、安全保障措施等内容。申请人应当按照开放利用协议约定的范围使用公共数据，并按照开放利用协议和安全承诺书采取安全保障措施。"《上海市公共数据开放实施细则》第 20 条规定："开放申请审核通过的，申请主体应当与数据开放主体通过开放平台签署数据利用协议。数据利用协议中应当包含应用场景要求、数据利用情况报送、数据安全保障措施、违约责任等内容。"

除专门的公共数据开放平台外，一些公共数据也可能有其他公开渠道。例如，根据《北京市公共资源交易领域基层政务公开标准目录》，一些公共资源交易领域的公共信息，也可能在北京市公共资源交易服务平台、产权交易机构网站等公开。此外，以上海为代表的一些地方还通过开展"开放数据创新应用大赛"的方式，吸引国内外团队参赛，促进公共数据开发利用。[①]

[①] 门理想、赵芷墨、李亚兰、张会平：《我国政府数据开放的公共价值共创逻辑、现状及优化路径——基于公共价值战略三角模型》，《情报理论与实践》2023 年 10 月 11 日网络首发论文。其他地方包括江西、武汉、浙江等，具体可参见"中国政府网"或各地、各赛事门户网站。例如，"江西开放数据创新应用大赛"，中国政府网，https://data.jiangxi.gov.cn/jxoda。

第十二章　公共数据的授权运营

第一节　公共数据授权运营的规范与实践

一、公共数据授权运营的规范

（一）政策文件及指导性规范

2021年3月，第十三届全国人大第四次会议审议批准了《中华人民共和国国民经济和社会发展第十四个五年规划和2035年远景目标纲要》（以下简称"十四五规划"），其中首次提出"开展政府数据授权运营试点，鼓励第三方深化对公共数据的挖掘利用"。2021年12月，国务院印发《"十四五"数字经济发展规划》，提出创新数据要素开发利用机制，"对具有经济和社会价值、允许加工利用的政务数据和公共数据，通过数据开放、特许开发、授权应用等方式，鼓励更多社会力量进行增值开发利用"。《国务院办公厅关于印发要素市场化配置综合改革试点总体方案的通知》针对"探索建立数据要素流通规则"要求"探索开展政府数据授权运营"。《国务院办公厅关于印发全国一体化政务大数据体系建设指南的通知》也明确"鼓励依法依规开展政务数据授权运营"。可见，公共数据授权运营在政策层面得到了高度重视。不过，中央政策文件只给出了抽象的指引，没有对"政府/公共数据授权运营"的概念详加阐释，也未提供具体的制度建构方案，为实践探索留下了大量空间。立法上，也尚无国家层面的针对公共数据授权运营的法律法规。

地方层面，为响应中央政策，各地围绕（公共）数据治理展开积极探索，出台了许多地方性法规、政府规章或规范性文件。其中，不少条例提及建立公共数据授权运营机制，例如《厦门经济特区条例》《四川省数据条例》《北京市数字经济促进条例》《上海市数据条例》等。笔者以同句包括"数据"和"授权运营"两个关键词为条件，在北大法宝数据库进行检索，得到地方性法规共 15 篇。[①] 将其中关于公共数据授权运营的条款内容摘录见表 12-1。

表 12-1 地方性法规中公共数据授权运营的相关条文

名称	施行日期	相关条文
江西省数据应用条例	2024.03.01	第二十条 探索建立公共数据**授权运营**机制，统筹公共数据的授权使用和管理，依法推动用于公共治理和公益事业的公共数据有条件无偿使用，用于产业发展、行业发展的公共数据有条件有偿使用。 公共数据**授权运营**具体办法由省人民政府制定。
吉林省大数据条例（2023年修订）	2024.01.01	第三十六条 在保障国家秘密、国家安全、社会公共利益、个人隐私、商业秘密和数据安全的前提下，省人民政府可以探索建立公共数据**授权运营**机制，明确授权条件、授权范围、运营模式、运营期限、收益分配办法和安全管理责任，授权符合规定条件的法人或者其他组织运营公共数据。
珠海经济特区审计条例	2024.01.01	第十二条 审计机关依法对被审计单位履行职责、提供公共服务过程中产生或者获取的公共数据的采集汇聚、整合治理、共享开放、开发利用、**授权运营**和安全管理等情况进行审计监督。
台州市小微企业普惠金融服务促进条例	2023.07.01	第三十三条第二款 经依法授权的数据运营单位可以依托一体化智能化公共数据平台，对**授权运营**的公共信用信息进行加工，依法向金融机构、地方金融组织或者其他相关单位提供定制化的信用信息增值服务。
无锡市数字化转型促进条例	2023.07.01	第四十二条 市人民政府应当按照国家和省有关规定，探索建立公共数据**授权运营**机制，提高公共数据社会化开发利用水平。 依法获取并使用公共数据形成的数据产品和数据服务等权益受法律保护。
厦门经济特区数据条例	2023.03.01	第三十一条 建立公共数据**授权运营**机制，确定相应的主体，管理被授权的允许社会化增值开发利用的公共数据，具体办法由市人民政府制定。 市大数据主管部门应当会同相关部门，对被**授权运营**主体实施全流程监督管理。 **授权运营**的数据涉及个人隐私、个人信息、商业秘密、国家秘密等，处理该数据应当符合相关法律、行政法规的规定。
苏州市数据条例	2023.03.01	第十五条 本市建立公共数据**授权运营**机制。 市人民政府应当制定公共数据**授权运营**管理办法，明确授权主体、条件、程序和数据范围、安全要求等。市大数据主管部门应当对被**授权运营**主体实施日常监督管理。 被**授权运营**主体应当在授权范围内，依托公共数据平台提供的安全可信环境，实施数据开发利用，并提供数据产品和服务。

---

① 最后检索时间：2024 年 1 月 16 日。

续表

名称	施行日期	相关条文
四川省数据条例	2023.01.01	第二十二条 省数据管理机构应当会同相关部门按照国家要求，深化数据要素市场化配置改革，培育公平、开放、有序、诚信的数据要素市场，推进公共数据共享、开放、**授权运营**，规范数据交易，促进数据要素依法有序流通。 第三十二条 县级以上地方各级人民政府可以在保障国家秘密、国家安全、社会公共利益、商业秘密、个人隐私和数据安全的前提下，授权符合规定安全条件的法人或者非法人组织开发利用政务部门掌握的公共数据，并与**授权运营**单位签订**授权运营**协议。 省数据管理机构应当会同相关部门建立公共数据**授权运营**机制，制定公共数据**授权运营**管理办法，报省人民政府批准后实施。数据管理机构应当根据公共数据**授权运营**管理办法对**授权运营**单位实施日常监督管理。
广西壮族自治区大数据发展条例	2023.01.01	第四十七条 自治区人民政府制定公共数据**授权运营**管理办法，明确**授权运营**的条件、程序等内容。 县级以上人民政府应当授权符合运营条件的法人和非法人组织运营公共数据，并与其依法签订**授权运营**协议，明确**授权运营**范围、运营期限、收益测算方法、数据安全要求、期限届满后资产处置等内容。 县级以上人民政府大数据主管部门应当根据公共数据**授权运营**管理办法对**授权运营**主体实施监督管理。 第四十八条 自治区人民政府组织建立自治区统一的公共数据运营平台。 第四十九条 **授权运营**主体应当在授权范围内，依托自治区统一的公共数据运营平台对**授权运营**的公共数据实施开发利用，对开发利用产生的数据产品和服务，可以依法向用户有偿提供并获取合理收益。但**授权运营**主体不得向用户提供**授权运营**的原始公共数据。 自治区人民政府大数据主管部门应当会同网信、公安、国家安全、保密等相关部门和行业主管部门，评估**授权运营**主体设定的应用场景合规性和安全性。 处理**授权运营**的数据涉及国家秘密、商业秘密、个人隐私的，应当符合相关法律、法规的规定。
北京市数字经济促进条例	2023.01.01	第十九条第一款 本市设立金融、医疗、交通、空间等领域的公共数据专区，推动公共数据有条件开放和社会化应用。市人民政府可以开展公共数据专区**授权运营**。
辽宁省大数据发展条例	2022.08.01	第二十条 省大数据主管部门应当建立公共数据**授权运营**机制，提高公共数据社会化开发利用水平和数据利用价值。
广州市数字经济促进条例	2022.06.01	第六十六条第三款 市人民政府及政务服务数据管理等部门应当探索公共数据**授权运营**机制，支持在可信认证、敏感数据安全应用等场景中，利用区块链、多方安全计算等新技术，推动公共数据有序流通。

续表

名称	施行日期	相关条文
重庆市数据条例	2022.07.01	第三十一条　本市建立公共数据**授权运营**机制。 　　**授权运营**单位不得向第三方提供**授权运营**的公共数据，但是可以对**授权运营**的公共数据进行加工形成数据产品和服务，并依法获取收益。 　　公共数据**授权运营**具体办法由市人民政府另行制定。
浙江省公共数据条例	2022.03.01	第三十五条　县级以上人民政府可以授权符合规定安全条件的法人或者非法人组织运营公共数据，并与**授权运营**单位签订**授权运营**协议。禁止开放的公共数据不得**授权运营**。 　　**授权运营**单位应当依托公共数据平台对**授权运营**的公共数据进行加工；对加工形成的数据产品和服务，可以向用户提供并获取合理收益。**授权运营**单位不得向第三方提供**授权运营**的原始公共数据。 　　**授权运营**协议应当明确**授权运营**范围、运营期限、合理收益的测算方法、数据安全要求、期限届满后资产处置等内容。 　　省公共数据主管部门应当会同省网信、公安、国家安全、财政等部门制定公共数据**授权运营**具体办法，明确授权方式、**授权运营**单位的安全条件和运营行为规范等内容，报省人民政府批准后实施。
上海市数据条例	2022.01.01	第四十四条　本市建立公共数据**授权运营**机制，提高公共数据社会化开发利用水平。 　　市政府办公厅应当组织制定公共数据**授权运营**管理办法，明确授权主体，授权条件、程序、数据范围，运营平台的服务和使用机制，运营行为规范，以及运营评价和退出情形等内容。市大数据中心应当根据公共数据**授权运营**管理办法对被**授权运营**主体实施日常监督管理。
上海市数据条例	2022.01.01	第四十五条　被**授权运营**主体应当在授权范围内，依托统一规划的公共数据运营平台提供的安全可信环境，实施数据开发利用，并提供数据产品和服务。 　　市政府办公厅应当会同市网信等相关部门和数据专家委员会，对被**授权运营**主体规划的应用场景进行合规性和安全风险等评估。 　　**授权运营**的数据涉及个人隐私、个人信息、商业秘密、保密商务信息的，处理该数据应当符合相关法律、法规的规定。 　　市政府办公厅、市大数据中心、被**授权运营**主体等部门和单位，应当依法履行数据安全保护义务。 　　第四十六条　通过公共数据**授权运营**形成的数据产品和服务，可以依托公共数据运营平台进行交易撮合、合同签订、业务结算等；通过其他途径签订合同的，应当在公共数据运营平台备案。

可以看到，多数条例对公共数据授权运营的规定较为简略，主要是对中央政策以及个人信息保护、数据安全等方面的基本要求进行重申；部分条例虽然就授权运营协议、监督管理等提出了进一步的构想，但总体上仍是抽象规定，有待进一步细化。除上述一般性的条例外，对于公共数据授权运营的规范也散见于其他公共数据或政务数据管理办法类文件。例如，《贵州省政务数据资源管理办法》第七章专章规定"数据授权运营"，明确了政务数据授权运营的原则、范围、程序等；《包头市公共数据管理暂行办法》第六章"公共数据开发利用"下，第35～40条也就公共数据授权运营的原则、机制等作出了指导性规定。

（二）公共数据授权运营的专门规范

目前，已有一些地方出台了关于公共数据授权运营的专门规范性文件。2024年1月17日笔者以标题包含"公共数据授权运营"为条件，在北大法宝数据库中检索到八部相关地方性规定（见表12-2）。

表12-2 公共数据授权运营的专门规定

规范名称	公布日期	施行日期
浙江省公共数据授权运营管理办法（试行）	2023.08.01	2023.09.01
长春市公共数据授权运营管理办法	2023.08.28	2023.08.28
杭州市公共数据授权运营实施方案（试行）	2023.09.01	2023.10.05
温州市公共数据授权运营管理实施细则（试行）	2023.09.21	2023.10.21
济南市公共数据授权运营办法	2023.10.26	2023.12.01
宁波市公共数据授权运营管理实施细则（试行）	2023.11.16	2023.11.16
湖州市公共数据授权运营管理实施细则（试行）	2023.12.19	2024.01.01
丽水市公共数据授权运营管理实施细则（试行）的通知	2023.12.26	2024.02.01

其中，《杭州市公共数据授权运营实施方案（试行）》以及温州市、宁波市、湖州市和丽水市的"公共数据授权运营管理实施细则（试行）"都以《浙江省公共数据授权运营管理办法（试行）》为根据，包括一些细化规则与对省管理办法的参引；《长春市公共数据授权运营管理办法》和《济南市公共数据授权运营办法》则没有直接的"公共数据授权运营"专门上位法，是长春市和济南市分别根据《吉林省促进大数据发展应用条例》和《山东省大数据发展促进条例》，以及《网络安全法》《数据安全法》等法律法规，结合当地实际进行的探索。纵观以上各地规范，其内容都较为全面具体，存在许多共性。具体内容上，由于《浙江省公共数据授权运营管理办法（试行）》出台最早，后续规范对其多有参考；作为浙江

省各市的相关法规的直接立法依据,该文件也是杭州市、温州市等地法规的蓝本。因此,以下以《浙江省公共数据授权运营管理办法(试行)》的内容为主,并结合其他规范进行补充,以呈现现有公共数据授权运营专门规范的整体情况。

(1) 总体要求。

现行规范中对公共数据授权运营的总体要求集中于两方面:1) 安全要求。禁止开放的公共数据不得授权运营,授权运营的数据做到"原始数据不出域,数据可用不可见"。2) 效益要求。优先支持开展与民生紧密相关、行业发展潜力显著和产业战略意义重大的领域。例如,《长春市公共数据授权运营管理办法》规定优先支持信用、交通、医疗、卫生、就业、社保、地理、文化、教育、科技、资源、农业、环境、应急、金融、质量、统计、气象、企业登记监管等领域;《杭州市公共数据授权运营实施方案(试行)》以场景划分领域,针对金融保险、医疗健康、交通运输、商贸服务、市场监管、文化旅游等场景领域,明确牵头部门和可能的应用场景。

(2) 职责分工。

各地方性法规都对各部门、组织在公共数据授权运营中的职责分工加以明确。由于行政级别、架构存在一定差异,相关规定不完全一致,但基本逻辑相同,这里以《浙江省公共数据授权运营管理办法(试行)》的规定为例。该办法明确建立省级和各试点市、县(市、区)一级的协调机制,公共数据主管部门负责落实协调机制确定的工作,管理使用公共数据授权运营合同专用章。具体而言,省级协调机制由公共数据、网信、发展改革、经信、公安等省级单位组成,负责本省行政区域内授权运营工作的统筹管理、安全监管和监督评价,健全完善授权运营相关制度规范和工作机制;确定公共数据授权运营的试点地区和省级试点领域;审议给予、终止或撤销省级授权运营等重大事项;统筹协调解决授权运营工作中的重大问题。试点市、县(市、区)政府一级协调机制负责本行政区域内授权运营工作的统筹管理、安全监管和监督评价,审议给予、终止或撤销本级授权运营等重大事项,统筹协调解决本级授权运营工作中的重大问题。此外,省、试点市设本级公共数据授权运营专家组,试点县(市、区)可根据需要设专家组,为授权运营提供业务和技术咨询。

(3) 授权运营单位安全条件。

授权运营单位应当经营状况良好,具有授权运营领域所需的专业资质、知识人才积累和生产服务能力,符合相应的信用条件。在技术安全方面,授权运营单位应当落实数据安全负责人和管理部门,建立公共数据授权运营内部管理和安全保障制度；具备符合网络安全等级保护三级标准和商用密码安全性评估要求的系统开发和运维实践经验、成熟的数据管理能力和数据安全保障能力；近3年未发生网络安全或数据安全事件。一些地方对数据管理能力和数据安全保障能力提出较为明确的标准，如《长春市公共数据授权运营管理办法》第13条第3项要求授权运营单位"按照《数据安全管理认证实施规则》通过数据安全管理认证规范数据处理活动，通过数据管理能力成熟度（DCMM）和数据安全能力成熟度（DSMM）3级以上认证"。此外，该办法从应用场景的角度，要求授权运营单位提出具有较强可实施性的目标和计划，按照应用场景申请使用公共数据，坚持最小必要原则。

（4）授权方式。

公共数据授权运营首先需要经过申请与审核程序。具体而言，首先，由公共数据主管部门发布重点领域开展授权运营的通告，明确相应的条件。然后，授权运营申请单位向公共数据主管部门提出需求，并提交授权运营申请表、审计和财务会计报告、数据安全承诺书、安全风险自评报告等材料。最后，由协调机制有关单位对授权运营中的业务和技术问题进行探讨，核实授权运营申请单位是否符合安全条件、信用条件等要求，并报本级政府确定后向社会公开。在具体审核程序上，各地存在细节差异。例如，济南市、长春市、湖州市要求必须组织第三方专家进行综合评审；温州市要求进行材料预审，授权运营单位的资料不齐全或不符合要求的，应一次性告知需补充的资料及内容；宁波市则设立"测试验证"机制，规定申请公共数据授权运营的单位应围绕拟申请使用的公共数据和拟开发的数据产品、服务，在规定期限内向市公共数据主管部门提出测试验证申请，并按照要求提交相关的公共数据清单、开发方式及市场化应用方案，通过市大数据局组织的测试验证获取技术评估报告。

通过申请与审核程序之后，授权运营单位应与有关对象（可能是公共数据主管部门，也可能是政府但由公共数据主管部门管理授权运营合同专用章）签订数据授权协议，并在授权运营域中开展数据活动。授权运营协议的期限由双方协商确定，一般不超过3年，期限届满后，需要继续开展授权运营的，应重新申请。授权运营域依托省、市级公共数据平台建设，或在确有必要时单独建设；授权运营域应遵循已有的公共数据平台标准规范体系，具备数据脱敏处理、数据产品和服务出域审核、数据可溯源监管等功能。授权运营协议终止或被撤销的，公共数据主管部门应及时关闭授权运营单位的运营域使用权限，及时删除授权运营域内留存的相关数据，并按照规定留存相关网络日志不少于6个月。

（5）授权运营的收费与收益定价。

关于授权运营是否收费以及如何定价，温州市规定公共数据授权使用定价方式应当结合应用场景确定，并经本级公共数据授权运营工作协调小组会商，报本级政府审核后实施。推动用于公共治理、公益事业的公共数据有条件无偿使用。对于与民生紧密相关、行业发展潜力显著和产业推动战略意义重大的应用场景，可采用限期无偿的定价方式支持场景运营孵化。探索用于产业发展、行业发展的公共数据有条件有偿使用，逐步将公共数据授权运营纳入政府国有资源（资产）有偿使用范围，形成公共数据开发利用良性循环。丽水市则规定，数据提供单位可与授权运营单位就无偿或按优惠价格优先使用进行协商，并按具体约定执行。

关于公共数据授权运营产生的收益，普遍要求授权运营单位坚持依法合规、普惠公平、收益合理的原则，确定数据产品和服务的价格。

（6）授权运营单位权利与行为规范。

关于授权运营单位的权利，各地普遍认为授权运营单位发现公共数据质量问题的，可向公共数据主管部门提出数据治理需求。需求合理的，公共数据主管部门应督促数据提供单位在规定期限内完成数据治理。温州市还明确授权运营单位可以根据基本数据加工需求，向公共数据主管部门提出定制化服务需求，并应承担相应加工处理成本和服务费用。对于在授权运营过程中利用公共数据加工开发形成的数据产品和服务，宁波市、丽水市等地明确可依规向知识产权管理部门进行数据知识产权登记。

关于授权运营的行为规范，依法合规是基本原则。授权运营单位不得泄露、窃取、篡改、毁损、丢失、不当利用公共数据，不得将授权运营的公共数据提供给第三方。各地还普遍要求公共数据主管部门对相关管理、技术人员进行授权运营岗前培训，参与数据加工处理的人员经过实名认证、备案审查并签订保密协议，授权运营单位定期报告运营情况，加工形成的数据产品和服务应接受公共数据主管部门审核，等等。

（7）数据安全与监督管理。

公共数据授权运营要坚持统筹发展和安全，加强公共数据全生命周期安全和合法利用管理，确保数据来源可溯、去向可查，行为留痕、责任可究。责任方面，以"谁运营谁负责、谁使用谁负责"为原则，授权运营单位主要负责人是运营公共数据安全的第一责任人。

监督方面，采取多方主体监督的机制。公共数据主管部门负有以下监督职责：建立健全授权运营安全防护技术标准和规范，例如落实安全审查、风险评估等机制，开展公共数据安全培训；实施数据产品和服务的安全合规管理，包括对操作人员进行认证、授权和访问控制，记录授权运营全流程日志信息；会同网信、密码管理、保密行政管理、公安、国家安全等单位，按照"一授权一预案"要求，结合公共数据授权运营的应用场景制定应急预案，并组织应急演练；会同有关单位或委托第三方机构，对本级授权运营单位开展授权运营情况进行年度评估，对授权运营单位实行动态管理；等等。其他部门，如市场监管部门、知产部门，也应会同有关单位，通过处置不正当竞争、保护知识产权等履职行为加强对公共数据授权运营的监督管理。除此之外，温州市还明确社会公众有权对公共数据授权运营相关活动进行监督，认为存在违法违规行为的，可以向公共数据主管部门进行投诉或举报，公共数据主管部门应会同相关部门及时调查处理，并为举报人保密。

综上所述，现有的"公共数据授权运营"专门规范内容已经较为全面细致，主要包括公共数据授权运营的总体目标、基本原则、重点领域、授权范围、授权主体、授权程序（含准入与退出）、权益及收益分配、监督管理等方面。各地也多明确各政府部门对于相关事项的具体分工，体现出较强的可操作性。需说明，由于公共数据授权运营正处在各地积极探索、快速发展的阶段，以上只是从规范性文本出发，所梳理的截止于本书写作期间的主要专门规范，并非穷尽式或具有普适性的内容。实践中可能存在多种具体模式，将在后文呈现。但作为最新的、专门针对公共数据授权运营的规范探索，现有文件对于各地实践具有示范意义。由于实施时间尚短，具体效果则还有待观察。

（三）公共数据运营服务的相关规范

在"十四五规划"正式提出"政府数据授权运营"概念之前，国家政策对公共数据资源的开放利用早有关注。2017年2月中央全面深化改革领导小组第三十二次会议通过《关于推进公共信息资源开放的若干意见》，提出要着力推进重点领域公共信息资源开放，释放经济价值和社会效应。[1] 同年，中央网信办、发展改革委、工业和信息化部联合印发《公共信息资源开放试点工作方案》，确定北京市、上海市、浙江省、福建省、贵州省为试点地区，开展公共信息资源开放试点工作，提出建立统一开放平台、明确开放范围、提高数据质量、促进数据利用、建立完善制度规

---

[1] 《习近平主持召开中央全面深化改革领导小组第三十二次会议强调：党政主要负责同志要亲力亲为抓改革扑下身子抓落实》，《人民日报》2017年2月7日，第1版。

范、加强安全保障等试点内容。

在此背景下，有地方较早就积极展开了以释放公共数据价值为目标的公共数据运营服务实践。例如，成都市在2020年10月发布《成都市公共数据运营服务管理办法》，对经市政府授权的公共数据运营服务单位搭建公共数据运营服务平台，依法依规开展公共数据市场化服务的行为进行规范。随后其他一些地方也陆续出台了以"公共数据运营服务"为规范对象的文件，例如《上海市青浦区公共数据运营服务管理办法（试行）》《上海市普陀区公共数据运营服务管理办法（试行）》《青岛市公共数据运营试点管理暂行办法》《包头市公共数据运营管理试点暂行办法》等。考察其内容，这些文件主要针对的是公共数据运营服务商承接公共数据运营服务，建设、维护、管理公共数据运营平台的情况，与政府直接授权市场主体开发利用公共数据的"公共数据授权运营"存在差别。但由于这类规范性文件也涉及政府授权市场主体（公共数据运营服务单位）处理公共数据、提供服务，且公共数据运营服务单位可能向应用单位提供数据，可以认为这类规范性文件也属于与"公共数据授权运营"相关的、针对某类授权运营模式的专门规范。

二、公共数据授权运营的实践

（一）概况及研究思路

目前，政策鼓励各地对公共数据授权运营进行探索，尚未形成统一做法，不可避免要从类型学角度对已有实践加以认识。为了尽可能整体全面地呈现公共数据授权运营的实践情况，助益对制度的理解和进一步研究，有必要先确定科学合理的分析框架。对此，笔者认为通常的以经验性总结为出发点的分析框架有其局限，支持采取数字治理生态视角下基于"对内数据归集"和"对外数据授权"双重维度的分类分析框架。以下具体说明。

1. 经验性分析框架及其局限

公共数据授权运营实践的一种常见研究思路是直接选取个案进行展示、分析。例如有学者通过梳理各地政府数据授权运营，概括出几种不同的模式：1）成都：直接授权国资公司开展数据运营。2）北京：多模式并行探索政府数据授权运营。3）海南：以数据开发利用平台为核心、以数据产品超市为纽带，推动公共数据授权运营。4）上海：以竞争、凭证为特点，推动数据授权运营。5）广东：以公共数据授权凭证提升数据流通效率。[1] 这种

---

[1] 王伟玲：《政府数据授权运营：实践动态、价值网络与推进路径》，《电子政务》2022年第10期。

思路的好处在于能够比较好地覆盖已有实践和完整呈现细节。但随着实践样本增多，其可行性会降低；而且由于其样本选取和分析几乎完全是经验性的，没有形成具有抽象概括性的结论，难以让人形成整体认识，也难以成为进一步研究的基础。

另一种思路是总结出主要的实践类型，并阐述其具体案例。例如，有比较流行的观点认为公共数据授权运营存在"国有资本运营"和"特许经营"两种运营模式：前者是指公共管理和服务机构将公共数据全权授予国有资本运营公司，通过其全资持股或参股新公司的方式统一实施对被授权数据的增值性开发利用；后者是指公共管理和服务机构与被授权主体协议约定被授权主体在一定期限和范围内投资运营被授权的公共数据，由其获得收益并提供公共产品或者服务。① 北京、贵州、山东、广东等地采取了国有资本运营公司方式，海南、浙江等地采取了特许经营方式，江苏、福建等地则兼采两者。② 此外，还有学者归纳出"场景构建模式"，即基于特定应用场景，将公共数据分类授权给专业数据机构运营。北京市授权北京金控集团运营、建设公共数据金融专区是为一例。③

笔者认为，暂且不论上述分类在用语等方面可能存在的准确性与合理性问题，从研究思路的角度来说，虽然其相较于个案陈列更有助于有条理地形成整体认识，但存在以下两方面局限：第一，各模式之间未必非此即彼，也并不总是能够将某一实践案例清晰地划入特定类别。这是因为上述分类主要还是基于考察并总结实践经验形成，同样是一种经验性判断，着重关注主体、场景等具有突出实践意义的因素，而不是理论逻辑。虽然从前述类型内涵来看，这些分类一定程度上也可能蕴含对法律关系的考虑，例如国有资本运营和特许经营可能存在授权与委托的差异，但是相关研究并没有就此进行充分说明。第二，这种分类是粗略的，各地实践并没有真正形成非常具有一致性的做法，在许多细节上存在差异。例如，在所谓特许经营模式下，公共数据授权运营试点省份中海南省通过市场化公开招标的方式授予中国电信集团的公共数据产品开发平台特许运营权，其他省份

---

① 刘阳阳：《公共数据授权运营：生成逻辑、时间图景与规范路径》，《电子政务》2022年第10期；栾国春：《公共数据授权运营工作之刍议——〈数据二十条〉为公共数据要素化迎来新契机》，《中国经贸导刊》2023年第3期。

② 刘阳阳：《公共数据授权运营：生成逻辑、时间图景与规范路径》，《电子政务》2022年第10期。

③ 东方：《公共数据授权运营的法理思考及法律规范路径》，《图书馆研究与工作》2023年第8期。

则普遍直接指定某个主体来运营公共数据，也未将授权运营协议选择性公开。① 各地对于市场侧定价收费方式、数源单位获得利益分配方式、财政部门参与利益分配路径等问题，也都存在多样化的做法。②

2. 笔者观点：支持"对内归集+对外授权"双重维度分析框架

由于实践情况复杂多样，确实需要通过分类来进行整理、呈现，这一过程中也不可能完全摒除经验性的分析。但从以上反思中能看到，单纯经验性的分类容易失于零散、欠缺周延，甚至使各种观点自说自话，有必要在分类中引入一些逻辑上较为确定、周延的因素。如上文指出，目前尚无对公共数据授权运营概念的统一界定，但综合现有研究和实践，仍能把握其基本含义。有学者将公共数据授权运营总结为"公共数据管理部门或相关主体有偿授权具有数据治理运营能力的机构，在安全可控的环境下对数据进行加工处理、价值挖掘、服务交易等活动，为个体、法人组织等社会主体提供数据产品和服务"③。笔者不认同其中"有偿"这一要素，但认同其对公共数据授权运营中主体和行为内容的理解。从这一定义可以看出，公共数据授权运营实践必然要涉及诸如确定授权运营的数据范围和运营单位、运营单位实际利用数据、运营单位对外提供产品和服务等环节。不同实践模式，无外乎就是在其中某些环节上存在差异。因此，可以通过分析授权运营的必要环节或者说从数据活动周期角度，寻找分类的核心依据。

对此，有研究提出公共数据授权运营的"对内数据归集"和"对外数据授权"两大维度，并基于此划分出四类授权运营模式（见表12-3）。其中，对内数据归集维度是指政府和公共服务组织管理公共数据的方式。在公共数据授权运营实践中，首先要确定数据的内部流转方式，包括由政府部门和公共服务组织独立管理的分散式和由政府数据主管部门（如政务服务数据管理局、大数据中心等）集中管理的统一式。对外数据授权维度是指政府和公共服务组织对外授权开展公共数据开发利用时所采用的方式，包括直接和间接两种方式。直接式是指由政府和公共服务组织直接授予个体、企业等社会主体开发利用公共数据；而间接式是指政府和公共服务组

---

① 栾国春：《公共数据授权运营工作之刍议——〈数据二十条〉为公共数据要素化迎来新契机》，《中国经贸导刊》2023年第3期。

② 童楠楠等：《数据财政：新时期推动公共数据授权运营利益分配的模式框架》，《电子政务》2023年第1期。

③ 严宇、李珍珍、孟天广：《公共数据授权运营模式的类型学分析——基于数字治理生态的理论视角》，《行政论坛》2024年第1期。

织授权第三方主体对公共数据进行开发利用,并允许后者将数据产品和数据服务售卖给其他社会主体。[①] 这一分析框架把握了公共数据授权运营的两个核心环节,兼具逻辑上的周延性和经验层面的包容性,既能有效反映实践现状,又有益于展开理论思考,值得认同。以下将采取这一框架,对公共数据授权运营的实践进行梳理、分析。

表12-3 公共数据授权运营的四类模式

对内数据归集方法	对外数据授权方式	
	直接	间接
分散	分散直接授权型	分散间接授权型
统一	统一直接授权型	统一间接授权型

(二)各授权运营模式及事例

1. 分散直接授权模式及事例

分散直接授权模式中,公共数据仍由最初生成数据的持有方负责管理和授权,对外则直接授权给个体、企业、社会组织等社会主体进行开发利用。例如,中国航信集团作为国有控股上市企业,授权航旅纵横获得民航数据,后者基于对机场、航班和销售等各类数据的分析,研发出数据产品和服务,并通过市场经营获得收益。再如,山东省国家健康医疗大数据中心作为政府机构,授权北方健康医疗大数据公司对医疗数据进行加工和运营,围绕卫生健康、智慧医疗、医药研发和医学教育等领域开展创新服务。[②]

2. 分散间接授权模式及事例

分散间接授权模式中,公共数据也由最初生成数据的部门或机构负责归集,未向统一平台汇聚,但在对外授权时不是持有者直接授权,而是先授权给某一特定主体(通常是国有控股企业)进行开发利用和市场化运营,包括自身开发并对外提供数据产品和服务,以及向有数据需求的应用单位提供数据。

这一模式的典型事例是北京市的"公共数据专区授权运营"。2020年4月,北京市发布《关于推进北京市金融公共数据专区建设的意见》;同年9月,北京市经济和信息化局与北京金融控股集团签署协议,授权其全

[①] 严宇、李珍珍、孟天广:《公共数据授权运营模式的类型学分析——基于数字治理生态的理论视角》,《行政论坛》2024年第1期。

[②] 严宇、李珍珍、孟天广:《公共数据授权运营模式的类型学分析——基于数字治理生态的理论视角》,《行政论坛》2024年第1期。

第十二章　公共数据的授权运营

资子公司北京金融大数据有限公司负责金融公共数据专区的运营工作。①北京金融大数据有限公司的运营工作包括：建设征信业务平台，对外依规提供数据满足征信服务需求；与金融机构联合研发信贷产品；利用医保数据、保险信息等政务数据创新开展"信用医疗"；等等。②根据2023年12月发布的《北京市公共数据专区授权运营管理办法（试行）》，北京市大数据主管部门指导和监督综合基础类专区建设和运营，相关行业主管部门和区政府则负责领域类和区域类专区建设和运营。这说明北京市在对内数据归集上采用的是分散方式，由不同主体独立进行数据归集和管理。③

3. 统一直接授权模式及事例

统一直接授权模式中，公共数据交由数据主管部门统一管理，并采用直接授权的方式将公共数据授权给社会主体进行开发利用。笔者认为，海南省的数据超市模式属于该模式。根据《海南省公共数据产品开发利用暂行管理办法》第3条，海南省建立公共数据开放利用平台和数据产品超市，前者是指满足对数据进行监管及挖掘、开发加工并提供数据服务的开放环境平台，后者是指进行数据产品供需对接的服务平台。实践中，两者其实结合起来，统一对外表现为"数据超市"，指政府主导的集数据汇集、数据处理、开发生产、安全使用、流通交易为一体的安全可信数据空间，提供公共数据开发利用与社会数据、产业数据的交互应用的平台。④一方面，技术构成上，数据超市是依托政务基础设施、采用了多种安全技术加持的一个数据安全域，数据处理者在其中利用数据，开发数据产品，最终通过数据产品透出服务，以此落实数据安全和隐私保护等要求⑤；另一方面，在促进市场化利用上，数据超市是一个平台窗口，政府在平台上公布数据资源，企业则可以透过平台提起使用申请，各方主体也可以通过数据超市提出定制化的产品需求。⑥目前，海南省的数据产品超市采取了"建

---

① 李志勇：《北京金融公共数据专区助力金融"活水"精准"滴灌"》，经济参考报，http://www.jjckb.cn/2023-01/11/c_1310689641.htm。
② 《助力数据要素市场化配置，北京金控创新公共数据授权运营的"北京模式"》，微信公众号"北京金控"，https://mp.weixin.qq.com/s/iYPBHSONgLbBV_i12ksv4w。
③ 严宇、李珍珍、孟天广：《公共数据授权运营模式的类型学分析——基于数字治理生态的理论视角》，《行政论坛》2024年第1期。
④ 董学耕：《公共数据赋能"数据要素x"》，微信公众号"海南省大数据管理局"，https://mp.weixin.qq.com/s/edzwM1dtTHUY2z_1JltE3A。
⑤ 董学耕：《数据基础设施论纲Ⅱ——海南关于数据共享和开发利用的实践路径》，海南省大数据管理局官网，https://dsj.hainan.gov.cn/sjzy/sjcpcs/zxdt/202402/t20240208_3592840.html。
⑥ 《用数据逛超市买产品》，微信公众号"海南省数据产品超市"，https://mp.weixin.qq.com/s/q_T0XxcDkcxyNQu7C6kfdQ。

设＋运营＋移交"的方式：经招投标由合作方中国电信股份有限公司独家建设、运营，特许期届满后，合作方将数据产品超市的资产及运营权无偿移交海南省大数据管理局。①

考察对内数据归集方式，根据《海南省公共数据产品开发利用暂行管理办法》和海南省大数据管理局官方文章②，海南省要求公共数据向全省统一的政务信息共享交换平台和政府数据统一开放平台汇聚，而数据超市建立在这些已有的政务数据基础设施之上，能实现公共数据实时在线。不论公共数据是否以物理归集的方式集中存储于数据超市，所有的公共数据运营都通过这一平台统一管理、统一开展，因此应认为是一种统一归集模式。对外授权上，虽然存在数据超市这一供需对接平台，但平台受到海南省大数据管理局监管，而且之后将全面移交给大数据管理局。并且《海南省公共数据产品开发利用暂行管理办法》第15条第2款明确服务商进入公共数据产品开发利用平台进行数据产品开发，应与省大数据管理机构签订协议。故笔者认为其属于直接授权。

4. 统一间接授权模式及事例

统一间接授权模式中，公共数据统一归集，交由数据主管部门进行统筹管理，但在对外数据授权上采用间接方式，授权给被授权方进行数据开发和运营，由其与企业等市场主体对接，为后者提供数据产品和服务。此类模式可以进一步分出两个亚类：亚类1——存在多个被授权方，且组织属性不受限制；亚类2——被授权方只有一个，且要求是国有控股企业。③

亚类1的代表省份是浙江省。根据《浙江省公共数据授权运营管理办法（试行）》，对内归集上，省、设区的市公共数据主管部门牵头本级公共数据平台，也称一体化智能化公共数据平台，作为公共数据授权运营的特定安全域。被授权方应在授权运营域内开展授权运营活动。对外授权上，浙江省则明确县级以上人民政府可以通过签订授权运营协议向运营单位授权，运营单位对授权的公共数据进行加工处理，开发形成数据产品和服务，并向社会提供。例如，2023年9月，杭州市数据资源管理局发布首批领域征集公共数据授权运营主体的通告，针对金融、医疗健康和交通

---

① 董学耕：《海南：加快数据要素市场培育 创新数据产品超市》，《中国电子报》2022年3月4日。
② 董学耕：《数据基础设施论纲Ⅱ——海南关于数据共享和开发利用的实践路径》，海南省大数据管理局官网，https://dsj.hainan.gov.cn/sjzy/sjcpcs/zxdt/202402/t20240208_3592840.html。
③ 严宇、李珍珍、孟天广：《公共数据授权运营模式的类型学分析——基于数字治理生态的理论视角》，《行政论坛》2024年第1期。

运输领域非禁止开放的公共数据征集授权运营主体；2023年10月，杭州市公共数据授权运营工作协调机制办公室发文公布，经发布征集通告、各单位申请、专家论证评审、协调机制会议审议等环节，确定阿里健康科技（中国）有限公司为医疗健康领域的公共数据授权运营单位，依法开展公共数据授权运营活动，具体应用场景为健康服务应用，授权运营期限2年。① 这一授权运营实践将产出何种成果，值得进一步观察。

亚类2以成都市的实践为代表。2018年，成都市政府授权国有企业成都市大数据集团股份有限公司作为公共数据运营商，并授权其搭建相应的服务平台，将公共数据作为国有资产进行市场化运营。2020年12月29日成都市公共数据运营服务平台正式上线。根据《成都市公共数据运营服务管理办法》，对内归集方面，成都市将分散在各职能部门、公服组织的数据汇聚到成都市政务信息资源共享平台，公共数据运营服务平台则基于政务信息资源共享平台提供的数据资源，结合其他外部数据资源开展相关工作。对外授权方面，则由经授权的成都市大数据集团间接开展，公共数据需求方通过与成都市大数据集团签署使用协议和安全协议来明确数据使用相关细则和规范。

（三）总结及评析

综上，从不同的视角、采取不同的研究思路，可能对我国现有公共数据授权运营进行不同的分类。笔者认为基于数据治理环节视角的"对内归集＋对外授权"双重维度分析框架较为科学。在这一框架下，可以看到目前分散直接授权、分散间接授权、统一直接授权、统一间接授权四种模式在我国都存在。

其中，分散直接授权的情形较少，研究指出相关实践大多发生在气象、航空、医疗、保险和金融等垂直行业。② 笔者认为，垂直管理部门中的公共数据相对难以打破壁垒，更不易向地方统一数据平台汇集，这的确构成分散式授权的原因之一。除此之外，更重要的一个原因可能是政策缺位，各部门缺乏互信和数据汇集动力。数据未汇集，但各方又有推动数据开发利用的主动性，于是自然走向分散直接授权的路径。这种实践模式早

---

① 《关于公布医疗健康领域公共数据授权运营单位的通告》（杭授通〔2023〕1号），2023年10月23日发布。

② 严宇、李珍珍、孟天广：《公共数据授权运营模式的类型学分析——基于数字治理生态的理论视角》，《行政论坛》2024年第1期。

在十几年前就已经出现[1]，是各种授权运营模式中出现最早的一种，与过去缺少数据层面的统一规范存在一定关系。由于不需要汇集也不需要通过中介，分散直接授权具有便于管理、权责明确的优势，但难以实现跨业务、跨场景的数据开发利用，更重要的是存在较大的数据安全风险。[2] 在现行法律法规明确保护数据安全、个人信息、商业秘密等的背景下，如果要实行分散直接授权，就意味着要求每一个授权部门或机构都具备相当可信的数据安全能力，这恐怕是难以普遍实现且效率低下的。实际上在近年的实践中，这种模式也的确并不常见。

分散间接授权在对外提供数据、数据产品及服务时，加入了被授权的运营单位/平台作为中介，该中介能够提供比较强的技术安全支持，增强了数据授权运营的安全性[3]；从统一建设安全域的角度，也比分散直接授权更具效益。不过，数据的整体性和综合性运用仍受制于分散式的数据内部管理方式。[4] 此外，分散性的授权模式还存在部门或行业分割利益的风险，也许不利于确保公共数据授权运营服务于数字经济建设之公益目的的实现。

统一直接授权和统一间接授权在笔者看来不存在太大的实践效果差异。两者都是将公共数据向统一平台汇集，进行统筹管理，这使汇集成本较高，有赖于各部门、机构的互信和技术层面的互通。好处则是能够整体性、综合性、跨领域场景地开展数据授权运营，更好发挥数据潜力。在对外授权上，统一间接授权通过中介平台实现两方面效果：其一是增强数据及数据产品、服务提供过程的安全性；其二是促进市场化运营，更好对接供需。但从海南数据超市的例子看，统一直接授权其实也顾及了这些效益。究其原因，虽然对内采取了数据统一归集、统筹管理的思路，但数据类目相当繁多，全部由数据主管部门统一、直接地与市场对接显然是一个不可行或至少低效率的方案。建设一个或多个分类呈现数据资源、服务于供需对接的平台是必然的选择。而且由于已经实现了数据归集，依托已有公共数据资源基础设施建立授权运营平台，并不非常困难。所以统一直接

---

[1] 冯洋：《公共数据授权运营的行政许可属性与制度建构方向》，《电子政务》2023年第6期。

[2] 严宇、李珍珍、孟天广：《公共数据授权运营模式的类型学分析——基于数字治理生态的理论视角》，《行政论坛》2024年第1期。

[3] 严宇、李珍珍、孟天广：《公共数据授权运营模式的类型学分析——基于数字治理生态的理论视角》，《行政论坛》2024年第1期。

[4] 严宇、李珍珍、孟天广：《公共数据授权运营模式的类型学分析——基于数字治理生态的理论视角》，《行政论坛》2024年第1期。

授权和统一间接授权的实践中其实都存在授权运营平台，区别只在于内在法律结构上，该平台由谁运营、归谁所有，授权运营协议是直接与数据主管部门签订还是和平台运营主体签订。这可能会影响到授权运营各环节的定价、收益分配等，但不妨碍两者都可以实现授权运营的制度目的。

总体来看，笔者认为基于数据安全、相关权益保护、成本以及确保数据收益反哺数据公益的考虑，公共数据授权运营应该以统一归集为原则。除非存在不适合汇集或确有必要单独设立运营域等情况，都应该通过地方层面统一的授权运营平台进行授权运营。对外授权方式上，直接授权和间接授权都能够实现制度功能。相对而言，由于间接授权以具有特许性质的被授权方作为中介，存在减弱竞争甚至形成领域或场景数据垄断的隐患；直接授权是数据主管部门直接对接市场（可能透过平台实现），也许会更具开放性和公平性。但这只是理论上的粗略预判，缺乏长期、充分的实践依据。到底是直接还是间接授权模式可能带来更优的经济效益，又或者是否存在其他创新性模式，还需要进一步观察，目前可以持开放的态度。

第二节 公共数据授权运营的性质与定位

一、公共数据授权运营的性质

学说上对公共数据授权运营的性质有不同看法，主要存在行政许可说、行政协议说、民事协议说和多元属性说，下面分别加以介绍并整体评析。

（一）行政许可说

行政许可说认为，公共数据授权运营属于《行政许可法》第12条第2项规定的"有限自然资源开发利用、公共资源配置以及直接关系公共利益的特定行业的市场准入"，即行政特许。理由包括：公共数据授权运营是政府通过开放公共数据的积极行为来满足申请人需要的活动，属于一项具体行政行为。在政府未实施该积极行为前，行政相对人处于禁止从事公共数据运营的状态，因此公共数据授权运营在性质上符合《行政许可法》第2条关于行政许可的定义[1]；公共数据授权是国家直接向市场主体赋予财产权利的行为[2]，公共数据经营管理者通过行政许可，获得准予实施事实

---

[1] 冯洋：《公共数据授权运营的行政许可属性与制度建构方向》，《电子政务》2023年第6期。

[2] 冯洋：《公共数据授权运营的行政许可属性与制度建构方向》，《电子政务》2023年第6期。

行为的资格,有权对所接收的公共数据作一定程度上排他性利用及在经营后获取利益。①

(二) 行政协议说

此说认为,公共数据授权运营不是行政许可,而是行政协议。② 理由在于:(1) 从行政机关和被授权主体的关系看,行政许可是单向赋权,不存在合同关系,公共数据授权运营则常以协议方式进行,行政机关与被授权主体共同受合同约束。(2) 从行政机关的义务看,行政许可中,行政机关无须履行义务,只需要行使许可权,而公共数据授权运营中,行政机关需要履行提供数据等义务。(3) 从获得授权的对价看,行政许可具有免费性,而公共数据授权运营中被授权主体可能需要支付对价。(4) 从行政机关对被授权主体的管理职能和责任看,授权运营具有公法特征;从行政机关与被授权主体间平等缔约合作的角度看,双方也存在私法意义上的平等性。故此,公共数据授权运营是一种兼具公法与私法属性的特殊行政协议。此外,也有学者从开放许可协议具有公益性的角度认定其为行政协议。③

(三) 民事协议说

民事协议说认为,公共数据授权运营是政府和社会资本合作的一种模式,双方之间存在民事合同。其主要理由在于,相较于行政协议说,将公共数据授权运营协议认定为民事合同具有以下优势:1) 将政府和社会资本置于平等的法律关系之中,可尽量减少行政干预因素,满足国务院《优化营商环境条例》关于"最大限度减少政府对市场资源的直接配置,最大限度减少政府对市场活动的直接干预"的要求,有助于深化"放管服"改革;2) 其提倡的意思自治和主体平等的理念更符合公共数据授权运营单位的利益诉求,也更为契合公共数据授权运营的宗旨;3) 从救济角度来看,置于民事协议说理论下,公共数据授权运营的救济方式更加多元,例如,可以适用仲裁来追究公共数据授权运营单位的契约责任。④

(四) 多元属性说

多元属性说认为公共数据授权运营是一种行政许可,但在一些情况

---

① 张新宝:《产权结构性分置下的数据权利配置》,《环球法律评论》2023 年第 4 期。
② 张震:《论公共数据授权运营的特点、性质及法律规则》,《法治研究》2022 年第 2 期;高灵欣、韩冰西:《公共数据类型化开放视域下授权运营制度的立法建构》,《〈上海法学研究〉集刊》2023 年第 6 卷。
③ 毋文宝:《公共数据开放许可法律构造的中国模式》,《南海法学》2023 年第 3 期。
④ 王权:《公共数据授权运营中社会公权力侵权救济机制——基于整体政府理论的分析》,《〈上海法学研究〉集刊》2022 年第 21 卷。

下，也具有协议的属性。具体而言，该说认为与有条件开放语境下公共数据使用的非独占性不同，授权经营对特定公共数据的利用在一定期限和场景下构成独占性使用，需要设定行政特别许可。在此意义上，公共数据授权运营在法律属性上属于特许经营。而授权运营中存在基于公共目的的授权运营，此时旨在借助市场主体的力量，将一定范围的公共数据资源开发成为服务于政府公共管理或公共服务活动的数据产品，表现为政府通过购买服务形成的委托代理关系，本质上是政府向社会购买服务。[①] 此时应认为政府和授权运营单位之间存在购买服务的协议，但对于这种协议是行政协议还是民事协议，持该观点的学者没有展开说明。

（五）笔者的观点

前文通过对制度发展历程的梳理和对制度目的、功能的分析，指出公共数据的共享、开放应当作为一项广义的公共服务理解，并以此为基础提出了明确政府公共数据相关职权、不确立公共数据财产权的权益方案，这里不再赘述。基于前文观点，笔者认为整体的公共数据授权运营行为是一种公共服务；具体到授权与被授权主体之间的关系层面，综合上文对相关规范及实践的梳理，笔者认为公共数据授权运营的性质是一种行政协议。

第一，行政许可不符合公共数据的特性和公共数据授权运营的目标。公共资源行政许可的必要性建立在需求多元性与资源有限性之间的紧张关系之上，其旨在保障公共资源的"民治、民有与民享"，并通过市场化的竞争机制进行科学配置。[②] 而如前文所论述，公共数据具有不可直接获取性和非排他使用性，政府对其进行统筹管理、设置申请审核程序的目的不是实现资产保值和有限资源的高效配置，而是在落实数据安全、个人信息保护等法律要求的前提下，促进资源流通，增强公共数据资源的开放性、可获取性。将授权运营理解为排他性特许经营的观点首先就是一种错误预设。至于未经政府授权就不能进行公共数据运营，只能说明公共数据授权运营确实存在必要的准入机制，但不足以得出授权是一种行政许可的结论。

第二，从实践来看，公共数据授权运营具备行政协议的特征。各地普遍要求授权运营单位与数据主管部门或间接授权主体签订授权运营协议；政府有义务保障公共数据的质量，有时还需要通过招投标向授权运营单位"购买服务"；授权运营单位也可能需要支付对价。这些都说明授权运营不

[①] 沈斌：《公共数据授权运营的功能定位、法律属性与制度展开》，《电子政务》2023 年 10 月 7 日网络首发论文。

[②] 陈国栋：《行政协议的许可化研究》，《环球法律评论》2021 年第 6 期。

是免费的行政许可，也不是某种单方行政行为，而是一种行政协议。

第三，行政协议说能够有效解决潜在的实践争议。民事协议说认为将公共数据授权运营协议认定为民事合同有助于法律关系的平等和救济，但行政协议本就兼具公法与私法属性，同样可以实现必要的救济，没有必要再叠加一个民事协议的性质。此外，行政协议也更合乎授权运营的实际情况和规范。如果认为授权运营是一种单纯的民事协议，那么政府应当有按其意思随意选择授权对象的自由，这不合乎事实也不合理。

综上，笔者认为，公共数据授权运营本身也是促进数据资源开发利用的一种公共服务，政府对公共数据具有必要的职权而非财产权；依法对申请运营单位进行审核，签订授权运营协议是一种为了实现公共服务的行政协议行为，而不是行政许可，也不是民事协议。

二、公共数据授权运营的定位（与公共数据开放的关系）

公共数据授权运营与公共数据开放在规范行为外观、规范目的和公共数据使用的条件与限制方面具有相似性。两项制度规范均围绕公共数据由政府侧向市场侧流动的相关行为，都致力于推动公共数据的开发利用，服务于数据要素市场的培育，且都将规范的公共数据类型限制在无条件开放与受限开放的公共数据并以数据安全作为重要前提。[1] 具体应用上，公共数据授权运营和公共数据有条件开放都适用于基于安全考虑仅向符合条件的特定主体开放利用的情形，故可能存在制度定位上的交叉混同。[2] 为明确公共数据授权运营的制度定位，实现制度协调，充分发挥功能，有必要厘清公共数据授权运营与公共数据开放的关系。对此，主要有并列互补说、包含隶属说和非并列非隶属说几种观点，以下具体说明并整体评析。

（一）并列互补说

并列互补说将公共数据授权运营和公共数据开放视为两种并列的数据流通利用机制，公共数据授权运营是对公共数据开放之局限性的一种市场化补充。该说认为两者的区别包括：1）权利基础不同。公共数据授权运营是赋权行为，前提于国家对公共数据资源的独占使用权与运营权；公共数据开放是解除法律禁止，前提是国家对于公共数据向市场流动的管制权。2）政府自由裁量空间不同。公共数据开放是刚性国家义务，裁量空间小；公共数据授权运营则不具有常设性，是否授权以及授权内容取决于

---

[1] 冯洋：《公共数据授权运营的行政许可属性与制度建构方向》，《电子政务》2023年第6期。

[2] 宋烁：《构建以授权运营为主渠道的公共数据开放利用机制》，《法律科学（西北政法大学学报）》2023年第1期。

行政机关的综合判断。3）公共数据授权运营承担破除改革困境的任务，旨在以更大的力度和更有效的方式来实现公共数据从政府侧向市场侧的有序流动。4）公共数据授权运营具有阶段性和实验性特征。不同于公共数据开放在各地立法中的显著地位，公共数据授权运营尚未成为普遍制度，还处在各地试行、探索的阶段。[①] 在该说视角下，公共数据授权运营和公共数据开放之间存在一定的竞争关系，故学者也强调进一步区分两者，平衡其关系，警惕公共数据授权运营过分冲击并导致一般公共数据开放制度萎缩。[②]

（二）包含隶属说

包含隶属说认为公共数据授权运营是公共数据开放的一种方式。[③] 从"十四五规划"、《"十四五"推进国家政务信息化规划》和《要素市场化配置综合改革试点总体方案》看，国家明确将公共数据授权运营定位为公共数据开放制度中的一种新型开发利用机制。公共数据授权运营与公共数据完全开放不对立，与有条件开放不重合，三者同为公共数据开放制度的重要部分，需要在制度定位上加以区分协调。具体而言：1）由于公共数据授权运营在安全可控方面具有显著优势，并且能够通过市场机制直接提供数据产品和服务以满足多元需求，公共数据授权运营应成为公共数据开放利用机制的主渠道。2）公共数据完全开放是公共数据开放利用的基础保障机制。3）公共数据有条件开放是公共数据开放利用特殊需要的实现机制。[④]

（三）非并列非隶属说

非并列非隶属说认为并列互补说和包含隶属说均不周延，根据关注重点的不同，具体又存在"间接开放说"和"独立不平等说"两种观点。

间接开放说梳理具体情境，提出我国的数据开放不应被等同为严格的数据开放，而应采取"对外数据流通行为"这一宽松定义。在此意义上，数据授权运营与数据开放既非并列互补也非包含隶属，数据开放解决如何

[①] 冯洋：《公共数据授权运营的行政许可属性与制度建构方向》，《电子政务》2023年第6期。

[②] 冯洋：《公共数据授权运营的行政许可属性与制度建构方向》，《电子政务》2023年第6期；张会平、顾勤、徐忠波：《政府数据授权运营的实现机制与内在机理研究——以成都市为例》，《电子政务》2021年第5期；陆志鹏：《公共数据授权运营机制探索》，《网络安全与数据治理》2022年第7期。

[③] 孟飞：《公共数据开放利用的逻辑与规则》，《上海政法学院学报（法治论丛）》2023年第5期。

[④] 宋烁：《构建以授权运营为主渠道的公共数据开放利用机制》，《法律科学（西北政法大学学报）》2023年第1期。

从数据拥有方提供数据至数据利用方的问题，数据授权运营解决谁具体实施数据开放以实现数据流通的问题。应将授权运营视为强调市场化主体参与的一种间接实施数据开放的机制，是"有条件开放"从"被动服务"转向"主动服务"的实现路径。①

独立不平等说认为，数据开放与授权运营属于独立但不平等的两项公共数据开放利用机制，数据开放作为公共数据开放利用制度的底座处于基础地位，授权运营则作为公共数据开放利用的试验性机制发挥拓展公共数据开放范围和推动公共数据开发利用的动能作用。为落实授权运营以数据开放为制度底座的制度定位，需明确两者客体的差异性，即数据开放的客体是公共数据，而授权运营的客体应当是数据产品或服务，而非原始数据。②

（四）笔者观点：广义开放下的包含隶属与狭义开放下的并列互补

笔者认为，上述并列互补说和包含隶属说的分歧其实源于对"公共数据开放"概念的不同理解。如前文考察中央与各地方法规所指出的，"公共数据开放"的核心内涵体现为"面向社会提供"与"促进数据开发利用"，这与学者所指出的"对外数据流通行为"这一宽松定义相契合，不妨理解为广义的数据开放。由于公共数据授权运营显然涉及向特定主体提供公共数据，并且以促进数据开发利用为目的，若以广义的数据开放为参照，显然属于数据开放的一种形式或机制，存在包含隶属关系。但在更具体的层面，数据开放存在不同的实施路径，例如通过数据开放平台直接提供（无条件开放类）或经申请、审批提供（有条件开放类），这种传统的或者说一般的数据开放可以理解为狭义的数据开放。若以狭义的数据开放为参照，则数据授权运营自然是有自身侧重与特点的一种并列机制。包含隶属说和并列互补说采取不同参照，形成了不同的观点，但未必真的存在实质分歧。

非并列非隶属说意识到了上述概念分歧，对数据开放采取了广义的理解。但以上提及的观点对公共数据授权运营的内容都存在理解偏差。基于前文对现有实践的梳理，笔者认为，公共数据授权运营既解决数据如何流通到利用方的问题，也解决由谁开发利用的问题；既存在数据主管部门直接授权，也存在通过中介主体授权；既涉及对外提供数据，也涉及对外提供数据产品和服务。故此，若以广义的公共数据开放为参照，公共数据授权运营与公共数据开放的关系是包含隶属，即公共数据授权运营就是公共数据开放的一种实现机制；若以狭义的公共数据开放为参照，则公共数

---

① 高丰：《厘清公共数据授权运营：定位与内涵》，《大数据》2023年第17期。
② 沈斌：《公共数据授权运营的功能定位、法律属性与制度展开》，《电子政务》2023年10月7日网络首发论文。

授权运营与公共数据开放是并列互补关系,即传统的通过数据开放平台无条件或有条件经申请获取数据,与通过授权运营平台在授权运营域处理数据,两者并行不悖。

第三节 公共数据授权运营的制度建构

一、公共数据授权运营的基本原则

逻辑上,公共数据授权运营是一项复杂的活动,涉及以下诸多环节:确定授权数据范围、确定授权运营主体、确定授权运营模式及其具体实现方法、明确并保障产出成果上的权益,等等。其中每个环节,都可能涉及多种选择方案,在制度建构中必须要有核心价值和原则指导,方能作出决策。而同时,公共数据承载大量公共领域信息,能反映许多重要领域的国情,涉及国家安全,其中涉及个人、法人、非法人组织的内容,还涉及关联主体权益。这意味着公共数据授权运营不能够简单地追求以经济效益为目标,还需要明确其他一些重要原则,以确保制度设计能保障和权衡各项利益,在合法轨道上充分发挥制度功能。此外,如能确定一些较为具体的操作性原则,也有助于促进实践的开展。基于对制度目标、法律要求的理解,综合已有的法规和事例,笔者认为公共数据授权运营应遵循服务导向、安全可控、平等开放、依法确权的原则。具体而言:

服务导向原则,指要明确公共数据授权运营应以服务社会公益为导向。在确保安全、合规前提下,公共数据应当能够尽可能得到流通利用,为民众提供便利,为社会创造价值。要避免公共数据授权成为一种特许或特权,政府部门在相关工作中应为数据需求主体提供便利,为市场化开发利用公共数据提供条件。

安全可控原则,指公共数据授权运营必须保障国家安全、个人信息、商业秘密等利益不受侵犯。为落实这一原则,需要提出相应的技术要求。目前各地普遍采取"原始数据不出域,数据可用不可见"的做法,值得认可。除此之外,还可以考虑以正面清单为基础,先对部分安全系数较低的公共数据开展授权运营,通过市场竞争化机制逐步扩大清单范围,以实现数据流通的安全可控,同时通过市场调节方式促进公共数据流通。[①] 就授

[①] 高灵欣、韩冰西:《公共数据类型化开放视域下授权运营制度的立法构建》,《〈上海法学研究〉集刊》2023年第6卷。

权使用，应遵循必要性使用要求和限制性使用要求。①

平等开放原则，指公共数据授权运营应当平等对待各类主体。公共数据来自全民并服务于全民，并且依其特征不存在所谓"流失"风险，只要能确保符合法律要求和必要的技术标准，公私主体均应有权依法申请开展授权运营。

依法确权原则，指要依法明确并保障授权运营主体的相关权益，这是尊重劳动价值、激发市场活力的内在要求。

以上述原则为基础，以下对于公共数据授权运营制度中的主体、授权模式、运营规则、监管机制等重要方面进行探讨。

二、公共数据的运营主体

公共数据的运营主体问题，主要就是要不要限制在国有或国资企业。支持限制的观点认为，为维护公共数据的公益性，应将公共数据授权经营单位界定为公益性国有企业，以提供社会公共性服务而非追求利润为目标。同时，在这种国有垄断授权经营体制下，需强化公平竞争审查和反垄断执法，防止国有数据垄断企业实施各种扭曲市场竞争行为。②

更多观点则认为不宜对公共数据授权运营主体的身份有过多限制。例如，有学者指出，现有实践中公共数据的运营主体主要是国有企业，这在现阶段具有合理性，但在未来发展中，应当突破所有制形式的限制，任何具备特定数据开发和安全保障能力的组织均可通过公开透明的招标方式成为被授权的主体。③ 有的学者指出，不论是基于公共目的的授权运营还是基于商业利用的授权运营，都不必然限于国有企业，而应当坚持竞争性，通过招标或竞争性谈判方式确定授权对象。为避免授权主体针对授权对象设置歧视性的资格条件，有效保障公共数据授权运营对象选择的公平性，应将公共数据授权运营纳入公平竞争审查范围。根据国务院颁发的《关于在市场体系建设中建立公平竞争审查制度的意见》（国发〔2016〕34号）的规定，招标投标、政府采购、资质标准等涉及市场主体经济活动的规

---

① 刘阳阳：《公共数据授权运营：生成逻辑、时间图景与规范路径》，《电子政务》2022年第10期。
② 唐要家：《数据产权二维目标及其制度实施》，《社会科学辑刊》2023年10月20日网络首发论文。
③ 高灵欣、韩冰西：《公共数据类型化开放视域下授权运营制度的立法构建》，《〈上海法学研究〉集刊》2023年第6卷；冯洋：《公共数据授权运营的行政许可属性与制度建构方向》，《电子政务》2023年第6期。

章、规范性文件和其他政策措施，应当进行公平竞争审查。①

笔者认为，不应当对公共数据的运营主体加以限制。公共数据的特征决定了并不存在通过国有保障其公益性的必要；授权运营的制度定位与目的也决定了应当坚持平等开放的原则。这些在第十章"公共数据权益"和本章相关部分已经详细说明，此处不再赘述。

三、公共数据的授权模式

如本章第一节"公共数据授权运营的实践"部分指出，公共数据的授权模式可以采取很多视角进行分类，其中一些过于经验性的分类方式难以作为理论研究的基础。纵观围绕授权模式的讨论，"集中授权与差异化授权""统一授权与分散授权""数据元件授权"这几种讨论框架类型化价值较高。以下简要梳理相关观点并加以回应。

（一）集中授权与差异化授权

所谓集中授权，指将公共数据一揽子授权给某一运营单位；差异化授权则是指对公共数据进行分类或分行业、场景授权。有学者指出，集中授权有利于对公共数据集中处理分析，但也蕴含较大安全风险，并且不利于公共数据的资源配置，提出对公共数据分类采取不同授权模式：针对无条件开放的数据，可以集中授权；针对受限开放的数据，被授权主体与政府在签订授权协议时应当明确数据开放的种类、范围以及具体应用场景。被授权主体在申请时需提供自身所从事行业以及数据应用场景的证明，由政府数据管理部门进行审核批准。②另有观点主张对所有类型公共数据都采取按照行业开展授权为主的方式，认为被授权主体应明确说明拟申请授权公共数据的类型范围，并证明上述公共数据与被授权主体的经营活动有直接关联。③

笔者认为，为确保公共数据授权运营安全可控，原则上应该采取差异化授权的模式，即要求数据使用方明确其使用公共数据的范围、场景、目的，并且不得超出授权协议明确的范围处理数据。但是，从已有实践看，也存在先统一授权给某一运营主体，再由其作为中介平台向其他数据需求主体授权并提供数据的情况。此时，第一道授权的运营主体除了进行数据

---

① 沈斌：《公共数据授权运营的功能定位、法律属性与制度展开》，《电子政务》2023年10月7日网络首发论文。
② 高灵欣、韩冰西：《公共数据类型化开放视域下授权运营制度的立法构建》，《〈上海法学研究〉集刊》2023年第6卷。
③ 冯洋：《公共数据授权运营的行政许可属性与制度建构方向》，《电子政务》2023年第6期。

开发，提供产品和服务，还主要起到建立统一运营域和供需对接窗口的作用。这种情况下的集中授权是可以允许的，但是当授权运营平台再次向其他主体提供数据（进行间接授权）时，数据授权运营末端直接使用数据的环节，也应当是差异化授权，要求数据使用方明确其数据需求场景、目的。

（二）统一授权与分散授权

统一授权是指由公共数据主管部门作为唯一授权主体统一对外开展公共数据授权运营；分散授权是指由数源部门作为各自持有数据的授权主体，分别对外开展公共数据授权运营的方式。有学者主张采取"统一授权运营"和"分散授权运营"相结合的模式，即在一个行政区域，既有一个权威部门（公共数据主管部门）组织社会第三方对公共数据平台（系统）内的综合性公共数据开展授权运营，又允许相关部门也可以组织社会第三方对本系统内的行业性公共数据开展授权运营。但是，组织开展授权运营的规则应当由公共数据主管部门负责统一制定，避免政出多门的混乱情况。[1] 也有学者认为统一授权更符合公共数据汇聚共享、统一管理的实践趋势和时代任务，理应成为未来公共数据授权运营的方式选择。但在公共数据授权运营的试点阶段，可先选择适用阻力较小的分散授权方式。[2]

这两种授权模式主要涉及公共数据对内归集的问题，部分也涉及对外授权的形式问题。对此，在本章第一节第二部分"公共数据授权运营的实践"已经结合具体事例加以讨论。笔者认为：基于数据安全、相关权益保护、成本以及确保数据收益反哺数据公益等考虑，公共数据授权运营应该以统一归集为原则。除非存在不适合汇集或确有必要单独设立运营域等情况，都应该通过地方层面统一的授权运营平台进行授权运营。这里不再赘述。

（三）数据元件授权

实务界还有观点提出引入"数据元件"概念，期望构建以"数据元件"为流通载体的新型公共数据授权运营路径。数据元件是对原始数据脱敏处理后，根据需要由若干字段形成的数据集或由数据的关联字段通过建模形成的数据特征。由于数据元件具有可控制、可计量、可定价且风险可控的特点，以其作为公共数据的流通形态有利于实现大规模交叉场景集群应用。具体而言，该观点主张成立公共数据运营服务机构（第三类事业单

---

[1] 常江、张震：《论公共数据授权运营的特点、性质及法律规则》，《法治研究》2022年第2期。

[2] 沈斌：《公共数据授权运营的功能定位、法律属性与制度展开》，《电子政务》2023年10月7日网络首发论文。

位）作为公共数据的运营方，负责公共数据的统一归集、编目、管理等，并为公共数据的开发利用提供平台支撑和基础性服务；引入国资网信企业为公共数据运营服务机构提供技术支撑，负责建设并维护公共数据运营服务平台，对接数据交易门户，有效弥补公共数据运营服务机构在专业性、技术性、安全性等方面的缺陷；引入多家数据元件开发商，以数据元件代替原始数据，为大规模授权运营、交叉业务场景的创新应用奠定基础，同时避免数据运营权垄断风险，促进实现公共数据安全、高效、公平的流通与应用。[①]

笔者认为，数据元件授权模式有合理之处，但弊大于利。由于只对外提供经脱敏处理后的"数据元件"，该授权模式确实能够规避数据安全和权益保护问题。但是，其一，数据脱敏本身抹除了公共数据中的许多重要信息，这些信息可能正是其价值所在。此外，数据元件的结构不一定合乎数据开发的需求，加工成数据元件后虽能够自由流通却未必有市场。同样是出于安全可控的考虑，建立数据运营域的做法能够保障数据不出域、不可见，同时得到灵活地开发利用。相较而言，数据元件授权模式可能大大降低了公共数据授权运营的效益，不能很好实现制度功能。其二，数据元件开发商并不像已有实践中的公共数据运营平台那样，除了自身从事开发，还间接承担了公共服务职能，而且其开发的只是元件而非最终的产品或服务。换言之，数据元件开发商的义务只是对公共数据进行未必增值的加工，而不用对这一加工及后续是否真正释放公共数据价值负责。虽然论者提出引入多家数据元件开发商以避免垄断，但光是引入数据元件开发商这一主体，就已经有不促进公益而滋生特权之风险。

四、公共数据授权运营的运营规则

公共数据授权运营的运营规则主要包括相关主体的权利义务、定价机制、收益分配几个方面。其中，对于权利义务，从前文对已有规范和实践的梳理来看，争议不大，主要包括授权运营单位提出数据需求的权利以及公共数据主管部门提供数据、维护数据的义务，授权运营单位确保安全合规、接受监管的义务等。因此，以下主要对公共数据授权运营的定价和收益分配机制进行讨论。

（一）定价机制

1. 获取运营授权的定价

就公共数据授权运营主体从公共管理和服务机构处获得数据而言，涉及是否有偿以及如果有偿具体如何确定对价。

[①] 陆志鹏：《公共数据授权运营机制探索》，《网络安全与数据治理》2022年第7期。

(1) 关于是否有偿。

总体上，学说普遍认为公共数据授权运营可以有偿，具体又可以分为绝对有偿说和分类有偿说。绝对有偿说认为被授权运营主体使用公共数据系统（平台）进行公共数据的开发和利用的，应当支付相应的费用，其性质是公共资源占用的服务费而非公共数据的售卖费。① 分类有偿说存在不同分类标准，有的从公共数据的用途进行判断：用于公共治理、公益事业的公共数据（"纯粹公共性""准公共性型"政府数据）应无偿使用；用于产业发展、行业发展的公共数据，其数据产品或服务是为满足特定公民的商业利用需要，则从提升资源配置效率和节约成本等角度，应有条件、有偿使用。② 有的从数据类型进行判断，认为对于无条件开放类公共数据或不具有经济学意义上竞争性、只是要求使用者具有一定的安全和处理能力的有条件开放类公共数据，不存在收费正当性。除非使用者对于公共数据的获取明显超越一般需求数量，对整个公共数据开放系统产生了过度使用压力，否则无须付费；对于具有资源的稀缺性或者自然垄断特性的公共数据，则适用使用者付费的特许经营。③

现阶段，《数据二十条》已经明确提出"推动用于公共治理、公益事业的公共数据有条件无偿使用，探索用于产业发展、行业发展的公共数据有条件有偿使用"。公共数据授权运营可以有偿，不存在争议。而且根据这一政策要求，应该以公共数据的用途为标准判断是否有偿使用。

(2) 关于有偿情况下的定价标准和对价。

关于有偿授权情形下授权运营收费的定价标准，主要争议在于授权运营收费可否具有营利性。肯定观点认为可以按照市场机制，进行效率性甚至营利性的收费。④ 具体定价上，有学说提出综合考虑被授权主体的身份，数据的收集、处理、加工和管理成本，数据再利用的商业价值，公共服务效益等因素，通过公开、透明的决策程序进行确定；同时应通过"费用减免""最高限额"等措施，避免收费过高影响政府数据开放效益。⑤ 否定观点则认为，授权运营收费不应具有营利性，体现弥补公共管理的必

---

① 常江、张震：《论公共数据授权运营的特点、性质及法律规则》，《法治研究》2022年第2期。
② 申卫星：《论数据产权制度的层级性："三三制"数据确权法》，《中国法学》2023年第4期；吴亮：《政府数据授权运营治理的法律完善》，《法学论坛》2023年第1期。
③ 马颜昕：《公共数据授权运营的类型构建与制度展开》，《中外法学》2023年第2期。
④ 马颜昕：《公共数据授权运营的类型构建与制度展开》，《中外法学》2023年第2期。
⑤ 吴亮：《政府数据授权运营治理的法律完善》，《法学论坛》2023年第1期。

要成本费用即可。① 有学者还强调，不应针对不同应用场景实行差别化收费，应该实行基于边际成本的统一定价。②

笔者认为，基于公共数据授权运营的服务导向原则，授权运营本身应该造福公益，为市场主体创造机遇，而非服务于财政。因此授权运营收费不应当具有营利性，应该以填补公共管理必要成本为原则。

此外，关于对价的具体形式，有观点认为授权运营的收费方式应更加灵活多样。例如，加入平台的数据开发利用企业可将回传自身运营数据作为对价，或将研究开发的数据产品或服务作为对价，以维持开发利用授权运营数据的资格。③ 从激发市场活力的角度，笔者认为这一观点值得认同，公共数据授权运营收费不一定要以金钱作为对价，只要能够反哺公共数据共享开放机制，服务于公共利益，可以接受其他的对价形式。

2. 数据产品和服务的定价

公共数据授权运营的定价也可能是就其他主体从授权运营主体处获取数据产品和服务而言。对此，笔者认同对于使用财政资金购买并用于公共服务的数据产品或服务，宜参照《海南省公共数据产品开发利用暂行管理办法》第 31 条，原则上供所有公共管理和服务机构以及公众免费使用，授权运营主体不得再以其他方式额外收取费用。④ 对于授权运营主体开发的非公共服务性质的数据产品及服务，则应该允许收费。具体而言，其定价应遵循公开、公平、公正的"三公原则"，同时也应受到反垄断和反不正当竞争方面的监管⑤；收费方式上，既可以一次买断，也可以采取按时间、使用次数收费等方式进行。⑥

（二）收益分配机制

公共数据授权运营的收益分配可能涉及两部分：一是授权运营主体为获取授权而支付的费用如何分配；二是公共数据因授权运营主体的处理经营产生大量增值性收益时，如何加以分配。

---

① 常江、张震：《论公共数据授权运营的特点、性质及法律规则》，《法治研究》2022 年第 2 期。

② 唐要家：《数据产权二维目标及其制度实施》，《社会科学辑刊》2023 年 10 月 20 日网络首发论文。

③ 刘阳阳：《公共数据授权运营：生成逻辑、时间图景与规范路径》，《电子政务》2022 年第 10 期。

④ 刘阳阳：《公共数据授权运营：生成逻辑、时间图景与规范路径》，《电子政务》2022 年第 10 期。

⑤ 张新宝：《产权结构性分置下的数据权利配置》，《环球法律评论》2023 年第 4 期。

⑥ 刘阳阳：《公共数据授权运营：生成逻辑、时间图景与规范路径》，《电子政务》2022 年第 10 期。

对于授权运营主体为获取授权而支付的费用，公认其归属国家财政。① 此时由于仅是成本性收费，不产生直接的经济收益，故不存在直接收益分配问题。② 这种情况下，重要的是将授权收入投入相关的公共服务和制度构建之中。具体来说，只要确保最终服务于相关领域，可以是直接投入相关项目中，也可以采取有助于增值的其他方式。例如，当公共数据具有稳定现金流时，地方政府可以将该现金流资产化，从而在金融市场上进行融资，为城市发展和数字基建提供资金。③

对于公共数据因授权运营主体的处理经营产生的增值性收益，有一些观点认为应该回流财政，其出发点包括实现公共数据作为国有资产的保值增值④，以及国家作为公共信托人对其直接增值收益具有分配权等。⑤ 具体方法上，有的从授权协议入手，主张在授权协议中根据所涉公共数据的潜在价值和收益预期等直接约定超过成本的数据使用费，获得确定的公共数据增值利益；或在授权协议中约定公共数据开发成数据产品或服务投入商业利用后，政府享有的收益分成比例。⑥ 有的主张通过利益补偿或税收等形式反哺至政府及有关部门。⑦

笔者认为，基于本书前述有关定价标准的观点，授权运营主体为获取授权而支付的费用以填补公共管理成本为原则，自然属于国家财政，并被投入相关领域的公共管理服务中，不产生收益分配问题。另外，基于公共数据授权运营作为一种公共服务的基本立场，以及本书前述确立政府职权而非财产权的观点，国家或政府都不具有私法意义上的"公共数据收益权"，也没有所谓"国有资产保值"的必要。授权运营主体通过处理经营，释放了公共数据的价值，本身就是对市场和社会的一种积极贡献。对于公共数据因授权运营主体的处理经营而产生的增值性收益，应当尊重其劳动

---

① 刘语、曾燕：《论有偿使用制度推动公共数据开放发展》，《西安交通大学学报（社会科学版）》2023年第4期；周秀娟、王亚：《公共数据授权运营的范式考察与完善路径》，《电子科技大学学报（社科版）》2023年第3期。

② 马颜昕：《公共数据授权运营的类型构建与制度展开》，《中外法学》2023年第2期。

③ 刘语、曾燕：《论有偿使用制度推动公共数据开放发展》，《西安交通大学学报（社会科学版）》2023年第4期。

④ 沈斌：《公共数据授权运营的功能定位、法律属性与制度展开》，《电子政务》2023年10月7日网络首发论文。

⑤ 周秀娟、王亚：《公共数据授权运营的范式考察与完善路径》，《电子科技大学学报（社科版）》2023年第3期。

⑥ 周秀娟、王亚：《公共数据授权运营的范式考察与完善路径》，《电子科技大学学报（社科版）》2023年第3期。

⑦ 童楠楠等：《数据财政：新时期推动公共数据授权运营利益分配的模式框架》，《电子政务》2023年第1期。

和收益权，视作授权运营主体的合法收益；除非本就是受政府委托提供公共产品或服务且在授权运营协议或其他相关协议中有明确约定，不应当以分成等方式回流财政。

五、公共数据授权运营的监管机制

对于公共数据授权运营的监督管理，学说上不太存在争议，普遍主张建立健全分工责任体系和政府监督及第三方监督协同模式，明确公共数据管理者等相关部门和数据运营者的安全管理义务，落实责任制度。[1]

其中，政府监督主要包括政府对申请授权主体或已授权主体的资质、数据处理能力、运营方式等方面进行审查[2]，以及相关行政或私法机关对授权运营主体违规、违反授权运营协议的行为采取撤销、终止协议等举措，并依法进行必要的制裁。[3] 也有学者提出借鉴国有资本运营公司巡查巡视的党内监督制度，由公共管理和服务机构会同网信部门、数据专家委员会对公共数据开发运营公司、特许经营者的市场经营行为的合规性和授权数据安全风险等开展定期或专项评估。[4] 第三方监督主要包括专家监督和行业自律。专家监督指组织相关专家、学者、数据研究所和行业从业人员等，形成独立的监督组织，运用他们的专业知识对公共数据授权运营进行监督[5]；行业自律包括行业之间或者行业内部的相关企业达成自律规则[6]，也包括建立健全被授权单位内部合规体系。[7]

此外，如果公共数据授权运营中确实出现了损害相对人合法权益的情况，还涉及相应的法律救济问题，是为一种事后监督。[8] 对此，有学者认为视授权模式的不同，运营者可能只是行政机关的代理人，也可能具有相

---

[1] 周秀娟、王亚：《公共数据授权运营的范式考察与完善路径》，《电子科技大学学报（社科版）》2023年第3期。

[2] 高灵欣、韩冰西：《公共数据类型化开放视域下授权运营制度的立法构建》，《〈上海法学研究〉集刊》2023年第6卷；吴亮：《政府数据授权运营治理的法律完善》，《法学论坛》2023年第1期。

[3] 周秀娟、王亚：《公共数据授权运营的范式考察与完善路径》，《电子科技大学学报（社科版）》2023年第3期；吴亮：《政府数据授权运营治理的法律完善》，《法学论坛》2023年第1期。

[4] 刘阳阳：《公共数据授权运营：生成逻辑、时间图景与规范路径》，《电子政务》2022年第10期。

[5] 周秀娟、王亚：《公共数据授权运营的范式考察与完善路径》，《电子科技大学学报（社科版）》2023年第3期。

[6] 周秀娟、王亚：《公共数据授权运营的范式考察与完善路径》，《电子科技大学学报（社科版）》2023年第3期。

[7] 高灵欣、韩冰西：《公共数据类型化开放视域下授权运营制度的立法构建》，《〈上海法学研究〉集刊》2023年第6卷。

[8] 马颜昕：《公共数据授权运营的类型构建与制度展开》，《中外法学》2023年第2期。

对独立的主体地位。相应地，相对人可以依法通过行政诉讼等途径获得救济，或直接向运营者追究法律责任。① 有学者提出利用整体政府理论将政府和公共数据授权运营单位合为整体，把公共数据授权运营纠纷中的多元主体对抗重新还原为传统的二元主体对抗来探索合适的救济路径。在市场机制运行中，采取民事协议说，令公共数据授权运营的救济方式更加多元，例如，可以适用仲裁来追究公共数据授权运营单位的契约责任。关于公共数据利用者和政府之间可能存在的纠纷，应将行政申诉机制作为社会公权力侵权的核心救济机制，将仲裁作为政府向公共数据授权运营单位追责的主要机制，同时重视构建协商机制。②

笔者认为，就事前监督而言，上述主张建立健全分工责任体系和政府监督及第三方监督协同模式的观点都具有合理性和可参考性，实践中也的确已经采取了许多相关做法。由于各个地方可能存在组织架构等方面的差异，不一定要完全采取一致的监管架构。只要能实现监督管理目的，不存在绝对的标准答案。未来可以考虑通过统一立法原则性地明确资质审查、内部自查、对外定期汇报、引入专家机制等内容。就事后监督而言，由于授权运营单位而非政府是直接行为人，被侵权人可以基于自身民事权益，通过诉讼等途径寻求救济；政府与授权运营单位之间的关系，则如前文已说明的，应通过行政协议相关制度处理。

---

① 马颜昕：《公共数据授权运营的类型构建与制度展开》，《中外法学》2023年第2期。
② 王权：《公共数据授权运营中社会公权力侵权救济机制——基于整体政府理论的分析》，《〈上海法学研究〉集刊》2022年第21卷。

第五编

数据安全保护与数据跨境流动

第十三章　数据安全保护义务

第一节　数据安全保护义务的类型与规范体系

一、引言

在现代社会，无论是确认数据的产权，实现数据的流通、交易、使用、分配，还是建立科学合理的数据要素治理格局，都离不开数据安全。数据安全贯穿于数据产权制度、数据要素流通和交易制度、数据要素收益分配制度以及数据要素治理制度当中，它对于保护自然人、法人和非法人组织等民事主体的合法权益，维护国家安全，促进数字经济的发展至关重要。倘若不能有效地保护数据安全，就无法构建数据基础制度，也不可能真正发挥数据要素作用。正因如此，《数据二十条》始终将数据安全作为重中之重，高度重视数据安全保护。该意见共有14处提及"数据安全"，并明确要求"建立实施数据安全管理认证制度"，"构建数据安全合规有序跨境流通机制"，"健全网络和数据安全保护体系"以及"规范企业参与政府信息化建设中的政务数据安全管理"。

数据安全就是指通过采取必要措施，确保数据处于有效保护和合法利用的状态，以及具备保障持续安全状态的能力（《数据安全法》第3条第3款）。所谓数据安全保护义务，是指有关组织或个人负有的采取必要措施，保护数据的安全，从而防止未经授权的访问以及数据的泄露、篡改、丢失，并在已经或可能发生数据泄露、篡改、丢失时采取相应补救措施的义务。我国2021年9月1日起施行的《数据安全法》以"保障数据安全"作为主要的立法目的，该法对于数据安全保护义务的主体、内容以及相应的法律责任等作出了规定。尽管数据安全保护义务非常重要，但是理论界对数据安全保护义务的研究较为薄弱。对于数据安全保护义务的来源，数据安全保护义务的主体、具体内容的确定与判断标准，以及违反数据安全保护义务的侵权责任等，尚缺乏深入的研究。有鉴于此，本章对我国法上的数据安全保护义务作一系统研究，以供理论界与实务界参考。

二、数据安全保护义务的产生途径

数据安全保护义务的产生途径即该义务的来源，包括法定与约定两种。法定的数据安全保护义务是通过法律、法规中的强制性规范而直接确定相应主体所负有的保护数据安全的义务，如《数据安全法》《个人信息保护法》等法律中规定的数据安全保护义务。约定的数据安全保护义务是在数据处理活动中当事人之间通过合同的约定而产生的一方所负有的数据安全保护义务，如A公司委托B公司处理某些数据，双方在委托合同中约定受托人B公司负有相应的数据安全保护义务。

（一）数据安全保护义务的规范体系

确保数据得到有效的保护，防止其泄露、丢失、被篡改或被非法利用对于保护民事主体的合法权益，维护社会公共利益、保护国家安全等至关重要。故此，各国立法机关都通过法律法规对于数据安全保护义务作出具体的规定。以美国为例，从联邦立法到州立法均有关于数据安全保护义务的规定，大致可以分为四个部分：一是联邦法规，即联邦政府中负责监督那些受高度监管的行业（如医疗保健、金融服务行业）的政府部门颁布的法规，如HIPAA Security Rule；二是消费者保护法规，即在联邦贸易委员会（FTC）和州检察长等消费者保护监管机构发布的消费者保护法规中规定的数据安全保护义务，如FTC Section 5；三是数据泄露通知相关法律的规定；四是加利福尼亚、马萨诸塞、纽约和俄亥俄等一些州的立法对于特定的数据安全义务的规定。①

我国对于数据安全保护义务作出规定的法律规范主要包括三个层次，即法律、法规和规章。法律如《数据安全法》《网络安全法》《个人信息保护法》等；法规包括行政法规和地方性法规，行政法规如《计算机信息网络国际联网安全保护管理办法》《计算机信息系统安全保护条例》《电信条例》等，地方性法规如《山西省计算机信息系统安全保护条例》《宁夏回族自治区计算机信息系统安全保护条例》《深圳经济特区数据条例》《上海市数据条例》等。规定数据安全保护义务的部门规章主要是公安部、国家互联网信息办公室、工业和信息化部等国家部委、中国人民银行、审计署和具有行政管理职能的直属机构以及法律规定的机构颁布的，如《数据出境安全评估办法》《汽车数据安全管理若干规定（试行）》《电信和互联网

---

① William McGeveran，The Duty of Data Security，103 MINN. L. REV. 1142 (2019).

第十三章 数据安全保护义务

用户个人信息保护规定》。此外，还有一些规范性文件，如《信息安全等级保护管理办法》等。就我国数据安全保护义务的法律规范体系而言，需要注意的是，从法律即全国人民代表大会及其常务委员会制定的规范性法律文件层面来看，它们是由数据安全、网络安全和个人信息保护这三方面的法律所组成的。具体而言：

（1）数据安全方面的法律规范。《数据安全法》是数据安全保护义务最基本的法律渊源，该法以保护数据安全为立法目的，建立了诸多基本的数据安全制度（第三章），如数据分类分级保护、数据安全风险评估、数据安全应急处置、数据安全审查以及数据出口管制等，还专章对于数据安全保护义务作出了规定。此外，《数据安全法》还就政务数据的安全保护以及国家机关的数据安全保护义务作出了规定（第五章）。

（2）网络安全方面的法律规范，主要包括《网络安全法》《全国人民代表大会常务委员会关于维护互联网安全的决定》等。网络安全与数据安全既有联系也有区别。通说将网络安全分为四个层面，即物理安全、运行安全、数据安全与内容安全，分别对应基础设施的安全、信息系统的安全、信息自身的安全以及信息利用的安全。[1]《网络安全法》将网络安全分为网络运行安全和网络信息安全，该法第76条第2项将网络安全界定为"通过采取必要措施，防范对网络的攻击、侵入、干扰、破坏和非法使用以及意外事故，使网络处于稳定可靠运行的状态，以及保障网络数据的完整性、保密性、可用性的能力"。由此可见，网络安全中的网络信息安全就包括了网络数据安全。《网络安全法》第四章"网络信息安全"中关于保护网络用户信息的安全的规定，也就是对网络数据安全的规定。[2]

（3）个人信息保护方面的法律规范，主要包括《全国人民代表大会常务委员会关于加强网络信息保护的决定》《个人信息保护法》《民法典》《电子商务法》《未成年人保护法》等。电子化方式记载的个人信息就是个人数据，保护个人信息当然包含了保护个人数据安全，而数据安全保护义务所指向的数据包括了个人数据和非个人数据。《个人信息保护法》明确要求个人信息处理者应当对其个人信息处理活动负责，并采取必要措施保障所处理的个人信息的安全（第9条）。同时，该法第五章"个人信息处理者的义务"中对于个人信息处理者应当根据个人信息的处理目的、处理方式、个人信息的种类以及对个人权益的影响、可能存在的安全风险等，

---

[1] 杨合庆主编：《中华人民共和国网络安全法解读》，中国法制出版社2017年版，第160页。
[2] 杨合庆主编：《中华人民共和国网络安全法解读》，中国法制出版社2017年版，第89页。

采取相应的措施防止未经授权的访问以及个人信息泄露、篡改、丢失（第51条），以及在已经发生或者可能发生个人信息泄露、篡改、丢失时应当采取的补救措施（第57条）等作出了规定。

在上述三方面法律规范都对数据安全保护义务有规定的情形下，应注意它们的适用关系。一方面，只要处理的数据属于个人数据即以电子方式记载的个人信息的，数据安全保护义务就具体表现为个人数据保护即个人信息保护义务，此时应当优先适用个人信息保护法方面的法律规定，没有规定的则适用数据安全保护法的相关规定。另一方面，如果是线上处理数据即利用互联网等信息网络开展的数据处理活动，则无论处理的数据是个人数据还是非个人数据，都应当同时适用网络安全方面的法律，即在网络安全等级保护制度的基础上履行数据安全保护义务。至于线下处理数据，则不适用。

（二）约定数据安全保护义务的情形

除了法律、法规和规章对数据安全保护义务的规定，在数据处理的实践中，基于各种考虑，当事人还往往通过合同对数据安全保护义务作出约定。具体而言，当事人约定数据安全保护义务的情形主要有以下三类：

其一，委托处理数据的场合，即一方当事人委托另一方当事人为其处理某些数据，即提供相应的数据处理服务的情形。例如，C公司委托D公司为其处理某些数据时，由于受托人D公司将接触到相应的数据，故此，为了保护数据的安全，当事人需要对于受托人的数据安全保护义务作出约定。不过，对于国家机关委托他人处理政务数据，法律上有强制性的规定。我国《数据安全法》第40条明确要求：国家机关委托他人建设、维护电子政务系统，存储、加工政务数据，应当经过严格的批准程序，并应当监督受托方履行相应的数据安全保护义务。受托方应当依照法律、法规的规定和合同约定履行数据安全保护义务，不得擅自留存、使用、泄露或者向他人提供政务数据。此外，《个人信息保护法》第21条也规定，个人信息处理者在委托处理个人信息时，应当与受托人约定包括个人信息保护措施等在内的事项，还要求委托人要对受托人的个人信息处理活动进行监督。

其二，提供数据或转移数据以及数据共享的情形。当数据处理者需要将数据提供给其他的处理者、因为公司的分立合并等而发生数据转移，或者因数据的共享利用其他主体能接触到数据时，为了确保数据的安全，当事人往往要对数据安全保护义务作出约定。例如，希望接受信用卡的商家必须通过合同的约定来遵守支付卡行业的数据安全标准，否则银行就不会同意该商家接受信用卡。又如，想要发起电子支付订单（如从客户的银行账户中扣款）的企业，也必须同意适用电子支付系统（例如 ACH 支付系统）的规则，包括约定数据安全保护义务的条款。[1] 再如，在商业活动中对第三方供应商（third-party vendor）的风险尤其是数据及网络安全的风险的管理，成为现代企业风险管理中越来越重要的环节。许多企业在与第三方供应商签订的合同（如与云服务提供商签订的合同）中会通过很多条款来详细约定数据安全保护义务，这些条款包括：（1）供应商合规性条款，即要求第三方供应商陈述并保证遵守与个人信息的拥有或使用相关的所有可适用的法律和条例，并遵守本企业的隐私和信息保护政策以及相关做法；（2）安全程序条款，即要求第三方供应商在可行的范围内维护其自身的隐私和信息安全计划，并对其安全和信息保证实践进行定期风险评估；（3）保障措施条款，即要求第三方供应商保证其能够实现对于企业数据的适当保护；（4）赔偿条款，第三方供应商应就其未能遵守适用的隐私法导致数据丢失或因过错而致数据泄露承担相应的赔偿责任等；（5）保密条款，即要求第三方供应商确保充分保护企业的数据，并且通过相应的约定来处理合同履行完毕后数据的保护、销毁和归还等问题。[2]

其三，保险公司承保数据安全事件的责任保险的情形。[3] 保险公司给数据安全事件提供相应的责任保险时，为了能够控制风险，在决定是否承保前，会组织专业人士对于投保人的数据安全保护的现状加以了解，通过详细询问等风险评估流程来了解投保人的数据安全治理水平以及防火墙、加密、补丁、密码强度、多因素身份验证等特定保护措施的使用情况如何。在决定承保后，保险公司会对被保险人提出相应的数据安全保护的要

---

[1] Thomas Smedinghoff, An Overview of Data Security Legal Requirements for All Business Sectors (October 8, 2015), p. 8. Available at SSRN：https://ssrn.com/abstract = 2671323 or http://dx.doi.org/10.2139/ssrn.2671323，2022 年 12 月 30 日访问。

[2] David Katz, Contracting in a World of Data Breaches and Insecurity：Managing Third-Party Vendor Engagements，https://www.lexisnexis.com/communities/corporatecounselnewsletter/b/newsletter/archive/2013/05/02/contracting-in-a-world-of-data-breaches-and-insecurity-managing-third-party-vendor-engagements.aspx，2022 年 12 月 30 日访问。

[3] 我国保险公司在数据安全保险产品的推出方面发展得还比较缓慢，第一个数据安全保险产品是 2016 年 1 月由众安保险公司与阿里云公司共同推出的数据安全险，该保险是针对阿里云用户推出的信息安全综合保险。如果因黑客攻击导致用户云服务器上的数据泄露并造成经济损失，众安保险公司将为投保用户提供最高 100 万元人民币的现金赔偿，降低投保用户因黑客攻击意外事件带来的经济损失。http://www.techweb.com.cn/internet/2016 - 01 - 28/2269701.shtml，2023 年 1 月 3 日访问。

求，要求被保险人承诺采取相应的措施，尽到相应的义务来保障数据的安全。并且在合同中明确约定，如果被保险人没有履行这些数据安全保护义务，则一旦出现数据安全事件时，其就无法获得保险公司的理赔。①

第二节 数据安全保护义务的主体与适用范围

数据安全保护义务的主体就是数据处理者，而该义务所指向的客体即适用的对象是数据处理者所处理的数据。《数据安全法》对于数据与数据处理都有相应的界定。依据该法，所谓数据，是指任何以电子或者其他方式对信息的记录；数据处理，包括数据的收集、存储、使用、加工、传输、提供、公开等。

一、数据处理者是数据安全保护义务的主体

数据安全保护义务的首要主体就是数据处理者②，即实施数据的收集、存储、使用、加工、传输、提供、公开等活动的主体，包括自然人、法人或者非法人组织。我国《数据安全法》等法律没有界定数据处理者。笔者认为，数据处理者是指任何实施了数据的收集、存储、加工、传输、提供、公开等处理活动的组织或个人。数据处理者不同于个人信息处理者。依据《个人信息保护法》第73条第1项，个人信息处理者是指"在个人信息处理活动中自主决定处理目的、处理方式的组织、个人"。我国法上的个人信息处理者相当于欧盟《一般数据保护条例》上的个人数据控制者。③ 不是自主决定个人信息的处理目的与处理方式的组织或个人，虽然客观上实施了处理个人信息的行为，但不是个人信息处理者，而是受委托处理个人信息的受托人（《个人信息保护法》第59条）。然而，对于数据处理者而言，不要将自主决定数据的处理目的和处理方式作为核心判断要素。这是因为，《个人信息保护法》以是否自主地决定处理目的与处理方式作为认定个人信息处理者标准的根本原因在于：只有个人信息处理者才是个人信息保护法实施中的关键行为者，他们是个人信息保护法设定的

---

① William McGeveran, The Duty of Data Security, 103 MINN. L. REV. 1171-1175 (2019).
② 有观点认为，从事数据交易中介服务的机构也属于数据安全保护义务的主体（武长海主编：《数据法学》，法律出版社2022年版，第326页）。笔者不赞同这一观点。因为从事数据交易中介服务的机构在不处理数据的情形，谈不上数据安全保护义务，其只需要按照《数据安全法》第33条的规定，在提供中介服务时要求数据提供方说明数据来源，审核交易双方的身份，并留存审核、交易记录即可。该义务不属于数据安全保护义务。
③ 程啸：《论个人信息共同处理者的民事责任》，《法学家》2021年第6期。

向个人负担的各种义务的首要承担者。① 如果只是客观上实施了个人信息处理的行为,但却是根据他人决定的处理目的与处理方式来这样做的,受托人不需要负担太多的义务,尤其是可以豁免《个人信息保护法》第13条、第17条等关于处理个人信息的合法性基础的义务、通知义务以及该法第五章规定的指定个人信息保护负责人、合规审计等义务,其仅仅负有特定的义务,即依法采取必要措施保障所处理的个人信息的安全以及协助个人信息处理者履行个人信息保护法所规定的义务即可(《个人信息保护法》第59条)。数据处理中,处理者所处理的数据既包括个人数据(个人信息),也包括其他数据。就保护数据安全的义务而言,无论处理者是自主地决定数据处理目的和处理方式,还是依据他人的指示来处理数据,都负有数据安全保护义务。故此,只要是实施了数据处理活动的组织和个人,就是数据处理者,既包括自然人、企事业单位等民事主体,也包括国家机关以及法律、法规授权的具有管理公共事务职能的组织。

二、数据安全保护义务适用于所有的数据

数据安全保护义务指向的客体是数据处理者所处理的数据。也就是说,只要是数据处理者所处理的数据,其对之都负有数据安全保护义务。数据可以进行不同的分类,如依据是否与已经识别或者可识别的自然人相关,可以将其分为个人数据与非个人数据。凡是与已经识别或者可识别的自然人相关的数据就是个人数据也即个人信息②,至于那些与已经识别或可识别的自然人无关的数据或者匿名化处理的数据,都属于非个人数据。此外,依据制作、产生数据的主体和来源的不同,可以将数据分为政务数据与非政务数据。政务数据,也称政府数据、政府信息等,它是指政府部门及法律、法规授权的具有行政职能的事业单位和社会组织(政务部门)在履行职责过程中制作或获取的数据,包括政务部门直接或通过第三方依法采集的、依法授权管理的和因履行职责需要依托政务信息系统形成的数据等。③ 除政务数据之外的其他数据统称为非政务数据,其中,既包括自然人、企业等民事主体从事经营服务活动中依法收集的数据,也包括医疗、教育、供水、供电、供气、通信、文旅、体育、环境保护、交通运输等公共企业事业单位在提供公共服务中依法收集的数据。我国一些地方性法规将这些提供公共服务的组织所收集的数据称为"公共服务数据",并

---

① 程啸:《个人信息保护法理解与适用》,中国法制出版社2021年版,第544页以下。
② 例如,《深圳经济特区数据条例》第2条第2项规定:"个人数据,是指载有可识别特定自然人信息的数据,不包括匿名化处理后的数据。"
③ 参见《政务信息资源共享管理暂行办法》第2条对政务信息资源的界定。

将其与政务数据统称为"公共数据"①。《数据安全法》第五章专门对于政务数据的安全保护作出了规定,就政务部门,尤其是国家机关而言,其在数据的安全保护上具有双重角色:一方面,作为数据处理者,其应当履行数据安全保护义务,建立健全数据安全管理制度,落实数据安全保护责任,保障政务数据安全。另一方面,其应当确保政务数据实现政务部门之间的共享,同时还面向社会开放。《政务信息资源共享管理暂行办法》第5条明确规定,政务信息资源的共享应当是以共享为原则,不共享为例外,遵循需求导向,无偿使用等原则。《政府信息公开条例》第13条也明确规定,除依法确定为国家秘密的政府信息,法律、行政法规禁止公开的政府信息,公开后可能危及国家安全、公共安全、经济安全、社会稳定的政府信息,涉及商业秘密、个人隐私等公开会对第三方合法权益造成损害的政府信息以及行政机关的内部事务信息等不公开外,政府信息都应当公开。

就数据安全保护义务适用的数据而言,"重要数据"这个概念非常重要。首次提出"重要数据"概念的是《网络安全法》。该法第21条要求网络运营者应当按照网络安全等级保护制度的要求,采取相应的措施来履行安全保护义务,其中的一项措施就是"采取数据分类、重要数据备份和加密等措施"。此外,该法第37条要求关键信息基础设施的运营者在我国境内运营中收集和产生的个人信息和重要数据应当在境内存储。因业务需要,确需向境外提供的,应当按照国家网信部门会同国务院有关部门制定的办法进行安全评估。《网络安全法》并未界定何为"重要数据"。《数据安全法》也未对重要数据作出界定。依据该法第21条,国家建立数据分类分级保护制度,根据数据在经济社会发展中的重要程度,以及一旦遭到篡改、破坏、泄露或者非法获取、非法利用,对国家安全、公共利益或者个人、组织合法权益造成的危害程度,对数据实行分类分级保护。国家数据安全工作协调机制统筹协调有关部门制定重要数据目录,加强对重要数据的保护。关系国家安全、国民经济命脉、重要民生、重大公共利益等数据属于国家核心数据,实行更加严格的管理制度。各地区、各部门应当按照数据分类分级保护制度,确定本地区、本部门以及相关行业、领域的重要数据具体目录,对列入目录的数据进行重点保护。

2021年8月16日国家互联网信息办公室、国家发改委、工信部、公

---

① 例如,《重庆市数据条例》第3条、《上海市数据条例》第2条第4项、《深圳经济特区数据条例》第2条。

安部与交通运输部联合发布的《汽车数据安全管理若干规定（试行）》第3条第6款将重要数据界定为一旦遭到篡改、破坏、泄露或者非法获取、非法利用，可能危害国家安全、公共利益或者个人、组织合法权益的数据，包括：(1)军事管理区、国防科工单位以及县级以上党政机关等重要敏感区域的地理信息、人员流量、车辆流量等数据；(2)车辆流量、物流等反映经济运行情况的数据；(3)汽车充电网的运行数据；(4)包含人脸信息、车牌信息等的车外视频、图像数据；(5)涉及个人信息主体超过10万人的个人信息；(6)国家网信部门和国务院发展改革、工业和信息化、公安、交通运输等有关部门确定的其他可能危害国家安全、公共利益或者个人、组织合法权益的数据。此外，2022年7月7日国家互联网信息办公室发布的《数据出境安全评估办法》第19条将重要数据界定为"一旦遭到篡改、破坏、泄露或者非法获取、非法利用等，可能危害国家安全、经济运行、社会稳定、公共健康和安全等的数据"。显然，重要数据的安全具有特别重大的意义，为了更好地保护重要数据，防止重要数据被篡改、破坏、泄露或者被他人非法获取、非法利用，从而产生危害国家安全等后果，《数据安全法》第27条第2款与第30条针对重要数据的处理者专门规定了数据安全保护义务的两项特别内容。

第三节　数据安全保护义务的内容

一、数据安全保护义务的基本内容

《数据安全法》第27条第1款对于数据处理者的数据安全保护义务提出了一般性的要求，即建立健全全流程数据安全管理制度，组织开展数据安全教育培训，采取相应的技术措施和其他必要措施，保障数据安全。如果是利用信息网络开展数据处理活动的，则应当在网络安全等级保护制度的基础上，履行前述数据安全保护义务。《网络安全法》第21条、《个人信息保护法》第51条分别就网络运营者如何按照网络安全等级保护的要求履行安全保护义务，以及个人信息处理者如何保护个人信息安全作出了具体的规定。此外，《数据安全法》第29条规定，开展数据处理活动应当加强风险监测，发现数据安全缺陷、漏洞等风险时，应当立即采取补救措施；发生数据安全事件时，应当立即采取处置措施，按照规定及时告知用户并向有关主管部门报告。结合上述规定可知，数据安全保护义务包括以下四项基本内容：(1)建立健全全流程数据安全管理制度；(2)组织开展数据安全教育培训；(3) 采取相应的技术措施和其他必要措施；(4) 风险监测义务与采取补救措施、处置措施的义务。在上述四项内容中，需要研究的是：首先，如何判断数据处理者采取了相应的技术措施和其他必要措施？其次，当存在数据泄露的风险或者已经发生数据泄露时，数据处理者应当采取何种补救措施或处置措施？

1. 采取相应的技术措施和其他必要措施

理论界将数据处理者为保护数据安全而采取的措施大致分为三类：一是物理安全措施（Physical security measures）：这些安全措施旨在保护构成物理计算机系统的有形物品和用于处理、交换和存储数据的网络，包括服务器、用于访问系统的设备、存储设备等。例如，栅栏、墙壁和其他障碍物，锁具、保险箱和保险库，武装警卫，传感器和警铃。二是技术安全措施（Technical security measures）：这些安全措施涉及使用纳入计算机硬件、软件和相关设备的安全措施，旨在确保系统可用性、控制对系统和信息的访问、对寻求访问的人员进行身份验证、保护通过系统传输和存储在系统上的信息的完整性，并在适当的情况下确保机密性。例如，防火墙、入侵检测软件、访问控制软件、防病毒软件、密码、PIN 码、智能卡、生物识别令牌和加密过程。三是行政安全措施（Administrative security measures），也称组织性安全措施，包括管理程序和约束、操作程序、问责程序、政策和补充行政控制，以防止未经授权的访问并提供计算资源和数据的可接受保护级别。行政安全程序通常包括人事管理、员工使用政策、培训和纪律。[1]

从比较法来看，欧盟《一般数据保护条例》将数据控制者采取的措施分为两类：技术性措施与组织性措施（Technical and Organisational Measures）。[2] 该条例第 32 条要求控制者和处理者实施与数据处理风险相适应的技术措施和组织措施，对他们施加数据安全责任。第一步，控制者和处理者必须识别和评估数据处理带来的特定风险，特别注意意外或非法破坏、丢失、更改、未经授权披露或访问个人数据的风险。第二步，他们必须确定并实施安全措施作为缓解措施。[3] 欧盟《一般数据保护条例》要

---

[1] Thomas Smedinghoff, An Overview of Data Security Legal Requirements for All Business Sectors (October 8, 2015), p. 3. Available at SSRN：https://ssrn.com/abstract=2671323 or http://dx.doi.org/10.2139/ssrn.2671323，2023 年 12 月 30 日访问。

[2] Paul Voigt & Axel von dem Bussche, The EU General Data Protection Regulation (GDPR)：A Practical Guide, Springer International Publishing AG, 2017, p. 38.

[3] Christopher Kuner, Lee A. Bygrave & Christopher Docksey ed., The EU General Data Protection Regulation (GDPR)：A Commentary, Oxford University Press, 2020, p. 635.

第十三章　数据安全保护义务

求数据控制者或处理者采取的是"相应的（appropriate）"的技术性措施和组织性措施，这体现了比例原则的要求。也就是说，在确定如何确保数据的安全方面，需要考虑用于实现目标的手段是否与目标的重要性相对应以及是否有利于实现目标。[1] 因此，应根据安全措施是否有合理可能实现其目标来评估安全措施的使用，以及权衡相互竞争的各项利益即评估一项措施对值得保护的合法利益的影响，并根据追求的目标的重要性来确定后果是否合理。在美国，联邦以及州的数据安全保护义务法律体系对数据处理者应当履行的安全保护义务的要求分为三个层次：首先，数据处理者应当评估其面临的安全风险并在此基础上采取合理的举措（reasonable steps）应对该等风险。其次，数据处理者作出的保护数据的努力不仅应当是合理的，适合其资源和风险水平的，还应当是系统的、有组织的。具体而言，包括五个部分：风险评估、正规的政策、组织领导、培训和审计（risk assessment, formal policy, leadership, training and audit）。它们组成了一个循环。最后，数据处理者应当采取基本的技术措施保护数据安全，如访问控制（Access Controls）、加密（Encryption）、多重身份认证（Multifactor Authentication）。[2]

我国《数据安全法》第 27 条将数据处理者采取的措施分为两类，即技术措施与其他必要措施。（1）技术措施就是指数据处理者所采取的确保处理活动合法并保护数据安全的技术方法或技术手段。诚如美国学者莱斯格所言，互联网的性质并不是由上帝的旨意来决定的，而仅仅是由它的架构设计来决定的，"网络可以被设计成这样：我们能够知悉用户是谁，他在哪里以及他在做什么。一旦网络被设计成这样，它就将成为有史以来最具有规制能力的空间"[3]。《网络安全法》第 21 条中列举的技术措施包括：防范计算机病毒和网络攻击、网络侵入等危害网络安全行为的技术措施；监测、记录网络运行状态、网络安全事件的技术措施；数据分类、重要数据备份和加密等措施。《个人信息保护法》第 51 条规定的技术措施包括加密、去标识化等安全技术措施。所谓数据分类，就是指按照某种标准如重要程度对数据进行区分、归类，并加以相应的保护。数据备份是指为了防止系统故障或者其他安全事件而导致数据丢失、毁损，将数据从应用主机

---

[1] Tridimas, The General Principles of EU Law, 2nd. ed., OUP, 2009, p.139.
[2] William McGeveran, The Duty of Data Security, 103 MINN. L. REV. 1171-1175 (2019).
[3] ［美］劳伦斯·莱斯格：《代码2.0：网络空间中的法律》（修订版），李旭、沈伟译，清华大学出版社 2018 年版，第 43 页。

的硬盘或阵列复制、存储到其他介质。① 加密就是指通过加密算法将明文的个人信息变为不可读的一段代码，只有获得密钥的人才能读取原文。经过加密后的个人信息可以很好地防止被他人未经授权的访问或被非法窃取或篡改。加密算法主要有三类，即对称加密算法、非对称加密算法以及哈希算法。通过加密技术，"为每一个数据包配上一把密钥，他人不可以篡改或伪造这把密钥，因此，用户对于数据包的安全性大可放心。同时，这项验证功能也可以在整个互联网上，识别信息的发送方和接收方，因此，几乎完全抹杀了用户匿名的可能性"②。所谓去标识化，是指个人信息经过处理，使其在不借助额外信息的情况下无法识别特定自然人的过程（《个人信息保护法》第73条第3项）。(2) 其他必要措施，是除技术措施之外的其他对于保护数据安全属于必要的措施，理论上也包括了组织、宣传、培训等措施。由于我国《数据安全法》已将"全流程数据安全管理制度，组织开展数据安全教育培训"单列，故此，其他必要措施主要包括数据处理者为履行数据安全保护义务而对于数据处理的内部程序、权限分工与工作流程进行的设计，制定并组织实施数据安全事件的应急预案等。就数据处理者究竟应当采取哪些技术措施，《数据安全法》提出的要求是"相应的"，这与欧盟《一般数据保护条例》相同。所谓相应的，是指与数据处理者所面临的数据安全风险相应，也就是说，数据处理者应当根据其处理的数据的类型、数据处理活动的类型、面临的风险等因素来确定采取的技术措施。对于重要数据以及敏感的个人数据，应当采取更强的技术措施来确保数据的安全。

需要注意的是，《数据安全法》第27条第1款第二句规定，利用互联网等信息网络开展数据处理活动，应当在网络安全等级保护制度的基础上，履行上述数据安全保护义务。我国的网络安全等级保护制度最早是由1994年国务院颁布的《计算机信息系统安全保护条例》所规定的，该条例第9条规定："计算机信息系统实行安全等级保护。安全等级的划分标准和安全等级保护的具体办法，由公安部会同有关部门制定。"2007年公安部、国家保密局、国家密码管理局、国务院信息工作办公室联合印发了《信息安全等级保护管理办法》。该办法依据信息系统受到破坏后对公民、法人和其他组织的合法权益造成的损害的程度，以及是否损害国家安全、

---

① 例如，《不动产登记暂行条例》第9条第2款就明确规定："不动产登记簿采用电子介质的，应当定期进行异地备份，并具有唯一、确定的纸质转化形式。"

② [美]劳伦斯·莱斯格：《代码2.0：网络空间中的法律》（修订版），李旭、沈伟伟译，清华大学出版社2018年版，第61页。

社会秩序和公共利益与损害的程度，将信息系统的安全保护等级分为五级，从第一级到第五级一次规定了每个等级的范围、信息系统运营者的义务及对应的措施。显然，信息安全等级保护制度的分类中也必须考虑处理者所处理的数据的类别。《网络安全法》在前述规定的基础上于第 21 条明确规定，国家实行网络安全等级保护制度。网络运营者应当按照网络安全等级保护制度的要求，履行相应的安全保护义务，保障网络免受干扰、破坏或者未经授权的访问，防止网络数据泄露或者被窃取、篡改。

2. 补救措施和处置措施的类型

依据《数据安全法》第 29 条，数据处理者应当进行风险监测以及在发现风险时采取补救措施，在出现数据安全事件时采取处置措施。《网络安全法》第 25 条以及《个人信息保护法》第 57 条，也分别有相应的规定：前者明确规定了，网络运营者应当制定网络安全事件应急预案，及时处置系统漏洞、计算机病毒、网络攻击、网络侵入等安全风险；在发生危害网络安全的事件时，立即启动应急预案，采取相应的补救措施，并按照规定向有关主管部门报告。后者规定了在发生或者可能发生个人信息泄露、篡改、丢失的时候，个人信息处理者应当立即采取补救措施并履行通知义务。

数据处理者通过风险监测发现数据安全缺陷、漏洞等风险时，应当立即采取补救措施。该补救措施是针对数据安全缺陷、漏洞等风险而言的，既包括技术措施，如修复系统漏洞、进行加密，也包括组织措施，如重新划定数据访问权限等。而在出现了数据安全事件的情况下，需要采取的就是处置措施。所谓数据安全事件，是指人为原因（如工作人员的疏忽或者黑客攻击）、软硬件缺陷或故障、自然灾害等，导致数据泄露、丢失、篡改等对社会造成负面影响的事件。数据安全事件中最常见的就是数据泄露。数据泄露的原因主要有三类：其一，系统故障（IT 和业务流程故障）；其二，人为失误（玩忽职守的员工或承包商无意中引起数据泄露）；其三，恶意攻击（由黑客或犯罪的内部人士引起）。[1] 就个人数据泄露而言，用户凭证被盗是最常见的数据泄露的根本原因，利用泄露的用户凭证是攻击者最常用的切入点。[2] 客观上来说，导致个人数据泄露危险增加的因素包括：个人信息的保存时间；个人信息的扩散，即现有的个人信息的

---

[1] Robert L. Rabin, Perspectives on Privacy, Data Security and Tort Law, 66 DEPAUL L. REV. 314 (2017).

[2]《IBM 报告：数据泄露成本在新冠病毒疫情期间创历史新高》，IBM 中国官网，https://www.ibm.com/news/cn/zh/2021/07/29/20210729.html，2022 年 12 月 29 日访问。

副本数量；访问因素，即有权限访问个人信息的人数、能够访问个人信息的方式以及获取访问权限的难易程度；流动性，即访问、传输及其处理个人信息的方式所需要的时间；价值因素，即个人信息的价值。① 根据 IBM Security 发布的《2022 年数据泄露成本报告》，2022 年全球数据泄露事件给企业和组织造成的经济损失和影响力度达到前所未有的水平，单个数据泄露事件给来自全球的受访组织造成了平均高达 435 万美元的损失，全球数据泄露成本在过去两年间上涨近 13%。2022 年全球数据泄露的每条记录成本为 164 美元。该报告还发现，83% 的受访组织遭遇过不止一次的数据泄露事件。② 一旦发生数据泄露等数据安全事件，数据处理者应当立即采取处置措施，按照规定及时告知用户并向有关主管部门报告。这些处置措施包括消除导致数据泄露的程序漏洞、修改密码、暂停服务等，从而防止数据被进一步泄露或非法窃取以及避免或减少由此给他人合法权益、国家安全等造成的损害与风险。

二、数据安全保护义务的特别要求

对于重要数据的处理者，《数据安全法》规定了两项特别的数据安全保护义务：一是，明确数据安全负责人和管理机构的义务，从而落实数据安全保护责任（第 27 条第 2 款）。二是，定期开展风险评估的义务（第 30 条）。同时，《个人信息保护法》也针对特殊的个人信息处理者以及特定的个人信息处理活动，为个人信息处理者规定了两项特别的义务：一是，指定个人信息保护负责人的义务（第 52 条）；二是，个人信息保护影响评估与记录的义务（第 55～56 条）。

（1）确定数据安全负责人和管理机构的义务。这有助于更好地对数据处理活动进行监督和管理，开展数据安全教育培训，提供预防数据泄露等数据安全保护方面的专业知识。③ 数据安全负责人制度以及个人信息保护负责人制度都是借鉴了国外的"数据保护官（Data protection officer，简称 DPO）"制度。德国是最早引入数据保护官（Datenschutzbeauftragter）概念的国家，1977 年的《德国联邦数据保护法》第 38 条就规定，企业负有法定义务：任命数据保护官，作为政府数据保护机关监管职能的补充，从而

---

① ［美］雪莉·大卫杜夫：《数据大泄露：隐私保护危机与数据安全机遇》，马多贺、陈凯、周川译，机械工业出版社 2021 年版，第 36 页。
② IBM Security：《2022 年数据泄露成本报告》，IBM 中国官网，https://www.ibm.com/reports/data-breach，2023 年 1 月 2 日访问。
③ Paul Lambert, The Data Protection Officer-Profession, Rules and Role, Taylor and Francis, 2017, pp. 209 – 210.

实现企业的自我监督。① 此后，法国（1978 年）、比利时（1992 年）、波兰（1997 年）、瑞典（1998 年）、英国（1998 年）等国家相继规定了数据保护官。② 1995 年《个人数据保护指令》第 18 条第 2 款规定，如果数据控制者根据相关国家的法律任命了个人数据保护官负责确保在内部以独立的方式执行根据本指令所制定的国家规定以及保留数据控制者进行的处理操作的登记，则可以简化或免除向监督机关通知的义务。这是欧盟法律中首次出现个人数据保护官的概念。2000 年 12 月 18 日欧洲议会与理事会颁布了《针对欧共体机构和组织所处理的个人数据的保护及此类数据的自由流动条例》(EC 45/2001)，该条例的第 8 节（第 24~26 条）对数据保护官的任命与任务、对数据保护官的通知与通知的内容、数据保护官对通知的记录等内容出了规定。不过，该条例只是要求欧共体机构和组织设立数据保护官，并不适用于私营企业。2018 年的欧盟《一般数据保护条例》对数据保护官作出了更加全面的规定。依据该条例第 37 条，只要符合规定情形的数据的控制者与处理者，无论是公权力部门或机构还是企业或企业集团，都必须设立数据保护官。此外，该条例第 38 条与第 39 条就数据保护官的地位和任务作出了详细的规定。第 29 条工作组认为，"数据保护官将成为促进诸多组织遵守欧盟《一般数据保护条例》条款的新的法律框架的核心"，"数据保护官是问责制的基石，任命数据保护官可以促进合规，成为企业的竞争优势"，"数据保护官还充当了各个利益相关方（如监管机构、数据主体以及组织内部的业务部门）的中间人"③。

就我国法而言，如果数据处理者处理的数据是重要数据，就必须确定数据安全负责人和管理机构；同时，如果数据处理者处理的数据包括了个人信息并且处理个人信息达到国家网信部门规定的数量，那么还必须指定个人信息保护负责人。当然，数据安全负责人和个人信息保护负责人可以是同一人。所谓处理个人信息达到国家网信部门规定的数量究竟是多少，目前没有直接的规定。但是，《个人信息保护法》第 40 条规定了处理个人信息达到国家网信部门规定数量的个人信息处理者确需向境外提供的，应当通过国家网信部门组织的安全评估，而国家网信办颁布的《数据出境安

---

① Lothar Determann, Determann's Field Guide to Data Privacy Law, International Corporate Compliance, 3rd. ed., Edward Elgar, 2017, p. 5.

② Miguel Recio, Data Protection Officer: The Key Figure to Ensure Data Protection and Accountability, EDPL, 2017 (1), pp. 114-115.

③ Article 29 Data Protection Working Party, Guidelines on Data Protection Officers ("DPOs"), Adopted on 13 December 2016, WP 243 rev. 01, p. 4.

全评估办法》第 4 条第 2 项规定，处理 100 万人以上个人信息的数据处理者向境外提供个人信息的，应当经过安全评估。故此，可以认为，数据处理者处理 100 万人以上个人信息的，必须要指定个人信息保护负责人。

（2）定期开展风险评估并报告的义务。依据《数据安全法》第 30 条，重要数据的处理者应当按照规定对其数据处理活动定期开展风险评估，并向有关主管部门报送风险评估报告。风险评估报告应当包括处理的重要数据的种类、数量，开展数据处理活动的情况，面临的数据安全风险及其应对措施等。这主要是因为重要数据的处理涉及国家安全、社会稳定、公共安全等重要的利益，一旦这些数据遭到篡改、破坏、泄露或者非法获取、非法利用等，就很可能危害前述重要利益。故此，重要数据的处理者要定期开展风险评估。所谓定期究竟是多长时间，首先依据法律法规的规定，如《关键信息基础设施安全保护条例》第 17 条就明确要求，关键信息基础设施的运营者应当自行或者委托网络安全服务机构对关键信息基础设施每年至少进行一次网络安全检测和风险评估，对发现的安全问题及时整改，并按照保护工作部门要求报送情况。如果数据处理者处理的数据包括了个人信息，那么依据《个人信息保护法》第 55、56 条的规定，在实施以下个人信息处理活动之前，个人信息处理者应当先进行个人信息保护影响评估，并对处理情况进行记录：（1）处理敏感个人信息；（2）利用个人信息进行自动化决策；（3）委托处理个人信息、向其他个人信息处理者提供个人信息、公开个人信息；（4）向境外提供个人信息；（5）其他对个人权益有重大影响的个人信息处理活动。

《数据安全法》中针对重要数据的处理者的风险评估和《个人信息保护法》规定的个人信息保护影响评估，既有相同之处，也有区别。相同之处在于它们都有助于保护数据的安全，二者的区别在于主要功能与内容不同。针对重要数据的处理者的风险评估的根本目的是保护数据安全，做到防患于未然或者亡羊补牢，因此，风险评估可以在数据安全事件没有发生时进行，也可以在已经发生了数据安全事件之后进行，其主要功能就是评估数据处理活动是否存在风险、潜在风险的严重性、危险的频率以及确认避免危险的措施等。[①] 风险评估报告内容包括处理的重要数据的种类、数量，开展数据处理活动的情况，面临的数据安全风险及其应对措施等。个人信息保护影响评估属于预防性的个人信息保护手段，主要是针对那些对于个人权益可能造成高风险的个人信息处理活动展开的。也就是说，个人

[①] 龙卫球主编：《中华人民共和国数据安全法释义》，中国法制出版社 2021 年版，第 102 页。

信息处理者在实施此类高风险的个人信息处理活动之前，开展评估，确定处理目的、处理方式等是否合法、正当、必要，该处理活动对个人权益产生何种影响及风险程度如何，个人信息处理者所采取的安全保护措施是否合法、有效并与风险程度相适应，并在评估结论的基础上决定是否实施该处理活动以及如何在符合法律、行政法规的情形下安全地实施该处理活动。因此，个人信息保护影响评估在个人信息保护方面当然具有防患于未然的作用。同时，个人信息保护影响评估也可以科学地协调个人信息权益保护与个人信息合理利用的关系。高风险意味着更重的义务与责任，基于责任原则，个人信息处理者应当对其个人信息处理活动负责，并采取必要措施保障所处理的个人信息的安全（《个人信息保护法》第9条）。个人信息处理者不是不可以从事高风险的处理活动，但需要为此负责，要承担更高的注意义务，采取更严格的安全保护措施，事前的个人信息保护影响评估与记录义务正是责任原则的体现。此外，个人信息保护影响评估及其记录也有助于证明个人信息处理活动符合法律、行政法规的要求，也就是说，处理者可以通过向监管机关提供该记录来证明处理行为的合法性。例如，第29条工作组在其发布的Data Protection Impact Assessment，简称（DPIA）指南中认为，"数据保护影响评估"是一个旨在描述处理的过程，评估其必要性和比例性，并通过评估因处理个人数据而对自然人的权利和自由所造成的风险以及提出解决的措施，来对此等风险加以管理。DPIA是问责制的重要工具，其不仅有助于控制者遵守《一般数据保护条例》的要求，也有助于其证明已经采取了适当的措施来确保遵守该条例。一言以蔽之，DPIA就是一个建立并证明合规性的程序。[1]

第四节　违反数据安全保护义务的法律责任

一、违反数据安全保护义务的行政责任与刑事责任

违反数据安全保护义务所产生的法律责任包括行政责任、刑事责任以及民事责任。例如，《数据安全法》第45条对于开展数据处理活动的组织、个人不履行该法第27条、第29条、第30条规定的数据安全保护义务的情形，依据后果严重程度不同，分别规定了责令改正、给予警告、罚

---

[1] Article 29 Data Protection Working Party, Guidelines on Data Protection Impact Assessment (DPIA) and determining whether processing is "likely to result in a high risk" for the purposes of Regulation 2016/679, WP 248 rev. 01, As last Revised and Adopted on 4 October 2017, p. 4.

款、责令暂停相关业务、停业整顿、吊销相关业务许可证或者吊销营业执照等不同的行政处罚。再如，《个人信息保护法》第66条对于处理个人信息未履行该法规定的个人信息保护义务的情形，也依据情节严重程度不同分别规定了责令改正，给予警告，没收违法所得，对违法处理个人信息的应用程序，责令暂停或者终止提供服务，以及罚款、责令暂停相关业务或者停业整顿、通报有关主管部门吊销相关业务许可或者吊销营业执照等行政处罚。需要注意的是，个人信息违法行为情节严重的，依据《个人信息保护法》第66条第2款，只能由省级以上履行个人信息保护职责的部门责令改正，没收违法所得，并处5 000万元以下或者上一年度营业额5%以下罚款，并可以责令暂停相关业务或者停业整顿、通报有关主管部门吊销相关业务许可或者吊销营业执照；对直接负责的主管人员和其他直接责任人员处10万元以上100万元以下罚款，并可以决定禁止其在一定期限内担任相关企业的董事、监事、高级管理人员和个人信息保护负责人。

对于数据处理者违反数据安全保护义务的刑事责任，《个人信息保护法》《数据安全法》都只是作了衔接性的规定。《个人信息保护法》第71条规定："违反本法规定，构成违反治安管理行为的，依法给予治安管理处罚；构成犯罪的，依法追究刑事责任。"《数据安全法》第52条第2款规定："违反本法规定，构成违反治安管理行为的，依法给予治安管理处罚；构成犯罪的，依法追究刑事责任。"也就是说，是否构成犯罪以及如何追究刑事责任，都必须依照《刑法》的规定。例如，《刑法》第286条之一规定了拒不履行信息网络安全管理义务罪。依据该条，网络服务提供者不履行法律、行政法规规定的信息网络安全管理义务，经监管部门责令采取改正措施而拒不改正，致使违法信息大量传播的，或者致使用户信息泄露，造成严重后果的，或者致使刑事案件证据灭失，情节严重的，处3年以下有期徒刑、拘役或者管制，并处或者单处罚金；如果是单位犯该罪的，对单位判处罚金，并对其直接负责的主管人员和其他直接责任人员，依照规定处罚。再如，倘若数据处理者违反国家规定，对计算机信息系统中存储、处理或者传输的数据进行删除、修改、增加的操作，后果严重的，将构成破坏计算机信息系统罪，依照《刑法》第286条第1款的规定，处5年以下有期徒刑或者拘役；后果特别严重的，处5年以上有期徒刑。

二、违反数据安全保护义务的民事责任

对于违反数据安全保护义务的民事责任，《数据安全法》只是作了一个宣示性的规定。该法第52条第1款规定："违反本法规定，给他人造成损害的，依法承担民事责任。"该款中的民事责任既包括侵权责任，也包括违约责任。违约责任主要涉及违约金、损害赔偿等，由当事人在合同中加以约定，适用《民法典》合同编的相关规定。由于违约责任以当事人之间存在有效的合同约定为前提，故此本部分主要讨论违反数据安全保护义务的侵权责任中的两个问题：一是侵权赔偿责任的归责原则；二是侵权赔偿责任的类型。

（一）侵权赔偿责任的归责原则

数据处理者违反数据安全保护义务，导致数据泄露、丢失、篡改或被他人窃取、非法利用，构成对他人人身、财产权益的侵害，从而造成他人损害的，数据处理者需要承担侵权赔偿责任。由于《数据安全法》第52条第1款只是规定"依法"承担民事责任，而这个"依法"实际上就属于指引性的规范，即在有相应的法律作出规定时，适用该法律；没有规定的，应当适用《民法典》关于侵权赔偿责任的基本归责原则的规定，即第1165条第1款的过错责任。

从我国现行法律规定来看，只有《个人信息保护法》作出了特别的规定。申言之，对于个人信息处理者因处理个人信息侵害个人信息权益造成损害的侵权赔偿责任，《个人信息保护法》第69条第1款专门规定了过错推定责任，即个人信息处理者必须证明自己没有过错，否则就推定其有过错。这主要是考虑到个人在个人信息处理活动中处于弱势地位，要求其证明个人信息处理者具有过错非常困难，为了更好地保护个人信息权益，法律上专门作出了规定。[1] 故此，在数据处理者处理的是个人数据时，其违反数据安全保护义务导致个人数据泄露、丢失、篡改或被他人窃取、非法利用的，应当适用《个人信息保护法》第69条规定的过错推定责任。

数据处理者所处理的是非个人数据，其违反数据安全保护义务，给他人造成损害的，应当依据《民法典》第1165条第1款的过错责任原则承担侵权赔偿责任。也就是说，被侵权人需要证明数据处理者存在过错，不过这并不非常困难。如前所述，数据安全保护义务主要来自法律规定，即由《数据安全法》等法律作出了明确规定，而法律对于数据安全保护义务的规范显然属于保护性规范，即"以保护他人为目的的法律（Schutzgesetz）"。我国民法学界认为，保护性规范以保护作为私主体的他人为全部或部分目的，该规范所规定的行为义务已经明确界定了行为人对他人的义

---

[1] 程啸：《侵害个人信息权益的侵权责任》，《中国法律评论》2021年第5期；王苑：《私法视域下的个人信息权益论》，《法治研究》2022年第5期；杨合庆主编：《中华人民共和国个人信息保护法释义》，法律出版社2022年版，第168页。

务，是行为人对特定人或特定群体的私人所应负的义务，且过错往往就是行为人违反了其对特定人或特定群体的私人应负的义务。[①] 故此，数据处理者违反关于数据安全保护义务的法律规范的行为可以被推定为具有过错。

（二）侵权赔偿责任的类型

从发生的原因来看，数据处理者违反数据安全保护义务给他人造成的损害可以分为以下三种具体类型：

（1）单个数据处理者单独给他人造成损害的情形。例如，A公司因过失导致B公司的数据在处理中被毁损或者丢失，这种情形下，A公司违反数据安全保护义务的行为单独给B公司造成了损害。A公司应当向B公司承担侵权赔偿责任。

（2）数据处理者与其他主体实施共同侵权造成他人损害的情形。例如，两个数据处理者共同处理个人数据的过程中出现个人数据的泄露而给他人造成损害；再如，数据处理者与第三人非法买卖数据而造成他人损害，或者数据处理者帮助第三人非法利用数据侵害他人权益等。这些情形中数据处理者的行为与其他主体的行为往往构成共同侵权行为，此时，依据《民法典》第1168条至第1171条，数据处理者与第三人应当承担连带赔偿责任。[②]

（3）数据处理者并未与第三人共同故意实施侵权行为，而是数据处理者违反数据安全保护义务的行为与第三人的侵权行为相互结合给他人造成损害。例如，C公司没有依照法律规定对于个人数据采取相应的保护措施，以致数据被黑客窃取后非法出售给E，E又利用这些数据实施电信网络诈骗，导致F、G等个人被骗，遭受巨额财产损失。在这种情形下，如果能够找到直接侵权人E，E当然要就其给F、G造成的全部损害承担赔偿责任。问题是：C公司究竟如何承担责任呢？在不能查明直接侵权人或者直接侵权人没有赔偿能力的情形下，C公司是否应当承担侵权责任？对此，有的学者认为，应当区分为不同的情形来考虑。数据处理者的数据被第三人非法窃取，而第三人是因过失导致数据被泄露、公开的，数据处理者与第三人均有过失，应当依照《民法典》第1172条承担按份责任；第

[①] 王利明：《侵权责任法研究》（第二版）（上卷），中国人民大学出版社2018年版，第351页；程啸：《侵权责任法》（第三版），法律出版社2021年版，第309页；朱虎：《规制性规范违反与过错判定》，《中外法学》2011年第6期。

[②] 程啸：《论个人信息共同处理者的民事责任》，《法学家》2021年第6期；阮神裕：《民法典视角下个人信息的侵权法保护——以事实不确定性及其解决为中心》，《法学家》2020年第4期。

三人在非法窃取数据后故意实施了侵权行为的，此时，数据处理者仅仅是过失，而第三人是故意，二者的责任性质处于不同的层次，无法成立共同侵权行为，应当类推适用《民法典》第1198条第2款而要求数据处理者承担第三人的行为介入时的补充责任。①

笔者认为，数据处理者违反数据安全保护义务，导致数据被第三人故意窃取或偶然取得，进而又被非法利用，从而给他人造成损害，对此数据处理者都是能够预见的。虽然数据处理者本身不能预见被泄露的数据究竟是为第三人故意窃取还是偶然取得，也不能预见该等数据是被第三人所非法利用，还是第三人故意非法出售给他人，抑或第三人也是因为过失而泄露以致为他人所取得，只要数据处理者能够预见到数据泄露后给数据主体造成损害的可能性（危险的增加），就足够了。至于第三人取得数据是故意窃取、偶然所得，具体非法利用数据造成损害的加害人是谁、给何人造成何种损害以及损害的大小等，不需要数据处理者能够预见。从因果关系的角度来看，数据处理者违反数据安全保护义务的行为与民事权益被侵害以及损害之间已经存在相当因果关系。数据处理者应当对于被侵权人的损害承担与其过错、原因力相应的责任。至于直接给被侵权人造成损害的第三人，无论是因为故意还是过失造成的损害，该第三人都应当就被侵权人的全部损害承担责任。第三人与数据处理者就他们赔偿范围重叠的部分承担连带责任，而就超出的部分，第三人应当单独承担赔偿责任。故此，无论第三人是故意还是过失，数据处理者都不与第三人承担按份责任，更不能类推适用《民法典》第1198条第2款的第三人侵权时安全保障义务人承担的相应的补充责任。理由在于：首先，在数据处理者没有履行数据安全保护义务而导致第三人窃取数据时，窃取数据的第三人本身就是故意的，至于其此后是否过失导致数据被公开或泄露，无须考虑，即该第三人应当就被侵权人遭受的全部损害承担赔偿责任。其次，即便不考虑《民法典》第1198条的安全保障义务仅适用于物理空间而不适用于网络空间②，单就义务的内容而言，数据安全保护义务也有别于《民法典》第1198条第2款规定的安全保障义务。所谓数据安全本身就意味着数据安全保护义务人要采取必要措施，确保数据处于有效保护和合法利用的状态以及具备保障持续安全状态的能力。数据安全保护义务包含了防止数据被他人非法利用的内容，这种义务是直接对数据处理者所提出的要求，义务人应当采

---

① 谢鸿飞：《个人信息处理者对信息侵权下游损害的侵权责任》，《法律适用》2022年第1期。
② 程啸：《侵权法的希尔伯特问题》，《中外法学》2022年第6期。

取相当高度注意来履行义务，其强度远远大于《民法典》第 1198 条第 2 款规定的安全保障义务人负有的预防和制止第三人实施侵权行为的义务的强度。[1] 数据处理者没有履行数据安全保护义务（例如没有对数据处理活动加强风险检测，未能发现数据安全缺陷、漏洞等风险），从而导致数据被第三人非法窃取的，无论第三人是故意地还是过失地利用非法窃取的数据造成他人损害，数据处理者对于此种损害的发生都具有过错和原因力，其要为自己违反数据安全保护义务的后果负责，应当承担相应的赔偿责任。其在承担相应的赔偿责任后不能向第三人追偿，第三人如果就全部损害承担了赔偿责任，也不能向数据处理者追偿。

---

[1] 程啸：《侵权责任法》（第三版），法律出版社 2021 年版，第 524 页。

第十四章　数据跨境流动[①]

第一节　数据跨境流动的立法模式

一、导言

数据承载了特定的法益，当今信息网络时代，以数据为客体的权益处在不断成长的过程中，甚至有望发展成为与物权、知识产权相并列的一种独立的新型财产权。数据已成为国家的重要战略资源和竞争要素，当货物、贸易和资金的流动趋于平缓的时候，数据的跨境流动大幅增长、方兴未艾。[②] 在事实层面，数据跨境流动是指数据在不同的国家或地区之间移转，这也包括数据虽然存储在国内，但第三国的人员可以访问该数据的情形。在法律层面，数据跨境流动可能导致数据权益主体的变化，也可能没有发生这种变化。[③] 例如，位于 A 国的跨国公司甲将收集到的 A 国公民的个人信息传输给其位于 B 国的分支机构，此时，虽然发生了数据跨境流动，但并没有导致数据权益主体的变更。

从私法的角度来看，大数据集合是受法律保护的财产权益，因此，大数据集合在不同的主体之间流转意味着数据权益主体的转变。自潘德克顿法学以来，物债二分成为私法财产权体系的两大支柱，物权法（财产法）

[①] 欧盟数据保护委员会区分了"数据跨境流动（data flow）"和"数据跨境传输（data transfer）"。EDPB, Guidelines 05/2021 on the Interplay between the application of Article 3 and the provisions on international transfers as per Chapter V of the GDPR, pp. 15-16. 本书考虑到我国法律法规的用语习惯，没有在语词上区分"数据跨境流动（data flow）"和"数据跨境传输（data transfer）"，本书所指的"数据跨境流动"="数据跨境传输"。

[②] 李爱君、王艺：《数据出境法学——原理与实务》，法律出版社 2023 年版，第 84 页。

[③] 全球立法对数据跨境的界定呈现为产生端以属地为主，接收端则存在属人、属地及兼具属人与属地等多种模式。张奕欣等：《从数据跨境流动的域外规制看中国对策》，《重庆邮电大学学报（社会科学版）》2022 年第 2 期。

调整物（财产）的归属和利用，债法调整财产在不同主体之间的流转，一静一动，相互配合，促成私法自治的实现。在物债二分的财产权体系中，数据确权属于财产法的调整范畴，数据的流通和交易属于债法的调整范畴。因此，大数据集合在不同主体之间的跨境流动主要借助债法（尤其是合同法）得到实现，标准合同条款在数据跨境流动的过程中起到了至关重要的作用。然而，当数据包含个人信息时，这样的数据就成为个人数据，数据上承载的法益就不再是单纯的财产权益，而是兼具财产权益和人格权益。自由流转是财产权益的重要特性。如果一项"财产权"无法自由流转，则名不副实，难谓真正的财产权。信息天然就具有自由流动的性质（Information wants to be free），数据权益是典型的财产权益。但个人数据（信息）的流转无时无刻不受到信息主体意志的约束。个人信息权益是《民法典》《个人信息保护法》所明确规定的一种具体人格权，其核心为信息主体对于个人信息的自我决定，虽然信息主体不能像支配物权一样绝对（对世）地支配自己的个人信息，但信息主体可以在一定程度上排除他人的干扰，控制自身个人信息的流向。当蕴含个人信息的大数据集合跨境流动时，既要取得信息主体的同意或存在其他正当化事由，也要符合个人信息保护相关的法律法规提出的要求，防止个人信息权益在跨境流动的过程中受到侵害，进而威胁信息主体的人身自由和人格尊严。①

二、比较法上的数据跨境流动模式

在个人数据（信息）跨境流动的过程中，数据（信息）的自由流动和信息主体人格权保护之间始终存在着紧张关系，甚至可能发生冲突。② 从比较法来看，存在两种具有代表性的数据跨境流动模式：一种是将数据自由流动或市场繁荣置于优先地位的美国模式，另一种是优先考虑人格权（尤其是个人信息权益）保护的欧盟模式。这两种制度模式相互博弈，其背后一方面是不同的价值立场之争，另一方面更是国与国之间政治力量的较量，是国家间对数据跨境流动规制主导权的争夺③，根本上是各个国家

---

① 联合国呼吁各国采取更加平衡的全球数据治理方针，既要有助于确保数据能够视需要尽可能自由地跨境流动，又要在国家内部和国家之间实现公平的利益分配，同时又能应对人权和国家安全方面的风险。在数据驱动的数字经济的新背景下，所有权和主权等概念正受到挑战。重要的不是确定谁"拥有"数据，而是谁有权访问、控制和使用数据。联合国贸易和发展会议：《数字经济报告 2021——跨境数据流动与发展：数据为谁流动（概述）》，https://unctad.org/system/files/official-document/der2021_overview _ ch.pdf，第 1 页，第 4-5 页。

② 盛祥、于琳、黄海瑛：《跨境数据本地化：主权考量、安全底线与战略定位》，《图书馆论坛》2023 年第 9 期。

③ 齐鹏：《数字经济背景下"一带一路"跨境数据传输的法律规制》，《法学评论》2022 年第 6 期。

对数据主权的争夺。① 除了以美国为代表的市场本位模式和以欧盟为代表的人格权优先模式这两种当今世界的主导性数据跨境流动模式,还有像以俄罗斯、巴西为代表的数据主权与数据本地化模式。②

不同国家立法所确立的个人数据跨境流动模式既反映出该国对于个人数据保护的态度,也折射出其背后的文化、经济和政治的考量。欧洲经历了两次世界大战,取得了深刻的经验教训,在《欧洲人权公约》和《欧盟基本权利宪章》的框架下,欧盟法自然是将人权保护置于首位。美国是互联网产业的主导国,很早就意识到个人数据在数字经济时代所潜藏的巨大商业价值,自然更注重数据的自由流动和充分利用。俄罗斯则因为互联网技术相对欠发达,为了维护其国家安全,自然采取数据本地化的防御性策略,维护自身的数据主权。

借助类型化的方法,以美国为代表的市场本位模式和以欧盟为代表的人格权优先模式更像是数据保护模式光谱上的两个极端。当今世界范围内各国的数据立法很少采取绝对的自由主义或严格的本地化限制,更多的是在数据分类分级的基础上进行区分保护,在"共同体"内部采取数据自由流动模式,在"共同体"外部则限制数据的自由流动。美欧的数据保护模式也在很大程度上既相互竞争又相互影响。这样的现象本质上是逆全球化、强区域化趋势在网络空间中的体现。以下分别对美国和欧盟的数据流动模式进行详细讨论,在此基础上就会更容易理解介于两种模式之间的各种混合模式。③

(一)以美国为代表的市场本位模式

以美国为代表的市场本位模式重视贸易优先,强调数据的自由流动,根本上是自由主义的体现。美国联邦层面没有统一的个人数据保护立法,州层面的个人数据保护立法也是补丁式或拼凑型的。市场本位模式将网络用户视为消费者,消费者仅在存在商业欺诈或不公平交易行为时受到保护,这是一种消极的保护,消费者针对自己的个人信息被他人处理并不享

---

① 高艳东:《跨境数据流动,须坚持主权至上》,https://baijiahao.baidu.com/s?id=1771706372114753116&wfr=spider&for=pc,2023年9月14日访问。

② 张奕欣等:《从数据跨境流动的域外规制看中国对策》,《重庆邮电大学学报(社会科学版)》2022年第2期。联合国认为世界范围内颇具影响力的数据跨境流动治理模式主要有三种,分别是:美国模式强调私营部门对数据的控制,中国模式强调政府对数据的控制,而欧盟赞成在基本权利和价值观的基础上由个人控制数据。联合国贸易和发展会议:《数字经济报告2021——跨境数据流动与发展:数据为谁流动(概述)》,https://unctad.org/system/files/official-document/der2021_overview_ch.pdf,第6页。

③ 邵怿:《跨境数据流动规制的自由化与本地化之辩》,《政法论丛》2023年第5期。

有一系列积极的权利。[①] 这种模式能够充分调动企业的积极性，激发数字创新，但是难以达到欧盟法所要求的严格的人格权保护水平。美国隐私法按照部门行业分别确定相应的数据保护标准，并以此为依据将经济生活中尤为重要的各项领域的监管与自我监管结合起来，仅针对那些被识别为面临数据保护违规风险的特定行业或领域的个人数据保护进行监管，不像欧盟那样不区分部门行业而建立统一的个人数据保护的一般规则。[②]

在联邦立法层面，美国重点关注消费者保护领域、儿童保护领域、医疗领域和金融领域的数据保护，并分别就这几个领域颁布了《联邦贸易委员会法》（Federal Trade Commission Act）、《儿童在线隐私保护法》（COPPA）、《健康保险携带和责任法案》（HIPAA）、《公平信用报告法》（FCRA）、《公平和准确信用交易法》（FACTA）以及《家庭教育权利和隐私法案》（FERPA），附带性地或专门对各领域的数据隐私和数据安全加以保护。联邦层面的执法活动主要由联邦贸易委员会（FTC）以及联邦通信委员会（FCC）负责，卫生与公众服务部（HHS）是负责实施《健康保险携带和责任法案》的主导机构，美国证券交易委员会（SEC）虽然在传统上不被认为是隐私和网络安全的监管机构，但近些年也开始颁布网络安全披露规则并着重对其执行情况进行监督。

在州立法层面，最值得关注的是加利福尼亚州颁布的数据隐私保护方面的法律。因为很多高新技术和互联网企业都设立在加利福尼亚州，这促使加利福尼亚州在保护数据隐私和数据安全的立法和司法实践方面均走在其他州的前面。2018年美国的加利福尼亚州通过了《加州消费者隐私法》（CCPA），该法于2020年1月1日生效，于2020年7月1日开始施行。此后，该法被2020年11月3日通过，2023年1月1日生效的《加州隐私法》（CPRA）所取代，美国第一个州层面的隐私保护机构——加利福尼亚州隐私保护局即根据该法而设立。[③] 其他州有关数据隐私和数据保护的立法有《特拉华州在线隐私和保护法》《伊利诺伊州知情权法案》《新泽西州个人信息和隐私保护法》《华盛顿州生物识别隐私法》《纽约金融管理局网络安全条例》等。

为了推动国家间的数据自由流动，美国积极开展双边和多边的对话与

---

① 梅傲：《数据跨境传输的新发展与中国因应》，《法商研究》2023年第4期。
② ［波］马里厄斯·克里斯奇托弗克：《欧盟个人数据保护制度——〈一般数据保护条例〉》，张韬略译，商务印书馆2023年版，第329、388页。
③ ［波］马里厄斯·克里斯奇托弗克：《欧盟个人数据保护制度——〈一般数据保护条例〉》，张韬略译，商务印书馆2023年版，第410-411页。

合作。美国和欧洲先后达成了"安全港"协议（2000年）和"隐私盾"协议（2016年），但欧盟法院先后宣布欧盟委员会"安全港"和"隐私盾"框架法律充分性的决定无效，这直接导致美欧间的"安全港"协议和"隐私盾"协议归于无效，目前美欧之间又形成了有关大规模数据传输的新框架。除了欧盟，美国还于2012年和韩国签署了《美韩自由贸易协定》，将数据跨境流动引入自由贸易协定，该协定第15条第8款规定美韩应"尽力避免对电子信息跨境流动施加或保持不必要的障碍"。2018年11月30日，美国、墨西哥、加拿大三国领导人在阿根廷首都布宜诺斯艾利斯签署了《美国-墨西哥-加拿大协定》，替代了1992年签署的《北美自由贸易协定》。2020年1月29日，美国时任总统唐纳德·特朗普签署修订后的《美国-墨西哥-加拿大协定》。该协定的第19章对数字贸易进行了规定，第19.8条规定在保护数字贸易用户个人信息的同时，缔约各方应考虑相关国际机构的原则和指导方针，如亚太经合组织的隐私框架和经合组织理事会关于隐私保护和个人数据跨境流动指导方针的建议（2013年），各缔约方认识到亚太经合组织跨境隐私规则体系是便利跨境信息传输、同时保护个人信息的有效机制。

美国还试图建立数据跨境流动的国际规则，通过订立一系列国际公约不断增强自身在数据跨境流动领域的话语权。2004年，美国促成亚太经合组织通过了《隐私框架》，该框架规定了个人隐私和数据保护的九大原则，其中第69条明确规定了"应避免限制成员国之间的个人信息跨境流动"。2013年，亚太经合组织通过《跨境隐私规则体系》（CBPR），其规定如果成员国遵守《隐私框架》的九大原则，则个人数据可以在成员国之间自由流动而无须受到其他限制。经由美国主导，12个国家于2015年达成《跨太平洋战略经济伙伴协定》（TPP），各缔约国承诺，在个人数据保护等合法政策目标得到保障的前提下，鼓励数据跨境流动，禁止数据本地化。[①] 尽管美国于2017年退出TPP，但该协定仍然持续且深刻地影响着数据跨境流动。2017年12月，《全面与进步跨太平洋伙伴关系协定》（CPTPP）生效。该协定的电子商务篇继承了TPP中禁止数据本地化的原则，认为各个成员国应当以能够实现合法公共政策目标为限，尽可能不限制商业行为的电子数据传输。[②]

---

① 王融、陈志玲：《从美欧安全港框架失效看数据跨境流动政策走向》，《中国信息安全》2016年第3期。

② 张奕欣等：《从数据跨境流动的域外规制看中国对策》，《重庆邮电大学学报（社会科学版）》2022年第2期。

近些年美国政府开始重视国家安全和本国公民的人权保障，采取一系列强监管措施限制美国公民和美国政府的"敏感数据"出境，同时限制某些数据驱动型外国企业进入其市场。① 这将影响到今后美国有关数据跨境流动的立法。笔者将在"数据跨境流动监管"的部分对此展开详细讨论。

（二）以欧盟为代表的人格权优先模式

欧盟采取的数据跨境流动模式可以被概括为人格权优先模式或权利本位模式。个人数据受保护作为一种基本权利被写入《欧盟基本权利宪章》第8条。根据该条，处理个人数据要么取得数据主体的同意，要么存在其他合法性基础；每个人都有权利访问和修改被收集的与其相关的数据；遵守这些规则应当受到独立机构的监督。

2018年施行的欧盟《一般数据保护条例》（GDPR）是世界上最为严格的个人数据保护法之一，且其无须被转化为国内法，具有在欧盟各个成员国直接适用的效力。该条例第三章规定了在数据处理过程中信息主体享有的一系列权利，这些权利使在经济和技术上处于弱势地位的信息主体能够与处理者相抗衡，从而充分保障在数据处理的各个环节中信息主体对其个人数据的控制。针对个人数据的流动，欧盟《一般数据保护条例》进行了严格的"内外区分"②，在欧盟成员国以及《欧洲经济区协议》（EWR-Abkommens）③ 成员国内部数据法整体上取得了协调一致，个人数据的自由流动不得出于数据保护的理由被禁止或限制（《一般数据保护条例》第1条第3款④），而个人数据离开这一协调一致的内部空间，必须符合《一

---

① 联合国贸易和发展会议：《数字经济报告2021——跨境数据流动与发展：数据为谁流动（概述）》，https://unctad.org/system/files/official-document/der2021_overview_ch.pdf，第6页。

② Vgl. Tinnefeld/Buchner/Petri/Hof, Einführung in das Datenschutzrecht, 7. Aufl., Berlin/Boston, 2020, S. 282, Rn. 171f.

③ 根据《欧洲经济区协议》（1992年欧洲共同体和欧洲自由贸易联盟在葡萄牙波尔图签署，1994年1月1日生效），欧盟内部数据自由交换且限制将数据传输到第三国的原则不仅适用于欧盟成员国，还适用于欧盟自由贸易联盟四个成员国中的三个：冰岛、列支敦士登和挪威。瑞士虽然是欧盟自由贸易联盟的成员国，但并非欧洲经济区成员，因此，瑞士属于欧盟《一般数据保护条例》第3条所提及的第三国。但根据欧洲议会和欧盟委员会于2000年7月26日作出的第2000/518/EC号《关于瑞士提供了充分个人数据保护的决定》，可以将数据传输到作为第三国的瑞士（［波］马里厄斯·克里斯奇托弗克：《欧盟个人数据保护制度——〈一般数据保护条例〉》，张韬略译，商务印书馆2023年版，第331页；Kühling/Klar/Sackmann, Datenschutzrecht, 4. Aufl., Heidelberg 2018, S. 224, Rn. 553）。在本章提到"欧盟境外""欧盟境内"等表述时，欧盟成员国通常被广义理解为欧洲经济区成员国。

④ 《一般数据保护条例》第1条第3款规定："欧盟内部个人数据的自由流动不得因与个人数据处理方面的自然人保护有关的原因而受到限制或禁止。"

般数据保护条例》所规定的严格的附加要求。[1] 针对个人数据的跨境流动，《一般数据保护条例》采取了领土延伸模式和境外等效模式相结合的二元数据保护模式。从功能分析的角度来看，两种模式均是为了确保被传输到欧盟以外国家、地区或国际组织的数据所受到的保护水平不低于在欧盟境内（欧洲经济区）受到保护的水平，同时也要避免给欧盟成员国的出口和其他领域的国际合作造成不必要的障碍。下面将对《一般数据保护条例》采取的领土延伸模式和境外等效模式进行介绍，并就比较复杂且具有欧盟特色的境外等效模式的适用条件和法律效果展开详细分析。

1. 领土延伸模式和境外等效模式相结合

所谓领土延伸模式，就是指根据法律关系中数据主体、控制者或处理者等位于欧盟境内这一领土上的联系，进而将这一涉外法律关系直接纳入《一般数据保护条例》的调整范围，使位于境外的数据控制者或处理者直接受到《一般数据保护条例》的约束。相反，境外等效模式则并不使欧盟法直接约束境外的数据控制者或处理者，而是以间接的方式要求作为数据流动接受方的第三国或国际组织采取不低于欧盟法标准的措施保护数据安全。境外等效模式最初适用于欧盟成员国之间，欧盟成员国之间个人数据的交换不受任何限制是一项重要的原则[2]，后来逐渐成为欧盟处理其与第三国法律关系的一般性的欧盟法原则，这些法律关系所涉的领域包括但不限于数据保护、网络安全、动物保护和金融等[3]。

《一般数据保护条例》第 3 条第 1 款规定，本条例适用于营业场所（establishment）在欧盟境内的控制者或处理者的个人数据处理，无论处理是否在欧盟境内进行。第 3 条第 2 款规定了本条例适用于数据主体位于欧盟，而控制者或处理者位于境外的两种例外情形。第一种情形是处理数据涉及向位于欧盟境内的数据主体提供商品或服务[4]，无论数据主体是否

---

[1] Vgl. Kühling/Klar/Sackmann, Datenschutzrecht, 4. Aufl., Heidelberg 2018, S. 224, Rn. 553.

[2] 该原则是从欧盟四项基本的流动自由（人、货物、服务和资本的自由流动）中推导出来的。[波] 马里厄斯·克里斯奇托弗斯：《欧盟个人数据保护制度——〈一般数据保护条例〉》，张韬略译，商务印书馆 2023 年版，第 330 页。

[3] 刘业：《论 GDPR 数据跨境传输二元保护模式的选择》，《国际经济法学刊》2023 年第 3 期。

[4] 处理者并非向位于欧盟境内的数据主体提供商品或服务的情形，例如位于美国的旅馆 A 通过网络收集了计划去美国游玩的德国旅客甲的相关个人信息以缔结旅馆住宿合同，因为此时服务的履行地并不在德国，且旅馆 A 收集甲的数据并不是为了监视甲在德国的行为。EDPB, Guidelines 05/2021 on the Interplay between the application of Article 3 and the provisions on international transfers as per Chapter V of the GDPR, p. 9.

需要付款。① 第二种情形是处理数据涉及对发生在欧盟境内的数据主体的行为进行监视。第3条第3款规定本条例适用于不在欧盟境内，但根据国际公法在成员国法律适用的地方设立的控制者对个人数据的处理，例如《一般数据保护条例》适用于欧盟成员国驻欧盟境外使领馆进行的个人数据处理。②

由此可见，《一般数据保护条例》采取属地管辖和属人管辖（或者称为保护性管辖）相结合的地域管辖模式，以属地管辖为原则，以属人管辖为补充。③《一般数据保护条例》第3条第1款和第3款体现了属地管辖。只要个人数据的控制者或处理者在欧盟境内有营业场所，其数据处理活动就要受到《一般数据保护条例》的调整，无论数据处理活动是否在欧盟境内实施；抑或虽然控制者或处理者在欧盟境内没有营业场所，但根据国际公法在成员国法律适用的地方设立的控制者对个人数据的处理也受《一般数据保护条例》的调整，这些根据国际公法在成员国法律适用的地方可以看作是欧盟领土的延伸。《一般数据保护条例》第3条第2款体现了属人管辖或保护性管辖。在第2款规定的情形中，控制者或处理者虽然在欧盟境内没有经营场所，但其要么向位于欧盟境内的数据主体提供商品或服务，要么处理数据涉及对发生在欧盟境内的数据主体的行为进行监视，只要其实施了这两类行为之一，也要受到《一般数据保护条例》的调整。

只要控制者或处理者符合《一般数据保护条例》第3条关于地域管辖的要件，控制者或处理者的数据跨境传输行为就要受到《一般数据保护条

---

① 如果境外与境内处理数据的是同一主体且没有将数据披露给第三方（这种情形被欧盟数据保护委员会称为"data flow"），例如欧盟境内数据处理者的员工在欧盟境外出差期间处理欧盟境内数据主体的个人数据，则不属于数据跨境传输（"data transfer"）的情形。但控制者或处理者仍然要遵守欧盟《一般数据保护条例》的相关规定。此时，个人数据处理毕竟发生在欧盟境外，由于可能存在相冲突的国家法律或者不合比例的国家干预，个人数据面领着被侵害的危险。处理者（或控制者）在处理个人数据时应当考虑到这些危险，尤其在使自己的处理行为符合欧盟《一般数据保护条例》第5条（"关于个人数据处理的原则"）、第24条（"控制者的责任"）、第32条（"处理的安全性"）、第33条（"向监管机构报告个人数据泄露的义务"）、第35条（"数据保护影响评估"）和第48条（"非经欧盟法律授权的转移和公开"）等重要条文时。此外，当控制者打算在欧盟以外处理个人数据时，尽管没有发生转移，但作为控制者透明度义务的一部分，这些信息通常应当被提供给数据主体。EDPB, Guidelines 05/2021 on the Interplay between the application of Article 3 and the provisions on international transfers as per Chapter V of the GDPR, pp. 15 - 16.

② EDPB, Guidelines 05/2021 on the Interplay between the application of Article 3 and the provisions on international transfers as per Chapter V of the GDPR, p. 8.

③ 我国《个人信息保护法》第3条也借鉴了这样的地域管辖模式。对此的详细分析，参见程啸：《个人信息保护法理解与适用》，中国法制出版社2021年版，第51-54页。

例》的调整。但《一般数据保护条例》第五章"向第三国或国际组织①转移个人数据"(第44条及以下条文)是否适用于这样的数据跨境传输行为,还需要进行额外的判断,即判断这样的数据跨境传输是否符合境外等效模式的适用条件。

2. 境外等效模式的适用条件

根据欧盟数据保护委员会于2023年2月14日颁布的《关于GDPR第3条的适用和第五章有关国际传输的规定之间的相互关系的第05/2021号指南》,如果符合下列三项累积的条件②,《一般数据保护条例》第五章(向第三国或国际组织转移个人数据)就可以适用:(1)控制者或处理者("出口方")的处理行为受《一般数据保护条例》调整;(2)出口方以传输的方式或其他方式向另一个控制者、联合控制者或者处理者③("进口方"④)披露被处理的数据;(3)进口方位于第三国(无论进口方的处理行为是否根据《一般数据保护条例》第3条受到《一般数据保护条例》的调整)或进口方是一个国际组织。

也就是说,只要数据出口方的数据处理行为受《一般数据保护条例》的调整,无论数据进口方的数据处理行为是否处于《一般数据保护条例》第3条规定的调整范围,《一般数据保护条例》第五章均适用于这样的数据跨境传输行为。当然,如果在此基础上,数据进口方的数据处理行为也处于《一般数据保护条例》第3条规定的调整范围,则《一般数据保护条例》整体直接约束数据进口方,此时出现了领土延伸模式和境外等效模式的竞合(平行适用)。例如,A公司向欧盟市场提供商品和服务,但在欧盟境内没有实体,A公司委托位于法国的B公司处理其收集来的用户数据,B公司在完成处理后再将数据传输给A公司。根据《一般数据保护条例》第3条第1款,B公

---

① 《一般数据保护条例》第4条第26项规定:"国际组织(international organisation):是指受国际公法调整的组织及其附属机构,或者是由两个或两个以上国家设立或建立在他们之间的协定基础之上的其他组织。"

② EDPB, Guidelines 05/2021 on the Interplay between the application of Article 3 and the provisions on international transfers as per Chapter V of the GDPR, p. 7.

③ 控制者、联合控制者或者处理者均是功能性的概念,其旨在根据各主体实际扮演的角色来分配责任;这些概念也是自主性的概念(autonomous concepts),其具体含义须根据欧盟数据保护法进行解释。EDPB, Guidelines 05/2021 on the Interplay between the application of Article 3 and the provisions on international transfers as per Chapter V of the GDPR, p. 8.

④ 这里的进口方包括但不限于《一般数据保护条例》第4条规定的数据接收者(recipient)。《一般数据保护条例》第4条将根据欧盟或成员国法律在特定调查框架内接收个人数据的公共机构排除在数据接收者的范围之外,但没有理由将第三国的公共机构排除在这里的数据进口方的范围之外。[波]马里厄斯·克里斯奇托弗克:《欧盟个人数据保护制度——〈一般数据保护条例〉》,张韬略译,商务印书馆2023年版,第333页。

司的数据处理行为落入《一般数据保护条例》的调整范围；根据《一般数据保护条例》第3条第2款，A公司的数据处理行为也落入《一般数据保护条例》的调整范围；此外，由于A公司是位于欧盟境外的第三国，B公司将数据传输给A公司的行为就是向欧盟以外的第三国披露数据的行为，所以《一般数据保护条例》第五章适用于这一披露数据的行为。如果B公司没有将数据传输给A公司，而是由A公司远程访问存储在欧盟境内的这些数据[①]，则A公司的这一远程访问行为仍然构成B公司将数据向第三国传输的行为，结论并无不同。[②] 此外，A公司委托非欧洲经济区成员国的其他第三国的C公司处理用户数据，也构成《一般数据保护条例》第五章的数据跨境传输[③]，因为数据出口方A公司的数据处理行为受到《一般数据保护条例》调整。由此可见，不仅个人数据从欧盟传输到欧盟境外的第三国或国际组织可能构成《一般数据保护条例》第五章的数据跨境传输，个人数据从相关的第三国或国际组织传输到其他的第三国或国际组织也可能构成《一般数据保护条例》第五章的数据跨境传输。[④]

当然，上面举的例子非常特殊。一般来说，如果欧盟境外的数据控制者将产生于欧盟境外的个人数据传输给位于欧盟的数据处理者进行处理，数据处理者在完成处理后将数据传输给数据控制者，这样的向第三国或国际组织的数据控制者回传数据的行为是否受欧盟法律调整，曾经一度存在争议。欧盟数据保护委员会已经给出了明确的结论，这一情形也应当受《一般数据保护条例》第五章的调整。[⑤] 学理上有通过对《一般数据保护条例》的相关规范进行目的解释和结果取向的解释[⑥]后认为这种情形不应

[①] EDPB, Guidelines 05/2021 on the Interplay between the application of Article 3 and the provisions on international transfers as per Chapter V of the GDPR, p. 23. 很多跨国企业使用全球化的办公系统，例如对SAP和Office 365这样的系统通常以全球采购的方式使用，位于全球各地的子公司使用相同的办公系统，由母公司在全球范围内统一管理，但各个子公司在不同的地区付费。实际上，使用这些全球化的办公系统已经构成远程访问个人数据的行为，进而构成个人数据的跨境流动。在进行企业内部数据合规审查的时候，这种个人数据跨境流动的情形是非常容易被忽视的。

[②] EDPB, Guidelines 05/2021 on the Interplay between the application of Article 3 and the provisions on international transfers as per Chapter V of the GDPR, pp. 12, 23.

[③] EDPB, Guidelines 05/2021 on the Interplay between the application of Article 3 and the provisions on international transfers as per Chapter V of the GDPR, p. 18.

[④] Vgl. Kühling/Klar/Sackmann, Datenschutzrecht, 4. Aufl., Heidelberg 2018, S. 225, Rn. 555.

[⑤] EDPB, Guidelines 05/2021 on the Interplay between the application of Article 3 and the provisions on international transfers as per Chapter V of the GDPR, p. 20.

[⑥] ［德］托马斯·M.J.默勒斯：《法学方法论》，杜志浩译，北京大学出版社2022年版，第276-301页。

第十四章　数据跨境流动

当受《一般数据保护条例》第五章的约束。① 因为《一般数据保护条例》所规定的数据跨境传输规则是为了使欧盟范围内产生的个人数据在境外也能受到充分保护，而那些先由欧盟境外第三国或国际组织向欧盟境内传输个人数据，再由欧盟境内的数据处理者回传给欧盟境外的数据控制者的过程并不符合这一目的，这些原始个人数据本身就产生于欧盟境外，除非这些原始个人数据是欧盟境外的控制者向位于欧盟境内的数据主体提供商品或服务，或者处理数据涉及对发生在欧盟境内的数据主体的行为进行监视而收集的欧洲经济区成员国公民的个人数据（上面举的例子就是这种情形）。实际上，这种数据回传的操作在跨国公司之间非常常见，如果要求数据回传也要符合《一般数据保护条例》的规定，将导致欧盟境内实体的国际合作受到重大阻碍，因为这会使位于第三国或国际组织的数据控制者面临重大的法律、经济和声誉风险，尤其是对于那些位于数据保护水平比欧盟低的国家的数据控制者。

控制者或处理者将收集到的个人数据放到欧洲经济区成员国内被托管的服务器的网站上供第三国或国际组织访问并不构成《一般数据保护条例》意义上的个人数据跨境传输②，否则无异于禁止人们在网站上发布自己的个人数据，因为网站的运营商总是在向境外传输个人数据。这将导致欧盟的互联网企业在欧盟境外丧失竞争优势，且这样的规则只能约束欧洲经济区的数据处理者，在线互联网媒体、电视等行业也会受到巨大冲击。然而，如果是跨国企业将收集到的个人数据上传至企业内部的网站，则只要符合前述三项累积条件，仍然属于《一般数据保护条例》意义上的个人数据跨境传输。③

需要注意的是，如果不存在作为数据控制者或处理者的出口方，而是自然人将其个人信息传递给境外的控制者或处理者，则不属于《一般数据保护条例》第五章所调整的数据跨境流动。例如，张三位于德国，其在某购物网站上填写了其姓名、昵称、邮寄地址等个人信息以完成其订单，该网站是由位于日本的企业所经营且该企业为欧盟境内的数据主体提供货物或服务，此时并不存在《一般数据保护条例》第五章所调整的个人数据传

---

① ［波］马里厄斯·克里斯奇托弗克：《欧盟个人数据保护制度——〈一般数据保护条例〉》，张韬略译，商务印书馆 2023 年版，第 333 - 334 页。
② 金晶：《个人数据跨境传输的欧盟标准——规则建构、司法推动与范式扩张》，《欧洲研究》2021 年第 4 期。
③ ［波］马里厄斯·克里斯奇托弗克：《欧盟个人数据保护制度——〈一般数据保护条例〉》，张韬略译，商务印书馆 2023 年版，第 335 - 336 页。

输行为，因为这个例子中不存在数据出口方，张三既不是数据控制者也不是数据处理者。但是，由于该日本企业处理张三数据的行为符合了《一般数据保护条例》第 3 条第 2 款，因此《一般数据保护条例》第五章以外的其他规则均直接约束该日本企业。在此基础上，如果该日本企业作为数据控制者委托位于欧洲经济区外的其他企业处理张三以及其他欧盟消费者的个人数据，则日本企业将这些消费者的数据披露给该其他企业的行为构成《一般数据保护条例》第五章意义上的数据跨境传输，《一般数据保护条例》整体均适用于该数据跨境传输行为。①

此外，数据出口方和数据进口方可以是同一公司集团内部的不同实体，例如，数据出口方是位于欧盟境内的某公司集团的一个子公司，数据进口方是位于第三国的母公司，子公司将用户的个人数据传递给母公司也属于《一般数据保护条例》第五章意义上的数据跨境传输。② 例如，位于丹麦的 X 公司委托位于欧盟境内的 Y 公司处理数据，Y 公司是位于欧盟境外第三国的 Z 公司的子公司，该第三国的法律也约束 Y 公司，如果 Y 公司向 Z 公司披露数据，则构成《一般数据保护条例》第五章意义上的数据跨境传输。如果 Z 公司或第三国的政府依据其国内法要访问 Y 公司受托处理的数据，且 X 公司与 Y 公司的合同中约定不得向第三方披露数据，则一旦 Y 公司允许 Z 公司或第三国政府直接访问这些数据，那么根据《一般数据保护条例》第 28 条第 10 款，Y 公司就由数据处理者转变为独立的数据控制者。因此，X 公司在选任受托人前应当对受托人的能力进行审查，重点判断受托人能否采取必要的技术和组织上的措施确保数据处理行为符合《一般数据保护条例》的要求并确保数据主体的权利（《一般数据保护条例》第 28 条第 1 款）。③ 此外，数据控制者与数据处理者之间必须订立内容符合《一般数据保护条例》第 28 条第 3 款所提出的要求的合同。④

欧盟数据保护委员会还指出，《一般数据保护条例》的适用不影响国

---

① 如果该日本企业并不向欧盟境内的数据主体提供货物或服务，则该日本企业后续作为数据控制者委托位于欧洲经济区外的其他企业处理张三等欧盟消费者的个人数据并不构成欧盟《一般数据保护条例》第五章意义上的数据跨境传输。See EDPB, Guidelines 05/2021 on the Interplay between the application of Article 3 and the provisions on international transfers as per Chapter V of the GDPR, p. 19.

② EDPB, Guidelines 05/2021 on the Interplay between the application of Article 3 and the provisions on international transfers as per Chapter V of the GDPR, pp. 11, 22.

③ EDPB, Guidelines 05/2021 on the Interplay between the application of Article 3 and the provisions on international transfers as per Chapter V of the GDPR, p. 13.

④ EDPB, Guidelines 05/2021 on the Interplay between the application of Article 3 and the provisions on international transfers as per Chapter V of the GDPR, p. 24.

际法的规定，例如，有关非欧盟外交使团和领事馆以及国际组织（无论其位于何处）的特权和豁免的规定。[1]

在对将数据传输至第三国或国际组织的行为的合法性进行审查时，分为两个步骤。[2] 第一步要审查数据传输行为本身是否具有《一般数据保护条例》第6条第1款第一句规定的正当性基础，并符合《一般数据保护条例》第5条规定的处理原则。[3] 如果涉及对特殊类型个人数据的处理，还必须符合《一般数据保护条例》第9条的要求；如果数据出口方与数据进口方构成共同的数据控制者，还必须符合《一般数据保护条例》第26条的规定；如果数据出口方和数据进口方之间形成数据控制者和数据处理者的关系，数据处理者还必须遵守《一般数据保护条例》第28条的规定。第一步的审查与针对在欧盟境内实施的数据处理活动的合法性审查没有区别。在第一步审查的基础上，第二步将数据接收方位于欧盟境外这一要素纳入考量范围，就此需要审查数据传输是否符合《一般数据保护条例》第五章的规定。

3. 境外等效模式的法律效果

如果构成《一般数据保护条例》第五章意义上的数据跨境传输，则根据《一般数据保护条例》第44、45条，数据出口方须确保对数据主体权利的保护水平与《一般数据保护条例》的保护水平基本相符，不能因为数据跨境传输而使《一般数据保护条例》所确立的最低的保护水平受到减损。《一般数据保护条例》第45条第1款规定："如果欧盟委员会认定，第三国、第三国的地区或第三国中的一个或多个特定部门，或有关国际组织可确保充分的保护水平，则可将个人数据转移至第三国或国际组织。此类转移无需任何具体授权。"第45条第2款就欧盟委员会认定数据进口方是否可确保充分的数据保护水平的相关参考因素，概括起来为以下三点：（1）数据进口方包括立法、行政和司法在内的法治水平；（2）数据进口方是否存在独立的、有效的且与成员国监管机构合作的监管机构；（3）数据进口方是否作出过与数据保护相关的国际承诺或根据相关国际条约负有保护数据安全的其他义务。根据《一般数据保护条例》第45条第3款，欧

---

[1] EDPB, Guidelines 05/2021 on the Interplay between the application of Article 3 and the provisions on international transfers as per Chapter V of the GDPR, p. 7.

[2] Vgl. Kühling/Klar/Sackmann, Datenschutzrecht, 4. Aufl., Heidelberg 2018, S. 226, Rn. 556f.

[3] Vgl. Tinnefeld/Buchner/Petri/Hof, Einführung in das Datenschutzrecht, 7. Aufl., Berlin/Boston 2020, S. 285, Rn. 178.

盟委员会可以通过颁布实施法案认定数据进口方能够确保该条第 2 款所要求的对数据的充分保护。在实施法案中必须规定一种定期审查的机制，这样的定期审查应当至少每四年进行一次，并且要考虑到第三国或国际组织在所有相关方面的重要发展。实施法案必须规定领土和部门的适用范围，以及在特定的情形规定位于第三国的主管的监督机构。根据《一般数据保护条例》第 45 条第 8 款，欧盟委员会必须在欧盟的机关公报及其网站上公布其通过决定所确定的能够或不能够确保充分的数据保护水平的所有第三国或者第三国的地区或特定行业的列表。截止到 2023 年年底，经过欧盟委员会认证具有与欧盟数据保护水平相当的国家或地区有安道尔、阿根廷、法罗群岛、根西岛、马恩岛、以色列（有限制）、日本、泽西岛、加拿大（有限制）、新西兰、瑞士、韩国、乌拉圭、英国（有限制）、美国（有限制）。[①]

当然，不能以反面解释的方式认为如果没有被欧盟委员会认定为能够确保对数据的充分保护，则数据进口方所在的第三国或国际组织就无法充分保护个人数据的安全，只能说不能确保数据进口方所在的第三国或国际组织能够达到足够的数据保护水平。要将数据从欧洲经济区传输到这些未经欧盟委员会认证的国家或国际组织需要符合其他的要求，即只有当数据出口方（数据控制者或数据处理者）已经提供适当保障，且数据主体能够获得可强制执行的数据主体权利以及有效法律救济时，数据出口方才可以向第三国或国际组织传输个人数据（《一般数据保护条例》第 46 条第 1 款）。具体来说，这些适当的保障措施可以由下列文件进行规定且无须监管机构特别授权：政府机关或机构之间有法律约束力、可强制执行的文件；有约束力的企业规则（Binding Corporate Rules，简称"BCRs"）；欧盟委员会通过的（或监管机构通过并经欧盟委员会批准的）标准数据保护条款，根据《一般数据保护条例》第 40 条批准的行为准则以及根据《一般数据保护条例》第 42 条批准的认证机制。

就《一般数据保护条例》第五章的数据跨境传输的法律效果而言，最严格的要求是经过欧盟委员会的充分性决定，其次是数据出口方确保采取适当的保障措施（如政府机构或机关之间有法律约束力且可强制执行的文件、有

[①] 其中，安道尔、阿根廷、加拿大、瑞士、法罗群岛、根西岛、以色列（有限制）、马恩岛、泽西岛、新西兰和乌拉圭在欧盟《一般数据保护条例》于 2018 年 5 月 25 日生效前就被欧盟委员会根据 95/46/EC 号指令（DSRL）第 25 条第 6 款认定具有充分的数据保护水平。在欧盟《一般数据保护条例》生效后，只要欧盟委员会不决定修改、取代或废弃这些充分性决定，这些充分性决定继续有效（欧盟《一般数据保护条例》第 45 条第 9 款）。

约束力的企业规则、已获批准的标准合同条款、已获批准的规范数据进口方所在行业部门数据保护的行为准则，或者确认数据进口方执行了适当数据保护措施的认证机制）。这两种要求（制度设计）借助其具有法律约束力的特征，有效保障了数据传输到第三国或国际组织后的安全性而不必依赖于第三国在数据保护方面的法律状况。相比之下，欧盟委员会的充分性决定可以适用于数据进口方所在的整个国家，而政府机构或机关之间有法律约束力且可强制执行的文件、有约束力的企业规则、标准合同条款①、行为准则或认证机制则针对特定的实体（主要是商事实体）。借助有约束力的企业规则，可以使位于全球各个地方的企业之间（企业集团内部）形成统一的数据保护水平。② 已获批准的规范数据进口方所在行业部门数据保护的行为准则是《一般数据保护条例》新引入的制度，旨在促进自我规制。③ 这些保障措施属于替代欧盟委员会充分性决定的保障措施，其数据保护水平须与在欧盟范围内根据《一般数据保护条例》、结合《欧洲基本权利宪章》④ 所确保的保护水平实质等同（essentially equivalent）。

如果经过监管机构单独授权（许可），适当的保障措施还可以体现为控制者或处理者与第三国或国际组织内的控制者、处理者或个人数据接收者之间订立的合同条款，或者政府机关或机构之间的行政安排中所插入的包含可强制执行的、有效的数据主体权利的规定（《一般数据保护条例》第 46 条第 3 款）。这些措施与《一般数据保护条例》第 46 条第 2 款所规定的措施之间的区别在于前者需要主管的监管机构事先作出授权（许可）。

如果上面这些要求均无法得到满足，那么根据《一般数据保护条例》第 49 条第 1 款第一句，其他可能的法律基础（这些法律基础被称为"豁免事由"）是在向数据主体充分告知由于缺乏充分的保护标准和适当的保护措施可能产生的风险后征得数据主体的明确同意，为履行数据控制者与

---

① 欧洲法院认为，数据出口方和数据进口方之间使用标准合同条款尚不足以充分保障数据传输的合法性，数据出口方还负有义务在个案中研判位于第三国的实体通过标准合同条款能否提供与欧盟同等的数据保护水平。金晶：《个人数据跨境传输的欧盟标准——规则建构、司法推动与范式扩张》，《欧洲研究》2021 年第 4 期。

② 对于有约束力的企业规则在内容上的具体要求，参见《一般数据保护条例》第 47 条第 2 款。

③ Vgl. Kühling/Klar/Sackmann, Datenschutzrecht, 4. Aufl., Heidelberg 2018, S. 232, Rn. 568.

④ 在欧盟法的体系中，《欧盟基本权利宪章》是基础性法源，《一般数据保护条例》是派生性法源，在解释和适用《一般数据保护条例》的时候必须同时考虑《欧盟基本权利宪章》所确立的基本价值秩序以及所保障的基本权利。[德] 托马斯·M. J. 默勒斯：《法学方法论》，杜志浩译，北京大学出版社 2022 年版，第 93 - 97 页。

数据主体之间的合同或实施数据主体所要求的先合同措施所必需①，为了订立或履行数据控制者与其他自然人或法人为了数据主体的利益而订立的合同所必需②，出于公共利益的重要原因③，为了提起、行使或抗辩法律诉求，为了保护因生理原因或法律原因无法作出同意的数据主体或其他人的重大利益④，以及通过公共登记簿⑤进行数据传输。但由于数据主体的同意必须是自愿作出且可以随时撤回，加上单独告知数据主体并征得其同意的成本较高，征得数据主体的同意这类豁免事由并不适合作为大规模数据跨境传输的普遍机制。⑥ 这些豁免事由与上述替代欧盟委员会充分性决定的保障措施有所不同，那些替代性保障措施是为了弥补第三国无法确保充分的数据保护水平之不足所采取的措施，这些豁免事由则设置了例外，即使第三国无法确保充分的数据保护水平且数据控制者、处理者未采取《一般数据保护条例》所规定的替代性保障措施，在存在上述豁免事由的

---

① 典型的例子是作为旅行社的数据出口方代理数据主体向位于欧盟境外的数据进口方订购旅馆，而将数据主体的个人数据传输给数据进口方。在这一情形中，数据主体是合同的当事人，其可以通过事先了解旅馆的情况来保障个人数据被传输后的安全水平。Vgl. Kühling/Klar/Sackmann, Datenschutzrecht, 4. Aufl., Heidelberg, 2018, S. 232, Rn. 569.

② 例如，数据控制者与位于欧盟境外的书商订立关于图书的买卖合同而将数据主体作为图书的受领人，即数据控制者将购买的图书作为礼物赠送给数据主体，该买卖合同为向第三人履行的合同。再如，数据控制者向欧盟境外的银行发送指令，将一定数额的金钱转账至数据主体的账户。Vgl. Kühling/Klar/Sackmann, Datenschutzrecht, 4. Aufl., Heidelberg 2018, S. 232, Rn. 569.

③ 例如，国家机关为了履行税收、社会保险和反洗钱等职责而跨境传输个人数据。

④ 例如，为了抢救生命垂危而无法作出同意的病人，需要跨境传输该病人的个人医疗数据。

⑤ 这主要是指根据欧盟法律或成员国法律为了公示信息而设置的登记簿，例如，商事和社团登记簿、不动产登记簿等，特定的群体或者所有公民只要能够证明自己享有正当利益，就可以查阅登记簿。Vgl. Kühling/Klar/Sackmann, Datenschutzrecht, 4. Aufl., Heidelberg 2018, S. 233, Rn. 569.

⑥ 与此相反，我国《个人信息保护法》第39条规定："个人信息处理者向中华人民共和国境外提供个人信息的，应当向个人告知境外接收方的名称或者姓名、联系方式、处理目的、处理方式、个人信息的种类以及个人向境外接收方行使本法规定权利的方式和程序等事项，并取得个人的单独同意。"立法公布初期的学理阐释，参见程啸：《个人信息保护法理解与适用》，中国法制出版社2021年版，第313-314页。"该条本身并未提及'法律、行政法规另行规定除外'，实质赋予了个人信息主体就数据出境这一行为较强的控制权，对于企业等个人信息处理者在合规运营中提出了较大挑战。"（张新宝主编：《中华人民共和国个人信息保护法释义》，人民出版社2021年版，第321-322页。）当然，在立法者编写的官方释义书中，其指出："本条规定的单独同意，适用于基于同意而进行的个人信息处理情形。根据本法第13条的规定如果向境外提供个人信息是基于其他合法性基础，则不需取得个人的同意。"（杨合庆主编：《中华人民共和国个人信息保护法释义》，法律出版社2022年版，第104页。）因此，通过主观解释（对立法者意图的探寻）结合体系解释，应当认为数据主体的单独同意并非数据跨境传输的唯一正当化事由。对此的佐证还可参考国家互联网信息办公室颁布的《促进和规范数据跨境流动规定》第5~8条的规定。

情形时仍然允许将数据从欧盟转移至第三国,对被转移的数据无须按照《一般数据保护条例》的保护水准进行保护。

如果上面的路径都行不通,最后还可以考虑的数据跨境传输的法律基础是《一般数据保护条例》第49条第1款第二句规定的偶尔(一次性/不重复)传输与少量自然人有关的个人数据:该数据传输对于控制者追求重大合法利益的目的是必要的,且该合法利益没有被数据主体的权益和自由所超越;此外,数据控制者还必须已经评估所有与数据传输有关的情况并基于该评估提供与个人数据保护有关的保障,还必须向监管机构和数据主体通知有关数据跨境传输的信息。这一规定背后的法理是利益衡量(Interessenabwägung)。[1]

根据《一般数据保护条例》,实施个人数据跨境传输的各种情形及其审查要点可以参见图14-1。[2]

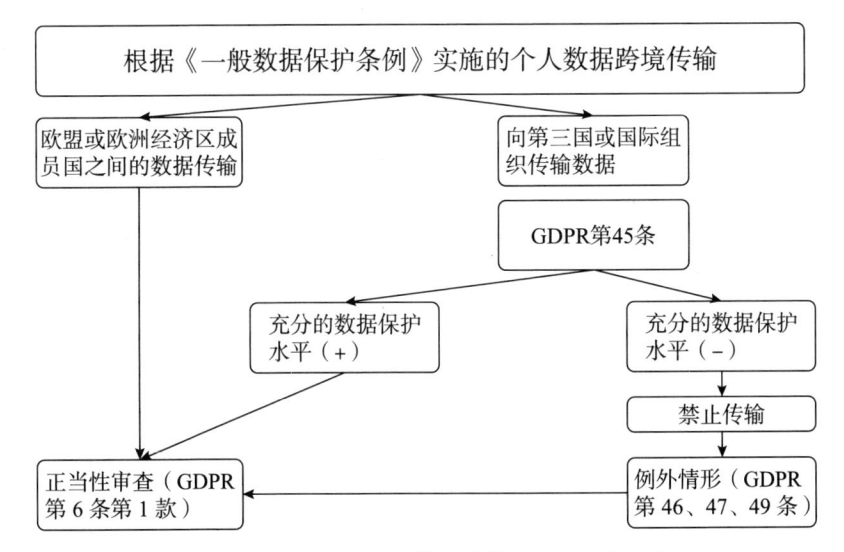

图 14-1 个人数据跨境传输的情形和审查要点

(三)欧盟向美国的个人数据跨境传输

从欧盟的角度看,美国的立法并不能确保充分的个人数据保护水平。但是,美国与欧盟之间存在大量的贸易合作,美国是欧盟最大的贸易伙伴。为了减少大规模贸易过程中的个人数据跨境传输的阻碍,美国与欧盟

---

[1] Vgl. Kühling/Klar/Sackmann, Datenschutzrecht, 4. Aufl., Heidelberg, 2018, S. 233, Rn. 570.

[2] Vgl. Kühling/Klar/Sackmann, Datenschutzrecht, 4. Aufl., Heidelberg, 2018, S. 227, Rn. 559.

进行了多轮谈判。欧盟委员会于 2000 年 7 月 26 日颁布的第 2000/520/EC 号《根据欧洲议会和理事会第 95/46/EC 号指令作出的关于安全港隐私原则提供的保护是否充分以及美国商务部发布的相关常见问题的决定》[1]（以下简称《安全港决定》）成为由欧盟向美国进行个人数据传输的重要法律基础，对于美国境内已经提交"安全港"声明的实体（数据进口方），欧盟委员会决定消除其因为美国的第三国法律地位而产生的个人数据跨境传输的阻碍。根据《安全港决定》，作为数据进口方的美国可以自由确定数据保护的原则。实际上，欧盟委员会根本没有就美国是否确保充分的数据保护水平进行审查，且根据当时有效的《欧盟个人数据保护指令》（EU-DSRL）[2] 第 26 条，如果处理声音和图像数据（如视频监控）是为了公共安全、国防、国家安全或国家在刑法领域的活动或共同体法律未涵盖的其他活动，则不在该指令的调整范围之内。[3]《安全港决定》与要求数据进口方确保充分的数据保护水平这一目的背道而驰，使欧盟高标准的数据保护传统受到了巨大冲击，《安全港决定》完全是政治妥协的结果。[4] 当然，即便数据进口方没有提交"安全港"声明，从欧盟到美国的个人数据跨境传输仍然可以通过有约束的企业规则、标准化的合同条款以及其他法律工具实现正当化。提交"安全港"声明的接收方通过自我监管和认证的方式确保充分的数据保护水平。

然而，欧洲法院于 2015 年 10 月 6 日作出的"史睿姆斯诉数据保护委员会案（Schrems I 案）"[5] 的判决认定《安全港决定》无效，欧洲法院认为"安全港"制度无法提供可靠的侵权检测机制以及对数据进口方的个人数据保护水平进行验证的机制。"Schrems I 案"肇始于奥地利人史睿姆斯就脸书（Facebook）将用户个人数据传输至美国的相关问题向爱尔兰数据保护委员会提出申诉。史睿姆斯主张美国欠缺充分的数据保护水平，并

---

[1] Commission Decision of 26 July 2000 pursuant to Directive 95/46/EC of the European Parliament and of the Council on the adequacy of the protection provided by the safe harbour privacy principles and related frequently asked questions issued by the US Department of Commerce.

[2] Richtlinie 95/46/EG des Europäischen Parlaments und des Rates vom 24. Oktober 1995 zum Schutz natürlicher Personen bei der Verarbeitung personenbezogener Daten und zum freien Datenverkehr.

[3] Vgl. Tinnefeld/Buchner/Petri/Hof, Einführung in das Datenschutzrecht, 7. Aufl., Berlin/Boston 2020, S. 83, Rn. 175.

[4] Vgl. Kühling/Klar/Sackmann, Datenschutzrecht, 4. Aufl., Heidelberg 2018, S. 228f., Rn. 563.

[5] Vgl. EuGH Rs. C-326/14.

指出了斯诺登揭露相关丑闻（"棱镜门"事件①）以及与之相关的美国国家安全局（NSA）和其他美国情报机构所实施的监视活动。爱尔兰数据保护委员会指出，对于美国是否具有充分的数据保护水平的问题，欧盟委员会作出的《安全港决定》已经给出了明确的肯定答案。针对爱尔兰数据保护委员给出的答复，史睿姆斯向爱尔兰高等法院提起诉讼。爱尔兰高等法院经审查后认为，美国国家安全局等情报机构所实施的监视行为不符合比例原则，美国不具有充分的数据保护水平。就此，爱尔兰高等法院向欧洲法院呈递了这一问题，即是否爱尔兰数据保护委员会应当受到欧盟委员会作出的《安全港决定》的约束，从而不得进行独立的审查。欧洲法院对这一问题给出了否定的回答，裁定爱尔兰数据保护委员会所实施的审查不因欧盟委员会作出的《安全港决定》而受到阻碍，并宣告《安全港决定》无效。因为美国没有确保充分的数据保护水平，核心的论据在于无法理解为什么美国的国家安全利益可以单方面地绝对优先于欧盟公民的基本权利。②

此后，欧美又进行了协商，欧盟委员会于 2016 年 7 月 12 日作出了第（EU）2016/1250 号《根据欧洲议会和理事会第 95/46/EC 号指令作出的关于欧盟-美国隐私盾提供的保护是否充分的决定》③（以下简称《隐私盾决定》），"隐私盾"计划取代了先前失效的"安全港"计划。与先前的"安全港"类似，"隐私盾"同样基于美国企业对于是否遵守特定的数据保护原则的自我认证，只是相关要求更加严格。例如，对于申诉必须在 45 天内给予答复；对于美国商务部和美国联邦贸易委员会的要求也更高；这一规制框架还包含国家机关获取数据的新规则和透明义务，例如针对大规模获取数据必须采取保障措施，以及国家机关对于数据获取的相关情况负有告知义务；欧盟的民众也享有针对违反数据保护要求的各种救济性权利，其可以在一个多层次的申诉程序中行使这些权利；美欧之间所签订的协议的运行情况须每年进行审查。对于欧洲的企业来说，在向美国传输个

---

① 2013 年 6 月，斯诺登将美国国家安全局关于 PRISM 监听项目的秘密文档披露给了《卫报》和《华盛顿邮报》，该文档揭示了美国联邦政府一直以来侵犯全球普通民众的个人隐私权的严重程度。这个事件被称作"棱镜门"事件。在该事件中，美国国家安全局通过黑客技术获取了全球各个国家的人民的个人信息，其中包括但不限于短信、电话、邮件、互联网记录等。

② Vgl. Tinnefeld/Buchner/Petri/Hof, Einführung in das Datenschutzrecht, 7. Aufl., Berlin/Boston 2020, S. 284f., Rn. 175f.

③ Commission decision (EU) 2016/1250 of 12 July 2016 pursuant to Directive 95/46/EC of the European Parliament and of the Council on the adequacy of the protection provided by the EU-U. S. Privacy Shield.

人数据时，究竟要履行哪些审查义务，在"隐私盾"计划的架构中并无法找到清晰的答案。① 然而，欧洲法院于 2020 年 7 月 16 日作出的"数据保护委员会诉爱尔兰脸书公司和史睿姆斯案（Schrems Ⅱ 案）"② 的判决宣告《隐私盾决定》无效，认定《隐私盾决定》违反了比例原则、《欧盟基本权利宪章》且缺乏有效的法律救济。该判决对《美国外国情报监视法》（Foreign Intelligence Surveillance Act，FISA）第 702 条（针对美国境外某些非美国人的程序）展开了分析。该条文允许美国政府在电子通信服务提供商的强制协助下，对位于美国境外的外国人进行有针对性的监视，以获取外国情报信息。美国政府利用根据该条文收集的个人数据来保护美国及其盟国免受外国敌对势力（包括恐怖分子和间谍）的威胁，并为网络安全工作提供信息。由此，欧盟和美国之间有关个人数据跨境传输的计划再次破产。

2023 年 7 月 10 日，欧盟委员会通过了欧盟—美国数据隐私框架（DPA）的充分性决定。③ 欧盟确信，该框架能确保美国对两国之间传输的个人数据的保护与欧盟提供的保护相当，决定于次日（2023 年 7 月 11 日）生效。欧盟司法委员迪迪埃·雷德尔斯（Didier Reynders）在 7 月 10 日的新闻发布会上表示："个人数据现在可以自由、安全地从欧洲经济区流向美国，无需任何进一步的条件或授权……充分性决定确保数据可以在稳定和可信的安排的基础上在欧盟和美国之间传输，从而保护个人并为公司提供法律确定性。"欧盟-美国数据隐私框架引入了新的具有约束力的保障措施，以解决欧盟法院提出的所有担忧，包括将美国情报部门对欧盟数据的访问限制在必要和适当的范围内，并建立数据保护审查法院。该框架明确阐明了"必要性和相称性要求"、"可执行的保障措施"和"用户友好"的补救机制。如果发现数据的收集违反了新的保障措施，新的数据保护审查法院将有权下令删除数据。欧洲经济区成员国的公民将能够向当地数据保护机构免费提出投诉，而无须证明他们的数据已被美国情报机构访

---

① Vgl. Kühling/Klar/Sackmann, Datenschutzrecht, 4. Aufl., Heidelberg 2018, S. 229., Rn. 565. 德国的监督机构部分地表达了自身清晰的态度，即欧洲的数据出口方不得仅基于数据进口方依据"隐私盾"计划进行的自我认证或者仅基于在标准数据保护条款框架内作出的合同允诺就产生信赖，而是要独立地审查数据出口方和数据进口方是否采取了必要的保障措施以保证与欧盟《一般数据保护条例》相当的数据保护水平。

② Vgl. EuGH Rs. C-311/18.

③ Commission Implementing Decision of 10.7.2023 pursuant to Regulation（EU）2016/679 of the European Parliament and of the Council on the adequate level of protection of personal data under the EU-US Data Privacy Framework.

问。欧盟委员会主席乌苏拉·冯德莱恩（Ursula von der Leyen）认为，新框架将确保欧洲人的数据流动安全，并为大西洋两岸的公司带来法律确定性，美国已经履行了前所未有的建立新框架的承诺。隐私倡导组织欧洲数字权利中心 NOYB（为英文 none of your business 的缩写，由奥地利律师和隐私活动家 Maximilian Schrems 创立）表示将对该框架提起上诉，认为美国没有从根本上解决与数据跨境传输相关的数据保护问题，现在已经有了"港湾（Harbors）""雨伞（Umbrellas）""盾牌（Shields）"和"框架（Frameworks）"，要从根本上解决监视问题，需要美国修改与监视相关的法律，否则只不过是在重蹈覆辙。①

上述美欧之间关于数据跨境传输的合作与裂痕实质上反映了欧盟数据规则的布鲁塞尔效应与美国监控资本主义马太效应之间的激烈对抗。②

第二节 我国数据跨境流动的法律规范

近年来，我国非常重视对数据跨境传输的法律规制，尤其侧重于对国家安全和个人数据权益的保护。通过不断努力，我国已经初步形成了规制数据跨境流动的全方面、多层次的国内法体系。我国当前也在不断加入各种促进数据跨境传输的国际组织，积极参与各种双边或多边国际条约。③

一、我国关于数据跨境流动的国内法律体系

我国数据跨境流动的法律制度主要由 2016 年颁布的《网络安全法》以及 2021 年颁布的《数据安全法》和《个人信息保护法》所建构。而规范数据跨境流动的行政法规和部门规章主要包括：国家互联网信息办公室公布的《促进和规范数据跨境流动规定》《数据出境安全评估办法》《个人信息出境标准合同办法》等。此外，一些有关数据跨境流动的法律规范还分散在专门立法或行业规范中④，例如，《征信业管理条例》第 24 条规

---

① Jennifer Bryant, European Commission adopts EU-US adequacy decision, https://iapp.org/news/a/european-commission-adopts-eu-u-s-adequacy-decision/, 2023 年 11 月 20 日访问。

② 李艳华：《隐私盾案后欧美数据的跨境流动监管及中国对策——软数据本地化机制的走向与标准合同条款路径的革新》，《欧洲研究》2021 年第 6 期。

③ 《个人信息保护法》第 38 条第 2 款规定："中华人民共和国缔结或者参加的国际条约、协定对向中华人民共和国境外提供个人信息的条件等有规定的，可以按照其规定执行。"杨合庆主编：《中华人民共和国个人信息保护法释义》，法律出版社 2022 年版，第 102-103 页。

④ 对此进行的系统梳理，参见李爱君、王艺：《数据出境法学——原理与实务》，法律出版社 2023 年版，第 116-158 页。

定："征信机构在中国境内采集的信息的整理、保存和加工，应当在中国境内进行。征信机构向境外组织或者个人提供信息，应当遵守法律、行政法规和国务院征信业监督管理部门的有关规定。"《人类遗传资源管理条例》第 27 条规定，利用我国人类遗传资源开展国际合作科学研究，或者因其他特殊情况确需将我国人类遗传资源材料运送、邮寄、携带出境的，必须符合规定的条件并取得国务院科学技术行政部门出具的人类遗传资源材料出境证明。《个人金融信息保护技术规范》规定："在中华人民共和国境内提供金融产品或服务过程中收集和产生的个人金融信息，应在境内存储、处理和分析。"因业务需要，确需向境外机构（含总公司、母公司或分公司、子公司及其他为完成该业务所必需的关联机构）提供个人金融信息的，需要符合严格的条件。

下面将首先重点阐释《网络安全法》《数据安全法》和《个人信息保护法》以及《数据出境安全评估办法》《个人信息出境标准合同办法》等法律、行政法规和部门规章所构建的有关数据跨境流动的规范体系，接着围绕《促进和规范数据跨境流动规定》就数据跨境传输的最新动向展开详细分析，最后就关于数据跨境流动的地方性法规和数据交易所规则进行简要介绍。

（一）法律、行政法规和部门规章建构的有关数据跨境流动的规范体系

《网络安全法》中有关数据跨境流动的条文仅有第 37 条和第 66 条。《数据安全法》中有关数据跨境传输的条文为第 11、22、24、31 条。《网络安全法》和《数据安全法》所涉及的数据跨境传输包括但不限于个人数据的跨境流动，且这两部法律重点关注的是涉及国家安全的个人信息和重要数据的跨境流动，即关键信息基础设施的运营者在中华人民共和国境内运营中收集和产生的个人信息和重要数据以及其他数据处理者在中华人民共和国境内运营中收集和产生的重要数据的跨境流动。此外，这两部法律的规制重点是网络安全审查和数据安全审查，网络安全审查主要关注产品或服务安全以及信息系统持续稳定，数据安全审查则主要关注核心数据安全以及重要数据、大量个人信息安全。

《个人信息保护法》第三章规定了个人信息（个人数据）跨境提供的规则，其中，与《网络安全法》和《数据安全法》相衔接的是第 38 条第 1 款第 1 项和第 40 条。《个人信息保护法》的规制重点是个人信息安全，即为了保护信息主体的个人信息权益不受侵害，无论这些个人信息的数量如何。

《个人信息保护法》第 38 条第 1 款、《数据安全法》第 22 条和《网络

安全法》第 37 条均提到了数据出境的安全评估。需要厘清的重要问题是个人数据（信息）出境的安全评估与《个人信息保护法》第 38 条第 1 款第 2～4 项提到的个人信息保护认证、标准合同条款①以及法律、行政法规或者国家网信部门规定的其他条件之间是什么关系。

首先，需要注意的是我国个人信息出境的安全评估与前述欧盟法上欧盟委员会的充分性决定有所不同，我国的个人信息出境安全评估的对象是是否存在危害我国国家安全的风险，而欧盟委员会的充分性决定的对象是第三国能否确保达到与欧盟实质等同的个人数据保护水平。② 这一结论通过对《数据安全法》第 21 条和第 22 条进行体系解释后即可得出。《数据安全法》第 21 条规定了国家负有建立数据分类分级保护制度的义务，分类分级的依据是数据在经济社会发展中的重要程度，以及一旦遭到篡改、破坏、泄露或者非法获取、非法利用，对国家安全、公共利益或者个人、组织合法权益造成的危害程度，由此将数据区分为核心数据、重要数据和一般数据三类。紧接着第 22 条规定国家建立集中统一、高效权威的数据安全风险评估、报告、信息共享、监测预警机制。由此可见，数据安全风险评估机制服务于数据分类分级保护制度，主要是为了预防国家安全风险，对国家核心数据的出境实行更加严格的管理，这与欧盟委员会对第三国数据保护水平的充分性决定的制度目的完全不同。

其次，国家网信部门组织的安全评估与被授权专业机构进行的个人信息保护认证、标准合同条款和其他条件之间并非处于完全并列的地位。如果跨境传输的是关键信息基础设施运营者在中国境内运营中收集的个人信息，因业务需要确需向境外提供，则根据《网络安全法》第 37 条，针对这些会产生国家安全风险的个人信息只能进行安全评估。如果跨境传输的是不会产生国家安全风险的一般个人信息，则根据《个人信息保护法》第 38 条第 1 款，数据出口方可以在安全评估、个人信息保护认证、标准合同条款和其他条件之间四选一，《个人信息保护法》第 38 条第 1 款第 4 项规定的法律、行政法规或者国家网信部门规定的其他条件这一兜底条款主

---

① 《个人信息出境标准合同办法》附件部分"个人信息出境标准合同"。"个人信息出境标准合同"在规范结构上借鉴欧盟标准合同条款，"个人信息出境标准合同"第 5 条规定了欧盟标准合同条款中的受益第三人（third-party beneficiaries）概念，将个人信息跨境传输合同构造为真正的利益第三人合同（《民法典》第 522 条第 2 款），信息主体作为受益第三人可以向个人信息跨境传输合同的当事人行使标准合同中有关个人信息保护的权利。金晶：《欧盟的规则，全球的标准？数据跨境流动监管的"逐顶竞争"》，《中外法学》2023 年第 1 期。

② 赵精武：《论数据出境评估、合同与认证规则的体系化》，《行政法学研究》2023 年第 1 期。

要是为了应对未来可能出现的新型个人信息安全风险。①

再次,安全评估和个人信息保护认证之间的区别体现为安全评估是对于数据重要性以及数据出境存在的危害国家安全的风险进行整体评估;而认证机制具有明显的个性化特征,专业机构会根据申请人的实际情况得出更具体的认证结论。此外,根据《数据出境安全评估办法》,安全评估是通过数据处理者所在地省级网信部门向国家网信部门申报;而认证通过独立的第三方专业机构进行。

最后,在个人信息保护认证的情形,开展个人信息跨境处理活动的个人信息处理者和境外接收方应签订具有法律约束力和可执行的文件,但这样的文件是用于申请认证,不同于替代安全评估的标准合同条款。此外,要获得个人信息保护认证,开展个人信息跨境处理活动的个人信息处理者和境外接收方均应设立个人信息保护机构,个人信息保护机构要履行相应的义务,承担相应的职责。个人信息处理者和境外接收方应约定并共同遵守同一个人信息跨境处理规则,并履行相应义务,承担相应职责。

因此,如果数据(包括个人数据和非个人数据)跨境传输符合了安全评估的条件,则必须进行安全评估,安全评估是为了控制危害国家安全的风险;如果个人数据跨境传输不属于必须进行安全评估的情形,则个人数据处理者可以在安全评估、个人信息保护认证、标准合同条款和其他条件之间四选一,这些制度是为了控制侵害个人信息权益的危险。只有这样才能在法教义学层面对各个数据跨境传输制度之间的功能进行清晰界定,避免安全评估制度实质上架空其他数据跨境传输制度。反之,如果从广义上理解安全评估制度,那么对标准合同条款的审查、对个人信息保护认证的审查都可以被解释为安全评估②,由此导致安全评估制度无所不包,这种

---

① 目前个人数据出境的安全风险主要为国家安全风险(外国法强制要求提交数据)、违约责任风险(数据进口方未履行义务)、技术漏洞风险(外部网络攻击系统安全漏洞)、行业特殊风险(特殊数据泄露、毁损导致)。赵精武:《论数据出境评估、合同与认证规则的体系化》,《行政法学研究》2023 年第 1 期。

② 《数据出境安全评估办法》第 5 条规定了数据处理者在申报数据出境安全评估前,应当开展数据出境风险自评估。《个人信息出境标准合同办法》第 5 条规定了个人信息处理者向境外提供个人信息前,应当开展个人信息保护影响评估。从两个条文规定的内容来看,数据出境风险自评估和个人信息保护影响评估除了评估的客体有所区别(一个是数据,另一个是个人信息),实质上并没有差别。《数据出境安全评估申报指南(第一版)》对于数据出境风险自评估的流程和评估内容进行了详细规定。如果国家互联网信息办公室对数据处理者(出口方)的自评估报告进行实质审查,那就意味着数据出境安全评估制度实质上已经把标准合同条款等其他制度架空了。

解释路径是不可取的。

(二)《促进和规范数据跨境流动规定》降低数据跨境传输要求

2024年3月22日，国家互联网信息办公室颁布的《促进和规范数据跨境流动规定》对数据跨境传输的严格条件进行了极大的"松绑"，在保障国家数据安全，保护个人信息权益的同时，进一步规范和促进了数据依法有序自由流动。

首先，《促进和规范数据跨境流动规定》第2条规定未被相关部门、地区告知或者公开发布为重要数据的，数据处理者不需要作为重要数据申报数据出境安全评估。也就是说，在这种情形，可以但不是必须进行数据出境安全评估，如果不进行数据出境安全评估，就需要在个人信息保护认证、标准合同条款和其他条件这几个替代数据安全评估的方案之间选择其一。

其次，根据《促进和规范数据跨境流动规定》第3条，国际贸易、跨境运输、学术合作、跨国生产制造和市场营销等活动中收集和产生的数据出境，不包含个人信息或者重要数据的，免于申报数据出境安全评估、订立个人信息出境标准合同、通过个人信息保护认证。这一条确立了不包含个人信息的非重要数据在特定场景下可以自由出境。

再次，《促进和规范数据跨境流动规定》第4条规定数据处理者在境外收集和产生的个人信息传输至境内处理后向境外提供，处理过程中没有引入境内个人信息或重要数据的，不需要申报数据出境安全评估、订立个人信息出境标准合同、通过个人信息保护认证。这一条所要豁免的情形是那些在境外收集的个人信息因为一些原因传输到我国境内，例如，位于境外的数据处理者（委托人）将在境外收集的个人信息传输给位于我国境内的受托人进行处理，受托人在完成处理后将包含个人信息的工作成果再次回传给位于境外的委托人。这些被处理的个人信息本身就不是源于我国境内，自然不必按照我国公民个人信息出境的标准去规制这些个人信息的跨境流动。

最后，与《一般数据保护条例》第49条类似，《促进和规范数据跨境流动规定》第5条第1款规定了一系列豁免事由，包括：(1)为订立、履行合同所必须；(2)按照依法制定的劳动规章制度和依法签订的集体合同实施跨境人力资源管理所必须；(3)紧急情况下为保护自然人的生命健康和财产安全所必须；(4)关键信息基础设施运营者以外的数据处理者自当年1月1日起累计向境外提供不满10万人个人信息（不含敏感个人信息)。①《促进和规范数据跨境流动规定》第 6 条还专门针对自由贸易试验区设置了负面清单制度,授权自由贸易试验区自行制定区内需要纳入数据出境安全评估、个人信息出境标准合同、个人信息保护认证管理范围的数据清单,经省级网络安全和信息化委员会批准后,报国家网信部门、国家数据管理部门备案。自由贸易试验区内数据处理者向境外提供负面清单外的数据,可以免予申报数据出境安全评估、订立个人信息出境标准合同、通过个人信息保护认证。《中国(上海)自由贸易试验区临港新片区国际数据产业专项规划(2023—2025 年)》中明确提出,要优化数据跨境流动操作规则、推进数据跨境流动安全评估、完善数据跨境流动公共服务管理平台功能等多项具体措施。《促进和规范数据跨境流动规定》第 6 条在坚持维护国家安全的前提下,最大限度促进自由贸易试验区数据的跨境流动,有利于探索符合自由贸易试验区经济特色的针对性数据跨境传输机制。

《促进和规范数据跨境流动条例》为企业提供了多样化且具有灵活性的数据跨境传输的制度工具,既能有效保障数据跨境传输安全和数字贸易活动稳定进行,也能打造跨境数字贸易新格局,同时有力回应了美国等西方国家对我国的"数据本地化主义"和阻碍全球数字贸易活动等无端指责②,体现了我国推进高水平对外友好开放的决心。③

(三)关于数据跨境流动的地方性法规和数据交易所规则

除了法律和行政法规、部门规章,各地的地方性法规和数据交易所规则也对数据跨境传输进行了规定,这些规则主要是为数据跨境传输提供交易设施和技术等执行保障。这些保障主要包括设立并运营数据交易所,推动国际数据港、国际数据传输与流转枢纽平台建设,建立国际互联网专用

---

① 在《规范和促进数据跨境流动规定》(征求意见稿)中只规定了前三类豁免事由,并单设一个条文规定,即使不符合这三类豁免事由,"预计一年内向境外提供不满 1 万人个人信息的,不需要申报数据出境安全评估、订立个人信息出境标准合同、通过个人信息保护认证。但是,基于个人同意向境外提供个人信息的,应当取得个人信息主体同意"。最后正式颁布的《促进和规范数据跨境流动规定》将两个条文合并到一起,提高了向境外偶尔传输少量个人信息的数量要求(从每年 1 万提升到每年 10 万),并删去了"但是,基于个人同意向境外提供个人信息的,应当取得个人信息主体同意"。这是否意味着取得信息主体的同意是个人数据跨境传输的充分条件,值得进一步研究。

② 王锡锌:《新规定引领数据跨境流动"新动向"》,微信公众号"网信中国",2024 年 3 月 22 日。

③ 洪延青:《持续优化我国数据出境制度 推进我国高水平对外开放》,微信公众号"网信中国",2024 年 3 月 22 日。

通道等基础设施，以及鼓励参与大数据领域的国际标准制定。[1]

例如，《上海市数据条例》第 6 章（浦东新区数据改革）第 68 条规定："本市根据国家部署，推进国际数据港建设，聚焦中国（上海）自由贸易试验区临港新片区（以下简称临港新片区），构建国际互联网数据专用通道、功能型数据中心等新型基础设施，打造全球数据汇聚流转枢纽平台。"第 69 条规定："本市依照国家相关法律、法规的规定，在临港新片区内探索制定低风险跨境流动数据目录，促进数据跨境安全、自由流动。在临港新片区内依法开展跨境数据活动的自然人、法人和非法人组织，应当按照要求报送相关信息。"《山西省大数据发展应用促进条例》规定："省人民政府应当组织相关部门进行大数据发展应用标准研究，推动数据采集、数据开放、分类目录、交换接口、访问接口、数据质量、安全保密等关键共性标准的制定和实施。鼓励企业、社会团体、教育机构、科研机构等开展或者参与大数据领域的国际、国家、行业和地方标准的制定。"《海南省大数据开发应用条例》第 12 条规定："鼓励和支持基础电信运营商建设国际海底光缆及省内登陆点等信息基础设施，构建安全便利的国际互联网数据专用通道，提高本省的国际通信互联互通水平。"

（四）小结

从我国现有的关于数据跨境流动的法律规范的整体来看，可以预见未来我国将形成以《网络安全法》《数据安全法》《个人信息保护法》为核心，以《促进和规范数据跨境流动规定》《数据出境安全评估办法》《个人信息出境标准合同办法》为具体要求，重点行业和领域进行专门规范，各地交易所和地方性法规助益执行的数据跨境流动规制体系。当前有效的法律体系强调数据的本地化存储和出境安全评估，在不涉及国家安全的情形（例如，非关键基础设施运营者和处理个人信息未达到一定数量的运营者），也可以采取个人信息保护认证、标准合同条款等其他柔性的替代安全评估的数据出境安全机制。事前的规制固然重要，事后的救济也不可缺少，应当贯彻责任明确原则，以位于我国境内的个人信息处理者或其分支机构为抓手，令处理者承担相应的民事责任，让受害人遭受的损害得到填平。

二、我国在数据跨境方面参加的公约与国际合作

在数据跨境流动的国际合作方面，我国是亚太经合组织的成员国，加

---

[1] 夏菌：《欧盟数据跨境流动监管立法的市场规制转向及对中国的启示》，《河北法学》2023 年第 8 期。

入了《隐私框架》[该框架并不具有强制约束力，并非强行法（ius cogens）]，但没有加入《跨境隐私规则体系》。我国积极地与其他国家签订了自由贸易协定，如《中韩自由贸易协定》《中澳自由贸易协定》等，但这些协定只是笼统地提出要保护电子商务用户的个人信息，缺少具体的权利配置规则和规制规则。

2020年11月15日，我国与日本、韩国、澳大利亚、新西兰及东盟（ASEAN）十国（印度尼西亚、马来西亚、菲律宾、泰国、新加坡、文莱、柬埔寨、老挝、缅甸、越南）共同签署了《区域全面经济伙伴关系协定》（RCEP），建立了世界上最大的自由贸易区；2021年3月22日，我国完成对RCEP协定的核准，成为率先批准协定的国家。RCEP缔约方的目标是共同建立一个现代、全面、高质量以及互惠共赢的经济伙伴关系合作框架，以促进区域贸易和投资增长，并为全球经济发展作出贡献。RCEP是兼有发达国家和发展中国家的区域性多边协定。与欧盟高水平个人数据保护标准和美国限缩国家安全例外条款主张有所不同，RCEP采取了相对折中的多元共治理念，在数据跨境流动方面求同存异：一方面倡导数据自由跨境流动，另一方面也允许缔约国基于非歧视性监管和国家安全目的采取限制数据流动的本地化措施。这为发展中国家抗衡欧盟和美国极具影响力的数据规制提供了制度基础。① RCEP第十二章规定了致力于在亚太区域内达成广泛适用的电子商务规则，提出缔约国应在线上个人信息保护、非应邀商业电子信息监管等领域进行合作。该章第15条就通过电子方式跨境传输信息进行了规定，要求各缔约方不得阻止受协定约束的主体为进行商业行为而通过电子方式跨境传输信息。就此存在监管例外、合法公共政策例外和基本安全例外三类例外，给予了各国极大的自由裁量权。②

2021年9月16日，我国正式提出申请加入《全面与进步跨太平洋伙伴关系协定》（CPTPP）。2021年11月4日，中国国家主席习近平以视频方式出席第四届中国国际进口博览会开幕式并发表主旨演讲。习近平主席强调，中国将深度参与绿色低碳、数字经济等国际合作，积极推进加入《全面与进步跨太平洋伙伴关系协定》。这一举措既有利于我国数字贸易和数字经济的蓬勃发展，也体现了我国对国家间数据跨境流动的基本态度。相较于RCEP的消极规定，CPTPP第十四章（电子商务）部分第14.11

---

① 冯洁菡、周濛：《跨境数据流动规制：核心议题、国际方案及中国因应》，《深圳大学学报（人文社会科学版）》2021年第4期。
② 张奕欣等：《从数据跨境流动的域外规制看中国对策》，《重庆邮电大学学报（社会科学版）》2022年第2期。

条第 2 款从正面积极规定："每一缔约方应允许通过电子方式跨境传输信息，包括个人信息，如果这一活动用于被涵盖的人开展业务。"该条第 3 款规定了例外："本条中任何内容不得阻止一缔约方为实现合法公共政策目标而采取或维持与第 2 款不一致的措施，只要该措施：（a）不以构成任意或不合理歧视或对贸易构成变相限制的方式适用；及（b）不对信息传输施加超出实现目标所需限度的限制。"由此可见，CPTPP 更为积极地致力于消除缔约国之间电子信息自由流动的壁垒。

《个人信息保护法》第 38 条第 2 款规定："中华人民共和国缔结或者参加的国际条约、协定对向中华人民共和国境外提供个人信息的条件等有规定的，可以按照其规定执行。"从文义来看，该条的用语为"可以按照其规定执行"而非"必须按照其规定执行"，上述这些我国参与的双边和多边国际条约将对我国国内法体系中的数据跨境传输规则产生哪些影响，我国如何妥善化解与日本、澳大利亚、加拿大等国在数据跨境流动方面基本立场的冲突并发挥自身的国际影响力，如何进一步细化数据跨境流动的规则（尤其是技术规则），还有待进一步的研究。更为重要的是，我国缺少与其他国家在数据跨境流动方面的双边或多边的执法合作。如果缺少有效的执行机制，再好的法律也不过是纸面上的法律。未来我国既要致力于积极主导国际数据跨境传输的立法进程，也应当多利用已经加入的国际合作平台，团结发展中国家在数据跨境流动规则领域取得共识，推动建立完善的数据跨境流动的执行机制，从而不断提升我国在数据跨境流动方面的国际影响力，掌握话语权，维护和巩固我国的国家数据主权和利益。

第三节　数据跨境流动监管

就数据跨境流动的监管体系而言，重点和难点体现在国家权力（包括立法权、司法权和行政权）的边界性（有限性）与数据保护的需求之间如何协调。[①] 各国在进行数据跨境流动监管的过程中，应当尽可能限制国家

[①] 传统的国家主权概念与国家领土相关，而数据流动的数字空间具有无边界性、全球性和开放性，二者存在难以调和的矛盾。提到数字主权，人们往往联想到必须在一国境内储存数据，但数据储存在哪里与数据开发之间并无明显联系。确定跨境数据流动的"地域性"也是一个挑战。对数据更好的理解是共享，而不是交易或交换。联合国贸易和发展会议：《数字经济报告 2021——跨境数据流动与发展：数据为谁流动（概述）》，https://unctad.org/system/files/official-document/der2021_overview _ ch.pdf，第 5 页。

霸权（单边主义）对数据跨境流动监管体系的消极影响，遵守主权平等的国际法基本原则，避免干涉他国内政。需要注意的是，尽管数据与贸易密切相关，并可以为那些能从中受益者提供强大的竞争优势，但跨境数据流动本身既不是电子商务，也不是贸易，不应简单地被作为电子商务或贸易来监管。①

一、域外监管经验：重视监管合作和数据出境前的规制

从域外监管的经验来看，具有代表性的欧盟的数据跨境流动监管体系是值得反思的，其采取单边主义的保护措施，将自身的价值观强加给其他国家或地区，一旦其他国家或地区的数据传输达不到欧盟的水平，欧盟就会以停止传输数据的方式进行制裁。

加强数据跨境流动监管的跨国合作是目前全世界范围内数据跨境流动监管的趋势②，监管合作有助于避免数据驱动的数字经济出现碎片化。数字经济的碎片化可能对大多数发展中国家造成很大的负面影响，数字经济的碎片化将导致商业机会减少，用户和企业进入供应链将变得更加困难。

美欧之间达成的《安全港协议》和《隐私盾协议》是双边主义保护措施的典范，但双边主义的保护措施须以两国实力相当为前提。相较之下，建立在区域性或全球性多边保护措施基础上的数据跨境流动监管体系〔例如，2010年3月，由11个国家及地区的隐私执行当局联合起来建立的"全球隐私执法网络"（Global Privacy Enforcement Network，GPEN）〕是更为合理、可行的，保持数据主权的相对性③也是未来各国应当携手努力的目标。④

以邻近我国的日本为例，日本目前已形成了集法律、实施细则（指南）、双边/多边规则等于一体的国内、国际个人信息跨境转移规范体系。国内法方面以个人信息保护法、个人信息保护法施行令及个人信息保护法

---

① 联合国贸易和发展会议：《数字经济报告2021——跨境数据流动与发展：数据为谁流动》（概述），https://unctad.org/system/files/official-document/der2021_overview_ch.pdf，第6页。

② 国家对跨境数据流动进行监管，可能有各种正当的公共政策理由，例如保护隐私和其他人权、国家安全以及经济发展目标。如果没有适当的国际体系来规范数据流动，一些国家可能别无选择，只能靠限制数据流动来实现某些政策目标。然而，数据本地化并不会自动导致数据在本国创造价值。联合国贸易和发展会议：《数字经济报告2021——跨境数据流动与发展：数据为谁流动》（概述），https://unctad.org/system/files/official-document/der2021_overview_ch.pdf，第7页。

③ 卜学民：《论数据本地化模式的反思与制度构建》，《情报理论与实践》2021年第12期。

④ 张继红：《个人数据跨境传输限制及其解决方案》，《东方法学》2018年第6期；李墨丝：《中美欧博弈背景下的中欧跨境数据流动合作》，《欧洲研究》2021年第6期。

第十四章　数据跨境流动

施行规则等相关法规框架为重心，以日本个人信息保护委员会（PPC）[①]颁布的相关指南等实务指导性文件为释义补充；国际双边/多边规则方面以《全面与进步跨太平洋伙伴关系协定》《日美数字贸易协定》欧盟和日本《经济伙伴关系协定（EPA）》《区域全面经济伙伴关系协定》为依循，这些双边和多边协议中往往都会存在个人信息跨境转移的条款。[②] 日本由于全面继受欧盟《一般数据保护条例》对于个人数据的保护框架和评价标准（在个人信息跨境流动制度方面尤其明显），于2019年通过了欧盟委员会的充分性决定，该充分性决定作为《欧盟日本经济伙伴关系协定》的一部分，标志着全球最大数据安全流动区的诞生。

国内行政监管机构不可能在数据跨境流动的全过程肩负起审查数据跨境流动是否合规的重任，因为在个人数据传输至第三国以后，通常就超出了数据出口国行政权力的空间效力范围，如果数据出口国的行政监管机构进一步对位于第三国的数据处理情况进行监管，则无异于干涉他国的内政。美国就是通过援引反腐败、反洗钱、反恐怖主义、维护国家安全等理由实施跨境执法，目的是在全球范围内获取其所需要的数据，这种长臂管辖是美国霸权主义的体现。[③] 因此，保护被跨境传输的个人数据的安全主要是通过前述各种事前监管完成，例如数据出境的安全性认定、标准合同条款[④]、有约束力的企业规则等等。

当然，除了第三国自己的监管，数据出口国对于所出口的个人数据的监管并非束手无策，典型的例子就是欧盟所采取的个人数据跨境流动监管模式。

[①] 近些年，PPC对个人信息跨境转移的监管不断加强。2021年3月，针对即时通讯软件LINE的开发者LINE公司位于中国境内的关联公司远程访问LINE日本境内用户个人信息事件，PPC启动了对LINE及其母公司的个人信息处理合规性的调查，认定LINE的隐私政策未充分披露境外远程访问相关信息且对委托业务的中国相关企业的监督机制不够充分，因而要求其修改隐私政策并加强数据保护治理。这也是PPC近五年年报中唯一披露的实地检查案件。2023年6月，PPC向ChatGPT开发商美国OpenAI公司发布行政指南，要求其不得在未经事先同意的情况下从用户和非用户处获取敏感个人信息，并须使用日语告知或公开个人信息的使用目的。虽然此非专门针对美国OpenAI公司在个人信息跨境传输方面的动作，但亦可窥知PPC在追踪国际动态以及就个人信息保护问题以属地管辖为抓手进行域外管辖方面的努力。胡月奕：《日本个人信息跨境转移制度概览》，微信公众号"清华大学智能法治研究院"，2024年1月4日。

[②] 胡月奕：《日本个人信息跨境转移制度概览》，微信公众号"清华大学智能法治研究院"，2024年1月4日。

[③] 李爱君、王艺：《数据出境法学——原理与实务》，法律出版社2023年版，第85-89页。

[④] 标准合同条款本质上是个人数据跨境传输的监管工具，是欧盟针对商事交易"定制"的标准化条款。通过条款的强制使用和内容强制机制，将监管要求"渗透"到个别交易之中，是欧盟有关数据跨境流动规则个别性输出的体现。金晶：《作为个人信息跨境传输监管工具的标准合同条款》，《法学研究》2022年第5期。

欧盟对于数据跨境流动的监管主要是由欧洲法院通过司法审查完成的。虽然欧洲法院的司法审查属于欧盟的权限范围，但其审查的对象是第三国的数据保护水平。在 2015 年"Schrems Ⅰ案"之后，欧盟法院的效力审查机制以类案方式逐步形成。2020 年"Schrems Ⅱ案"则正式确立了欧盟法院针对个案的实质效力审查机制。该案体现了欧洲法院对于第三国数据监管水平的长臂管辖，具体体现为欧洲法院经过审查后认为美国无法实质上达到与欧盟实质等同的个人数据保护水平，进而宣告欧盟委员会作出的《隐私盾决定》无效，这导致数据从欧盟传输到第三国欠缺正当性基础。数据出口国的主管监管机构负有暂停或终止传输数据的义务，采取的方式是由主管监管机构颁发数据处理禁令（《一般数据保护条例》第 58 条第 2 款第 f 项）。这既是为了防止危险的扩大，也是针对未达到与欧盟实质等同的数据保护标准制裁第三国。

欧盟法院通过对美国的数据保护水平进行穿透式司法审查，要求第三国确保个人数据在跨境传输后的保护水平持续性地不得低于欧盟的保护水平[1]，否则欧盟法院将宣告相应的决定（如《隐私盾决定》[2]、《标准合同条款决定》）无效。在《标准合同条款决定》被宣告为无效后，数据出口方与数据进口方以标准条款订立的合同也相应无效。如此一来，欧盟通过对欧盟委员会《标准合同条款决定》的效力审查，实现了对标准数据条款的效力控制。在对《标准合同条款决定》进行效力审查的过程中，欧洲法院对第三国的数据保护水平进行了穿透式的实质审查。这使司法审查具有了实质监管的功能，司法审查的触角延伸到第三国的范围，个人数据保护的法律问题由此上升到欧盟与美国之间的政治问题。标准数据保护条款本来所具有的确保效率和安定性的功能大打折扣，因为数据出口方和数据进口方即使采用欧盟委员会提供的标准合同条款，将来仍然可能面临欧洲法院对标准合同条款效力的司法审查，标准合同条款仍有可能会被认定为无效。

欧盟通过司法审查的方式对数据跨境流动进行穿透式监管非常类似于美国、德国、俄罗斯等国家宪法法院所实施的针对基本权利保护的违宪审查（宪法审查）。欧盟本身是一个超国家的独立实体，欧盟法在性质上属

---

[1] European Data Protection Board, Recommendations 01/2020 on Measures that Supplement Transfer Tools to Ensure Compliance with the EU level of Protection of Personal Data, Version 2.0, Adopted on 18 June 2021.

[2] 欧盟法院宣布《隐私盾决定》无效本身也会影响到标准合同条款的效力。Vgl. Kühling/Klar/Sackmann, Datenschutzrecht, 4. Aufl., Heidelberg 2018, S. 231, Rn. 568.

于超国家法，欧盟成员国之间的基础条约既是区域性国际法，也是欧盟存在和运行的宪法性法律依据，欧洲法院在对数据跨境流动过程中欧盟委员会的决定进行司法审查时发挥了欧盟范围内宪法法院的功能。这种模式对于不具有宪法法院和违宪审查制度的欧盟数据保护法的继受国来说是需要警惕的，这是法律移植过程中的陷阱。

除了欧盟这种超国家共同体，其他的国家或地区之上通常没有超国家的执法机关或司法机关，因此，数据跨境流动的监管和数据跨境流动的法律规制其实是同一事物的一体两面，数据跨境监管主要体现为数据出境前的各种风险控制机制。

二、我国对数据跨境流动的监管

目前我国对于数据跨境流动采取的是强监管的模式。在数据出境前的监管方面，对于关键基础设施的运营者和处理个人信息达到国家网信部门规定数量的个人信息运营者，在我国境内收集和产生的个人信息或重要数据确需向境外提供的，必须由国家网信部门进行个案式的安全评估（《个人信息保护法》第40条、《网络安全法》第37条）。对于影响或可能影响国家安全的数据处理活动须进行国家安全审查（《数据安全法》第24条）。《促进和规范数据跨境流动规定》第7条（比照《数据出境安全评估办法》第4条）将广泛的数据出境场景纳入审批范围，极大地压缩了个人信息保护认证、标准合同条款等当事人自治规则适用的空间。

对于数据出境后的监管，我国的《个人信息保护法》整体上继受自《一般数据保护条例》，但是我国并不存在违宪审查的传统，也不存在独立的宪法法院，因此我们不能照搬欧盟通过司法审查进行数据跨境流动监管的模式。[①]

从数据跨境流动监管的角度来看，因为缺乏数据出境后的有效监管措施，所以我国应当更加重视事前的规制，在数据跨境传输的评估方面我国的标准只能比欧盟的标准更加严格，对涉及国家安全的数据施行本地化存储（相对的本地化）也是应有之义。在数据跨境传输方面，我国应当关注本土数据流出的控制，在关注个人信息保护的同时重视非个人数据的自由流动，不能一味以个人信息保护为由限制数据的跨境传输，采取立法和行业自律双起效模式，鼓励信息技术公司在此基础上制定本公司或行业隐私

---

① 有文章提出我国应当借鉴欧盟数据跨境流动的白名单制度，对数据接收国的数据保护水平进行评估，通过评估的国家或地区可以进入白名单，实现个人数据的自由流动（张奕欣等：《从数据跨境流动的域外规制看中国对策》，《重庆邮电大学学报（社会科学版）》2022年第2期）。从法律移植要警惕照搬局部制度而忽略整体法秩序这一角度来看，这样的观点显然值得商榷。

保护政策，给予企业更多灵活空间①；要充分利用好各种数据跨境传输中的个人信息保障措施，发挥各种制度设计的优势，厘清各种制度之间的逻辑关系，同时防止出现个人数据保护标准的竞次现象；还应当积极探索价值中立、制度趋同的新型法律工具；尤为重要的是，要形成我国数据出境安全制度的核心理念。② 总而言之，我国应当努力实现国家安全、数据隐私保护和促进经济发展三者的平衡，加强国际合作，积极与重要贸易伙伴国达成数据传输协定，不断扩大中国模式的影响力。③

当然，国际合作的前提是国与国之间平等对待，根据《个人信息保护法》第43条规定的对等原则，任何国家或者地区在个人信息保护方面对中华人民共和国采取歧视性的禁止、限制或者其他类似措施的，中华人民共和国可以根据实际情况对该国家或者地区对等采取反制措施。④ 下面围绕该原则分别就我国与美国和欧盟的数据跨境流动监管展开具体分析。

（一）我国与美国数据跨境流动监管

长期以来，美国对于数据跨境流动监管都坚持宽松开放的态度，最大限度地实现跨境信息自由流动，确保国与国之间的监管差异不会成为实质性的贸易壁垒。但从近几年的公开信息来看，美国对于数据跨境流动监管的态度已经开始发生转变：相较于为了促进技术发展、鼓励贸易而让数据自由流动，美国将国家安全摆在了最优先的位置，开始以国家安全为由限制本国数据的出境。与此同时，美国针对本国数据向我国流动开始采取更严厉的监管措施，并专门针对我国等若干被美国视为"受关注国"的国家加强了数据跨境流动的监管，这在美国近些年针对TikTok（抖音）的封锁中表现得尤为明显。

2020年8月，时任美国总统的特朗普发布行政命令试图禁止TikTok⑤，该行政命令的实施分为两个时间节点：一是自2020年9月27日起禁止TikTok在美国的下载和更新，二是自2020年11月12日起禁止

---

① 黄志雄、韦欣妤：《美欧跨境数据流动规则博弈及中国因应——以〈隐私盾协议〉无效判决为视角》，《同济大学学报（社会科学版）》2021年第2期。
② 金晶：《个人数据跨境传输的欧盟标准——规则建构、司法推动与范式扩张》，《欧洲研究》2021年第4期；赵精武：《论数据出境评估、合同与认证规则的体系化》，《行政法学研究》2023年第1期。
③ 黄志雄、韦欣妤：《美欧跨境数据流动规则博弈及中国因应——以〈隐私盾协议〉无效判决为视角》，《同济大学学报（社会科学版）》2021年第2期。
④ 杨合庆主编：《中华人民共和国个人信息保护法释义》，法律出版社2022年版，第110-111页。
⑤ TikTok在美国拥有约1.5亿用户，接近美国总人口的一半。

美国互联网运营商向 TikTok 提供服务。2020 年 9 月，美国甲骨文公司表示已与字节跳动达成协议，提供云服务但不涉及 TikTok 出售。该月 TikTok 向华盛顿特区联邦法院提起诉讼，9 月 27 日晚禁令生效的最后时刻，法院发出禁止令。2020 年 9 月 27 日，美国哥伦比亚特区联邦地区法院裁决，暂缓实施美国政府关于将 TikTok 从美国移动应用商店下架的行政命令。2022 年 6 月，TikTok 上面美国用户的个人数据已转移到美国甲骨文公司，字节跳动已无法访问这些美国用户的个人数据。

拜登上台后撤销了特朗普试图禁止 TikTok 的行政命令，并命令美国商务部对相关应用程序带来的安全问题进行审查。2023 年 2 月，拜登政府寻求监管 TikTok，禁止该应用在联邦设备上使用。2023 年 5 月，蒙大拿州成为美国首个全面禁止 TikTok 的州，其颁布的禁令原定于 2024 年 1 月 1 日生效。2023 年 11 月，该禁令因涉嫌违宪被联邦法院否决。

2024 年 2 月 28 日，拜登正式签署了《关于防止受关注国家获取美国公民大规模敏感个人数据和美国政府相关数据的行政命令》。在该行政命令中，拜登称某些国家持续获取美国公民的敏感个人数据和美国政府相关数据，这对美国国家安全和外交政策构成了不寻常和重大的威胁。美国司法部紧随其后又发布了《拟议立法的非官方征求意见稿：关于受关注国家获取美国公民大规模敏感个人数据和美国政府相关数据的规定》（以下简称《征求意见稿》）。《征求意见稿》限制中国（包括香港和澳门地区）、俄罗斯、伊朗、朝鲜、古巴和委内瑞拉在内的受美国关注的国家访问和利用美国公民与政府的"敏感数据"，数据经纪交易和大规模人类基因组传输被完全禁止。这是美国历史上首次禁止向中国跨境传输数据。

2024 年 3 月，美国众议院推进 TikTok 剥离法案，TikTok 发动弹窗抗议，之后，众议院以 352 票对 65 票通过了该法案。如今，法案已提交至参议院。拜登承诺，若法案最终通过，他将签署法案。

美国对于向中国等受关注国家传输数据所采取的一系列由行政机关主导的限制措施背后可能存在各种动机，可能是为了加强对美国公民的人权保护，也可能是为了保护美国的国家安全，还可能想以此为手段对中国等国家实施贸易制裁。无论如何，这些限制措施将对我国企业"出海"提出非常高的合规要求：企业首先需要识别出哪些数据属于《征求意见稿》中定义的敏感个人数据，如个人健康信息、生物特征识别符、个人财务数据等，并进一步分析交易场景是否落入豁免的情形，抑或属于被禁止或限制的交易，企业需要有针对性地作出应对措施。云计算、数据经纪、软件服务等领域的企业，需仔细考量自身的服务是否涉及敏感数据的处理和传输。受影响最大的是从事金融、医疗等业务的企业，以医疗行业为例，针对国际临床试验、生物基因组数据收集和分析，需特别警惕《征求意见稿》中对大规模敏感个人数据交易的限制。

从对等原则的角度来看，如果今后有确凿的证据显示美国在数据跨境流动监管层面所采取的一系列限制性措施并非为了维护美国自身的国家安全或保护美国公民的基本人权，而是打着国家安全和保护人权的旗帜，行贸易制裁之实，那么我国应当根据具体情况及时对美国采取对等措施。

（二）我国与欧盟数据跨境流动监管

我国和欧盟一直是友好的战略合作伙伴关系，尤其体现在经济贸易领域。除此以外，欧盟还将中国视为重要的经济竞争者和制度性对手。我国的数据监管（主要是数据出境前的监管）模式在很大程度上借鉴自《一般数据保护条例》，但比后者更加严格。[①]

我国与欧盟在经济、社会、政治、文化、价值观等方面存在一定差异：欧盟的数字经济虽不发达，却通过成文法传统之优势将数据跨境流动的欧盟标准推广到全世界；我国虽然数字经济规模庞大，是数据生产大国，但在规则输出方面目前还无法与欧盟相抗衡。尽管如此，我国与欧盟也存在较多共识。根据《一般数据保护条例》第45条第1款，欧盟委员会充分性决定的适用对象可以是国家，也可以是第三国境内的地区、一个或多个特定行业、国际组织。在我国有关数据跨境流动的评价标准与欧盟完全达成一致之前，我国应当充分利用好与欧盟之间现有的共识，消除误解和隔阂，采取按领域逐步合作的监管策略，在有较大共识的领域积极主动与欧盟开展监管合作，争取得到欧盟委员会的充分性决定或者与欧盟签订有关数据跨境流动的协议[②]，并不断扩展监管合作（包括学术交流）的领域，最终的目标是通过与欧盟的谈判让欧盟委员会承认我国具有与欧盟相当的数据保护水平。[③]

在监管方针上，我国要注重对核心数据的保护以维护我国国家安全，

---

① 金晶：《欧盟的规则，全球的标准？数据跨境流动监管的"逐顶竞争"》，《中外法学》2023年第1期。

② 杨帆：《后"Schrems Ⅱ案"时期欧盟数据跨境流动法律监管的演进及我国的因应》，《环球法律评论》2022年第1期。

③ 2019年，欧盟委员会通过对日本的充分性决定，充分性决定构成欧盟和日本《经济伙伴关系协定》（EPA）的补充。2022年，欧盟和日本正式启动了将数据流动规则纳入《经济伙伴关系协定》的谈判。欧盟委员会作出的充分性决定在形式上是设立欧盟与域外国家、地区间的双边性数据自由流动区，实质上是欧盟整体审查、持续监督域外国家、地区的数据保护水平。金晶：《欧盟的规则，全球的标准？数据跨境流动监管的"逐顶竞争"》，《中外法学》2023年第1期。

对于重要数据和一般数据的保护则要限制在必要的范围内,让我国的数字市场充分发挥竞争优势。市场规模是我国的比较优势,但我国目前并非主要的数字服务出口国。为了削弱欧盟的强监管权力或者与欧盟的强监管权力相抗衡,我国应当侧重于培育本土数据市场规模,对数据市场进行宽松化的监管,坚持自由市场和合同自由原则,为数字产品和服务的典型合同设置任意性规范,为数字产品和服务提供替代市场。① 这种宽松的监管策略可以在保障国家安全的前提下充分发挥数据要素作用,让数据跨境安全便捷流动成为新的经济增长点。随着我国在数字技术领域不断取得突破,我国将不仅仅是数据资源持有大国,也将成为数字服务出口大国。

---

① 金晶:《欧盟的规则,全球的标准?数据跨境流动监管的"逐顶竞争"》,《中外法学》2023年第1期。

主要参考文献

一、中文著作

（一）国内作者著作（按姓名拼音排序）

常鹏翱：《不动产登记法》，社会科学文献出版社 2011 年版。

陈甦、谢鸿飞主编：《民法典评注·人格权编》，中国法制出版社 2020 年版。

程合红：《商事人格权论——人格权的经济利益内涵及其实现与保护》，中国人民大学出版社 2002 年版。

程啸：《不动产登记法研究》（第二版），法律出版社 2018 年版。

程啸：《个人信息保护法理解与适用》，中国法制出版社 2021 年版。

程啸：《侵权责任法》（第三版），法律出版社 2021 年版。

程啸、王苑：《个人信息保护法教程》，中国人民大学出版社 2023 年版。

程啸主编，阮神裕、王苑副主编：《NFT 数字艺术品法律问题研究》，中国法制出版社 2023 年版。

崔建远：《物权法》（第五版），中国人民大学出版社 2021 年版。

丁晓东：《个人信息保护原理与实践》，法律出版社 2021 年版。

郭瑜：《个人数据保护法研究》，北京大学出版社 2012 年版。

黄薇主编：《中华人民共和国民法典人格权编解读》，中国法制出版社 2020 年版。

黄薇主编：《中华人民共和国民法典侵权责任编解读》，中国法制出版社 2020 年版。

黄薇、王雷鸣主编：《中华人民共和国著作权法导读与释义》，中国民主法制出版社 2021 年版。

姜明安主编：《行政法与行政诉讼法》（第七版），北京大学出版社、高等教育出版社 2019 年版。

李爱君、王艺：《数据出境法学——原理与实务》，法律出版社 2023 年版。

梁慧星、陈华彬：《物权法》（第七版），法律出版社 2021 年版。

刘家安：《民法物权》，中国政法大学出版社 2023 年版。

刘金瑞：《个人信息与权利配置——个人信息自决权的反思和出路》，法律出版社 2017 年版。

龙卫球：《民法总论》，中国法制出版社 2003 年版。

龙卫球主编：《中华人民共和国数据安全法释义》，中国法制出版社 2021 年版。

龙卫球主编：《中华人民共和国个人信息保护法释义》，中国法制出版社 2021 年版。

马费成、宋恩梅、赵一鸣：《信息管理学基础》（第三版），武汉大学出版社 2018 年版。

王利明：《民法总则研究》（第三版），中国人民大学出版社 2018 年版。

王利明：《人格权法研究》（第三版），中国人民大学出版社 2018 年版。

王利明：《物权法研究》（第四版）（上卷），中国人民大学出版社 2016 年版。

王利明：《物权法研究》（第四版）（下卷），中国人民大学出版社 2018 年版。

王利明、程啸：《中国民法典释评·人格权编》，中国人民大学出版社 2020 年版。

王利明、程啸、朱虎：《中华人民共和国民法典人格权编释义》，中国法制出版社 2020 年版。

王迁：《知识产权法教程》（第六版），中国人民大学出版社 2019 年版。

王迁：《著作权法》（第二版），中国人民大学出版社 2023 年版。

王泽鉴：《民法物权》（第二版），北京大学出版社 2023 年版。

王泽鉴：《民法总则》（增订版），北京：中国政法大学出版社 2001 年版。

王泽鉴：《人格权法：法释义学、比较法、案例研究》，作者印行 2012 年版。

王兆君、王钺、曹朝辉：《主数据驱动的数据治理：原理、技术与实践》，清华大学出版社 2019 年版。

武腾：《数据交易的合同法问题研究》，法律出版社 2023 年版。

谢希仁编著：《计算机网络》（第七版），电子工业出版社 2017 年版。

谢在全：《民法物权论》（上），中国政法大学出版社 2011 年版。

杨代雄：《民法总论》，北京大学出版社 2022 年版。

杨合庆主编：《中华人民共和国个人信息保护法释义》，法律出版社 2022 年版。

杨楠楠等：《数据产品经理：解决方案与案例分析》，机械工业出版社 2022 年版。

张平文、邱泽奇主编：《数据要素五论：信息、权属、价值、安全、交易》，北京大学出版社 2022 年版。

张新宝：《侵权责任法立法研究》，中国人民大学出版社 2009 年版。

张新宝：《名誉权的法律保护》，中国政法大学出版社 1997 年版。

张新宝：《隐私权的法律保护》（第二版），群众出版社 2004 年版。

张新宝：《中国侵权行为法》（第二版），中国社会科学出版社 1998 年版。

张新宝主编：《〈中华人民共和国个人信息保护法〉释义》，人民出版社 2021 年版。

张永健：《物权法之经济分析：所有权》，北京大学出版社 2019 年版。

赵宏田：《用户画像：方法论与工程化解决方案》，机械工业出版社 2023 年版。

朱庆育：《民法总论》（第二版），北京大学出版社 2016 年版。

《民法总则立法背景与观点全集》编写组：《民法总则立法背景与观点全集》，法律出版社 2017 年版。

最高人民法院民法典贯彻实施工作领导小组：《中华人民共和国民法典人格权编理解与适用》，人民法院出版社 2020 年版。

最高人民法院民事审判第一庭：《最高人民法院利用网络侵害人身权益司法解释理解与适用》，人民法院出版社 2014 年版。

（二）中文译著（按作者国籍排序）

［美］路易斯·D. 布兰代斯等：《隐私权》，宦盛奎，北京大学出版社 2014 年版。

［美］阿丽塔·L. 艾伦、理查德·C. 托克音顿：《美国隐私法：学说、判例与立法》，冯建妹、石宏等译，中国民主法制出版社 2004 年版。

［美］艾伦·德肖维茨：《你的权利从哪里来？》，黄煜文译，北京大学出版社 2014 年版。

［美］大卫·D. 弗里德曼：《经济学与法律的对话》，徐源丰译，广西

师范大学出版社 2019 年版。

〔美〕哈默德·坎塔尔季奇：《数据挖掘概念、模型、方法和算法》，李晓峰、刘刚译，清华大学出版社 2021 年版。

〔美〕海伦·尼森鲍姆：《场景中的隐私——技术、政治和社会生活中的和谐》，王苑等译，法律出版社 2022 年版。

〔美〕加里·D. 利贝卡普：《产权的缔约分析》，陈宇东等译，中国社会科学出版社 2001 年版。

〔美〕科弗、〔美〕托马斯：《信息论基础》（第二版），阮吉寿、张华译，机械工业出版社 2008 年版。

〔美〕劳伦斯·莱斯格：《代码 2.0：网络空间中的法律》，李旭、沈伟伟译，清华大学出版社 2009 年版。

〔美〕罗纳德·H. 科斯：《企业、市场与法律》，盛洪、陈郁译，格致出版社、上海三联书店、上海人民出版社 2014 年版。

〔美〕沙拉·拉姆丹：《"付费墙"：被垄断的数据》，黄尹旭、赵精武译，上海人民出版社 2023 年版。

〔美〕维纳：《人有人的用处》，陈步译，商务印书馆 1978 年版。

〔美〕詹姆斯·格雷克：《信息简史》，高博译，人民邮电出版社 2013 年版。

〔德〕鲍尔、施蒂尔纳：《德国物权法》（上册），张双根译，法律出版社 2004 年版。

〔德〕卡尔·拉伦茨：《德国民法通论》（上册），王晓晔、邵建东等译，法律出版社 2003 年版。

〔德〕卡尔·拉伦茨：《法学方法论》（全本·第六版），黄家镇译，商务印书馆 2020 年版。

〔德〕塞巴斯蒂安·洛塞等编：《数据交易：法律·政策·工具》，曹博译，上海人民出版社 2021 年版。

〔德〕托马斯·M.J. 默勒斯：《法学方法论》，杜志浩译，北京大学出版社 2022 年版。

〔日〕山本敬三：《民法讲义 I》，解亘译，北京大学出版社 2004 年版。

〔英〕阿里尔·扎拉奇、〔美〕莫里斯·E. 斯图克：《算法的陷阱：超级平台、算法垄断与场景欺骗》，余潇译，中信出版集团 2018 年版。

〔英〕H. L. A. 哈特：《哈特论边沁——法理学与政治理论研究》，谌洪果译，法律出版社 2015 年版。

〔英〕吉米·边沁：《立法理论》，李贵方译，中国人民公安大学出版社 2004 年版。

〔英〕克里斯蒂安·福克斯:《数字劳动与卡尔·马克思》,周延云译,人民出版社 2020 年版。

〔英〕洛克:《政府论》(下册),瞿菊农、叶启芳译,商务印书馆 1964 年版。

〔英〕维克托·迈尔-舍恩伯格、肯尼斯·库克耶:《大数据时代:生活、工作与思维的大变革》,盛杨燕、周涛译,浙江人民出版社 2013 年版。

〔英〕维克托·迈尔-舍恩伯格:《删除:大数据取舍之道》,袁杰译,浙江人民出版社 2013 年版。

〔澳〕柯武刚、〔德〕史漫飞、〔美〕贝彼得:《制度经济学:财产、竞争、政策》(第二版),柏克、韩朝华译,商务印书馆 2018 年版。

〔波〕马里厄斯·克里斯奇托弗克:《欧盟个人数据保护制度——〈一般数据保护条例〉》,张韬略译,商务印书馆 2023 年版。

二、外文论著

(一)英文论著

Christopher Kuner, Lee A. Bygrave & Christopher Docksey ed. , The EU General Data Protection Regulation (GDPR): A Commentary, Oxford University Press, 2020.

Eleni Kosta, Consent in European Data Protection Law, Martin Nijhoff Publishers, 2013.

Henry E. Smith, Intellectual Property as Property: Delineating Entitlements in Information, 116 Yale L. J. 1742 (2006).

Herbert Zech, Information as Property, 6 Journal of Intellectual Property, Information Technology and Electronic Commerce Law 192 (2015).

Herbert Zech, Data as a Tradeable Commodity-Implications for Contract Law, https://papers.ssrn.com/sol3/papers.cfm?abstract_id=3063153.

J. E. Penner, The Idea of Property in Law, Oxford University Press, 1997.

Kate Crawford, Atlas of AI: Power, Politics, and the Planetary Costs of Artificial Intelligence, Yale University Press, 2021.

Lawrence Lessig, The Future of Ideas: The Fate of the Commons in a Connected World, Random House, 2001.

Mark A. Lemley, Property, Intellectual Property, and Free Riding, 83 Tex L. Rev. 1031 (2004). 1034.

Paul Voigt & Axel von dem Bussche, The EU General Data Protection Regulation (GDPR): A Practical Guide, Springer, 2017.

Thomas W. Merrill & Henry E. Smith, The Morality of Property, 48 Wm. & Mary L. Rev. 1849 (2007).

William Cornish, David Llewelyn & Tanya Aplin, Intellectual Property: Patents, Copyrights, Trademarks & Allied Rights, Sweet & Maxwell Press, 2007.

Yoram Barzel, Economic Analysis of Property Rights, Cambridge University Press, 1997.

(二) 德文论著

Ansgar Ohly, „Volenti non fit iniuria" Die Einwilligung im Privatrecht, Mohr Siebeck, 2002.

Brox Walker, Allgemeiner Teil des BGB, 32Aufl., Carl Heymanns Verlag, 2008.

Franziska Leinemann, Personenbezogene Daten als Entgelt: Eine Untersuchunganhandschuldvertrags-, datenschutz-und kartellrechtlicher Fragestellungen, Peter Lang, 2020.

HerbertZech, Information als Schutzgegenstand, Mohr Siebeck, 2012

HerbertZech, Die „Befugnisse des Eigentümers" nach § 903 Satz 1 BGB-Rivalität als Kriterium für eine Begrenzung der Eigentumswirkungen, Archiv für die civilistische Praxis (AcP) 219 (2019), 488-592.

HerbertZech, Daten als Wirtschaftsgut-Überlegungen zu einem „Recht des Datenerzeugers", Computer und Recht (CR) 2015, 137-146.

Johannes Kevekordes, Daten als Gegenstand absoluter Zuordnung, Duncker & Humblot, 2022.

Kühling/Klar/Sackmann, Datenschutzrecht, 4. Aufl., Heidelberg, 2018.

Larenz/Wolf, Allgemeiner Teil des Buergerlichen Rechts, 9 Aufl. C. H. Beck, 2004.

Larenz/Canaris, Lehrbuch des Schuldrechts Band II: Besonderer Teil, Halbband 2, 13, Aufl., C. H. Beck, 1994.

MüKoBGB/Wagner, 8. Aufl. 2020, BGB § 823.

MüKoBGB/Joost, 7. Aufl. 2017, vor § 854.

Patricia Maria Rogosch, Die Einwilligung im Datenschutzrecht, Nomos, 2013.

Staudinger/Gutzeit, BGB, 2012, §854.

Thomas Hoeren, Dateneigentum Versuch einer Anwendung von §303a StGB im Zivilrecht, MMR 2013, 8.

Thomas Hoeren, Datenbesitz statt Dateneigentum, MMR 2019, 5.

Tinnefeld/Buchner/Petri/Hof, Einführung in das Datenschutzrecht, 7. Aufl., Berlin/Boston 2020.

Tereza Pertot (Hrsg.), Rechte an Daten, Mohr Siebeck, 2020.

（三）日文论著

友岡史仁『行政情報法制の現代的構造』（信山社・2022年）。

宇賀克也『情報公開・オープンデータ・公文書管理』（有斐閣・2019年）。

关键词索引

A

安全保护义务 473－481，483－486，489－494

B

补充权 28，69，93，119

不确定性 11，18－22，24－26，28，29，43，202，210，228，233，234，239，252，275，280，492

不正当竞争 5，49，58，138，173，176，178，197，206－210，214，216，217，226，240，241，243，245，264，269，272，278，446，467

C

财产权 48，52－55，58－61，66，67，69，76，90，93－98，100－102，109，117，118，121，127，128，134－136，142，143，148，158，164，166，171，179，181，182，190，195，198，199，204，205，207，209，214，218－223，225，226，228，232，234－238，242，244－246，262，263，266，271，273－278，281，282，289，291－294，302，304，305，312－315，322，325，327－331，333，335，339，360，363，364，372－374，377－379，381－383，455，457，458，468，491，495，496

查阅权 69，93

产权 9，52，60，61，134，137，138，181，196，221，223，224，229，241，245，258，276，277，319，326－328，338，473

场景 23，24，38，43，46，48，50，60，80，88，106，115，122，139，150，152，160，161，165，167，183，195，198，200，211，214，216，222，234，235，244－246，250，260，262，269，276，277，279，284，285，288，291，293－296，298，306，310，313，314，316，317，322，335，347，358，361，362，376，377，388，424，428，430，432，435－437，440，441，443－446，448，453－455，457，463－465，467，519，527，529

持有 8，39

传输 3，4，21-24，26，28，30，31，33，46，66，76，81，87，95，105，113，128，158，159，162-164，166，178，188，199，213，221，223，232，252，256，277，290，291，300，312，316，320，395，396，432，436，478，482，486，490，495，520，522-530

存储 8，18，22，25，38，39，49，50，54，56，57，62，63，80-82，86，93，95，105，128，129，131，134，135，139，141，158，159，163，164，166，172，173，176，178，180，182，183，188，190，192，194，199，200，211，213，219，221，231，247，253-256，262，290-292，297，305，306，308，309，312，314，321，322，324，355，388，392，395，402，412，432，435，436，452，476，478，480，482，484，490，495，504，516，521，527

D

大数据 5，17，18，25，34，35，45，56，58，59，74，76，80，81，87，88，102，106，114，115，118，141，150，173，174，200，202，203，207，223，225，227，247，262，269，273，276，279，285，286，307，327，348，349，357，361，363，365，387-389，391，418，435，436，439-441，444，449-453，521

DIKW模型 12，14-18，25-27，46

登记簿 11，34，137，319-324，329，330，332，334-339，425，484，510

电子商务 57，87，120，177，241，285，499，522，524

电子商务法 87，89，475

独创性 34，58，59，176，185，191，196-198，203，205，216，221，223，226，230，232-234，237，240，252，266，307，308

F

法定授权 7，123，142-145，359，374

非公开数据 172，191，205，209，211-213，223，231，245，272

分类分级 7，36，37，42，51，122，142，171，173，176，218，358，361，362，388，389，428-434，475，480，497，517

分置 36，60，137，181，218，221，224，229，241，245，332，362

风险 27，56，79，88，89，93，96，97，105-107，110-114，118，119，141，148，150，152，165，226，227，234，272，286，287，292，302，306，311，316，323，336，360，361，369，371，376，377，382，421，428，430-432，436，441，444，446，454，462-465，469，475，477，481-

关键词索引

486，488，489，494，496，498，505，509，517，518，521，527

符号 6，7，15，20，22，28，29，31，73，184，186－188，197，203，221，239，240，243，266，303，307，308，344

付费 136，154，155，157，160－162，187，227，377，466，504

复制权 69，93，119，133，180

G

告知 56，57，65，73，86，90，91，107－110，117，128－132，143，160，403，436，444，481，486，509，510，513，519，525

个人数据 5，7，8，11，32，33，36－39，42，48，49，51，53－57，63，65－69，71，73－75，77，79，83，88，96，99，100，105－107，113，114，118，119，122－136，138－167，171－176，178－184，186－188，196，207，212，217，219，221，229－231，247，260－264，268，275，281，282，285，286，289，291－295，304，305，312，352，353，357，359，362，374，375，378，382，393－396，403，419，424，426，427，475，476，478，479，482，484，485，487，489，491，492，496－512，514－518，520，522，525－530

个人数据所有权 7，183，184，186－188

个人授权 56，57，122－137，139，141，142，189，224，225

个人同意 65，66，107，122－134，136，139，143，150，152，164，178，207，247，520

个人信息 5－11，27，28，33－35，37－40，48－57，59，63，65－69，73－100，102，104－136，138－144，146，149，152，153，157，160－166，171，172，174－176，178，180－188，217－219，221－225，227，230，231，247，252，273，282，291－294，305，312，325，357，359，360，372，374，378，379，382，383，386，394，406，419，420，425－427，430，434，436，439，441，454，461，475－481，484－491，495－497，499，501，505，510，513，515－525，527，528

个人信息保护 5，38，39，66，73，74，76－85，87－92，96－98，102，105，106，108，109，111－114，119，126，129，132，151，183，187，217，360，362，423，425，427，442，457，475，476，478，479，486－490，496，517－522，524，525，527，528

个人信息出境 517，519，520

个人信息处理活动 8，65，77，88－92，94，96，107，109－115，119，128，129，186，188，475，476，478，486，488，489，491

个人信息处理者 136，518

541

个人信息数据确权授权机制 37，56，122，123

更正权 69，76，93，119，186

公共部门 42，45，140，262，263，351，354，355，360，368，390-396，398，400，402，403，424，435

公共服务 41-43，45，46，50-52，63-65，67-69，171，262，284，286，287，346-352，356，359，371-374，377，383-386，388，400，416-419，431，439，449，457，458，465-468，479，520

公共利益 39，42，43，45，65，79，83，84，90，112，113，126，133，142，150，151，173，181，204，208，218，222-225，233，234，238，247，251，280，284，287，348，349，352-359，361，363，364，370，375，379-383，394，395，400，439，440，455，467，474，480，481，485，510，517

公共数据 7，10，36，37，39-45，51-53，57，63-65，67，69，106，122，123，171，174，181，224，225，229，231，247，251，261，264，282，286，287，326，341，343，345-391，393-401，403，405，407，409-411，413，415-423，425，427-470，480

公共性 41-43，52，88，287，344，352，353，358，368，380，430，435，462，466

公开数据 59，163，172，180，199，205，206，209，212，213，223，229，231，242，243，245，253，272，377，416，418，420，421，425，430

公开性 205，235，242，245

国家所有权 61，365，367-371，378-382

H

合规 73，111-114，140，161，218，269，270，272，273，289，308，327，328，338，387，405，410，432，433，439-441，445，446，461，465，469，473，477，479，487，489，504，510，516，525，529

合同 7，33，57，63，66，68，69，91，110，119，125-130，133-136，139-141，143，152，153，160-167，176，180，209，214-216，218，220，230，231，246，257-261，263，267-269，271，272，276-278，282-284，289-318，326，328，329，332，333，336-338，352，359，376，394-396，407，411，441，443，444，456，458，474，476-478，491，496，501，506，508-510，512，514-521，525-528，531

合同法 197，210，214，216，259，277，290，496

J

基础设施　30，144，183，198，275，279，284，286，333，387，388，394，398，399，401，405，411，421，424，451，452，454，475，480，488，516，517，519，521，527

积极权能　56，149，162，205，213，220，222，229，232，246－249，251

监管　29，30，73，79，83，96，110－114，132，139，327，335，355，359，363，394，404，406，423，443，444，446，451，452，462，465，467，469，470，474，486，487，489，490，498，500，502，507－509，511，512，522－531

接收方　23，130，267，268，277，305，484，507，510，512，518

界分　53

经济利益　49，54，55，58－60，63，68，100－102，115，132，134，135，144，147，159，165，211，219，220，236，238，246，247，263，266，271，272，281，282，286，310，373，382

精神利益　55，100－102，131，132，135，236，382

K

可访问性　242，243，245

可携带权　68，69，93，119，165，180，186

可用不可见　7，53，67，69，140，141，231，386，390，443，461

L

邻接权　60，181，184，196，197，223，232－234，245

流通　8，11，48，49，59，67，68，88，89，106，122，137，141，142，148－150，152，154，161，179－181，190，196，209，210，213，216－218，228－230，233，251，257－260，264，271，273－279，282，283，286，287，289，296，327，328，343，354，356，357，364，368，370，374，376，378，379，383，387－389，391，396，411，416，422，427，431，432，436，438，440，447，451，457－461，464，465，473，496

M

免费　31，33，68，83，126，152，154，155，157，158，217，226－228，375，393－395，403，456，458，467，514

民法典　7，8，27，37，55，56，59，62，65，67，69，76，84，87－99，101，102，104，109，110，115－118，120－131，133－136，139，142，143，146，149，161－164，166，174，178，181，183，185，189，193，207，214，216，236，239，247，248，290－

543

292，294，295，299－304，307，
310－316，336，337，354，356，
363，366，388，475，491－494，
496，517

民事权利　52，55，58，61，62，
64，65，76，78，86，89，97，
98，104，123，126，137，181，
204，231，239，264，332，
366，374

民事权益　48，52，58，60，61，
63，65，67，76，82－84，90，92－
99，119，121，130，131，181，
209，215，218，219，222，230，
231，254，470，493

敏感个人信息　34，35，91，359，
360，423，488，525

N

匿名化　8，11，49，54，63，67，
74，105－107，113，174－176，
182，219，225，227，242，393，
394，479

O

欧盟　5，7，37，38，68，73－75，
82，84，99，100，114，119，
139，174，196，198，200－202，
211，212，229，230，274－280，
282，283，309，391－394，396－
399，478，482，484，487，495－
503，524－528，530，531

欧洲议会　100，140，391，392，
396，398，487，500

P

排他策略　236，244
排他效力　60，196，245，256，328
排他性　57，59，68，131，164，
165，190，204，212，213，217，
219－221，224，227，233，234，
252，269，270，273，275－277，
286，310，311，326，328，339，
352，368，381，383，393，
456，457

平台　31，38，39，45，53－55，
57，59，66，67，83，110－113，
120，153，154，157－159，175，
177，199，211，214，217，241，
253，269－272，274，279，280，
282，284－289，297，320，328，
343，355，356，374，385－389，
400，404，405，409－411，418，
421，428，434－437，439－441，
444，446－448，450－455，460，
461，463－467，520，521，523

Q

企业　7，8，14，18，36－40，42，
43，46，47，49－63，65－69，
73，80，81，83－86，95，111－
113，124，130，132，134，136，
139，143，145，146，148，152－
162，165，169，171－183，185，
194，196，200，202，204－210，
213－227，229－232，234，240，
242，243，245－247，251－253，
257，259，260，262－264，267－

275，277 - 289，293，296，298，
305，306，346 - 352，354，356，
357，359，360，362，365，369，
371，372，374 - 379，382，383，
385，387，390，394 - 396，398，
399，402，403，409，411，416 -
419，422，428，435，439，443，
449 - 453，462，465，467，469，
473，477，479，486，487，490，
498，500，504 - 506，508 - 510，
512，513，520，521，524，525，
528 - 530

企业数据　7，10，36，37，39，
40，42，51，52，56 - 59，65，
66，122，123，169，171 - 173，
175，177，178，180 - 183，196，
205 - 209，211，214，216 - 219，
223，224，229，232，252，257，
261，268，269，271 - 274，277 -
283，285 - 288，348，349，352，
353，356，357，362，374，378，
382，383，406，407，477

企业数据权益　52，57，62，63，
65，67，68，173，178，181，
205，208，209，216，231，234，
245，246，248，251，379，383

侵害　56，57，66，67，69，76，
77，80，82 - 87，89，91，93 -
97，102，103，107 - 109，115 -
121，127，130，131，143，148，
151，152，172，176，193 - 195，
198，206，207，210，211，213，
219 - 221，223，229，240，241，
246，248 - 255，273，286，287，

301，360，366，394，420，425 -
427，491 - 493，496，502，516，518

权能　57，61 - 63，69，77，93，
101，165，180，182，185，186，
188，199，205，210，219 - 221，
223，224，229，231，232，236，
237，243，245 - 253，283，291，
293，367，369，370，382

确权　49，51，122，123，134，
171，181，182，190，192，196 -
198，200，203，204，212，213，
215 - 220，223 - 234，237 - 243，
245，247，248，251，263，273，
274，278，281，282，319，329，
338，339，362 - 364，367，371，
373 - 375，377 - 381，383，388，
461，462，496

R

人格权　48，51，54 - 56，58，59，
76，78，80，81，87，90，92，
93，95，97 - 102，104，107，
110，117，118，127，131，134 -
136，146，148，149，161，162，
164 - 166，171，181，198，219，
292 - 294，324，382，496 -
498，500

人工智能　18，21，38，46，80，
81，227，228，239，240，303，
307，375，391

人身权益　93，94，96 - 98，102，
116，118

认证　209，336，337，424，440，
444 - 446，473，483，508，509，

512-514，517-521，527

Robots 协议　209

S

三权分置　52，61，181，188，367，373

删除权　66，69，76，93，108，119，186，187，247，294

商业秘密　9，32，40，48，58，59，63，124，138，151，171，172，174，177，178，181，191，197，209-213，216，218，219，226，230，266，273，329，357，366，375，379，382，383，393，394，407，411，412，430，431，436，439-441，454，461，480

商业数据　205，251，398

商业数据权　203，205

识别　5，8，11，24，27，37-39，49，51，53，73，74，80，81，86，87，89，93，98，105-107，112-114，117，122，150-152，160，162，172，174，175，192，235，244，258，271，282，283，285，290-292，298，310，322，332，333，360，375，396，402，410，411，414，415，421，426，432，479，482，484，498，529

使用权　57，60，63，64，68，88，134，138，142，154，159，164-166，183-185，188，189，196，205，220，223，224，231-233，245，246，251，252，257，258，260，267，268，271，273，274，276，290，291，305，307-310，312，314，315，336，359，365，370-375，382，444，458

收益　48，52，56，58，61，63，65，122，135，152，156，157，159，180，181，185，196，210，218，220，224，225，229，236，244，246-248，251，253，264，268，271，290，291，293，305，309-312，315，330，333，354，364，365，367，369-371，373，374，376，381，382，439-441，445，446，448，450，455，464，465，467-469，473

授权　7，8，25，26，36，37，40-42，44，51，54，56，57，63-65，67，69，83，89，105，110，119，122-125，128，129，131-136，138-145，151-153，156，158-166，171，179，181，184，199，214，218，219，224，225，229，234，247，253，263，264，272，277，282，283，291-294，297，304，305，311，312，320-323，341，344-346，348-351，354-356，359，361，362，364，365，369-372，374，376，378，382，383，386-390，395，402，408，409，412-415，435-470，473，476，479，482，484，485，502，507-509，514，517，520

数据　3-69，73-76，81-84，87，88，98，100，105-107，113，122-124，126，129，131-167，

171-234，237-248，250-318，321-323，325-335，337-339，343-379，381-414，416-425，427-469，473-531

数据安全 12，35，45，66，113，141，148，151，155，156，159，161，173，218，252，270，273，292，300，311，314，327，328，355，357，361，362，372，376，381，388，428-432，434-437，439-445，451，454，455，457，458，464，465，469，471，473-489，491，493，494，498，501，507，516，517，519，525

数据安全法 17

数据保护 6，114，140，150，181，190，191，202，211，213，216，241，427，432，486，487，489，495，497-501，503，507-510，512-515，517，523，525-527，530

数据财产权 34，38，48，54，58-66，69，152，179，192，193，195，198，203-205，218-221，228，232，245-247，250，260，266-269，272-274，278，281，282，289-294，302，305，315，372，374，376，379，381-383

数据产品 6，17，36，45-47，50-53，60，63，66，69，137，138，140，172，177，181，182，184，185，188，189，196-198，205，207，217，221-234，237-242，245-247，252，256-258，260，261，263-268，270，271，293，298-301，310，326，332，333，360，363，364，374，439-441，444-452，454，457，459，460，466-468

数据产品经营权 52，53，60，63，131，137，138，179，181，184，188，224，225，229，241，242，245，246，332

数据产权 34，36，40，48，52，60，61，106，122，123，131，138，171，174，180，181，184，192，203，218，221，223，229，230，232-234，237-242，244-248，250-253，256，264，276，277，319，323，326-328，330，332，333，335，338，339，362，473

数据产权登记 11，34，52，138，325-328，330-335，338

数据持有者 60，64，68，140，182，190，192，193，195，197，198，212，216，222，223，228，230，233，234，238，239，243-246，248，252，253，258，272，275-280，283，293，294，372，373，378，383，395，421

数据出境 35，510，517-521，524，525，527，528，530

数据处理者 7，35，46，52，54-57，59，60，62，67-69，75，123-129，131-139，141-143，151，152，160-167，175-178，180，183-185，188，189，217，

218，220，221，230，241，246，
247，250，278，281，282，308，
312，357，376，451，476，478-
488，490-494，502，504-508，
516，518-520

数据法　500

数据服务　63

数据共享　76，113，140，205，
276-278，343，347，354，372，
375，384，385，390，394-396，
398，422，424，428，430，
434，476

数据基础制度　48，122，180，
343，366，473

数据集合　9，17，18，34，39，
46，52，57-60，147，181，184，
188，189，191，196-200，202，
204，205，222，223，225-228，
230-234，237，239，241，244，
245，252，256，260，263-268，
272，280，283，289，290，292-
300，302，303，306，307，383，
495，496

数据加工使用权　52，53，60，63，
131，137，138，179-181，184，
218，224，229，241，242，
245，246

数据交易　12，35，63，87，113，
140，151，153-155，157，158，
160，161，163，169，172，214，
220，230，231，247，257-260，
263，264，266-274，276-278，
280，284，285，288，289，296-
298，303，310，312，327，338，

363，364，375，440，465，478

数据交易平台　160，193，
260，363

数据交易所　140，172，258，302，
319，325，327，516，520

数据开放　42，279，286，287，
344，371，372，376-378，384，
385，387，389，398，401，402，
404，408，410，411，415，422，
425，428，435-438，459-461，
463，466，521

数据控制者　69，75，84，229，
251，252，275，277，375，482，
483，487，501，504-511

数据库　24，48，57，106，138，
163，175，181，191，196-203，
211，222，232，240，241，252，
253，262，266，267，274-277，
298，304，309，319-322，324，
325，347，402，408，423-425，
438，442

数据跨境传输　495，502-508，
510，511，515，516，518-520，
523，527，528

数据跨境流动　471，495-497，
499，500，505，515，516，520-
528，530

数据来源者　36，60，67-69，175，
178-180，182-184，188，203，
218，220，230，280-282

数据利用　6，8，11，55，65，
115，179，180，210，215，228，
229，243，272，278，279，295，
313，347，372，395，398，419-

关键词索引

421，424，425，427，435，437，440，446，460

数据权利　9，34，54，59，126，133，156，184，209，217，219，224，294，327，338，363，364，377

数据权益　8，12，35，48－51，53－55，57，60－63，65，69，178，180，181，188，195，199，203，204，207，208，210，213，215－222，230，231，248，251－253，255，273，276，282，288，356，363－366，372，378，383，495，496

数据生产者　54，175，178－180，196，220，229，274－277

数据所有权　57，59，62，179，181－185，188－191，276，281，374－376

数据泄露　118，141，305，315，316，473，474，477，482，485，486，491，493，518

数据信托　367，375，376

数据要素　48，122，141，175，216，218，270，271，326－328，332，345，347，362－364，369，376，388，429，431，432，438，440，458，473，531

数据中介　139，140，157

数据资源　36，45－47，50－53，60－62，64，137，138，158，184，185，189，197，214，220，224，225，227，229－231，233，234，239，241，242，246，247，261，263－265，269－271，273－276，

278，279，283－285，287，289，303，332，346，347，351，358，363，364，373，380，381，385，418，428，451－454，458，531

数据资源持有权　52，53，60－62，131，137，138，179，181，184，188，189，224，225，229，234，241，242，245，246，264，332，359，374

数字经济　48，54，55，59，63，68，69，88，122，132，135，137，144，148，180，218，259，263，264，269，270，273，284，285，288，345，347，351，362，364，388，432，440，454，473，496，497，522，524，530

私密信息　91，103，104，117，122，146

损害　33，52，59，65，67，79，82－84，91－94，96，97，102，103，107，108，115－121，123，151，160，178，193，208－210，212，213，220，248，254－256，271，272，284，288，289，301，313－315，356，361，363，364，411，413，419，420，469，480，484－486，491－494，521

T

通信　3，4，12，19－24，26，27，30－33，68，78，79，81，90－95，110，122，155，162，166，172，177，187，320，346，348，349，359，363，374，400，408，

410，411，415 - 421，423，424，
427，479，498，514，521
同意　8，54，56，57，65 - 69，73，
80，86，88，90 - 92，100，102，
105，107 - 110，117，123 - 134，
136，139，141，142，150 - 152，
154，159 - 161，163，164，166，
176，178，180，184，186，187，
195，198，199，212，214，219，
222，224，231，232，240 - 242，
245，247，252，253，256，273，
278，283，289，301，302，305，
315，317，359，365，374，377，
395，427，435 - 437，477，496，
500，509，510，520，525

W

网络　6，23 - 25，29，30，48，49，
58，66，67，73，80 - 83，85，
86，88，89，93，95，104，112，
113，120，127，128，133，138 -
141，144，153 - 156，158，162，
163，172，177，184，190，192，
193，206，208，209，211，214，
215，217，221，237，244，253，
256，260，262，265，271，272，
284，286，287，309，323，328，
346，349，352，366，404，410，
412，415 - 417，419，420，423，
430，437，444，445，457，460，
462 - 464，467，468，473，475 -
477，480 - 485，488，490，492，
493，495，497，498，501，514，
516，518，520，524

网络安全法　75，86，89，111，
113，124，142，173，213，256，
388，442，474，475，480，481，
483，485，515 - 517，521，527
网络平台　66，81，110 - 113，217
网络数据　177，256，475
网络信息社会　95
网络用户　177，179，209，475，497
物联网　3，23，50，54，154，156，
158，172，175，285
物权　11，25，57 - 62，88，93，
95，96，98，137，165，181，
185，186，193，195，214，217，
219，220，248 - 250，264，291，
292，309，315，319，323，325，
332，333，335，495，496
物权法　11，182，184，185，189，
194，216

X

消费者　75，82，83，86，87，89，
93，123，124，141，142，149，
154 - 157，160，177，178，208，
209，221，222，240，243，271，
284，297，298，309，375，419，
474，497，498，506
消极权能　56，149，205，220，
222，229，232，242，246 - 253，256
信息　3 - 35，39 - 42，44 - 46，48 -
50，53 - 55，57 - 59，63，64，
67，73，74，76，78 - 93，95，
96，98，103，105 - 110，115，
117 - 122，124 - 129，131，132，
134，137，139，141，142，144，

146，152，153，155，158－160，164，172－177，179，184－188，190，197，199，203，204，206－216，218，221，225－229，235，239－241，243，247，253，255，256，259，261－267，269，271，272，276，281，282，285，288，297，299，300，302－305，307，308，319－339，343－349，351－354，359，360，363，364，370，371，373－376，379，382，384，386－396，398，400，402－420，422－431，433－437，439，441，446，450－453，461，465，473－482，484，485，488，490，495，496，499，500，502，510，511，514，516－523，525，527－529

信息处理　11，14，16，18，87，105，108，129，303，323，407，412，427

信息论　4，11－14，17－19，21，23－30，40，46，333

许可使用　126－130，133－136，138－141，149，160－167，209，222，224，230，252，267，282，292－294，297，305，306，336，370－372，401

Y

衍生数据　6，8，17，36，45－47，50，52，137，138，151－153，175－177，179，200，207，225－227，238，239，251，253，263，265，266，283，289，303，307，308，315，348，349

一般数据保护条例　508

隐私　6－8，52，53，67，68，78，80，83，88，98，99，102－107，114，115，117，118，124，129，132，139－141，146－148，150－152，155－157，159，161，162，217，231，270，314，329，375，376，386，394，404，407，411，412，414，415，427，428，431，439－441，451，477，480，498，499，512－515，524，525，527，528

隐私权　51，63，67，76，78－80，87，88，92，93，95，96，98－100，102－104，107，117，118，122，123，131，138，171，233，234，244，245，423，513

用益权　7，8，52，179，183，184，188，189，193，219，359，370，374

用益物权　184，188，196

语义　7，8，25，30－33，38，184，186－188，197，228，239，240，260，266，307，344，398

原始数据　8，10，17，36，45，46，50－53，63，66，67，69，138，141，149，151，152，175，176，179，181，184，196，200，205，222－234，237－239，241，242，247，252，253，257，258，261－267，283，289，303，306－308，316，317，333，378，386，387，402，443，460，461，464，465

Z

占有　38，49，54，58，60-62，64，181，184，185，189-195，210，219，220，222，236，243，246-248，251，287，288，291，310-312，315，328，337，367，369，371，373，398

政务数据　36，40-45，69，174，327，343-345，348，349，351，353，355，357-359，362，364，365，371，374，384，385，388，418，428，436，438，442，451，452，473，475，476，479，480

知情权　56，69，77，87，93，108，119，131，135，136，149，151，180，345，375，389

知识产权　8，9，40-42，48，52，57-61，93，133，151，176，181，185，196，197，203-205，216-221，226，228，231，235，244，251，274，278，281，292，294，307，308，334，375，394，395，445，446，495

治理　11，12，14，44，48，54，64，79，82，122，173，231，244，273，278，280，287，326，328，343，345，347，351，353，356，358-360，369，376，378，383，384，390，391，394，398，402，405，409，410，415，427，429，431，438，439，445，447，449，453，466，473，477，496，497，522，525

治理策略　244

著作权　9，32，33，40，48，57-59，67，69，96，97，122，133，134，138，164，176，181，184，188，190，191，195-198，203，216，221，222，226，228，230，232-234，237，240，241，244，245，266，297，298，307，308，325，326，328，336，337，366，417，420，425

自主决定权　57，131

作品　9，25，26，30，33，34，40，42，57，59，67，133，134，138，139，185，197，199，203，205，206，209，216，226，231，232，243，244，307，308，325，336-338，393，417，425

后　记

相比于物权法、合同法等传统的财产法，数据法是一个新的法律领域。虽然该领域近年来倍受理论界与实务界关注，在报纸杂志上发表的论文越来越多，各种观点层出不穷，但学术共识还很少。许多问题，尤其是数据权益、数据交易等，仍需要更加深入的思考、细致与扎实的研究。本书是我们在数据法领域的一个初步探索与阶段小结，希望对于推动数据法研究，更好地建设我国数据基础法律制度有所裨益！

笔者除撰写本书中的数章外，还负责了全书的统稿与审读。本书作者在数据法领域的基本学术立场是一致的，但"君子和而不同"，故此，笔者在统稿时并未要求所有撰稿人在所有问题上的观点都保持一致。虽然本书作者尽了最大的努力，然而水平所限，书中错误、疏漏之处定然不少，尚祈读者批评指正！

本书作者分工如下：

程　啸（清华大学法学院教授、博士研究生导师）：拟定全书体例、统稿与审读，撰写前言、第二、三、四、六、七、十三章；

阮神裕（中国人民大学法学院助理教授、法学博士）：协助主编统稿，撰写第六、七章；

王　苑（东南大学法学院讲师、法学博士）：协助主编统稿，撰写第三章；

张毅铖（清华大学法学院博士研究生）：撰写第一、九章；

李勇德（清华大学法学院博士研究生）：撰写第五、八章；

林　琳（清华大学法学院硕士研究生）：撰写第十、十一、十二章；

孙鸿亮（清华大学法学院博士研究生）：撰写第十四章；

刘佳音（清华大学法学院硕士研究生）：撰写第十一章第一节；

李西泠（清华大学法学院博士研究生）：撰写第十一章第二节；

杨嘉祺（清华大学法学院博士研究生）：撰写第十一章第二节；

丁佳惠（清华大学法学院硕士研究生）：撰写第十一章第二节。

程　啸

2024 年 3 月 25 日于清华园

图书在版编目（CIP）数据

数据权益与数据交易/程啸主编. -- 北京：中国人民大学出版社，2024.6. -- ISBN 978-7-300-32953-6
Ⅰ.D922.174
中国国家版本馆 CIP 数据核字第 2024UY6391 号

数据权益与数据交易
主　编　程　啸
副主编　阮神裕　王　苑
Shuju Quanyi yu Shuju Jiaoyi

出版发行	中国人民大学出版社				
社　　址	北京中关村大街 31 号		邮政编码	100080	
电　　话	010-62511242（总编室）		010-62511770（质管部）		
	010-82501766（邮购部）		010-62514148（门市部）		
	010-62515195（发行公司）		010-62515275（盗版举报）		
网　　址	http://www.crup.com.cn				
经　　销	新华书店				
印　　刷	中煤（北京）印务有限公司				
开　　本	720 mm×1000 mm　1/16		版　次	2024 年 6 月第 1 版	
印　　张	36 插页 3		印　次	2024 年 7 月第 2 次印刷	
字　　数	610 000		定　价	158.00 元

版权所有　　侵权必究　　印装差错　　负责调换

扫码阅读
欧盟《数据法》中译本